国家卫生健康委员会"十四五"规划教材

全国高等中医药教育教材

供中医学、针灸推拿学、中西医临床医学等专业用

组织学与胚胎学

第4版

中醫

主　编　刘黎青　葛钢锋

副主编　何才姑　杨　岚　李　健

人民卫生出版社
·北京·

图书在版编目（CIP）数据

组织学与胚胎学 / 刘黎青，葛钢锋主编 . —4 版
. —北京：人民卫生出版社，2021.7（2025.10 重印）
ISBN 978-7-117-31600-2

Ⅰ.①组… Ⅱ.①刘…②葛… Ⅲ.①人体组织学 —
医学院校 — 教材②人体胚胎学 —医学院校 — 教材 Ⅳ.
①R32

中国版本图书馆 CIP 数据核字（2021）第 118718 号

人卫智网	www.ipmph.com	医学教育、学术、考试、健康，
		购书智慧智能综合服务平台
人卫官网	www.pmph.com	人卫官方资讯发布平台

组织学与胚胎学
Zuzhixue yu Peitaixue
第 4 版

主　　编：刘黎青　葛钢锋
出版发行：人民卫生出版社（中继线 010-59780011）
地　　址：北京市朝阳区潘家园南里 19 号
邮　　编：100021
E - mail：pmph @ pmph.com
购书热线：010-59787592　010-59787584　010-65264830
印　　刷：北京盛通印刷股份有限公司
经　　销：新华书店
开　　本：889×1194　1/16　印张：24
字　　数：629 千字
版　　次：2002 年 8 月第 1 版　　2021 年 7 月第 4 版
印　　次：2025 年 10 月第 10 次印刷
标准书号：ISBN 978-7-117-31600-2
定　　价：88.00 元
打击盗版举报电话：010-59787491　E-mail：WQ @ pmph.com
质量问题联系电话：010-59787234　E-mail：zhiliang @ pmph.com

3

修 订 说 明

为了更好地贯彻落实《中医药发展战略规划纲要(2016—2030年)》《中共中央国务院关于促进中医药传承创新发展的意见》《教育部 国家卫生健康委 国家中医药管理局关于深化医教协同进一步推动中医药教育改革与高质量发展的实施意见》《关于加快中医药特色发展的若干政策措施》和新时代全国高等学校本科教育工作会议精神,做好第四轮全国高等中医药教育教材建设工作,人民卫生出版社在教育部、国家卫生健康委员会、国家中医药管理局的领导下,在上一轮教材建设的基础上,组织和规划了全国高等中医药教育本科国家卫生健康委员会"十四五"规划教材的编写和修订工作。

为做好新一轮教材的出版工作,人民卫生出版社在教育部高等学校中医学类专业教学指导委员会、中药学类专业教学指导委员会和第三届全国高等中医药教育教材建设指导委员会的大力支持下,先后成立了第四届全国高等中医药教育教材建设指导委员会和相应的教材评审委员会,以指导和组织教材的遴选、评审和修订工作,确保教材编写质量。

根据"十四五"期间高等中医药教育教学改革和高等中医药人才培养目标,在上述工作的基础上,人民卫生出版社规划、确定了第一批中医学、针灸推拿学、中医骨伤科学、中药学、护理学5个专业100种国家卫生健康委员会"十四五"规划教材。教材主编、副主编和编委的遴选按照公开、公平、公正的原则进行。在全国50余所高等院校2 400余位专家和学者申报的基础上,2 000余位申报者经教材建设指导委员会、教材评审委员会审定批准,聘任为主编、副主编、编委。

本套教材的主要特色如下:

1. 立德树人,思政教育 坚持以文化人,以文载道,以德育人,以德为先。将立德树人深化到各学科、各领域,加强学生理想信念教育,厚植爱国主义情怀,把社会主义核心价值观融入教育教学全过程。根据不同专业人才培养特点和专业能力素质要求,科学合理地设计思政教育内容。教材中有机融入中医药文化元素和思想政治教育元素,形成专业课教学与思政理论教育、课程思政与专业思政紧密结合的教材建设格局。

2. 准确定位,联系实际 教材的深度和广度符合各专业教学大纲的要求和特定学制、特定对象、特定层次的培养目标,紧扣教学活动和知识结构。以解决目前各院校教材使用中的突出问题为出发点和落脚点,对人才培养体系、课程体系、教材体系进行充分调研和论证,使之更加符合教改实际、适应中医药人才培养要求和社会需求。

3. 夯实基础,整体优化 以科学严谨的治学态度,对教材体系进行科学设计、整体优化,体现中医药基本理论、基本知识、基本思维、基本技能;教材编写综合考虑学科的分化、交叉,既充分体现不同学科自身特点,又注意各学科之间有机衔接;确保理论体系完善,知识点结合完备,内容精练、完整,概念准确,切合教学实际。

4. 注重衔接,合理区分 严格界定本科教材与职业教育教材、研究生教材、毕业后教育教材的知识范畴,认真总结、详细讨论现阶段中医药本科各课程的知识和理论框架,使其在教材中得以凸显,既要相互联系,又要在编写思路、框架设计、内容取舍等方面有一定的区分度。

5. 体现传承,突出特色 本套教材是培养复合型、创新型中医药人才的重要工具,是中医药文明传承的重要载体。传统的中医药文化是国家软实力的重要体现。因此,教材必须遵循中医药传承发展规律,既要反映原汁原味的中医药知识,培养学生的中医思维,又要使学生中西医学融会贯通,既要传承经典,又要创新发挥,体现新版教材"传承精华、守正创新"的特点。

6. 与时俱进,纸数融合 本套教材新增中医抗疫知识,培养学生的探索精神、创新精神,强化中医药防疫人才培养。同时,教材编写充分体现与时代融合、与现代科技融合、与现代医学融合的特色和理念,将移动互联、网络增值、慕课、翻转课堂等新的教学理念和教学技术、学习方式融入教材建设之中。书中设有随文二维码,通过扫码,学生可对教材的数字增值服务内容进行自主学习。

7. 创新形式,提高效用 教材在形式上仍将传承上版模块化编写的设计思路,图文并茂、版式精美;内容方面注重提高效用,同时应用问题导入、案例教学、探究教学等教材编写理念,以提高学生的学习兴趣和学习效果。

8. 突出实用,注重技能 增设技能教材、实验实训内容及相关栏目,适当增加实践教学学时数,增强学生综合运用所学知识的能力和动手能力,体现医学生早临床、多临床、反复临床的特点,使学生好学、临床好用、教师好教。

9. 立足精品,树立标准 始终坚持具有中国特色的教材建设机制和模式,编委会精心编写,出版社精心审校,全程全员坚持质量控制体系,把打造精品教材作为崇高的历史使命,严把各个环节质量关,力保教材的精品属性,使精品和金课互相促进,通过教材建设推动和深化高等中医药教育教学改革,力争打造国内外高等中医药教育标准化教材。

10. 三点兼顾,有机结合 以基本知识点作为主体内容,适度增加新进展、新技术、新方法,并与相关部门制订的职业技能鉴定规范和国家执业医师(药师)资格考试有效衔接,使知识点、创新点、执业点三点结合;紧密联系临床和科研实际情况,避免理论与实践脱节、教学与临床脱节。

本轮教材在最新印制的过程中,适逢全党全国深入贯彻落实党的二十大精神之时。党的二十大报告指出:"促进中医药传承创新发展""加强教材建设和管理""加快建设高质量教育体系"……为构建高质量中医药教材体系指出了方向。教育部、国家卫生健康委员会、国家中医药管理局有关领导和教育部高等学校中医学类专业教学指导委员会、中药学类专业教学指导委员会等相关专家给予了大力支持和指导,得到了全国各医药卫生院校和部分医院、科研机构领导、专家和教师的积极支持和参与,在此,对有关单位和个人表示衷心的感谢!希望各院校在教学使用中,以及在探索课程体系、课程标准和教材建设与改革的进程中,及时提出宝贵意见或建议,以便不断修订和完善,为下一轮教材的修订工作奠定坚实的基础。

人民卫生出版社

2023 年 7 月

前　言

　　在全国高等中医药教育教材建设指导委员会领导下，人民卫生出版社组织修订了全国高等中医药教育国家卫生健康委员会"十四五"规划教材，《组织学与胚胎学》（第4版）为该系列教材之一。

　　本教材的编委会成员均来自教学第一线，具有扎实的专业知识和丰富的教学经验。为适应中医药类专业对组织学与胚胎学课程的教学要求，我们在保持第3版教材优势特点的同时，采纳了相关院校5年来对该教材的使用意见和建议，进行了全面修订。本次修订内容体现在以下几方面：①纸质教材与数字内容有机融合，在精简文字内容的同时，通过数字增值服务扩展了更多的学科知识，有利于医学本科教育的改革与发展。②新增了思政元素内容，科学无国界，但科学家有国籍。我们需要培养的是爱国、爱民，为我国的社会发展做贡献的大学生，立德树人为教学之根本。③更新插图，对书中100余幅插图重新拍摄与绘制，如泌尿系统和生殖系统发生章节的图全部重新拍摄与绘制，图像更清晰，利于对胚胎动态演变的理解。④更新"知识链接"，根据学科发展及社会发展，回应时代新情况、新问题，如介绍新型冠状病毒感染所引起肺组织结构改变的相关知识。⑤规范名词，教材中的专业术语统一采用国家名词委员会组织编写的2014版《组织学与胚胎学名词》相关条目，既尊重规范，也有利于与相关学科的知识衔接。⑥充分利用富媒体资源的优势，新增视频、微课、动画和"扫一扫，测一测"、模拟试卷及相应的参考答案，温故而知新，提高学习效率。⑦对汉英专业术语索引进行了部分调整。

　　本教材分别由刘黎青（第一章、第十七章）、葛钢锋（第二章第一节）、楼航芳（第二章第二~四节）、杨恩彬（第三章第一节）、赵英侠（第三章第二节、第三节）、陈乔（第四章）、任君旭（第五章）、李迎秋（第六章）、李健（第七章）、杨岚（第八章）、许瑞娜（第九章第一节）、赵飞兰（第九章第二节）、刘爱军（第十章）、刘霞（第十一章）、范妤（第十二章）、张娜（第十三章第一节）、黄艳（第十三章第二节、第三节，第十四章第一节、第二节）王文奇（第十四章第三~六节）、刘向国（第十五章）、何才姑（第十六章）、王媛（第十八章第一节、第二节）、孙琪（第十八章第三~六节）、王东（第十九章、第二十章）、刘建春（第二十一章）、赵舒武（第二十二章、第二十三章）、杜少杰（第二十四章）负责相应章节的编写工作。数字融媒体教材在全体编委完成相应章节的编写同时，由魏璐婉（第一章、第十七章）、彭胜男（第四章）、王志勇（第五章）、刘畅（第六章）、张琪瑶（第十八章第一节）协助编写。

　　本教材的编写得到了各位编者及其所在单位与领导的大力支持与帮助，尤其感谢前三版教材的编写人员和读者为本书所做出的贡献，谨在此深表谢意！由于水平所限，纰漏及不完善之处难免，敬请指正，以便不断完善。

编者

2023 年 7 月

◇◇◇ 目　　录 ◇◇◇

上篇　组　织　学

下篇 胚 胎 学

上篇

组　织　学

第一章

组织学绪论

组织学(histology)是研究正常人体微细结构与其功能关系的学科。**胚胎学**(embryology)是研究出生前个体发生和发育规律的学科。组织学与胚胎学均属医学基础学科的形态学范畴,也是生命科学的重要基础学科。

一、组织学研究内容及其意义

组织学的研究内容包括:细胞、组织、器官与系统。

细胞(cell)是机体形态结构与功能的基本单位。人体约有 230 余种形态结构不同、生理功能各异的细胞。它们在机体内通过有序组合、相互协同,展示着新陈代谢、分裂分化、衰老死亡等生命过程,是维系生命活动的本质所在。**组织**(tissue)是由形态结构相似、生理功能相近的细胞和**细胞外基质**(extracellular matrix)有机组合而成的。细胞外基质又称**细胞间质**(intercellular subst ance),由细胞分泌产生,参与构成细胞外微环境,可调节细胞的发育和生理活动。

人体的组织可分为四种基本类型:**上皮组织**(epithelial tissue)、**结缔组织**(connective tissue)、**肌组织**(muscle tissue)和**神经组织**(nerve tissue)。

器官(organ)是由不同类型的基本组织有机组合而成的,具有一定的形态结构和特定生理功能,如心、肝、脾、肺、肾。

系统(system)是由数个形态结构不同而生理功能相关的器官有机组合而成。人体有神经、循环、免疫、内分泌、消化、呼吸、泌尿、生殖等系统,均能完成其相对独立的生理功能。

形态结构是功能的基础,形态结构决定生理功能。因此,组织学是引导人们洞察人体微观世界奥秘、探索人体结构属性的有效途径,也是最具潜能的热门学科之一。随着现代科学技术的迅猛发展,组织学的研究内容及水平已从普通光学显微镜水平深入到分子水平(乃至原子水平),并与细胞生物学、分子生物学、免疫学、遗传学等相关学科交叉渗透、融合并进。尤其在一些重大的生物医学研究前沿领域,如干细胞与再生医学、精准医学与肿瘤生物治疗、细胞衰老与凋亡、增殖与分化、基因与调控等,组织学正发挥着其独特的优势,在奠定现代病理学基础的同时,极大地推动了生理学、胚胎学、优生学和老年学的发展,是学习其他基础课程、临床课程的叩门石。

二、组织学研究发展简史

自英国学者胡克（Hooke）于 1665 年采用简易的光学显微镜观察软木（植物的栓皮层）薄片标本，并将由细胞壁围成的小室称"cell"开始，组织学至今已有 300 余年的历史。这期间的重大事件主要有：1801 年法国学者比夏（Bichat）首次提出"tissue"一词；1819 年德国学者麦耶（Meyer）提出人体组织可分为 8 种，并首次提出"histology"一词；1838 年和 1839 年德国学者施莱登（Schleiden）和施万（Schwann）提出细胞是动、植物机体结构与功能的基本单位，并创立了著名的**细胞学说**（cell theory）；1858 年德国学者魏尔啸（Virchow）提出了细胞病理学说，即一切疾病均源于细胞的病变；19 世纪中叶至今，因技术方法的不断创新和发明，极大地推动了组织学的发展，尤其是 1932 年德国学者 Ruska 和 Knoll 研制的透射电子显微镜问世，使组织学观察工具的**分辨率**（resolving-power）极限从普通光学显微镜的 0.2μm 提高到 0.2nm，使组织学的研究水平从细胞水平飞跃到亚细胞水平。20 世纪 60 年代后，随着电子、激光、图像等技术的快速发展，一批新兴起的分子生物学技术被广泛运用到组织学研究领域，不但极大地丰富了组织学研究内涵，也为生命科学做出了标志性贡献。

意大利学者高尔基（Golgi）和西班牙学者卡哈尔（Cajal）因发现**高尔基复合体**（Golgi complex）、发明镀银染色及阐明神经细胞的结构，而荣获 1906 年诺贝尔生理学或医学奖；前苏联学者梅契尼科夫（Metchnikoff）因发现吞噬细胞吞噬现象与防御功能关系而荣获 1908 年诺贝尔生理学或医学奖；英国学者谢灵顿（Sherrington）和阿德里安（Adrian）因提出神经**突触**（synapse）学说而荣获 1932 年诺贝尔生理学或医学奖，意大利学者蒙塔尔奇尼（Montalcini）和美国学者科恩（Cohen）因发现神经生长因子（NGF）和表皮生长因子（EGF）在神经生长和胚胎发育中的重要作用而荣获 1986 年诺贝尔生理学或医学奖。

中国著名组织学专家马文昭（1886—1965 年）、鲍鉴清（1893—1982 年）、王有琪（1899—1995 年）、张作干（1907—1969 年）、李肇特（1913—2006 年）、薛社普（1917—2017 年）和成令忠（1931—2003 年）等，在教育、科研、人才培养等方面做出了历史性贡献。

三、组织学常用技术方法

自公元前 5 世纪—公元前 4 世纪中国人在《墨经》中描述单极镜放大或缩小的物体图像，至公元 17 世纪欧洲人发明两极镜，即显微镜问世，人类已摆脱了仅凭肉眼观察物体的局限，并奠定了现代显微镜技术的雏形。

生命科学的研究进展与人们研究观察机体的技术水平密切相关，肉眼的分辨率展示了机体的大体解剖结构，光学显微镜孕育了组织细胞学，同样超高压电子显微镜、中子衍射等技术使人们在纳米水平洞察了生命体的奥秘，这些研究均有赖于仪器的发明以及标本制作技术。下面简要介绍组织学研究常用的技术方法。

（一）普通光学显微镜技术

普通光学显微镜（light microscope，LM）简称光镜，是用于观察人体微细结构最常用的技术手段，光学显微镜下显示的结构称光镜结构。可将观察物体放大 1 000~1 500 倍，分辨率极限达 0.2μm。但观察前须将研究的细胞、组织或器官经相应的处理制备，此过程称标本制作。通常标本制作可分为切片法和非切片法两种。

1. 切片法　依据方法步骤差异，又可分为石蜡切片法和冷冻切片法两种。

（1）石蜡切片法：**石蜡切片法**（paraffin sectioning）是切片法中最经典而常用的技术方法。其标本制作过程主要包括取材、固定、脱水、包埋、切片、脱蜡、染色和封固等几个连续步骤。

1）取材：从机体取下所需新鲜组织器官的过程称取材。要求取材迅速，厚度以不超过

切片机

0.5cm 为适宜。取材所得组织器官称组织块。

2）固定：为防止组织块中的蛋白质分解、自溶，并保持细胞生活时的形态结构。常用的固定剂有甲醛、乙醇、丙酮或混合固定液等。

3）脱水：使用脱水剂将固定后的组织块中的水分逐渐脱除，使包埋剂易于浸入组织块。常用的脱水剂为乙醇。

4）包埋：为增强组织块的硬度，便于切制薄片。常用石蜡、火棉胶、树脂等包埋剂进行包埋。

5）切片：采用切片机将组织块切制成厚度为 5~7μm 的薄片，并裱贴在载玻片上。

6）脱蜡：经二甲苯除去石蜡切片中石蜡成分的过程称为脱蜡。其目的是便于染色时染料的着色。

7）染色：基于染色剂与组织细胞可发生化学结合或物理吸附的原理，使组织细胞不同成分结构形成色差（反差），便于光镜下观察。常用的酸性染色剂有伊红、坚牢绿、橙黄 G 等，碱性染色剂有苏木精、亚甲蓝、碱性品红等。组织学与胚胎学最常用的染色方法是**苏木精**（hematoxylin）和**伊红**（eosin）两种染色剂组合的染色方法，简称 H-E 染色（又称普通染色）。切片经 H-E 染色后，细胞核内的染色质和细胞质内的核糖体被苏木精着色，呈紫蓝色；细胞质和细胞外基质被伊红着色，呈粉红色（图 1-1）。

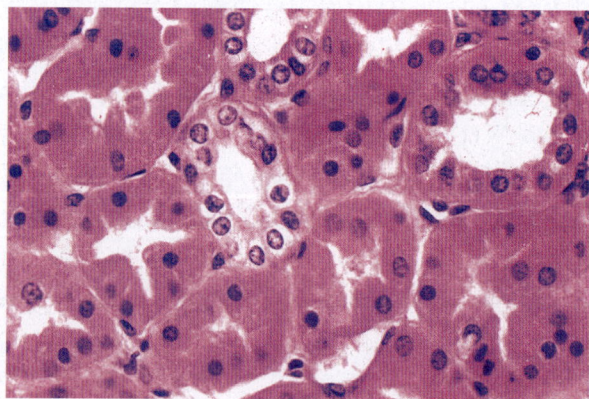

图 1-1　人肾　石蜡切片　高倍

凡组织细胞内某一成分或结构对酸性染色剂产生较强亲和力的现象称**嗜酸性**（acidophilia），对碱性染色剂产生较强亲和力的现象称**嗜碱性**（basophilia），而对酸性染色剂和碱性染色剂亲和力都不强的现象称**中性**（neutrophilia）。

8）封固：染色后的切片再经过脱水、二甲苯透明两步骤，滴加中性树胶，并覆加盖玻片的过程称封固。至此，石蜡切片标本制作完成，可在光镜下观察。

除上述 H-E 染色外，还有其他染色方法可特异性显示细胞或细胞外基质中某些成分或结构。如细胞经重铬酸盐处理后呈棕褐色现象称**嗜铬性**（chromaffinity）；银染法中使硝酸银直接还原而呈黑色的现象称**亲银性**（argentaffin），若需添加还原剂才能显色的现象称**嗜银性**（argyrophilia）（图 1-2）。而糖胺

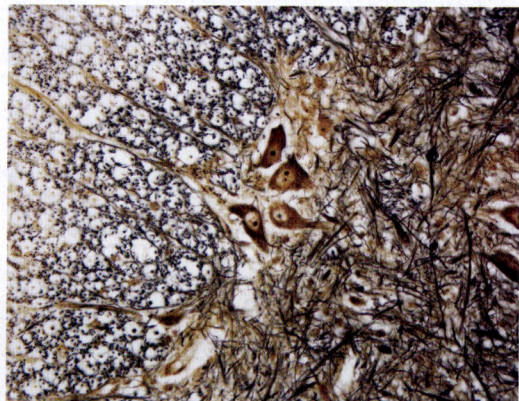

图 1-2　脊髓　银染色　高倍

多糖类物质经**甲苯胺蓝**(toluidine blue)等碱性染色剂染色后呈紫红色现象称**异染性**(metachromasia)。

此外,利用机体内吞噬细胞吞噬异物颗粒的特性,将一些无毒无菌的染色剂配制成染色液可直接注入活体内,被吞噬细胞吞噬后,便于光镜下观察,此方法称为**活体细胞染色**(vital staining)。常用的活体细胞染色剂有台盼蓝、印度墨汁、锂卡红等。

(2)冷冻切片法:若取材后的组织块直接采用迅速冷冻,在恒冷箱切片机中切片的方法称**冷冻切片法**(frozen sectioning)(图1-3)。冷冻切片法能有效保存组织器官内脂类成分和酶活性,常用于细胞组织化学研究。

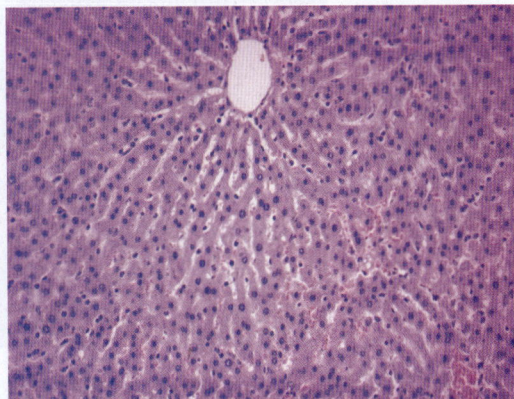

图1-3 大鼠肝脏 冷冻切片法 低倍

2. 非切片法 非切片法是指不经包埋、切片等步骤制作标本的方法。如将血液、精液、分离细胞、脱落细胞等直接涂在载玻片上称**涂片**(smear)(图1-4);将肠系膜、皮下组织撕成薄片后直接铺贴在载玻片上称**铺片**(stretched preparation);将牙、骨等较坚硬的组织器官经机械性打磨成薄片后贴附在载玻片上称**磨片**(ground section)(图1-5)。上述各方法制成的标本再经固定、脱水、染色、封固后便可在光镜下观察。

冷冻切片机

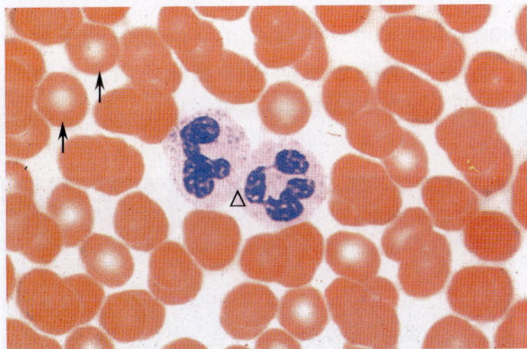

图1-4 血涂片 瑞氏染色 高倍
↑红细胞;△白细胞

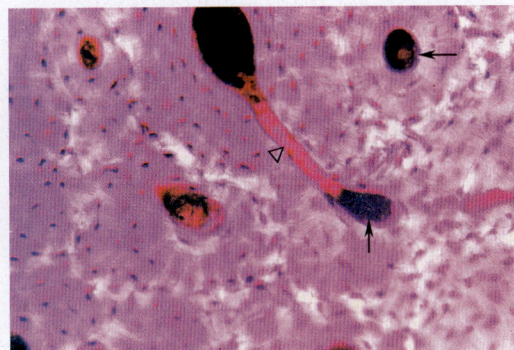

图1-5 骨磨片 醛复红染色 高倍
↑中央管;△穿通管

(二) 特殊光学显微镜技术

当普通光学显微镜技术不能满足研究工作需要时,可使用特殊光学显微镜技术。常用的特殊光学显微镜技术包括:

1. **荧光显微镜技术** **荧光显微镜**(fluorescence microscope)用于观察被荧光素染色或标记以及含自发荧光物质的细胞和组织的特殊显微镜。利用荧光素标记的抗体直接或间接与组织细胞内相应抗原结合的原理,可检测相关抗原的定性、定位或定量(图1-6)。其主要特点是特异性强、敏感性高和简便高效。

2. **倒置显微镜技术** **倒置显微镜**(inverted microscope)是将光源和聚光器安装在显微镜载物台的上方,而物镜安装在载物台下方的特殊显微镜。其特点是便于观察体积较大的标本物体。如放置培养皿或培养瓶,主要用于直接观察体外培养的细胞及对活细胞进行连续观察和图像拍摄(图1-7)。倒置显微镜若与显微操作器结合还可进行显微注射等精度极高的研究工作。

巨噬细胞吞噬过程视频

笔记栏

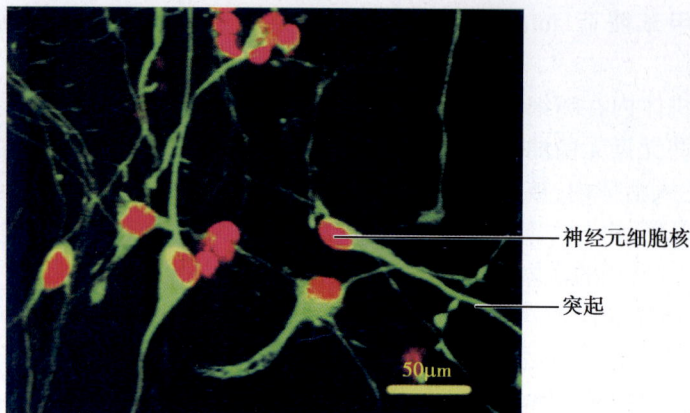

图 1-6　体外培养的神经细胞　免疫荧光染色

3. 相差显微镜技术　**相差显微镜**（phase contrast microscope）是通过改变光的相位，使相位差变为振幅差，借助增强或减弱光的明暗度，观察生活状态下活细胞微细结构的特殊显微镜。在实际应用中还经常将相差显微镜制成倒置相差显微镜，用于观察活细胞分裂、增殖及运动等变化。

4. 暗视野显微镜技术　**暗视野显微镜**（dark field microscope）是以胶体粒子干涉和散射效应为基础研制的特殊光镜。暗视野显微镜主要适用于观察液体介质内未染色的细菌、酵母、真菌及血液内白细胞等的运动状态。

5. 偏光显微镜技术　**偏光显微镜**（polarization microscope）与普通光学显微镜的主要不同点在于其能产生偏光及具有检查偏光的装置。偏光显微镜主要适用于晶体物质和纤维结构如纺锤体、肌纤维、胶原纤维等的光学性质研究（图 1-8）。

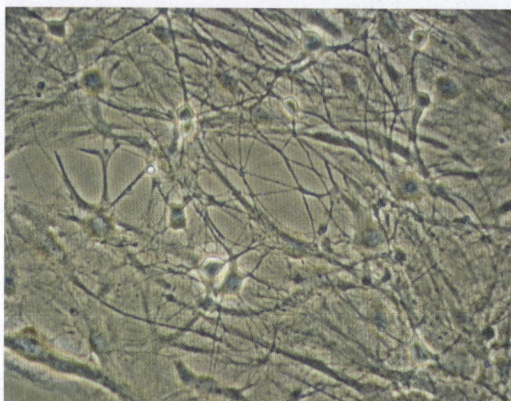

图 1-7　大鼠皮质神经元　体外培养 7 天　高倍

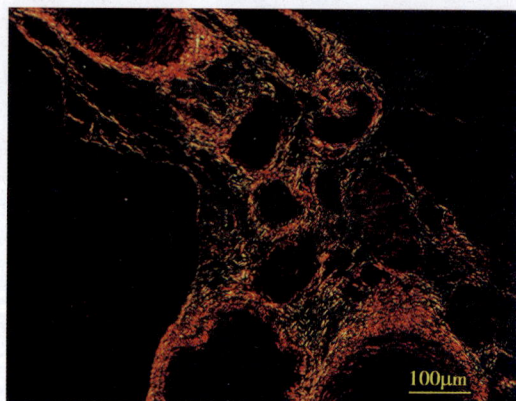

图 1-8　大鼠血管周围胶原　偏光　显微镜技术
Ⅰ型胶原显红黄色荧光；Ⅲ型胶原显绿色荧光

6. 激光共聚焦扫描显微镜技术　**激光共聚焦扫描显微镜**（confocal laser scanning microscope，CLSM）是 20 世纪 80 年代初研制成功的一种具有高光敏度、高分辨率的新型显微镜。其主要原理是以激光为光源，共聚焦成像扫描系统将光束聚焦后落在样品不同深度的微小部位，并进行移动扫描，通过电子信号彩色显像，图像被探测器吸收后除传至彩色显示器荧屏外，还可同时传至图像分析系统进行二维或三维分析处理（图 1-9）。CLSM 可精确地对细胞内 Ca^{2+}、pH 值等进行动态分析测定（图 1-10）；对细胞的受体移动、膜电位变化、酶活性、信号转导和物质转运等进行观察测定，应用广泛。

新型**双光子显微镜**（two-photon microscopy）可观察更厚的标本，成像立体感更强、更明亮，对活细胞的损伤也更小。

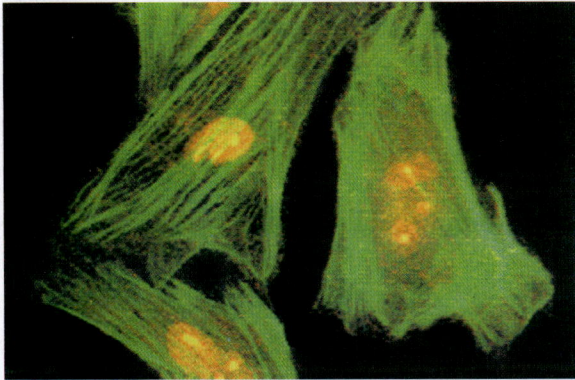

图 1-9　体外培养大鼠附睾上皮细胞
F-肌动蛋白分布　高倍
胞质中微丝呈绿色荧光　胞核呈橘红色荧光

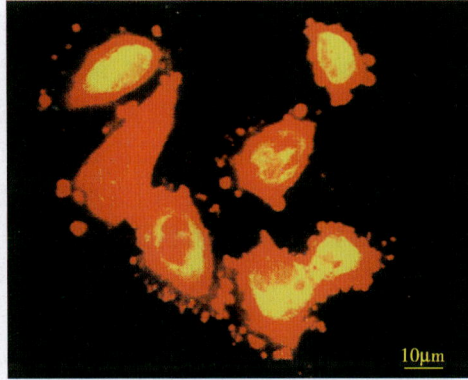

图 1-10　体外培养人脐静脉内皮细胞
Ca^{2+} 分布　高倍
胞内黄色荧光为 Ca^{2+} 分布

（三）电子显微镜技术

电子显微镜（electron microscope，EM），简称电镜，与光镜的成像原理主要差别在于：电镜是以电子束（电子枪）代替光源，以电磁透镜代替聚光镜、物镜和目镜。通常将电镜下所见结构称**超微结构**（ultrastructure）。电镜的种类和用途很多，常用技术包括：

1. 透射电镜技术　通常所言的电镜即指**透射电镜**（transmission electron microscope，TEM），其工作原理是由电子枪发射的电子束穿透观察样品后，经电磁场的聚合放大并在荧屏上显像。其分辨率极限达 0.1~0.2nm。该技术的核心是样品制备，主要过程包括：将 $1mm^3$ 大小的组织经戊二醛或锇酸固定，树脂包埋，并用超薄切片机切片，用铅和铀等重金属盐进行电子染色后，即可在电镜下观察。凡被重金属盐电子染色结合的部位，图像较暗称**电子密度高**（electron dense），反之图像较明亮则称**电子密度低**（electron lucent）（图 1-11）。上述被检结构与重金属盐结合后，图像呈电子密度高的染色方法称**正染色**（positive staining），当重金属盐不与被检结构结合，而与被检结构周围区域发生结合时称**负染色**（negative staining）。

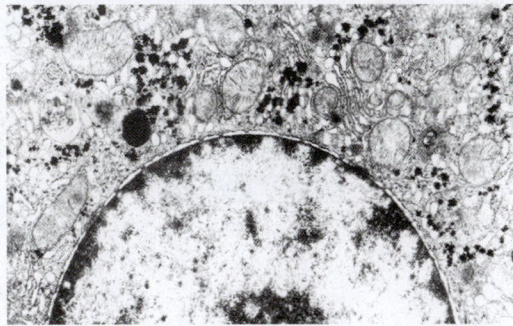

图 1-11　大鼠肝脏透射电镜像　×17 200

2. 扫描电镜技术　**扫描电镜**（scanning electron microscope，SEM）的工作原理是：由电子枪发射电子束经聚焦形成一束光斑称电子探针，打在被观察样品表面后，可在样品表面产生二次电子并被探测器收集，经光电倍增放大送至荧屏显像。扫描电镜分辨率约为 2nm。该技术的样品制备不必经超薄切片，只要求样品表面充分暴露，经固定、脱水、干燥后在其表面喷镀一层金属膜，以提高其导电性和图像反差即可。主要用于观察样品表面形态，富有强烈的立体感，如纤毛、微绒毛、T 细胞等（图 1-12）。

3. 冷冻蚀刻复型技术　**冷冻蚀刻复型**（freeze etch replica）主要操作过程包括：将所需观察的组织样品用液氮超低温（-196℃）冷冻，并在真空条件下使样品断裂，升温至 -100℃

ER-1-8

知识拓展-
扫描隧道显
微镜

时,断裂面含游离水较多之处的冰晶出现升华,断裂面即可呈现凹凸不平的浮雕效果,称**蚀刻**(etching)。蚀刻后的样品在其断裂面上再先后喷镀一层铂和碳,称**复型**(replica)。复型后的样品用次氯酸等腐蚀剂将组织溶解,最终仅剩下的是一层金属复型膜,置于透射电镜下观察,只是金属复型膜所显示的凹凸面与样品实物凹凸面恰恰相反(图1-13)。该技术尤其适用于生物膜内部结构的研究,如双层脂质分子疏水端及跨膜蛋白分子的结构状态等(图1-14),可以揭示生物大分子的相互作用(图1-15)。

4. 冷冻割断技术　**冷冻割断**(freeze cracking)是将已固定、包埋的观察样品经低温(-196℃)下断裂,并在断面喷镀金属膜后,即可在扫描电镜下观察断面的三维结构。该技术尤其适用于组织内部微细结构的相互关系研究,如肝脏窦周隙、胆小管、肾血管球及肾小囊毗邻关系等(图1-16)。

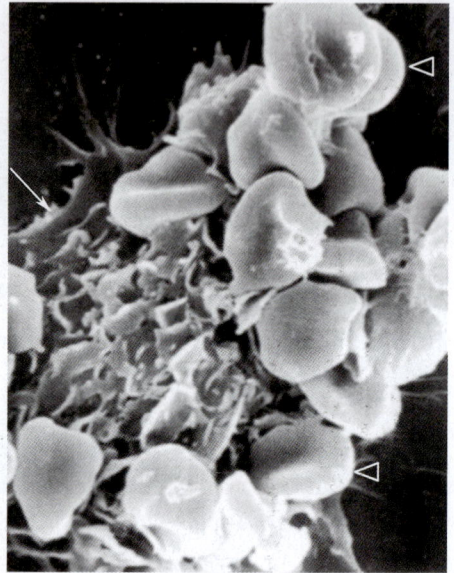

图1-12　巨噬细胞-羊红细胞花结扫描
电镜像　×2 000
↑巨噬细胞;△羊红细胞

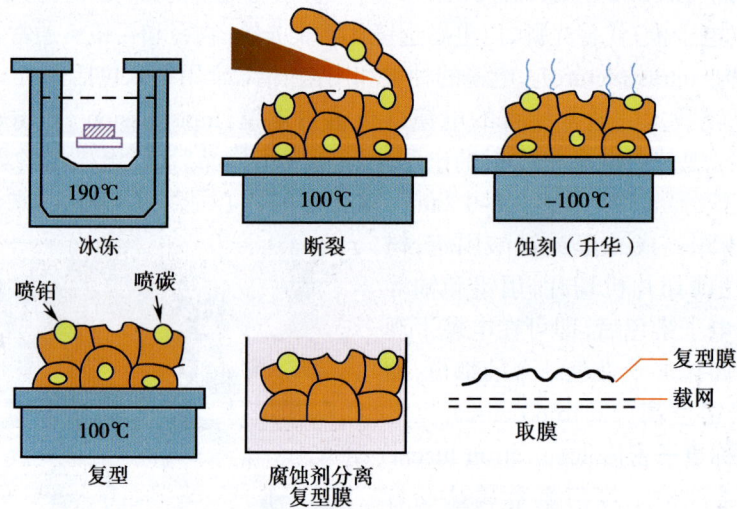

图1-13　冷冻蚀刻示意图

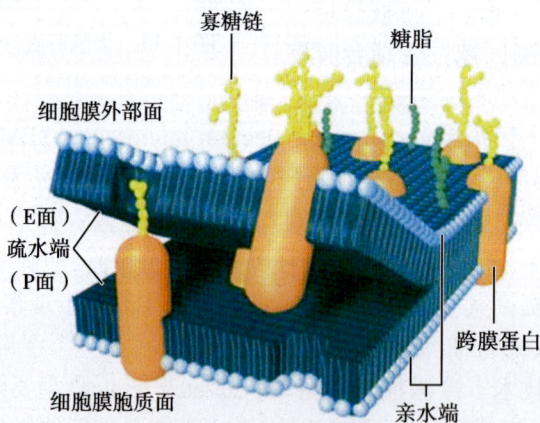

图1-14　冷冻蚀刻模式图

8

图 1-15　冷冻蚀刻电镜像　Bar=250μm
▲示紧密连接网格状嵴；△示微绒毛顶部质膜

5. 扫描电镜铸型技术　**扫描电镜铸型**（scanning electron microscope casting）特别适用于观察空腔性结构的微细立体构筑。该技术能较好地展示管腔面结构的立体图像。常用于毛细血管和淋巴管等某一区域的特异性结构分布研究。

6. X- 衍射显微分析技术　**X- 衍射显微分析**（X-ray diffraction microanalysis）是当前研究生物大分子元素空间结构最有效的技术方法之一。可了解样品内组成元素的种类、含量及分布情况。

7. 超高压电镜技术　**超高压电镜**（ultrahigh voltage electron microscope，UEM）是指电子束的加速电压超出 500kV 以上的电镜，而普通电镜的加速电压一般在 200kV 以下。该技术的特点是对观察样品的穿透力强，分辨率更高。故较适用于观察较厚的样品，如培养的细胞，无需超薄切片即可直接观察细胞内微丝、微管等结构。

8. 扫描探针电镜技术　**扫描探针电镜**（scanning probe microscope，SPM）是新一代研究测量物体表面性状的生物技术，也是一大类具有高性能特点的电镜技术的总称。主要包括扫描隧道电镜（STM）、原子力电镜（AFM）、磁力电镜（MFM）、电力电镜（EFM）、侧向力电镜（LFM）等。SPM 技术的特点是所检测样品无需作特殊处理，在空气、溶液或真空环境内均可显像。故 SPM 技术已广泛应用于当今生命科学的多个研究领域中，在 DNA、蛋白质及生物膜等研究领域尤为突出。

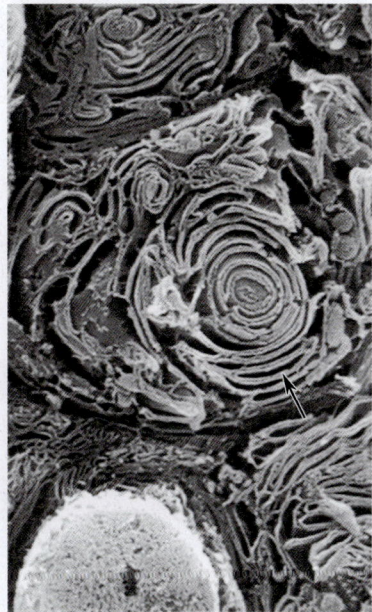

图 1-16　兔胰腺细胞冷冻割断
电镜像　×20 000

📖 知识链接

冷冻电镜突破原子分辨率

2020 年 10 月 21 日，*Nature* 杂志同期发表了两项冷冻电镜领域突破性研究论文，*Nature* 称之为"打开全新宇宙"。这两项研究，将冷冻电镜分辨率提高到单个原子水平，这一里程碑式的突破，巩固了冷冻电镜在绘制蛋白质结构图谱中的主导工具地位。

有助于研究人员了解蛋白质的生理和病理机制,并有助于开发出副作用更少,效果更好的药物,而这些是其他成像技术(如 X 射线)无法做到的。

(四) 组织化学和细胞化学技术

组织化学(histochemistry)和**细胞化学**(cytochemistry)技术是基于物理和化学反应的原理,使组织细胞内某些待检测的化学成分形成有色沉淀物,便于光镜或电镜下对其进行定性、定位和定量研究。常用的研究内容包括:

1. 糖类　显示多糖和蛋白多糖常用**过碘酸 - 希夫反应**(periodic acid-Schiff reaction)简称 PAS 反应。其原理是:过碘酸氧化反应可使糖分子的乙二醇基氧化形成乙二醛基,后者与 Schiff 试剂中无色碱性品红结合,即可在原糖分子存在的部位形成紫红色反应产物并形成沉淀,间接显示细胞内糖物质的状态(图 1-17)。

2. 脂类　脂类包括脂肪和类脂。为防止有机溶剂对其的溶解,常用冰冻切片为宜。可采用苏丹黑、油红 O、尼罗蓝等易溶于脂类的染料进行染色(图 1-18)。也可采用锇酸(OsO_4)、脂肪酸或胆碱处理,三者均可使锇酸还原为 OsO_2 而呈黑色。

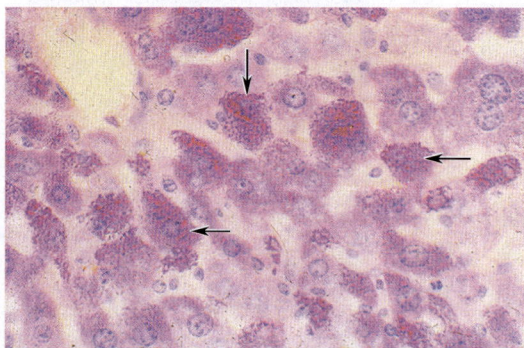

图 1-17　兔肝　PAS 反应　高倍
↑糖原颗粒呈紫红色

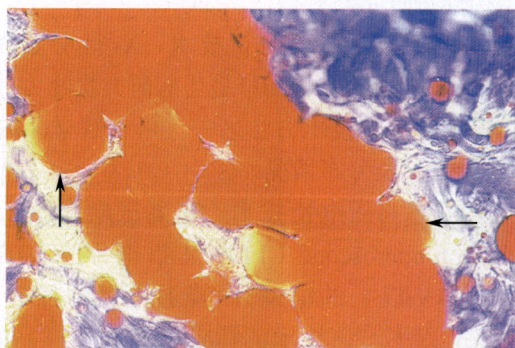

图 1-18　兔皮下脂肪组织　苏丹 Ⅲ 染色　高倍
↑脂滴呈鲜红色

3. 酶　已知细胞内有各种酶类,不同酶类的组织化学和细胞化学反应各异,但其基本原理均是:利用酶对其相应底物水解、氧化产生的反应物与捕获剂发生反应时,可形成有色最终产物。常以最终产物显色的深浅表示该酶活性的强弱(图 1-19)。

4. 核酸　常用**福尔根反应**(Feulgen reaction)显示 DNA。其原理是:DNA 分子中的脱氧核糖与嘌呤之间的连接键经稀盐酸处理后被打开,在形成醛基后再与 Schiff 试剂中的碱性品红作用,即可使 DNA 呈紫红色(图 1-20)。也可用甲基绿 - 派若宁反应,可同时使 DNA 呈蓝绿色,RNA 呈红色。

(五) 免疫组织化学和免疫细胞化学技术

免疫组织化学(immunohistochemistry)和**免疫细胞化学**(immunocytochemistry)技术均基于抗原 - 抗体特异性结合的免疫学原理,将已知的细胞内某种多肽、蛋白质作为抗原注入到机体内,使机体产生与之相应的抗体,经分离提取后的抗体用荧光染料或铁蛋白予以标记,最终用标记后的抗体来寻找、观察样品中能与其发生特异性结合的抗原(图 1-21)。用荧光素标记抗体和处理样品,并在荧光显微镜下观察,称**免疫荧光细胞化学技术**(immunofluorescent cytochemistry technique)(图 1-6,图 1-22)。用酶标记抗体和处理样品，经酶显色后可在光、电镜下观察，用电镜观察，称**免疫电镜技术**（immunoelectron microscopy）。若采用单克隆抗体可有效提高抗体的特异性和检测精确性。

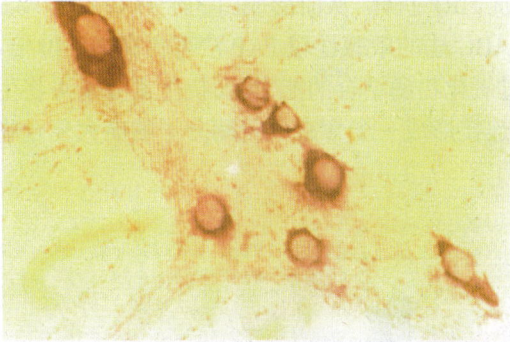

图 1-19　小鼠小肠肠肌神经丛一氧化氮合酶（NOS）组化反应　高倍

神经元胞质呈棕色为 NOS 反应阳性，胞核为阴性

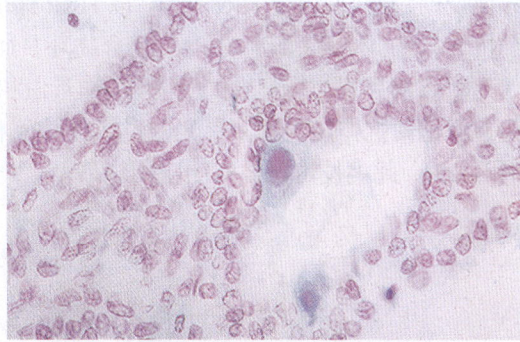

图 1-20　核内巨细胞病毒包涵体福尔根反应呈紫红色

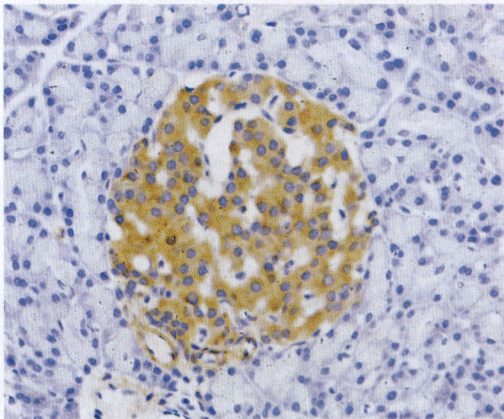

A

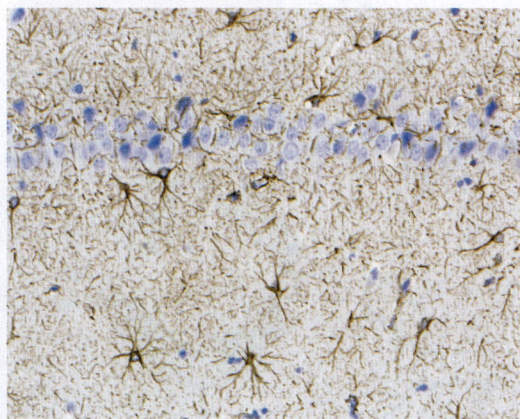

B

图 1-21　免疫组织化学技术　高倍

A. 大鼠胰腺 mTOR；B. 大鼠海马区星形胶质细胞 GFAP

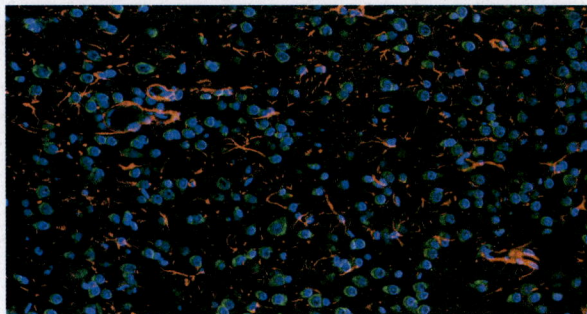

图 1-22　免疫荧光显示脑组织 gfap 及 notch1 表达　高倍

蓝色显示细胞核，红色显示 gfap，绿色显示 notch1

　　通常将标记抗体与抗原发生直接结合的方法称为**直接法**（一步法）。该方法简单方便，特异性强，但敏感性较低。若将分离提取的抗体（Ⅰ抗）再作为抗原去免疫另一机体，并制备Ⅱ抗，用标记物再标记Ⅱ抗，最后用Ⅰ抗和标记Ⅱ抗先后处理观察样品，即形成抗原 - Ⅰ抗 - 标记Ⅱ抗的复合物，此方法称**间接法**（二步法）。间接法中的一个抗原分子可通过一个Ⅰ抗与多个标记Ⅱ抗结合，能较充分显示抗原，因而具有较高的敏感性，是目前广泛被采用

的方法。其不足之处是易出现非特异性反应（图 1-23）。间接法目前较常用的是 PAP 方法（图 1-24），其敏感性更强。PAP 法是在 Ⅰ 抗和 Ⅱ 抗基础上，再以辣根过氧化物酶（HRP）为抗原免疫动物后，提取抗 HRP 抗体，以 HRP 标记抗 HRP 抗体，从而形成由 3 个 HRP 分子与 2 个抗 HRP 抗体组成稳定的 PAP 复合物环。而 ABC 法的敏感性较 PAP 法可提高 20~40 倍，因为生物素具有与标记物如荧光素、铁蛋白和过氧化物酶结合的能力，而抗生素分子可将生物素标记的抗体与生物素标记的过氧化物酶相连接形成一个含有大量酶分子的庞大复合物（图 1-25）。此类技术已被广泛应用。

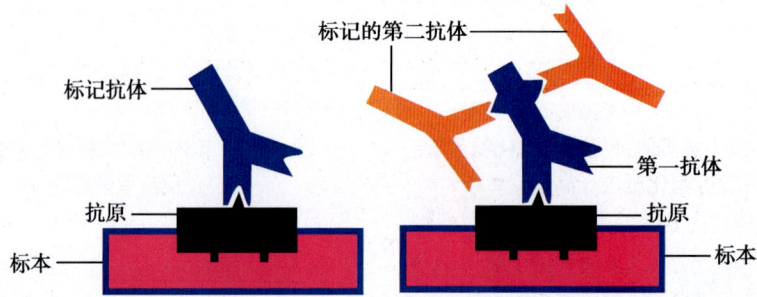

图 1-23 免疫组织化学示意图（直接法和间接法）

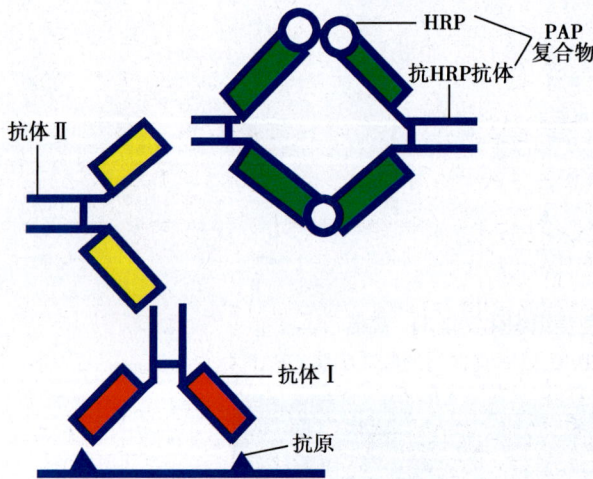

图 1-24 免疫组化 PAP 法示意图

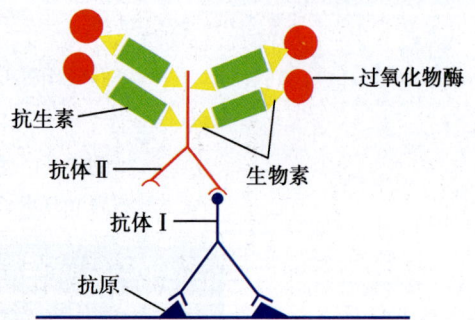

图 1-25 免疫组化 ABC 法示意图

（六）原位杂交技术

原位杂交技术（in situ hybridization）又称核酸分子杂交组织化学技术，被用来检测样品中特定的基因片段、转录水平的基因活性及表达（mRNA）。其原理是依据 DNA 双链的核苷酸互补特点，将带有标记物的已知碱基序列的核酸片段（又称探针），与组织细胞内待测的核酸进行特定的杂交，并通过标记物的显示，可在光、电镜下检测被杂交核酸的存在与否或定位、定量。目前该技术使用的核酸探针标记物通常有放射性类和非放射性类两种。放射性类常用的核素为 ^{35}S、^{32}P 和 ^{3}H 等，经放射自显影技术处理后即可用光、电镜观察。非放射性类的标记物为地高辛、生物素、荧光素、铁蛋白等，可经免疫组织化学技术处理后观察（图 1-26）。

（七）细胞化学计量技术

细胞化学计量技术（quantitation in cytochemistry）是应用数据方式反映组织细胞内某类化学物质或反应产物量化方法的总称。常用的技术方法包括：

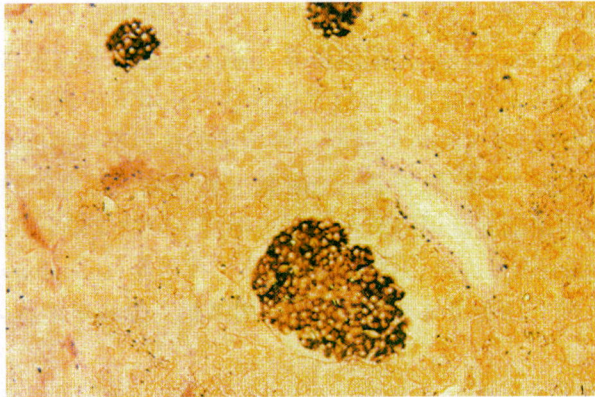

图 1-26　地高辛标记胰岛素 cRNA 探针检测大鼠胰腺　低倍
胰岛素细胞呈棕黑色反应

1. 显微分光光度测量技术　**显微分光光度测量技术**（microspectrophotometry）是基于细胞内不同物质呈色反应各异而对波长吸光度不同的特点，经显微分光光度计获得光密度（OD）值，从而在镜下对观察样品进行定量分析研究。

2. 流式细胞技术　**流式细胞技术**（flow cytometry，FCM）是将已进行荧光染色和标记的细胞悬液以单细胞液流状态快速通过装有散光照射的被测区，所产生的光信号转变成电脉冲，分别输入计算机处理并在荧屏上显示，可对单个细胞的生理、生化和生物物理特性进行快速高效的定量分析测定。常用于细胞动力学、免疫学和肿瘤学中的 DNA、RNA、蛋白质、染色体、抗原、抗体、细胞亚群和杂交细胞的分选研究。

3. 显微图像分析系统　**显微图像分析系统**（microscope image analysis system）主要由显微镜、计算机、图像采集装置和数据处理分析软件 4 部分构件组成，集光学、电子、计算机等高技术于一体，已被广泛应用于生命科学研究。可进行细胞及细胞内微细结构和成分的数量、体积、面积、周长、直径等相对和绝对值的测定并打印，同时可进行二维或三维的转换。前述的组织化学、细胞化学、免疫细胞化学等技术所制备的样品均可经显微图像分析系统进行定量研究。

（八）放射自显影技术

放射自显影技术（autoradiography，ARG）是基于放射性同位素核裂变时放出的核射线可使感光材料中的溴化银颗粒感光后还原成银粒的原理。将标记的示踪剂注入机体或掺入培养基中，经细胞摄取后，取被检组织或细胞制成切片或涂片标本，并与感光材料紧贴，经适当时间的曝光、显影和定影后，感光材料中溴化银颗粒即可被还原而呈现与标本中示踪剂分布部位、数量、强度（浓度）完全一致的**影像**（image）。经光、电镜下对影像的分析，便可得知示踪剂的精确分布和含量（图 1-27）。由于该技术具有鲜明的稳定性、精确性和敏感性等特点，至今仍被广泛应用于生物医学各研究领域。

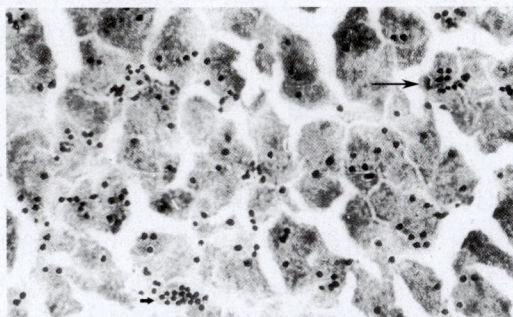

图 1-27　大鼠肝内 ^{3}H- 川芎嗪分布光镜
放射自显影像　低倍
↑银颗粒

（九）体外培养技术

体外培养（in vitro culture）技术是**组织培养**（tissue culture）和**细胞培养**（cell culture）技术的总称。该技术特点是取活体组织细胞放置体外适宜环境下使其继续生长、繁殖的同时进行观察研究，故体外培养技术又称体外实验。该技术的核心条件是提供无菌、无尘、恒温、恒湿，并符合机体 O_2/CO_2 比、电解质、渗透压、pH 值和营养物质等要求的组织细胞生存环境。通过组织块直接长出单层细胞或用酶消化等方法将组织分散成单个细胞进行培养称**原代培养**（primary culture）；细胞增殖后再传代继续培养称**传代培养**（subculture）（图 1-6，图 1-7）；经长期反复传代培养而成的细胞群体称细胞系；采用细胞克隆或单细胞培养所得纯种系细胞群体称细胞株。

（十）细胞融合技术

细胞融合（cell fusion）又称**细胞杂交**（cell hybridization），是指在体外用人工方法使两个或两个以上细胞成为一个单个核或多个核细胞的过程。新形成的细胞称**杂交细胞**（hybrid cell）。细胞融合既可在相同基因型细胞间进行，也可在不同基因型细胞中进行。前者形成的杂交细胞称同核体，后者形成的杂交细胞称异核体。人类两性生殖细胞结合形成受精卵的现象就是细胞融合的过程。该技术具有广泛的应用前景。

（十一）组织工程技术

组织工程（tissue engineering）采用体外培养技术，以生物材料为替代物，构建并替代机体已损伤或衰老的组织器官，是集生命科学和工程学相结合的新兴交叉学科或技术，也是当今生物医学关注热点之一。组织工程的核心是建立细胞与生物材料的三维复合体。其基本原理和方法是将体外培养扩增的正常组织细胞，吸附于生物相容性良好、可被机体吸收的生物材料上形成复合物，并将复合物植入机体病损组织器官相应部位；复合物中的细胞在生物材料逐渐被机体降解吸收过程中即可形成与该病损组织器官相一致的组织器官，从而达到修复创伤和重建功能的目的。可完成重建的组织器官有角膜、神经、软骨、血管、肌腱、骨、耳郭、气管、皮肤等。随着中国可视化人体（Chinese visible human，CVH）数据集研究的不断深入和完善，有力地推动了组织工程的应用和发展。

（十二）组织芯片技术

组织芯片（tissue chip）又称**组织微阵列**（tissue microarrays，TMA），是一种高通量、大样本、标准化、快速的分子水平分析工具。该技术是将大量组织标本按照设计需求，以规则阵列方式集成于同一固相载体上，形成组织微阵列，进行同一指标的原位组织学研究。组织芯片的制作原理与单个切片相同，只是样本数量增加，再利用免疫组织学、原位杂交等组织学、分子生物学技术对芯片中的组织进行检测。现在已广泛应用于医学基础及临床研究。

四、组织学学习方法及注意事项

组织学是基础医学的重要形态学课程。在学习中，掌握科学的学习方法，融会贯通，可达到事半功倍的学习效果。

1. 基本组织与器官的关系　组织学的学习涉及组织、细胞、亚细胞和分子乃至原子。学习组织学必须以人体基本组织为中心，依据各器官的微细结构特点，从内向外（空腔性器官）或由表及里（实质性器官）进行学习。现代组织学涉及许多相关学科的内容，如有关机体分子水平部分的教学将在生物化学、细胞生物学、分子生物学等学科深入系统学习，在组织学中，只要求学生记住其名称及基本作用。

2. 形态与功能的关系　形态结构决定生理功能，特定的形态结构总是与特定的生理功能密切相关，所以在学习形态结构时要主动联系其功能。如神经细胞具有长短不一、粗细不等、形态各异的突起这一结构特点，与其具有接受刺激、传导冲动的功能相关联；巨噬细胞的不规则外形和胞质内含大量溶酶体的结构特点，与其具有游走性和吞噬溶解异物的功能相关联；内分泌细胞(腺)的分泌物(激素)无需导管运输，直接入血液循环，与内分泌器官中分布有丰富的毛细血管相关。

3. 平面与立体的关系　显微镜下所见组织切片标本中的图像通常是组织细胞二维平面结构。某一物体从不同的视角观察，可得到不同的图形(球形除外)，由于标本制作时切片的方向及角度的随机性，致使切片标本中的组织细胞可因切面部位、方向、角度的不同而呈现不同的图像。例如，肝小叶的立体结构为六角棱柱状，以其长轴纵切则呈长柱状，若以其长轴横切则成六角形；同理某一组织因切面部位不同，可造成镜下有的细胞有细胞核、有的则没有细胞核。因此，观察切片标本时要将所见二维平面结构与三维立体结构相联系，逐步建立动态、虚拟的立体思维方式与空间构象能力。

4. 理论与实践的关系　组织学是以描述为主的形态学科，单一靠理论内容的阅读、背记，学习效果往往不佳。相反，在理论课内容的基础上，通过实验课自己动手、分析比较观察的切片标本，可有效加强对理论内容的理解和记忆。所以，实验课是提高学生动手能力和培养发现问题、分析问题和解决问题能力的重要环节，学习时应重视实验课，充分利用好实验课。

👀 学习小结

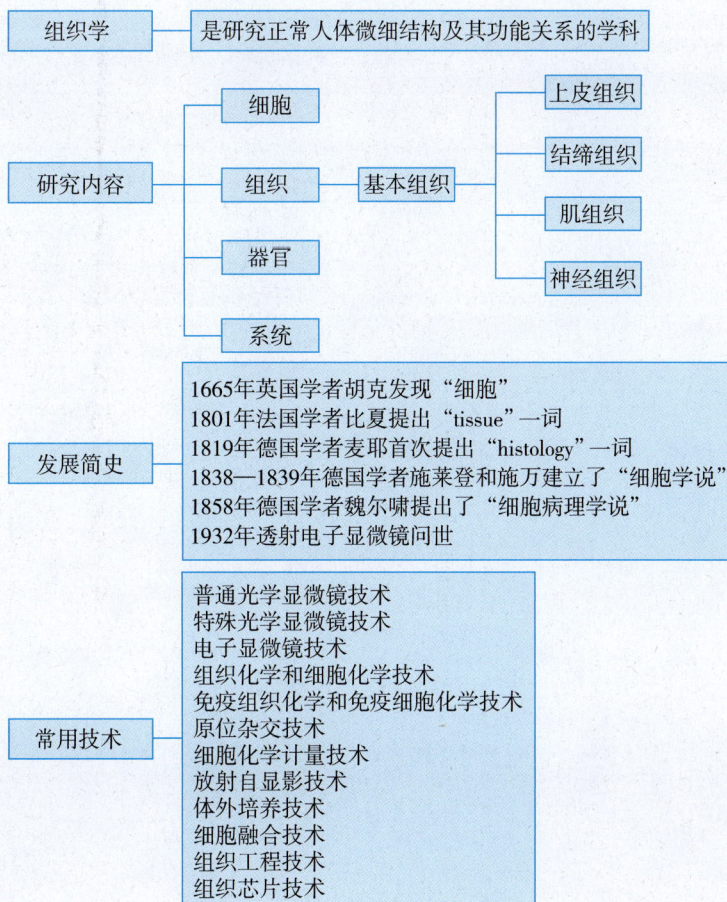

组织学 — 是研究正常人体微细结构及其功能关系的学科

研究内容
- 细胞
- 组织 — 基本组织 — 上皮组织、结缔组织、肌组织、神经组织
- 器官
- 系统

发展简史
1665年英国学者胡克发现"细胞"
1801年法国学者比夏提出"tissue"一词
1819年德国学者麦耶首次提出"histology"一词
1838—1839年德国学者施莱登和施旺建立了"细胞学说"
1858年德国学者魏尔啸提出了"细胞病理学说"
1932年透射电子显微镜问世

常用技术
普通光学显微镜技术
特殊光学显微镜技术
电子显微镜技术
组织化学和细胞化学技术
免疫组织化学和免疫细胞化学技术
原位杂交技术
细胞化学计量技术
放射自显影技术
体外培养技术
细胞融合技术
组织工程技术
组织芯片技术

笔记栏

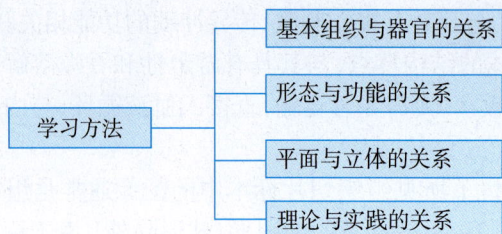

（刘黎青）

复习思考题

1. 何谓组织？何谓细胞外基质？基本组织的分类有哪些？
2. 何谓 H-E 染色？
3. 试述形态结构与生理功能的关系。

扫一扫
测一测

扫一扫
测一测

PPT 课件

第二章

上 皮 组 织

学习目标

能写出上皮组织一般特性和被覆上皮的组织结构特点及分布。

理解上皮组织特化结构的构成及形态结构基础,能叙述其功能与形态结构间的关系,逐步建立从形态到功能的思维逻辑。

能写出腺的概念,知晓腺发生的演变过程,理解外分泌腺的组成结构,根据腺细胞的形态结构特征对其功能做出推测判断。

上皮组织(epithelial tissue)简称**上皮**(epithelial)是由大量形态规则、排列密集的上皮细胞和极少量细胞外基质组成。上皮组织的结构特性为:细胞多、细胞外基质少;分布广泛,可覆盖于体表和衬贴在体腔或腔、囊器官的内表面;上皮细胞有**极性**(polarity),朝向体表、体腔和器官腔囊的一面称**游离面**(free surface),与游离面相对应的称**基底面**(basal surface),基底面借基膜与其下方的结缔组织相连;上皮组织通常无血管,营养物质依靠结缔组织中的血管提供,营养物透过基膜渗透到上皮组织内;上皮组织有丰富的感觉神经末梢。

上皮组织的功能多样,通常具有保护、吸收、分泌、排泄和感觉等功能。依据上皮组织来源、分布、形态和功能,主要分为被覆上皮和腺上皮。此外,机体内还有一些特化的上皮,如有收缩能力的**肌上皮**(myoepithelium),感受某些理化刺激的**感觉上皮**(sensory epithelium)等。

一、被覆上皮

被覆上皮(covering epithelium)覆盖于体表、铺衬在腔囊器官内表面和体腔面等。被覆上皮仅由一层细胞组成的称**单层上皮**(simple epithelium)、两层或两层以上细胞组成的称**复层上皮**(stratified epithelium)。依据单层上皮和复层上皮的表层细胞形态又可分为:扁平、立方、柱状等多种类型。被覆上皮的分类及主要分布见下:

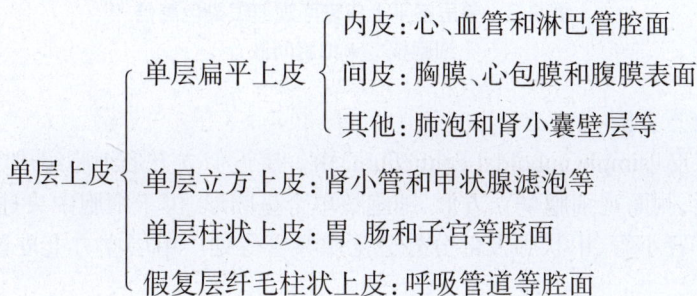

单层上皮
- 单层扁平上皮
  - 内皮:心、血管和淋巴管腔面
  - 间皮:胸膜、心包膜和腹膜表面
  - 其他:肺泡和肾小囊壁层等
- 单层立方上皮:肾小管和甲状腺滤泡等
- 单层柱状上皮:胃、肠和子宫等腔面
- 假复层纤毛柱状上皮:呼吸管道等腔面

$$
复层上皮\begin{cases}
复层扁平上皮\begin{cases}未角化：口腔、食管和阴道等腔面\\角化：皮肤的表皮\end{cases}\\
复层立方上皮：汗腺导管等\\
复层柱状上皮：睑结膜和男性尿道腔面等\\
变移上皮：肾盏、肾盂、输尿管和膀胱等腔面
\end{cases}
$$

（一）单层扁平上皮

单层扁平上皮（simple squamous epithelium）又称单层鳞状上皮，由一层扁平细胞组成。细胞表面观可见细胞呈不规则或多边形，表面光滑，细胞周边呈锯齿状，相邻细胞彼此嵌合；细胞核单个，圆形或椭圆形，位于细胞中央。细胞侧面观可见细胞呈细长扁平形，胞质少而薄，仅含核部分略厚（图 2-1～图 2-3）。

分布于心、血管和淋巴管腔面的单层扁平上皮称**内皮**（endothelium）。分布在胸膜、腹膜和心包膜表面的单层扁平上皮称**间皮**（mesothelium）。内皮和间皮因其游离面光滑而有利于血液、淋巴在管腔内的流动和减少器官间活动的摩擦。

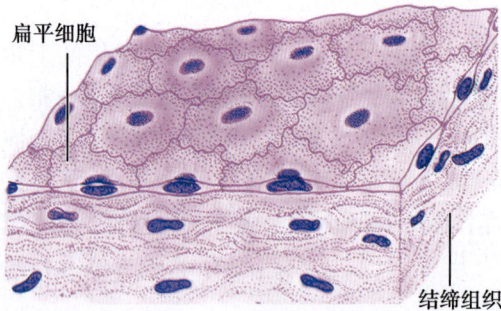

图 2-1 单层扁平上皮模式图

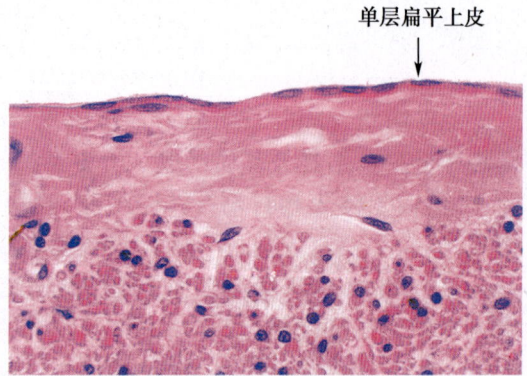

图 2-2 单层扁平上皮侧面观 高倍

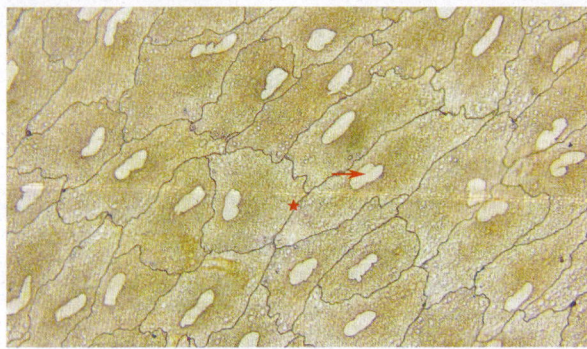

图 2-3 单层扁平上皮表面观镀银染色高倍
↑细胞核 ★细胞间嵌合

（二）单层立方上皮

单层立方上皮（simple cuboidal epithelium）由一层近似立方形细胞组成。表面观细胞呈六角形或多边形，侧面观细胞呈立方形，细胞核单个呈圆形，位于细胞中央（图 2-4）。单层立方上皮可分布于肾小管、甲状腺及部分外分泌腺导管等处。单层立方上皮具有分泌和吸收等功能（图 2-5）。

立方形细胞

结缔组织

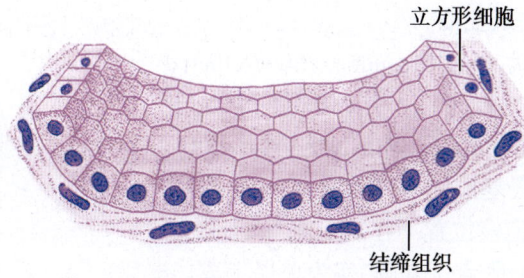

图2-4 单层立方上皮模式图

(三) 单层柱状上皮

单层柱状上皮(simple columnar epithelium)由一层棱柱状细胞组成。表面观可见细胞呈六角形或多角形;侧面观可见细胞呈柱状,细胞核单个呈椭圆形,常位于细胞下 1/3 处(图2-6、图2-7)。单层柱状上皮可分布于胃、小肠、大肠、胆囊、输卵管和子宫等器官的腔面,主要具有吸收、分泌等功能。分布在肠道的单层柱状上皮间还夹有**杯状细胞**(goblet cell),杯状细胞形似高脚酒杯,细胞核呈三角形,深染,位于细胞基底部,顶部胞质内常充满大小不等的**黏原颗粒**(mucinogen granule)。颗粒内的黏蛋白含糖链,PAS 反应呈阳性,其溶液具有黏稠性,分泌后对上皮起到保护和润滑作用(图2-8)。

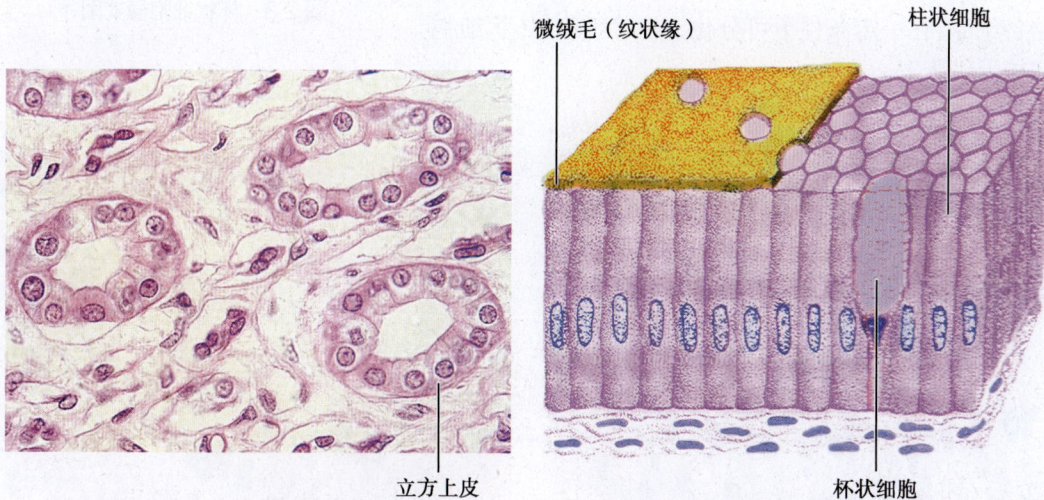

微绒毛(纹状缘)

柱状细胞

杯状细胞

立方上皮

图2-5 单层立方上皮(肾小管) 高倍

图2-6 单层柱状上皮模式图

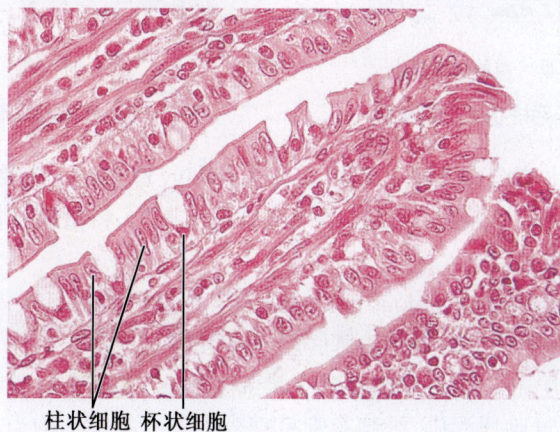

柱状细胞 杯状细胞

图2-7 单层柱状上皮(小肠) 高倍

（四）假复层纤毛柱状上皮

假复层纤毛柱状上皮（pseudostratified ciliated columnar epithelium）由一层形态不同、高矮不等、大小各异的细胞组成。包括柱状细胞、杯状细胞、梭形细胞、锥形细胞等（图 2-9）。假复层纤毛柱状上皮侧面观时，各类细胞高矮不等、细胞核位置不在同一水平面，貌似复层上皮，但其基底面均附着于基膜，实为单层上皮。

1. 柱状细胞　柱状细胞的高度可占整个上皮层厚度，因其游离面有纤毛结构故又称**纤毛细胞**（ciliated cell）（图 2-10）。

2. 杯状细胞　常位于柱状细胞之间。

3. 梭形细胞　细胞两端尖、中间宽，细胞游离面常不能到达上皮层表面。核椭圆形、单个，位于中央。

4. 锥形细胞　又称**基底细胞**（basal cell），呈三角形，细胞基底部宽大并与基膜相附着，游离面细尖，常被夹在其他细胞之间而不能到达上皮层表面。核圆形、单个，位于中央。锥形细胞是一种具有分化潜能的储备细胞，在一定条件下可分化为柱状细胞、杯状细胞和梭形细胞等。

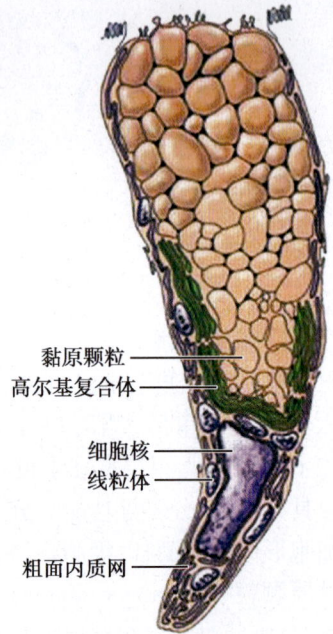

黏原颗粒
高尔基复合体
细胞核
线粒体
粗面内质网

图 2-8　杯状细胞模式图

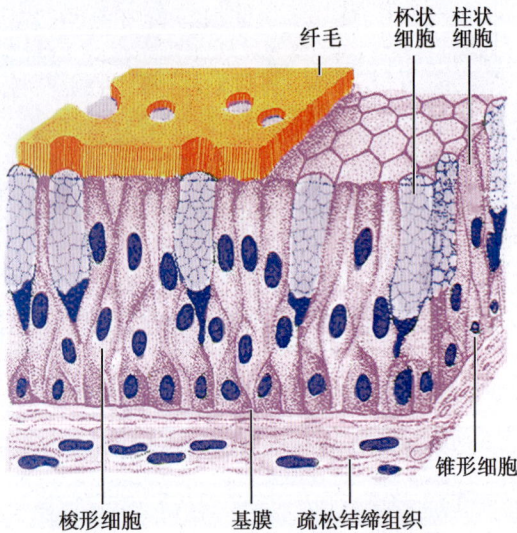

纤毛　　杯状细胞　柱状细胞

梭形细胞　基膜　疏松结缔组织　锥形细胞

图 2-9　假复层纤毛柱状上皮模式图

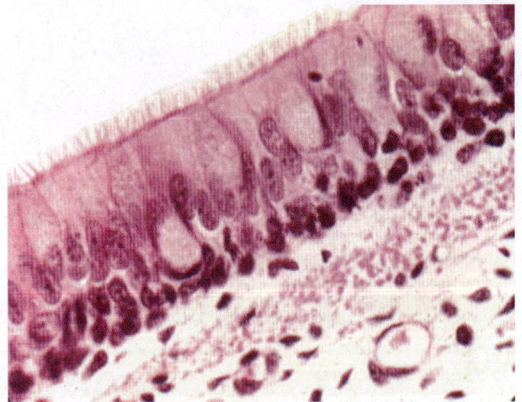

图 2-10　假复层纤毛柱状上皮　高倍

假复层纤毛柱状上皮分布于喉、气管、支气管和咽鼓管等处。主要功能为保护作用，杯状细胞分泌的黏液吸附微粒异物后，经柱状细胞纤毛的摆动，将微粒异物清除。

（五）复层扁平上皮

复层扁平上皮（stratified squamous epithelium）又称复层鳞状上皮，由多层形态各异的细胞组成。各类细胞由深至浅大致分为基底层、中间层和表层。

1. 基底层　基底层由一层立方形或矮柱状细胞组成，其下方与基膜相连又称**基底细胞**（basal cell）。光镜下可见胞质深染，细胞核常呈现分裂象。基底细胞为有较强分裂增生能力的干细胞，分裂增生的部分子细胞向表层迁移（图 2-11、图 2-12）。

2. 中间层　中间层为数层多边形细胞或梭形细胞,细胞体积较大,核圆形,位于中央。

3. 表层　由数层扁平细胞组成,细胞常见核固缩现象,已趋向死亡,可逐渐脱落。表层细胞因其分布部位的不同,可分为角化和未角化两种,当表层细胞细胞核消失、胞质中充满角蛋白而形成角质层时,所在的复层扁平上皮称**角化复层扁平上皮**(keratinized stratified squamous epithelium),分布于体表;否则称**非角化复层扁平上皮**(nonkeratinized stratified squamous epithelium),主要分布于口腔、咽、食管、鼻前庭、阴道等腔面。

复层扁平上皮具有较强抗机械性摩擦的保护作用及损伤后修复能力。

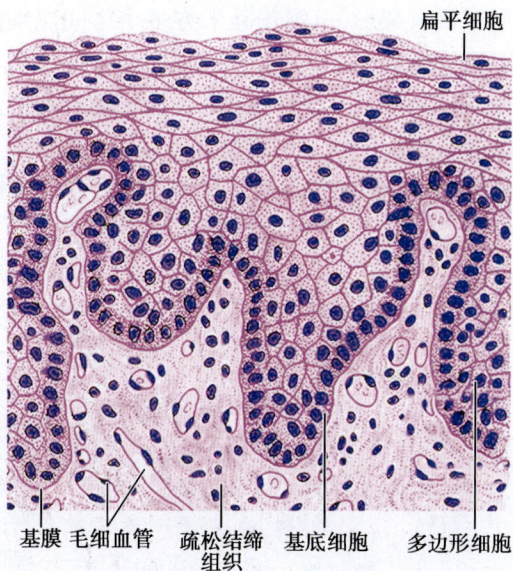

扁平细胞

基膜　毛细血管　疏松结缔　基底细胞　多边形细胞
　　　　　　　　组织

图 2-11　复层扁平上皮模式图

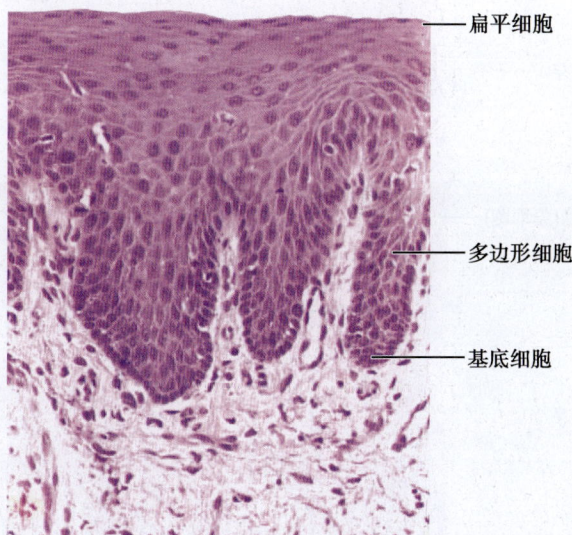

扁平细胞

多边形细胞

基底细胞

图 2-12　复层扁平上皮(食管)　高倍

(六) 复层立方上皮

复层立方上皮(stratified cuboidal epithelium)由表层的立方形细胞和其深部的一层或数层多边形细胞共同组成。此类上皮少见,如汗腺导管。

(七) 复层柱状上皮

复层柱状上皮(stratified columnar epithelium)由表层的柱状细胞和其深部的数层梭形细胞共同组成。此类上皮可分布于眼结膜、尿道海绵体部和部分腺的大导管等处。

(八) 变移上皮

变移上皮(transitional epithelium)又称移行上皮,变移上皮的细胞层数可因其所在器官功能状态的不同而各异。如分布在膀胱腔面的变移上皮,当膀胱充盈时,细胞为2~3层;而当膀胱空虚时,细胞为5~6层。

通常变移上皮可分为表层细胞、中间层细胞和基底层细胞三类。表层细胞体积大,呈伞形或倒置梨形,可覆盖其下方多个中间层细胞,因而又称**盖细胞**(tectorial cell)。盖细胞光镜下胞质丰富,常见双核,游离面胞质嗜酸性强呈深染称壳层;电镜下游离面细胞膜形成许多皱褶,以适应上皮变移的需要,而胞质游离面电子密度较高系胞质浓缩所致,能起到防御尿液侵蚀的作用。中间层细胞层次不定,呈多边形。基底层细胞近似立方形,附着于基膜上方。变移上皮分布于泌尿系统的肾盏、肾盂、输尿管和膀胱等器官结构的腔面(图 2-13、图 2-14)。

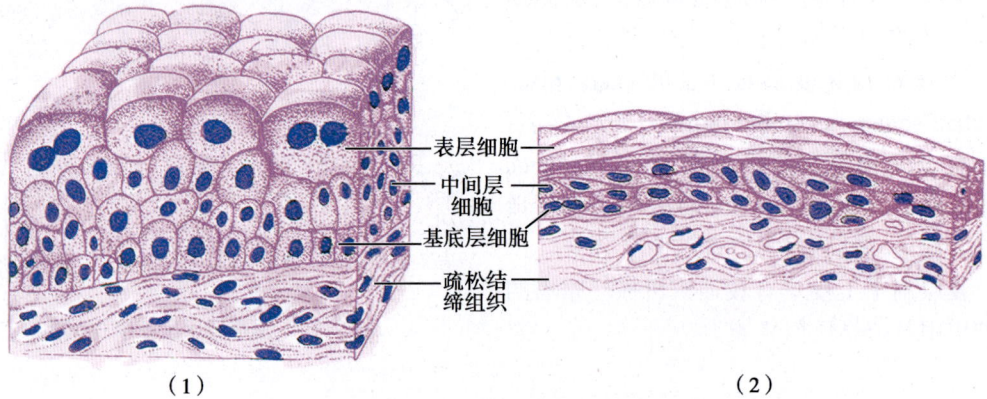

图 2-13 变移上皮模式图
(1)膀胱空虚状态;(2)膀胱充盈状态

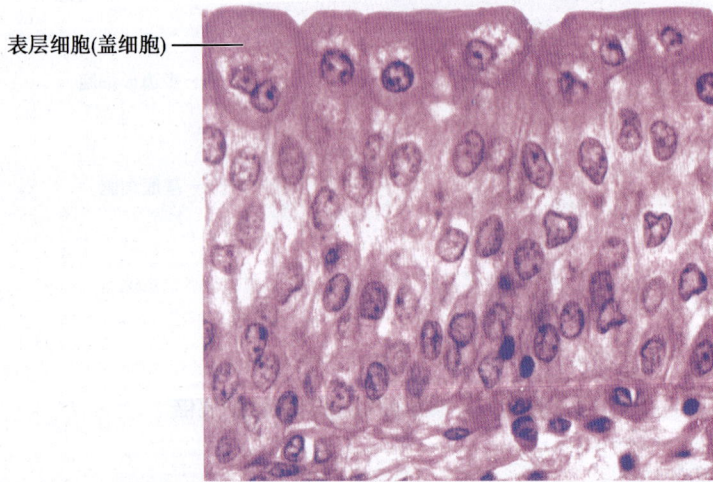

图 2-14 变移上皮(膀胱) 高倍
(膀胱空虚状态)

二、上皮组织特殊分化结构

上皮组织的特殊分化结构(简称特化结构)是指上皮组织为适应其内、外环境和功能的需要而分化形成的结构。这些特化结构并非上皮组织的细胞所特有,也可出现在其他组织细胞中,只是在上皮组织中表现尤为典型。

(一)上皮细胞游离面特化结构

1. 微绒毛 **微绒毛**(microvillus)是细胞膜与胞质共同向细胞游离面伸出的微细指状

突起。微绒毛长约 1.4μm、直径约 0.1μm。微绒毛内含许多与微绒毛长轴平行排列的**微丝**（microfilament），微丝一端附着在微绒毛顶端的胞膜内面，另一端与微绒毛起始部下方胞质中的**终末网**（terminal web）相连。微丝即肌动蛋白丝，其与终末网内的肌球蛋白相互作用，使微绒毛发生伸、缩运动（图 2-15、图 2-16）。

微绒毛的主要功能是增加细胞的表面积，一个小肠柱状上皮的微绒毛可扩大原细胞表面积 20~30 倍。

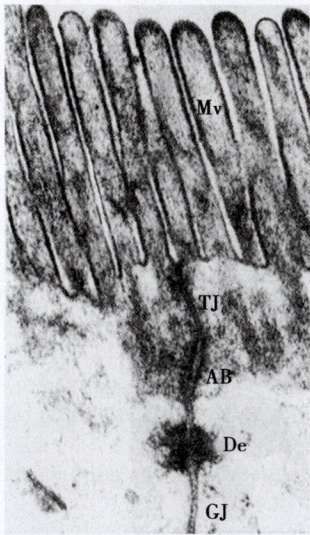

图 2-15　小肠上皮细胞电镜像
Mv：微绒毛；TJ：紧密连接；
AB：中间连接；De：桥粒；GJ：缝隙连接

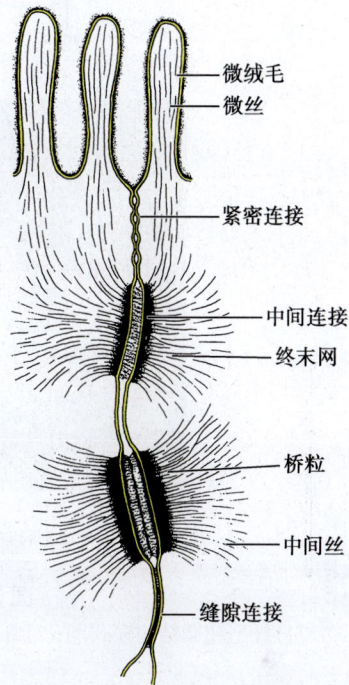

图 2-16　单层柱状上皮细胞的
微绒毛与细胞连接模式图

2. 纤毛　**纤毛**（cilium）是上皮细胞游离面伸出粗而长的突起，一般长 5~10μm，直径 0.3~0.5μm。电镜下纤毛轴心内含与纤毛长轴平行排列的**微管**（microtubule），微管常以 2 条独立的单管为中心，其周围环绕 9 条二联微管，称此类微管排列方式为"9+2"结构（图 2-17）。二条独立的单管之间有丝状结构相连，周围有蛋白成分形成的内鞘结构称中央鞘包绕。每条二联微管均由 A、B 两管组成，其中的 A 管向着 B 管方向伸出内、外两条支臂，支臂主要由动力蛋白组成，具有 ATP 酶活性，分解 ATP 后相邻二联微管间产生相互滑动，形成纤毛的弯曲摆动。纤毛根部有一致密的颗粒结构称**基体**（basal body），基体的结构与中心粒相同，主要由微管构成，并与纤毛轴心内的微管相连。纤毛的摆动可将分泌物颗粒、异物等向着特定方向运送，如气管的假复层纤毛柱状上皮的纤毛可将黏液及吸附的尘埃等向咽喉方向推送咳出体外；输卵管的柱状纤毛上皮的纤毛可将卵细胞、受精卵向着子宫方向运送。

纤毛具有节律性定向摆动的功能。某些上皮细胞的纤毛不发生摆动，称此类纤毛为**静纤毛**（stereocilium），见于附睾上皮、内耳毛细胞和视网膜的视细胞等处。

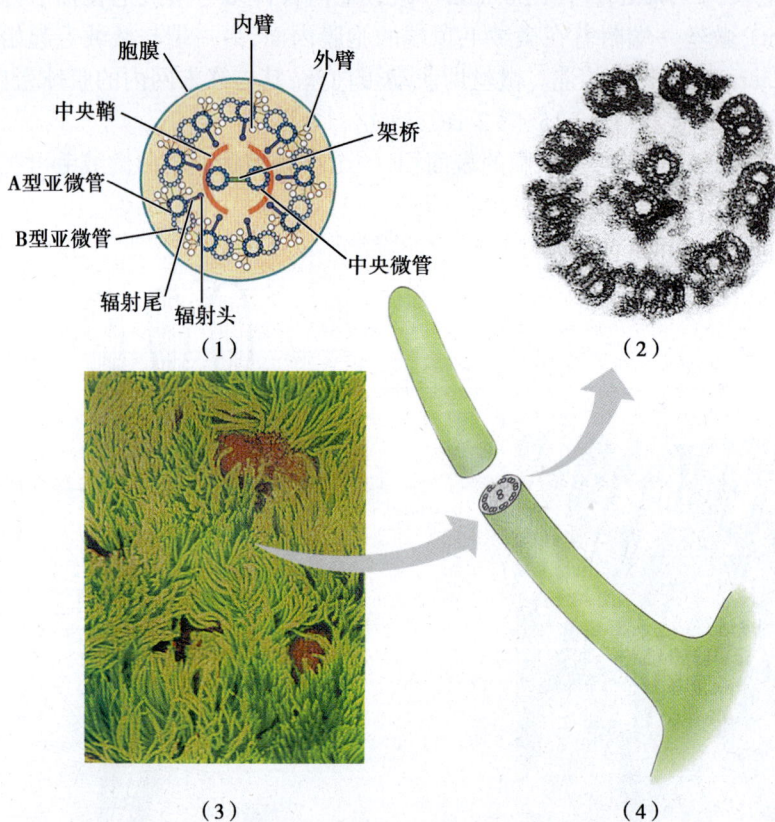

图 2-17　纤毛连续放大示意图
(1)纤毛超微结构模式图;(2)纤毛超微结构像;(3)纤毛扫描电镜像;(4)纤毛结构模式图

(二) 上皮细胞侧面特化结构

上皮细胞侧面的特化结构因其常与细胞间连接有关,故又称**细胞连接**(cell junction),种类较多,自细胞游离面至基底面依次可有以下类型。

1. 紧密连接　**紧密连接**(tight junction)又称**闭锁小带**(zonulaoccludens)。切面观,相邻细胞的细胞膜外层呈间断融合现象,融合处的细胞间隙消失,而非融合处两细胞间有10~15nm 的间隙,间隙内电子密度低。冷冻蚀刻等技术证明,相邻细胞的细胞膜融合处可见由各自细胞膜蛋白颗粒形成网格状的嵴,并相互对接形成**封闭索**(sealing strand)。紧密连接呈点状、斑状或带状,但在靠近细胞游离面可呈箍状环绕细胞一周。紧密连接可阻挡物质通过细胞间隙,具有屏障作用,也是相邻细胞间机械性连接的重要方式(图 2-18)。

2. 中间连接　**中间连接**(intermediate junction)又称**黏着小带**(zonula adherens),常位于紧密连接的下方。电镜下可见相邻细胞间有 15~20nm 的间隙,间隙内由细胞膜钙黏蛋白胞外部分构成的丝状结构连接相邻细胞膜。中间连接的胞质面附有糖蛋白形成薄层致密物质,胞质内的微丝附着其上形成终末网。中间连接具有细胞间黏着、信息传递、维持细胞形状等功能(图 2-16、图 2-19)。

3. 桥粒　**桥粒**(desmosome)又称**黏着斑**(macula adherens)位于中间连接的下方,呈斑块状,大小不等。电镜下可见相邻细胞间有 20~30nm 的间隙,间隙内含细胞膜钙黏蛋白胞外部分及跨膜细丝等丝状物在间隙中央交织形成一条致密线称间线。桥粒处相邻细胞膜的胞质面可见电子密度较高的盘状结构称**附着板**(attachment plaque),长 0.2~0.3μm,厚约

30nm。许多直径约 10nm 的中间丝折成袢状贴附于附着板,起固定和支持作用。桥粒是一种很牢固的连接结构(图 2-20、图 2-21)。

某些上皮细胞与基膜之间亦可出现**半桥粒**(hemidesmosome)结构。半桥粒是指上皮细胞基底面形成半个桥粒结构并附着于基膜的现象(图 2-22)。

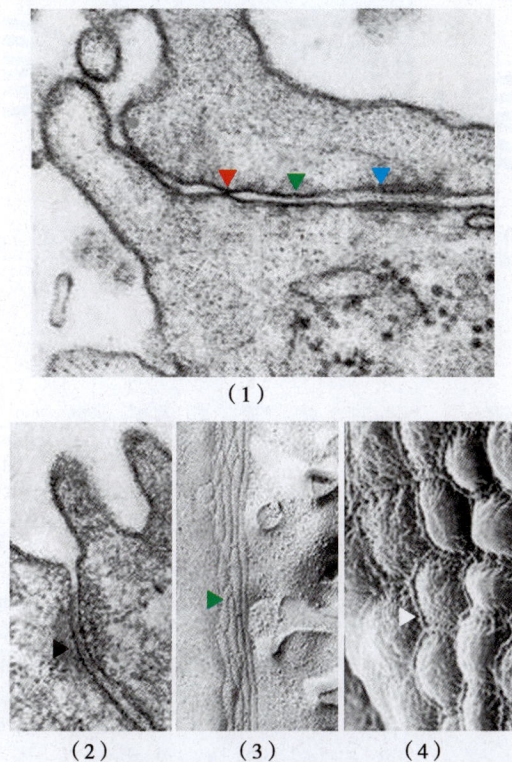

(1)

(2)　　　　(3)　　　　(4)

图 2-18　紧密连接电镜像

(1)5×10^4 ▲紧密连接 ▲中间连接 ▲桥粒;(2)▲紧密连接电镜像;
(3)3.4×10^4 ▲紧密连接冰冻蚀刻像;(4)△紧密连接扫描电镜像

钙黏蛋白　　钙紧张素　肌动蛋白丝

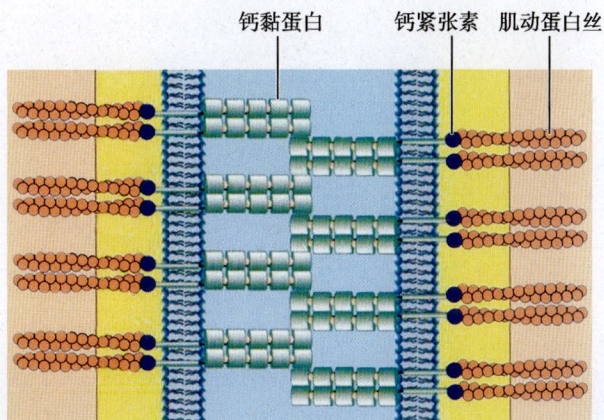

图 2-19　中间连接模式图

25

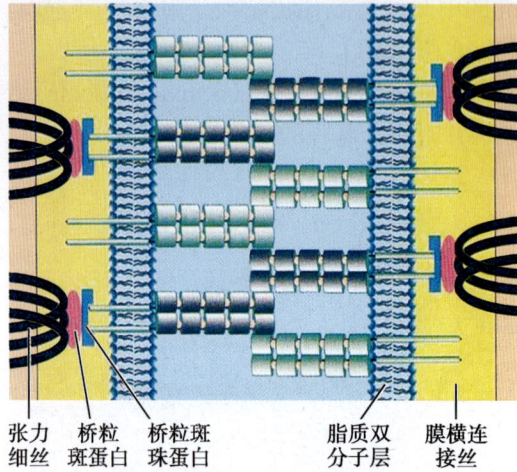

图 2-20 桥粒模式图

张力细丝　桥粒斑蛋白　桥粒斑珠蛋白　脂质双分子层　膜横连接丝

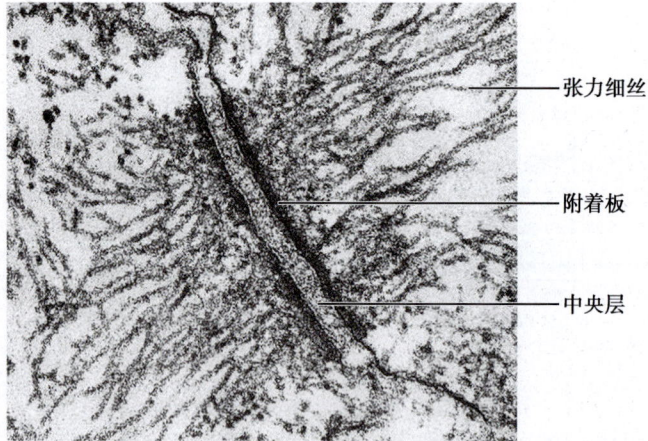

张力细丝

附着板

中央层

图 2-21 桥粒电镜像 ×50 000

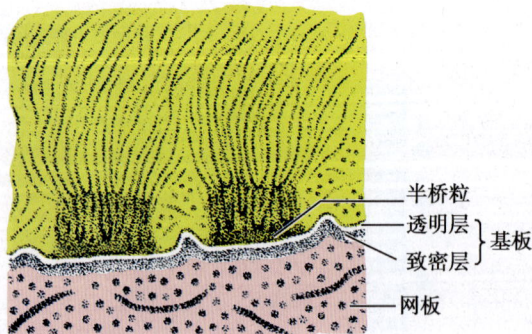

半桥粒
透明层　基板
致密层
网板

图 2-22 基膜和半桥粒超微结构模式图

4. 缝隙连接　**缝隙连接**（gap junction）又称**通讯连接**（communication junction），常位于桥粒下方，呈斑点状。电镜下相邻两个细胞的细胞膜间隙为 2~3nm，间隙两侧细胞膜上每隔约 4.5nm 可见一突起于各自胞膜外表的颗粒状结构称**连接子**（connexon），连接子是缝隙连接的基本结构和功能单位。连接子长约 7.5nm,中央有直径约 2nm 的通道,每个连接子由 6 个杆状连接蛋白组成。相邻细胞膜上连接子相互对接时,通道贯通于相邻两细胞膜及其间隙,成为细胞间的直接通道。在钙离子和其它因素作用下,通道可开放和关闭,水分子、糖类、氨基酸、核苷酸、离子等分子量小于 1 000Da 的物质可经通道由一个细胞直接进入另一细胞(图 2-23)。

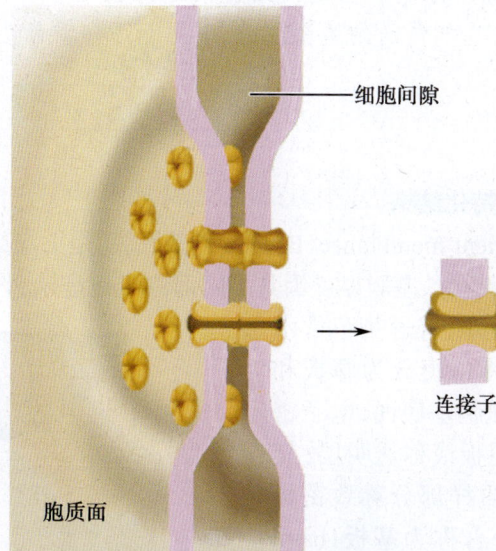

细胞间隙

连接子

胞质面

图 2-23　缝隙连接模式图

缝隙连接的重要功能是实现了细胞间的**直接通讯**(intimate communication)。缝隙连接可见于人体及其他动物的多种细胞中。

📖 知识链接

隧道纳米管——细胞间"远距离"连接

不同生物界的细胞各自具有独特的直接连接方式,主要表现为真菌细胞间的隔膜孔、植物细胞间的胞间连丝以及动物细胞间的缝隙连接。在组织培养中的哺乳动物细胞间存在一种特殊的连接方式——隧道纳米管(tunneling nanotubes,TNTs),在外观上其明显不同于缝隙连接,更像植物细胞间的胞间连丝,呈细长的精密管状结构,并且可以作为细胞间交流的通道。众多的隧道纳米管组成了复杂的细胞间连接网络结构,将一群细胞直接连续起来,相互影响形成了"合胞体",推进了细胞交流的多个方面,不但能直接交换胞质小分子,还能够在远距离细胞间运输细胞膜成分甚至于细胞器,其生理功能的重要意义也日益显著。

2004 年,Rustom 等借助于三维活细胞显微技术研究质膜附近的分泌颗粒时,在大鼠嗜铬细胞瘤 PC_{12} 细胞间发现了一种奇特的纳米级纤细长管,又用多组实验证明了这是一种新型的细胞连接方式,并将其命名为隧道纳米管。隧道纳米管的长度和直径都有着较大的波动范围,长度在几微米到 100 多微米之间,能够与远距离的细胞相连接,其直径变化可以从几十纳米到 1 微米以上。在固定的样品中只能看到极少量的隧道纳米管,活细胞激光共聚焦显微镜伴以最大亮度的发射能够检测到更多的数目,发现每个细胞平均有几十个细管连接,接近的细胞之间似乎还要更多一些。隧道纳米管的外观在多数情况下都呈直线状,但是偶尔也能观察到分岔连接的发生。隧道纳米管大部分是在细胞间重新形成的,一直处于形成及断裂的持续变化中,但这并不能完全排除在特定发育时期起源于胞质分裂过程的可能性。隧道纳米管结构非常的敏感和脆弱,容易被机械应力、化学固定或长时间的曝光所破坏。隧道纳米管的结构由细胞膜及其内部的结构骨架组成,同时在其内部还观察到了胞质分子和细胞器的存在。隧道纳米管的功能为能够在远离细胞间选择性迁移多种细胞成分,如细胞器、膜组分和可溶分子,还能传送细胞膜成分,其揭示了一种新型的动物细胞间连接方式。

(三) 上皮细胞基底面特化结构

1. **基膜**　　**基膜**(basement membrance,BM)又称基底膜,是上皮细胞基底面与深部结缔组织间共同形成的薄膜样结构。基膜厚度因其不同部位而有差异,平均厚度为 100~200nm,经特殊染色可在光镜下显示,普通染色常不易分辨。通常电镜下可将基膜分为基板和网板两部分。靠近上皮细胞基底面,电子密度低呈均质样部分称透明板或称透明层;其下方电子密度较高的均质样部分称致密板或称致密层,上述两部分合称**基板**(basal lamina),基板的化学成分主要是糖蛋白,包括层粘连蛋白、Ⅳ型胶原蛋白、纤维粘连蛋白等;基板下方与结缔组织相邻部分称**网板**(reticular lamina),由结缔组织成纤维细胞分泌的网状纤维和基质共同组成(图 2-23、图 2-24),厚度在不同细胞差异较大。肌细胞和部分神经胶质细胞等表面的基膜仅由基板结构。

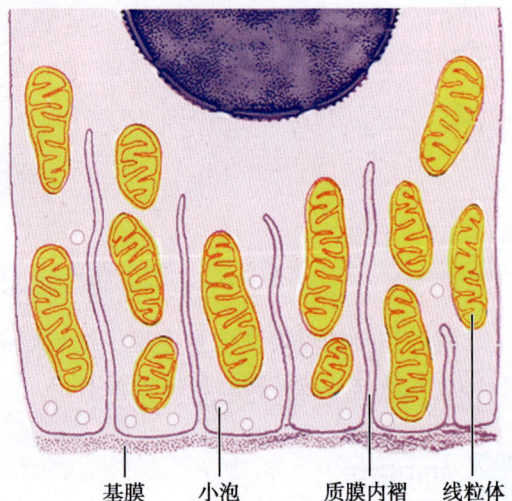

图 2-24　质膜内褶模式图

基膜具有半通透性,能选择性进行物质通透,相对分子质量大于 40kDa 的物质则可被屏障,故基膜在上皮细胞与结缔组织间进行物质交换中发挥重要的选择性通透作用,同时基膜对上皮细胞的增殖、分化还起到支持、保护等作用。

2. **质膜内褶**　　**质膜内褶**(plasma membrane infolding)是指上皮细胞基底面的细胞膜向胞质内陷,形成许多与细胞基底面垂直且长短不等的内褶,构成光镜下所见的基底纵纹结构。相邻质膜内褶间常有许多长杆状线粒体和小泡分布。质膜内褶可有效扩大上皮细胞基底面的表面积,常分布于物质交换频繁的细胞,如肾远端小管曲部上皮细胞(图 2-24)。

三、腺上皮与腺

以分泌功能为主的细胞称**腺细胞**(glandular cell),以分泌功能为主的上皮称**腺上皮**(glandular epithelium),而以腺上皮为主要成分构成的器官或结构称**腺**(gland)。

(一) 腺发生

胚胎时期的原始上皮演变成腺上皮后,腺上皮大多保留在由内、外胚层分化而成的被覆上皮中,并通过分裂增殖形成细胞索。细胞索在以后的增殖分化演变中可出现两种

笔记栏

趋向：

1. 外分泌腺　细胞索与表层上皮继续保持相互联系，并逐步形成导管和分泌部结构，分泌部产生的分泌物经导管排出体表或进入器官腔内，称此为**外分泌腺**（exocrine gland），如汗腺、唾液腺等（图2-25）。

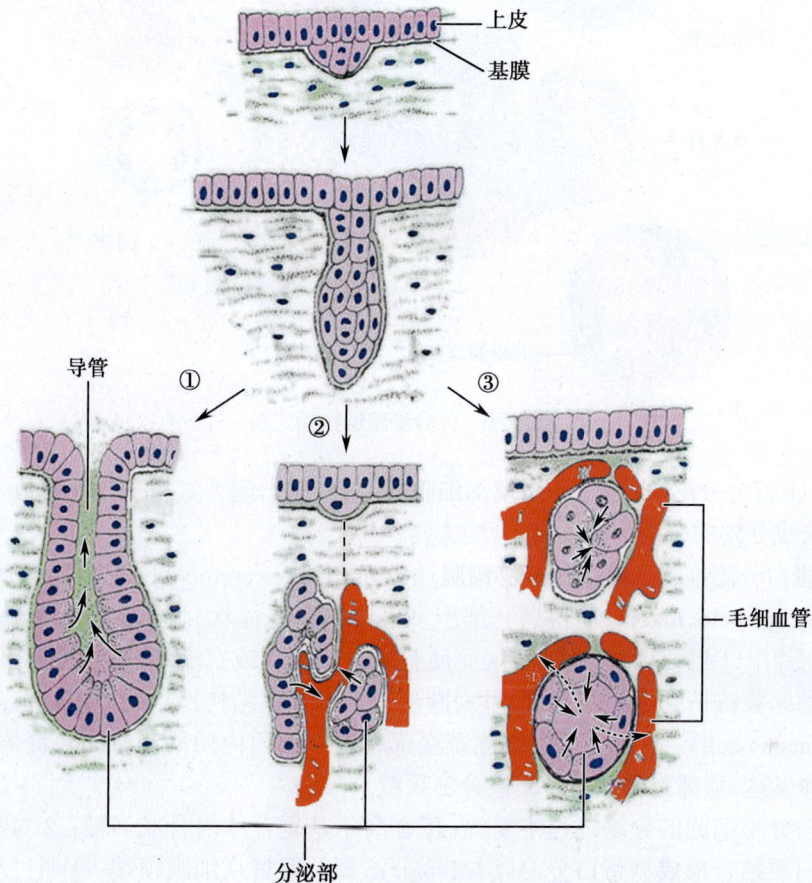

上皮
基膜
导管
①
②
③
毛细血管
分泌部

图2-25　腺的发生示意图
①形成外分泌腺；②形成内分泌腺的细胞排列成条索状；③形成内分泌腺（细胞排列成滤泡结构）

2. 内分泌腺　细胞索与表层上皮出现断离、脱节，在深部结缔组织中仅形成分泌部，而无导管。分泌部产生的分泌物直接进入其周围的毛细血管和淋巴管，再经血液循环至相应作用部位，称此为**内分泌腺**（endocrine gland），如甲状腺、肾上腺等（图2-26）。

（二）腺细胞

腺细胞产生分泌物排出的过程称**分泌**（secretion）。通常可依据腺细胞产生分泌物的化学成分及分泌过程的不同，将腺细胞归纳分为以下几种：

1. 蛋白质分泌细胞　**蛋白质分泌细胞**（protein-secretory cell）大多呈锥体形或柱状，核圆位于中央或靠近基底部。胞质基底部显强嗜碱性，胞质顶部聚集许多圆形嗜酸性分泌颗粒，称**酶原颗粒**（zymogen granule），具有这种结构特点的蛋白质分泌细胞称**浆液细胞**（serous cell）。电镜下浆液细胞基底部有密集平行排列的粗面内质网，并有许多线粒体位于内质网扁平囊之间，核上方有发达的高尔基复合体。

蛋白质分泌细胞的分泌过程主要为：①细胞从血液中摄取合成分泌物所需的氨基酸；②通过粗面内质网合成蛋白质；③将蛋白质输送到高尔基复合体后，经加工、浓缩，形成膜被

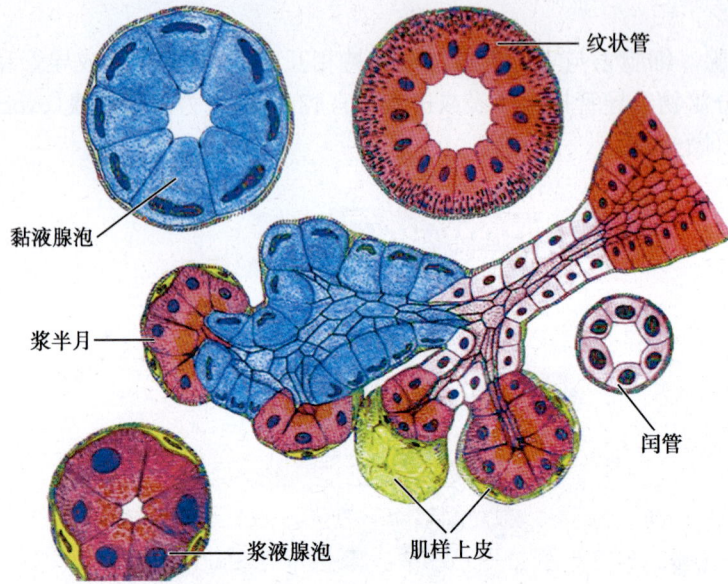

图 2-26 外分泌腺结构模式图

分泌颗粒；④膜被分泌颗粒聚集，与顶部细胞膜融合，以出胞方式将分泌物释放。蛋白质分泌细胞所合成分泌的分泌物较稀薄，含酶丰富。

2. 糖蛋白分泌细胞　糖蛋白分泌细胞（glycoprotein-secretory cell）因可分泌糖蛋白又称黏蛋白（mucoprotein,mucin）而得名。细胞多呈锥体形或柱状，胞质中含大量黏原颗粒，在 H-E 染色切片中，因黏原颗粒易被溶解而使胞质呈泡沫状或空泡状，核周胞质呈弱嗜碱性。胞核常被黏原颗粒挤到细胞基底部，呈扁圆形。具有上述结构特点的糖蛋白分泌细胞称黏液细胞（mucous cell）。电镜下黏液细胞基底部有较多粗面内质网和游离核糖体，核上方高尔基复合体发达，顶部胞质含较多膜被分泌颗粒。

糖蛋白分泌细胞的分泌过程主要为：①在高尔基复合体内合成多糖；②与粗面内质网合成的蛋白质结合形成糖蛋白分泌颗粒；③分泌颗粒聚集在细胞顶端；④通过胞吐方式释放到细胞外。糖蛋白分泌细胞所合成分泌的分泌物较黏稠，一般不含酶。

3. 类固醇分泌细胞　类固醇分泌细胞（steroid-secretory cell）的分泌物为类固醇激素。细胞呈圆形或多边形，核圆，位于细胞中央，胞质内含大量脂滴，在 H-E 染色切片中，因脂滴被溶解而使胞质呈泡沫状。电镜下胞质内滑面内质网丰富，核旁高尔基复合体发达，并可见许多管状嵴线粒体和含脂类小泡，通常无分泌颗粒。

4. 肽分泌细胞　肽分泌细胞（peptide-secretory cell）因胞质基底部常含大小不等的分泌颗粒而又称基底颗粒细胞（basal granular cell）。细胞多为圆形、多边形或锥形，胞质着色浅。H-E 染色标本中分泌颗粒不易辨认，但可被银盐或铬盐着色。肽分泌细胞能产生胺，合成肽，属 APUD 细胞（详见第十四章内分泌系统）。电镜下不同部位的肽分泌细胞基底部颗粒的大小、形态及电子致密度等各有差异，但胞质均含少量粗面内质网及高尔基复合体，滑面内质网及游离核糖体较丰富。细胞内肽的分泌过程与蛋白质分泌细胞的分泌过程基本相同，胺可在滑面内质网和高尔基复合体生成，分泌物以胞吐或分子渗出方式释放到细胞外。

（三）腺

腺主要由腺上皮构成，也称腺体。按其形态结构、分泌物分泌方式等不同，可分为外分泌腺和内分泌腺两大类。本章仅叙述外分泌腺相关内容，内分泌腺详见第十四章。

1. 外分泌腺　绝大多数外分泌腺是由许多腺细胞组成的**多细胞腺**（multicellular gland），多细胞腺一般由分泌部和导管两部分构成。

（1）分泌部：**分泌部**（secretory portion）又称腺末房或**腺泡**（acinus），是外分泌腺分泌物产生的场所。腺泡通常由单层腺细胞围成，大小形态各异，其周围有基膜包裹，中央的腔称腺泡腔。机体内有些腺泡与基膜间还有**肌上皮细胞**（myoepithelial cell）分布，此类上皮具有收缩功能，有利于腺泡腔内分泌物进入导管。

（2）导管：**导管**（duct）是由单层或复层腺细胞围成的管状结构。导管的一端与腺泡相连，其管腔与腺泡腔贯通；另一端开口于体表或器官的腔面。导管除有输送分泌物作用外，通常还兼有吸收、分泌或排泄水、电解质、代谢废物等功能。

2. 外分泌腺分类　外分泌腺分类可按不同分类依据归纳如下：

（1）依据腺泡分泌物性质：可分为**浆液腺**（serous gland）、**黏液腺**（mucous gland）和**混合腺**（mixed gland）三类。①浆液腺：由浆液细胞构成的腺泡，其分泌物稀薄，含消化酶，如腮腺、胰腺等；②黏液腺：由黏液细胞构成的腺泡，其分泌物黏稠，不含消化酶，仅为黏蛋白成分，如子宫腺、十二指肠腺等；③混合腺：由浆液细胞和黏液细胞两者共同构成的腺泡，其分泌物兼有浆液腺和黏液腺特点。混合腺常以黏液细胞为主，少量浆液细胞可分布于腺泡末端呈半月状包绕黏液细胞，此现象称**浆半月**（serous demilune），如舌下腺（图 2-26）。

（2）依据分泌部及导管形态：依据分泌部形态可分为管状、泡状和管泡状等类型；依据导管形态可分为单管、复管等类型。

（3）依据分泌物分泌方式：外分泌腺有三种不同的分泌物分泌方式：①**全质分泌腺**（holocrine gland）：分泌时整个细胞崩溃解体，并与分泌物一起排出，如皮脂腺。②**顶质分泌腺**（apocrine gland）：分泌物向细胞顶部膨出，细胞顶部连同分泌物一起排出，仅引起细胞局部破损，如汗腺、乳腺等。③**局质分泌腺**（merocrine gland）：是指腺细胞的分泌物以胞吐方式排出分泌物，腺细胞仍保持结构的完整性，如胰腺、肠腺。

四、上皮组织的再生与修复

上皮组织具有较强的再生与修复能力。上皮组织的再生与修复可分为生理性和病理性两类。生理状态下，上皮细胞出现衰老、死亡、脱落的同时，可由上皮中未分化细胞（干细胞）经增殖分化而补充，机体不同部位的上皮其再生与修复速度不等，如胃肠道上皮细胞约为 7 天，而表皮约为 1 个月。当上皮组织因各种致病因素所致损伤后，可经其周围未损伤的上皮细胞通过增殖分化而予以补充，称此现象为病理性再生与修复。

上皮组织的再生与修复可受诸多因素影响，除机体年龄、外环境等以外，体内激素、神经递质、神经调质，尤其是对上皮细胞生长具有调节、促进作用的一些细胞因子等均起到重要的影响。细胞因子一般分抑制因子和刺激因子两大类。抑制因子中的抑素是细胞分裂的封闭信号，如表皮抑素、肝细胞抑素等对细胞的增殖均有抑制作用；而刺激因子种类甚多，如表皮生长因子等对多种上皮细胞均有促进生长作用。

ER-2-5
腺细胞分泌方式模式图

ER-2-6
蛋白质分泌细胞介绍

学习小结

上皮组织具有细胞多、细胞外基质少、有极性、无血管、感觉神经末梢丰富、分布广泛等特性。上皮组织主要为被覆上皮和腺上皮。上皮组织有特化结构。

被覆上皮
- 单层上皮
  - 单层扁平（鳞状）上皮 — 内皮 / 间皮 / 其他
  - 单层立方上皮
  - 单层柱状上皮
  - 假复层纤毛柱状上皮
- 复层上皮
  - 复层扁平上皮 — 非角化复层扁平上皮 / 角化复层扁平上皮
  - 复层立方上皮
  - 复层柱状上皮
  - 变移上皮

上皮组织特化结构
- 游离面 — 微绒毛 / 纤毛
- 侧面 — 紧密连接 / 中间连接 / 桥粒 / 缝隙连接
- 基底面 — 基膜 / 质膜内褶

腺上皮与腺 — 腺发生 / 腺细胞 / 腺

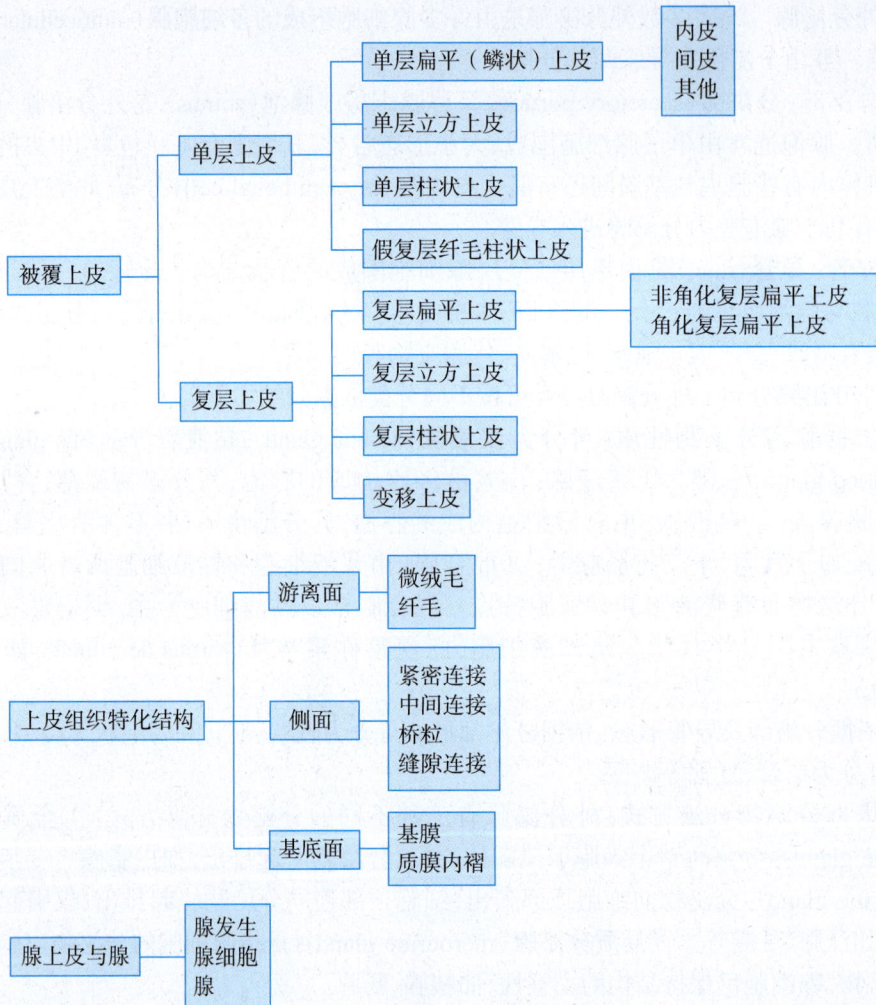

（葛钢锋　楼航芳）

复习思考题

1. 阐述上皮组织的结构特点。
2. 为什么假复层纤毛柱状上皮属于单层上皮？
3. 为什么缝隙连接可使水分子、离子等从一个细胞直接进入另一细胞？

扫一扫
测一测

第三章

结缔组织

学习目标

能叙述结缔组织的基本特征和分类,能写出疏松结缔组织三种纤维的名称、主要细胞的结构及功能;能理解软骨组织和骨组织的结构,并根据骨组织的细胞种类及功能分析临床上常见的骨退行性病变发生的细胞学机制。

能写出软骨的种类和骨单位的概念;理解血细胞的发生过程,了解血细胞发生过程的形态演变规律。

了解疏松结缔组织基质和纤维的化学成分及特性,致密结缔组织、脂肪组织及网状组织的结构特点、分类、分布及功能。

能理解并结合红细胞和五种白细胞的光镜结构和超微结构及功能,分析血常规检查报告单各种血细胞变化的意义。

结缔组织(connective tissue)由少量细胞和大量细胞外基质组成。分布广泛,形态多样,细胞无极性、种类较多、分散于细胞外基质中。结缔组织主要具有连接、支持、保护、防御、修复和贮存营养等功能。

根据基质的物理性状,广义的结缔组织包括基质呈胶体状的固有结缔组织,基质呈固体状的软骨组织和骨组织,以及基质呈液体状的血液和淋巴。狭义的结缔组织仅指固有结缔组织。

结缔组织共同起源于胚胎中胚层**间充质**(mesenchyme)。间充质由**间充质细胞**(mesenchymal cell)和基质组成,不含纤维。间充质细胞呈星形,突起较多并连接成网;胞质弱嗜碱性;胞核较大,核仁明显(图 3-1)。间充质细胞分化程度很低,胚胎时期能分化成为结缔组织细胞、平滑肌细胞和血管内皮细胞等。出生后结缔组织内还留有少量未分化间充质细胞。

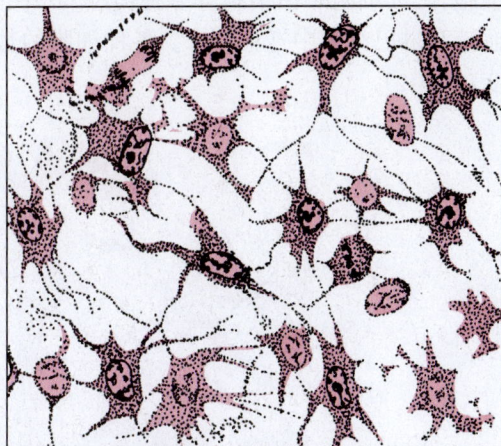

图 3-1 间充质结构模式图

第一节 固有结缔组织

固有结缔组织(connective tissue proper)在体内分布广泛。依据结构和功能的差异,可分为疏松结缔组织、致密结缔组织、网状组织和脂肪组织。

一、疏松结缔组织

疏松结缔组织(loose connective tissue)的特点是细胞数量少而种类多,纤维较少,排列稀疏,血管、神经丰富,组织形似蜂窝状,故又称蜂窝组织。疏松结缔组织广泛分布于相邻器官之间和组织之间,具有连接、支持、防御、保护、营养和创伤修复等功能。

疏松结缔组织的组成如下:

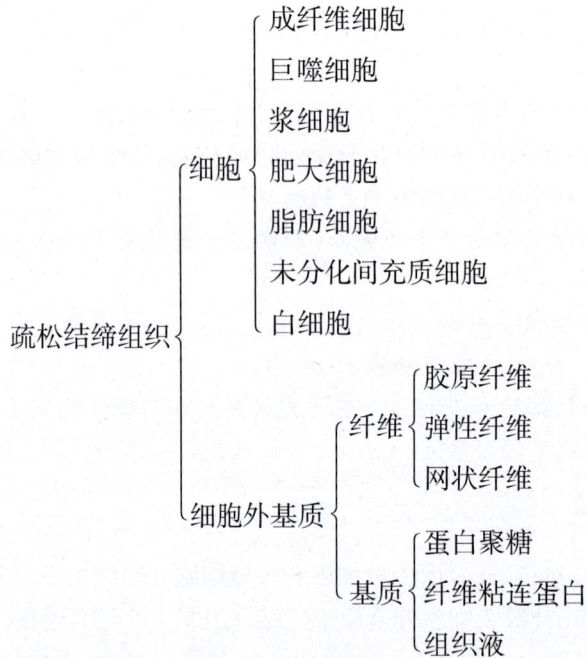

```
                              ┌ 成纤维细胞
                              ├ 巨噬细胞
                              ├ 浆细胞
                    ┌ 细胞    ┼ 肥大细胞
                    │         ├ 脂肪细胞
                    │         ├ 未分化间充质细胞
                    │         └ 白细胞
  疏松结缔组织 ┤
                    │                   ┌ 胶原纤维
                    │         ┌ 纤维  ┼ 弹性纤维
                    └ 细胞外基质         └ 网状纤维
                              │         ┌ 蛋白聚糖
                              └ 基质  ┼ 纤维粘连蛋白
                                        └ 组织液
```

1. 细胞 疏松结缔组织有成纤维细胞、脂肪细胞、未分化的间充质细胞、巨噬细胞、浆细胞、肥大细胞和白细胞等多种类型,其中前三种细胞是结缔组织内的固有细胞,其余多从血液和淋巴组织中迁移而来。各种细胞的数量和分布常随其所在部位及功能状态不同而改变(图3-2)。

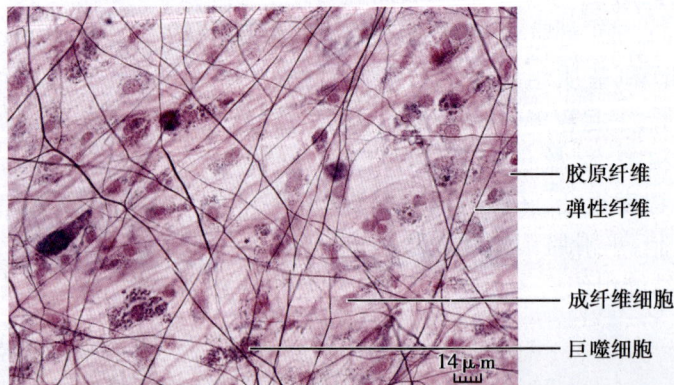

图3-2 疏松结缔组织铺片 皮下组织 台盼蓝注射 O-E染色(偶氮洋红-醛品红染色)

(1)成纤维细胞:**成纤维细胞**(fibroblast)是疏松结缔组织中数量最多的细胞,常贴附于胶原纤维表面。光镜下,细胞呈扁平状,有较多突起,但 H-E 染色切片标本细胞着色浅,轮廓不清;细胞核为椭圆形,着色浅,核仁明显;细胞质丰富,呈弱嗜碱性。电镜下,胞质内有丰富的粗面内质网、游离核糖体和发达的高尔基复合体,即具有蛋白质分泌细胞的超微结构特点(图3-3)。成纤维细胞合成并分泌细胞外基质中的胶原纤维、弹性纤维、网状纤维和基质。

成纤维细胞的功能处于静止状态时,称**纤维细胞**(fibrocyte)。纤维细胞体积较小,呈长梭形;细胞核变小而细长,着色较深;细胞质变少,呈嗜酸性。电镜下,细胞内粗面内质网明显减少,高尔基复合体不发达(图3-3)。当机体受损时,静止状态的纤维细胞又可转变为功能活跃的成纤维细胞并向受损部位迁移。大量聚集的成纤维细胞形成新的纤维与基质,与增生的毛细血管共同修复组织。

(2)巨噬细胞:**巨噬细胞**(macrophage)是疏松结缔组织内具有吞噬功能的细胞,属于单核吞噬细胞系统的成员。光镜下,巨噬细胞形态可依功能状态呈多样性。一般情况下,细胞为圆形或椭圆形,并有短小突起,功能活跃时常伸出较长的伪足而呈不规则形;细胞核小,圆形或椭圆形,居于细胞中央,着色较深;胞质丰富,多为嗜酸性。若给活体注射有色染料时,巨噬细胞将染料吞噬,标本上细胞质内会出现大量蓝色或黑色吞噬颗粒(图3-2)。电镜下,细胞表面有微绒毛、皱褶,胞质内有大量溶酶体、吞噬体、吞饮泡和残余体,较发达的高尔基复合体,还有少量线粒体和粗面内质网(图3-4)。

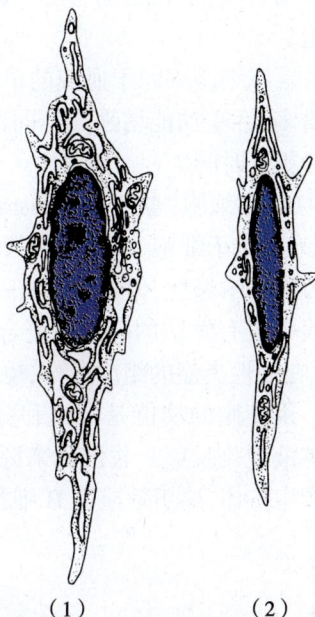

图 3-3 成纤维细胞模式图
(1)成纤维细胞;(2)纤维细胞

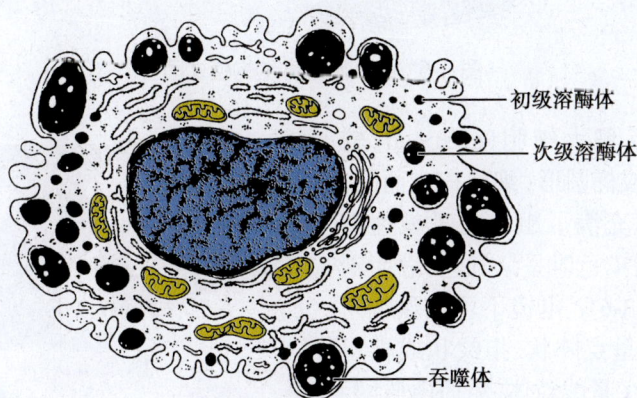

图 3-4 巨噬细胞超微结构模式图

初级溶酶体
次级溶酶体
吞噬体

作为免疫细胞,巨噬细胞具有多种功能。①吞噬功能:巨噬细胞能吞噬入侵的细菌、异物以及自身衰老死亡的细胞等。当受到细菌产物、炎症变性蛋白等趋化因子的刺激时,巨噬细胞伸出长伪足,向趋化因子浓度高的部位移动,此特性称趋化性;巨噬细胞通过抗体等识别因子的介导,间接黏附被吞噬物,或直接黏附被吞噬物后,巨噬细胞伸出伪足将其包围并吞噬入细胞质内,形成吞噬体。吞噬体在细胞内与溶酶体融合,被逐渐分解消化,不可分解的吞噬物构成残余体。②抗原提呈功能:巨噬细胞可捕捉到被吞噬物本身特有的抗原,经加工处理后再将抗原信息传递给淋巴细胞,进而触发免疫应答,是

巨噬细胞特异性吞噬过程动画

机体主要的抗原呈递细胞。③分泌功能：巨噬细胞可分泌溶菌酶、补体、多种细胞因子等多种活性物质，能溶解、杀灭细菌，参与机体的免疫防御功能，调节免疫应答或共同杀伤靶细胞。

巨噬细胞来源于血液的单核细胞。单核细胞穿出血管进入结缔组织后，体积增大，溶酶体增多，吞噬功能增强。不同部位的巨噬细胞寿命依所在组织器官而异，一般为数月，也可存活更长时间。

（3）浆细胞：**浆细胞**（Plasma cell）数量较少。光镜下，圆形或卵圆形，大小不一；细胞核圆形，偏位于细胞一侧，粗块状的核异染色质从核中心向核膜辐射状分布，使核呈车轮状；胞质大部分嗜碱性，但近核处有一浅染区。电镜下胞质内有大量紧密排列的粗面内质网，近核处浅染区有发达的高尔基复合体和中心粒（图3-5）。浆细胞常见于呼吸道和消化管结缔组织；在慢性炎症的组织局部，也可见大量浆细胞集中存在。

浆细胞的功能是合成和分泌**免疫球蛋白**（immunoglobulin，Ig），又称**抗体**（antibody），参与体液免疫反应。浆细胞来源于B细胞。在抗原刺激下，B细胞增殖、分化，转变成浆细胞后产生抗体，属于效应性B细胞（见第八章免疫系统）。

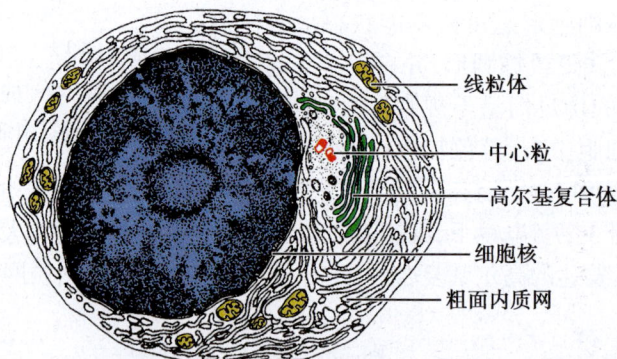

图3-5 浆细胞超微结构模式图

（4）**肥大细胞**：**肥大细胞**（mast cell）较大。光镜下，圆形或椭圆形；细胞核小而圆，着色浅；细胞质内充满了粗大的嗜碱性颗粒。当用甲苯胺蓝染色时呈紫红色，表明颗粒具有异染性（图3-6）。电镜下可见颗粒内含许多细小微粒，呈点阵状、指纹状或板层状排布；颗粒间有少量线粒体、粗面内质网、高尔基复合体（图3-7）。肥大细胞大多分布于结缔组织的小血管周围。

肥大细胞的异染性颗粒内含有**肝素**（heparin）、**组胺**（histamine）和嗜酸性粒细胞趋化因子等活性物质。细胞质内有**白三烯**（leukotriene）。当受到一定刺激后，特殊颗粒以胞吐方式大量释放内容物，称为肥大细胞脱颗粒；稍后细胞质内白三烯也被释放。肝

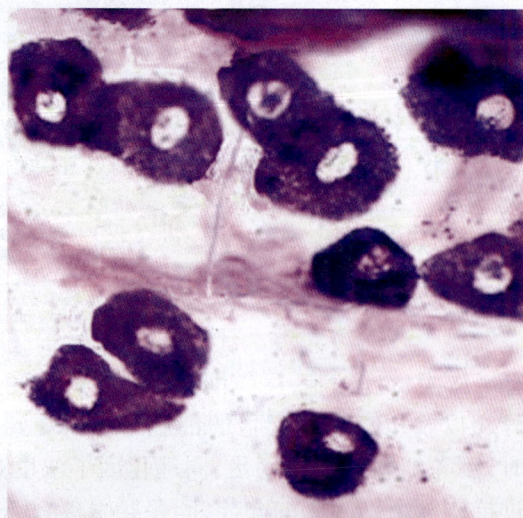

图3-6 肥大细胞（肠系膜） 甲苯胺蓝染色 高倍

素有抗凝血作用。组胺和白三烯可使皮肤的毛细血管和微静脉扩张、通透性增强、血浆蛋白

和液体渗出,导致组织水肿,形成红色丘疹——荨麻疹;还可使细支气管平滑肌收缩,甚至痉挛,导致哮喘;全身小动脉扩张,导致血压急剧下降,引起过敏性休克等。凡能诱发肥大细胞脱颗粒的物质称为过敏原,即引发过敏反应的抗原。嗜酸性粒细胞趋化因子能吸引嗜酸性粒细胞聚集到过敏反应部位。故肥大细胞参与了机体的过敏反应。

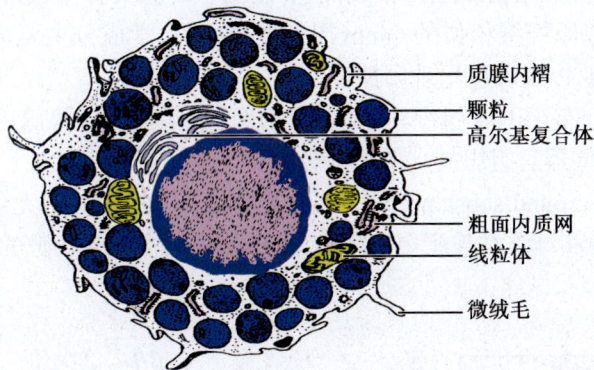

图 3-7　肥大细胞超微结构模式图

（质膜内褶　颗粒　高尔基复合体　粗面内质网　线粒体　微绒毛）

(5)脂肪细胞:**脂肪细胞**(fat cell)较大,直径 50~100μm,球形或多边形;细胞质内含一个大脂滴;H-E 染色切片标本可见脂滴被溶解而呈空泡状,弯月状的细胞核和其余很薄的胞质被挤到细胞边缘。脂肪细胞多沿血管周围单个或成群分布,功能是合成和贮存脂肪。

(6)未分化的间充质细胞:**未分化的间充质细胞**(undifferentiated mesenchymal cell)为出生后人体结缔组织保留的少量胚胎间充质细胞,属于未分化的干细胞(图 3-1)。这种细胞常分布在小血管,尤其是毛细血管周围。在 H-E 染色切片标本,因形似成纤维细胞而难以和其区别。未分化的间充质细胞可分化为成纤维细胞等结缔组织固有细胞。在创伤修复等情况下,发挥多向分化的潜能,可增殖分化为成纤维细胞、平滑肌细胞、内皮细胞等,参与组织和血管的修复。

(7)白细胞:血液内白细胞从毛细血管或微静脉以游出方式进入结缔组织内,行使防御功能。白细胞类型以中性粒细胞、淋巴细胞和嗜酸性粒细胞较常见,数量一般较少。在炎症局部,白细胞游出大量增多,增强防御功能(见本章第三节血液)。

2. 纤维　有胶原纤维、弹性纤维和网状纤维,主要起连接、支持作用。

(1)胶原纤维:**胶原纤维**(collagenous fiber)数量最多,活体时胶原纤维呈白色,又称白纤维。H-E 染色为嗜酸性,粗细不等,直径 1~20μm;纤维有分支并交织成网,多成束排列(图 3-2)。电镜下胶原纤维由许多平行排列的**胶原原纤维**(collagen fibril)聚集形成。胶原原纤维直径 20~200nm。有明暗交替的周期性横纹,横纹周期约为 64nm。

胶原纤维韧性大,具有较强抗拉能力,但弹性较差,其化学成分主要为Ⅰ型胶原蛋白。胶原蛋白由成纤维细胞产生,释放到细胞外聚合成胶原原纤维,黏合后形成胶原纤维。组织损伤时,胶原纤维生成显著增多,以修补创面而形成瘢痕。

(2)弹性纤维:**弹性纤维**(elastic fiber)含量比胶原纤维少,但分布广泛。活体状态下呈黄色,又称黄纤维。集合成束的弹性纤维 H-E 染色着淡红色,不易与胶原纤维区分;醛复红或地衣红等染色方法可将弹性纤维染成紫色或棕褐色。弹性纤维较细,直径 0.2~1.0μm,纤维排列不规则,断端常卷曲;常有分支,彼此交织成网(图 3-2)。电镜下弹性纤维由两部分组成:核心部分由**弹性蛋白**(elastin)组成,电子密度低,呈无定形的均质状;外周覆盖的**微原纤维**(microfibril)主要由原纤维蛋白构成,电子密度较高,直径 10~12nm。弹性蛋白是弹性纤

笔记栏

维的主要化学成分,可塑性较大,是弹性纤维具有弹性的主要结构基础。

弹性纤维弹性强,其与胶原纤维的共同存在,使疏松结缔组织既有韧性又有弹性,使它所连接的组织或器官的形态位置既相对固定,又具有一定的可变性。

(3)网状纤维:**网状纤维**(reticulum fiber)纤维较细,有较多分支,彼此交织成网;H-E 染色着色极浅而难以辨认,用银染法可染成黑色,故网状纤维又称嗜银纤维(图 1-2)。电镜下网状纤维具有与胶原原纤维相似的 64nm 周期性横纹,化学成分主要为Ⅲ型胶原蛋白。因表面有较多的糖蛋白,PAS 反应呈现阳性。

网状纤维主要分布于网状组织、上皮基膜的网板,某些内分泌腺内也有丰富的网状纤维;网状纤维构成一些器官组织的支架,起固定、支持和连接作用。

3. 基质　**基质**(ground substance)是无定形的均质状胶态物质,无色透明。基质的主要化学成分是蛋白聚糖和纤维粘连蛋白等生物大分子,它们构成多孔隙的分子筛构型,孔隙中有组织液(图 3-8)。

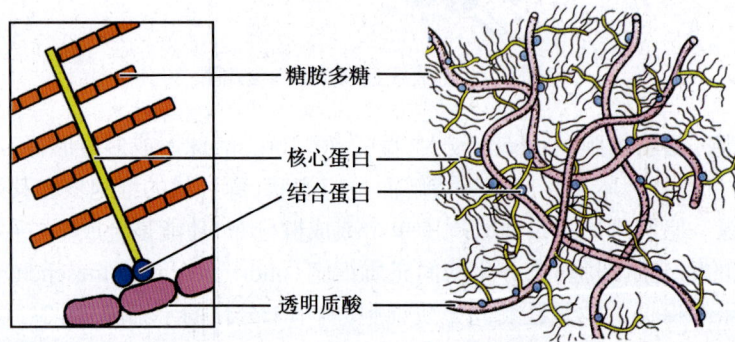

图 3-8　蛋白聚糖聚合物及分子筛示意图

(1)蛋白聚糖:**蛋白聚糖**(proteoglycan)是蛋白质和糖胺多糖结合成的大分子聚合物。**糖胺多糖**(glycosaminoglycan,GAG)主要分非硫酸化和硫酸化两类:非硫酸化类为透明质酸,硫酸化类包括硫酸软骨素 A、C、硫酸角质素和硫酸肝素等。蛋白聚糖大分子聚合物的立体结构形似羽毛状(图 3-8)。透明质酸是一种长链大分子,呈曲折盘绕状态,构成蛋白聚糖的主干。许多小分子的糖胺多糖与核心蛋白结合,形成蛋白聚糖亚单位。若干核心蛋白再借结合蛋白连接在透明质酸主干上,构成有很多微小孔隙的筛状结构,称为分子筛,其微小孔隙内结合着大量水分子。分子筛允许小于其孔径的小分子物质如 O_2、CO_2、营养物质及代谢产物等通过,大于其孔径的大分子物质及细菌则不能通过,使基质成为限制细菌等有害物质扩散的屏障。溶血性链球菌和肿瘤细胞含有透明质酸酶,可分解透明质酸使分子筛失去屏障作用,有害物质得以扩散、浸润。

(2)纤维粘连蛋白:**纤维粘连蛋白**(fibronectin,FN)化学本质为糖蛋白,由成纤维细胞合成。纤维粘连蛋白与胶原蛋白、蛋白聚糖和多种细胞均具有结合位点,在细胞识别、黏附、迁移和增殖中起重要作用。

(3)组织液:**组织液**(tissue fluid)是从毛细血管动脉端渗出的部分血浆成分,大部分经毛细血管静脉端回流到血液循环中,少部分经毛细淋巴管进入淋巴循环。由于不断地循环更新,组织液成为血液与细胞间进行物质交换的重要媒介,组织、细胞从中不断获得营养物质和氧气,并不断地排出代谢产物和二氧化碳。当组织液的渗出、回流受阻,或机体电解质、蛋白质代谢发生障碍时,基质中的组织液含量可异常增多或减少,从而发生组织水肿或脱水。

二、致密结缔组织

致密结缔组织(dense connective tissue)由大量致密的纤维和少量细胞组成。纤维粗大,排列紧密,主要执行支持和连接功能。依据纤维的性质和排列方式的不同,分为以下类型。

1. 规则致密结缔组织 结构特点是粗大的胶原纤维束密集平行排列,有很强的抗牵拉能力。在胶原纤维之间有成行排列的成纤维细胞,称**腱细胞**(tendon cell)(图 3-9)。肌腱和腱膜属规则致密结缔组织。

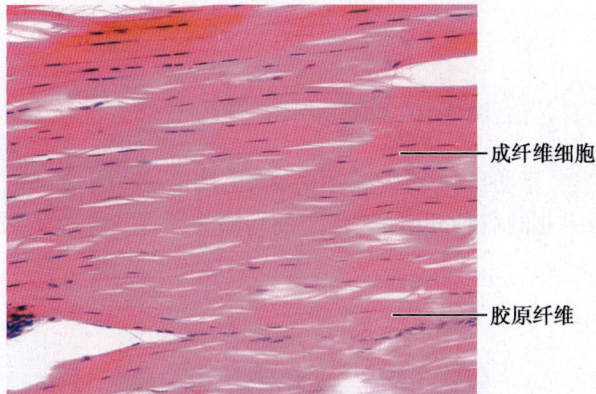

成纤维细胞

胶原纤维

图 3-9 致密结缔组织(肌腱) 低倍

2. 不规则致密结缔组织 结构特点是粗大的胶原纤维成束密集排列,方向不一致,彼此交织成致密的网状结构,纤维间有少量成纤维细胞和基质。真皮、硬脑膜、巩膜及许多器官的被膜等是不规则致密结缔组织。

3. 弹性组织 **弹性组织**(elastic tissue)是以弹性纤维为主的致密结缔组织。大量粗大的弹性纤维平行排列成束,形成较大的弹性。例如与椎骨相连的项韧带、黄韧带等为弹性组织,以适应脊柱的运动。

体内某些结缔组织不能完全归入上述某一固有结缔组织类别,如消化道和呼吸道黏膜等的结缔组织,其纤维细密,细胞种类和数量较多,称细密结缔组织。

三、网状组织

网状组织(reticular tissue)由网状细胞、网状纤维和基质组成。网状细胞呈星形,突起多,相互连接成网,附于网状纤维上;胞核大,卵圆形,着色浅,核仁明显;胞质内粗面内质网丰富。网状纤维由网状细胞产生,较细,分支多,交织成网。网状组织构成造血组织及淋巴组织的网(支)架,且参与构成血细胞或淋巴细胞分化发育的微环境。

四、脂肪组织

脂肪组织(adipose tissue)是以脂肪细胞为主要成分的组织,少量疏松结缔组织将脂肪细胞分隔,形成若干脂肪小叶。根据结构和功能的不同,脂肪组织分为黄色脂肪组织和棕色脂肪组织两类。

1. 黄色脂肪组织 为通常所说的脂肪组织。黄色脂肪细胞体积大,因胞质内含一个大脂滴,又称单泡脂肪细胞。黄色脂肪组织具有贮存能量、维持体温及支持保护等作用,主要分布于皮下、网膜、系膜、黄骨髓等处(图 3-10)。

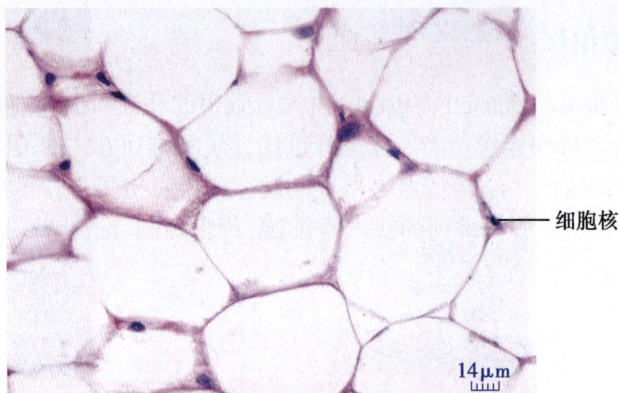

图 3-10　脂肪组织(皮下脂肪)　高倍

2. 棕色脂肪组织　脂肪细胞核位于中央,胞质内有多个小脂滴,又称多泡脂肪细胞。棕色脂肪组织多在新生儿的肩胛间区、腋窝及颈后部等存在。棕色脂肪细胞的脂类分解、氧化时,可产生大量的热能。

第二节　软 骨 和 骨

软骨和骨作为机体的支架结构,分别以软骨组织和骨组织为主要结构成分,外周均被结缔组织构成的膜。人体 99% 以上的钙和 85% 的磷以羟基磷灰石结晶的形式储存于骨组织中,因此骨又是人体钙、磷的储存库。

一、软骨

软骨(cartilage)由软骨组织及其外周的软骨膜构成。软骨组织内无血管,其营养物质依靠软骨膜血管提供。胚胎发育早期其支架成分为软骨,在胚胎发育过程中软骨逐渐被替换为骨,此取代过程一直延续到出生后。因此软骨对骨的发生和发育起着十分重要的作用。

(一) 软骨组织的结构

软骨组织由软骨细胞和软骨基质构成。

1. 软骨细胞　光镜观察,**软骨细胞**(chondrocyte)在软骨内的分布具有一定的规律性,位于软骨膜内层的软骨细胞较幼稚,体积小,呈扁圆形,单个分布;靠近软骨组织中部的软骨细胞逐渐成熟,体积增大,呈椭圆形,成群分布,每群细胞(2~8 个),由一个幼稚的软骨细胞分裂增殖形成,因此称**同源细胞群**(isogenous group),胞核呈椭圆形,胞质弱嗜碱性(图 3-11)。电镜观察,软骨细胞具有蛋白质分泌细胞的超微结构特点,即胞质内含有大量的粗面内质网、发达的高尔基复合体和丰富的线粒体,还有一些糖原颗粒(图 3-12)。软骨细胞合成分泌软骨基质。

2. 软骨基质　**软骨基质**(cartilage matrix),由软骨细胞合成分泌,包括纤维和无定形基质。无定形基质的主要成分为蛋白多糖和水,主要成分与疏松结缔组织的基质类似,但呈固态凝胶状。蛋白多糖在软骨基质的分布不均匀,在软骨细胞周围因富含硫酸软骨素而嗜碱性较强,形成一层囊状结构称**软骨囊**(cartilage capsule)(图 3-11)。软骨囊内软骨细胞所占据的空间称**软骨陷窝**(cartilage lacuna),活体状态时软骨细胞充满于软骨陷窝。切片标本中因软骨细胞皱缩使软骨陷窝内出现空隙。

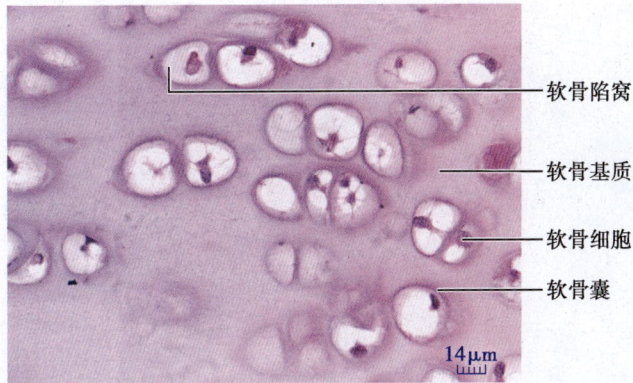

软骨陷窝

软骨基质

软骨细胞

软骨囊

14μm

图 3-11 透明软骨(气管) 高倍

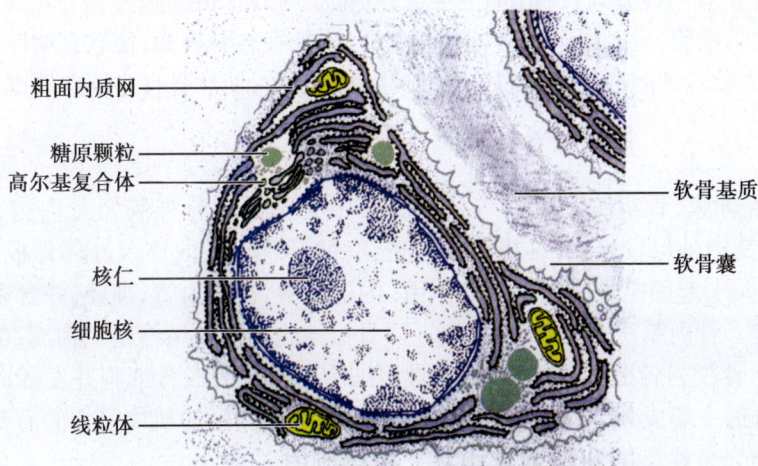

粗面内质网

糖原颗粒

高尔基复合体

核仁

细胞核

线粒体

软骨基质

软骨囊

图 3-12 软骨细胞超微结构模式图

(二) 软骨组织的类型

根据软骨基质中纤维种类和含量不同,可将软骨分为以下三种。

1. 透明软骨 **透明软骨**(hyaline cartilage)基质中的纤维种类为细小的胶原原纤维,活体状态时呈半透明状因而得名。光镜切片标本上,纤维折光率与基质相同,故不易分辨(图 3-11)。其主要分布于肋软骨、关节软骨、呼吸道软骨,具有较强的抗压性,起保护、支持和缓冲等作用。

2. 弹性软骨 **弹性软骨**(elastic cartilage)基质中的纤维种类为弹性纤维,数量多,密集交织分布(图 3-13)。其主要分布于耳郭和会厌等处,具有较强的弹性。

3. 纤维软骨 **纤维软骨**(fibrous cartilage)基质中的纤维种类为粗大的胶原纤维束,平行或交叉排列。软骨细胞较少而体积小,成行分布于纤维之间。其主要分布于椎间盘、关节盘和耻骨联合等处,具有很强的韧性,主要起连接和保护作用。

(三) 软骨膜

软骨膜(perichondrium)为被覆于软骨组织表面的薄层致密结缔组织,可分为内、外两层,外层以胶原纤维为主,主要起保护作用;内层以细胞为主,其中有骨祖细胞,可分化为**成软骨细胞**(chondroblast)。软骨膜含有血管、淋巴管及神经,具有营养和保护软骨的作用。

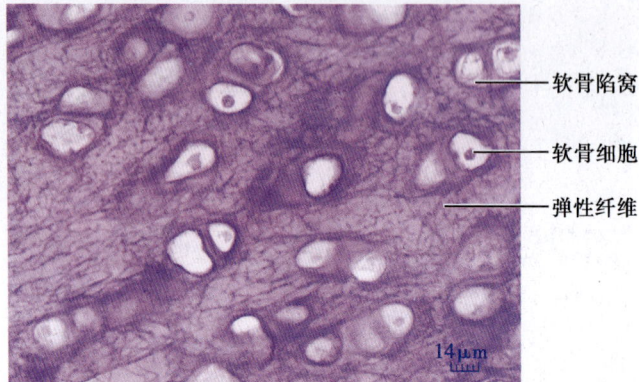

图 3-13　弹性软骨(耳郭)　硫堇染色　高倍

(四) 软骨的生长

软骨的生长有两种方式:①外加性生长,软骨膜内的骨祖细胞分裂分化为成软骨细胞,进而分化为软骨细胞,后者再合成分泌软骨基质,附加在软骨表面,使软骨增厚;②间质性生长,软骨内部的软骨细胞成熟并分裂,不断产生软骨基质,使软骨自内部向周围生长。

二、骨

骨主要由骨膜、骨组织和骨髓等构成。其中骨膜分为骨外膜及骨内膜,骨外膜又分外层和内层,其中外层较厚,纤维粗大而致密,有的纤维束横向穿入外环骨板,称**穿通纤维**(perforating fiber),起固定骨膜和韧带的作用;内层较薄,富含血管、神经,并含有较多骨祖细胞和成骨细胞。骨内膜衬于骨髓腔面,由一层骨祖细胞和少量结缔组织构成,也延伸入穿通管和中央管。骨膜为骨提供营养,其中的骨祖细胞可分化为成骨细胞并发挥成骨作用。骨组织是构成骨的主要成分,对机体起支持和保护作用,可为适应机体受力的需要而进行更新和改建。骨髓分为黄骨髓和红骨髓,后者终身具有造血功能。

(一) 骨组织的结构

骨组织(osseous tissue)由四种细胞和钙化的细胞外基质组成。细胞外基质的钙化使骨组织成为坚硬的结缔组织,同时贮存了大量的钙和磷。骨组织的细胞包括骨祖细胞、成骨细胞、骨细胞和破骨细胞,其中破骨细胞来源于血液单核细胞,骨祖细胞来源于间充质细胞,成骨细胞由骨祖细胞分裂分化而来,而骨细胞由成骨细胞转化而来,因此,骨祖细胞、成骨细胞和骨细胞是处于不同分化阶段的同一细胞种系。

1. 骨组织的细胞

(1)骨祖细胞:**骨祖细胞**(osteoprogenitor cell)又称骨原细胞,位于骨膜内层,是骨组织的干细胞。细胞较小,呈梭形,胞核椭圆形或扁椭圆形,胞质较少,弱嗜碱性(图 3-14)。当骨生长、改建及创伤修复时骨祖细胞分裂活跃,部分分化为成骨细胞。

(2)成骨细胞:**成骨细胞**(osteoblast)分布于骨组织表面,切片上常数个排成一串。细胞较大,呈矮柱状或不规则形,胞核圆形,胞质嗜碱

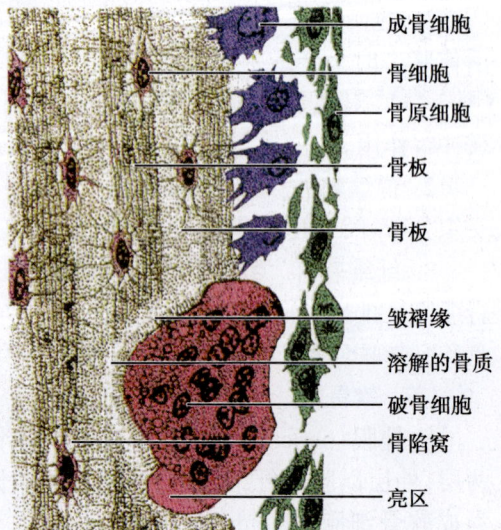

图 3-14　骨组织各种细胞和骨板模式图

性(图 3-14)。电镜下胞质内含有丰富的粗面内质网及高尔基复合体。成骨细胞除合成分泌类骨质外,还分泌多种细胞因子,调节骨组织的形成和钙化。成骨细胞分泌类骨质将自己逐渐包埋后,即转变为骨细胞。

(3)骨细胞:**骨细胞**(osteocyte)单个存在于骨板间或骨板内,细胞较小,为扁椭圆形,由胞体伸出许多细长的突起,胞核为圆形或椭圆形,较幼稚的骨细胞胞质嗜碱性,较成熟的骨细胞胞质嗜碱性减弱。其胞体占据的空间称**骨陷窝**(bone lacuna),突起占据的空隙称**骨小管**(bone canaliculus)。相邻骨细胞突起间有缝隙连接,骨小管也彼此连通(图 3-14)。电镜下较幼稚的骨细胞胞质内粗面内质网丰富,游离核糖体散在,高尔基复合体较发达,此类骨细胞仍保留产生类骨质的能力,但较成骨细胞功能明显减低;较成熟的骨细胞胞质内粗面内质网、游离核糖体、高尔基复合体均较少,因此逐渐失去产生类骨质的能力(图 3-15)。

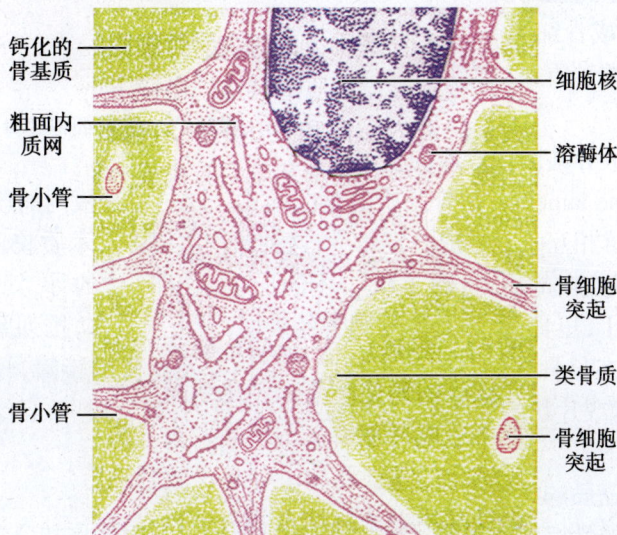

图 3-15 骨细胞超微结构模式图

(4)破骨细胞:**破骨细胞**(osteoclast)通常位于骨组织表面的凹陷处,在骨组织的细胞中体积最大,直径可达约 100μm。破骨细胞是由若干个单核细胞融合而成,细胞外形不规则,含有 6~50 个核,胞质嗜酸性(图 3-16)。电镜下可见其胞质内含较多溶酶体和线粒体,近骨基质的一侧形成许多不规则的微绒毛,光镜下称**皱褶缘**(ruffled border)。其胞质内有吞噬体和吞饮泡,内含骨盐晶体及分解的有机成分(图 3-17)。破骨细胞可溶解和吸收骨组织,起破骨作用。

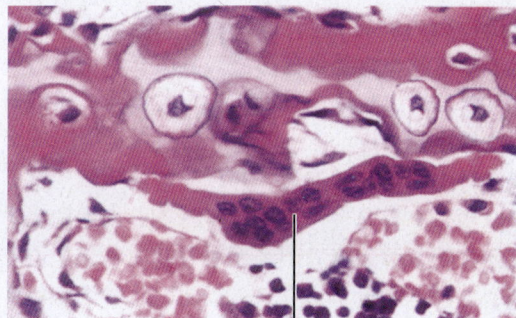

破骨细胞

图 3-16 破骨细胞 高倍

2. 骨基质 **骨基质**（bone matrix）简称骨质，即骨组织中钙化的细胞外基质，由有机成分和无机成分构成。有机成分包括大量胶原纤维及少量无定形基质。胶原纤维数量多，规则致密排列，无定形基质中含有多糖成分，能将纤维成分黏合在一起。骨的有机成分使骨具有一定的韧性。无机成分为富含钙、磷的中性盐，以细针状的羟基磷灰石结晶的形式存在，长 10~20nm，沿胶原纤维长轴规则而致密排列，为骨基质坚硬的主要原因。未钙化之前的骨基质称**类骨质**（osteoid），由成骨细胞产生，钙化是中性无机盐沉积于类骨质并与胶原纤维紧密结合的过程。

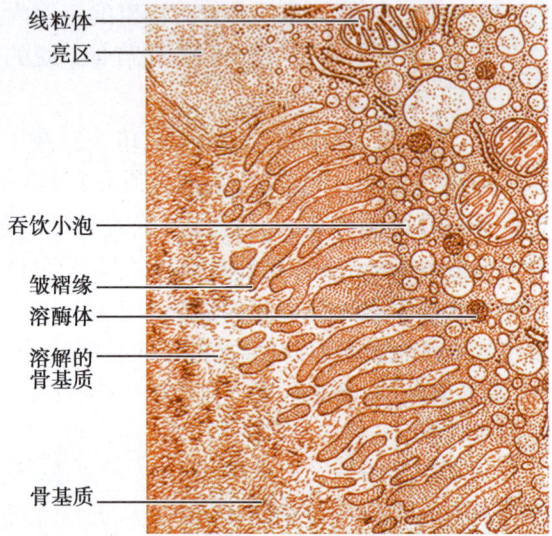

图 3-17　破骨细胞邻骨质局部模式图

骨基质中各种成分共同构成薄的板层状结构，称**骨板**（bone lamella），是骨基质的存在形式。同一层骨板内的胶原纤维平行排列，相邻骨板的胶原纤维相互垂直或成一定角度，这种结构类似多层木质胶合板，使骨具有很强的支撑力，能承受多方向的压力（图 3-14）。不同形状、不同部位的骨，其骨板层数及排列有所差异。在长骨骨干、短骨、扁骨及不规则骨的表层，骨板层数多，排列紧密而规则，称**密质骨**（compact bone）；在长骨骨骺、短骨、不规则骨的内部及扁骨的板障，骨板数层少，排列较不规则，构成了针状或片状的骨小梁，它们彼此交织排列，吻合成网，且结构疏松，称**松质骨**（spongy bone）。

（二）长骨干骨密质的结构

长骨干密质骨的骨板排列规律，依据骨板的排列方式不同可将其分为环骨板、骨单位和间骨板。

1. 环骨板：**环骨板**（circumferential lamella）分为外环骨板和内环骨板。外环骨板较厚，有 10~40 层，较整齐地环行排列于骨干外面，即近骨外膜内层；内环骨板较薄，仅有数层，不规则地排列于骨干内面，即近骨内膜外面。外环骨板和内环骨板均有与骨干长轴垂直贯通的小管，称**穿通管**（perforating canal），又称 Volkmann 管，内含血管、神经和少量结缔组织，它与骨单位内的中央管相通（图 3-18）。

2. 骨单位：**骨单位**（osteon）又称**哈弗斯系统**（Haversian system），位于内、外环骨板之间，数量较多，为长骨干的主要结构单位。骨单位为圆筒状，直径 30~70μm，高 3~5mm，由 10~20 层同心圆排列的**哈弗斯骨板**（Haversian lamella）围成，中轴有一中央管（图 3-18）。中央管内含血管和神经，与穿通管内的血管、神经相连续。

3. 间骨板：**间骨板**（interstitial lamella）为填充于相邻骨单位之间或骨单位与环骨板之间不规则的平行骨板，是骨生长和改建过程中骨单位及环骨板未被吸收的残留部分（图 3-19）。

在骨单位表面，均有一条分界线，称黏合线。此线含骨盐较多而胶原纤维很少，在骨磨片上呈均质透明状，易于与其他骨板分辨（图 3-19）。

三、骨发生

骨发生于胚胎时期，系由间充质逐渐演化形成骨组织的过程。骨发生有两种方式：膜内成骨和软骨内成骨。发生过程均包括骨形成与骨吸收。

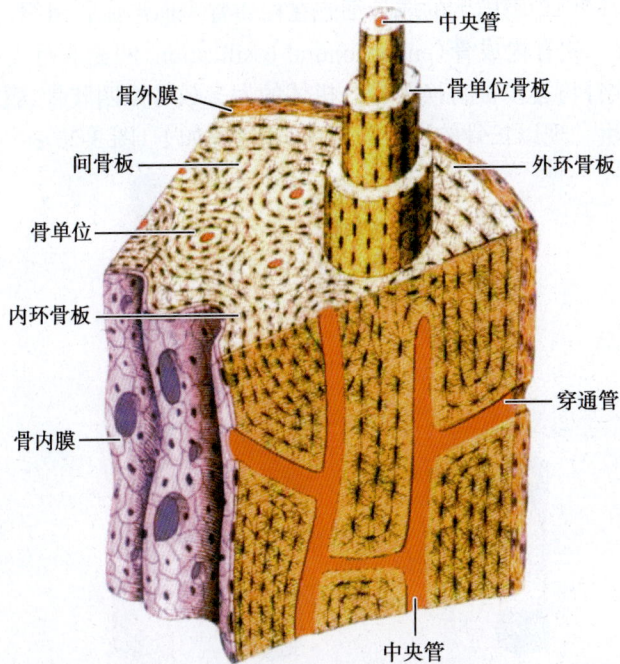

图 3-18 长骨骨干立体结构模式图

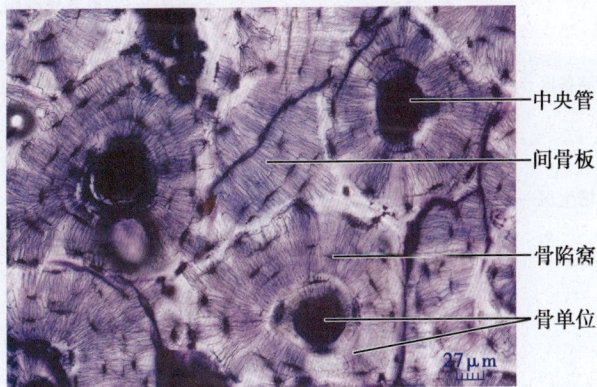

图 3-19 骨磨片(长骨干) 大力紫染色 高倍

(一) 骨发生的基本过程

1. 骨形成 骨祖细胞增殖分化为成骨细胞,成骨细胞分泌类骨质,类骨质钙化为骨质。

2. 骨吸收 骨形成的同时,原有骨组织的某些部位被破骨细胞侵蚀溶解。

成骨细胞与破骨细胞通过相互协调,共同完成骨形成和骨吸收,保证骨的生长发育与个体的生长发育相适应。

(二) 骨发生的方式

1. 膜内成骨 **膜内成骨**(intramembranous ossification)是间充质分化成的原始结缔组织膜内直接成骨的过程。机体的额骨、顶骨、枕骨、颞骨、锁骨等扁骨和不规则骨以此种方式发生。成骨的基本过程:在将要成骨的部位,间充质首先分化为膜状原始结缔组织,然后,间充质细胞分化为骨祖细胞,后者进一步分化为成骨细胞,成骨细胞在此生成片状骨组织,即**骨小梁**。最初形成骨组织的部位称**骨化中心**(ossification center)。随着骨化的不断进行,骨小梁由中央向周围不断扩展,骨化中心的范围逐渐扩大成为骨松质;成骨区周围的结缔组织相应地转变为骨膜,以后骨膜内侧的成骨细胞在松质骨表面形成骨组织,为密质骨。

2. 软骨内成骨　软骨内成骨(endochondral ossification)间充质首先在将要成骨部位形成软骨雏形,然后软骨再逐步被替换为骨。机体的大多数骨如四肢骨、躯干骨和部分颅底骨等均以此种方式发生。现以长骨的发生为例,简述过程如下(图3-20):

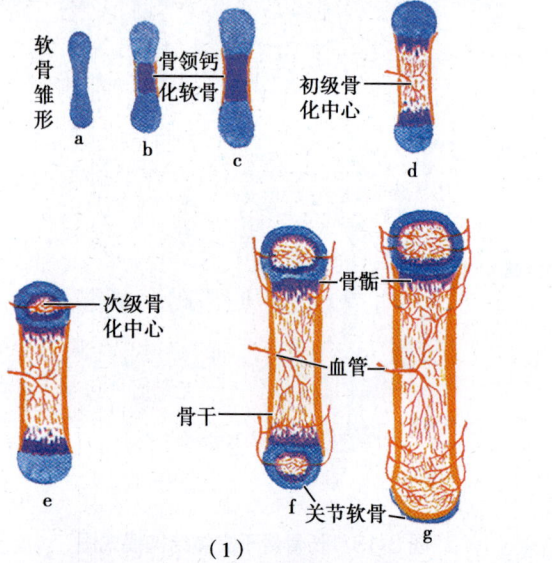

（1）

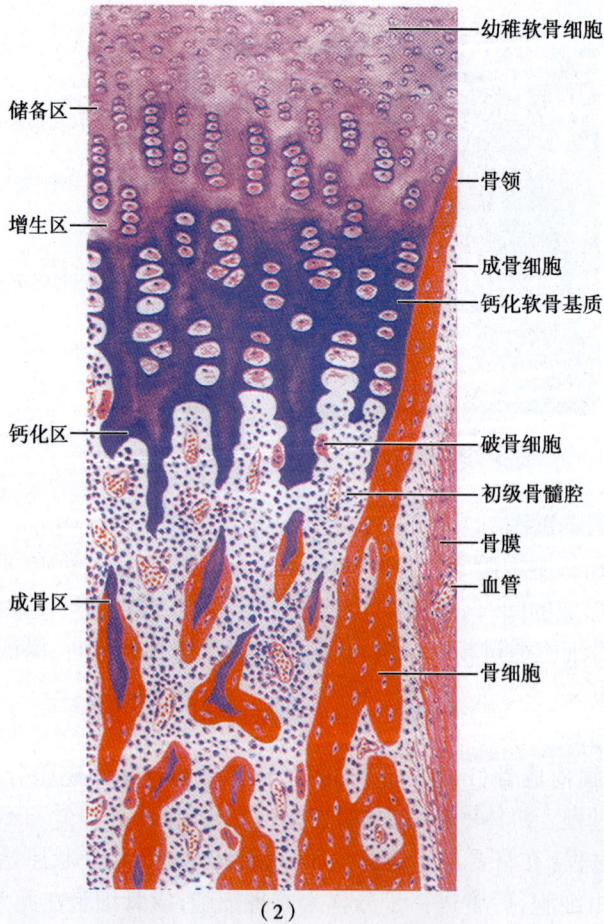

（2）

图3-20　长骨发生及骨增长过程模式图
（1）软骨内成骨;（2)骺板软骨成骨

(1)软骨雏形形成:在将要成骨的部位,间充质细胞聚集、分化形成骨祖细胞,后者先分化为成软骨细胞,继而变为软骨细胞。软骨细胞分泌软骨基质,软骨细胞自身被包埋其中,形成一块透明软骨,其外形与将要形成的长骨相似,故称**软骨雏形**(cartilage model)。周围的间充质则分化为软骨膜。

(2)骨领形成:在软骨雏形中段,软骨膜内的骨祖细胞增殖分化为成骨细胞,后者在软骨组织表面形成薄层原始骨组织,并从软骨中段向两端延伸。这层骨组织呈领圈状包绕软骨雏形中段,故名**骨领**(bone collar)。

(3)初级骨化中心与骨髓腔形成:在骨领形成的同时,软骨雏形中央的软骨细胞分泌碱性磷酸酶,使其周围的软骨基质钙化,肥大的软骨细胞退化死亡,留下较大的软骨陷窝;骨膜中的血管连同结缔组织、破骨细胞、成骨细胞、骨祖细胞和间充质细胞穿越骨领,进入退化的软骨区;破骨细胞溶解软骨,形成许多与软骨雏形长轴一致的隧道;成骨细胞贴附于残存的软骨基质表面成骨,这种以钙化软骨基质为中轴、表面附以骨组织的结构称过渡型骨小梁。出现过渡型骨小梁的部位即为**初级骨化中心**(primary ossification center)。过渡型骨小梁之间为初级骨髓腔。

初级骨化中心形成后,骨化向软骨雏形两端扩展,过渡型骨小梁也将被破骨细胞吸收,许多初级骨髓腔融合成一个较大的腔,称骨髓腔。

(4)次级骨化中心与骨骺形成:**次级骨化中心**(secondary ossification center)出现于骨干两端的软骨部位,此处以后形成骨骺。次级骨化中心出现时间大多在出生后数月或数年,成骨过程与初级骨化中心过程相似,但骨化自中央呈放射状向四周进行,最终由松质骨取代软骨,形成骨骺。骺端表面始终保留薄层软骨,即关节软骨。骨骺与骨干之间亦保留一定厚度的软骨层,称**骺板**(epiphyseal plate)。

(三) 骨的生长

1. 骨的加长 通过骺板软骨不断向两端生长并替换成骨组织而实现。从骺板到骨干之间的组织排序,即骨发生和生长的连续过程的演示,可依次分为四个区(图3-20)。

(1)软骨储备区:**软骨储备区**(reserve cartilage zone)中软骨细胞较小,呈圆形或椭圆形,单个分散存在。软骨基质呈弱嗜碱性。

(2)软骨增生区:**软骨增生区**(proliferation cartilage zone)中软骨细胞为扁平形,软骨细胞增殖活跃,同源细胞群成单串排列,形成并列的纵行软骨细胞柱。

(3)软骨钙化区:**软骨钙化区**(calcified cartilage zone)中软骨细胞成熟肥大,变圆,并逐渐退化凋亡,切片可见死亡软骨细胞留下的大陷窝。此区软骨基质已钙化,呈强嗜碱性。

(4)成骨区:**成骨区**(ossification zone)中成串的成骨细胞出现于钙化的软骨基质表面,它们形成的骨组织添加于此处,构成过渡型骨小梁。因为钙化区的软骨细胞呈纵行排列,细胞退化死亡后留下纵向管状隧道,因此过渡型骨小梁均呈条索状,在长骨的纵切面上,似钟乳石悬挂在钙化区的底部。最后过渡型骨小梁被吸收,从而骨髓腔向长骨两端扩展。

软骨的增生、退化及成骨在速率上保持平衡,保证了在骨干长度增加的同时,骺板能保持一定的厚度。17~20 岁后骺板增生减缓并最终停止,骺软骨完全被骨组织取代,在长骨的干、骺之间留下线性痕迹,称骺线。此后,骨再不能纵向生长。

2. 骨的增粗 骨外膜中的骨祖细胞分化为成骨细胞,在骨干表面添加骨组织,使骨干变粗。而在骨干的内表面,破骨细胞吸收骨小梁,使骨髓腔横向扩大。骨干外表面的新骨形成速度略快于骨干内部的吸收速度,如此骨干的密质骨适当增厚。30 岁以后,长骨不再增粗。

知识链接

原发性骨质疏松症的中、西医病因病机辨析及防治

人体的骨终身在重建与改建,成骨细胞的骨形成与破骨细胞的骨吸收处于动态平衡状态。随着年龄增长,骨吸收功能亢进,骨形成功能相对(绝经后)或绝对(老年性)不足,骨代谢处于负平衡状态,引起骨量减少,骨显微结构改变(骨小梁稀疏、断裂),致使轻微外力即易发生骨折等,此即为原发性骨质疏松症,主要分为绝经后骨质疏松症和老年性骨质疏松症。

现代医学主要根据原发性骨质疏松症的发病机制,应用骨吸收抑制剂或骨形成促进剂予以治疗。中医无骨质疏松症这一病名,根据症状将其归于"骨痹""骨痿"等范畴,基于肾藏精、主骨、生髓,脾为后天之本、气血生化之源等中医理论,将其病因病机责之于肾脾两虚,以补肾健脾为治疗原则,应用淫羊藿、杜仲等中药口服,或肾俞、脾俞、足三里等穴位进行针灸治疗,取得了比较好的疗效。

在生长过程中,骨还能进行一系列的外形和内部结构的变更活动,称骨的改建,它使骨与整个机体的发育和运动功能相适应。

思政元素

"烛光里的妈妈"

随着年龄增长,很多中老年人出现腰酸背痛、驼背、身材缩短、轻微外力即易发生骨折。正如歌曲《烛光里的妈妈》中所唱的:"你的腰身变得不再挺拔"。

每年5月第二个星期日为母亲节,如何才能真正关爱母亲?作为医学生,对亲友及患者的人文关怀离不开扎实的基础知识和分析解决问题的能力,例如为阐明上述症状发生的病因和发病机制,需要牢固掌握骨的结构和骨发生等相关专业知识,并理论联系实际,学以致用,对相关问题进行深入研究,以期采取有效的防治方法,更好地解决亲友及患者的身心痛苦。

四、关节

关节由关节面、关节囊及关节腔构成。

1. 关节面　关节面覆以薄层透明软骨称关节软骨,关节软骨表层的细胞较小,单个分布;深层的细胞较大,排列成行,与表面垂直。软骨基质中的胶原原纤维呈拱形走向,有加固作用;近骨组织的软骨基质发生钙化。

2. 关节囊　分内、外两层,外层较致密,称纤维膜,在与肌腱和韧带的相连处增厚;内层较疏松,称**滑膜**(synovial membrane)。滑膜表面有扁平或立方形的上皮样结缔组织细胞,即**滑膜细胞**(synovial cell),细胞间有少量纤维和基质。电镜下滑膜细胞可分为两种,一种似巨噬细胞,称M细胞,含较多溶酶体,有吞噬能力;另一种似成纤维细胞,称F细胞,含粗面内质网较多,可分泌透明质酸和黏蛋白,这两种成分与水共同构成关节腔内的滑液。滑液内尚有少量淋巴细胞和巨噬细胞,关节病变时滑液内细胞成分增多。

3. 关节腔　为关节面关节软骨与关节囊滑膜之间潜在性腔隙,内含少量滑液。

第三节 血液和血细胞发生

血液(blood)为液体状态的结缔组织,循环流动于心血管系统内。血液由血浆、血细胞(红细胞、白细胞)和血小板共同组成。血细胞和血小板是血液的有形成分(图3-21)。光镜观察血细胞和血小板的形态结构,以血涂片的**瑞特**(Wright)或**姬姆萨**(Giemsa)染色为最经典而常用的技术方法。正常情况下,血细胞和血小板的数量维持动态恒定。血细胞和血小板形态、数量、百分比和血红蛋白含量的测定称血象(表3-1)。病理情况下,血象常有相应变化,故检查血象对疾病诊断具有重要的辅助意义。

ER-3-7

Wright
染色

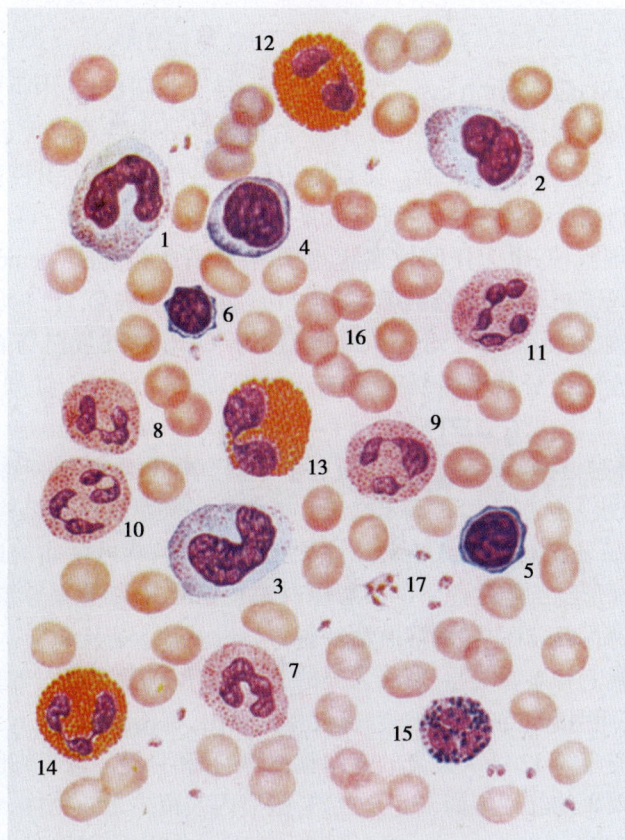

图3-21 血细胞和血小板模式图
1~3.单核细胞,4~6.淋巴细胞,7~11.中性粒细胞,12~14.嗜酸性粒细胞,
15.嗜碱性粒细胞,16.红细胞,17.血小板

表3-1 血液有形成分分类和正常值

有形成分	正常值	白细胞	百分比
红细胞	男:$(4.0\sim5.5)\times10^{12}$/L	中性粒细胞	50%~70%
	女:$(3.5\sim5.0)\times10^{12}$/L	嗜酸性粒细胞	0.5%~3.0%
白细胞	$(4.0\sim10)\times10^{9}$/L	嗜碱性粒细胞	0~1.0%
		淋巴细胞	25%~30%
血小板	$(100\sim300)\times10^{9}$/L	单核细胞	3.0%~8.0%

一、血浆

血浆(plasma)约占血液容积的 55%,pH 值为 7.35~7.45,其成分 90% 为水,其余为血浆蛋白(白蛋白、球蛋白、纤维蛋白原等)、脂蛋白、酶、激素、维生素、无机盐和各种代谢产物。血浆相当于血液的细胞外基质,呈液态,并为血细胞和血小板提供了生存内环境。

加入抗凝剂(肝素或柠檬酸钠)的血液静置或离心后,血液可分三层:上层淡黄色者为血浆,中间薄层灰白色者为白细胞及血小板,下层红色者为红细胞。不加抗凝剂的血液静置后形成凝血块,同时析出淡黄色的清亮液体,称**血清**(serum)。血浆与血清的区别在于血浆含纤维蛋白原,血清不含纤维蛋白原。

二、血细胞

(一) 红细胞

红细胞(red blood cell,erythrocyte)直径 6~8μm,呈双凹圆盘状,中央较薄,边缘较厚,血涂片中的红细胞中央浅红,周边深红(图 3-21)。红细胞的外形特点扩大了细胞膜表面积,有利于 O_2 和 CO_2 穿过细胞膜进行交换。血细胞中红细胞数量最多,男性多于女性(表 3-1)。在高原缺氧环境或剧烈运动情况下,红细胞数量明显增多。

成熟红细胞无细胞核,也无任何细胞器,胞质中充满**血红蛋白**(hemoglobin,Hb)。正常成人血红蛋白的含量:男性 120~150g/L,女性 110~140g/L。血红蛋白具有结合与运输 O_2 和 CO_2 的功能。当血液流经肺时,肺内 O_2 分压高于 CO_2,血红蛋白与 O_2 结合,释放原结合的 CO_2;当血液流经全身其他组织时,CO_2 分压高而 O_2 分压低,红细胞与 CO_2 结合,释放 O_2。

红细胞具有维持自身外形的特性,当通过小于其直径的血管(如毛细血管)时,即可变形,通过后再恢复原状。红细胞膜被固定在一个能变形的圆盘状网架结构上,此结构称**红细胞膜骨架**(erythrocyte membranes skeleton),主要由许多长条状可弯曲的**血影蛋白**(spectrin)编织而成。遗传性球形红细胞症患者的血影蛋白先天异常,红细胞呈球形,这种畸形的红细胞极易被脾巨噬细胞吞噬破坏,导致溶血性贫血。

红细胞的细胞膜上有血型抗原,形成人类的 ABO 血型抗原系统。输血若错配血型可导致抗原抗体结合,进而引起红细胞膜破裂,血红蛋白逸出,称**溶血**(hemolysis)。

红细胞的平均寿命约 120 天,衰老的红细胞被脾、肝和骨髓的巨噬细胞吞噬。

刚从骨髓释放入血的红细胞尚未完全成熟,胞质内残留少量核糖体,煌焦油蓝染色时呈网状,故称**网织红细胞**(reticulocyte)。成人网织红细胞占红细胞总数的 0.5%~1.5%,新生儿可达 2%~6%。骨髓造血功能障碍时(如再生障碍性贫血),网织红细胞数量降低。

(二) 白细胞

各种类型**白细胞**(white blood cell,leukocyte)均为有核的球形细胞,执行防御和免疫功能。根据胞质内有无特殊颗粒,可将其分为有粒白细胞和无粒白细胞两种。有粒白细胞简称粒细胞,根据特殊颗粒的嗜色性,分为中性粒细胞、嗜酸性粒细胞和嗜碱性粒细胞三种;无粒白细胞可分为淋巴细胞和单核细胞两种,胞质内虽无特殊颗粒,但含有嗜天青颗粒,为一种溶酶体(图 3-21)。

1. **中性粒细胞** **中性粒细胞**(neutrophilic granulocyte,neutrophil)占白细胞总数的 50%~70%,为白细胞中数量最多的一种(表 3-1)。细胞直径 10~12μm。胞核呈分叶状或弯曲杆状,深染,分叶核可为 2~5 叶,多为 2~3 叶,叶间有染色质丝相连,杆状核、2 叶核的细胞较幼稚,分叶越多则提示越接近衰老。急性细菌感染时,骨髓释放幼稚细胞增多,杆状核与 2 叶核的细胞比例升高,称核左移;若骨髓造血功能障碍时,4~5 叶核的细胞增多,称核右移。胞质均匀分布着许多细小的颗粒,其中大多数为浅红色的特殊颗粒(约占颗粒总数的 80%),浅紫色的嗜天青颗粒较少(约占颗粒总数的 20%)。电镜下,嗜天青颗粒较大,直径 0.6~0.7μm,圆形或椭圆形,电子密度较高,为溶酶体,内含酸性磷酸酶、髓过氧化物酶和多种酸性水解酶等,能消化吞噬的细菌和异物;**特殊颗粒**(specific granule)较小,直径 0.3~0.4μm,呈哑铃形或椭圆形,为一种分泌颗粒,内含溶菌酶、**吞噬素**(phagocytin)等,其中溶菌酶能破坏细菌表面的糖蛋白;吞噬素也称防御素,具有杀菌作用(图 3-22、图 3-23)。

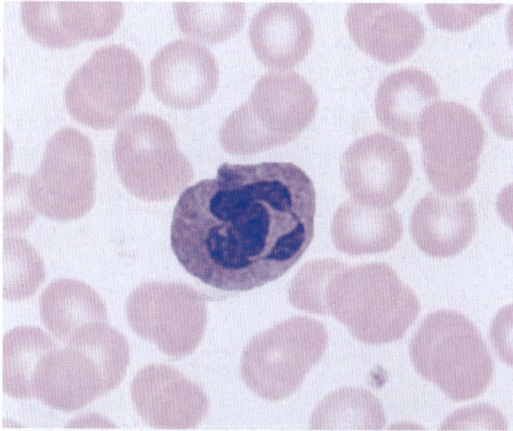

图 3-22 中性粒细胞 Wright 染色 高倍

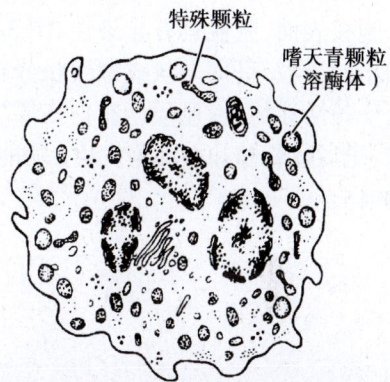

图 3-23 中性粒细胞超微结构模式图

中性粒细胞具有活跃的变形运动、很强的趋化性和吞噬功能,可吞噬细菌和异物。当细菌侵犯某一组织时,中性粒细胞对细菌产物及受侵组织释放的某些化学物质具有趋化性,能穿过微血管聚集到细菌感染部位,并大量吞噬细菌。细菌被各种溶菌酶、吞噬素、水解酶和过氧化物酶杀死并分解。在吞噬并分解大量细菌后,中性粒细胞自身也随之死亡,变成脓细胞。进入血液的中性粒细胞约停留 6~7 小时后进入周围组织,在组织中存活 2~3 天。

2. 嗜酸性粒细胞 嗜酸性粒细胞(eosinophilic granulocyte,eosinophil)占白细胞总数的 0.5%~3.0%,直径为 10~15μm。胞核分叶,多为 2~3 叶,2 叶核常呈"八"字形;胞质内充满橘红色的嗜酸性颗粒,颗粒粗大,直径 0.5~1.0μm,分布均匀。电镜下,可见颗粒内有方形或长方形结晶体(图 3-24、图 3-25)。嗜酸性颗粒属于溶酶体,除含酸性磷酸酶、髓过氧化物酶等一般溶酶体酶外,还含有组胺酶、芳基硫酸酯酶及四种阳离子蛋白。

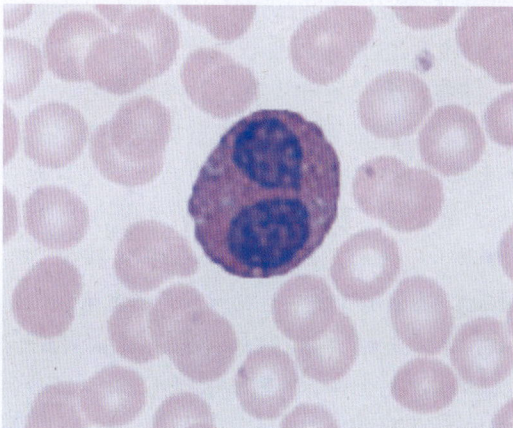

图 3-24 嗜酸性粒细胞 Wright 染色 高倍

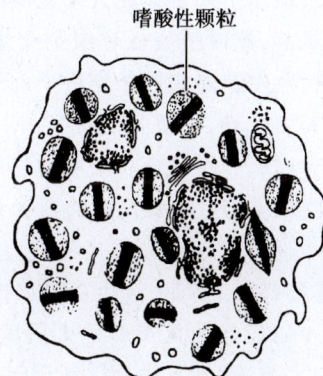

图 3-25 嗜酸性粒细胞超微结构模式图

嗜酸性粒细胞亦能做变形运动，并具有趋化性。机体发生过敏反应时，嗜酸性粒细胞受肥大细胞和嗜碱性粒细胞释放的嗜酸性粒细胞趋化因子吸引，移至发生过敏反应的部位。其释放的组胺酶能分解组胺，芳基硫酸酯酶能灭活白三烯，从而抑制过敏反应；其释放四种阳离子蛋白，对寄生虫有很强的杀灭作用。因此，在患过敏性疾病或寄生虫感染时，血液中嗜酸性粒细胞增多。嗜酸性粒细胞在血液中一般停留 6~8 小时，后进入结缔组织，在此存活 8~12 天。

3. 嗜碱性粒细胞　嗜碱性粒细胞（basophilic granulocyte，basophil）数量最少，占白细胞总数的 0~1.0%。细胞直径 10~12μm。胞核呈 S 形、分叶状或不规则形等多种形态，着色较浅，表面常被特殊颗粒遮盖；胞质内含有蓝紫色嗜碱性颗粒，大小不等，分布不均，可覆盖于胞核表面，颗粒具有异染性（图 3-26）。电镜下，嗜碱性颗粒属于分泌颗粒，颗粒内充满更细小的微粒，呈均匀状或螺纹状分布（图 3-27）。颗粒内含有肝素、组胺、嗜酸性粒细胞趋化因子等活性物质；胞质内有白三烯。嗜碱性粒细胞与肥大细胞均来源于同种骨髓造血祖细胞（见后述骨髓和血细胞发生），功能相似，均参与过敏反应。嗜碱性粒细胞在组织中可存活 10~15 天。

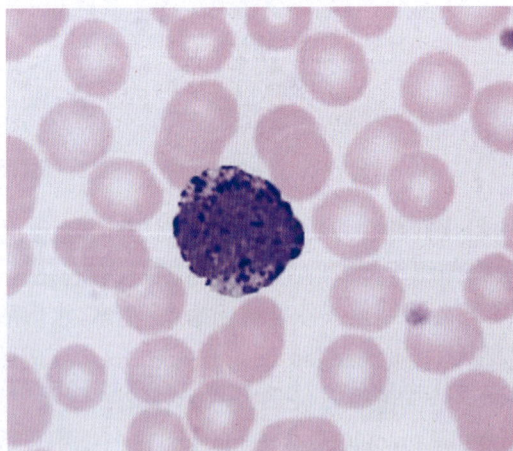

图 3-26　嗜碱性粒细胞　Wright 染色　高倍

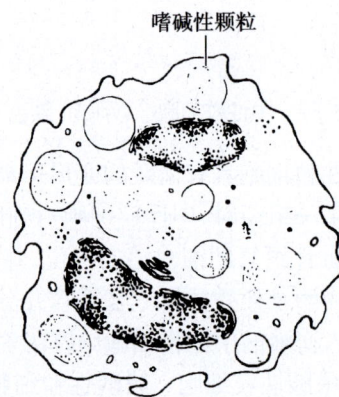

图 3-27　嗜碱性粒细胞超微结构模式图

知识链接

过敏反应的细胞学机制及中、西医病因病机与防治

过敏原引起机体肥大细胞和嗜碱性粒细胞脱颗粒，颗粒内的组胺和胞质内的白三烯相继释放，此时嗜酸性粒细胞数量代偿性增高，并在肥大细胞和嗜碱性粒细胞颗粒内的嗜酸性粒细胞趋化因子作用下到达过敏反应部位，释放组胺酶和芳基硫酸酯酶分别对抗组胺和白三烯，发挥抗过敏作用。当机体免疫力降低时，嗜酸性粒细胞的功能不足以对抗肥大细胞和嗜碱性粒细胞的作用时即可发生过敏反应。因以组胺的致敏作用为主，故西医临床上治疗过敏反应的药物如氯苯那敏、氯雷他定等的药理作用主要是抗组胺。

中医将皮肤过敏反应的发生责之于血热或血虚，认为"血热生风"或"血虚生风"，"风盛则痒"。因此，治疗从凉血或补血入手，即"治风先治血，血行风自灭"。针灸或按摩足少阳胆经的风市和足太阴脾经的血海，前者可祛风止痒，后者可调和气血，二穴合用，标本兼治，可有效地缓解因过敏反应引起的皮肤瘙痒等症状。

4. 淋巴细胞 淋巴细胞(lymphocyte)占白细胞总数的 25%~30%。根据细胞大小,可分为小、中、大淋巴细胞三种。直径分别为 6~8μm、9~12μm 和 13~20μm,血液中大部分为小淋巴细胞,少部分为中淋巴细胞,大淋巴细胞极少见(多在淋巴组织中)。小淋巴细胞的胞核占据整个细胞绝大部分,为圆形,一侧常有浅凹,染色质呈浓密块状,着色深;中淋巴细胞的胞核着色较浅,有的可见核仁。胞质均为较强的嗜碱性,呈蔚蓝色。小淋巴细胞的胞质很少,在胞核一侧呈细弯月状;中淋巴细胞胞质较多,呈环形,胞质中含嗜天青颗粒(图 3-21、图 3-28)。电镜观察,淋巴细胞胞质含大量游离核糖体,还有较小的溶酶体、少量粗面内质网、高尔基复合体和线粒体(图 3-29)。淋巴细胞均来源于骨髓造血干细胞,根据培育成熟部位及免疫功能的不同,可分为三类:①**胸腺依赖淋巴细胞**(thymus dependent lymphocyte),简称 T 细胞,由胸腺培育成熟,约占血液淋巴细胞总数的 75%,主要执行细胞免疫功能;②**骨髓依赖淋巴细胞**(bone marrow dependent lymphocyte),简称 B 细胞,由骨髓培育成熟,约占血液淋巴细胞总数的 10%~15%,其受抗原刺激后可增殖分化为浆细胞,产生抗体,主要执行体液免疫功能;③**自然杀伤细胞**(nature killer cell),简称 NK 细胞,产生于骨髓,约占 10%,能非特异性地杀伤某些肿瘤细胞和病毒感染细胞。淋巴细胞是人体主要的免疫细胞,在免疫过程中发挥着关键作用。

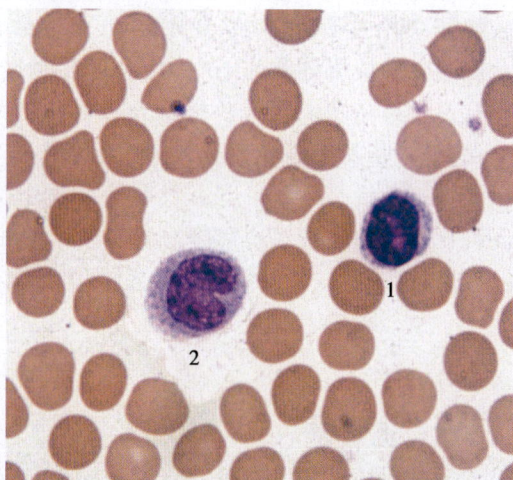

图 3-28 无粒白细胞 Wright 染色 高倍
1. 淋巴细胞;2. 单核细胞

5. 单核细胞 单核细胞(monocyte)占白细胞总数的 3.0%~8.0%,直径 14~20μm,为体积最大的白细胞。胞核呈肾形、马蹄铁形或扭曲折叠的不规则形,染色质颗粒细而松散,故着色较浅;胞质较多,呈弱嗜碱性,染成灰蓝色,其中不含特殊颗粒,但有许多嗜天青颗粒,即溶酶体(图 3-28、图 3-29)。单核细胞在血液中停留 12~48 小时,然后进入不同的组织,分化成巨噬细胞、破骨细胞等不同部位的具有吞噬功能的细胞。单核细胞具有一定的吞噬细菌和异物的能力,并参与免疫反应,但其吞噬能力较巨噬细胞弱。

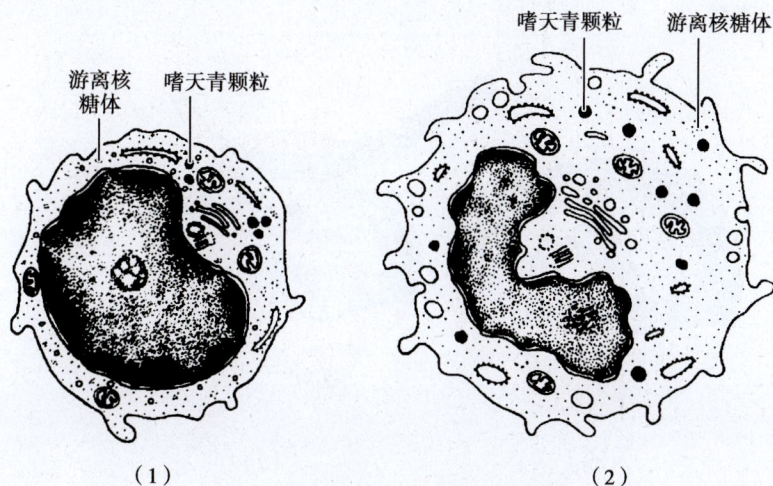

图 3-29 无粒白细胞超微结构模式图
(1)淋巴细胞;(2)单核细胞

📖 **知识链接**

嗜天青颗粒与溶酶体

嗜天青颗粒主要存在于淋巴细胞及单核细胞的胞质内,在血涂片上易被天青染色,故称嗜天青颗粒。嗜天青颗粒身份的确定,应归功于比利时细胞学家德·迪夫,其发现了溶酶体。

20世纪50年代初,德·迪夫在对线粒体内碳水化合物的研究中,以酸性磷酸酶(溶酶体中的主要酶类)作为对照物,虽然酸性磷酸酶的浓度在线粒体中最高,但仅占细胞酸性磷酸酶总量的10%,其余90%的酸性磷酸酶在哪里? 当时时间已很晚,只好将样品低温冷藏。几天后重新分析样品发现酸性磷酸酶浓度较原来高出了10倍,于是德·迪夫推测某些酸性磷酸酶可能事先被单位膜包被"隐藏"在未知的细胞器中,经冷藏后被激活"释放"。很快发现除冷藏外,冷冻、加热、去垢剂等促使单位膜破裂的处理均能提高细胞酸性磷酸酶的浓度。几年后德·迪夫和同事在电镜下发现了藏匿酸性磷酸酶的细胞器,将其命名为溶酶体,并因此于1974年荣获诺贝尔生理学或医学奖。

三、血小板

血小板(blood platelet)是从骨髓巨核细胞脱落的胞质小块,直径2~4μm,呈双凸圆盘,血涂片上,血小板受刺激而伸出突起,呈不规则形或多角形,常聚集成群,外包有胞膜,但无胞核(图3-21)。电镜下,血小板中央部有较多电子密度较高的颗粒样结构,称颗粒区(granulomere);周边部电子密度较低,称透明区(hyalomere)(图3-30)。透明区含有微管和微丝,参与血小板形状改变的活动。颗粒区包含特殊颗粒、致密颗粒和少量溶酶体,其中特殊颗粒又称α颗粒,体积较大,圆形,电子密度中等,内含血小板因子Ⅳ、**血小板源性生长因子**(platelet derived growth factor,PDGF)、凝血酶敏感蛋白等。致密颗粒较小,电子密度大,内含5-羟色胺、ADP、ATP、钙离子、肾上腺素等。血小板内还有开放小管系和致密小管系。开放小管系的管道与血小板表面胞膜连续,借此可增加血小板与血浆的接触面积,有利于摄取血浆物质和释放颗粒内容物。致密小管系是封闭的小管,能收集钙离子和合成前列腺素等。

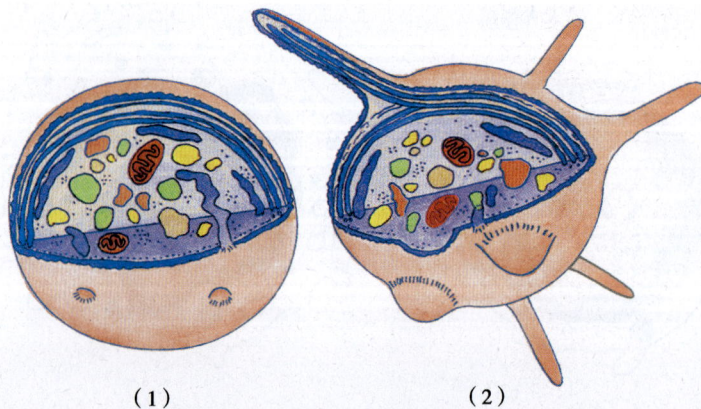

(1)　　　　　　　　　(2)

图3-30　血小板超微结构模式图
(1)未激活状态;(2)激活状态

血小板的功能是参与止血和凝血。当血管内皮受损时,血小板受到刺激,成团黏附聚集于破损处,形成血栓堵塞破损的血管。同时血浆内的凝血酶原转变为凝血酶,后者催化纤维蛋白原变成纤维蛋白,与血细胞共同形成凝血块。在上述过程中,血小板释放颗粒内容物,其中 5-羟色胺使血管收缩,血小板因子IV能对抗组胺的抗凝血作用,凝血酶敏感蛋白促进血小板聚集,PDGF 刺激内皮细胞增殖和血管修复。血小板寿命为 7~14 天。

四、淋巴

淋巴由淋巴液与淋巴细胞构成,是在淋巴管系统内流动的液体,为血浆循环的旁路。当淋巴经淋巴管流经淋巴结时,便有淋巴细胞加入。若淋巴结正处于活跃的免疫应答状态,便会有更多淋巴细胞和大量免疫球蛋白进入淋巴。淋巴中偶见单核细胞和中性粒细胞。

五、骨髓和血细胞发生

各种血细胞不断衰老、死亡,骨髓必须生成相应数量的血细胞补充入血。骨髓形成血细胞的过程称血细胞发生。原始血细胞最早出现于人胚第 2 周末卵黄囊壁上的血岛;至第 6 周,造血干细胞从卵黄囊迁入肝并造血;胚胎发育第 12 周,脾内造血干细胞增殖分化而造血;胚胎第 3~4 个月,胸腺、淋巴结开始造血;胚胎后期至出生后,骨髓成为主要的造血器官,胸腺和淋巴结可终生造淋巴细胞。

(一)骨髓的结构

骨髓(bone marrow)位于骨髓腔内,分为红骨髓和黄骨髓两种,红骨髓为造血组织,黄骨髓主要为脂肪组织。通常所说的骨髓系指红骨髓。胎儿及婴幼儿时期全部为红骨髓,大约 6 岁时,脂肪组织开始出现于长骨干的骨髓腔内,且随年龄增长逐渐增多,成为黄骨髓。成人的红骨髓和黄骨髓约各占一半。红骨髓主要由造血组织和血窦构成。

1. 造血组织　主要由网状组织、造血细胞和**基质细胞**(stromal cell)构成。网状细胞和网状纤维构成的网状组织形成造血组织的支架,网孔中充满造血细胞和其他基质细胞等。

造血细胞包括造血干细胞及处于不同发育阶段的各种血细胞,其赖以生长发育的环境称**造血诱导微环境**(hemopoietic inductive microenvironment),该环境中的重要成分为基质细胞,包括网状细胞、成纤维细胞、血窦内皮细胞、巨噬细胞、脂肪细胞等。目前认为,基质细胞不但起支持作用,还分泌细胞因子调节造血细胞的增殖与分化。发育中的各种血细胞在造血组织中的分布具有一定规律性,幼稚红细胞常位于血窦附近,成群嵌附于巨噬细胞表面,构成幼红细胞岛,随着细胞的发育成熟逐渐贴近并穿越血窦内皮,成为网织红细胞;幼稚粒细胞多远离血窦,当发育至晚幼粒细胞具有运动能力时,以变形运动接近并穿入血窦;巨核细胞常紧靠血窦内皮间隙,将胞质突起伸入血窦腔,脱落形成血小板。造血组织的不同部位有不同的微环境,以适应造血过程复杂的诱导需求。

2. 血窦　是骨髓内的窦状毛细血管(见第九章),其窦壁强大的通透能力,有利于造血组织中成熟的血细胞进入血液。

(二)造血干细胞和造血祖细胞

造血干细胞为血细胞发生的"种子细胞"。它先增殖分化为各系血细胞的祖细胞,称造血祖细胞,后者在一定的微环境和特定因素的调节下,定向增殖分化成为各类血细胞。

1. 造血干细胞　造血干细胞(hemopoietic stem cell)具有分化成所有种类血细胞的能力,故又称**多能干细胞**(multipotential stem cell)。造血干细胞源于卵黄囊血岛,随血流先后迁入胎儿肝、脾及骨髓。出生后,造血干细胞主要存在于红骨髓(约占骨髓有核细胞的0.5%),极少量存在于外周血中。造血干细胞的形态类似于小淋巴细胞,胞体较小,胞核相对较大,胞质富含核糖体。但仅凭形态特点不足以确认造血干细胞,必须使用分子生物学技术确定。

造血干细胞的基本特征:①很强的增殖能力,在一定条件下能反复分裂增殖,但在一般生理状态下,多数细胞处于 G_0 期静止状态;②多向分化潜能,在特定因素的作用下,能分化形成各系造血祖细胞;③自我更新能力,经细胞分裂产生的子代细胞,有一部分仍保留原干细胞特性,故可保持造血干细胞数量的稳定。

造血干细胞包含不同分化类型的细胞群体,如髓性造血干细胞可分化为红细胞系、粒细胞单核细胞系、巨核细胞系等细胞系的造血祖细胞;淋巴性造血干细胞可分化为各种淋巴细胞系。

2. 造血祖细胞 **造血祖细胞**(hemopoietic progenitor cell)是由造血干细胞分化而来的分化方向确定的干细胞,故也称**定向干细胞**(committed stem cell)。造血祖细胞在不同的**集落刺激因子**(colony stimulating factor,CSF)作用下,分别分化为形态可辨认的各类血细胞。①红细胞系造血祖细胞,在肾间质分泌的促**红细胞生成素**(erythropoietin,EPO)作用下生成红细胞;②粒细胞单核细胞系造血祖细胞,是中性粒细胞和单核细胞共同的祖细胞,其集落刺激因子由巨噬细胞等分泌,包括 GM-CSF 等;③巨核细胞系造血祖细胞,在血管内皮细胞等细胞分泌的**血小板生成素**(thrombopoietin,TPO)作用下形成巨核细胞集落,最终产生血小板;④淋巴细胞系造血祖细胞;⑤嗜酸性粒细胞造血祖细胞;⑥嗜碱性粒细胞造血祖细胞(肥大细胞来源于此系造血祖细胞)。

知识链接

再生障碍性贫血

再生障碍性贫血简称再障,系多种病因引起造血干细胞或造血微环境损伤,进而导致造血障碍的血液病。由于骨髓造血功能衰竭,再障患者血象以全血细胞减少为主要特点。红细胞减少导致贫血逐渐加重,患者出现乏力、心悸等症状;白细胞减少导致感染,表现为持续发热,重者发生败血症,加重出血而死亡;血小板减少导致患者出血,临床表现为皮肤、牙龈、鼻出血。继发性再障病因包括:①药物性再障,如氯霉素;②病毒性肝炎;③化学毒物,如慢性苯中毒;④电离辐射,如长期超量放射线照射。国内治疗慢性再障常用雄激素并结合中医补肾健脾疗法。骨髓移植是根治干细胞缺陷所致再障的最佳方法。

思政元素

爱 的 奉 献

患者大量失血时需输血治疗,血库的血液来源于无偿献血;再生障碍性贫血或白血病常需要骨髓移植。很多人常常在思考一个问题,即献血和捐献骨髓是否有害于健康? 通过前述内容的学习可知,血细胞有一定的寿命,而骨髓不断造血进行补充更新。因此,若体重、年龄及身体健康状况符合献血和捐献骨髓的标准,应积极参与相应活动,正如歌曲《爱的奉献》中所唱:"只要人人都献出一点爱,世界将变成美好的人间"。

"授人以鱼"不如"授人以渔",对于再生障碍性贫血或白血病患者,献血相当于

"授人以鱼",而捐献骨髓相当于"授人以渔",但两者均属于治疗范畴,相较于预防,治疗仍然属于授人以鱼,只有利用所习得的医学知识对民众进行血液疾病预防的科普宣讲,才真正是"授人以渔"。因此,只有系统掌握血液相关基础并了解血液病发生的危险因素及预防措施,才能真正发挥"授人以渔"的作用。

(三)血细胞发生过程的形态演变

各种血细胞的分化发育过程可分为三个阶段,即原始阶段、幼稚阶段和成熟阶段,幼稚阶段又分早、中、晚幼三期(图 3-31)。其形态演变也有一定的规律:①胞体由大变小,但巨核细胞系则由小变大。②胞核由大变小,红细胞的核最后消失,粒细胞的核由圆形逐渐变成杆状乃至分叶,但巨核细胞的核由小变大且呈分叶状,核染色质由疏变粗密(即常染色质由多变少,异染色质则相反)使核的着色由浅变深,核仁由明显渐至消失。③胞质由少变多,嗜碱性由强变弱,后呈嗜酸性,但单核细胞和淋巴细胞仍保持嗜碱性;胞质内的特殊结构或蛋白成分如粒细胞中的特殊颗粒、红细胞中的血红蛋白,均从无到有,并逐渐增多。④细胞分裂能力从有到无,但淋巴细胞仍有潜在的分裂能力。

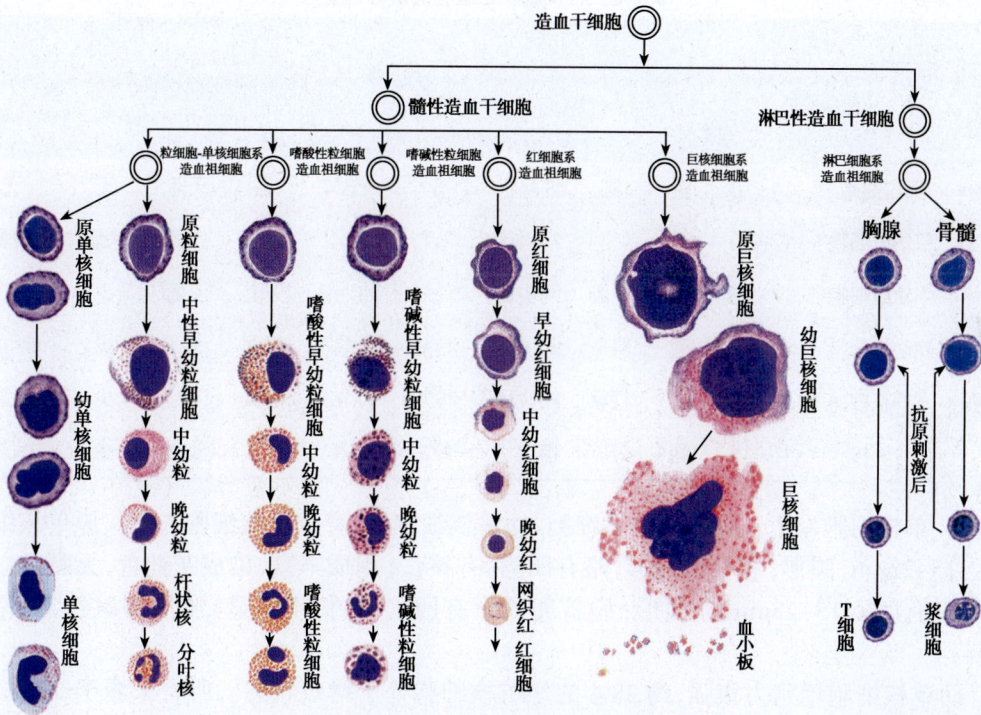

图 3-31 各种血细胞发生过程示意图

1. **红细胞发生** 经历原红细胞、早幼红细胞、中幼红细胞、晚幼红细胞四阶段,后者脱去胞核成为网织红细胞入血。从原红细胞发育至晚幼红细胞约需 3~4 天。因骨髓内红细胞发生多围绕在巨噬细胞周围,故晚幼红细胞脱出的胞核被巨噬细胞所吞噬。各阶段红细胞的一般形态特点见表 3-2。

2. **粒细胞发生** 粒细胞发生历经原粒细胞、早幼粒细胞、中幼粒细胞、晚幼粒细胞,进而分化为成熟的杆状核或分叶核。从原粒细胞增殖分化为晚幼粒细胞需 4~6 天。骨髓内的杆状核和分叶核粒细胞的储存量很大,在骨髓逗留 4~5 天后入血。各阶段粒细胞一般形态特点见表 3-3。

表 3-2 红细胞发生过程的形态演变

发育阶段和名称		胞体		胞核				胞质		
		大小（μm）	形状	形状	染色质	核仁	核质比	嗜碱性	着色	血红蛋白
原始	原红细胞	14~22	圆	圆	细粒状	2~3 个	3/4	强	墨水蓝	无
幼稚	早幼红细胞	11~19	圆	圆	粗粒状	偶见	>1/2	很强	墨水蓝	开始出现
	中幼红细胞	10~14	圆	圆	粗块状	消失	约>1/2	减弱	红蓝相间	增多
	晚幼红细胞	9~12	圆	圆	致密块	消失	更小	弱	红	大量
成熟	网织红细胞	7~9	圆盘状	无				微	红	大量
	红细胞	7.5	圆盘状	无				无	红	大量

表 3-3 粒细胞发生过程的形态演变

发育阶段和名称		胞体		胞核				胞质		
		大小（μm）	形状	形状	染色质	核仁	核质比	嗜碱性	着色	嗜天青颗粒	特殊颗粒
原始	原粒细胞	11~18	圆	圆	细网状	2~6 个	>3/4	强	天蓝	无	无
幼稚	早幼粒细胞	13~20	圆	卵圆	粗网状	偶见	>1/2	减弱	淡蓝	大量	少量
	中幼粒细胞	11~16	圆	半圆	网块状	消失	约 1/2	弱	淡蓝	少	增多
	晚幼粒细胞	10~15	圆	肾形	网块状	消失	<1/2	极弱	浅红	少	明显
成熟	杆状核	10~15	圆	杆状	粗块状	消失	<1/3	消失	淡红	少	大量
	分叶核	10~15	圆	分叶	粗块状	消失	更小	消失	淡红	少	大量

3. 单核细胞发生 经过原单核细胞、幼单核细胞,发育成单核细胞入血。原单核细胞直径 15~22μm,圆形;胞核卵圆形,略有凹陷,有核仁;胞质丰富,染成灰蓝色,无颗粒。幼单核细胞直径 15~25μm,卵圆形;胞核卵圆形有凹陷,核仁不明显;胞质嗜碱性,无特殊颗粒。

幼单核细胞增殖力很强,约 38% 的幼单核细胞处于增殖状态。所有来源于幼单核细胞、分布于全身各处的具有吞噬功能的细胞统称为单核吞噬细胞系统(见第八章)。

4. 血小板发生 原巨核细胞经幼巨核细胞,发育为**巨核细胞**(megakaryocyte),巨核细胞的胞质小块脱落成为血小板。原巨核细胞分化为幼巨核细胞时,胞质内开始出现血小板颗粒。幼巨核细胞经过数次 DNA 复制,但胞体不分裂,形成多叶核的巨核细胞。巨核细胞的胞核大呈分叶状,胞质内含有大量血小板颗粒。此后,胞膜内陷形成的分隔小管将胞质分隔成许多小区,每个小区即为一个未来的血小板。巨核细胞细长的胞质突起从内皮细胞间隙伸入血窦腔内,其胞质末端脱落成为血小板。每个巨核细胞约生成 2 000 个血小板。

学习小结

笔记栏

结缔组织
- 固有结缔组织
  - 疏松结缔组织
    - 细胞
      - 成纤维细胞
      - 巨噬细胞
      - 浆细胞
      - 肥大细胞
      - 脂肪细胞
      - 未分化的间充质细胞
      - 白细胞
    - 细胞外基质
      - 纤维
        - 胶原纤维
        - 弹性纤维
        - 网状纤维
      - 基质
        - 蛋白多糖
        - 纤连蛋白
        - 组织液
  - 致密结缔组织
    - 规则致密结缔组织
    - 不规则致密结缔组织
    - 弹性组织
  - 网状组织
  - 脂肪组织
    - 黄色脂肪组织
    - 棕色脂肪组织
- 软骨组织
  - 透明软骨
  - 弹性软骨
  - 纤维软骨
- 骨组织
  - 骨组织的细胞
    - 骨祖细胞
    - 成骨细胞
    - 骨细胞
    - 破骨细胞
  - 骨质
    - 无机成分:羟基磷灰石结晶
    - 有机成分:胶原纤维;无定形基质
- 血液
  - 血浆
  - 血细胞
    - 红细胞
    - 白细胞
      - 有粒白细胞
        - 中性粒细胞
        - 嗜酸性粒细胞
        - 嗜碱性粒细胞
      - 无粒白细胞
        - 淋巴细胞
        - 单核细胞
  - 血小板

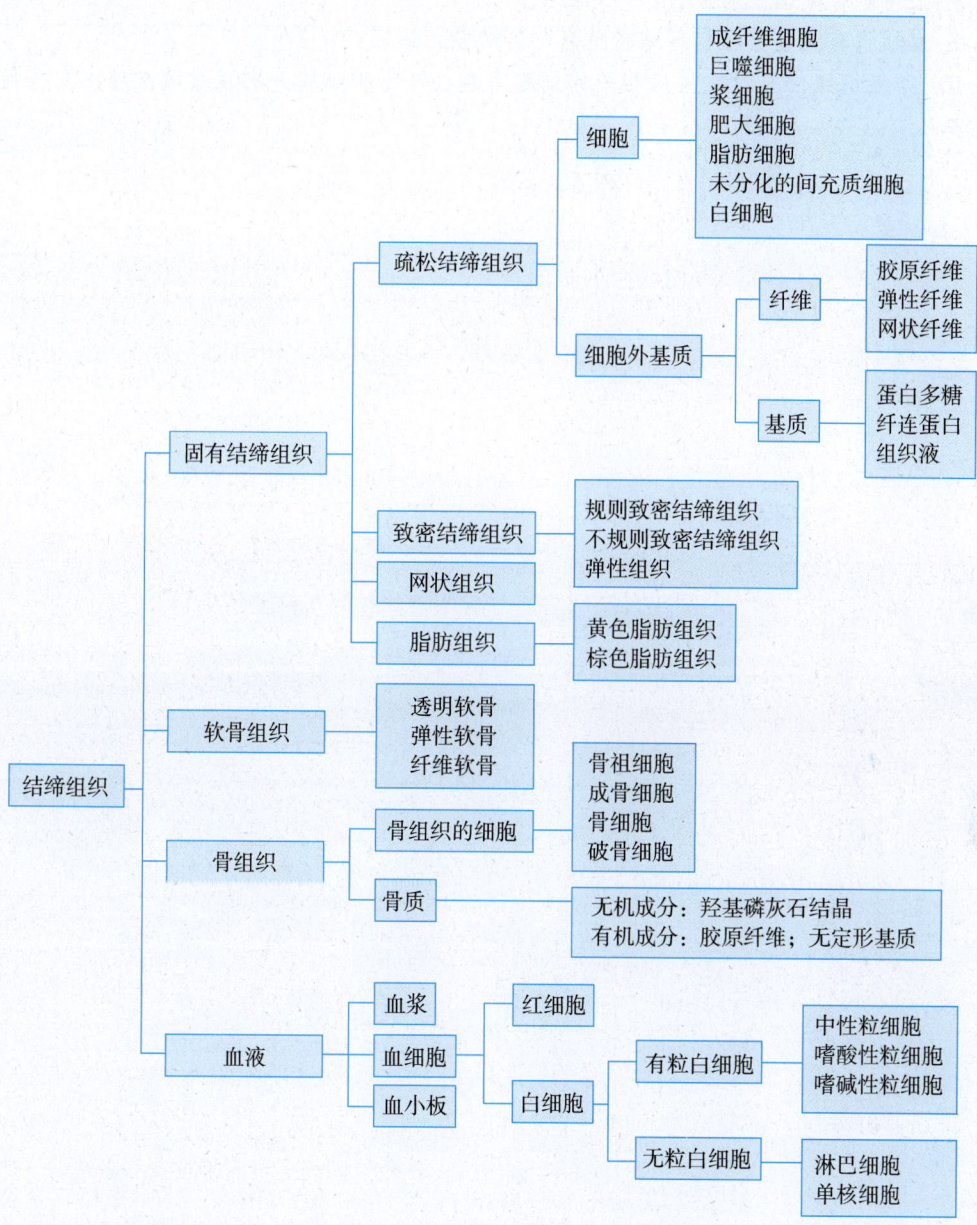

（杨恩彬 赵英侠）

复习思考题

1. 结缔组织与上皮组织比较有何特点?
2. 结缔组织有哪几种细胞? 其中来源于血液中的是哪几种?
3. 巨噬细胞如何吞噬异物?
4. 组织损伤时,修补创面、形成瘢痕的是哪一种纤维?
5. 软骨分哪三类? 分类依据是什么?

扫一扫
测一测

6. 骨组织四种细胞在功能上关系如何？

7. 骨具有哪些支持和保护作用的结构基础？

8. 血清能否凝固？为什么？

9. 血细胞有哪些？各有何结构特点与其功能相适应？

10. 结缔组织中与过敏反应相关的细胞有哪些？每种细胞分别在过敏反应中发挥何种作用？

◈◈◈ 第四章 ◈◈◈

肌 组 织

学习目标

　　能描述骨骼肌纤维、心肌纤维、平滑肌的光镜结构和超微结构,理解骨骼肌收缩的原理;能分辨肌纤维与肌原纤维、肌浆与肌浆网、肌膜与基膜、三联体与二联体的基本概念,理解并写出闰盘的结构、分布及功能。能根据骨骼肌电镜结构理解肌丝滑动学说的机制。

　　肌组织(muscle tissue)的基本成分是具有收缩功能的肌细胞。肌细胞间有少量结缔组织、血管、淋巴管及神经等。

　　肌细胞呈细长纤维状,故又称**肌纤维**(muscle fiber),其细胞膜称**肌膜**(sarcolemma),细胞质称**肌浆**(sarcoplasm),又称**肌质**,其中的滑面内质网称**肌浆网**(sarcoplasmic reticulum)又称**肌质网**。根据肌纤维的结构和功能差异,肌组织分为骨骼肌、心肌和平滑肌三种类型。骨骼肌和心肌的肌纤维均有明暗相间的横纹,故又称**横纹肌**(striated muscle);平滑肌纤维无横纹。骨骼肌受躯体神经支配,属**随意肌**;心肌和平滑肌受自主神经支配,属**不随意肌**。

第一节 骨 骼 肌

　　骨骼肌(skeletal muscle)大多数借肌腱附着于骨骼上,眼和口等处周围的轮匝肌因横纹肌与真皮的结缔组织相连而除外。分布于躯干和四肢的每块肌均由许多平行排列的骨骼肌纤维组成。每条肌纤维周围由薄层疏松结缔组织包裹,称**肌内膜**(endomysium);数条或数十条肌纤维集合成肌束,肌束外包裹较厚的结缔组织,称**肌束膜**(perimysium);包裹在整块肌外面的致密结缔组织,称**肌外膜**(epimysium),即解剖学上的深筋膜。在结缔组织内均富含血管和神经的分支(图 4-1)。

一、骨骼肌纤维的光镜结构

　　骨骼肌纤维呈长圆柱状,长一般为 1~40mm,长者可达 10cm 以上,两端钝圆,与肌腱相连接。骨骼肌纤维是多核细胞,核的数量随肌纤维的长短而异,一条肌纤维内可含几十个甚至几百个细胞核,呈扁椭圆形,靠近肌膜,肌膜外有基膜贴附。肌浆中有大量沿其长轴平行排列的**肌原纤维**(myofibril),呈细丝状。每条肌原纤维上都有明暗相间的带,由于各条肌原纤维的明带和暗带都准确地排列在同一平面上,使肌纤维在纵切面上呈现明、暗相间的周期性**横纹**(cross striation)。肌原纤维在横切面上呈点状(图 4-2)。

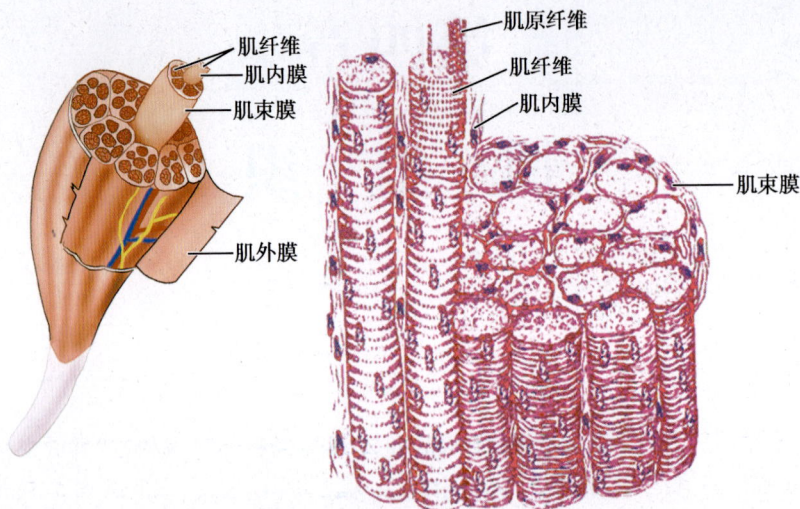

图 4-1 骨骼肌结构模式图

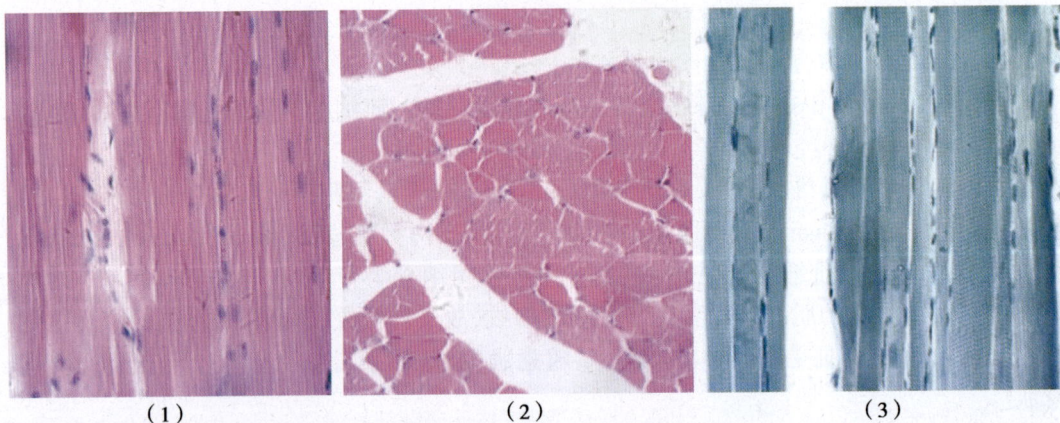

（1）　　　　　　　　　　　（2）　　　　　　　　　　　（3）

图 4-2 骨骼肌纤维 高倍
(1)纵切面;(2)横切面;(3)纵切面 铁苏木素染色

肌节内明
暗带和线
的由来

明带(light band)又称 I 带,染色较浅;**暗带**(dark band)又称 A 带,染色较深。在明带中央可见一暗线,称 Z 线;在暗带中央可见一较浅的 H 带,H 带的中央有一条深色的 M 线。相邻两条 Z 线之间的一段肌原纤维称**肌节**(sarcomere),包括 1/2I 带 +A 带 +1/2I 带,是骨骼肌纤维结构和功能的基本单位(图 4-3)。静止时,一个肌节的长度在 2.1~2.5μm 之间,具体长度随肌纤维的收缩或舒张状态而异。肌节递次排列构成肌原纤维。

在骨骼肌纤维细胞膜与基膜之间还有一种扁平、多突起的肌卫星细胞。当肌纤维受损伤时,肌卫星细胞可增殖分化,参与肌纤维的再生修复。

二、骨骼肌纤维的超微结构

(一) 肌原纤维

肌原纤维由粗、细两种肌丝构成,两种肌丝沿肌纤维的长轴互相穿插平行排列。粗肌丝位于肌节的中部,贯穿 A 带全长,中央借 M 线固定,两端游离。细肌丝位于肌节的两侧,一端附着于 Z 线,另一端伸至粗肌丝之间,与之平行走行,其末端游离,止于 H 带的外侧。故明带只含细肌丝,H 带只含粗肌丝,H 带以外的暗带部分由粗、细两种肌丝组成(图 4-3、图 4-4)。

肌纤维

肌原纤维

肌节

Z M Z

1/2I A 1/2I

Z M H Z

粗肌丝

肌球蛋白

细肌丝

肌动蛋白单体 原肌球蛋白 肌钙蛋白

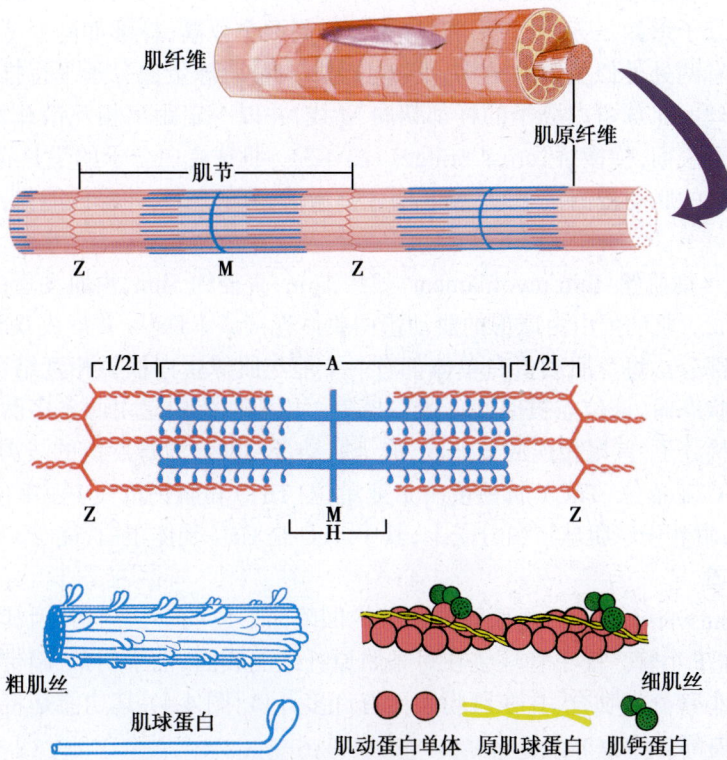

图 4-3 肌原纤维的超微结构和分子结构模式图

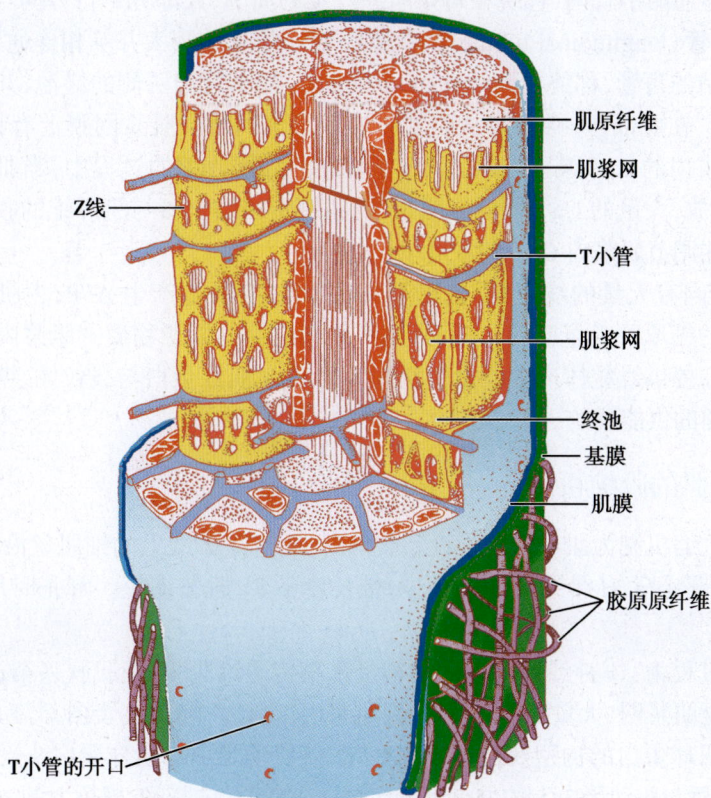

肌原纤维
肌浆网

Z线

T小管

肌浆网

终池
基膜
肌膜

胶原原纤维

T小管的开口

图 4-4 骨骼肌纤维的超微结构立体模式图

1. 粗肌丝　粗肌丝（thick myofilament）长约 1.5μm，直径约 15nm，由肌球蛋白分子组成。肌球蛋白分子形如豆芽，分为头和杆，头部如同两个豆瓣，杆部如同豆茎。在头和杆的连接点及杆上有两处类似关节的结构，可以屈动。大量肌球蛋白分子平行排列，集合成束，组成一条粗肌丝。肌球蛋白分子的杆都朝向 M 线，并以一定距离相互错开，头都朝向粗肌丝的两端并露于表面，称**横桥**（cross bridge）（图 4-3）。肌球蛋白分子的头具有 ATP 酶活性，当头部与细肌丝的肌动蛋白接触时，ATP 酶才被激活，分解 ATP 并释放能量，使横桥发生屈伸运动。

2. 细肌丝　细肌丝（thin myofilament）长约 1μm，直径约 5nm，由肌动蛋白、原肌球蛋白和肌钙蛋白组成。肌动蛋白由球形的肌动蛋白单体连接成串珠状，并形成双股螺旋链，构成细肌丝的主要部分。每个肌动蛋白单体都有一个能与肌球蛋白横桥相互结合的位点，肌纤维处于非收缩状态时，该位点被原肌球蛋白掩盖。原肌球蛋白是由两条多肽链互相缠绕形成的双股螺旋状分子，首尾相连成长丝状，嵌于肌动蛋白的双股螺旋链的浅沟上。肌钙蛋白是由肌钙蛋白 C 亚单位（TnC）、肌钙蛋白 T 亚单位（TnT）和肌钙蛋白 I 亚单位（TnI）三个球状亚单位构成，附着于原肌球蛋白分子上，其中 TnC 是 Ca^{2+} 受体蛋白，能与 Ca^{2+} 结合。

（二）横小管

横小管（transverse tubule）是肌膜向肌浆内凹陷而形成的管状结构，因其走向与肌纤维长轴垂直，也称 T 小管。横小管环绕在每条肌原纤维的表面，位于明带、暗带交界处。同一水平面上的横小管分支吻合，并在肌膜表面有许多开口（图 4-4），其功能是将肌膜的兴奋迅速传入肌纤维内部。

（三）肌浆网

肌浆网（sarcoplasmic reticulum）是肌纤维内特化的滑面内质网。在相邻的两个横小管之间形成互相连通的小管网，包绕在每条肌原纤维的周围，大部分走行方向与肌纤维的长轴一致，故称**纵小管**（longitudinal tubule，L 小管）。纵小管末端膨大并互相连通，形成与横小管平行并紧密相贴的盲管，称**终池**（terminal cisterna）。横小管和两侧的终池，共同形成**三联体**（triad）（图 4-4）。在此部位，将兴奋从肌膜传递到肌浆网膜。肌浆网膜上有钙泵和钙通道，钙泵能够将肌浆内的 Ca^{2+} 泵入肌浆网内储存；在肌纤维收缩的过程中，当肌浆网膜接受兴奋后，钙通道开放，大量的 Ca^{2+} 释放至肌浆，与肌钙蛋白结合参与肌纤维的收缩。故肌浆网的功能是贮存并调节肌浆内 Ca^{2+} 的浓度。

此外，肌浆内有大量的线粒体，分布于肌原纤维之间，能产生 ATP，为肌肉收缩提供能量。还有较多的糖原及少量脂滴，它们是肌纤维内贮存的能源物质。肌浆内还含有肌红蛋白，能与氧结合，提供线粒体产生能量时所需要的 O_2。肌红蛋白与线粒体、糖原和脂滴共同构成肌纤维收缩的供能系统。

三、骨骼肌的收缩机制

骨骼肌的收缩机制为肌丝滑动学说。收缩时，固定在 Z 线上的细肌丝沿粗肌丝向 M 线方向滑动，使 I 带变窄，H 带缩窄或消失，A 带长度不变，肌节缩短。舒张时反之，肌节伸长（图 4-5）。

收缩主要过程为：①神经冲动在运动神经末梢传递给肌膜，使肌膜兴奋；②肌膜的兴奋经横小管传递至肌浆网，大量的 Ca^{2+} 释放到肌浆内；③Ca^{2+} 与肌钙蛋白 C 亚单位结合，引起肌钙蛋白和原肌球蛋白的构型及位置发生变化，使肌动蛋白与肌球蛋白头部（横桥）结合的位点暴露；④横桥与肌动蛋白上的位点迅速接触；⑤在接触的瞬间，横桥上的 ATP 酶被激活并释放能量，肌球蛋白的头及杆发生屈动，将细肌丝拉向 M 线，肌节缩短，肌纤维收缩；⑥收缩完毕,肌浆内的 Ca^{2+} 被泵回肌浆网内,肌钙蛋白和原肌球蛋白恢复原来的构型,又掩盖肌动蛋白位点,肌纤维松弛(图4-5)。

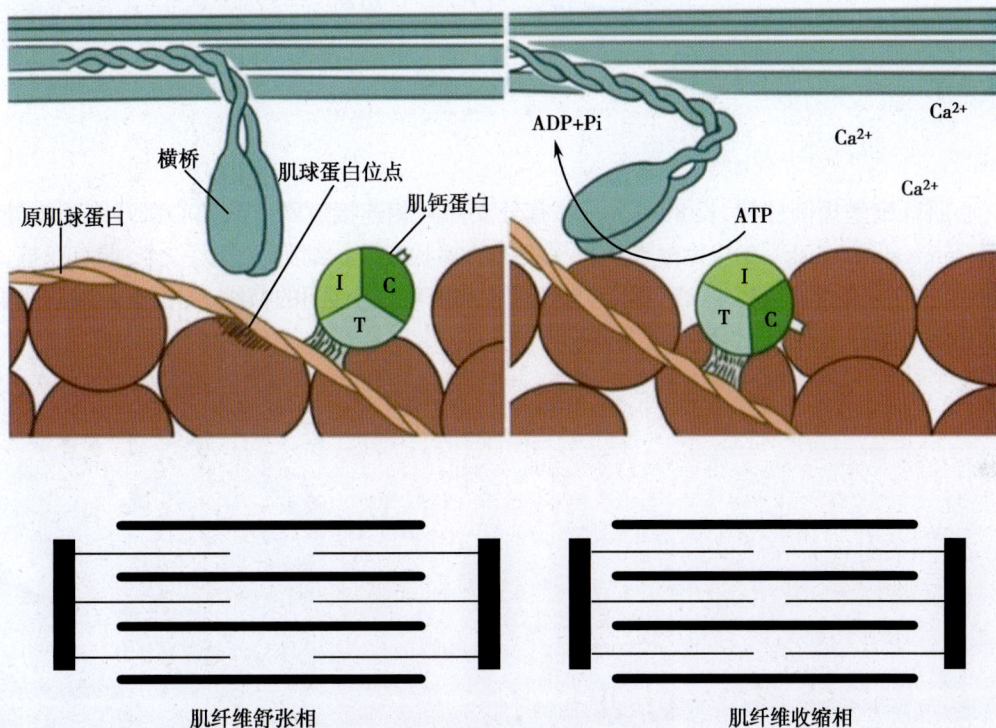

图 4-5　骨骼肌纤维收缩示意图

ER-4-3

骨骼肌纤维
收缩动画

📖 **知识链接**

骨骼肌纤维类型与运动的关系

　　人类及大多数脊椎动物的骨骼肌可分为:①红肌纤维(red muscle fiber),富含肌红蛋白和线粒体而呈暗红色,收缩缓慢而持久,主要依靠有氧氧化供能,多分布在以保持姿势为主的骨骼肌中;②白肌纤维(white muscle fiber),含少量肌红蛋白和线粒体而呈浅红色,收缩快速而短暂,主要依靠无氧酵解供能,多分布在产生快速、灵敏动作的骨骼肌中;③中间型肌纤维(intermediate muscle fiber),其结构和功能介于前两者之间。

　　人体骨骼肌纤维类型的比例常与年龄、性别、遗传因素和生活习惯有密切关系,个体差异很大。一般坐式生活的人,三种类型的骨骼肌中慢缩红肌的比例最高。不同类型的肌纤维在骨骼肌中占的比例常与体育运动有密切关系。如一个人的骨骼肌中快缩白肌比例非常高,则该人的爆发力就大;如慢缩红肌占90%以上,那么该人耐力强,运动持续时间长;非洲黑人的快缩白肌比例较高,其短跑冠军多也就不足为怪了。因此,是否拥有特殊的骨骼肌类型比例,是判断一个人运动潜能的重要参考因素。

第二节 心 肌

心肌（cardiac muscle）分布于心和邻近心的大血管根部。心肌收缩具有自主节律性。

一、心肌纤维的光镜结构

心肌纤维呈短圆柱状，长 80~150μm，有分支并互相连接成网。两条心肌纤维相连处称**闰盘**（intercalated disk），在切片标本上呈深染的阶梯状线条。细胞核多为一个，偶有双核，呈卵圆形，位于肌纤维的中央。心肌纤维纵切面上也有明、暗相间的横纹，但没有骨骼肌明显。心肌纤维之间有丰富的毛细血管（图 4-6）。

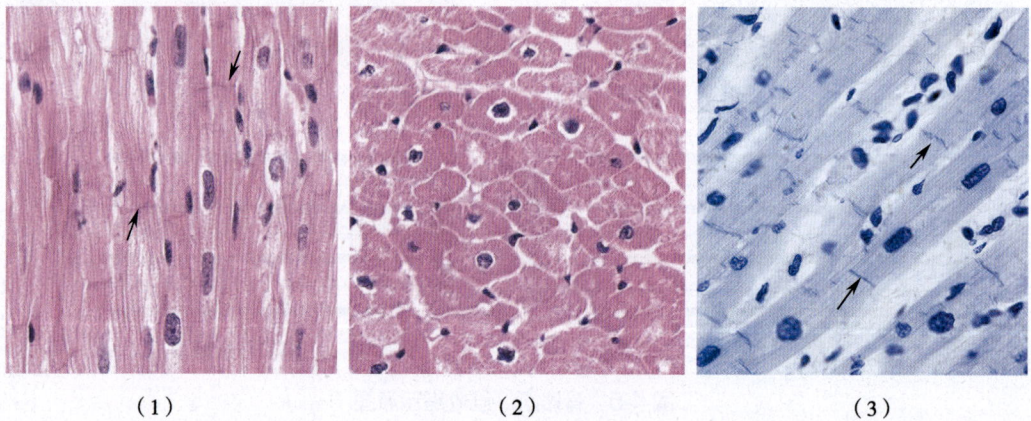

（1）　　　　　　　（2）　　　　　　　（3）

图 4-6　心肌纤维　高倍
（1）纵切面；（2）横切面；（3）纵切面铁苏木精染色；↑闰盘

二、心肌纤维的超微结构

心肌纤维的超微结构与骨骼肌纤维相似，有粗、细两种肌丝，也有肌节、横小管和肌浆网等（图 4-7）。心肌纤维结构和功能特点是：①肌丝虽呈规则排列，但不形成界限明显的肌原纤维，而由大量线粒体、横小管、肌浆网等分隔形成肌丝束；②横小管较粗；③肌浆网稀疏，纵小管不发达，终池少而小，形成**二联体**（diad）；④储存 Ca^{2+} 能力低，收缩前需从细胞外摄取 Ca^{2+}；⑤闰盘的横位相接处有中间连接和桥粒，起牢固的连接作用；纵位相接处有缝隙连接，便于心肌纤维间交换化学信息和传递电冲动，使整个心肌成为功能上的统一体（图 4-8）；⑥线粒体发达，主要分布于肌丝束之间，纵行排列；⑦心房肌纤维具有内分泌功能，能分泌心房钠尿肽或心钠素，其具有利尿、排钠、扩张血管及降低血压作用。

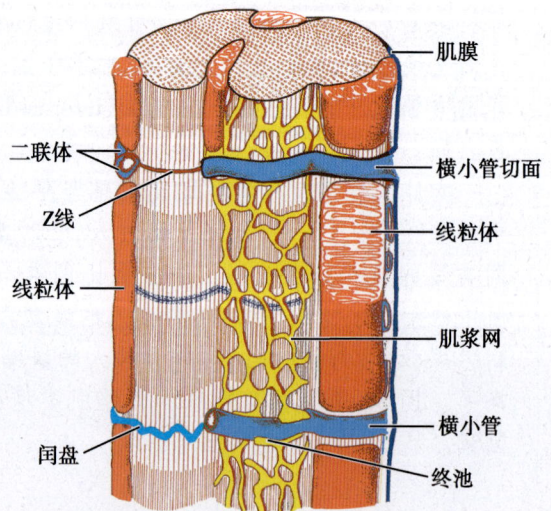

肌膜
横小管切面
线粒体
肌浆网
横小管
终池

二联体
Z线
线粒体
闰盘

图 4-7　心肌纤维超微结构立体模式图

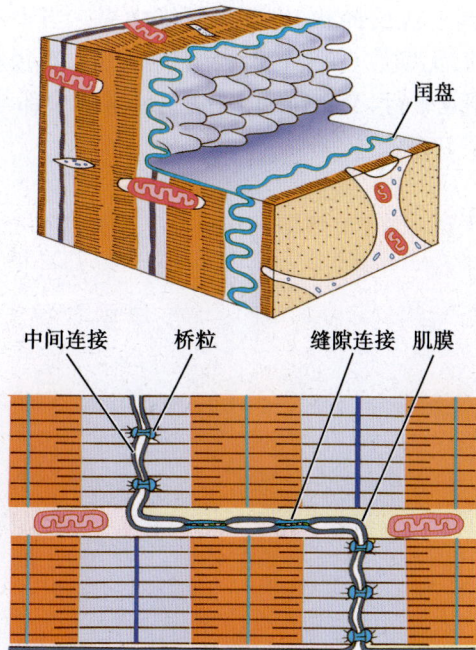

图 4-8 心肌纤维及闰盘超微结构模式图

知识拓展

运动与心肌细胞

虽然心肌细胞极少进行有丝分裂,但成体心脏存在新生心肌细胞来源。研究显示心脏中存在一定数量的具有自我更新与分化能力的心脏干细胞(cardiac stem cells, CSCs)是心肌细胞再生的重要来源,这颠覆了心脏是终末分化的"静止"器官的旧观点。人类每年心肌细胞以 1% 左右的速度进行更新。

运动与心肌关系的研究一直生命科学的重大课题之一。实验研究表明:低运动量运动对大鼠左心室心肌纤维结构影响不大;中运动量运动提高心肌肌节长度,线粒体数量和体积增加,嵴变得较密集;高运动量运动对心肌细胞产生轻微破坏;力竭运动后对心肌细胞和线粒体有损伤。适宜运动可抑制心肌促凋亡因子的表达;可促进心肌细胞增殖相关因子的表达和干细胞的有效动员,促进心肌细胞增殖分化。因此,系统科学的运动训练可使心脏产生良好的适应,生命在于运动!

第三节 平 滑 肌

平滑肌(smooth muscle)广泛分布于消化管、呼吸道、泌尿生殖管道、血管和淋巴管等管壁内,以及存在于实质器官的被膜。

一、平滑肌纤维的光镜结构

平滑肌纤维呈长梭形,长短不一,一般长 200μm,妊娠末期子宫平滑肌纤维可达

500μm。细胞核一个,椭圆形或长杆状,位于肌纤维中央。当平滑肌纤维收缩时,核常呈螺旋状扭曲。肌浆嗜酸性,无横纹。平滑肌纤维的横切面,直径很小,呈圆形或不规则形(图 4-9)。平滑肌纤维多相互平行,交错排列,一个肌纤维的中部与邻近肌纤维两端的细部紧密地贴在一起。

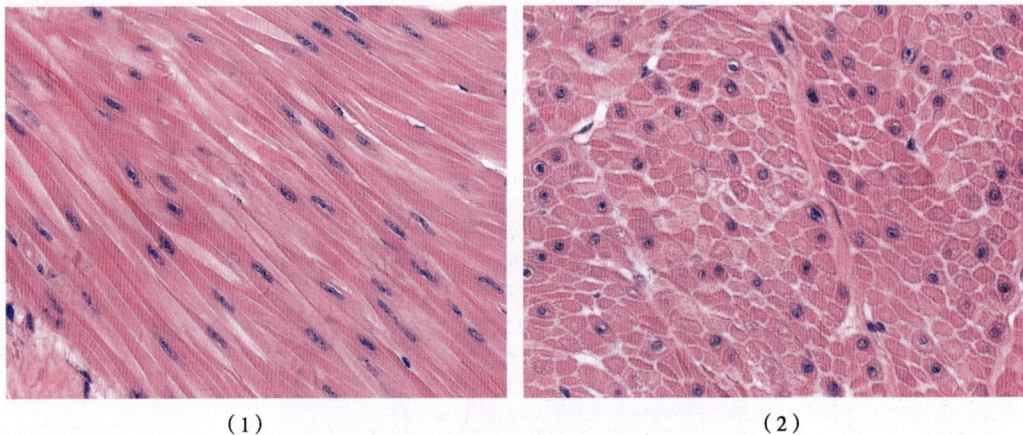

（1）　　　　　　　　　　　　　　（2）

图 4-9　平滑肌纤维　高倍

(1)纵切面;(2)横切面

二、平滑肌纤维的超微结构

平滑肌纤维肌膜内陷形成小凹,相当于横纹肌的横小管。肌质内主要有线粒体,以及少量的粗面内质网、高尔基复合体、游离核糖体及糖原颗粒等。细胞骨架系统较发达,由**密斑**(dense patch)、**密体**(dense body)和中间丝组成。密斑位于肌膜下,呈扁平斑块状,相当于骨骼肌纤维的 Z 线;密体位于肌浆内,为梭形小体。中间丝连接于密斑和密体之间,形成梭形的细胞骨架(图 4-10)。

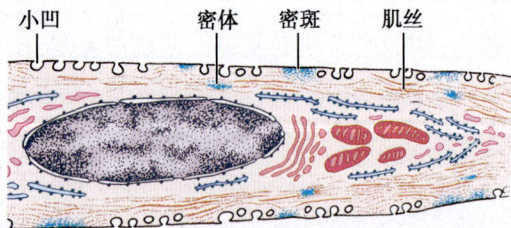

图 4-10　平滑肌纤维超微结构模式图

平滑肌纤维内也有粗肌丝和细肌丝,但不形成肌原纤维。粗肌丝由肌球蛋白构成,表面也有成行排列的横桥;细肌丝主要由肌动蛋白组成,在粗肌丝周围,一端连在密斑或密体上,另一端游离。

平滑肌纤维间有发达的缝隙连接,便于细胞间互通化学信息和神经冲动,使许多平滑肌纤维可以同时收缩而构成一个功能上的整体。

若干粗肌丝和细肌丝聚集形成肌丝单位,又称肌收缩单位(图 4-11)。平滑肌纤维收缩机制也是通过肌丝滑动来

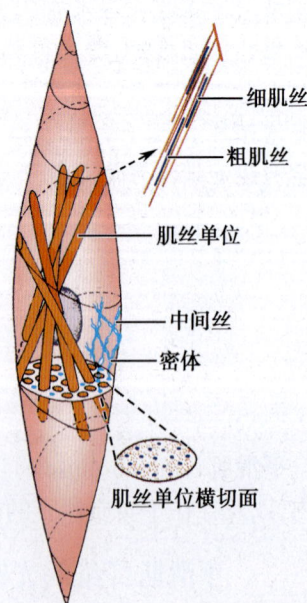

图 4-11　平滑肌肌丝单位示意图

实现的。平滑肌收缩时,肌纤维呈螺旋状扭曲,长轴缩短。

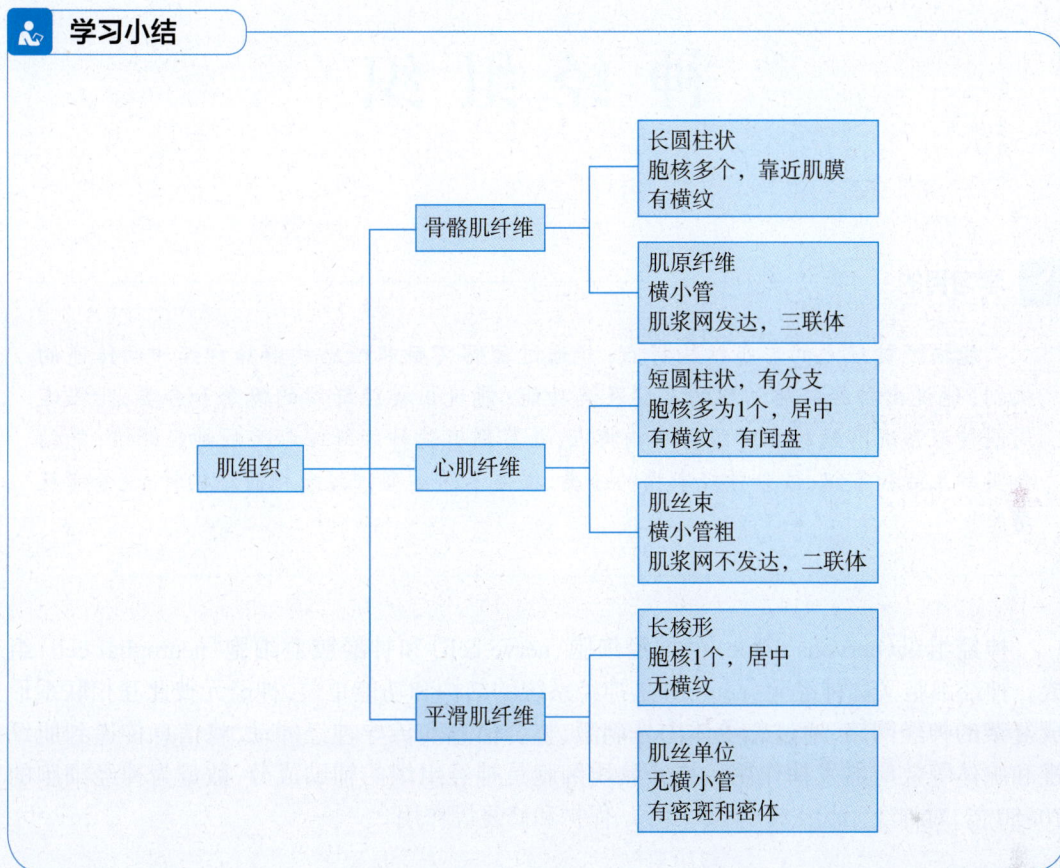

学习小结

```
                            ┌─ 长圆柱状
                            │  胞核多个,靠近肌膜
                            │  有横纹
              骨骼肌纤维 ─────┤
                            │  肌原纤维
                            └─ 横小管
                               肌浆网发达,三联体

                            ┌─ 短圆柱状,有分支
                            │  胞核多为1个,居中
                            │  有横纹,有闰盘
肌组织 ─────── 心肌纤维 ─────────┤
                            │  肌丝束
                            └─ 横小管粗
                               肌浆网不发达,二联体

                            ┌─ 长梭形
                            │  胞核1个,居中
                            │  无横纹
              平滑肌纤维 ─────┤
                            │  肌丝单位
                            └─ 无横小管
                               有密斑和密体
```

(陈 乔)

复习思考题

1. 试比较光镜下三种肌纤维的形态结构差异。
2. 试阐述肌节的概念及其在骨骼肌运动中的意义。
3. 试讨论闰盘在心肌组织中的作用。

扫一扫 测一测

扫一扫
测一测

第五章

神经组织

✎ **学习目的**

能描述神经元的形态结构特点；能通过理解突触超微结构解释神经冲动传递的机制；能说出神经胶质细胞的名称及其功能；能说出神经纤维的概念和分类，能描述周围神经系统有髓神经纤维的结构特点，并鉴别有髓神经纤维和无髓神经纤维；能结合实际生活和常识，区分神经末梢的分类，描述不同类型神经末梢的结构特点、分布及功能。

神经组织（nervous tissue）由**神经细胞**（nerve cell）和**神经胶质细胞**（neuroglial cell）组成。神经细胞又称**神经元**（neuron）是神经系统的结构和功能单位，神经元彼此互相联系形成复杂的神经网络，通过感受体内外刺激，整合信息和传导神经冲动，将信息传递到肌纤维和腺体等效应器发挥作用。神经胶质细胞是神经组织的辅助成分，数量为神经细胞的10~50倍，对神经元起支持、营养、绝缘、保护和修复等作用。

第一节 神 经 元

神经元是高度分化的细胞，形态多样，由胞体和突起两部分组成，突起又可分轴突和树突（图 5-1）。

一、神经元的结构

（一）胞体

神经元的胞体主要位于大脑和小脑的皮质，脑干和脊髓灰质以及神经节内，形态各异，常为星形、锥体形、梨形和圆形等。大小不一，直径为 5~150μm。胞体是神经元的功能、代谢和营养中心（图 5-1、图 5-2）。

1. 细胞膜　神经元的细胞膜为可兴奋膜，具有感受刺激、整合信息、产生和传导神经冲动的功能。

神经元的细胞膜上镶嵌有不同功能的膜蛋白。有些膜蛋白是控制特定离子通过的离子通道，有些是可与相应的神经递质结合的受体。当受体与相应的神经递质结合后，可使某种离子通道开放，使膜内外电位差发生改变，引起细胞膜产生相应的神经冲动。

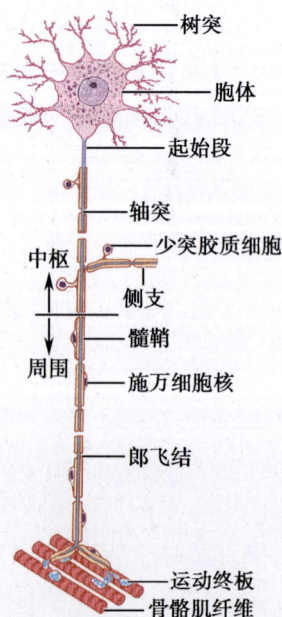

图 5-1　运动神经元结构模式图

树突
胞体
起始段
轴突
少突胶质细胞
中枢
侧支
髓鞘
施万细胞核
周围
郎飞结
运动终板
骨骼肌纤维

（1）　　　　　　　　　　　　　　　　（2）

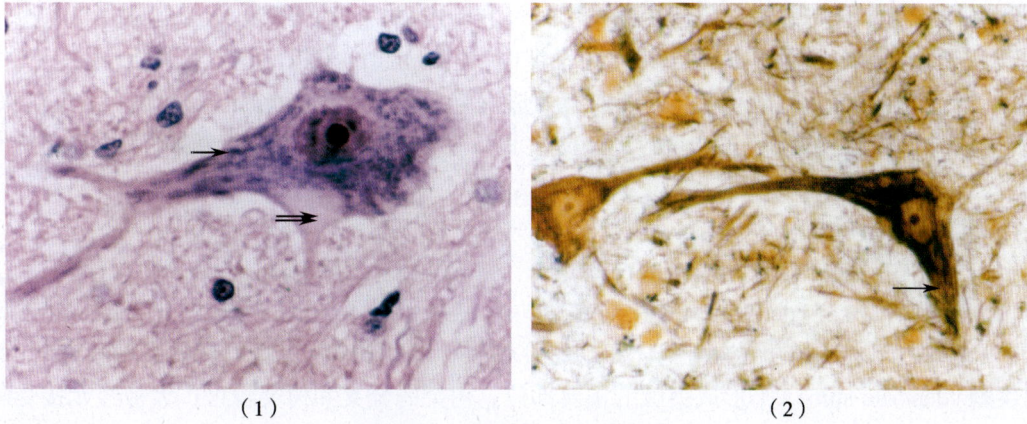

图 5-2　脊髓运动神经元　高倍
(1)H-E 染色　↑尼氏体　↑↑轴丘;(2)镀银染色　↑神经原纤维

2. 细胞核　大而圆,核膜明显,异染色质少,故着色浅,核仁 1~2 个,大而明显(图 5-1~图 5-3)。核多位于胞体中央。

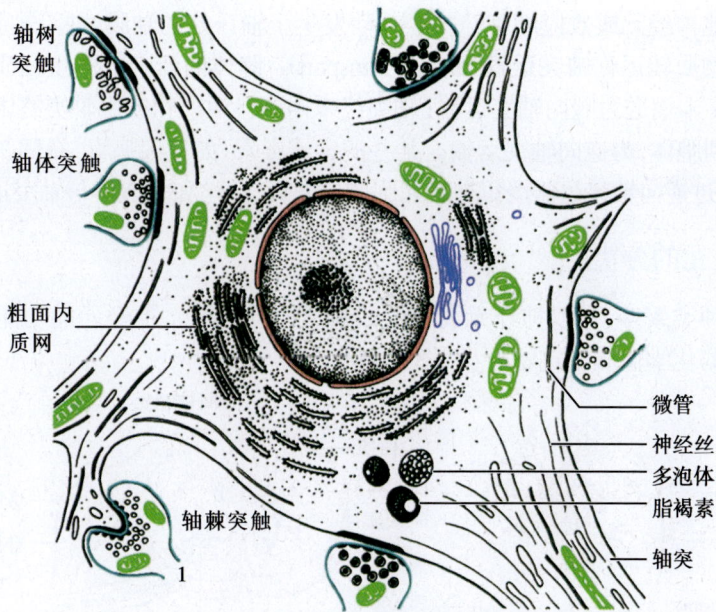

图 5-3　多极神经元及各型突触超微结构模式图

3. 细胞质　除有发达的高尔基复合体、滑面内质网,丰富的线粒体、溶酶体及脂褐素等结构外,光镜下可见神经元的特征性结构:丰富的尼氏体和神经原纤维。

（1）尼氏体:尼氏体(Nissl body)呈嗜碱性的斑块状或颗粒状,存在于神经元的胞体和树突内。尼氏体通常在大神经元的胞质内更丰富,如脊髓前角运动神经元内,数量多,呈斑块状(图 5-2)。而在小脑浦肯野细胞和脊神经节的神经元内,呈颗粒状,散在分布。

电镜下,尼氏体由许多平行排列的粗面内质网和游离核糖体组成(图 5-3)。尼氏体具有活跃的合成蛋白质的功能,可合成细胞所需的结构蛋白、神经递质及肽类的神经调质。神经元受损时,尼氏体减少或消失;当损伤恢复时,尼氏体重新出现并恢复功能。尼氏体的形态结构可作为判定神经元功能状态的一种标志。

ER-5-4

神经递质及
神经调质

ER-5-5

尼氏体 Susa
液固定,甲
苯胺蓝染色

(2)**神经原纤维**：镀银染色切片标本的神经元胞质内,神经原纤维(neurofibril)呈棕黑色的丝状结构,交织成网,并延伸入树突和轴突内,达到突起的末梢部位(图5-2)。电镜下,神经原纤维由神经丝、微丝和微管集聚成束而成。**神经丝**(neurofilament)是神经元内的中间丝,直径介于微丝和微管之间。神经丝、微丝和微管构成神经元的细胞骨架,除具有支持作用外,还参与物质运输。

(二)突起

神经元的突起分为树突和轴突。

1. 树突　树突(dendrite)一个或多个。树突从胞体发出后反复分支,形如树枝状(图5-1)。树突内胞质的结构与胞体相似。在银染标本上,树突表面可见许多棘状突起,称**树突棘**(dendrite spine),是形成突触的主要部位。树突的分支和树突棘可扩大神经元接受刺激的表面积。树突的功能是接受刺激,并将冲动传入神经元胞体。

2. 轴突　轴突(axon)一般只有一个。长短不一,短者几微米,长者可达1米,通常较树突细,直径均一,表面光滑,分支较少(图5-1)。胞体发出轴突的部位多呈圆锥形,称**轴丘**(axon hillock)(图5-2);末端分支较多,称**轴突终末**(axon terminal),与其他神经元或效应细胞接触。轴突表面的细胞膜,称**轴膜**(axolemma),其内的胞质,称**轴质**(axoplasm)。光镜下轴突和轴丘内无尼氏体,借此可以与树突区分。轴突的功能是传导神经冲动,并将神经冲动由胞体传至其他神经元或效应细胞。神经冲动发生于轴丘处的轴膜,并沿轴膜传导。

轴突内的物质转运称**轴突运输**(axonal transport)。胞体内新合成的蛋白质、神经递质等,由胞体向轴突终末输送为顺向轴突运输;轴突终末内的代谢产物或由轴突终末摄取的神经营养因子等运输到胞体,为逆向轴突运输。某些病毒或毒素(如狂犬病毒、脊髓灰质炎病毒和破伤风毒素)可通过逆向轴突运输侵犯神经元胞体。微管、微丝和多泡体与轴突运输作用有关。

二、神经元的分类

神经元的种类繁多,常以神经元突起的数量、轴突的长短、神经元的功能以及所释放的递质(或调质)的化学性质等进行分类(图5-4)。

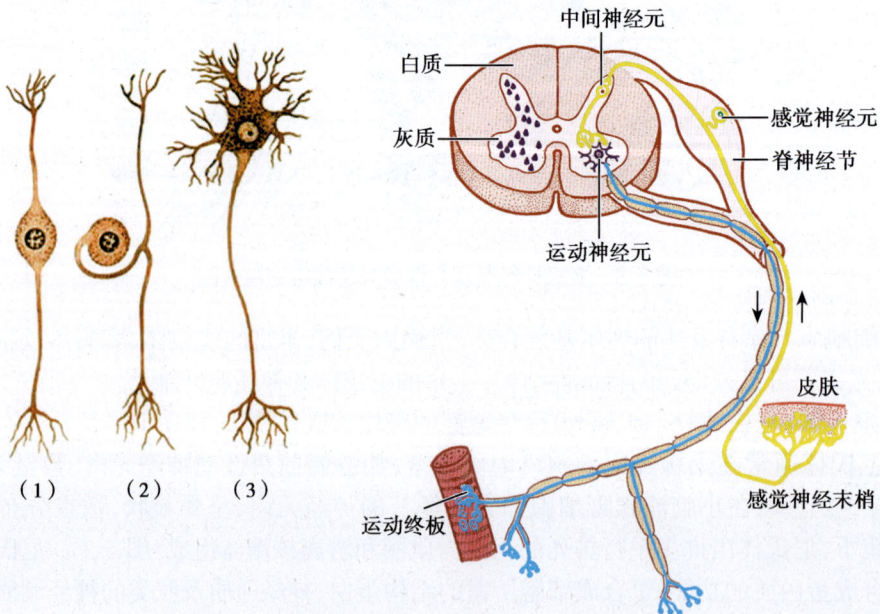

图5-4　神经元的主要形态类型
(1)双极神经元;(2)假单极神经元;(3)多极神经元

根据神经元突起的数量分为：①**假单极神经元**（pseudounipolar neuron），从胞体发出一个突起，继而在离胞体不远处呈 T 形分支，其中一支细长，伸向周围组织或器官，称**周围突**（peripheral process）；另一分支伸向中枢，称**中枢突**（central process），如脑神经节和脊神经节细胞等。②**双极神经元**（bipolar neuron），有两个突起，一个是树突，另一个是轴突，如耳蜗神经节细胞和视网膜的双极细胞等。③**多极神经元**（multipolar neuron），有一个轴突和多个树突，是数量最多的一种神经元，如脊髓前角运动神经元和大脑皮质的锥体细胞等。

根据轴突的长短，多极神经元可分为：①高尔基Ⅰ型神经元，轴突长（可长达 1 米以上），胞体大，如脊髓前角运动神经元；②高尔基Ⅱ型神经元，轴突短（仅数微米），胞体小，如脊髓后角的神经元以及大、小脑内的联合神经元。

根据神经元的功能分为：①**感觉神经元**（sensory neuron）又称**传入神经元**（afferent neuron），胞体位于脑、脊神经节内，其突起构成传入神经，可接受体内、外刺激，并将信息传入中枢，多为假单极神经元。②**运动神经元**（motor neuron）又称**传出神经元**（efferent neuron），胞体多位于中枢神经系统的灰质和自主神经节内，突起构成传出神经，将神经冲动传至肌纤维和腺细胞，多为多极神经元。③**中间神经元**（interneuron）又称**联络神经元**（associated neuron），胞体位于中枢神经系统的灰质内，其突起一般位于灰质，在前两种神经元之间起联络和调节作用，多为多极神经元。中间神经元的数量和种类是动物进化程度的重要标志，人类的中间神经元占神经元总数的 99%。

根据神经元所释放的神经递质或神经调质的化学性质分为：①**胆碱能神经元**（cholinergic neuron），释放乙酰胆碱，如脊髓前角运动神经元等；②**胺能神经元**（aminergic neuron），释放多巴胺、5- 羟色胺和组胺，如交感神经节内的神经元等；③**氨基酸能神经元**（amino acid energic neuron），释放谷氨酸、γ- 氨基丁酸和甘氨酸等，如脑和脊髓中的神经元等；④去甲肾上腺素能神经元（noradrenergic neuron）；⑤肾上腺素能神经元（adrenergic neuron）；⑥**肽能神经元**（peptidergic neuron），释放脑啡肽、P 物质等肽类物质，如下丘脑和肌间神经丛内的一些神经元等。通常每种神经元只释放一种神经递质和神经调质。

第二节 突 触

神经元与神经元之间或神经元与效应细胞（肌纤维、腺细胞）之间进行信息传递的部位称**突触**（synapse）。突触是神经元之间建立联系和实现生理活动的关键性结构。突触可分为化学突触和电突触。通常所说的突触是化学突触。

一、化学突触

化学突触（chemical synapse）以神经递质作为信息传递的媒介。根据两个神经元间形成突触部位的不同，突触有不同的类型，最常见的为轴 - 树突触、轴 - 体突触和轴 - 棘突触（图 5-3）。神经元可以通过突触将信息传递给许多神经元或效应细胞，也可通过突触接受多个神经元传来的信息。

电镜下，化学突触由**突触前成分**（presynaptic element）、**突触间隙**（synaptic cleft）和**突触后成分**（postsynaptic element）组成。突触前成分和突触后成分相对应的细胞膜略增厚，分别称**突触前膜**（presynaptic membrane）和**突触后膜**（postsynaptic membrane）（图 5-5）。

突触前成分一般是神经元的轴突终末，呈球状膨大，在镀银染色的切片呈棕黑色的圆形颗粒，称**突触小体**（synaptic knob）（图 5-5）。

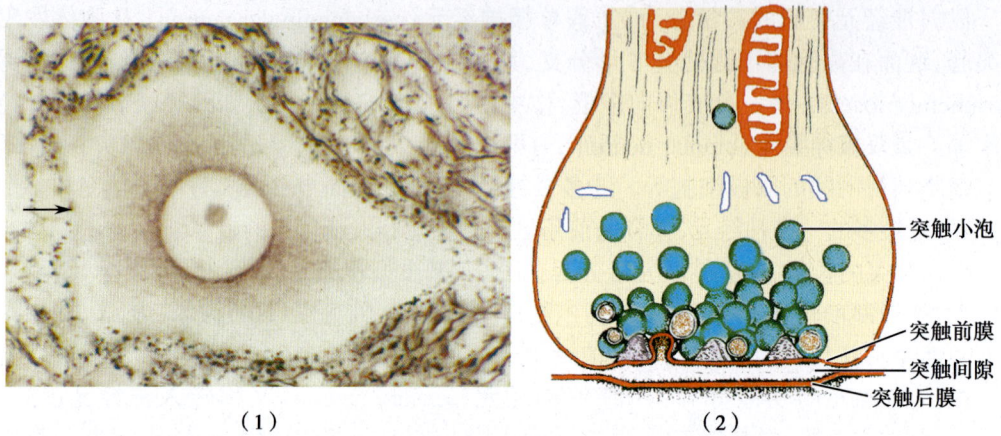

（1）   （2）

图 5-5　化学突触
（1）神经元胞体表面的突触小体　镀银染色　高倍;(2)化学突触超微结构模式图

1. **突触前成分**　突触前成分内含许多**突触小泡**（synaptic vesicle）及少量的线粒体、滑面内质网、微丝和微管等。突触小泡是突触前成分的特征性结构,内含神经递质或神经调质。突触前膜胞质面有排列规则的致密突起,其性质为蛋白质,突起间的空隙可容纳突触小泡。

2. **突触间隙**　突触间隙位于突触前、后膜之间,宽 15~30nm,内含糖胺多糖、糖蛋白和一些横跨间隙的细丝,可促进递质由突触前膜移向突触后膜;并且含有消化和水解神经递质的酶。

3. **突触后成分**　突触后成分主要是指突触后膜。突触后膜较厚,膜上有与神经递质特异性结合的受体和与受体耦联的化学门控离子通道。

突触小泡表面附有一层与小泡相关的蛋白质,称**突触素**。突触素能将小泡集合并与细胞骨架连接在一起。当神经冲动传至突触前膜时,引起突触前膜上的 Ca^{2+} 通道开放,Ca^{2+} 由细胞外进入突触前成分,在 ATP 的参与下促使突触小泡脱离细胞骨架,移至突触前膜,通过胞吐作用,释放其内神经递质,进入突触间隙。突触后膜上的受体与特异性的神经递质结合后,引起膜上的离子通道开放,相应的离子经通道进入突触后部,改变突触后膜内外两侧的离子分布,使突触后膜呈现兴奋性或抑制性变化,从而影响突触后神经元(或效应细胞)的活动。使突触后膜发生兴奋的突触,称兴奋性突触;反之,称抑制性突触。突触的兴奋或抑制取决于神经递质及其受体的种类。神经递质在产生上述效应后,立即被相应的酶灭活或吸收入突触前成分内被分解,迅速消除该递质的作用,以保证突触传递的灵敏性。

二、电突触

电突触（electrical synapse）实际为缝隙连接。电突触以电流传递信息,不依赖于神经递质,故可双向快速传递。

第三节　神经胶质细胞

神经胶质细胞广泛分布于神经系统。神经胶质细胞也有突起,但无轴突和树突之分,也无传导神经冲动的功能。

一、中枢神经系统的神经胶质细胞

（一）星形胶质细胞

星形胶质细胞（astrocyte）是体积最大的一种胶质细胞，胞体呈星形，核大，染色较浅。胞质内有交织走行的**神经胶质丝**（neuroglial filament）。突起的末端常膨大形成**脚板**（end foot），附着于毛细血管基膜，或伸到脑和脊髓的表面形成胶质界膜。星形胶质细胞可分为两种（图 5-6）。

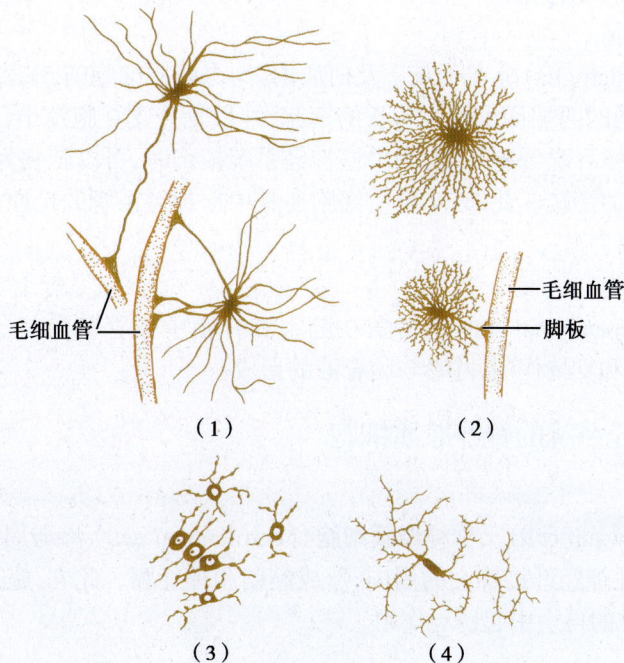

毛细血管

毛细血管
脚板

（1）　　　　　　　　（2）

（3）　　　　　　　　（4）

图 5-6　中枢神经系统神经胶质细胞模式图
(1)纤维性星形胶质细胞;(2)原浆性星形胶质细胞;(3)少突胶质细胞;(4)小胶质细胞

1. 原浆性星形胶质细胞　**原浆性星形胶质细胞**（protoplasmic astrocyte）多分布于灰质。其突起不规则，分支多而短粗，胞质内神经胶质丝少。

2. 纤维性星形胶质细胞　**纤维性星形胶质细胞**（fibrous astrocyte）多分布于白质。其突起呈放射状，细长而直，分支少；胞质内胶质丝丰富。

星形胶质细胞参与构成血 - 脑屏障。**血 - 脑屏障**（blood-brain barrier，BBB）由脑的毛细血管内皮细胞、基膜和星形胶质细胞的突起末端脚板构成的胶质界膜构成（图 5-7）。脑的连续型毛细血管内皮细胞之间有紧密连接，内皮外有完整的基膜，神经胶质界膜包绕毛细血管的面积达 85% 以上。内皮细胞之间的紧密连接是血 - 脑屏障的主要结构基础，基膜和胶质界膜起辅助作用。血 - 脑屏障可以防止血液中毒素和其他有害物质进入脑内，以维持神经系

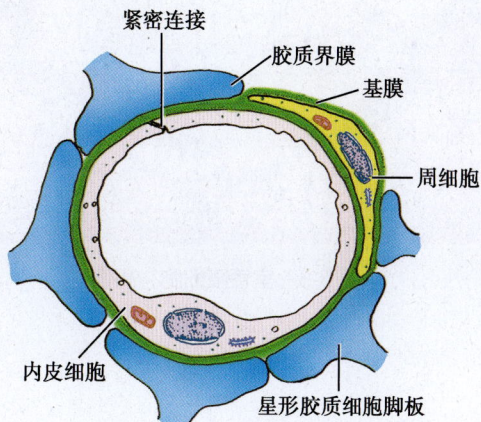

紧密连接

胶质界膜

基膜

周细胞

内皮细胞

星形胶质细胞脚板

图 5-7　血 - 脑屏障结构模式图

统内环境的稳定；但营养物质和代谢产物可以顺利通过。

星形胶质细胞还可以分泌神经营养因子和多种生长因子，对神经元的分化发育、功能的维持及损伤时细胞的可塑性变化等都有重要影响。在脑和脊髓损伤时，星形胶质细胞可增生，形成胶质瘢痕填补缺损区。

(二) 少突胶质细胞

少突胶质细胞（oligodendrocyte）分布于灰质及白质内，胞体较星形胶质细胞小，呈圆形或椭圆形，核染色稍深。在镀银染色标本中，突起较少（图 5-6）。少突胶质细胞形成中枢神经系统有髓神经纤维的髓鞘。

(三) 小胶质细胞

小胶质细胞（microglia）分布于灰质及白质内，约占胶质细胞的 5%。胞体较小，呈长椭圆形，常由胞体长轴的两端伸出两个较长的突起，并反复分支。胞核小，染色较深（图 5-6）。小胶质细胞属于单核吞噬细胞系统，当中枢神经系统损伤时，可以转变为巨噬细胞，清除细胞碎屑及退化变性的髓鞘。此外，小胶质细胞还是中枢神经系统的抗原呈递细胞和免疫效应细胞，参与免疫应答。

(四) 室管膜细胞

室管膜细胞（ependymal cell）是覆盖在脑室和脊髓中央管壁的一层立方或柱状细胞（图 5-8）。具有保护和支持作用，并参与脑脊液的形成。

二、周围神经系统的神经胶质细胞

(一) 施万细胞

施万细胞（Schwann cell）又称**神经膜细胞**（neurolemmal cell），参与周围神经系统神经纤维的构成，其包卷在神经纤维轴突的周围，形成髓鞘和神经膜。此外，施万细胞产生神经营养因子，在神经纤维的再生中起诱导作用。

(二) 卫星细胞

卫星细胞（satellite cell）又称**被囊细胞**（capsular cell），包绕在神经节细胞周围，是一层扁平或立方形细胞，核染色较深（图 5-9）。具有营养和保护神经节细胞的功能。

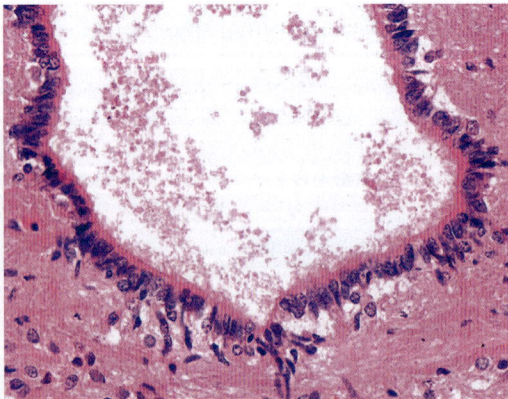

脊神经节

图 5-8 室管膜细胞 高倍

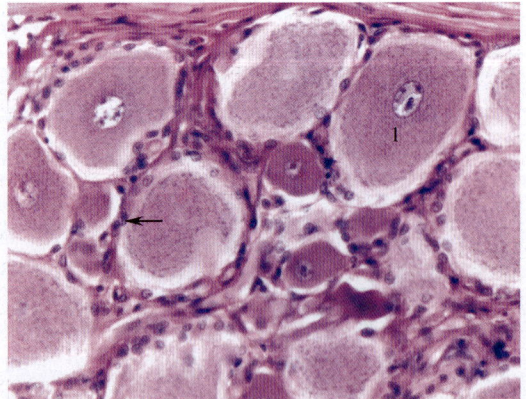

图 5-9 神经节细胞和卫星细胞 高倍
1. 脊神经节细胞；↑卫星细胞

第四节　神经纤维和神经

一、神经纤维

神经纤维（nerve fiber）由神经元的长轴突和其外面包绕的神经胶质细胞组成。根据神经胶质细胞是否形成髓鞘，分为有髓神经纤维和无髓神经纤维。

（一）有髓神经纤维

周围神经系统的**有髓神经纤维**（myelinated nerve fiber）由施万细胞包绕轴突而成。施万细胞的质膜呈同心圆状包绕轴突形成**髓鞘**（myelin sheath），被挤压在髓鞘外的细胞质膜及其基膜，称**神经膜**（neurilemma）。多个施万细胞依次呈节段性包卷轴突，形似藕节，其间断部位，轴膜裸露，可发生膜电位变化，称**郎飞结**（Ranvier node）（图5-10）。相邻两个郎飞结之间的一段神经纤维，称**结间体**（internode）。在轴突的起始部无髓鞘包裹，是产生动作电位的起点。

髓鞘主要是由类脂质和蛋白质组成，H-E染色切片标本上，髓鞘中的类脂被溶解，仅见残存的蛋白质呈丝网状（图5-10）。在锇酸浸染的切片标本上，髓鞘呈黑色，其中可见数个呈漏斗形的斜裂，称**施-兰切迹**（Schmidt-Lantermann incisure）（图5-11）。电镜下，髓鞘为明暗相间的同心圆板层（图5-11）。

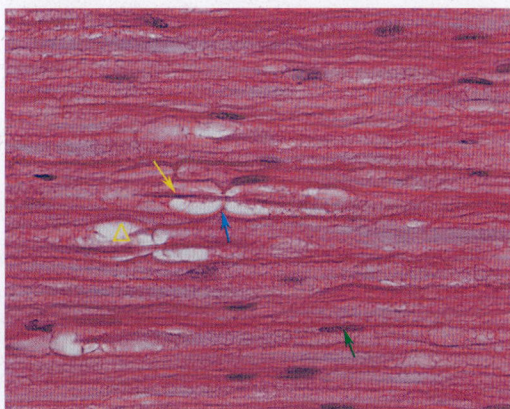

图5-10　有髓神经纤维　H-E染色　高倍
（坐骨神经纵切面）
↑轴突；△髓鞘；↑施万细胞核；↑郎飞结

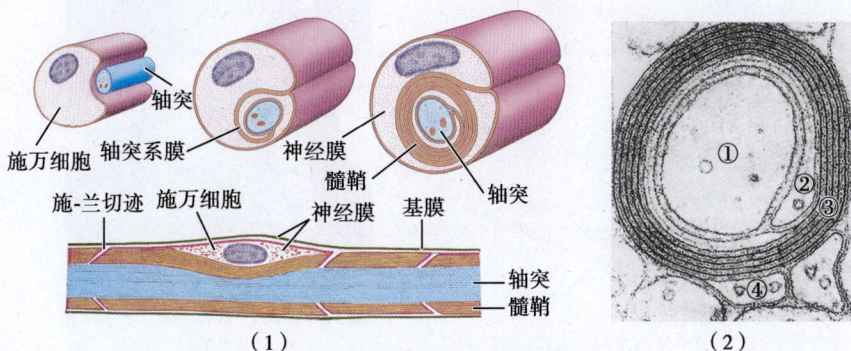

图5-11　周围神经系统有髓神经纤维
（1）髓鞘形成模式图；（2）有髓神经纤维（横切面）电镜像（Hirano A图）
①轴突；②施万细胞内侧胞质；③髓鞘；④施万细胞外侧胞质

髓鞘形成于胚胎时期，随着轴突一起生长的施万细胞表面逐渐凹陷形成一条纵沟，轴突陷入纵沟内，沟缘的质膜相贴形成**轴突系膜**（mesaxon）。系膜不断伸长并反复包卷轴突，形成明暗相间的同心圆板层的髓鞘。形成轴突系膜的过程中，有些部位的质膜并未完全相贴，两侧质膜之间尚残留少量细胞质,此即施-兰切迹。施万细胞最外层含核的薄层胞质及其质膜和基膜即为神经膜(图5-11)。

中枢神经系统的有髓神经纤维由少突胶质细胞包绕轴突而成。一个少突胶质细胞的多个突起末端呈扁平膜状分别包卷多个轴突形成髓鞘,其郎飞结较宽,无施-兰切迹,少突胶质细胞的胞体位于神经纤维之间(图5-12)。

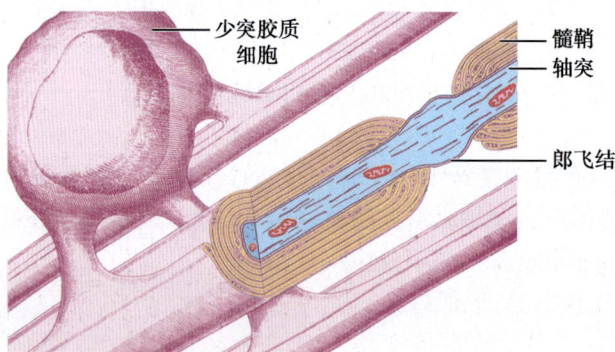

图5-12 少突胶质细胞与中枢神经系统有髓神经纤维

髓鞘有保护和绝缘作用,可防止神经冲动的扩散。有髓神经纤维的神经冲动传导是跳跃式传导,即从一个郎飞结跳到相邻的郎飞结。长的神经纤维,轴突粗,髓鞘厚,结间体长,传导速度快。大部分脑、脊神经属于有髓神经纤维。

(二)无髓神经纤维

周围神经系统的**无髓神经纤维**(unmyelinated nerve fiber)为较细的轴突穿行于施万细胞表面凹陷而成的纵沟内(图5-13)。施万细胞沿轴突连续排列,但不形成髓鞘也无郎飞结。中枢神经系统的无髓神经纤维轴突完全裸露。无髓神经纤维的神经冲动传导是沿着轴突连续性进行,其传导速度比有髓神经纤维慢。自主神经的节后纤维和部分感觉神经纤维属于无髓神经纤维。

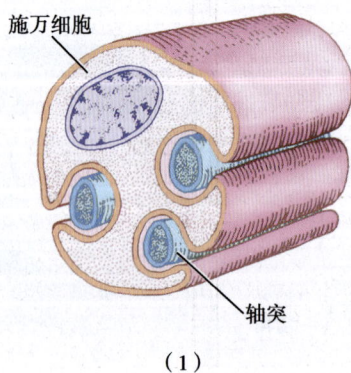

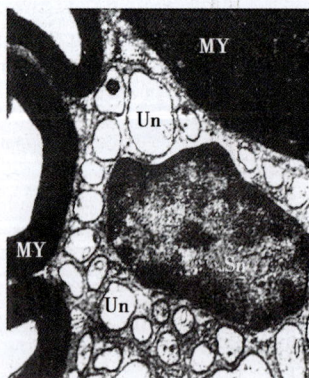

(1)　　　　　　　　　　　(2)

图5-13 无髓神经纤维

(1)无髓神经纤维形成模式图;(2)无髓神经纤维电镜像 ×15 000
Un:无髓神经纤维;MY:有髓神经纤维髓鞘;Sn:施万细胞细胞核

二、神经

神经(nerve)由周围神经系统的若干神经纤维聚合在一起,外包结缔组织而形成的条索状结构。多数神经同时含感觉和运动神经纤维。

包裹在神经表面的致密结缔组织称**神经外膜**(epineurium)。神经外膜的结缔组织向内延伸到神经束间包绕形成**神经束膜**(perineurium),每条神经纤维表面的薄层结缔组织称为**神经内膜**(endoneurium)(图 5-14)。

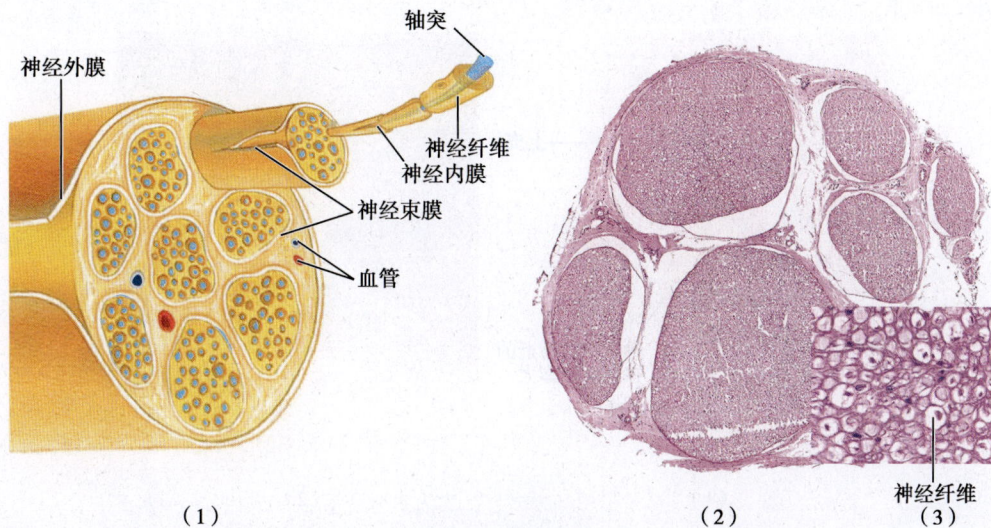

（1）

（2）

（3）

神经纤维

图 5-14　周围神经
(1)神经结构模式图;(2)坐骨神经横切面　低倍;(3)高倍

第五节　神 经 末 梢

神经末梢(nerve ending)指周围神经纤维的终末部分,其终止于全身各种组织或器官内。按其功能分为感觉神经末梢和运动神经末梢。

一、感觉神经末梢

感觉神经末梢(sensory nerve ending)即感觉(传入)神经元(假单极神经元)周围突的终末部分,该末端与周围组织共同组成**感受器**(receptor)。它能接受内、外环境中的各种刺激,将刺激转化为冲动,传至中枢而产生感觉。感觉神经末梢按其结构可分为游离神经末梢、触觉小体、环层小体和肌梭。

(一) 游离神经末梢

游离神经末梢(free nerve ending)由较细的神经纤维终末失去髓鞘,裸露的轴突末端反复分支而成。其广泛分布于表皮、角膜等的上皮细胞之间以及骨膜、脑膜、牙髓等的结缔组织中,能感受疼痛和冷热的刺激(图 5-15)。

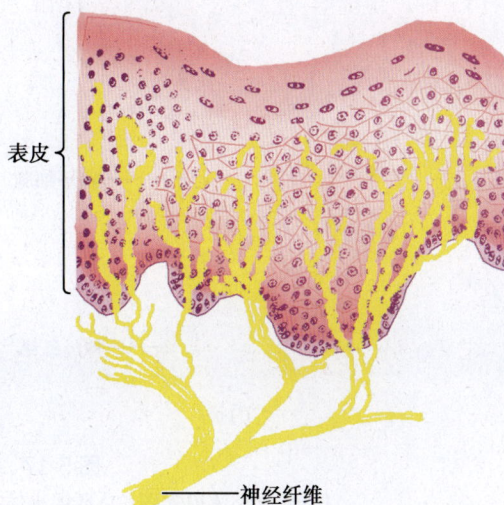

表皮

神经纤维

图 5-15　皮肤表皮内游离神经末梢模式图

79

（二）触觉小体

触觉小体（tactile corpuscle）呈椭圆形，周围有结缔组织被囊，内有许多横列的扁平细胞。有髓神经纤维在进入小体时失去髓鞘，并分成细支盘绕在扁平细胞间。触觉小体分布在皮肤的真皮乳头内，以手指掌面和足趾底面最多，主要是感受触觉（图5-16）。

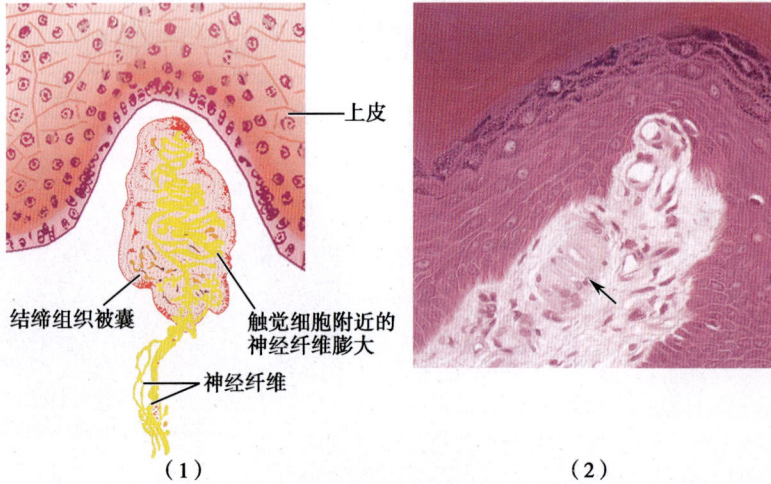

（1）   （2）

图5-16 触觉小体
（1）触觉小体模式图；（2）触觉小体 高倍

（三）环层小体

环层小体（lamellar corpuscle）多呈圆形或椭圆形，大小不一，小体的被囊由数十层扁平细胞呈同心圆排列组成，中轴为一均质性的圆柱体。神经纤维失去髓鞘后穿行于圆柱体内（图5-17）。环层小体分布广泛，多见于真皮深层、皮下组织、肠系膜和胰腺的结缔组织中，主要感受压觉和振动觉。

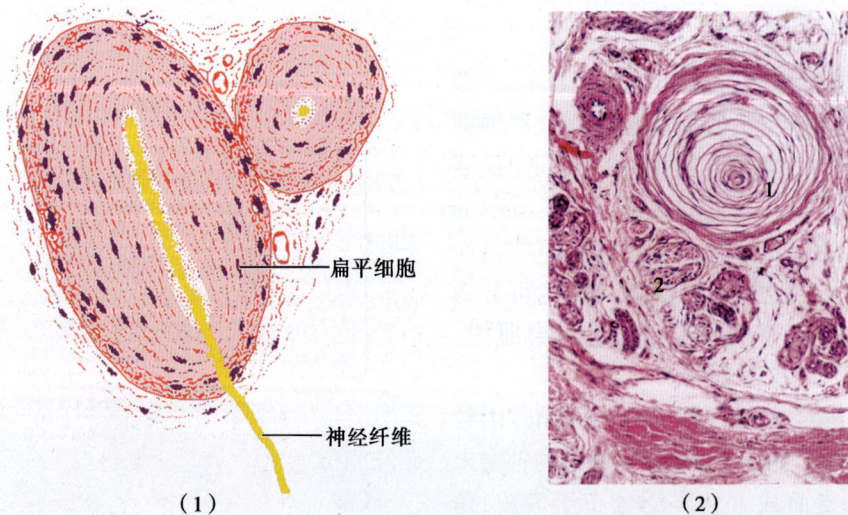

（1）   （2）

图5-17 环层小体
（1）环层小体模式图；（2）环层小体 高倍（1：环层小体；2：神经束）

（四）肌梭

肌梭（muscle spindle）是分布于骨骼肌中的细长梭形小体,表面有结缔组织被囊,内有数条较细的骨骼肌纤维,称梭内肌纤维。感觉神经纤维进入肌梭时失去髓鞘,终末分支环绕在梭内肌纤维的中段,或呈花枝状分布于梭内肌纤维的近中段处。此外,肌梭内还有一种来自脊髓前角小型神经元的细运动神经纤维,其终末分支分布于梭内肌纤维的两端(图 5-18)。肌梭位于肌纤维束之间,当肌肉伸缩时,梭内肌纤维被牵拉,从而刺激神经末梢,产生神经冲动,传向中枢而产生感觉,进而调节骨骼肌纤维的张力。故肌梭是感觉肌肉的运动和肢体位置变化的本体感受器。

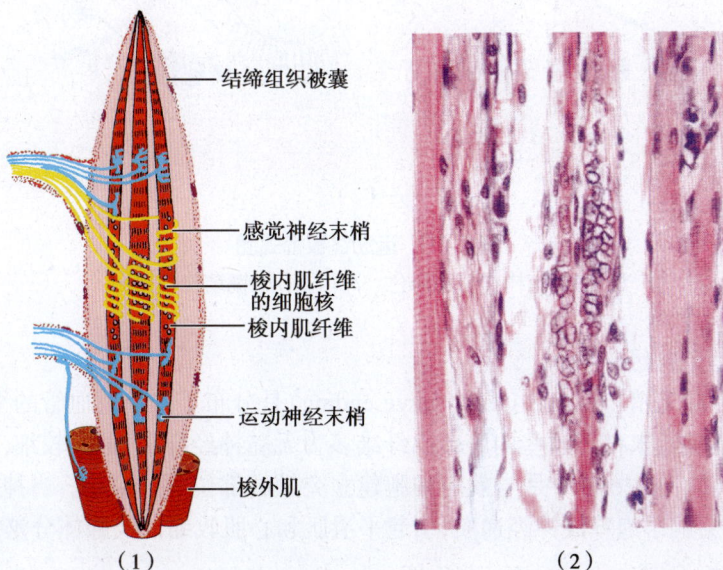

图 5-18 肌梭
（1）肌梭模式图;（2）肌梭（引自 Yang B and Heath JW.2000）

ER-5-15

肌梭

二、运动神经末梢

运动神经末梢（motor nerve ending）是运动神经元传出神经纤维的终末部分,终止于肌组织及腺体等共同构成**效应器**（effector）,支配肌纤维的收缩或腺体分泌。运动神经末梢分为躯体运动神经末梢和内脏运动神经末梢。

（一）躯体运动神经末梢

躯体运动神经末梢（somatic motor nerve ending）是分布于骨骼肌的运动神经末梢。来自脊髓前角或脑干的运动神经元发出的神经纤维到达所支配的骨骼肌后失去髓鞘,反复分支,每一分支形成葡萄状终末与骨骼肌纤维的肌膜形成化学突触,此处呈椭圆形板状隆起,称**运动终板**（motor end plate）,或称**神经 - 肌连接**（neuromuscular junction）。

隆起处膨大的轴膜为突触前膜,与其相对应的肌膜为突触后膜,两者之间为突触间隙。突触后膜下陷形成许多深沟和皱褶,增加了突触后膜的表面积(图 5-19)。轴突终末内有许多突触小泡,内含乙酰胆碱;肌膜上有乙酰胆碱 N 型受体。突触小泡释放的乙酰胆碱作用于突触后膜的 N 受体,使肌膜兴奋,兴奋经横小管传导至整个肌纤维,引起肌纤维收缩。

一个运动神经元及其支配的全部骨骼肌纤维合称一个**运动单位**（motor unit）。一个运动神经元支配的肌纤维数量越少、运动单位越小,所产生的运动就越精细。

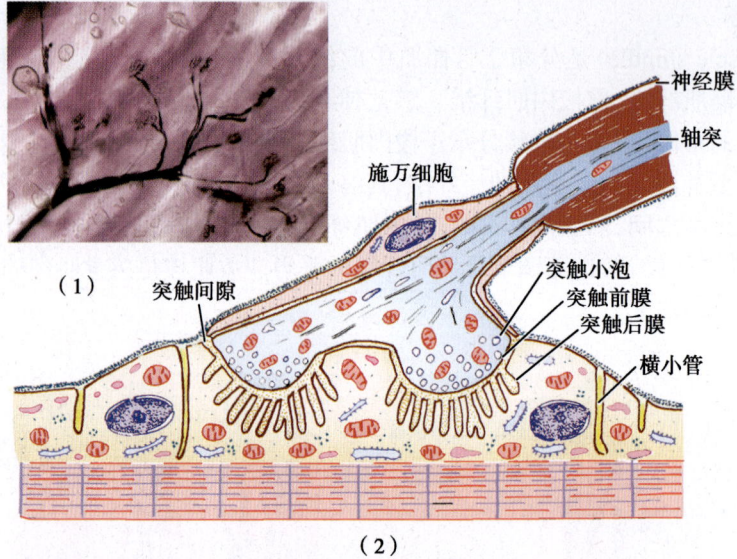

图 5-19 运动终板模式图
(1)光镜结构 特殊染色 高倍;(2)电镜结构模式图

(二)内脏运动神经末梢

内脏运动神经末梢(visceral motor nerve ending)是分布于内脏及血管的平滑肌、心肌和腺体等处的运动神经末梢。这些内脏传出纤维多为无髓神经纤维,轴突较细,分支末端呈串珠样膨大,称**膨体**(varicosity),是与效应细胞建立突触的部位(图 5-20)。当神经冲动到达膨体时,膨体内的突触小泡释放神经递质,引起平滑肌和心肌收缩以及腺体分泌。

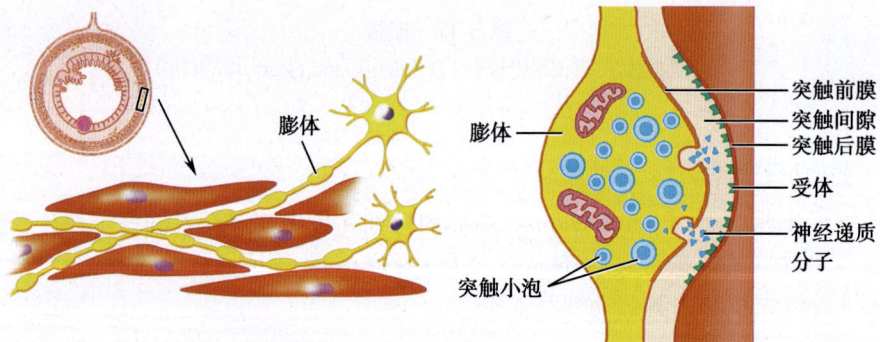

图 5-20 内脏运动神经末梢模式图

第六节 神经组织的溃变与再生

神经元受损后,其胞体和突起都会发生溃变反应。当胞体直接受到严重损伤时,可导致整个神经元迅速死亡;靠近胞体处的神经纤维损伤,也会使神经元死亡;但在远离神经元胞体处的神经纤维受到损伤时,一般不会引起神经元死亡,甚至受损的神经纤维可以再生。

📖 知识链接

周围神经再生

神经再生是当前医学研究的热点课题。周围神经损伤后,远端的轴突及髓鞘溃变,损伤处近端残留的施万细胞分裂增生,并向远端形成细胞索。在施万细胞的协助下,轴突沿细胞索生长,新生轴突终末分支与相应组织或细胞建立联系,恢复功能,再生成功(图5-21)。一般神经轴突都有再生能力,需3~6个月恢复功能。但严重的神经损伤特别是中枢神经纤维损伤时,由于损伤部位的神经胶质细胞增生较快,形成胶质瘢痕,常导致脑和脊髓功能的永久性丧失。近年已找到一些能促进中枢神经纤维再生的神经营养因子,也有实验将神经干细胞、胚胎脑或脊髓组织,以及周围神经移植到脑或脊髓内,期望促进受损伤的脑或脊髓的结构和功能恢复。

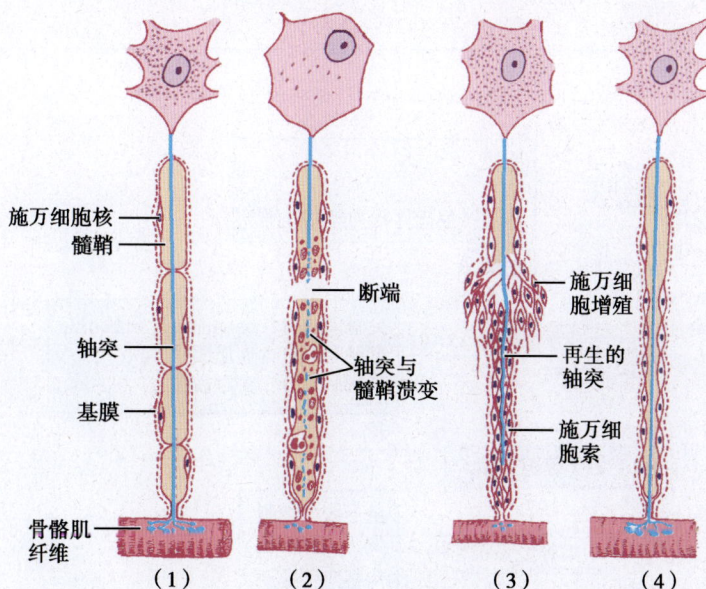

图 5-21　周围神经的变性与再生示意图
(1)正常神经纤维;(2)神经纤维断离处远端及近端的一部分髓鞘及轴突溃变;
(3)施万细胞增生,轴突生长;(4)多余的轴突消失,神经纤维再生完成

第七节　神经干细胞

神经干细胞(neural stem cell,NSC)是一类具有多向分化潜能和自我增殖能力的未分化或低分化细胞,在特定因素的诱导下,能向特定类型神经元或神经胶质细胞分化。

神经干细胞不仅存在于胚胎时期,也存在于成体脑组织的特定部位。作为出生后机体的一种储备细胞,可以置换神经组织自然死亡的细胞或者参与神经组织损伤后的修复。

笔记栏

神经干细胞与神经系统疾病

　　已知老年痴呆、帕金森病和亨廷顿病等神经退行性疾病,以及各种严重的神经和脊髓损伤中都伴有神经元的死亡,目前这些疾病尚无有效的治疗方法。

　　神经干细胞的发现改变了人们长期以来认为成体神经元不能再生的观点,将分离得到的神经干细胞在体外诱导分化为所需要的神经元后,将其移植到神经系统受损的部位;或直接将神经干细胞植入到受损部位,再经体内诱导分化为神经元,以取代受损的神经元,达到治疗的目的。神经干细胞在治疗神经系统疾病中具有广阔的应用前景。

学习小结

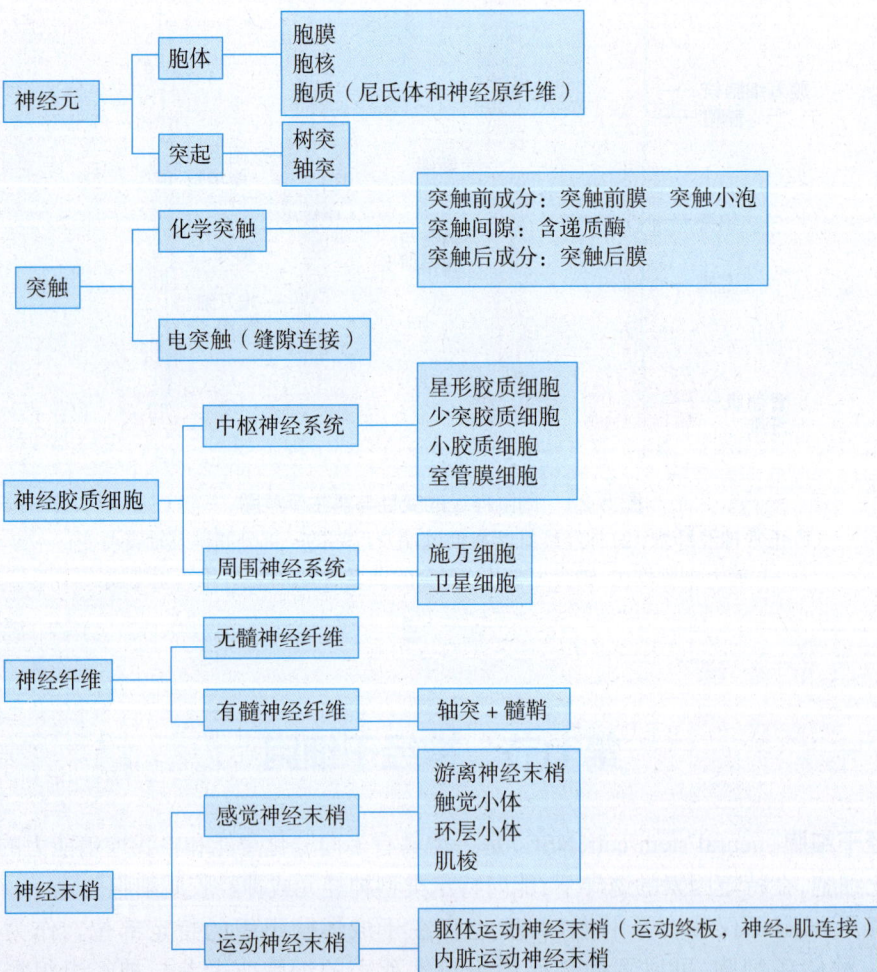

（任君旭）

笔记栏

扫一扫
测一测

复习思考题

1. 神经元具有哪些形态结构特点?
2. 神经元通过什么方式实现相互联络,其结构特点如何?
3. 有髓神经纤维为何传导速度快而精准?

◇◇◇ **第六章** ◇◇◇

神 经 系 统

✎ 学习目标

能描述脊髓灰质的形态结构,大脑皮质和小脑皮质的分层、结构及功能;理解并叙述神经核、神经节、脉络丛的结构特点及功能;能结合解剖学知识,分析脑脊液的形成及功能,了解脑脊膜的结构。

神经系统(nervous system)以神经组织为主构成,包括中枢神经系统(CNS)和周围神经系统(PNS),中枢神经系统由脑和脊髓组成;周围神经系统由脑神经节和脑神经、脊神经节和脊神经、自主神经节和自主神经组成。

脑和脊髓中神经元胞体集中分布之处称**灰质**(gray matter),神经纤维集中分布之处称**白质**(white matter)。脑的灰质大部分居于浅表又称**皮质**(cortex),脑的白质位于皮质深部故又称**髓质**(medulla),白质中有散在分布的灰质团块称**神经核**(nucleus)。脊髓的灰质位于脊髓中央,呈蝴蝶形或 H 形,周围被白质包绕。

神经系统的功能是通过神经元间建立的神经网络,调控机体的各种功能活动,维持机体内环境的稳定。

一、神经节

神经节(nerve ganglion)一般为卵圆形,与周围神经相连,外包结缔组织被膜。神经节内的神经细胞称节细胞,胞体被一层扁平的卫星细胞包裹,卫星细胞外附有基膜。除节细胞外,神经节内还有大量神经纤维及少量结缔组织和血管。神经节可分为**脑脊神经节**(cerebrospinal ganglion)和**自主神经节**(autonomic ganglion)两大类。

(一) 脑脊神经节

脑脊神经节是脑神经节和脊神经节的统称,脑脊神经节位于某些脑神经干上,脊神经节位于脊神经的**背根**,结构相似,都属**感觉神经节**(sensory ganglion)。节内多个假单极神经元(节细胞)被有髓神经纤维束分隔成群,胞体及其盘曲的突起常被卫星细胞包裹。假单极神经元胞体圆形,大小不一,直径 15~100μm,胞质内尼氏体呈细小颗粒状散在分布(图 6-1)。从胞体发出一条短而弯曲的突起盘绕于胞体附近,之后呈 T 形分支,一支走向中枢(中枢突),另一支(周围突)经脑、脊神经分布到外周组织(皮肤、肌肉、关节或内脏),其末端形成感觉神经末梢。

(二) 自主神经节

自主神经节包括交感神经节和副交感神经节(图 6-2)。交感神经节位于脊柱两旁及前方,副交感神经节则位于器官附近或器官内。自主神经节的节细胞是自主神经系统的节后神经元,属于多极的运动神经元,直径 20~100μm,尼氏体呈细颗粒状均匀分布。细胞核常偏于细胞的一侧,部分细胞有双核。卫星细胞数量较少,不完全地包裹节细胞胞体。节内的神经纤维多为无髓神经纤维,有节前纤维和节后纤维之分,节前纤维与节细胞的树突和胞体建立突触,节后纤维离开神经节,其末梢属于内脏运动神经末梢。交感神经节内的大部分节细胞属于肾上腺素能神经元,少数为胆碱能神经元,还有一些聚集成群能自发荧光的小强荧光细胞,为多巴胺能和去甲肾上腺素能中间神经元。副交感神经节的节细胞一般属于胆碱能神经元。

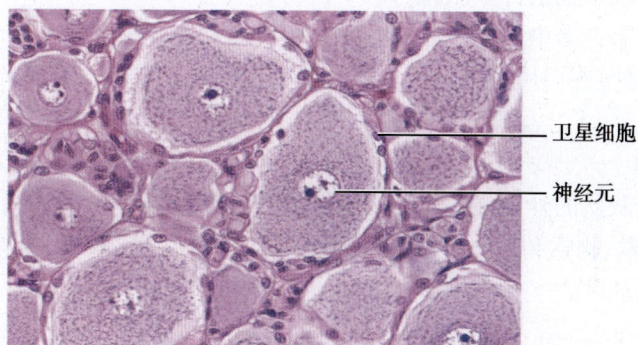

图 6-1　脊神经节　高倍

二、脊髓

脊髓位于椎管内,呈扁圆柱状(图 6-3)。脊髓横切面中央为灰质,灰质的中心有中央管。脊髓接受脑的调控,并通过脊神经的反射活动调节躯干和四肢的功能。

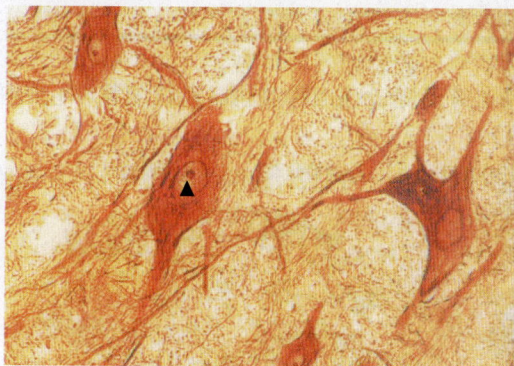

图 6-2　副交感神经节小肠肌间神经丛
镀银染色　高倍
▲神经元细胞核

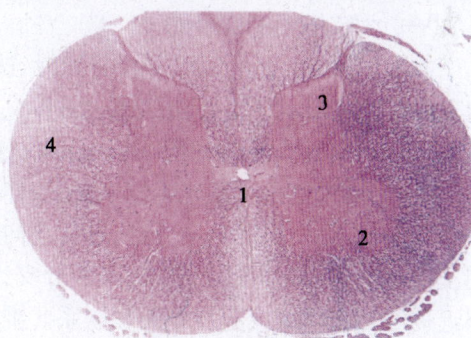

图 6-3　脊髓　低倍
1. 中央管;2. 前角;3. 后角;4. 白质

(一) 脊髓灰质

灰质位于脊髓中央,在横断面上呈蝴蝶形或 H 形,分为前角、后角,在胸腰段脊髓还有侧角。

1. 前角　主要由躯体运动神经元组成,纵贯脊髓全长,胞体大小不等,尼氏体呈斑块状。体积较大的神经元称 α 神经元,胞体平均直径 25μm 以上,轴突较粗,分布到骨骼肌梭外肌纤维;体积较小的神经元称 γ 神经元,胞体平均直径为 15~25μm,轴突较细,支配肌梭的梭内肌纤维。α 和 γ 神经元均为胆碱能神经元。前角内还有一种短轴突的小神经元,又称**闰绍细胞**(Renshaw cell),其轴突与 α 神经元的胞体形成突触,可能通过释放甘氨酸,抑制

笔记栏

α 神经元的活动。

2. 侧角　主要由中、小型内脏运动神经元组成,是交感神经系统的节前神经元,其轴突(节前纤维)终止于交感神经节(节后神经元),与节细胞建立突触。侧角的内脏运动神经元与前角的躯体运动神经元一样都释放乙酰胆碱,属胆碱能神经元。

3. 后角　其神经元类型复杂,多为中、小型联络神经元,它们主要接受背根纤维(感觉神经元的中枢突)传入的神经冲动。部分神经元发出长轴突进入白质,形成各种神经纤维束,上行到脑干、小脑和丘脑,称束细胞。

脊髓灰质内还有许多中间神经元,它们的轴突长短不一,短轴突与同节段的束细胞和运动神经元联系,长轴突在白质上下穿行至相邻或较远的脊髓节段,与同侧或对侧的神经元形成突触。

(二) 脊髓白质

脊髓白质位于灰质的外周,由大量有髓纤维和少量的无髓神经纤维组成,白质以沟或纵裂为界,可分为前索、侧索和后索。各索纤维束内均含上行性(感觉性)、下行性(运动性)和短程的联络性神经纤维。

(三) 中央管

中央管位于脊髓灰质的中央,其管壁称室管膜,由室管膜细胞围成。中央管是胚胎时期神经管管腔的残留部分。

三、大脑皮质

大脑皮质即大脑灰质,厚 1.5~4.5mm。大脑皮质的表面有许多脑回和脑沟,从而扩大了皮质的表面积,人类大脑皮质的表面积约 2 200cm^2。大脑皮质由排列有序的神经元和神经胶质细胞共同组成,神经元和胶质细胞的比例约为 1：9。

(一) 大脑皮质的神经元

大脑皮质的神经元都是多极神经元,按其细胞的形态分为锥体细胞、颗粒细胞和梭形细胞三大类,其分布有明显分层特征(图 6-4)。

1. 锥体细胞　锥体细胞(pyramidal cell)是大脑皮质内的主要传出神经元。锥体细胞胞体呈锥形,顶端发出一条较粗的主树突,伸向皮质表面,沿途发出许多小分支,胞体还向四周发出一些水平走向的树突,并不断分支,与邻近神经元胞体或突起发生突触联系。锥体细胞胞体底部与主树突相对位置上可发出一条细长轴突,长短不一,长者离开皮质,进入白质,组成投射纤维或联络纤维。投射纤维下行至脑干或脊髓,与运动神经元联系,联络纤维连接同侧或对侧的皮质。

2. 颗粒细胞　颗粒细胞(granular cell)数目最多,其胞体较小,呈颗粒状,有多个亚型,以星形细胞数量最多。

(1)水平细胞:水平细胞由胞体发出 1~2 条粗而短呈平行分布的水平树突及分支。轴突由树突干发出,沿皮质表面呈水平方向伸展,与锥体细胞主树突的分支形成突触。

ER-6-1

大脑皮质
锥体细胞
镀银染色
高倍

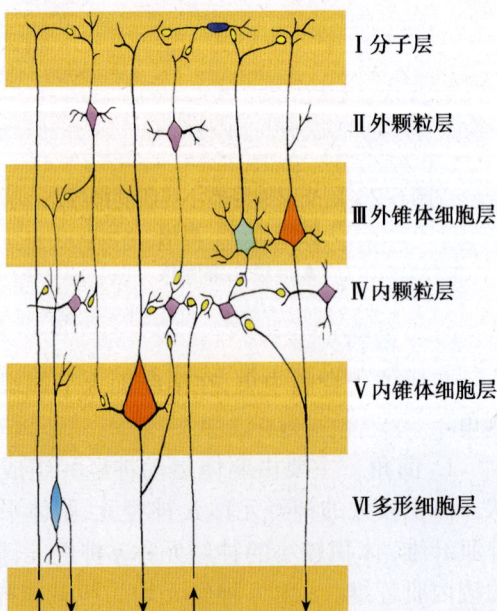

图 6-4　大脑皮质神经元构筑模式图

(图中标注)
I 分子层
II 外颗粒层
III 外锥体细胞层
IV 内颗粒层
V 内锥体细胞层
VI 多形细胞层

（2）星形细胞：星形细胞发出的树突呈放射状，与从丘脑来的传入纤维终末形成兴奋性突触。轴突大多较短，与附近的锥体细胞形成突触。

（3）篮细胞：篮细胞依据胞体的大小可分为小篮细胞和大篮细胞。篮细胞的轴突由胞体发出，其分支向水平方向伸展，并呈篮状或网状包绕锥体细胞胞体及主树突的起始段，形成突触。篮细胞的树突表面仅有少量的树突棘。

（4）吊灯样细胞：吊灯样细胞胞体呈卵圆形，树突有少量的树突棘。轴突终末分支呈球形下垂，形如吊钟，与锥体细胞的轴突起始段形成轴-轴突触。

（5）双刷细胞：双刷细胞胞体呈卵圆形或梭形。树突由胞体的上下两端发出后，分别向上下延伸，轴突向下延伸可与其他神经元的树突形成突触。

（6）神经胶质样细胞：神经胶质样细胞树突和轴突均较短，分支亦均呈丛状，称树突丛和轴突丛，并相互交织成网。

（7）上行轴突细胞：上行轴突细胞树突短，有树突棘。轴突垂直上行，伸达皮质的表面，沿途发出水平走向的分支。

3. 梭形细胞 梭形细胞（fusiform cell，spindle cell）胞体呈梭形，树突由胞体的上、下两端发出，上端发出的树突垂直上行，下端发出的树突垂直下行至皮质深层。轴突由下端树突的主干发出，其终末分支与锥体细胞形成突触。部分梭形细胞胞体较大，其轴突向下延伸至大脑髓质，并形成投射纤维或联络纤维。

（二）大脑皮质分层

大脑皮质的神经元除大脑个别区域外，从皮质的浅部到深部一般可分为6层（图6-5）。

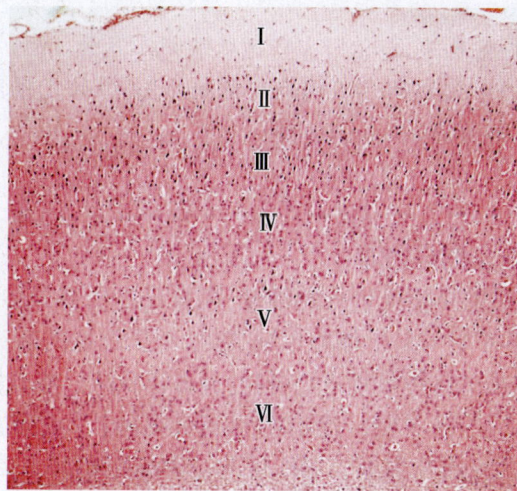

图6-5 大脑皮质 低倍
从 I～VI 分别为分子层、外颗粒层、外锥体细胞层、
内颗粒层、内锥体细胞层、多形细胞层

1. 分子层 分子层（molecular layer）神经元小而少，主要是水平细胞和星形细胞，还有许多与皮质表面平行的神经纤维。

2. 外颗粒层 外颗粒层（external granular layer）主要由许多星形细胞和少量小型锥体细胞构成。

3. 外锥体细胞层 外锥体细胞层（external pyramidal layer）较厚，由许多中、小型锥体细胞和星形细胞组成。

4. 内颗粒层 内颗粒层（internal granular layer）细胞密集，多数是星形细胞。

5. 内锥体细胞层　**内锥体细胞层**（internal pyramidal layer）主要由中型和大型锥体细胞组成。在中央前回运动区，还可出现巨大型锥体细胞，称为 Betz 细胞，其顶树突伸到分子层，轴突下行到脑干和脊髓。

6. 多形细胞层　**多形细胞层**（polymorphic layer）以梭形细胞为主，还有锥体细胞和颗粒细胞。

🔍 知识链接

阿尔茨海默病

阿尔茨海默病是发生于老年和老年前期、以进行性认知功能障碍和行为损害为特征的中枢神经系统退行性病变，临床上表现为记忆障碍、失语、失用、失认、视空间技能损害、执行功能障碍以及人格和行为的改变。病理改变为大脑皮质弥漫性萎缩，脑沟加深增宽，脑室扩大，大脑皮质中出现由淀粉样蛋白沉积形成的老年斑，神经元内出现神经原纤维缠结，目前有多种假说试图解释这些改变，比如 β- 淀粉样蛋白（Aβ）学说；Tau 蛋白假说，尚无定论。

本病从 1910 年发现至今，无数人难逃厄运，很多名人也深陷该病的困扰，如美国前总统里根、英国前首相撒切尔夫人、《百年孤独》的作者马尔克斯、诺贝尔物理学奖获得者"光纤之父"高锟等。随着我国老龄化程度不断加深，中国也逐渐步入"阿尔茨海默病大国"之列。根据测算，到 2050 年，我国阿尔茨海默病患者将超过 3 000 万人，且大多是老年人，一人生病，全家照顾，波及人数将更加庞大，给社会经济发展和人民生活水平提高带来了巨大压力，防治阿尔茨海默病刻不容缓。

全球投入了庞大经费进行阿尔茨海默病药物开发，但尚无根治良方，早诊断、早预防、早治疗是目前防治的关键。

（三）大脑皮质神经元回路与功能

大脑皮质的第 1~4 层主要接受传入的冲动，来自丘脑的特异传入纤维（各种感觉传入的上行纤维）主要进入第 4 层与星形细胞形成突触，星形细胞的轴突又与其他细胞建立广泛的联系，从而对传入皮质的各种信息进行分析，并做出反应。起自同侧或对侧大脑半球的联合传入纤维则进入第 2 层、第 3 层，与锥体细胞形成突触。大脑皮质的传出纤维分投射纤维和联络纤维两种。投射纤维主要起自第 5 层的锥体细胞和第 6 层的大梭形细胞，下行至脑干和脊髓。联络纤维起自第 3 层、第 5 层、第 6 层的锥体细胞和梭形细胞，分布于皮质同侧和对侧脑区。皮质的第 2 层、第 3 层细胞与各层细胞相互联系，构成复杂的局部神经回（环）路，对信息进行分析、整合和贮存等，从而产生知觉、学习和记忆等高级神经活动。再经大脑皮质的锥体细胞将信息传出，通过皮质下核团及周围神经，支配和控制机体的各种功能活动。

刺激某些神经纤维或皮肤的一定区域，可引起大脑皮质全层某个柱形区域的神经元发生兴奋，这种柱形区域的结构称**垂直柱**（vertical column），是大脑皮质结构和功能的基本单位。

大脑皮质神经元的结构、分布及其形成突触联系的数量和范围并不是一成不变的，当机体的内、外环境发生变化或受到一定的功能训练时，皮质神经元原有的结构及其形成的突触联系可出现一定程度的改变，这种现象称为皮质可塑性。大脑皮质的可塑性变化实际上是神经元的可塑性变化,皮质可塑性随着大脑发育成熟逐渐降低。某些特定的生物活性物质如神经营养因子等可促进神经元的可塑性从而促进脑的发育。大脑皮质神经元的数目在特定状态下,可产生新的神经元,称为**神经细胞发生**(neuron genesis),主要来源于脑内**神经干细胞**(neural stem cells,NSCs)。

📖 知识拓展

神经系统疾病治疗的新方法——神经干细胞移植

神经干细胞(neural stem cells,NSCs)是一类能够自我更新、自我复制,并能分化形成神经元、星形胶质细胞和少突胶质细胞的多能细胞,它的发现打破了长期以来医学界一直公认的神经细胞缺乏再生能力,严重中枢神经系统损伤、退行性疾病、先天性疾病等引起的神经功能障碍无法有效逆转的固有观念,为人类神经系统疾病的治疗带来希望。目前,动物模型已积累了移植 NSCs 治疗帕金森病、阿尔茨海默病、亨廷顿病、脊髓损伤、缺血性脑卒中、脑出血等疾病的大量依据;移植方法涉及定位注射、胶原基质包埋、生物材料吸附移植、静脉内输入和脑室内注射等。虽然人类 NSCs 来源、分化等方面还有许多问题需要解决,但采用细胞移植修复和替代受损神经系统将是众多神经系统疾病根本性治疗的有效途径。

四、小脑皮质

小脑表面的横沟将小脑分隔成许多叶片状结构,每一小叶片状结构均由表层的**小脑皮质**(cerebellar cortex)和深层的**小脑髓质**(cerebellum medulla)组成。小脑髓质内还含小脑中央核,包括顶核、球状核、栓状核和齿状核等。

(一)小脑皮质结构

依据小脑皮质内神经元形态结构的不同,可将其分为星形细胞、篮状细胞、浦肯野细胞、颗粒细胞和高尔基细胞五种。上述五种神经元在小脑皮质内分层排列,由外向内依次分为分子层、浦肯野细胞层和颗粒层三层结构(图 6-6)。

1. 分子层 较厚,神经元较少,主要有两种,一种是小型多突的星形细胞,分布于浅层,轴突较短;另一种是胞体较大的篮状细胞,分布于深层,轴突较长,与小脑叶片长轴成直角并平行于小脑表面走行,沿途发出许多侧支,其末端呈篮状分支包绕浦肯野细胞的胞体并与之形成突触。

2. 浦肯野细胞层 由一层排列规律的浦肯野细胞胞体组成。浦肯野细胞是小脑皮质中最大的神经元,胞体呈梨形,从顶端发出 2~3 条粗的主树突伸向分子层,树突的分支繁多,呈蒲扇形状,沿小脑叶片的垂直轴方向展开,树突上有许多树突棘。轴突自胞体底部发出,离开皮质进入白质,终止于小脑内部的核群。

3. 颗粒层 由密集的颗粒细胞和一些高尔基细胞组成。颗粒细胞很小,有 4~5 个短树突,树突末端分支如爪状。轴突上行进入分子层呈 T 形分支,与小脑叶片长轴平行,称**平行纤维**。平行纤维穿行于浦肯野细胞的扇形树突间,与其树突棘形成大量突触。高尔基细胞的胞体较大,树突分支较多,大部分伸入分子层与平行纤维形成突触,轴突在颗粒层内呈现短而密的分支,与颗粒细胞的树突形成突触。

ER-6-3
小脑皮质浦肯野细胞镀银染色高倍

ER-6-4
小脑皮质浦肯野细胞H-E染色高倍

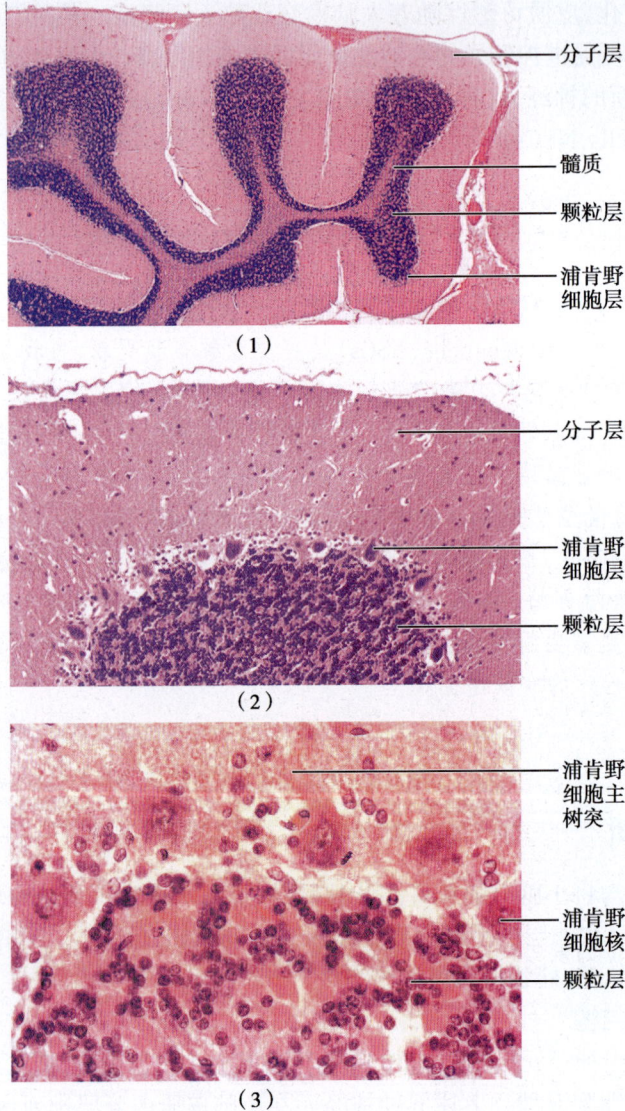

分子层

髓质

颗粒层

浦肯野
细胞层

（1）

分子层

浦肯野
细胞层

颗粒层

（2）

浦肯野
细胞主
树突

浦肯野
细胞核

颗粒层

（3）

图 6-6　小脑皮质（逐级放大）

（1）低倍（×10）；（2）高倍（×66）；（3）高倍（×132）

（二）小脑皮质传入和传出纤维

1. 小脑皮质传入纤维　小脑皮质传入纤维有三种，分别为：攀缘纤维、苔藓纤维和去甲肾上腺素能纤维。前两种为兴奋性纤维，后一种为抑制性纤维。

攀缘纤维（climbing fiber）主要起始于延髓的下橄榄核，纤维较细，进入颗粒层后失去髓鞘，其终末分支攀附于浦肯野细胞的树突上，并与之形成突触。每条攀缘纤维可与一个浦肯野细胞树突形成 300~1 400 个突触。因此，一条攀缘纤维的神经冲动可引起与之相应浦肯野细胞强烈的兴奋。攀缘纤维除与浦肯野细胞的树突形成突触外，还可与篮状细胞、星形细胞和高尔基细胞形成突触（图 6-7）。

苔藓纤维（mossy fiber）主要起始于脊髓和脑干的核群，纤维较粗，进入小脑皮质后反复分支，其末端分支膨大，呈苔藓状，每一膨大末端可与许多颗粒细胞的树突、高尔基细胞的轴突或近端树突形成复杂的突触群，形似小球而称其为**小脑小球**（cerebella glomerulus）。一条苔藓纤维可分布于两个以上的小脑叶片,约与880个颗粒细胞建立突触联系,每个颗粒细胞的平行纤维又可与400多个浦肯野细胞之间形成兴奋性突触,故一条苔藓纤维的兴奋可引起几十万个浦肯野细胞兴奋。

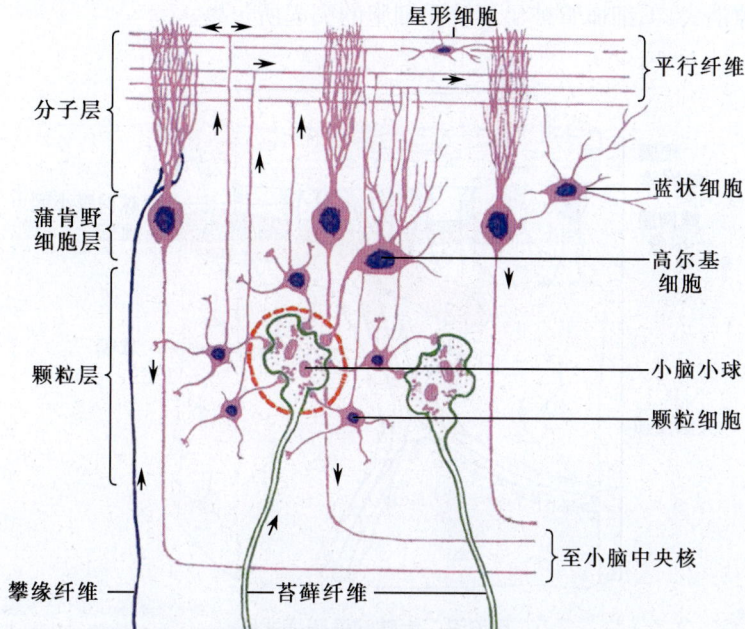

图 6-7　小脑皮质神经元与传入纤维关系示意图

去甲肾上腺素能纤维(noradrenergic fiber)主要起源于脑干的蓝斑核,进入小脑皮质后与浦肯野细胞的胞体和树突形成突触,对浦肯野细胞起抑制作用。

2. 小脑皮质传出纤维　浦肯野细胞的轴突是小脑皮质唯一的传出纤维。大部分的轴突终止于小脑的中央核,少部分可终止于前庭神经核。浦肯野细胞传出的神经冲动对小脑中央核和前庭神经核均起到抑制作用。

(三) 小脑皮质神经元回路与功能

小脑皮质的五种神经元中,除颗粒细胞为兴奋性神经元外,其余四种均为抑制性神经元。五种神经元在皮质内构成复杂的回(环)路,并对浦肯野细胞的兴奋或抑制产生决定性影响。浦肯野细胞的活动除受上述复杂的神经回(环)路调节外,还可通过细胞内的第二信使系统进行调节,从而扩增了神经递质 - 受体相互作用产生的信号强度。

虽然小脑深部核群与脊髓前角运动神经元无直接的联系,但其纤维可通过脑干的有关核群影响大脑皮质运动区的功能活动,并经运动区纤维影响脊髓前角运动神经元。因此,小脑在调节肌张力、协调肌群动作和维持机体平衡等功能中发挥着重要作用。

五、脑脊膜、脉络丛和脑脊液

(一) 脑脊膜

脑脊膜是包裹在脑和脊髓外面的结缔组织。由外向内分为三层,依次为**硬膜**(dura mater)、**蛛网膜**(arachnoid)和**软膜**(pia mater)(图6-8)。硬膜较厚,由致密结缔组织组成。蛛网膜较薄,由薄层疏松结缔组织构成。蛛网膜与软膜之间有较大的间隙,称**蛛网膜下隙**(subarachnoid space),内含脑脊液。蛛网膜发出许多小梁与软膜相连,小梁在蛛网膜下隙内分支形成蛛网样结构。软膜为薄层疏松结缔组织，紧贴在脑和脊髓的表面。在软膜外表面、蛛网膜内表面以及小梁表面都被覆着一层间皮。软膜中富含血管，以供应脑和脊髓营养。血管进入脑内时，软膜也随之进入脑内，但软膜并不紧贴血管，两者之间有一空隙，称**血管周隙**（subarachnoid space）。血管周隙与蛛网膜下隙相通，内含脑脊液。当血管分支为毛细血管时，血管周隙消失，毛细血管被星形胶质细胞的突起所包裹。

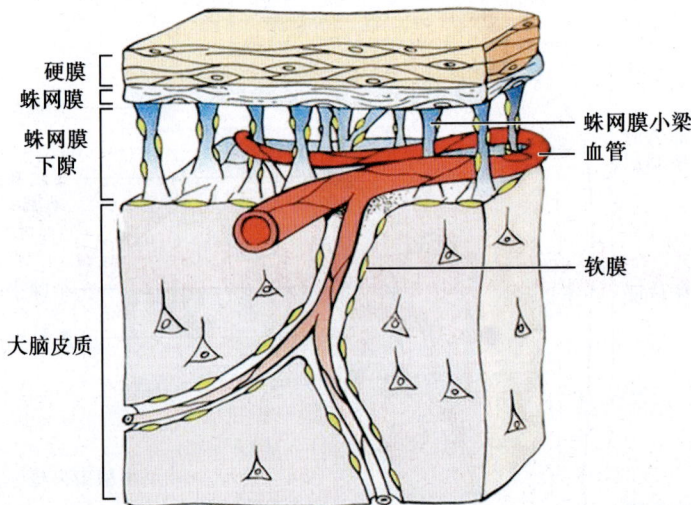

图 6-8　大脑脑脊膜模式图

(二) 脉络丛

脉络丛（choroid plexus）见于部分侧脑室和第三、四脑室顶部，是由富含血管的软膜和室管膜两者紧贴并突入脑室而成的皱襞状结构，室管膜细胞具有分泌功能，在此处称脉络丛上皮。脉络丛上皮由一层立方形或矮柱状细胞组成，细胞表面有许多微绒毛，细胞核大而圆，胞质中含丰富的线粒体，相邻上皮细胞侧面有紧密连接。上皮下面是基膜，基膜深部的结缔组织内含有丰富的有孔型毛细血管和巨噬细胞。

(三) 脑脊液

脑脊液（cerebrospinal fluid, CSF）是充填于脑室、脊髓中央管、蛛网膜下隙和血管周隙的一种无色透明液体。成人脑脊液总量约为 150ml。脑脊液含蛋白质少，而含 Na^+、K^+ 和 Cl^- 浓度高，还含神经递质、激素或神经调质等多种生物活性物质，并有少许脱落细胞和淋巴细胞。脑脊液主要由脑室的脉络丛上皮细胞分泌产生，占 80%~85%，其余由脑细胞外液经室管膜上皮渗出。

脑脊液由脉络丛上皮不断分泌（每天 600~700ml），又不断通过蛛网膜粒渗入硬脑膜窦，因此，脑脊液在不断产生的同时，又可不断回流入血，形成脑脊液循环。在血液与脑脊液之间存在**血 - 脑脊液屏障**（blood-CSF barrier, BCB），可选择性阻止某些物质进入脑脊液。血 - 脑脊液屏障由脉络丛毛细血管内皮细胞及其基膜，以及脉络丛上皮细胞、基膜共同组成，其中脉络丛上皮细胞侧面的紧密连接构成屏障的主要结构。脑脊液对脑和脊髓有缓冲、营养、保护和运输代谢物质的作用，并参与神经内分泌调节。

在脑脊液和脑组织之间存在**脑脊液 - 脑屏障**（CSF-brain barrier, LBB），该屏障主要由软膜、神经胶质膜和室管膜构成，可选择性阻止某些物质由脑脊液进入脑组织（图 6-9）。

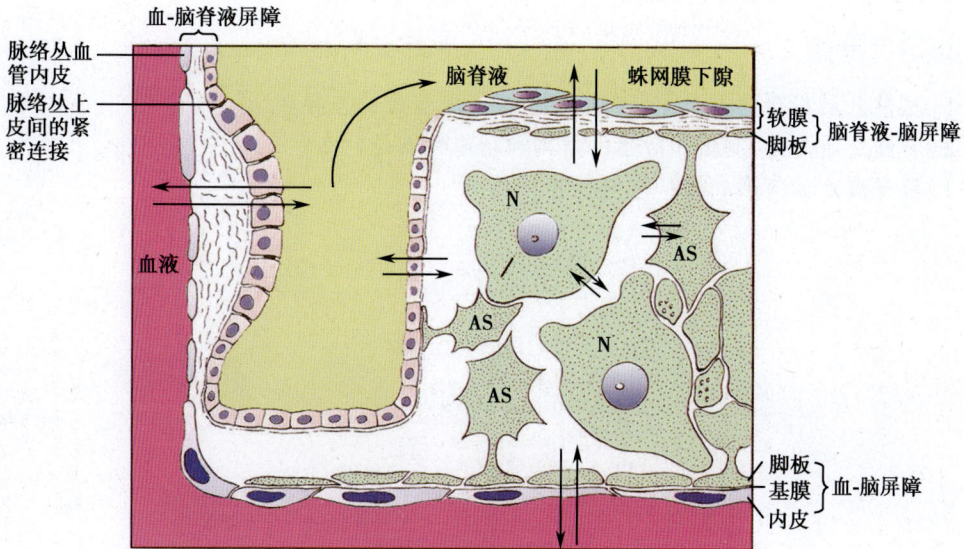

图 6-9　脑屏障模式图
N：神经元；AS：星形胶质细胞

学习小结

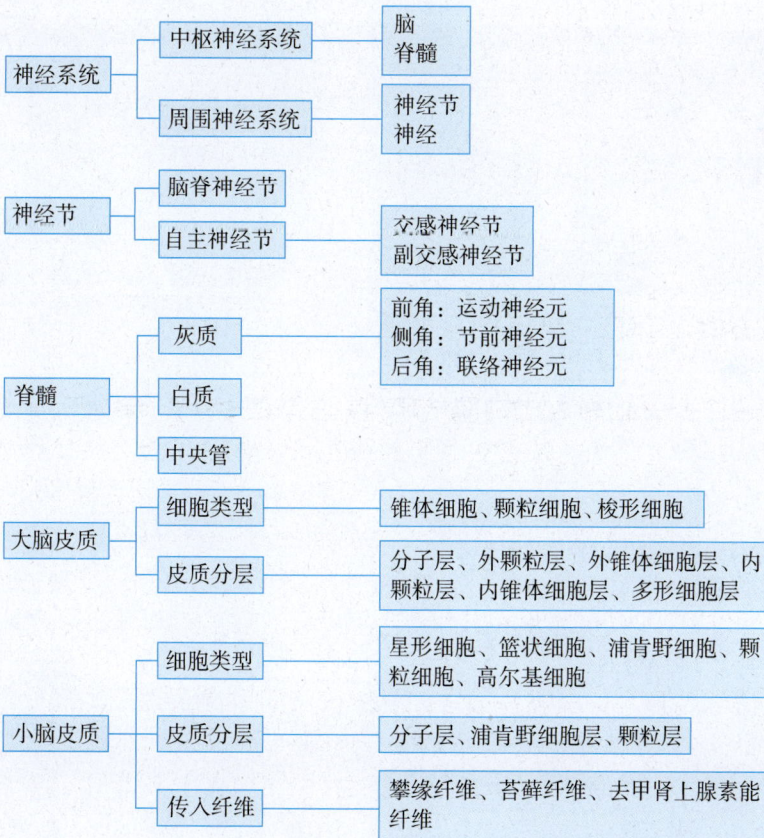

复习思考题

1. 试从分层和功能方面比较大脑皮质与小脑皮质的差异。

2. 脊髓灰质前角、侧角和后角的结构和功能特点是什么？

3. 脑脊液是如何形成的？有何功能？

第七章

循环系统

📐 **学习目标**

　　能理解并写出大动脉、中动脉管壁的三层结构,并根据不同动脉的结构特点解释其功能特点;描述心壁的三层结构,理解心传导系统组成和功能;理解微循环的概念及组成;结合所学知识,对比动脉、静脉管壁结构的移行变化规律,对比动脉和静脉管壁光镜结构的异同点;理解中空性器官管壁的结构特点及相应的学习方法。

　　循环系统(circulatory system)是连续而封闭的分支管道系统,由心血管系统和淋巴管系统组成。心血管系统由心、动脉、毛细血管和静脉组成,主要功能是将营养物质、氧气、激素以及生物活性多肽等输送到身体各部的组织和细胞,供其生长发育和生理活动的需要,同时将代谢产物输送到排泄器官排出体外,以维持体内新陈代谢的正常进行。淋巴管系统由毛细淋巴管、淋巴管、淋巴导管等组成,主要功能是将部分组织液回收形成淋巴,并将其导入静脉。因此,淋巴管系统是心血管系统的辅助系统。

第一节　血　　管

一、血管壁的基本结构

　　通常,除毛细血管外的血管管壁由内向外均可分为内膜、中膜和外膜三层结构,尤以中动脉的三层结构最为典型(图 7-1)。

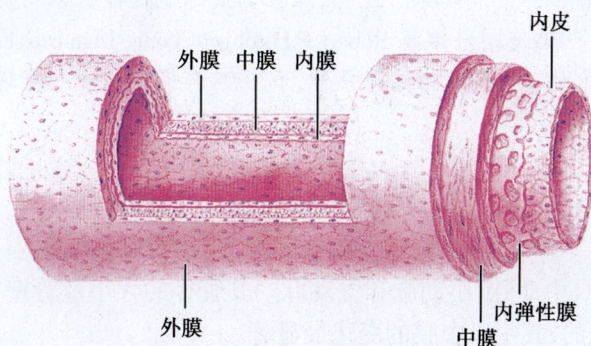

图 7-1　血管壁一般结构模式图

1. 内膜　**内膜**(tunica intima)位于管壁的最内层,主要由内皮、内皮下层和内弹性膜组成,是血管壁三层中最薄的一层。

(1)内皮:内皮(endothelium)衬贴于血管腔面,由单层扁平上皮构成,内皮细胞的基底面有基膜。内皮细胞排列紧密,其长轴与血液流动方向一致,便于血液流动。电镜下,内皮细胞间有紧密连接和缝隙连接;内皮细胞游离面可向管腔伸出胞质突起;胞质内含**质膜小泡**(plasmalemmal vesicle)、**W-P 小体**(Weibel-Palade body)、微丝等特殊结构。电镜下观察,基膜厚 40~80nm,是固定内皮细胞的支持结构,还具有分子筛作用。

近年来,血管内皮细胞的研究取得了很大进展,大量实验结果表明,内皮细胞具有物质代谢、合成与分泌、参与凝血、免疫调节、血管再生等多种功能。内皮细胞功能异常与动脉粥样硬化、高血压、血栓、免疫性疾病、肿瘤转移等有直接关系。

(2)内皮下层:**内皮下层**(subendothelial layer)位于内皮的下方,由薄层结缔组织构成,内含少量胶原纤维、弹性纤维。

(3)内弹性膜:由弹性蛋白组成的**内弹性膜**(internal elastic membrane),膜上有许多小孔(图 7-1)。H-E 染色时,在血管横切面上呈亮粉红色,因血管壁收缩,内弹性膜常呈波浪状。通常以内弹性膜作为动脉内膜与中膜的分界。

2. 中膜　**中膜**(tunica media)位于内膜和外膜之间,其厚度及组成成分因血管种类不同而异。如大动脉中膜以弹性膜为主,其间有少量平滑肌等,中动脉主要由平滑肌组成。在中动脉发育中,平滑肌可产生胶原纤维、弹性纤维和基质,弹性纤维可使扩张的血管回缩,胶原纤维起维持张力作用。

3. 外膜　**外膜**(tunica adventitia)由疏松结缔组织组成,其中含螺旋状或纵向分布的弹性纤维和胶原纤维。外膜的疏松结缔组织中成纤维细胞发达,当血管受损伤时,成纤维细胞具有修复外膜的能力。有些动脉中膜和外膜交界处,有密集的弹性纤维组成的**外弹性膜**(external elastic membrane)。除微血管外,外膜内还分布有营养血管和神经。

知识链接

功能多样的血管内皮细胞

自 1980 年 Furchgott 等发现**内皮源性舒张因子**(endothelium-derived relaxing factor,EDRF)以来,人们对血管内皮细胞的功能有了更深的认识。发现血管内皮细胞能够合成分泌舒血管活性物质,如一氧化氮,以及缩血管活性物质,如**内皮素**(endothelin,ET),此两类物质作用相反,前者令平滑肌舒张,使血压不致太高,后者使平滑肌收缩,以升高血压,从而构成血管自身调节体系。此外,血管内皮细胞还能分泌心房钠尿肽和神经肽等血管活性物质。三位美国科学家 Robert F.Furchgott、Louis J.Ignarro、Ferid Murad 因发现NO 是心血管中调节血压和血流的信号分子,于 1998 年获得诺贝尔生理学或医学奖。

二、动脉

动脉包括大动脉、中动脉、小动脉和微动脉。其管径的大小及管壁各层的厚度、结构与组织成分是逐渐变化的,其中以中膜的变化最显著。

1. 大动脉　**大动脉**(large artery)包括主动脉、肺动脉、颈总动脉、锁骨下动脉、髂总动脉等。大动脉结构特点是管壁具有多层弹性膜和弹性纤维,又称**弹性动脉**(elastic artery),结构如下:

（1）内膜：内膜由内皮、内皮下层和内弹性膜构成。内皮下层较厚，除含有胶原纤维和弹性纤维外，还有少量平滑肌细胞。内弹性膜和中膜的弹性膜相连，因而内膜和中膜分界不明显。

（2）中膜：主要由 40~70 层弹性膜构成。弹性膜之间有细长的环行平滑肌纤维以及少量胶原纤维和弹性纤维。基质的主要化学成分为硫酸软骨素。由于血管的收缩，在血管横切面的标本上，弹性膜呈波浪形。

（3）外膜：较薄，由结缔组织构成，少量平滑肌，有营养血管、淋巴管和神经分布。外弹性膜与中膜的弹性膜相连，分界不清（图 7-2）。

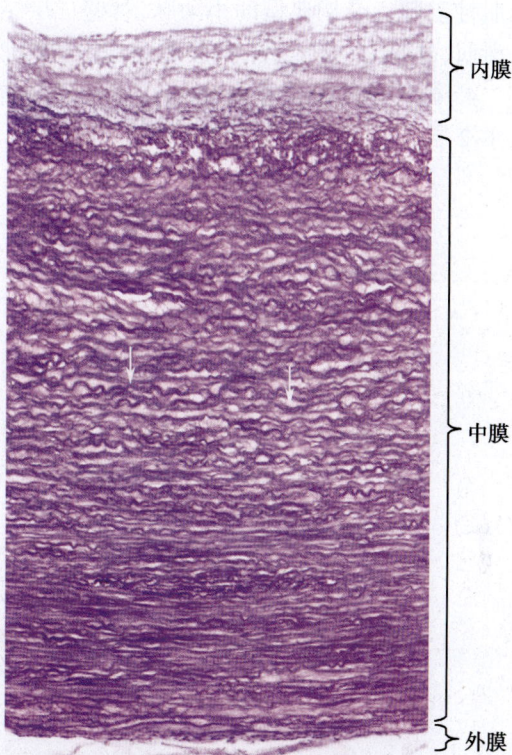

2. 中动脉　中动脉（medium sized artery）指除大动脉外，凡在解剖学上有命名的、管径大于 1mm 的动脉，管壁的主要成分为平滑肌，故又称肌性动脉（muscular artery）（图 7-3），结构如下：

（1）内膜：由内皮、内皮下层和内弹性膜组成，是三层中最薄的一层。H-E 染色，内弹性膜红染，横切面呈明显的波纹状，可作为内膜和中膜的分界。

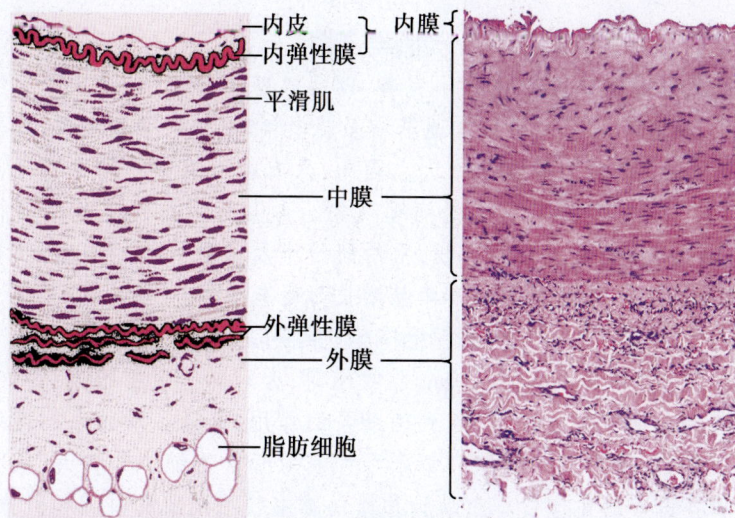

图 7-2　大动脉　地衣红染色　低倍
↑ 弹性膜

图 7-3　中动脉结构图

（2）中膜：较厚，主要由 10~40 层环行平滑肌组成。平滑肌纤维间夹杂有弹性纤维和胶原纤维。特殊的是，中膜无成纤维细胞，弹性纤维和胶原纤维均由平滑肌纤维产生。

（3）外膜：外膜厚度约与中膜相等，主要由结缔组织构成，多数中动脉的中膜与外膜交界处有外弹性膜。外膜中有小血管、淋巴管和神经分布。

3. 小动脉　管径在 0.3~1mm 之间的动脉称**小动脉**(small artery)，为中动脉的分支，也属肌性动脉。结构典型的小动脉，管壁三层结构比较完整，内弹性膜明显，中膜有几层环行平滑肌，外膜为结缔组织，外膜厚度与中膜相似，一般无外弹性膜(图 7-4)。

4. 微动脉　管径在 0.3mm 以下的动脉称**微动脉**(arteriole)。内膜无内弹性膜，中膜仅有 1~2 层环行平滑肌，外膜较薄(图 7-4)。

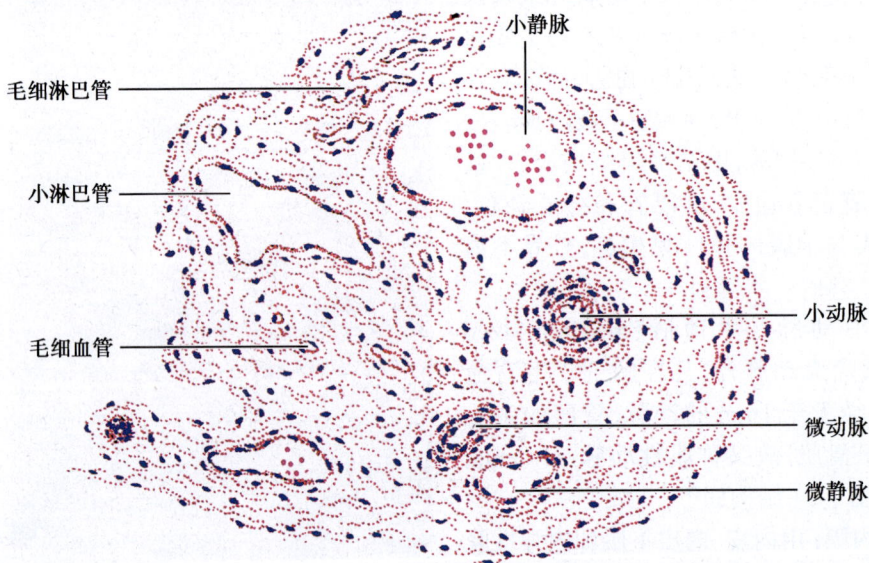

图 7-4　小动脉和微动脉模式图

知识链接

动脉与年龄

　　动脉管壁的发育到成年时才趋于完善，以后随着年龄增加，管壁中的细胞外基质成分逐渐堆积，内膜中的平滑肌纤维逐渐增多。老年时，血管管壁增厚，内膜出现钙化和脂类等物质的沉积，使血管硬度增大。因此，只有在血管壁结构的变化已超越该年龄组血管的变化标准时，方能认为是病理现象。如动脉粥样硬化是指动脉内膜的脂质、复合碳水化合物、血液成分的沉积，平滑肌纤维及胶原纤维的增生，伴有坏死及钙化等不同程度的病变。其发病率随着年龄增长而逐渐增加。

动脉管壁结构与功能的关系

　　大动脉被称作"第二个心脏"，当心脏收缩时，大动脉管壁扩张，而心脏舒张时，大动脉的弹性膜调节管壁弹性回缩，起到辅助泵的作用，保证了动脉血的连续性。中动脉中膜平滑肌发达，平滑肌的收缩和舒张可控制血管管径缩小和扩大，从而调节分配到身体各部和各器官的血流量。小动脉和微动脉中膜平滑肌的收缩和舒张，能显著地调节器官和组织的血流量，使血压得以维持在正常范围。

三、静脉

　　静脉由细至粗逐级汇合，依据管径的大小，可分为微静脉、小静脉、中静脉和大静脉。中静脉和小静脉常与相应的动脉伴行,与其伴行的动脉相比,静脉有以下特点:数量较多,腔大壁薄;无内、外弹性膜,三层膜分界不明显;管壁中平滑肌和弹性纤维较少,缺乏弹性,故在光镜下,静脉管腔横断面较扁或呈不规则形状,管壁向管腔塌陷。

1. 微静脉　**微静脉**(venule)管径为50~200μm,管腔不规则,中膜内可见散在的平滑肌纤维。紧接毛细血管的微静脉称**毛细血管后微静脉**(postcapillary venule),其管径一般小于50μm,管壁结构与毛细血管相似,有较高的物质通透性(图7-4)。

2. 小静脉　**小静脉**(small vein)管径为200μm~2mm,内皮外逐渐形成一层较完整的平滑肌,较大小静脉的中膜有一至数层平滑肌,外膜也逐渐增厚(图7-4)。

3. 中静脉　**中静脉**(medium-sized vein)管径为2~10mm,内膜薄,含少量平滑肌。中膜有排列稀疏的数层平滑肌。外膜较厚,可见随管径增大而逐渐增多的纵行平滑肌束(图7-5)。

4. 大静脉　**大静脉**(large vein)管径在10mm以上,内膜较薄,中膜平滑肌不发达,外膜较厚,含有较多的纵行平滑肌束(图7-6)。

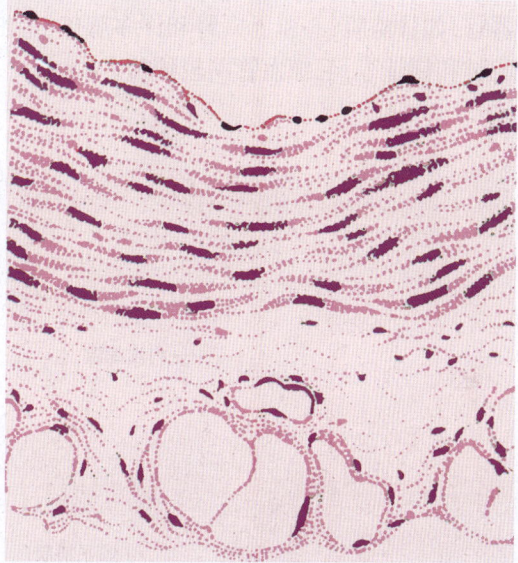

图7-5　中静脉模式图

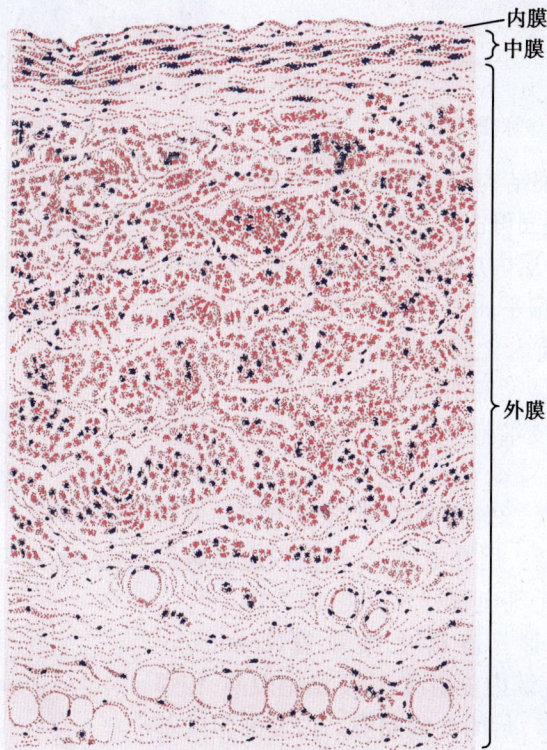

图7-6　大静脉模式图

5. 静脉瓣　**静脉瓣**(venous valves)位于心水平以下躯干、下肢的中静脉和大静脉(管径≥2mm)常有瓣膜。瓣膜由内膜凸入管腔折叠而成,中心为含弹性纤维的结缔组织,表面覆以内皮,其作用是防止血液逆流(图7-7)。

四、毛细血管

毛细血管(capillary)是管径最细、分布最广的血管。其分支相互吻合成网(图7-8)。毛细血管管壁很薄,是血液与周围组织、细胞进行物质交换的主要部位。在代谢旺盛的组织或器官,如骨骼肌、心肌、肺、肾和许多腺体,毛细血管网很密;在代谢较低的组织或器官,如骨、肌腱和韧带等,毛细血管网较稀疏。

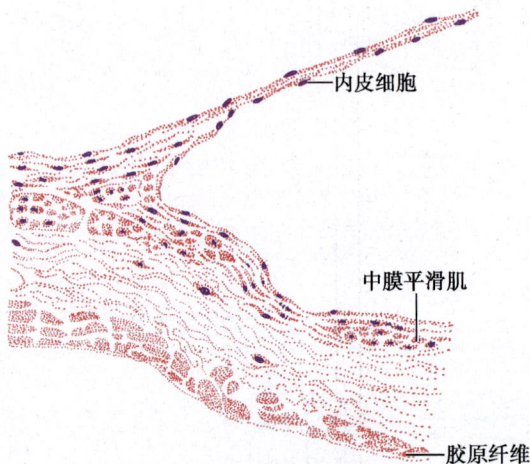

图7-7 静脉模式图

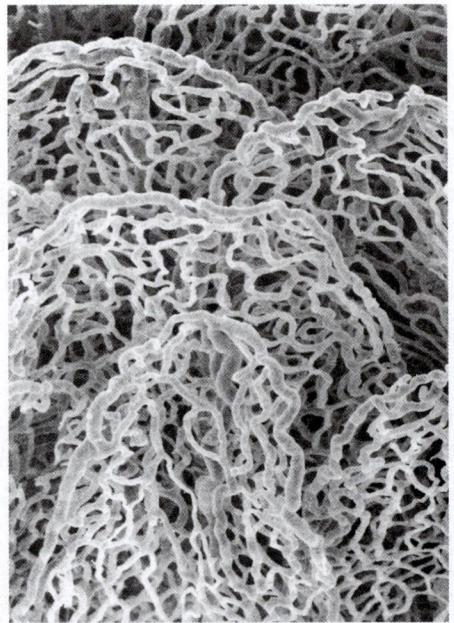

图7-8 豚鼠小肠绒毛血管铸型扫描电镜像

1. 毛细血管的微细结构 毛细血管的管径一般为5~10μm,可以容纳1~2个红细胞通过。细的毛细血管横切面可由1个内皮细胞围成,较粗的则可由3~5个内皮细胞环绕组成。毛细血管管壁主要由一层内皮细胞和基膜组成。基膜外有少许结缔组织。在内皮细胞与基膜之间有一种散在的、扁平而有突起的细胞,称为**周细胞**(pericyte),其细胞突起包绕毛细血管,呈网架结构,其胞质内含肌动蛋白丝和肌球蛋白,具有收缩能力,可以调节微循环的灌流量和通透性,血管损伤时,可增殖分化为内皮细胞和成纤维细胞,参与血管形成和创伤愈合(图7-9)。

2. 毛细血管的分类 光镜下观察,各种组织和器官中的毛细血管结构相似。但在电镜下,根据内皮细胞等结构特点的不同,可将毛细血管分为三类(图7-10)。

(1)连续毛细血管 **连续毛细血管**(continuous capillary)管壁由一层连续内皮组成,内皮细胞较薄,相邻内皮细胞间有紧密连接,封闭细胞间隙。内皮细胞的基底面有薄而完整的基膜。胞质内含大量质膜小泡,质膜小泡直径为60~70nm,是血液和组织液之间进行物质交换的主要方式(图7-10、图7-11)。连续毛细血管分布于结缔组织、肌组织、肺和中枢神经系统等处。

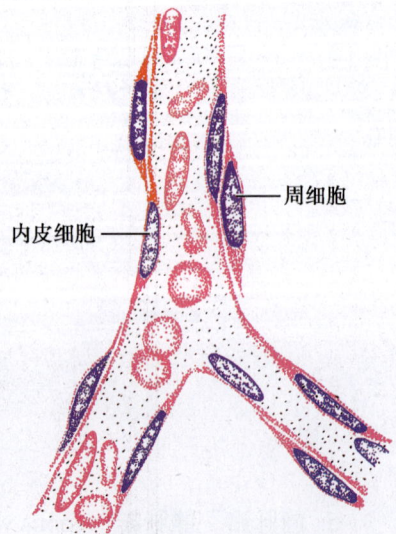

图7-9 毛细血管周细胞模式图

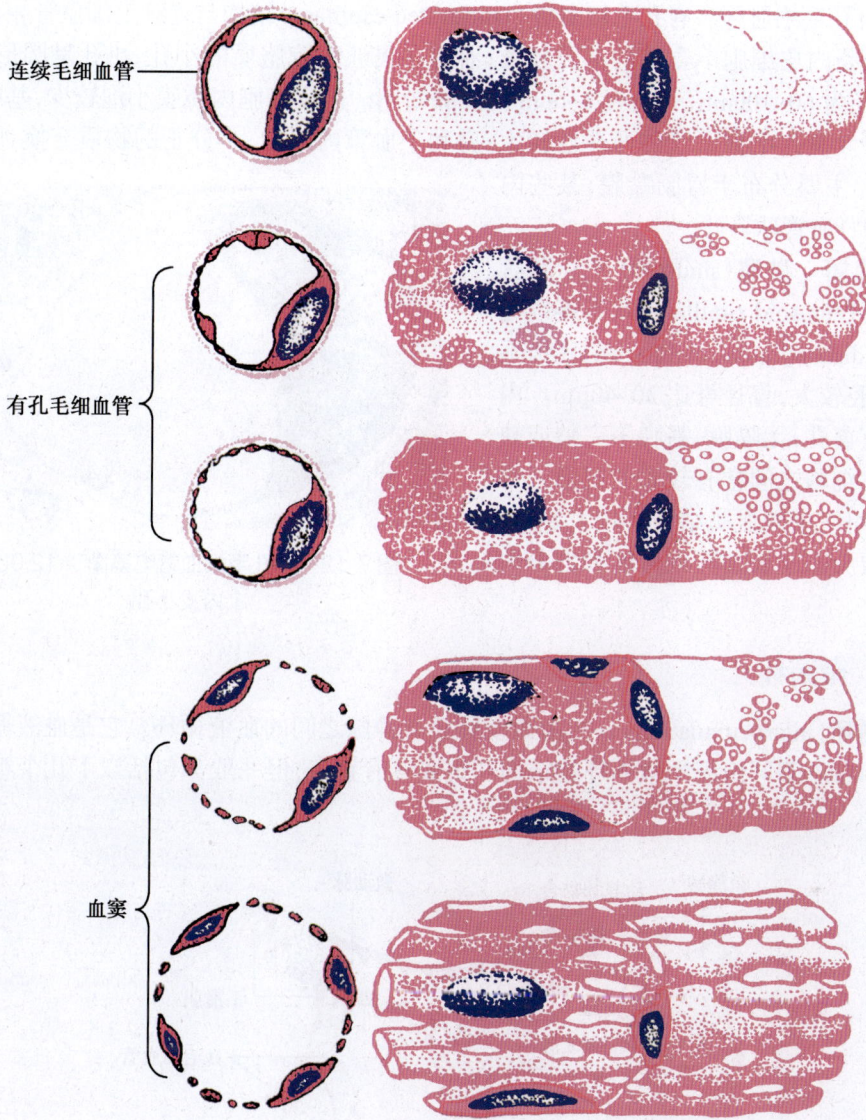

图 7-10 毛细血管类型模式图

连续毛细血管

有孔毛细血管

血窦

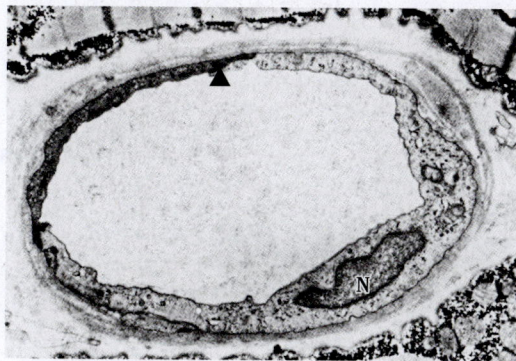

图 7-11 连续毛细血管电镜像 ×10 000

N 内皮细胞核；▲细胞连接

（2）有孔毛细血管 **有孔毛细血管**（fenestrated capillary）结构与连续毛细血管相似，其主要的特征是内皮细胞不含核的部分较薄，有许多贯通细胞胞质的小孔，小孔呈圆形或椭圆形，其直径为 60~100nm，一般有 4~6nm 的隔膜封闭。内皮细胞内质膜小泡较少，基膜完整，周细胞少。有孔毛细血管的通透性较大，有利于血管内外中、小分子的物质交换（图 7-10、图 7-12）。主要分布于胃肠黏膜、某些内分泌腺和肾血管球等处。

（3）血窦 **血窦**（sinusoid）又称**窦状毛细血管**（sinusoid capillary）或**不连续毛细血管**（discontinuous capillary），形状不规则，管腔较大，直径可达 30~40μm。内皮细胞有窗孔，无隔膜，基膜不完整或缺如。内皮细胞之间常有较大的间隙。不同器官、组织里的血窦结构有较大差异。血窦主要分布于肝、脾、红骨髓和部分内分泌腺。

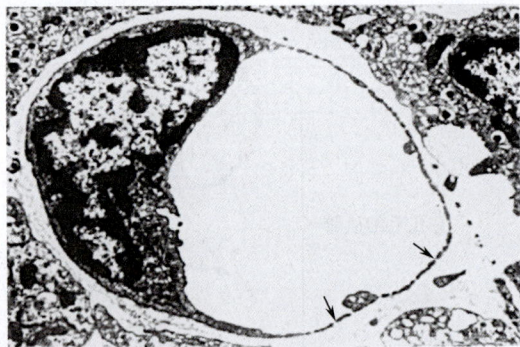

图 7-12 有孔毛细血管电镜像 ×12 000
↑内皮小孔

五、微循环

微循环（microcirculation）是指由微动脉至微静脉之间的血液循环。它是血液循环的基本功能单位。不同组织中微循环的结构和组成各有特点，但一般都包括以下几个组成部分（图 7-13）。

肠系膜微循环观测视频

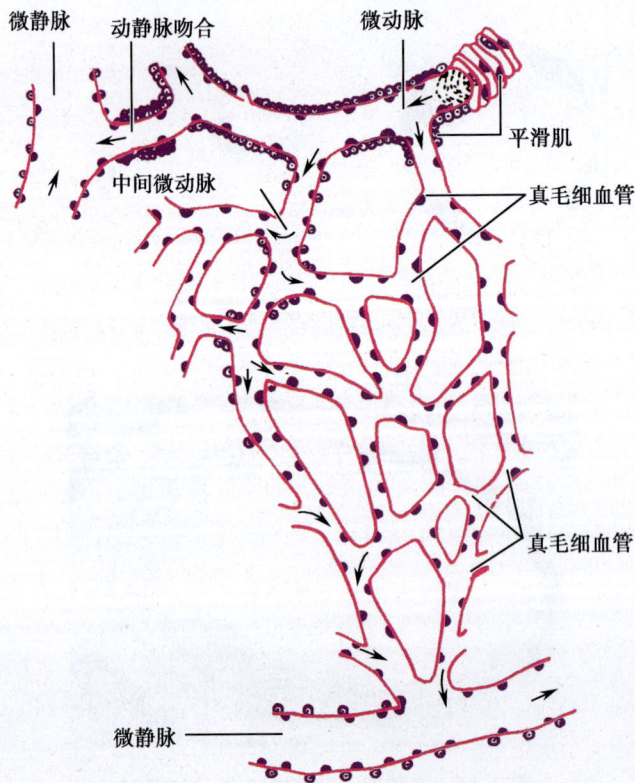

图 7-13 微循环血管模式图

1. 微动脉 微动脉（arteriole）是小动脉的分支，其管壁环行平滑肌的收缩和舒张，可调节微循环的血流。因此，微动脉是微循环的"总闸门"。

2. 毛细血管前微动脉和中间微动脉 微动脉的分支称**毛细血管前微动脉**（precapillary arteriole），后者再分支为**中间微动脉**（metarteriole），是微循环的阻力血管，管壁平滑肌的收缩或舒张，决定着外周阻力的大小和舒张压，调节和控制循环管道内的血流量。

3. 真毛细血管 **真毛细血管**（true capillary）即通称的毛细血管，由中间微动脉的分支形成相互吻合的毛细血管网。在真毛细血管的起始处，包绕着少许平滑肌，构成毛细血管前括约肌，控制着真毛细血管的血流，是调节微循环"分闸门"。

4. 直捷通路 **直捷通路**（thoroughfare channel）是中间微动脉发出的、直接和微静脉相通、距离最短的毛细血管。直捷通路的管径较粗，血液流速较快，很少进行物质交换，其主要功能是使一部分血液能迅速通过微循环向心回流。

5. 动静脉吻合 **动静脉吻合**（arteriovenous anastomosis）指微动脉发出的侧枝直接与微静脉相通的血管。动静脉吻合收缩时，血液由微动脉流入毛细血管；动静脉吻合松弛时，微动脉血液经此直接流入微静脉，以调节局部的血流量的重要结构。

6. 微静脉 **微静脉**（venule）从真毛细血管到微静脉是逐渐过渡的。一般情况下，微循环的血液大部分由微动脉经中间微动脉和直捷通路快速进入微静脉，只有小部分血液流经真毛细血管。当机体进行有氧运动的时候，会有较多血液流经真毛细血管网进行充分的物质交换。

血瘀证与微
循环障碍

第二节　心

心主要由心腔、心壁和心传导系统组成。心壁很厚，主要由心肌构成。由于心的节律性收缩和舒张，血液在血管中环流不息，使身体各部分组织和器官得到充分的血液供应。

一、心壁的结构

心壁的结构由内向外依次为心内膜、心肌膜和心外膜。

1. 心内膜 **心内膜**（endocardium）是心壁的内层，可分为内皮、内皮下层和心内膜下层：①内皮为单层扁平上皮，与出入心的大血管内皮相连续。内皮薄而光滑，利于血液流动。②内皮下层主要由细密的结缔组织构成，内含少量平滑肌。③心内膜下层为较疏松的结缔组织，内含小血管和神经。心室的心内膜下层中有心传导系统的浦肯野纤维（图7-14）。

2. 心肌膜 **心肌膜**（myocardium）主要由心肌构成，心肌纤维多集合成束，肌束间有较多的结缔组织和丰富的毛细血管。心房肌较薄，心室肌较厚，左心室最厚。在心房肌和心室肌之间由致密结缔组织构成坚实的支持性结构，称**心骨骼**（cardiac skeleton），也是心肌和心瓣膜的附着处。

心室肌纤维与心房肌纤维在结构上有一定差异：心室的肌纤维较粗长，有分支，肌纤维呈螺旋状排列；心房的肌纤维细而短，无分支。电镜下观察，在部分心房肌纤维内，可见膜包颗粒，直径为0.3~0.4μm，称心房特殊颗粒，内含心房钠尿肽，简称心钠素，具有很强的利尿、排钠、扩张血管和降血压作用。心肌纤维还能产生和分泌多种激素和生物活性物质。因此，心不仅是循环系统的动力器官，而且还具有重要的内分泌功能。

3. 心外膜 **心外膜**（epicardium）是心包的脏层。其表面由间皮覆盖，间皮下面是疏松结缔组织，共同构成浆膜。心外膜中含血管和神经，并常有脂肪组织。心包的壁层与脏层之间为心包腔,内有少量浆液,可减少摩擦,有利于心的搏动。

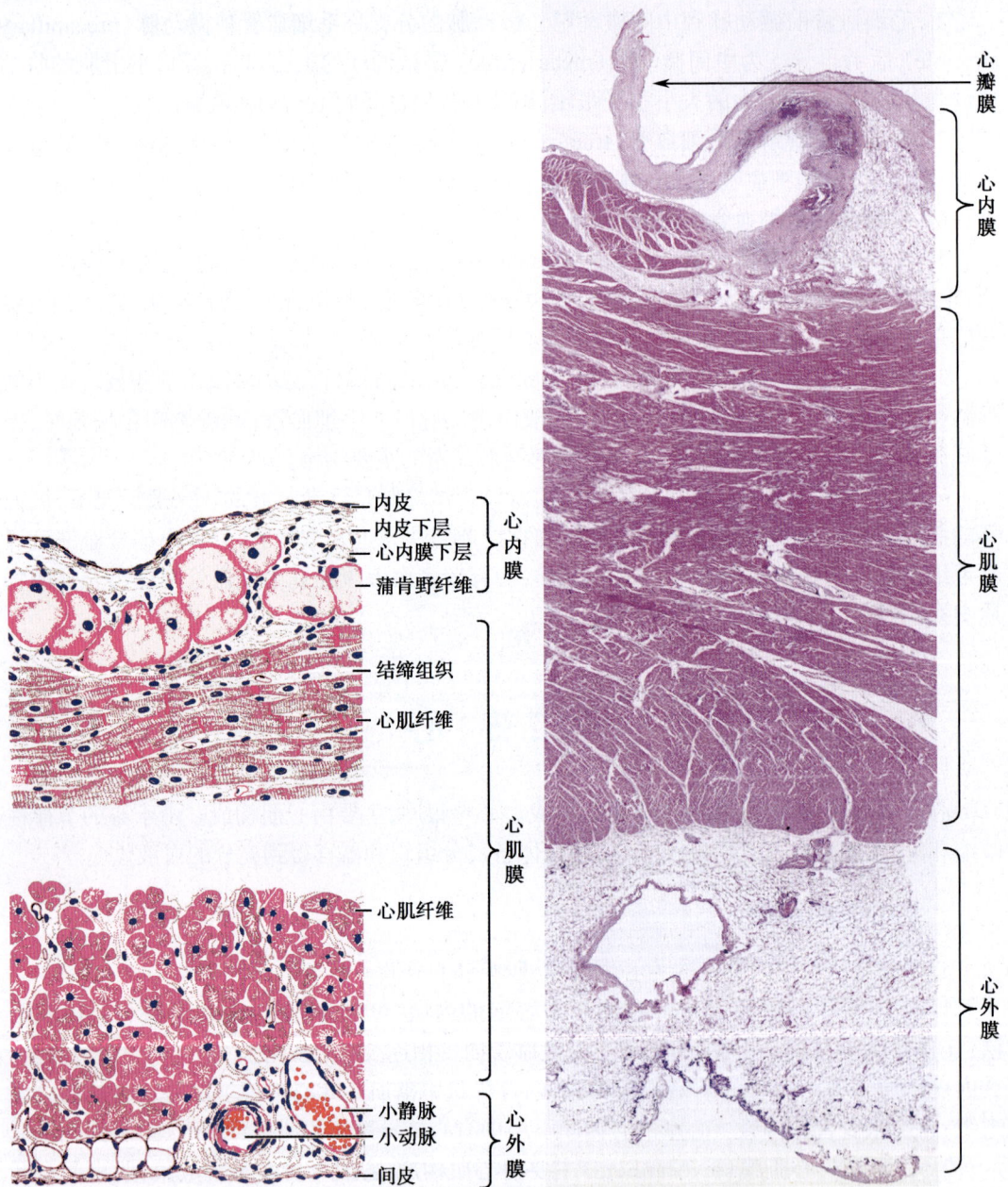

图7-14 心壁结构图(左:模式图;右:光镜像 低倍)

二、心瓣膜

心瓣膜(cardiac valves)位于房室口和动脉口处的心内膜凸向心腔形成的薄片状结构,包括二尖瓣、三尖瓣、主动脉瓣和肺动脉瓣。心瓣膜的表面被覆内皮,内部是致密结缔组织,与心骨骼的致密结缔组织相连,可阻止血液逆流(图7-14)。

三、心传导系统

心传导系统由特殊心肌纤维特化形成,包括窦房结、房室结、房室束及其各级分支

(图 7-15),其功能是产生节律性兴奋冲动并传到心的各部,使心房肌和心室肌按一定的节律收缩。窦房结位于心外膜深部,其余部分多分布在心内膜下层。组成心传导系统的细胞有三种。

1. 起搏细胞　起搏细胞(pacemaker cell)简称 P 细胞,位于窦房结和房室结的中心部位的结缔组织中,体积较小,呈梭形或多边形,胞质着色淡,核大而圆,位于细胞中央,可见 1~2 个核仁。电镜下,细胞器和肌原纤维均较少,无完整的肌节结构,但含较多的糖原颗粒。起搏细胞是心肌兴奋的起搏点。

2. 移行细胞　移行细胞(transitional cell)简称 T 细胞,其形态结构介于一般心肌细胞和起搏细胞之间,是两者的过渡类型。移行细胞呈细长形,比心肌纤维短,比起搏细胞长,胞质内含有较多的肌原纤维。移行细胞主要存在于窦房结和房室结,是P 细胞与心肌细胞的连接细胞,起传导冲动的作用。

图 7-15　心传导系统分布模式图

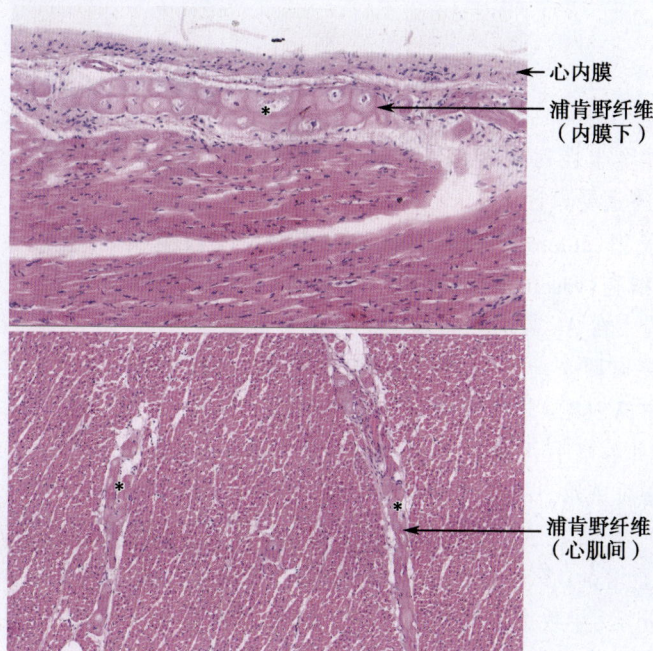

3. 浦肯野纤维　浦肯野纤维(Pukinje fiber)又称束细胞,组成房室束及其分支,位于心室的心内膜下层。浦肯野纤维短而宽,形状不规则,细胞中央有 1~2 个核,胞质中有丰富的线粒体和糖原,肌原纤维少,多位于细胞周边。细胞间有较发达的闰盘,浦肯野细胞与心室肌层肌纤维相连,能快速将冲动传到心室各处,使所有心室肌纤维同步收缩(图 7-16)。

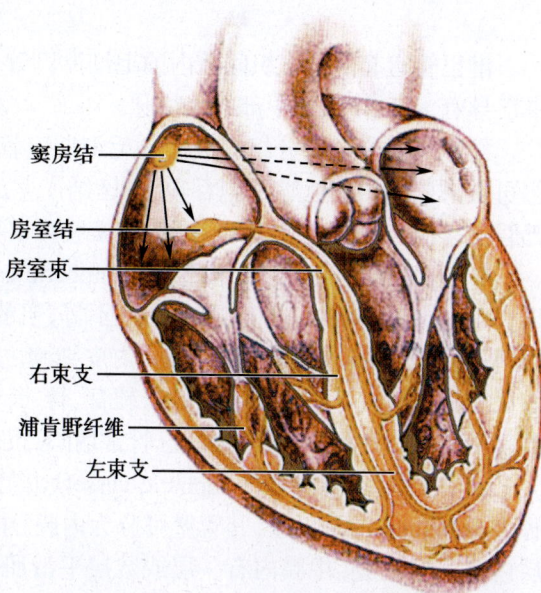

图 7-16　心壁示浦肯野纤维(＊浦肯野纤维)　低倍

第三节 淋巴管系统

淋巴管道起始于组织间隙内的毛细淋巴管,互相通连成网,逐渐汇集成淋巴管、淋巴干、淋巴导管,最后注入颈根部的大静脉。

组织间隙内的部分组织液渗入毛细淋巴管内即为淋巴。在流经淋巴结时,其中的异物等可被淋巴结内的巨噬细胞吞噬,淋巴结产生的淋巴细胞和抗体加入淋巴后进入血流。淋巴管的结构与静脉近似,管壁很薄,有瓣膜。根据管径和结构的不同,淋巴管分为三种:

1. 毛细淋巴管 毛细淋巴管(lymphatic capillary)是淋巴管中最细小且有通透性的管道,其盲端起始于组织间隙,管径粗细不等,粗的可达 100μm,管壁由内皮和基膜组成。内皮很薄,不含核的部分厚度约 0.1μm,内皮细胞之间有较宽的间隙,基膜不连续或缺如。毛细淋巴管分布极广,除中枢神经系统、软骨、骨、骨髓、牙、眼球、内耳等外,分布于大多数组织和器官中。在切片标本中,毛细淋巴管常塌陷,很难与组织间隙区别。

2. 淋巴管 淋巴管(lymphatic vessel)由毛细淋巴管汇合而成,其结构和静脉相似。管径大于 0.2mm 的淋巴管,其管壁可分为内膜、中膜和外膜三层,但不明显。内膜由内皮和薄层内皮下层组成;中膜内有一层或数层平滑肌,肌细胞排列较散乱;外膜较厚,由结缔组织组成。淋巴管内有瓣膜,其结构似静脉瓣。

3. 淋巴导管 淋巴导管(lymphatic duct)由淋巴管逐渐汇合而成,即胸导管和右淋巴导管。管壁的结构近似大静脉,但管壁的三层分界不明显。内膜由内皮、内皮下层及不明显的内弹性膜组成。中膜最厚,由 3~6 层排列散乱的平滑肌组成,肌间有结缔组织。外膜较厚,含有纵行平滑肌束、胶原纤维及营养血管。

知识拓展

血管平滑肌细胞与动脉粥样硬化

动脉硬化是动脉的一种非炎症性病变,是动脉管壁增厚、变硬,失去弹性和管腔狭小的退行性和增生性病变的总称。动脉粥样硬化是动脉硬化中常见的类型,是导致心、脑血管疾病的主要原因。

动脉粥样硬化(atherosclerosis,As)斑块形成涉及脂类代谢障碍、血管内皮细胞损伤、血管平滑肌细胞(vascular smooth muscle cells,VSMCs)增殖等多种因素,其中 VSMCs 的异常增殖和凋亡在 As 斑块形成过程中发挥着重要作用。

VSMCs 主要有两个功能:收缩功能与合成、分泌细胞外基质功能。研究表明在 As 斑块形成过程中,VSMCs 转化为增殖的合成表型,并由中膜向内膜迁移,大量合成胶原等细胞外基质,并吞噬胆固醇后积聚于血管壁内,被胶原纤维等形成的纤维帽包裹,逐渐演变为纤维脂质斑块。

组织学研究表明在 As 初期,VSMCs 向内膜迁移、增殖的同时伴凋亡不足,因而 VSMCs 数量明显增加,多种炎症因子释放增多,促进巨噬细胞浸润,加快了 As 斑块的形成与发展。此后,导致血管发生狭窄、栓塞,造成局部供血区域的梗死。由此可见,VSMCs 增殖与凋亡的失衡,是影响 As 发生和发展的重要因素。

学习小结

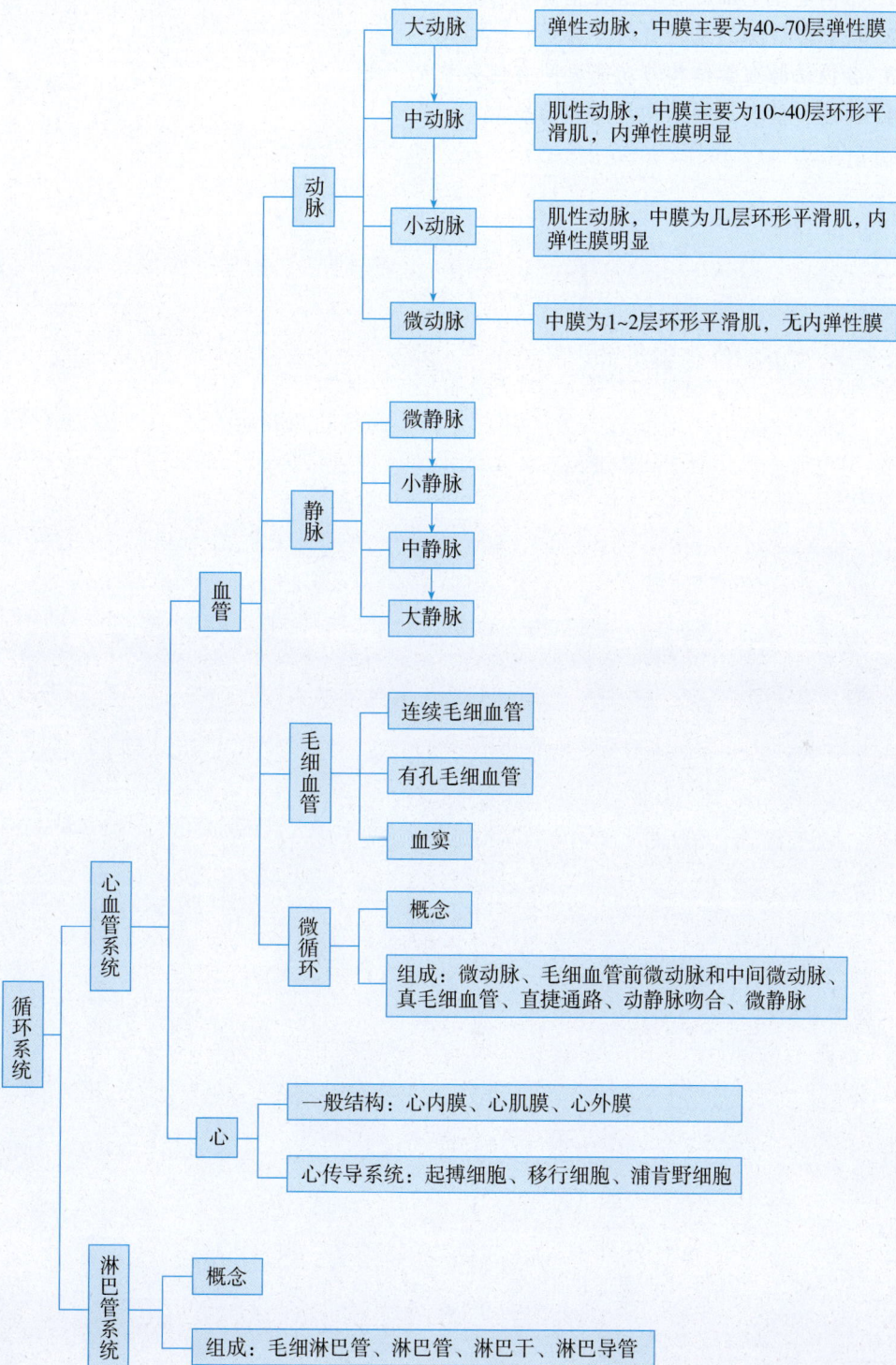

循环系统
├─ 心血管系统
│   ├─ 血管
│   │   ├─ 动脉
│   │   │   ├─ 大动脉 —— 弹性动脉，中膜主要为40~70层弹性膜
│   │   │   ├─ 中动脉 —— 肌性动脉，中膜主要为10~40层环形平滑肌，内弹性膜明显
│   │   │   ├─ 小动脉 —— 肌性动脉，中膜为几层环形平滑肌，内弹性膜明显
│   │   │   └─ 微动脉 —— 中膜为1~2层环形平滑肌，无内弹性膜
│   │   ├─ 静脉
│   │   │   ├─ 微静脉
│   │   │   ├─ 小静脉
│   │   │   ├─ 中静脉
│   │   │   └─ 大静脉
│   │   ├─ 毛细血管
│   │   │   ├─ 连续毛细血管
│   │   │   ├─ 有孔毛细血管
│   │   │   └─ 血窦
│   │   └─ 微循环
│   │   ├─ 概念
│   │   └─ 组成：微动脉、毛细血管前微动脉和中间微动脉、真毛细血管、直捷通路、动静脉吻合、微静脉
│   └─ 心
│   ├─ 一般结构：心内膜、心肌膜、心外膜
│   └─ 心传导系统：起搏细胞、移行细胞、浦肯野细胞
└─ 淋巴管系统
    ├─ 概念
    └─ 组成：毛细淋巴管、淋巴管、淋巴干、淋巴导管

（李健）

笔记栏

扫一扫 测一测

扫一扫
测一测

复习思考题

1. 不同类型毛细血管的结构差异在物质交换中有何作用?
2. 动脉与静脉的结构有何差异?
3. 各级动脉血管结构与功能之间有何关系?
4. 简述心壁各层的结构特点和功能。

第八章

免疫系统

学习目标

　　能列出免疫系统的组成、淋巴细胞的分类及功能；解释单核吞噬细胞系统的组成和意义；能描述胸腺皮质、髓质的形态结构，胸腺小体的结构特点，结合血-胸腺屏障结构理解其生理功能；能描述淋巴结皮质和髓质的结构，根据结构特点理解过滤淋巴的功能；能叙述脾的白髓和红髓的构成及结构特点，根据形态理解脾的功能；理解实质性器官的结构特点及相应的学习方法。

　　免疫系统（immune system）主要由淋巴器官、淋巴组织、免疫细胞及免疫活性分子（如免疫球蛋白、补体、细胞因子）等组成。以上成分虽分散于全身各处，但可通过血液循环和淋巴循环以及**旁分泌**（paracrine）等作用方式相互联系，形成一个动态的功能性整体。

　　免疫系统是机体中极为重要的防御系统，主要功能包括三个方面。①免疫防御：识别和清除侵入机体的**抗原**（antigen），包括病原微生物、异体细胞和异体大分子等物质；②免疫监视：识别和清除表面抗原发生变异的细胞，包括肿瘤细胞和病毒感染细胞等；③免疫稳定：识别和清除体内衰老死亡的细胞，维持机体内环境的稳定。

　　免疫系统识别"自我"和"非我"的分子细胞学基础是：① **主要组织相容性复合体分子**（major histocompatibility complex，MHC）具有种属特异性和个体特异性，即不同个体（单卵孪生除外）的 MHC 分子具有一定差别，而同一个体所有细胞的 MHC 分子相同，因此，MHC 分子可作为自身细胞的标志。MHC 分子可分为 MHC-Ⅰ类分子和 MHC-Ⅱ类分子，前者广泛分布于个体所有细胞表面，后者仅分布于免疫系统的某些细胞表面（如抗原呈递细胞），有利于细胞之间功能的相互协作。②特异性抗原受体位于 T 细胞和 B 细胞表面，虽然种类总数可超过百万种，同一种细胞可携带不同种类的表面抗原受体，但每个细胞表面只携带一种抗原受体，因此各类淋巴细胞可针对不同抗原发生免疫应答。

第一节　免　疫　细　胞

　　免疫细胞（immune cell）是指能参与机体免疫反应的细胞。机体内的免疫细胞主要有：淋巴细胞、抗原呈递细胞、浆细胞、粒细胞和肥大细胞等。本章仅介绍淋巴细胞和抗原呈递细胞。

一、淋巴细胞

　　淋巴细胞是免疫细胞的核心成员，依据其来源、表面标志和免疫功能等方面的不同，分为 T 细胞、B 细胞、NK 细胞三类。各类淋巴细胞又可分为若干亚群,其寿命长短不一,短者 1 周左右,长者达数年,甚至终身。

(一) T 细胞

T 细胞在胸腺内发育,由胸腺产生的**初始 T 细胞**(naive T cell)进入外周淋巴器官或淋巴组织后,保持静息状态。在受抗原刺激后增殖活化,大部分形成具有行使免疫功能的**效应 T 细胞**(effector T cell),少数恢复静止状态成为**记忆 T 细胞**(memory T cell)。效应 T 细胞迅速执行清除抗原功能,寿命仅 1 周左右。而记忆 T 细胞在机体再次遇到相同抗原时,能迅速增殖活化,形成大量效应 T 细胞,执行更强有力的免疫应答。记忆 T 细胞寿命可达数年或终生。T 细胞可分为三种亚群。

1. 细胞毒性 T 细胞 **细胞毒性 T 细胞**(cytotoxic T cell,Tc)在抗原刺激下可形成大量效应 T 细胞,能直接杀伤靶细胞,如带异抗原的肿瘤细胞、病毒感染细胞及异体细胞。当 Tc 细胞与靶细胞的抗原结合后,释放**穿孔素**(perforin),进入靶细胞膜形成穿膜通道,细胞外液进入靶细胞,使其膨胀破裂死亡;Tc 细胞也分泌**淋巴毒素**(lymphotoxin)直接杀伤靶细胞并诱导靶细胞凋亡。由于效应 T 细胞能直接杀灭靶细胞,故 T 细胞参与的免疫反应称**细胞免疫**(cellular immunity)。

2. 辅助性 T 细胞 **辅助性 T 细胞**(helper T cell,Th)表达 CD4 膜分子。Th 细胞能识别抗原,并与已携带抗原的抗原呈递细胞上的 MHC-Ⅱ类分子结合后而活化,活化后的 Th 细胞能分泌多种细胞因子辅助 Tc 细胞和 B 细胞进行免疫应答。艾滋病(AIDS)病毒能特异性破坏 Th 细胞,导致患者的免疫系统瘫痪。

3. 调节性 T 细胞 **调节性 T 细胞**(regulatory T cell,Tr)能调节其他 T 细胞和 B 细胞的功能,降低其活性,使免疫应答不致过于强烈,而调节机体内环境的相对稳定。

(二) B 细胞

人类 B 细胞在骨髓内发育。B 细胞受抗原的直接刺激后增殖分化,大多数在 Th 细胞辅助下活化、增殖、分化为效应 B 细胞即**浆细胞**;少数成为**记忆 B 细胞**(memory B cell),其作用和记忆 T 细胞类似。浆细胞分泌的抗体特异地与相应抗原结合后,既能降低该抗原(如病毒)的致病作用,又能加速巨噬细胞对该抗原的吞噬和清除作用。由于浆细胞分泌的抗体为可溶性蛋白分子,经体液执行免疫应答,故 B 细胞介导参与的免疫反应称**体液免疫**(humoral immunity)。B 细胞可分为 B_1 和 B_2 两个亚群。

(三) NK 细胞

NK 细胞(natural killer cell)具有自发性细胞毒活性,无需抗原呈递细胞的介导,不借助抗体,即可直接杀伤肿瘤细胞和病毒感染细胞,与抗肿瘤、抗病毒感染和免疫调节有关。在某些情况下参与超敏反应,与自身免疫性疾病有关。NK 细胞在骨髓内发育,其体积较大,胞质内常含较大的颗粒,属大颗粒淋巴细胞。

T 细胞和 B 细胞在免疫应答中既有分工又有协作,以不同的方式清除抗原保护机体。淋巴细胞的分化发育及免疫活性细胞生成过程如图 8-1 所示。

二、抗原呈递细胞

抗原呈递细胞(antigen presenting cells,APC)是指能有效捕获和处理抗原,从而启动免疫应答的任何细胞。通常所指的抗原呈递细胞是指能表达 MHC-Ⅱ类分子的巨噬细胞、树突状细胞、B 细胞等,即专职性抗原呈递细胞。以下仅介绍单核吞噬细胞系统和树突状细胞。

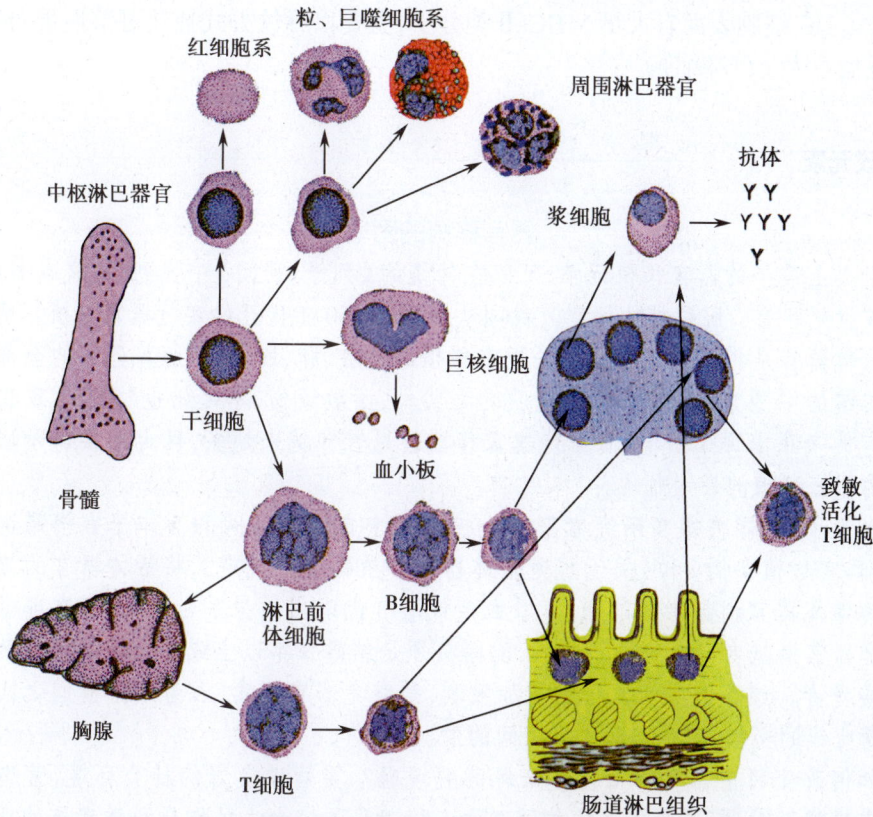

图 8-1　淋巴细胞的分化发育及免疫活性细胞生成过程示意图

(一)单核吞噬细胞系统

单核吞噬细胞系统(mononuclear phagocytic system)是指单核细胞和由其分化而来的具有强大吞噬功能的细胞。包括血液的单核细胞、疏松结缔组织和淋巴组织及淋巴器官的巨噬细胞、肝巨噬细胞、肺巨噬细胞、神经组织的小胶质细胞、骨组织的破骨细胞和表皮的朗格汉斯细胞等,它们均来源于骨髓的幼单核细胞。该系统在体内分布广,数量多,是构成机体防御功能的重要组成部分,并具有以下生物学特性:①吞噬和杀伤能力,可作为效应细胞直接消除各种异物,杀伤肿瘤细胞和病原体;②分泌多种生物活性物质,如白细胞介素-1、干扰素、补体、凝血因子等;③参与和调节免疫应答,具有捕获、加工、处理并呈递抗原,从而激发免疫应答。

(二)树突状细胞

树突状细胞(dendritic cell,DC)因细胞具有树突状的突起而得名,是抗原呈递能力最强的 APC。其数量很少,但分布很广,包括**血液 DC**(blood dendritic cell)、表皮和呼吸、消化管上皮内的朗格汉斯细胞、血液、淋巴和淋巴组织内的**面纱细胞**(veiled cell)、淋巴器官和淋巴组织 T 细胞区的**交错突细胞**(interdigitating cell)和 B 细胞区的**滤泡树突状细胞**(follicular dendritic cell)以及心、肺、肾、肝及消化管的**间质 DC**(interstitial dendritic cell)等。上述细胞实质是同一种细胞在不同阶段、不同地域的亚型,血液 DC 形似单核细胞,进入表皮等器官后演变为朗格汉斯细胞或间质 DC,捕获和处理抗原,经过一段时间后,又迁入血液和淋巴,突起变为菲薄的片状成为面纱细胞,以后转移到淋巴器官或淋巴组织的 T 细胞区或 B 细胞区,进一步发育成熟为交错突细胞或滤泡树突状细胞,结合免疫复合物,加工、处理并呈递抗原。除少数交错突细胞的寿命较长外,大部分交错突细胞及滤泡树突状细胞只能生存数天,随后凋亡。DC 细胞表面有大量 MHC-Ⅱ类分子,主要以吞饮方式捕获可溶性蛋白抗原,其抗原提呈能力大于巨噬细胞。

思政元素

器官移植的困境

世界上最早的器官移植记录,可以在传统的《列子·汤问》中找到,在这本书中,公元前 5 世纪即有心脏移植的记载。我国从 20 世纪 60 年代开始实行器官移植。用于移植的人体器官是指按照我国的相关规定移植的心脏、肺、肝脏、胰腺等器官的全部或部分。传统的中国文化认为"身体发肤受之父母,不敢毁伤,孝之始也"等,导致我国捐献器官的来源出现了困境,而等待器官移植的患者却越来越多,巨大的供需矛盾已成为制约器官移植的最大瓶颈。

有鉴于此,国内很多研究者把目光投向了来自亲属之间的活体器官捐赠。中国《人体器官移植条例》和《关于规范活体器官移植的若干规定》,将活体器官的接受者界定为活体器官捐献者的配偶、直系血亲或者 3 代以内的旁系血亲,或者有证据表明与活体器官捐献者有血缘关系的人,配偶必须是结婚 3 年以上或者婚后有子女的活体器官接受者。该条例对活体捐赠施加限制,是避免器官买卖,因为维持他们之间关系的不是金钱的交换,而是家庭成员之间的爱。

如何改变目前器官移植供体来源的窘境呢?要营造良好的社会环境,营造良好的器官捐赠氛围,需要各方面的共同努力。随着我国广大人民群众科学素质的逐步提高,利用各类媒体力量进行大力宣传;同时组织医学生志愿者或专业人员进行器官移植相关知识的专题宣讲,在社会上广泛宣传器官捐赠的社会意义,积极参与遗体器官捐赠和活体捐献器官。

作为医学生,我们更应该身体力行,从自己做起,发动身边的力量,为器官捐献活动的推广尽自己的一份力量,为推动我国人民群众的健康做出自己应有的贡献。

第二节 淋 巴 组 织

淋巴组织(lymphoid tissue)是指网状组织的网孔中填充大量淋巴细胞、巨噬细胞及浆细胞等免疫细胞,又称免疫组织(图 8-2)。淋巴组织主要有弥散淋巴组织和淋巴小结两种存在形式。

一、弥散淋巴组织

弥散淋巴组织(diffuse lymphoid tissue)是指呈弥散状分布的淋巴组织,常与周围其他组织无明显分界,可分布在肠道或呼吸道黏膜的固有层内。弥散淋巴组织的淋巴细胞多数以 T 细胞为主,少数则以 B 细胞为主。弥散淋巴组织中除可见毛细血管和毛细淋巴管外,还可见呈立方或低柱状内皮细胞构成的毛细血管后微静脉。毛细血管后微静脉是淋巴细胞由血液进入淋巴组织的重要门户(图 8-3)。

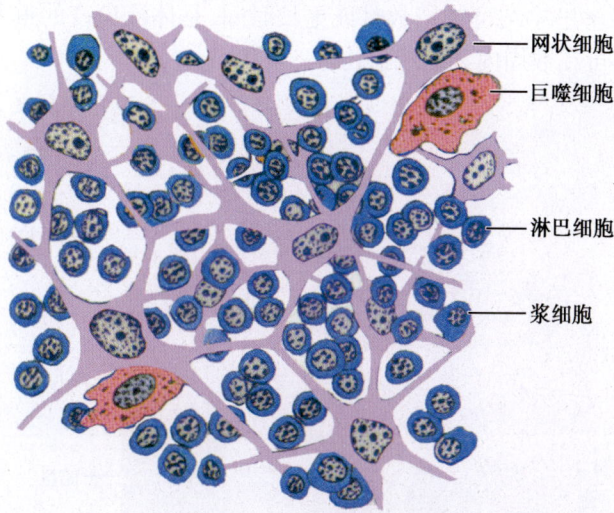

图 8-2　淋巴组织模式图

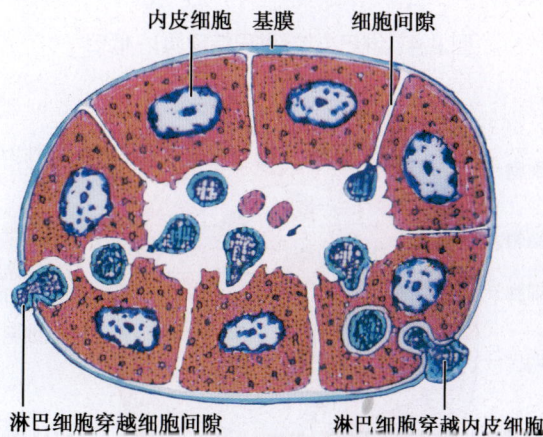

图 8-3　毛细血管后微静脉模式图

二、淋巴小结

淋巴小结(lymphoid nodule)又称**淋巴滤泡**(lymphoid follicle),由密集的淋巴组织呈圆形或椭圆形分布而成,大小不一,边界清晰,含大量 B 细胞和少量 Th 细胞、滤泡树突状细胞、巨噬细胞等。

淋巴小结的形态结构可随其生长发育不同阶段和免疫功能状态的不同而存在较大差异。未受抗原刺激的淋巴小结体积较小,称其为**初级淋巴小结**(primary lymphoid nodule);当淋巴小结受抗原刺激后其体积增大,并出现中央染色浅、可见细胞分裂相的**生发中心**(germinal center)时,称其为**次级淋巴小结**(secondary lymphoid nodule)。

发育典型的生发中心可由**暗区**(dark zone)、**明区**(light zone)组成,并覆盖**小结帽**(nodule cap)(图 8-4、图 8-5)。暗区较小,主要由大而幼稚的 B 细胞和 Th 细胞构成,此处的 B 细胞胞质丰富,嗜碱性强,故着色较深,B 细胞可不断分裂、分化并迁移至明区。明区较大,主要由中等大小的 B 细胞和部分 Th 细胞、网状细胞、巨噬细胞等共同构成,此处的 B 细胞胞质弱嗜碱性,故着色较浅。B 细胞继续分裂分化成强嗜碱性的小淋巴细胞,包括记忆 B 细胞、幼浆细胞等,并向生发中心周围迁移,形成小结帽。淋巴小结的生发中心是一种动态结构,在抗原刺激下,次级淋巴小结可维持数月或更长时间,是体液免疫的重要标志,当抗原被清除后,次级淋巴小结可在数周内萎缩或退化。

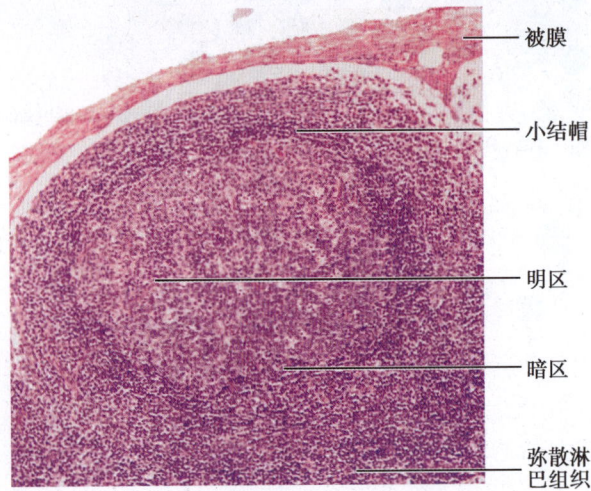

图 8-4　淋巴小结(淋巴结皮质)　低倍

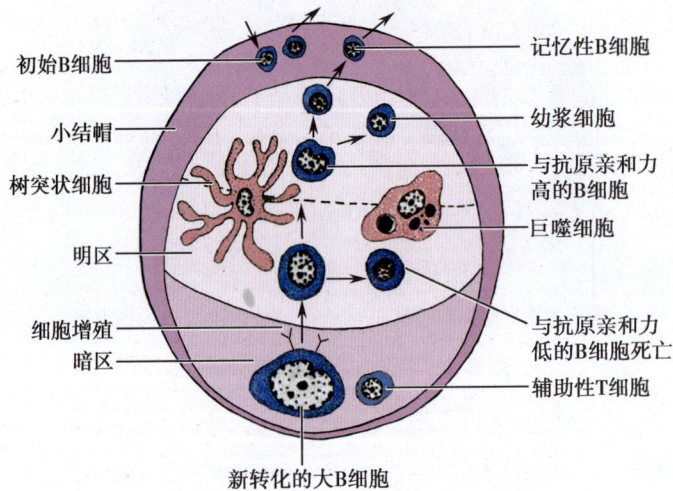

图 8-5　淋巴小结细胞组成分布示意图

第三节　淋 巴 器 官

　　淋巴器官(lymphoid organ)又称免疫器官,其主要构成成分为淋巴组织。全身的淋巴器官依其功能的差异可分为两类。①中枢淋巴器官(central lymphoid organ):包括胸腺和骨髓,是培育各种特异性淋巴细胞的"苗圃"。淋巴干细胞在其特殊的微环境下,通过分化发育在胸腺形成初始 T 细胞,在骨髓形成初始 B 细胞。中枢淋巴器官发生较早,其发生和功能不受抗原的影响,产生的淋巴细胞则源源不断地输送到周围淋巴器官。②周围淋巴器官(peripheral lymphoid organ):包括淋巴结、脾和扁桃体等,周围淋巴器官发生较晚,由中枢淋巴器官输入的初始淋巴细胞在此定居,出生数月后逐渐发育完善,当接受抗原刺激或抗原提呈后,方能增殖分化为相应的效应细胞和记忆细胞,因此是进行免疫应答的重要场所。

一、胸腺

胸腺是培育各种 T 细胞的重要场所。胸腺重量有明显的年龄变化,新生儿的胸腺重量相对较大(10~15g),青春期前最重(30~40g),此后逐渐退化,并由脂肪组织代替。

(一)胸腺的组织结构

胸腺(thymus)表面覆有薄层疏松结缔组织被膜,成片状伸入胸腺实质内,将胸腺分隔成许多不完全分隔的**胸腺小叶**(thymic lobule)。每个胸腺小叶可分为周边深染的皮质和中央浅染的髓质两部分(图 8-6)。因小叶间隔未能将髓质完全分隔,故相邻胸腺小叶的髓质可相互连接。

构成胸腺实质的主要细胞是**胸腺细胞**(thymocyte)和胸腺上皮细胞,后者与胸腺内少量的巨噬细胞、嗜酸性粒细胞、肥大细胞、成纤维细胞等统称为**胸腺基质细胞**(thymic stromal cell)。

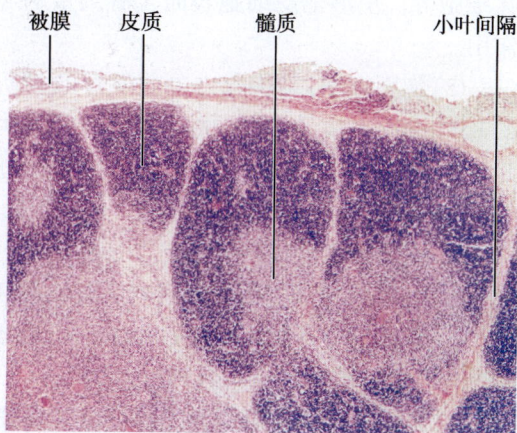

图 8-6 胸腺 低倍

1. 胸腺皮质 **胸腺皮质**(thymic cortex)位于小叶的周边,着色较深,以胸腺上皮细胞为支架,间隙内含大量胸腺细胞和少量其他胸腺基质细胞(图 8-7)。

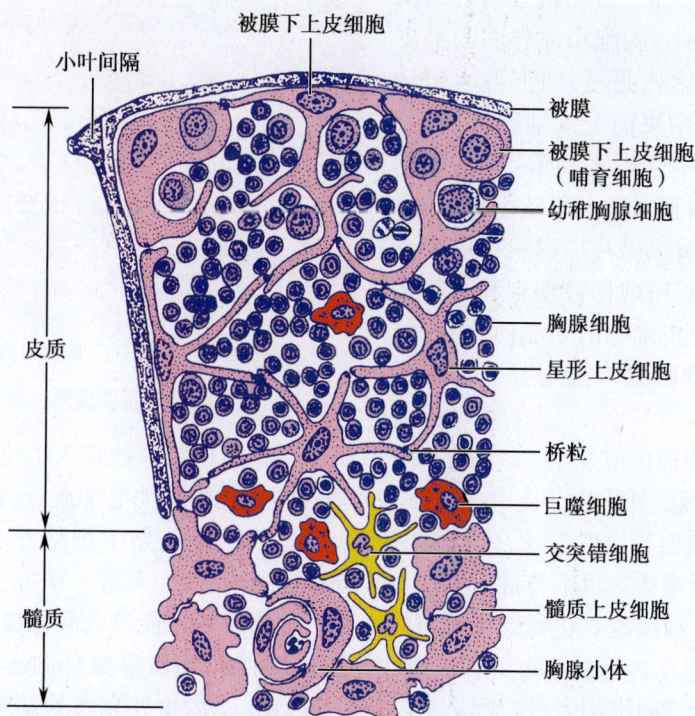

图 8-7 胸腺实质内细胞分布模式图

(1)胸腺上皮细胞:**胸腺上皮细胞**(thymic epithelial cell)又称**上皮性网状细胞**(epithelial reticular cell)。依据形态和分布主要包括**被膜下上皮细胞**(subcapsular epithelial cell)和**星形上皮细胞**(stellate epithelial cell)两种。①被膜下上皮细胞位于被膜下和小叶间隔周围,细胞与结缔组织相邻面常呈扁平状,借助基膜与结缔组织相连。细胞的另一面常有突起。某些被膜下上皮细胞体积大且胞质丰富,可包绕多个胸腺细胞,称**哺育细胞**(nurse cell)。被膜下上皮细胞能分泌胸腺素、胸腺生成素等以吸引淋巴干细胞进入胸腺,并为胸腺细胞发育所必需。②星形上皮细胞呈多突起星状,突起间以桥粒相互连接成网,网间充满胸腺细胞和巨噬细胞等。星形上皮细胞表面含有大量的 MHC 分子,对诱导胸腺细胞发育分化等起重要作用。

(2)胸腺细胞:即胸腺内分化发育的各期 T 细胞(T 细胞的前身),占胸腺皮质细胞总数的 85%~90%。皮质浅层的胸腺细胞体积较大,而深层的体积较小,胸腺细胞体积从大到小,是淋巴干细胞增殖分化成为初始 T 细胞的过程。发育中的胸腺细胞,凡能与机体自身抗原发生反应的(占 95%),将发生凋亡而被淘汰。经胸腺选择后仅有 5% 胸腺细胞可进一步发育成熟形成**初始 T 细胞**(virgin T cell),具有正常的免疫应答潜能,并穿越毛细血管后微静脉,迁出胸腺移居周围淋巴器官的胸腺依赖区。

2. 胸腺髓质　**胸腺髓质**(thymic medulla)位于小叶中央,内含大量胸腺上皮细胞,少量初始 T 细胞、交错突细胞及巨噬细胞等。

胸腺上皮细胞依据功能差异可分为**髓质上皮细胞**(medullary epithelial cell)和**胸腺小体上皮细胞**(thymic corpuscle epithelial cell)。①髓质上皮细胞呈多边形,胞体较大,细胞间以桥粒相连,细胞间常含有胸腺细胞。髓质上皮细胞主要分泌胸腺素。②胸腺小体上皮细胞构成**胸腺小体**(thymic corpuscle),胸腺小体是胸腺髓质的特征性结构,呈椭圆形或不规则形,直径为 30~150μm,散在于髓质内,是由胸腺小体上皮细胞呈同心圆状排列而成(图 8-8)。胸腺小体外周的上皮细胞较幼稚,细胞核明显,细胞可增殖分裂;近胸腺小体中央的上皮细胞较成熟,核渐退化,胞质中含较多的角蛋白;而小体中心的上皮细胞则完全角质化,胞质嗜酸性,有的已崩解成碎片。胸腺小体中心还常见巨噬细胞、嗜酸性粒细胞和淋巴胞。胸腺小体上皮细胞的功能尚不明确。但无胸腺小体的胸腺不能培育出功能完善的 T 细胞。

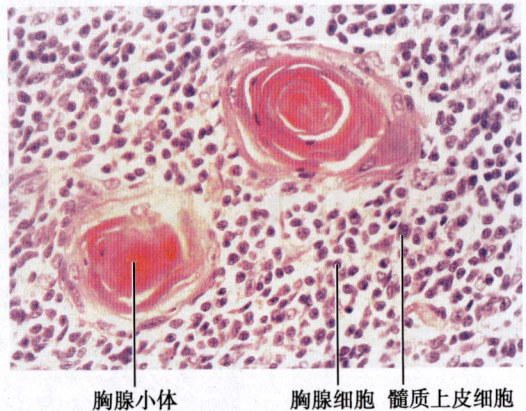

胸腺小体　　胸腺细胞　髓质上皮细胞

图 8-8　胸腺髓质　高倍

3. 胸腺的血液供应及血 - 胸腺屏障　数条小动脉穿越胸腺被膜入小叶间隔,至皮髓质交界处形成微动脉,并发出分支进入皮质和髓质。在皮质内均为毛细血管,它们在皮髓质交界处汇合为毛细血管后微静脉,该处内皮细胞为立方形,是初始 T 细胞进入血流的重要通道。毛细血管后微静脉再汇合成小静脉,经小叶间隔至被膜出胸腺。研究表明,抗体、细胞色素 C、铁蛋白、辣根过氧化物酶等血液内大分子的物质均不能进入胸腺皮质内,说明胸腺皮质的毛细血管及其周围结构具有屏障作用,称其为**血 - 胸腺屏障**(blood-thymus barrier)。血 - 胸腺屏障由下列结构组成:①连续毛细血管内皮;②内皮外完整的基膜;③血管周隙,内含有巨噬细胞;④胸腺上皮细胞的基膜;⑤胸腺上皮细胞突起(图 8-9)。该屏障可阻止血液中的抗原和某些药物进入胸腺,对维持胸腺内环境的稳定、保证胸腺细胞的正常发育起重要作用。

(二)胸腺的功能

1. 产生初始 T 细胞　胸腺是 T 细胞分化成熟的场所。在胸腺,幼稚的胸腺细胞不断分裂分化为成熟的初始 T 细胞。成熟的胸腺细胞经皮、髓质交界处的毛细血管后微静脉入血，转而分布于周围淋巴器官或淋巴组织的胸腺依赖区。

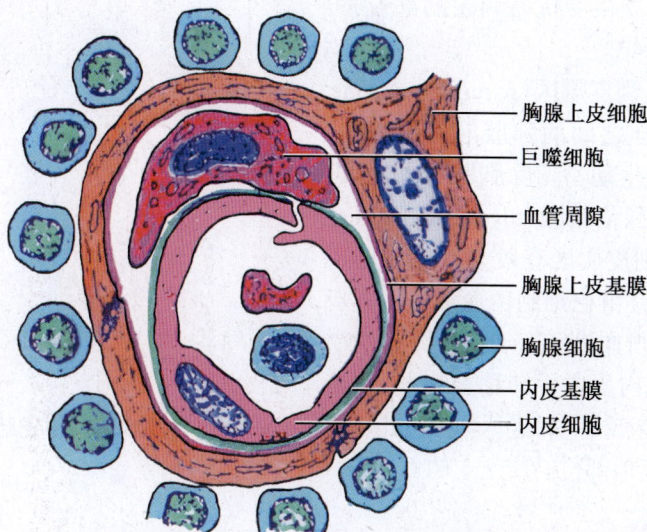

胸腺上皮细胞
巨噬细胞
血管周隙
胸腺上皮基膜
胸腺细胞
内皮基膜
内皮细胞

图 8-9　血 - 胸腺屏障结构示意图

2. 产生胸腺激素　胸腺基质细胞能分泌胸腺素和多种细胞因子，如上皮细胞分泌胸腺素、胸腺生成素及胸腺体液因子，巨噬细胞分泌白细胞介素等构成胸腺内特定的微环境，可诱导淋巴干细胞向 T 细胞分裂与分化，使 T 细胞具有细胞免疫的应答能力。

二、骨髓

骨髓（bone marrow）是成体唯一的造血器官，同时也是培育 B 细胞的中枢淋巴器官。成体骨髓重量约为 1 450g，约与肝同重。淋巴干细胞在骨髓微环境中不断分裂分化，最后形成静息状态的**初始 B 细胞**（virgin B cell），在此过程中膜抗体基因群开始重组与表达，使初始 B 细胞膜上含有膜抗体 sIgM 和 sIgD 分子。骨髓中的初始 B 细胞经血液循环迁移至周围淋巴器官或淋巴组织的非胸腺依赖区。骨髓培育的 B 细胞数量较胸腺培育的 T 细胞少，数量较恒定，不受年龄增长影响。

三、淋巴结

淋巴结（lymph nodes）是哺乳类特有的周围淋巴器官。人体的淋巴结数量约为 500 个，位于淋巴回流的通路上。淋巴结是滤过淋巴和产生免疫应答的重要器官。

（一）淋巴结的结构

淋巴结表面有薄层结缔组织构成的被膜，数条**输入淋巴管**（afferent lymphatic vessel）穿越被膜进入淋巴结实质内。淋巴结的一侧凹陷为门部，疏松结缔组织、血管、神经和**输出淋巴管**（efferent lymphatic vessel）等由此出入淋巴结。被膜和门部的结缔组织伸入淋巴结实质形成相互连接的**小梁**（trabecula），构成淋巴结的粗支架，其间由网状组织充填，构成淋巴结的细支架，其空隙内充满大量淋巴细胞、浆细胞、巨噬细胞、交错突细胞和肥大细胞等。淋巴结实质分为皮质和髓质两部分（图 8-10）。

1. 皮质　皮质位于被膜下方，由浅层皮质、副皮质区及皮质淋巴窦组成。

（1）浅层皮质：**浅层皮质**（peripheral cortex）为一层与被膜下淋巴窦相贴的淋巴组织，由淋巴小结及小结间区（弥散淋巴组织）构成，主要含 B 细胞（图 8-10、图 8-11）。淋巴小结直径为 1~2mm,受抗原刺激后可增大,并出现生发中心。小结间区是 T、B 细胞混合存在的区域,也是淋巴结最先接受抗原刺激的部位,可诱导新生的淋巴小结。

(2)副皮质区:**副皮质区**(paracortical zone)为浅层皮质与髓质之间的弥散淋巴组织,主要含 T 细胞,给新生动物切除胸腺后,此区即不发育,故又称**胸腺依赖区**(thymus dependent area)(图 8-12)。副皮质区有较多高内皮的毛细血管后微静脉,是淋巴细胞由血液进入淋巴结的重要部位。当血液流经此处,约有 10% 的淋巴细胞,可经内皮内吞转移至对侧,再经胞吐方式释放而穿越管壁,进入副皮质区,再迁移到淋巴结的其他部位。

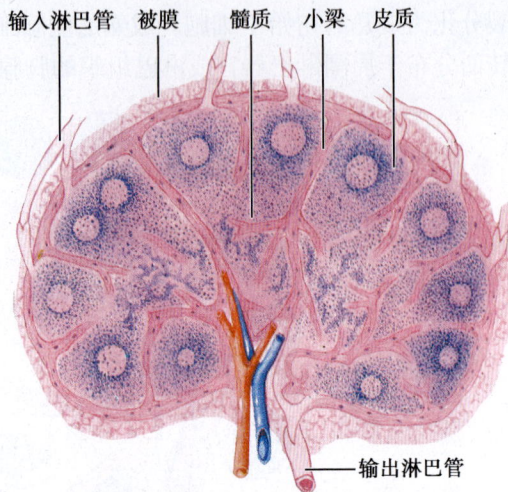

图 8-10 淋巴结模式图

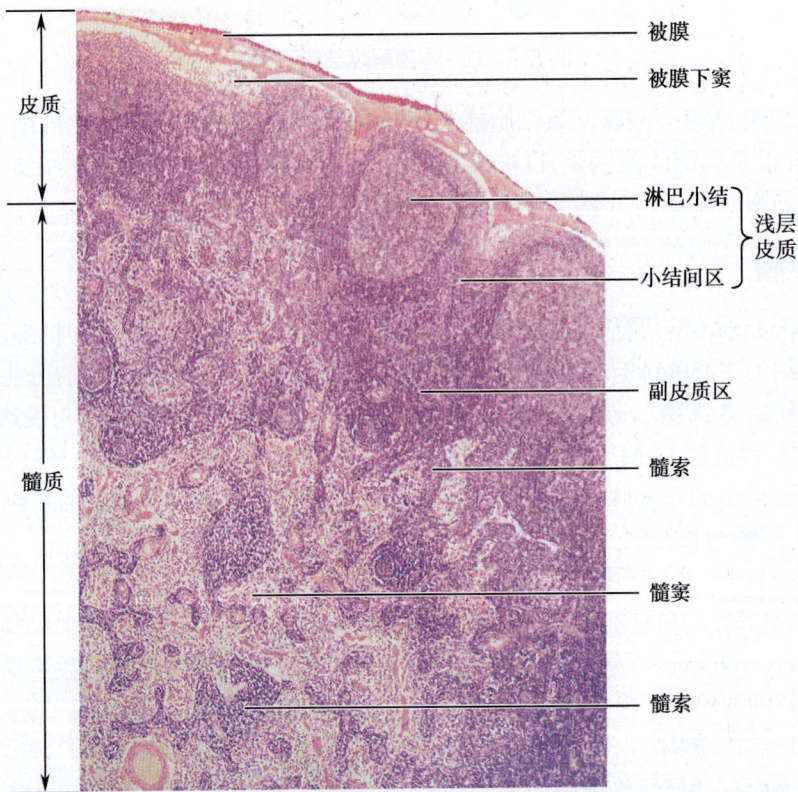

图 8-11 淋巴结 低倍

(3)皮质淋巴窦:**皮质淋巴窦**(cortical lymphoid sinus)是输入淋巴管进入淋巴结的延续,包括被膜下淋巴窦(被膜下窦)和小梁周围淋巴窦(小梁周窦)。被膜下窦为包绕整个淋巴结实质的扁囊,被膜侧有数条输入淋巴管通入。窦壁衬有很薄的内皮,外有薄层基膜、少量网状纤维和一层扁平的网状细胞。窦腔内有星状内皮细胞支撑,附有许多巨噬细胞和淋巴细胞(图 8-13)。淋巴在窦内流动缓慢,利于巨噬细胞清除异物和处理抗原。小梁周窦位于小梁周围,与被膜下窦相延续,末端常为盲端,仅部分与髓质淋巴窦直接相通,其结构、功能与被膜下淋巴窦相似。

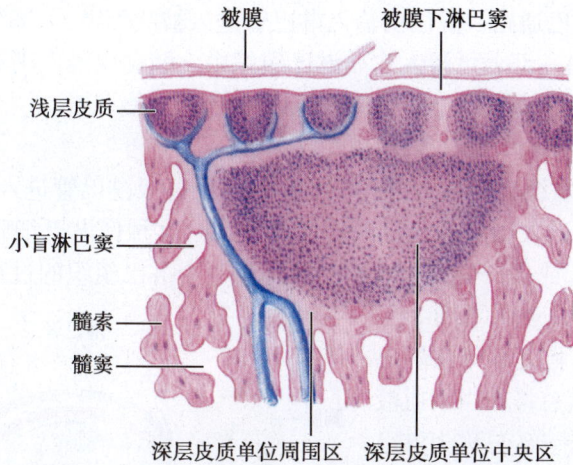

图 8-12　淋巴结浅层皮质及深层皮质单位模式图

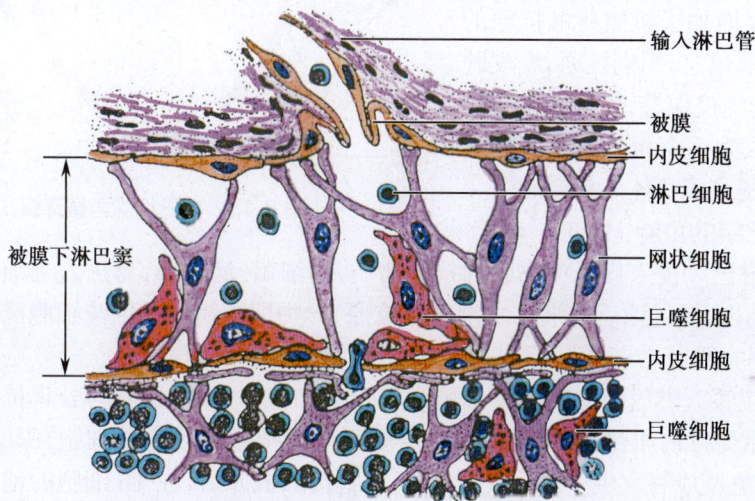

图 8-13　皮质淋巴窦结构模式图

2. 髓质　位于皮质深层，由髓索和髓窦组成（图 8-10、图 8-14）。

（1）髓索：**髓索**（medullary cord）由淋巴组织呈索条状聚集而成。髓索相互连接呈网状，主要含有 B 细胞和浆细胞，以及巨噬细胞、肥大细胞、嗜酸性粒细胞等。健康人的髓索内浆细胞较少，当淋巴回流区有慢性炎症时，浆细胞大量增多。髓索内毛细血管丰富，髓索中央也可见毛细血管后微静脉。淋巴小结产生的幼浆细胞在此转变为浆细胞，并分泌抗体。

（2）髓窦：**髓窦**（medullary sinus）即髓质淋巴窦，是皮质淋巴窦在髓质中的延续，位于髓索之间或髓索与小梁之间，相互连接成网。其结构与皮质淋巴窦相似，但较宽大，腔内常含较多的巨噬细胞，故有较强的滤过作用。髓窦与淋巴结门部的输出淋巴管相连。

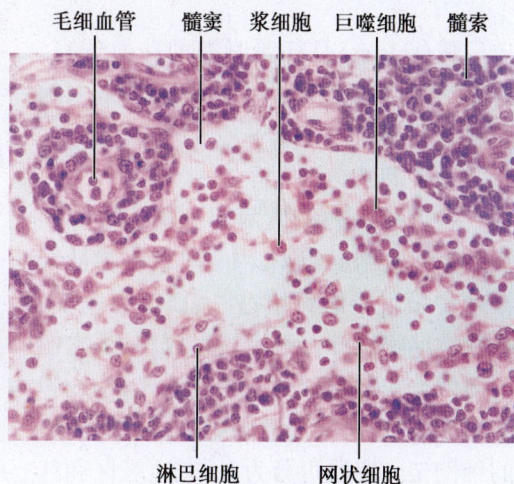

图 8-14　淋巴结髓质　高倍

3. 淋巴结内的淋巴通路　淋巴由输入淋巴管进入被膜下窦,一部分经深层皮质单位的狭窄空隙进入髓窦,另一部分可渗入皮质淋巴组织中。髓窦内淋巴则汇入输出淋巴管。淋巴流经一个淋巴结全程约需数小时。含抗原越多则流速越慢。

(二) 淋巴细胞再循环

淋巴细胞从淋巴组织、淋巴器官或其他组织内,经各级淋巴管进入血液循环后,又通过毛细血管后微静脉再进入到淋巴组织或淋巴器官内。这种使淋巴细胞从一个淋巴器官迁移到另一个淋巴器官,或从一处淋巴组织迁移到另一个淋巴组织的过程称**淋巴细胞再循环**(recirculation of lymphocyte)(图 8-15)。参加再循环的淋巴细胞大部分在淋巴器官和淋巴组织内,其总量相当于血液中淋巴细胞总量的数十倍,总称为淋巴细胞再循环库。淋巴细胞通过淋巴结的再循环一次需 18~30 小时。淋巴细胞再循环不仅增加了机体接触抗原的机会,还能沟通信息,识别抗原,发现肿瘤细胞和引起免疫应答,使分散于全身的免疫细胞成为一个相互关联的功能统一体,从而提高了机体的免疫效应。

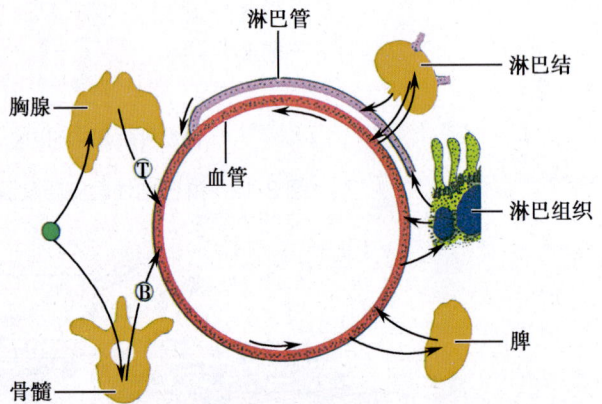

图 8-15　淋巴细胞再循环模式图

(三) 淋巴结的功能

1. 滤过淋巴　侵入皮下或黏膜的抗原物质,如细菌、病毒等,易进入毛细淋巴管,随淋巴进入淋巴结内,经过滤后的淋巴中细菌等抗原、异物即被窦内的巨噬细胞清除,淋巴结对细菌的清除率一般可达 99.5%,但对病毒及癌细胞的清除率则较差。

2. 免疫应答　淋巴结内的巨噬细胞和交错突细胞等吞噬、捕获与处理抗原后,呈递给具有相应抗原受体的 T 细胞,T 细胞在副皮质区内增殖形成效应 T 细胞,深层皮质明显增宽,引发细胞免疫应答。位于浅层皮质的 B 细胞接触抗原后,在 Th 细胞的辅助下增殖,该部位的淋巴小结增大增多;髓索内浆细胞明显增加,输出淋巴管内的抗体量明显上升,引发体液免疫应答。细胞免疫应答与体液免疫应答既可同时发生,也可以某一种应答为主。淋巴结是机体的第二道防线。

四、脾

脾(spleen)是胚胎时期的造血器官,自骨髓开始造血后,演变成为人体最大的周围淋巴器官。

(一) 脾的结构

脾由被膜和实质两部分构成。脾的被膜为致密结缔组织,内含丰富的弹性纤维和少量平滑肌纤维,外表面覆有间皮。被膜结缔组织伸入脾实质形成小梁,它们与门部伸入的小梁分支相互连接,构成脾的粗网架,小梁间的网状组织构成脾实质的细网架。实质可分为白髓、边缘区和红髓三部分(图 8-16)。

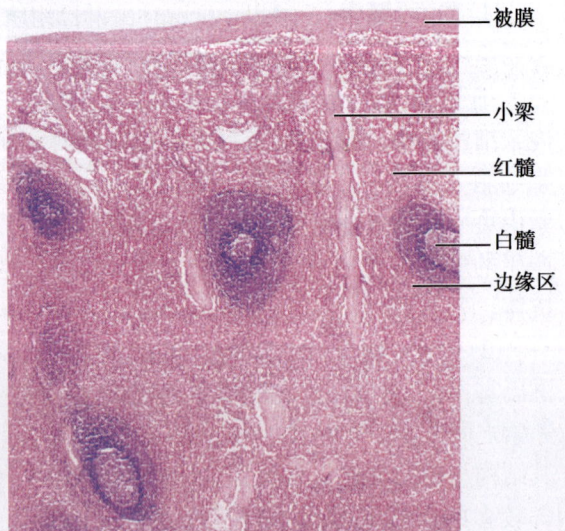

图 8-16　脾　低倍

1. 白髓 白髓（white pulp）由密集的淋巴组织形成直径为 1~2mm 大小的区域，散在分布。因新鲜脾切面肉眼观呈灰白色，故称白髓。光镜下白髓由**动脉周围淋巴鞘**（periarterial lymphatic sheath）和**脾小体**（splenic corpuscle）组成。

（1）动脉周围淋巴鞘：以**中央动脉**（central artery）为中心，淋巴组织呈鞘状围绕，其内含大量 T 细胞和少量巨噬细胞与交错突细胞，属胸腺依赖区，但无毛细血管后微静脉（图 8-16、图 8-19）。当细胞免疫应答时，T 细胞分裂增殖，此淋巴鞘结构明显增厚。小梁动脉的分支离开小梁后即称中央动脉，中央动脉旁常有一条伴行的小淋巴管，是鞘内 T 细胞迁出脾的重要通道。

（2）脾小体：由密集的淋巴组织构成，并部分包裹中央动脉，故光镜下中央动脉常偏向脾小体侧。脾小体内主要含 B 细胞、巨噬细胞、交错突细胞等，因其结构与淋巴结内的淋巴小结相同，故脾小体又称淋巴小结。发育较好的脾小体也可呈现生发中心，其小结帽常朝向边缘区（图 8-16、图 8-19）。

2. 边缘区 边缘区（marginal zone）位于白髓与红髓间，宽 80~100μm，由较白髓稀疏的淋巴组织和边缘窦组成，含 T 细胞和 B 细胞、少量红细胞、较多的巨噬细胞，以 B 细胞为主。中央动脉主干分支形成的毛细血管，有的膨大形成**边缘窦**（marginal sinus），是淋巴细胞由血液进入淋巴组织的重要通道，T 细胞经边缘窦迁入动脉周围淋巴鞘，B 细胞则迁入脾索或脾血窦；有的直接开口于边缘区的淋巴组织内。边缘区也是脾脏捕获、识别抗原和诱发免疫应答的重要部位。

3. 红髓 红髓（red pulp）约占脾实质 2/3，分布于被膜下、小梁周围及边缘区外周等白髓之间的广大区域。因含大量红细胞，新鲜脾切片肉眼观呈红色，故称红髓。光镜下红髓由脾索和脾血窦两部分组成（图 8-17）。

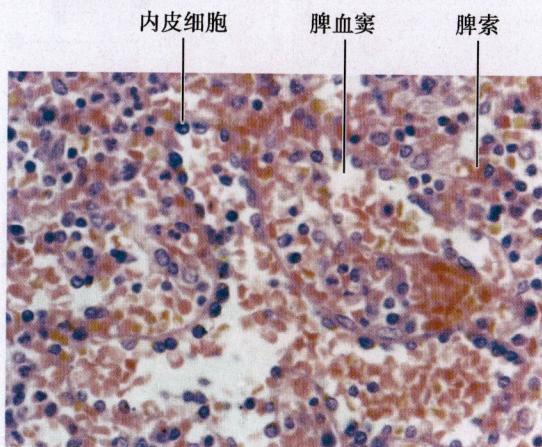

内皮细胞　脾血窦　脾索

图 8-17 脾红髓 高倍

（1）脾索：**脾索**（splenic cord）由富含血细胞的不规则索状淋巴组织构成，主要含 B 细胞、浆细胞、巨噬细胞和树突状细胞等，相互连接成网，网孔即为脾血窦。脾索内有中央动脉末端分支形成的**笔毛微动脉**（penicillar arteriole），其分支末端大多呈喇叭状直接开放于脾索，也有少数直接通入脾血窦。血液中的病原体、异物颗粒、衰老细胞等可被脾索内的巨噬细胞和树突状细胞吞噬、捕获、处理和呈递，故脾索是滤过血液、产生抗体的重要场所。脾索内的血细胞可通过内皮间隙进入血窦。

（2）脾血窦：**脾血窦**（splenic sinus）简称**脾窦**，为相互连接成网的不规则的血窦，宽

12~40μm。窦壁由与血窦长轴平行排列的长杆状内皮细胞围成,内皮间隙宽为 0.2~0.5μm,基膜不完整,外有网状纤维环绕,故脾血窦呈多孔隙的栅栏状结构,有利于血细胞的穿越(图 8-18)。在脾血窦的横切面上,长杆状内皮细胞呈小团块状整齐排成一列,核较大,突入腔内。脾血窦外侧有较多的巨噬细胞,其突起可通过内皮间隙伸入腔内。

(二) 脾的血液循环

脾动脉经脾门入脾,分支走行于小梁内成为**小梁动脉**(trabecular artery)。小梁动脉分支行于动脉周围淋巴鞘内,即为**中央动脉**。中央动脉沿途发出侧支形成毛细血管供应白髓,其末端膨大形成边缘窦;中央动脉的主干穿越白髓后进入脾索,分支形成一些直行的微动脉,形似笔毛,称**笔毛微动脉**(penicillar arteriole)。笔毛微动脉在脾索内可分为髓微动脉、鞘毛细血管和动脉毛细血管三段。动脉毛细血管末端多数开放于脾索,少数连于脾血窦(图 8-19)。脾血窦汇成髓微静脉,并进入小梁即为**小梁静脉**(trabecular vein),于脾门汇集成脾静脉出脾。

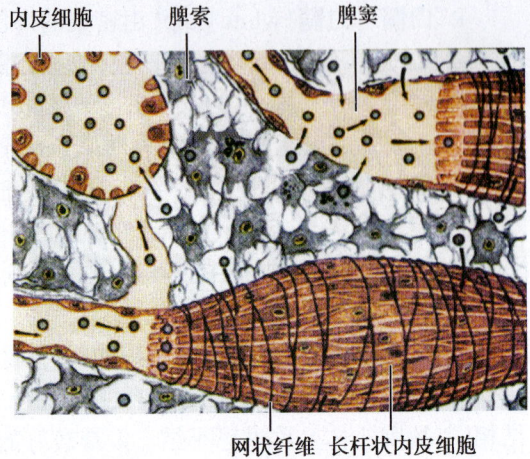

图 8-18 脾索与脾血窦模式图

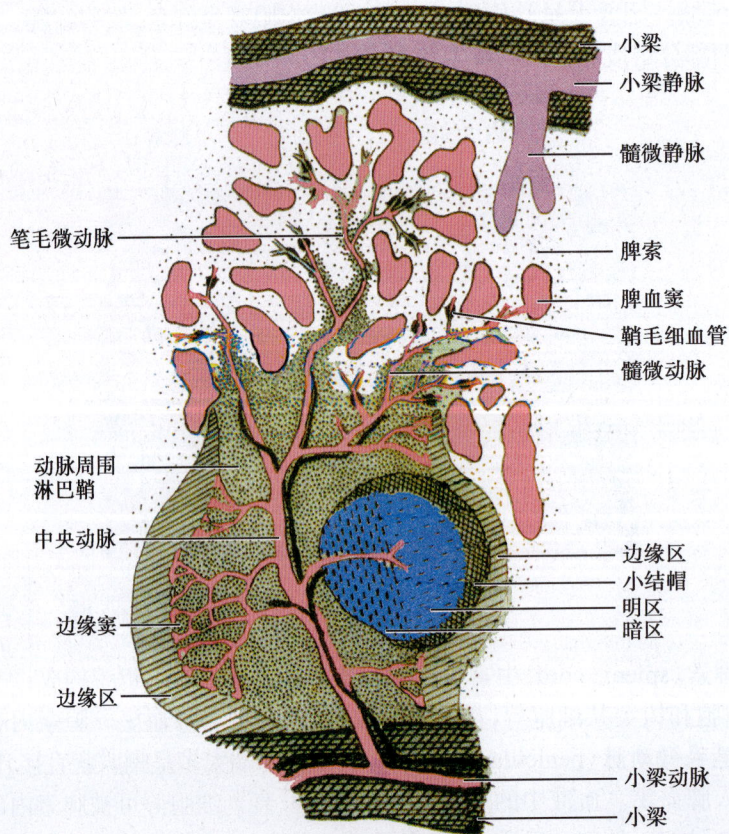

图 8-19 脾血液循环模式图

124

（三）脾的功能

脾是体内最大的周围淋巴器官,具有免疫应答、滤血、造血和储血等功能。

1. 免疫应答　脾是各类免疫细胞居住的场所,也是对血源性抗原物质产生免疫应答的重要场所。侵入血液内的病原体,如细菌、疟原虫和血吸虫等,均可引起脾发生免疫应答。体液免疫应答时,脾小体数量增多,体积增大,脾索内浆细胞增多;细胞免疫应答时,动脉周围淋巴鞘显著增厚。血液内淋巴细胞再循环约有 50% 发生在脾。因此,脾是淋巴细胞再循环的中心,其对全身其他周围淋巴器官和淋巴组织的免疫应答具有重要的调节功能。

2. 滤血　血细胞进入脾索后,大多经变形穿过脾血窦内皮细胞间隙,回到血液循环。脾的边缘区和脾索是滤血的重要结构,巨噬细胞可清除血液中的细菌、异物和衰老的血细胞(主要是红细胞)。当脾大或功能亢进时,红细胞破坏过多,可导致贫血。

3. 造血　脾在胚胎时期是造血器官,自骨髓开始造血后,便演变为淋巴器官。成年后,脾仍含有少量造血干细胞,当机体严重缺血或某些病理状态下,可恢复其造血功能。

4. 储血　脾窦约可储血 40ml 血液。当机体特定状态下,被膜及小梁内的平滑肌收缩可将所储血送入血液循环。

五、扁桃体

扁桃体(tonsil)位于消化道和呼吸道上端口咽交会处,分为腭扁桃体、咽扁桃体和舌扁桃体三部分,与咽黏膜内的大量散在淋巴组织共同组成咽淋巴环,是机体重要的免疫屏障,其中以腭扁桃体尤为重要(图 8-20)。

腭扁桃体位于腭舌弓与腭咽弓之间。其黏膜上皮为复层扁平上皮,上皮向下方固有层内凹陷,形成 10~30 个隐窝。隐窝周围的固有层中含有大量淋巴小结和弥散淋巴组织。有的隐窝底部可达固有膜深部的扁桃体被膜,部分隐窝还可形成侧支。隐窝上皮间空隙较大,称细胞间通道,通道内充满了以 T 细胞为主的淋巴细胞。隐窝上皮内除含有淋巴细胞外,还有浆细胞、巨噬细胞

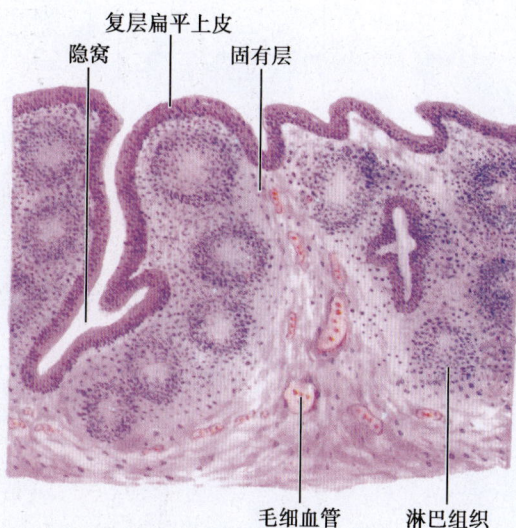

图 8-20　腭扁桃体　低倍

和朗格汉斯细胞,以及包括毛细血管后微静脉在内的毛细血管丛。隐窝上皮的上述特殊组成成分称**淋巴上皮组织**(lymphoepithelial tissue)。

隐窝上皮是防止病原微生物入侵机体的重要屏障。儿童时期,固有层淋巴小结发达,具有明显的生发中心,分化形成的浆细胞可产生大量 IgG 和少量 IgA。

咽扁桃体和舌扁桃体体积较小,结构和组成与腭扁桃体相似。咽扁桃体无隐窝,舌扁桃体也仅有一个浅隐窝。成年人的咽扁桃体和舌扁桃体多数已萎缩退化。

🔍 **知识拓展**

中医虚证与免疫

中医认为"正气存内,邪不可干","邪之所凑,其气必虚"。大凡虚证都有不同程度免疫功能低下或紊乱,相应的免疫器官在形态学上也可发生病理改变。

"阳虚""脾虚"等模型动物胸腺的重量明显减轻;胸腺皮质变薄,PAS 阳性细胞减少;脾体积减小,脾小体减少,动脉周围淋巴鞘及红髓淋巴细胞数量减少,边缘区消失;肠系膜淋巴结变细变薄,皮质内淋巴小结变小;小肠含 IgG 浆细胞减少;外周血淋巴细胞计数显著降低,Th 细胞明显减少,Tr 细胞相对增加;淋巴细胞转化率下降;腹腔巨噬细胞处于被抑制状态,吞噬活力降低。"虚证"动物免疫调节机制紊乱,细胞免疫与体液免疫功能低下等。应用四君子汤等健脾中药或补肾方药可使上述病理改变减轻。补虚药如人参、党参、黄芪、白术、刺五加、地黄、当归、鹿茸、灵芝、枸杞子、淫羊藿、冬虫夏草等均有不同程度的增强免疫功能的作用。

学习小结

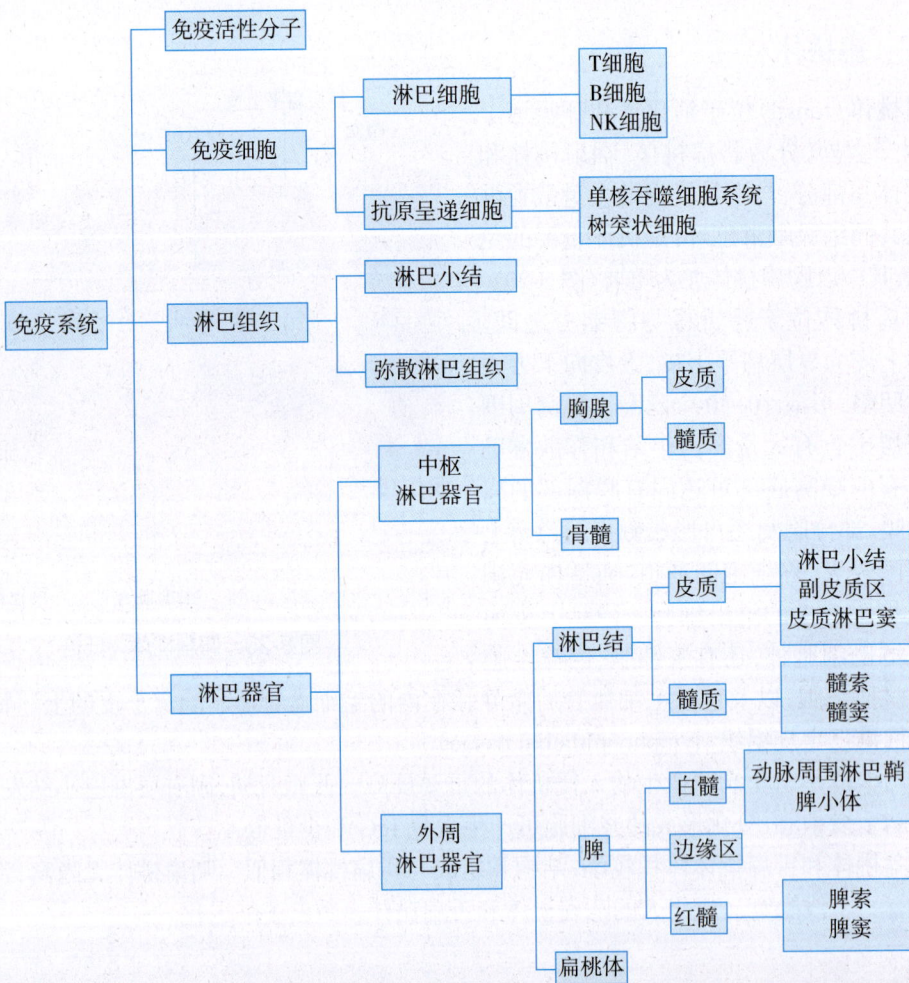

（杨 岚）

复习思考题

1. 什么叫单核吞噬细胞系统?
2. 简述淋巴结实质的光镜结构。
3. 简述脾脏实质的光镜结构。

扫一扫
测一测

◇◇◇ **第九章** ◇◇◇

消 化 系 统

✏ **学习目标**

能说出消化管管壁的镜下结构,并能根据结构特点理解消化管道各组成的功能;能描述胃底腺、小肠腺的组成;能描述主细胞、壁细胞、帕内特细胞的光镜结构和超微结构,能根据形态结构演绎出功能,并分析其功能的发生机制。

能知晓腮腺、下颌下腺和舌下腺的结构特点及功能;能说出胰腺腺泡的结构特点和功能,能知晓胰液的构成并分析临床上胰腺炎发生的形态基础;能知晓胰岛的概念和组成,并理解糖尿病与胰岛的关系;能知晓肝小叶的形态结构、门管区的概念;能通过肝细胞的形态结构特点理解肝细胞的功能;理解肝内血循环途径及胆汁排除途径、胆囊的结构和功能。

消化系统由消化管和消化腺两部分构成。消化管从口腔至肛门,为一条内衬上皮的迂曲管道。消化管的功能主要是消化食物、吸收营养和排泄食物残渣。消化腺包括大消化腺(3 对大唾液腺、胰、肝),以及分布于消化管壁内的许多小型消化腺,它们可分泌消化液,行使化学消化功能。

第一节 消 化 管

一、消化管壁的一般组织结构

消化管各段因执行功能的不同,在结构上各有其特点;但其管壁结构及分层又具有一定的规律(除口腔、咽外),一般由内向外依次为黏膜、黏膜下层、肌层和外膜(图 9-1)。

(一)黏膜

黏膜(mucosa)被覆于消化管的内面,由内向外由上皮、固有层和黏膜肌层三部分组成。消化管各段的黏膜结构差异很大,是执行消化、吸收等功能最重要的结构。

1. 上皮　在消化管的最内层,上皮的类型依部位而异。消化管两端(口腔、咽、食管及齿状线以下的肛管)为复层扁平上皮,耐摩擦和理化刺激,具有保护作用。其余部分均为单层柱状上皮,以分泌吸收功能为主。

2. 固有层　**固有层**(lamina propria)由细密结缔组织组成,含丰富的淋巴组织和免疫细胞,并含大量的小消化腺以及小血管、淋巴管、神经和散在的平滑肌纤维。平滑肌纤维的收缩有助于小消化腺的分泌物排入消化管。

3. 黏膜肌层　**黏膜肌层**(muscularis mucosa)由薄层平滑肌构成。黏膜肌收缩时,可使黏膜产生局部运动,借以帮助营养物质的吸收、血液的流动和腺体的分泌。

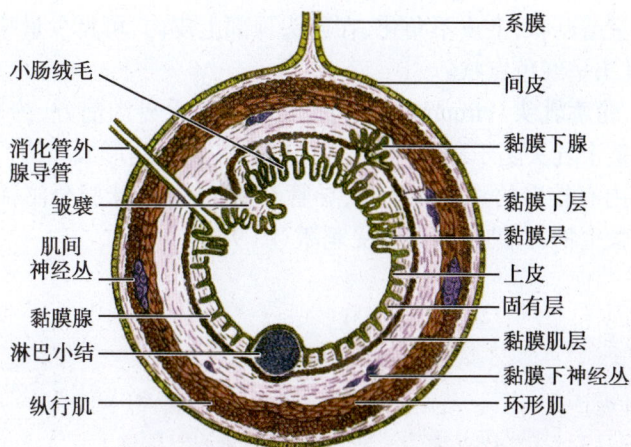

图 9-1　消化管一般结构模式图

(二)黏膜下层

黏膜下层(submucosa)为连接黏膜与肌层的疏松结缔组织层,内含丰富的血管、淋巴管和数量不等的淋巴组织,固有层中的淋巴组织常穿过黏膜肌层抵达黏膜下层。黏膜下层中还有黏膜下神经丛,由多极神经元和无髓神经纤维构成,可调节黏膜肌的收缩和腺体的分泌。在食管与十二指肠,此层分别含食管腺与十二指肠腺。

(三)肌层

肌层(muscularis)除消化管两端(口腔、咽、部分食管及肛门)为骨骼肌外,其余各部均为平滑肌,一般分为内环行肌和外纵行肌两层(胃壁为三层),两层之间有少量结缔组织和肌间神经丛。

(四)外膜

大部分消化管的**外膜**(adventitia)为**浆膜**(serosa),由薄层结缔组织及表面的间皮构成。间皮表面润滑,有利于脏器的活动。咽、食管和大肠末端的外膜仅由疏松结缔组织组成,称**纤维膜**(fibrosa),可与邻近器官相连而得以固定。

二、口腔

(一)口腔黏膜

口腔黏膜由上皮和固有层构成,无黏膜肌层。口腔上皮为复层扁平上皮,固有层由富含毛细血管的结缔组织组成,并含有小唾液腺。该层组织与深层骨骼肌或骨膜紧密相连。

(二)舌

舌由表面的黏膜和深部的舌肌构成。舌肌由纵行、横行和垂直走行的骨骼肌纤维互相交织构成,内有丰富的本体感受器(肌梭)。黏膜由复层扁平上皮及固有层组成。舌根部黏膜内有许多淋巴小结,构成舌扁桃体。舌底黏膜平滑,舌背黏膜形成许多乳头状突起,称**舌乳头**(lingual papillae)。每一个乳头以固有层的结缔组织为轴心,外面覆以复层扁平上皮,根据形态结构的不同舌乳头主要分为三种。

1. **丝状乳头**　**丝状乳头**(filiform papilla)数目最多,遍于舌背各处,呈圆锥形,乳头轴心固有层结缔组织富有血管和神经。乳头尖端的上皮有轻度角化现象,呈烛火形,肉眼观察呈白色小点。角化上皮不断脱落,并与唾液、食物残渣、细菌等混合成舌苔,黏附于舌表面。健

129

康人的舌苔薄,呈白色。

2. 菌状乳头　**菌状乳头**(fungiform papilla)数目较少,在舌尖及舌缘部略多,散在于丝状乳头之间。乳头呈蘑菇状,上皮不角化,在乳头顶部上皮内,可见少量味蕾,固有层中血管丰富,故肉眼观察乳头呈红色点状。

3. 轮廓乳头　**轮廓乳头**(circumvallate papilla)位于舌界沟前方,约有 10 余个,形体较大,乳头呈莲蓬状,整个乳头陷于黏膜内,乳头周围的黏膜凹陷形成环沟,沟壁两侧上皮内有较多味蕾。固有层内有较多的浆液性味腺,导管开口于沟底,味腺分泌稀薄液体,能冲洗和清除食物的残渣和微生物,有助于味蕾感受刺激(图 9-2)。

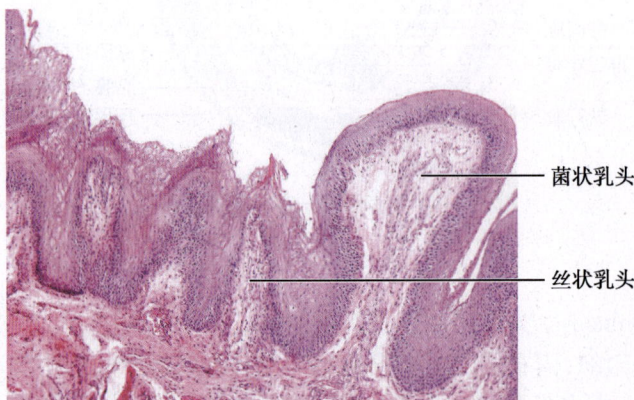

菌状乳头

丝状乳头

图 9-2　舌乳头　低倍

味蕾(taste bud)是感受味觉的卵圆形小体,主要分布于菌状乳头与轮廓乳头,少数散在于软腭、会厌及咽等部上皮内,有感受甜、酸、苦、咸等功能。青少年时期的味蕾最多,到老年则减少;味阈值随年龄的增长而逐渐增高,味觉敏感度随之下降。味蕾的顶部有味孔通于口腔,基部附于基膜上。光镜观察,构成味蕾的细胞主要有三种:味细胞、支持细胞和基细胞。味细胞是感觉上皮细胞,呈梭形,核椭圆,因染色较浅而称亮细胞,细胞顶部有味毛伸入味孔,细胞基部与味觉神经末梢形成突触;支持细胞也呈梭形,位于味蕾周围及味觉细胞之间,细胞因深染而称暗细胞;基细胞位于味蕾的基部,呈矮锥体形,为其他细胞的干细胞(图 9-3)。

味孔

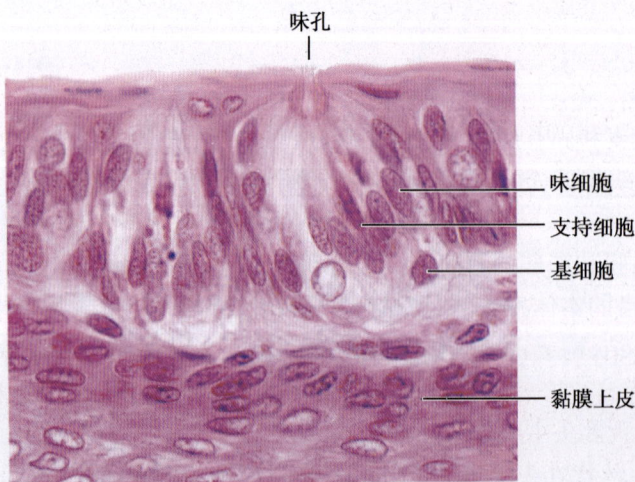

味细胞

支持细胞

基细胞

黏膜上皮

图 9-3　味蕾　高倍

(三) 牙

牙由牙冠、牙根及牙颈三部分组成,牙暴露在外面部分为牙冠,埋在牙槽骨内部分为牙根,两者交界部为牙颈。牙中央有髓腔,开口于牙根底部的牙根孔,腔内充满由结缔组织、血管和神经等组成的牙髓。牙根周围的组织称牙周组织,包括牙周膜、牙槽骨骨膜及牙龈等,对于牙的固定与支持有重要的作用。每个牙由两类组织构成,一类是坚硬的钙化组织,包括牙本质、釉质和牙骨质;另一类是松软组织即牙髓。

1. 牙本质　牙本质(dentin)构成牙的主体,在牙冠部位于釉质与髓腔之间,牙根位于牙骨质与根管之间。牙本质富有弹性,其硬度仅次于釉质。牙本质主要由牙本质小管与间质构成。牙本质小管从髓腔四周向牙本质表面呈放射状走行,有分支相互吻合。牙本质内表面有一层**成牙本质细胞**(odontoblast),其突起伸入牙本质小管,称牙本质纤维。牙本质小管之间为间质,由胶原原纤维与钙化的基质构成,其化学成分与骨质相似,但无机成分(主要为羟基磷灰石)约占80%,较骨质坚硬。有机成分(主要为胶原蛋白)由牙本质细胞产生。牙本质的周边部有一些钙化不全的部分,在骨磨片中牙冠部呈现为不规则的球间隙,牙根部常呈斑点状的颗粒层。牙本质对冷、热、酸和机械刺激极其敏感,可引起酸、痛的感觉。这种情况见于釉质受到破坏、牙本质暴露(如龋齿)的病理状态。

2. 釉质　釉质(enamel)包在牙冠部的牙本质表面,是体内最坚硬的结构。其中无机物约占96%,有机物仅占1%~1.5%,其余为水。釉质由釉柱和极少量的间质构成。釉柱呈棱柱状,釉柱从与牙本质交界处向牙冠表面呈放射状紧密排列。在牙磨片标本上可见以牙尖为中心呈褐色的弧线,称釉质生长线,是釉柱在生长过程中间歇性钙盐沉积而形成的。

3. 牙骨质　牙骨质(cementum)包在牙根部的牙本质外面,其组成及结构与骨组织相似。近牙颈部的牙骨质较薄,无骨细胞。

4. 牙髓　牙髓(dental pulp)为疏松结缔组织,内含自牙根孔进入的血管、淋巴管和神经纤维,其对牙本质和釉质具有营养作用。牙髓与牙本质间有一层排列整齐的成牙本质细胞,感觉神经末梢包绕成牙本质细胞并有极少量进入牙本质小管。

5. 牙周膜　牙周膜(peridental membrane)是位于牙根与牙槽骨间的致密结缔组织,内含较粗的胶原纤维束,其一端埋入牙骨质,另一端伸入牙槽骨,将两者牢固连接。老年人常因牙周膜萎缩而致牙松动或脱落。

6. 牙龈　牙龈(gingiva)仅由黏膜构成,黏膜由复层扁平上皮及固有层组成。牙龈包绕着牙颈。老年人的牙龈常萎缩,牙颈外露(图9-4)。

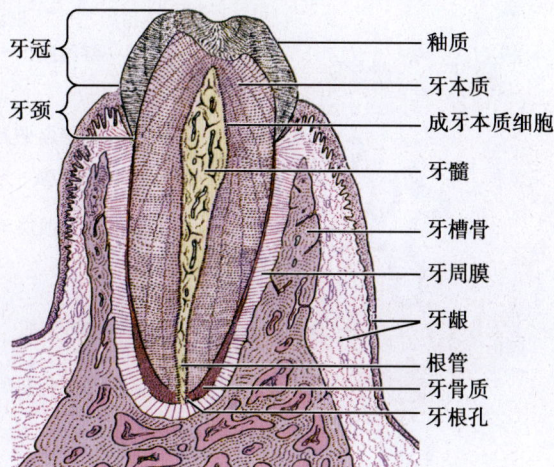

图 9-4　牙结构模式图

知识链接

　　龋齿又叫蛀牙,是一种常见病,多发病。口腔中的唾液、食物残渣与细菌混合后在牙齿表面形成牙菌斑,细菌分解食物残渣中的糖类产生酸,这些酸能溶解牙釉质形成龋洞,若不及时治疗会漫延到牙本质以及髓腔,引起牙髓炎、根尖周炎,严重时须拔掉牙齿。所以蛀牙不是真的有蛀虫或什么其他虫子,而是牙齿被逐渐腐蚀的结果。预防龋齿的方法是早晚刷牙,饭后漱口,临睡前不吃甜食。含氟牙膏对于防治龋齿效果较好。

三、咽

　　咽位于消化管和呼吸道的交叉处,分鼻咽、口咽和喉咽。其结构如下:

　　1. 黏膜　由上皮及固有层组成,无黏膜肌层。口咽及喉咽表面覆以未角化的复层扁平上皮,鼻咽主要是假复层纤毛柱状上皮。固有层的结缔组织内有淋巴组织及混合腺或黏液腺,固有层深部的弹性纤维较多,形成弹性纤维层。

　　2. 肌层　由内纵行及外斜行的骨骼肌组成,其间可见黏液腺。

　　3. 外膜　属于纤维膜,为富于血管及神经的结缔组织。

四、食管

　　食管的功能是将咽下的食物经机械的蠕动较快地转运到胃。食管腔面有纵行皱襞,食物通过时皱襞暂时消失。

　　1. 黏膜　表层为复层扁平上皮,能耐受摩擦和理化刺激,对食管黏膜有保护作用。固有层为疏松结缔组织,含有血管和淋巴管,尚有丰富的淋巴细胞。在食管下端的固有层内可见黏液性的食管贲门腺,也可缺如。黏膜肌层由一层纵行的平滑肌构成。

　　2. 黏膜下层　为疏松结缔组织,含有许多血管、淋巴管和**食管腺**(oesophagus gland)。食管腺分泌黏液,润滑黏膜,有利于食物的通过。

　　3. 肌层　分内环、外纵行两层。在食管上段由骨骼肌构成,中段由骨骼肌和平滑肌组成,下段为平滑肌。

　　4. 外膜　由纤维膜构成,含有较大的血管、淋巴管及神经(图9-5)。

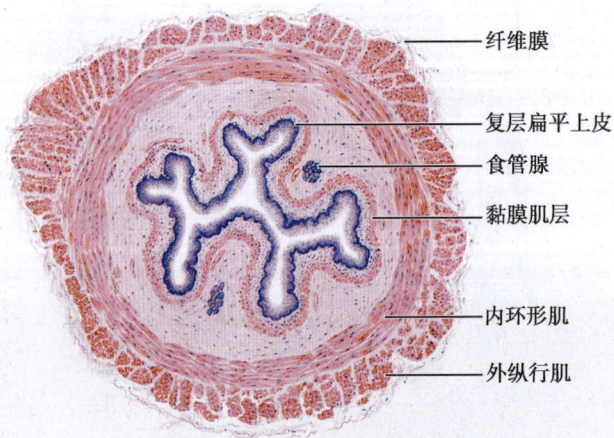

图9-5　食管(横切面)模式图

五、胃

胃能暂时贮存食物并对其进行初步消化,继而推动食糜进入十二指肠,且有吸收部分无机盐、水、醇和某些药物的功能。胃黏膜与黏膜下层共同形成许多不规则的皱襞。当胃充盈时,皱襞减少或完全消失。胃壁组织结构分为四层(图 9-6)。

(一)黏膜

胃黏膜在新鲜时呈淡红色。黏膜表面有许多纵横沟纹,将黏膜分成许多小区域,称**胃小区**(gastric area),小区内有许多由上皮向固有层凹陷形成的**胃小凹**(gastric pit),每一小凹底有 3~5 条胃腺开口。

1. 上皮 黏膜表面覆以单层柱状上皮,主要由**表面黏液细胞**(surface mucous cell)组成。该细胞呈柱状,核椭圆形,位于细胞基部。细胞顶部充满黏原颗粒,在 H-E 染色切片标本上着色浅。上皮细胞可分泌黏液,在上皮表面形成一层不溶性黏液凝胶以保护胃黏膜;还可吸收水分和少量酒精。胃上皮细胞约 3~5 天更新一次,由胃小凹深部的未分化细胞补充。

2. 固有层 含有大量密集的管状胃腺及丰富的毛细血管,腺体间结缔组织少。根据部位及结构不同,胃腺可分为胃底腺、贲门腺和幽门腺。

胃底腺(gastric gland)分布于胃底和胃体,是胃的主要腺体,开口于胃小凹底部,为分支管状腺,每个腺可分颈、体和底三部,由主细胞、壁细胞、颈黏液细胞、未分化细胞和内分泌细胞组成(图 9-7)。

(1)主细胞:**主细胞**(chief cell)又称**胃酶细胞**(zymogenic cell),数量最多,分布于腺的体部和底部。主细胞具有典型的蛋白质分泌细胞的结构特点,细胞呈柱形或锥体形,核圆

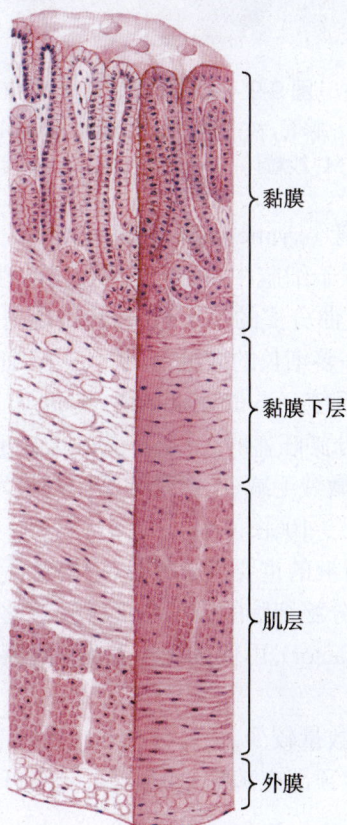

图 9-6 胃壁 立体结构模式图

黏膜

黏膜下层

肌层

外膜

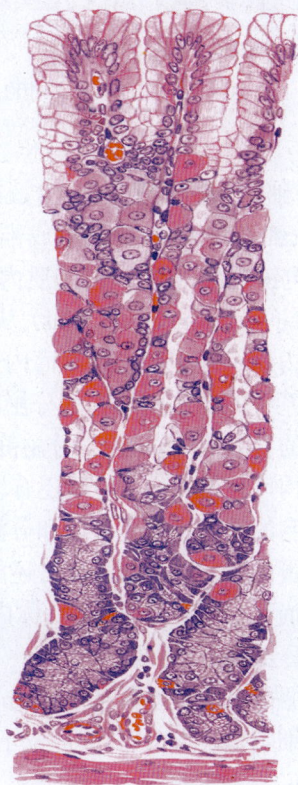

图 9-7 胃底腺模式图

形位于基部,胞质基部嗜碱性,顶部充满酶原颗粒,在 H-E 染色标本制备过程中被溶解,故呈泡沫状(图 9-7、图 9-8)。电镜观察,细胞表面有短而不规则的微绒毛,核周胞质内含有大量密集排列的粗面内质网和发达的高尔基复合体,酶原颗粒为圆形或卵圆形,外包单位膜(图 9-9)。主细胞分泌**胃蛋白酶原**,经盐酸的作用转变成有活性的胃蛋白酶,能水解蛋白质。婴儿的主细胞还分泌凝乳酶,以利于乳汁的分解。

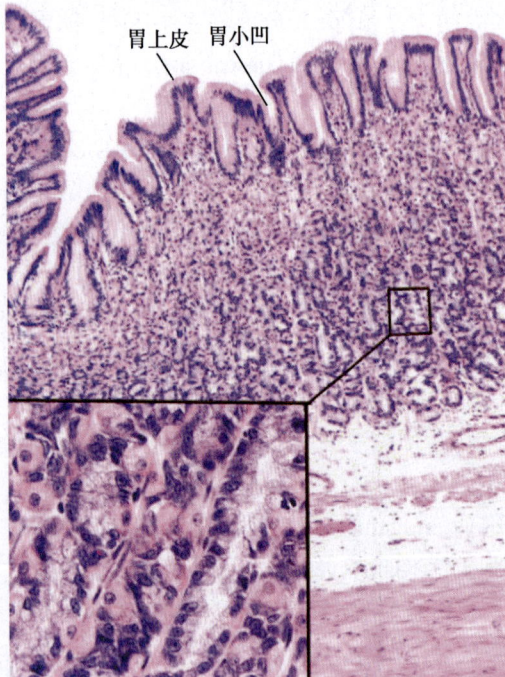

图 9-8　胃黏膜　低倍
(左下角为胃底腺局部放大 ×400)

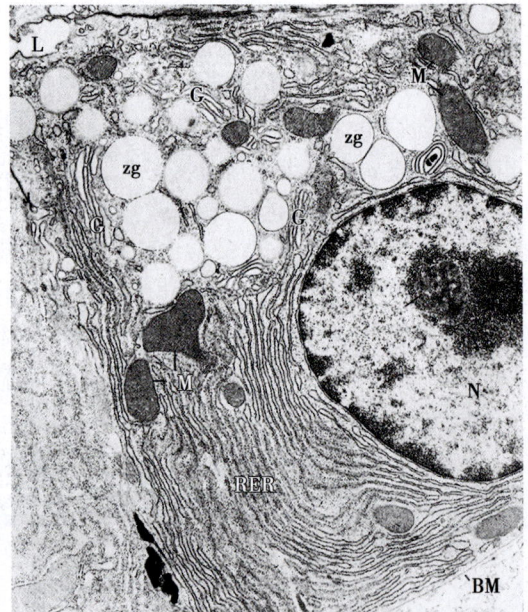

图 9-9　主细胞电镜像 ×12 000
L:腺腔;zg:酶原颗粒;RER:粗面内质网;
M:线粒体;BM:基膜;G:高尔基复合体

(2)壁细胞:**壁细胞**(parietal cell)又称**泌酸细胞**(oxyntic cell),数量较少,多分布在胃底腺上段,细胞较大,呈卵圆形或锥体形,核圆形,位于细胞中央,胞质呈强嗜酸性(图 9-7、图 9-8)。电镜观察,细胞膜向胞质内凹陷形成大量迂曲分支的小管系统,称**细胞内分泌小管**(intracellular secretory canaliculus),从小管腔面伸出许多细长的微绒毛,扩大了壁细胞的表面积。胞质内尚有许多管泡状滑面内质网,称**微管泡系统**(tubulovesicular system)。分泌小管与微管泡系统的结构随细胞的分泌状态而改变,当分泌旺盛时,分泌小管的微绒毛增多,微管泡系统的管泡数则剧减;在分泌静止时,分泌小管微绒毛减少,微管泡系统却极发达,表明这两种结构可互相转化。胞质还有较多的线粒体(图 9-10、图 9-11)。

壁细胞的功能主要是合成和分泌盐酸,盐酸是胃液的重要组成成分,它能激活胃蛋白酶原成为胃蛋白酶,并有抑菌作用,还能刺激胃肠胰内分泌细胞的分泌和促进胰液的分泌。人的壁细胞尚可分泌一种糖蛋白,称**内因子**(intrinsic factor),可促进维生素 B_{12} 的吸收。维生素 B_{12} 缺乏会导致恶性贫血。

(3)颈黏液细胞:**颈黏液细胞**(mucous neck cell)数量较少,主要分布于腺的颈部,夹在壁细胞间。细胞呈楔形,核扁圆形位于细胞基部。细胞顶部充满黏原颗粒,可分泌可溶性酸性黏液(图 9-7)。

(4)未分化细胞:位于胃底腺颈部至胃小凹底部,普通 H-E 染色难以辨认。可分化成其他三种胃底腺细胞。

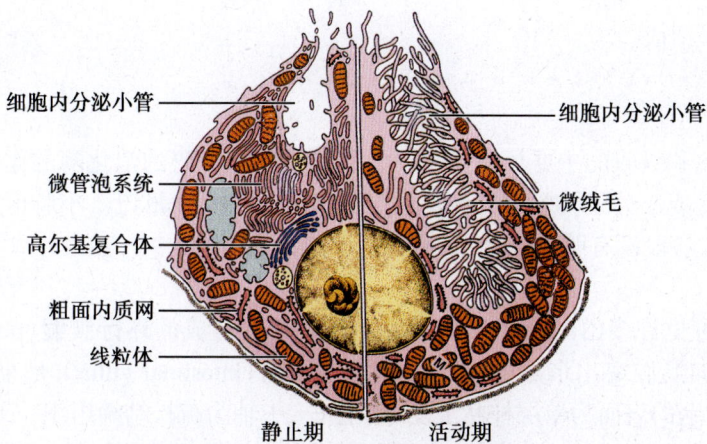

图 9-10　壁细胞超微结构模式图

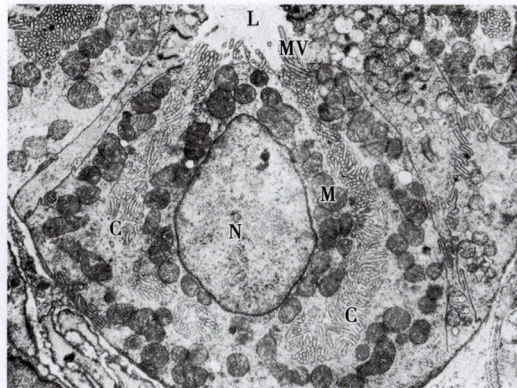

图 9-11　壁细胞电镜像　×13 500
C：细胞内分泌小管；MV：微绒毛；M：线粒体；L：胃底腺；N：细胞核

（5）胃内分泌细胞：见本章第九节。

贲门腺（cardiac gland）位于胃贲门部固有层内，为黏液腺。

幽门腺（pyloric gland）位于胃幽门部固有层内，为分支管状的黏液腺，分泌物较黏稠。

胃液中 H^+ 浓度高，腐蚀力强；胃蛋白酶则能分解细胞自身的蛋白质。而正常胃黏膜却是如此耐腐蚀而不受破坏，这有赖于胃黏膜表面存在的**黏液-碳酸氢盐屏障**（mucus-bicarbonate barrier）。该屏障主要由胃黏膜表面的一层含高浓度 HCO_3^- 的不溶性黏液凝胶构成，厚度为 0.25~0.5mm。黏液凝胶可减慢 H^+ 和胃蛋白酶的逆向弥散，且 HCO_3^- 可与 H^+ 发生中和反应，故凝胶层内的 pH 值近腔面约为 2，近上皮侧约为 7，呈梯度递增。酒精可破坏黏液-碳酸氢盐屏障，从而引起胃黏膜损伤。黏液-碳酸氢盐屏障的破坏也是消化性溃疡发病的病理生理学基础。

3. **黏膜肌层**　较厚，一般为内环行和外纵行两层平滑肌。

（二）黏膜下层

黏膜下层由疏松结缔组织构成，含有较大的血管、淋巴管和神经丛。

（三）肌层

胃壁肌层很发达，由内斜、中环和外纵行三层平滑肌组成，环行平滑肌在幽门部特别增

ER-9-2

幽门螺杆菌
的发现

厚,形成幽门括约肌。

(四)外膜

外膜由浆膜组成。

六、小肠

小肠是消化和吸收的主要场所,在胰液、胆汁及肠腺分泌的消化酶的作用下,食物中的大分子物质转变成小分子,被小肠上皮吸收细胞吸收入血液、淋巴。小肠可分为十二指肠、空肠、回肠三段,各段没有明显的分界,但组织结构各具特点。

(一)黏膜

黏膜表面可见许多由黏膜和黏膜下层向肠腔突出形成的**环行皱襞**(plicae circulares),上皮和固有层向肠腔突出形成的细小突起称**肠绒毛**(intestinal villus),是小肠特有的结构(图 9-12)。肠绒毛的表面为单层柱状上皮(肠上皮),中轴为疏松结缔组织。绒毛在十二指肠较宽大呈叶状,在空肠较细长呈指状,在回肠则较短小呈短锥形(图 9-12~ 图 9-15)。环行皱襞和肠绒毛使小肠表面积扩大 20~30 倍。

1. 上皮　为单层柱状上皮,覆盖于绒毛表面,由**吸收细胞**(absorptive cell)、杯状细胞和少量内分泌细胞组成。

(1)吸收细胞:数量最多,呈高柱状,核卵圆形位于细胞基部。细胞游离面有明显的纹状缘,电镜观察,纹状缘是由细胞表面密集而规则的微绒毛构成(图 9-16)。每个吸收细胞有微绒毛 2 000~3 000 根,使细胞游离面面积扩大 20 多倍。在微绒毛表面尚有一层细胞衣,由细胞膜镶嵌蛋白的胞外部分组成,可吸附多种消化酶,如双糖酶、肽酶、胰淀粉酶、胰蛋白酶等,是消化食物的重要部位。胞质中尚有丰富的线粒体和滑面内质网,一些粗面内质网和高尔基复合体(图 9-17)。此外,微绒毛的细胞膜尚有某些特殊受体,有利于相应物质的吸收。相邻细胞顶部之间由紧密连接等构成连接复合体,可阻止肠腔内物质从细胞间隙进入组织,保证选择性吸收的进行。吸收细胞的主要功能是吸收已消化的营养物质。上皮细胞更新周期一般为 5~6 天,上皮细胞脱落后,由小肠腺的未分化细胞增殖补充。

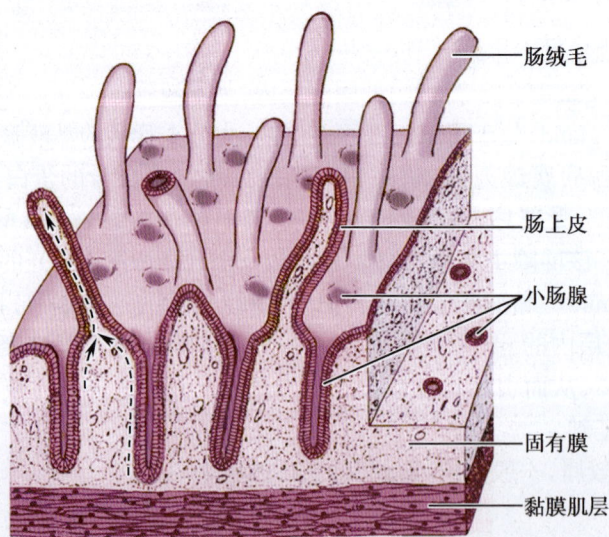

图 9-12　小肠黏膜立体模式图

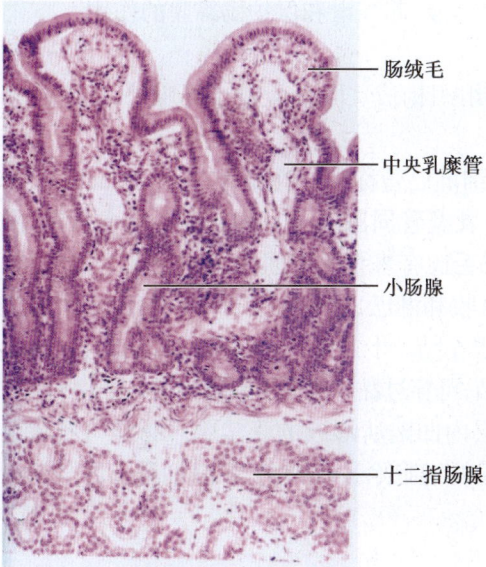

图 9-13 十二指肠 低倍

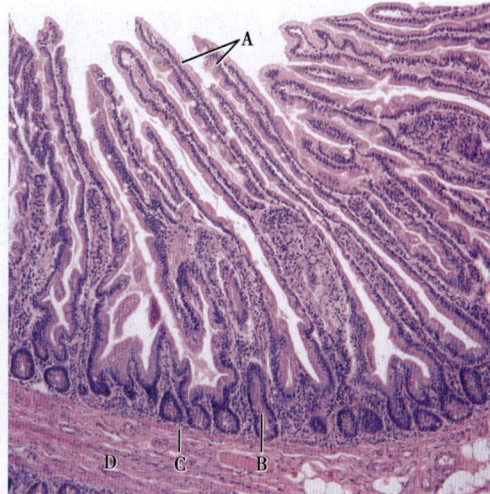

肠绒毛

中央乳糜管

小肠腺

十二指肠腺

图 9-14 空肠 低倍
A:肠绒毛;B:小肠腺;C:黏膜肌层;D:黏膜下层

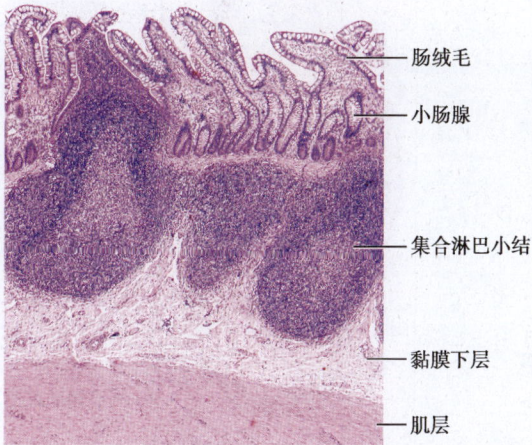

图 9-15 回肠 低倍

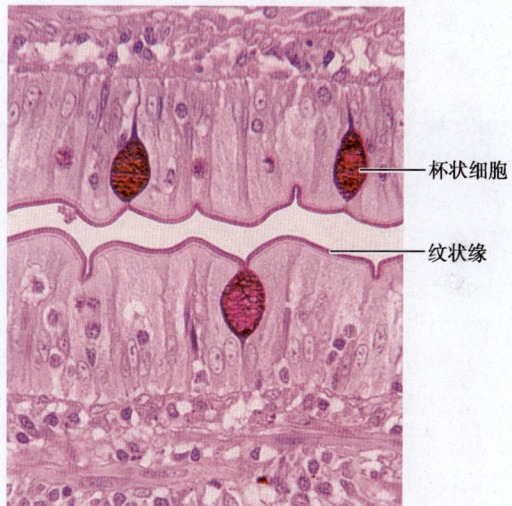

肠绒毛

小肠腺

集合淋巴小结

黏膜下层

肌层

图 9-16 小肠吸收细胞纹状缘
PAS+苏木精染色 高倍

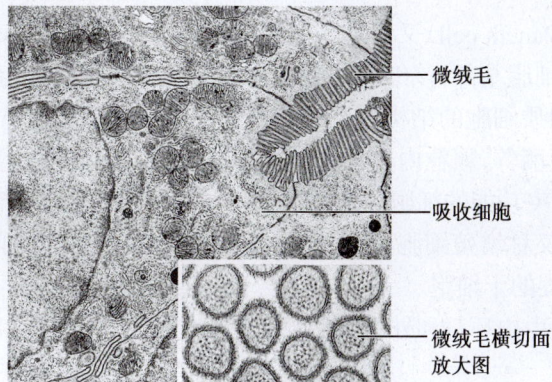

杯状细胞

纹状缘

图 9-17 小肠上皮吸收细胞电镜像 ×12 000

微绒毛

吸收细胞

微绒毛横切面
放大图

（2）杯状细胞：散在分布于吸收细胞之间，分泌黏液，起润滑和保护肠黏膜的作用。

（3）内分泌细胞：见本章第九节。

2. 固有层 由富含血管、淋巴管的细密结缔组织构成。除含大量小肠腺外，还有较多的淋巴细胞、浆细胞、巨噬细胞和肥大细胞等。

肠绒毛中轴的固有层内含有 1~2 条纵行的毛细淋巴管称**中央乳糜管**（central lacteal），肠上皮吸收的脂肪微粒主要经中央乳糜管运送。在乳糜管周围有丰富的有孔毛细血管网，肠上皮吸收的氨基酸与单糖等主要经此入血。肠绒毛还有来自黏膜肌层的少数平滑肌纤维，它可使肠绒毛产生收缩运动，以利于营养物质的吸收和淋巴、血液的运行（图 9-18）。

固有层内除有大量分散的淋巴细胞外，尚有淋巴小结。十二指肠和空肠内多为孤立淋巴小结，回肠则多为若干淋巴小结聚集形成集合淋巴小结，可穿过黏膜肌层至黏膜下层（图 9-15）。

小肠腺（intestinal gland）是小肠上皮向固有层内凹陷所形成的管状腺。肠腺与肠绒毛上皮是连续的，故肠腺直接开口于肠腔。构成肠腺的细胞除吸收细胞、杯状细胞及内分泌细胞外，还有帕内特细胞、未分化细胞（图 9-19）。

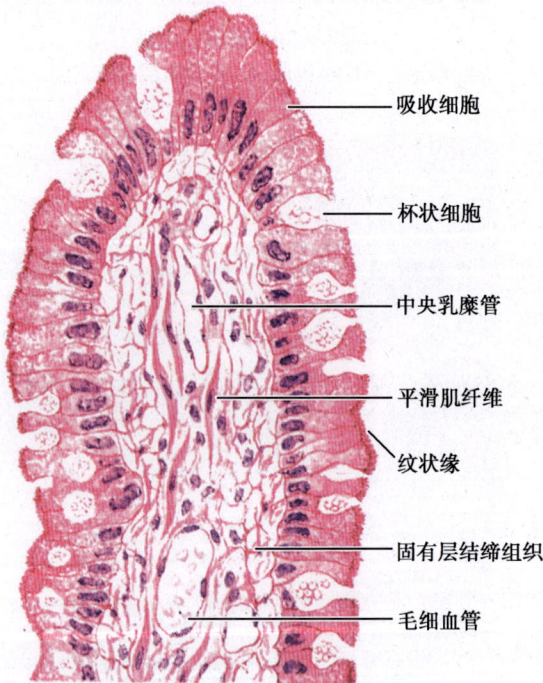

图 9-18　小肠绒毛纵切面模式图

吸收细胞

杯状细胞

中央乳糜管

平滑肌纤维

纹状缘

固有层结缔组织

毛细血管

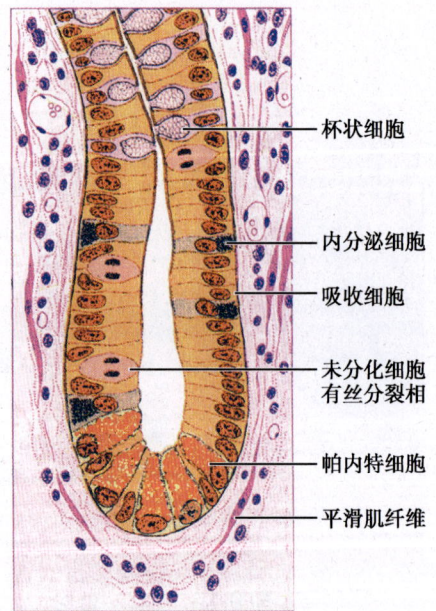

图 9-19　小肠腺模式图

杯状细胞

内分泌细胞

吸收细胞

未分化细胞有丝分裂相

帕内特细胞

平滑肌纤维

帕内特细胞（Paneth cell）又名潘氏细胞，位于肠腺基部，常三五成群，细胞较大，呈锥体形，核卵圆形位于细胞基部，该细胞最显著的特征是顶部胞质含粗大的嗜酸性分泌颗粒，电镜下具有分泌蛋白质细胞的结构特点。帕内特细胞分泌颗粒含有与防御功能有关的蛋白，包括防御素和溶菌酶等，颗粒内容物释放入小肠腺腔，对肠道微生物有杀灭作用，故帕内特细胞是一种具有免疫功能的细胞。

未分化细胞（又称增殖细胞）位于肠腺基部，夹在其他细胞之间。细胞较小，呈柱状，胞质嗜碱性，是肠上皮的干细胞。

3. 黏膜肌层 由内环行和外纵行两层平滑肌组成。

（二）黏膜下层

由疏松结缔组织构成，内含较大的血管、淋巴管和神经丛。在十二指肠含有十二指肠腺，为黏液腺,分泌碱性黏液,可保护十二指肠黏膜免受酸性胃液和胰液的消化和侵蚀(图 9-13)。

(三)肌层

由内环行和外纵行两层平滑肌组成。

(四)外膜

除十二指肠后壁为纤维膜外,其余小肠均覆以浆膜。

七、大肠

大肠分为盲肠、阑尾、结肠、直肠和肛管,主要功能是吸收水分和电解质,将食物残渣形成粪便。

(一)盲肠、结肠与直肠

这三部分肠管的结构基本相似。

1. 黏膜 表面光滑,无肠绒毛。上皮是单层柱状上皮,杯状细胞很多,分泌黏液以润滑黏膜。固有层中含有大量直管状肠腺,肠上皮除柱状细胞和杯状细胞外,在腺体底部有少量未分化细胞及内分泌细胞,但无帕内特细胞。固有层内尚有散在的孤立淋巴小结,并常常可伸入至黏膜下层。

2. 黏膜下层 为疏松结缔组织,内有血管、淋巴管及较多的脂肪细胞。

3. 肌层 由内环行和外纵行平滑肌构成。外纵肌顺大肠长轴集中成三条厚的平滑肌束,称结肠带,带间的纵行肌很薄。

4. 外膜 大部分是浆膜,常含有大量脂肪组织,形成肠脂垂(图 9-20)。

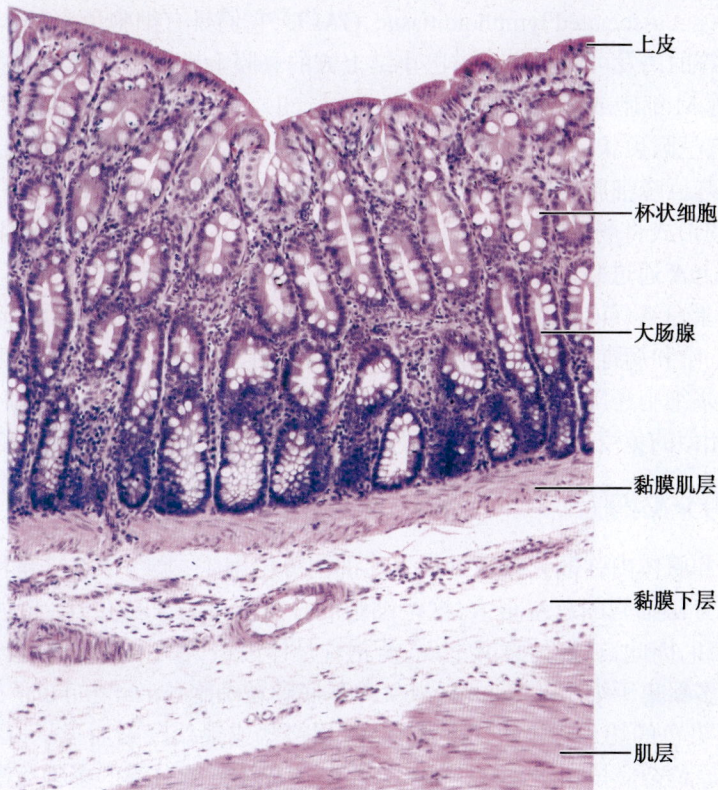

图 9-20 结肠(横切面) 低倍

（二）阑尾

阑尾与大肠结构相似。肠腔狭窄而不规则，固有层中肠腺短而稀少。有丰富的淋巴组织并形成许多淋巴小结，是阑尾最显著的组织学特征，淋巴组织常穿入黏膜下层，使黏膜肌层不完整。肌层很薄，外覆浆膜（图9-21）。

（三）肛管

在齿状线以上的肛管黏膜结构和直肠相似，但在齿状线处，黏膜上皮渐由单层柱状上皮变为未角化的复层扁平上皮，大肠腺及黏膜肌层消失。白线以下为角化的复层扁平上皮，含有许多色素。近肛门处的固有层中有环肛腺，属于顶浆分泌的顶泌汗腺。黏膜下层由富于弹性纤维的结缔组织组成。其中富含血管网，尤其是静脉丛，无静脉瓣，易发生淤血、曲张而形成痔。肌层由内环、外纵两层平滑肌构成，内环肌在肛管处增厚形成肛门内括约肌。在肛门缘处外纵肌外侧的骨骼肌形成肛门外括约肌。

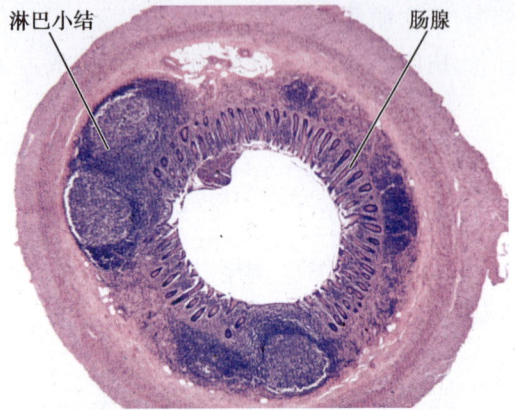

图 9-21　阑尾（横切面）　低倍

八、消化管的淋巴组织

消化管的黏膜经常受外来的抗原物质如细菌、病毒及其他的大分子有害物质的侵袭。消化管黏膜内，尤其是咽、回肠和阑尾黏膜内含有丰富的淋巴组织，它们与其表面上皮共同形成一道防线，对抗原物质进行免疫应答，可防御有害物质的侵害。消化管的淋巴组织总称为**肠相关淋巴组织**（gut associated lymphoid tissue，GALT），它们具有细胞免疫和体液免疫功能。

黏膜免疫应答的诱发可能与集合淋巴小结上方的黏膜上皮有关。该处上皮内有一种特殊类型的细胞，称 M 细胞或**微皱褶细胞**（microfold cell）。M 细胞是抗原从管腔进入集合淋巴小结的通道，它呈圆顶状，形似一钟罩，细胞基底面向顶部深陷，形成一个凹形的中央腔，其内有淋巴细胞与巨噬细胞。细胞的游离面常有微皱褶，M 细胞有摄取抗原和传递抗原的作用，它以囊泡的形式将肠腔内的抗原转运并传递给下方的 B 细胞，后者转化为浆细胞后可产生抗体 IgA，IgA 通过黏膜上皮时与上皮细胞产生的糖蛋白载体——分泌片相结合，形成分泌型免疫球蛋白 A（sIgA），释放至上皮表面的细胞衣内，sIgA 可与抗原特异性结合，从而抑制细菌增殖、中和病毒，降低抗原物质与上皮细胞的黏着和进入，以免疫排除方式保护肠黏膜。部分幼浆细胞还随血液进入唾液腺、呼吸道黏膜、女性生殖道黏膜和乳腺等部位，产生 sIgA，发挥相似的免疫作用，使消化管免疫成为全身免疫的一部分（图9-22）。

九、胃肠内分泌细胞

胃肠的上皮和腺体内弥散分布着种类繁多的内分泌细胞，尤以胃幽门部和十二指肠上段为多。胃肠内分泌细胞的总量很大，这些细胞的总量估计为 3×10^9 个，超过体内其他内分泌腺细胞的总和，因此，在某种意义上说，消化管是体内最大的内分泌器官。由于这些细胞内的分泌颗粒多聚集于细胞的基底部，故又称**基底颗粒细胞**（basal granular cell）。胃肠内分泌细胞在 H-E 染色的切片标本上不易辨认，可用铬盐或银盐浸染而显示，目前主要应用免疫组织化学和原位杂交技术研究这些细胞。胃肠内分泌细胞分泌的多种激素统称**胃肠激素**（gut hormone），该类激素一方面具有协调胃肠道自身的运动和分泌功能，同时对机体其他系统和器官的功能活动也有重要调节作用。

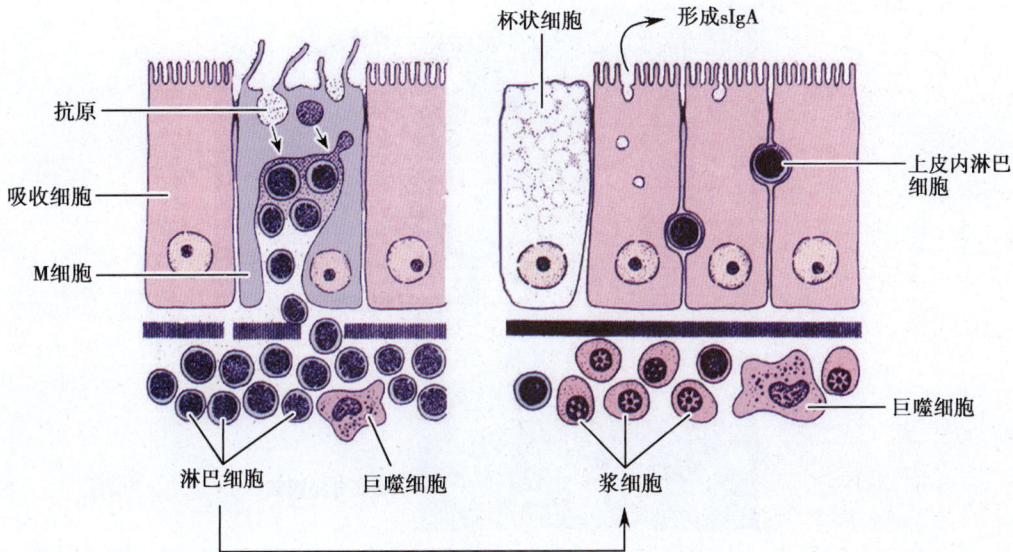

图 9-22　消化管淋巴组织的免疫功能示意图

已知胃肠激素有 30 余种,但已明确组织学定位的有 10 余种(表 9-1)。胃肠的内分泌细胞一般可分为两种类型:①"**开放型**"(open type),此类细胞呈锥体形、卵圆形或柱状,细胞大多基部膨大而顶部狭窄,顶部可伸达管腔,人的消化管大部分内分泌细胞属此型。电镜下,开放型内分泌细胞游离面有微绒毛伸向管腔,能感受肠管内食物、消化液及酸碱度变化的刺激。②"**封闭型**"(closed type),这类细胞的顶端不暴露于肠腔,而被其他细胞所遮盖,细胞基部常沿基底膜伸出突起与相邻细胞接触,此型细胞主要是感受局部组织内环境的变化和肠腔内容物压力的刺激。

胃肠内分泌细胞的颗粒含肽或胺类激素,大部分以内分泌方式从基底面释出,经血液循环运送并作用于靶细胞,少部分则可通过旁分泌方式直接或通过组织液作用于邻近的靶细胞,调节靶细胞的功能(图 9-23、图 9-24)。

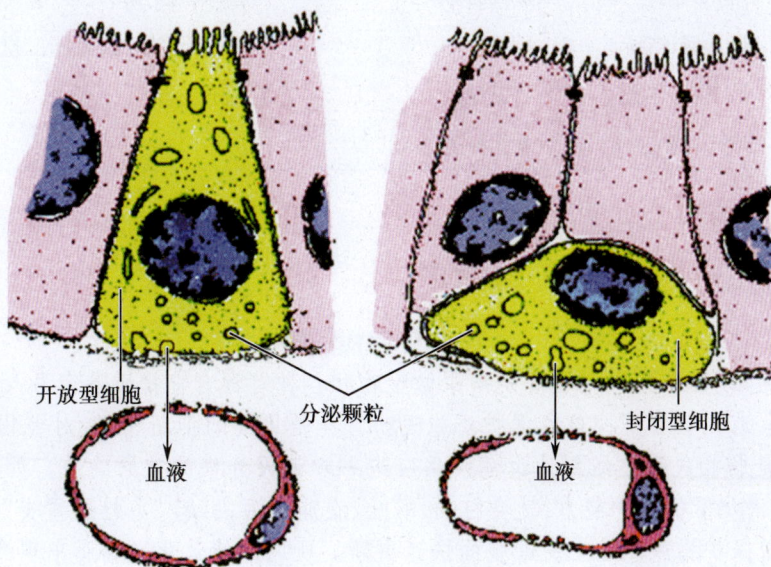

肠道微生物

图 9-23　胃肠内分泌细胞模式图

141

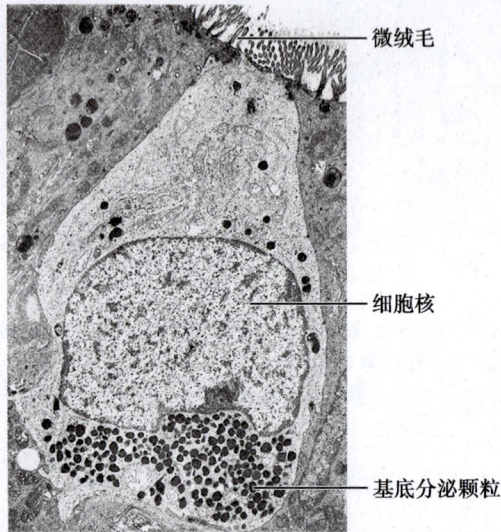

图 9-24 十二指肠内分泌细胞电镜像 ×7 000

表 9-1 胃肠胰内分泌细胞

细胞名称	分布部分	产物	主要作用
G 细胞	幽门、十二指肠	胃泌素、脑啡肽	促使胃腺分泌盐酸
D 细胞	幽门、十二指肠	生长抑素	抑制胃酸及胰岛 A、B 细胞分泌
EC 细胞	胃、小肠、结肠	5-羟色胺、P 物质	增加胃肠运动、扩张血管,促进胃液分泌和肠蠕动
I 细胞	十二指肠、空肠	胆囊收缩素、促胰酶素	促使胆汁与胰酶分泌
S 细胞	十二指肠、空肠	胰泌素	增加胰导管分泌水和 HCO_3^-、中和胃酸
K 细胞	空肠、回肠	抑胃肽	抑制胃酸分泌
L 细胞	小肠、大肠	肠高血糖素	促进肝糖原分解
PP 细胞	胃、小肠、结肠	胰多肽	抑制胃肠运动和胰酶分泌、松弛胆囊
M 细胞	十二指肠、空肠、	胃肠动素	增强肠管运动
N 细胞	空肠、回肠、大肠	神经降压肽	延长胃肠排空

📖 知识拓展

消化管的自我保护

俗话说"病从口入",消化管是病原微生物和各种有毒有害物质最容易入侵的门户之一。那么消化管有哪些自我保护措施呢?首先是胃酸的抑菌作用,对食物进行"消毒";其次是肠相关淋巴组织通过免疫反应进一步消灭外来的抗原物质。如果暴饮暴食,超出了消化管的保护能力,就会打嗝、呕吐、腹痛腹泻,引起"急性肠胃炎"。消化管还有第三道保护措施——上皮细胞的快速更新。所以即使消化道黏膜出现感染,如果及时减轻消化管的负担,也可以通过更新上皮细胞而痊愈。

为了更有效地吸收营养物质,消化管中富含中央乳糜管和有孔毛细血管,但这两种结构也极易造成病原微生物入侵。怎么解决这个问题呢？中央乳糜管中的淋巴流入肠系膜淋巴结进行滤过，然后再汇入静脉；而有孔毛细血管中的血液汇入门静脉后，进入肝脏解毒，然后汇成肝静脉出肝。所以说，消化系统具有自身有效的自我保护措施。

第二节 消 化 腺

消化腺分两种，一种是位于消化管管壁内的小消化腺，如胃腺和肠腺等；另一种是位于消化管之外，借导管开口于消化管管腔的大型消化腺，如大唾液腺、胰腺和肝。消化腺能分泌消化液，消化食物，有的还具有内分泌等其他功能。

大消化腺实质由分泌部和导管组成，表面有结缔组织被膜，被膜伸入腺实质，将腺分成若干小叶，血管、淋巴管和神经也随同进入腺内。

一、唾液腺

唾液腺分为小唾液腺和大唾液腺两类，小唾液腺如唇腺、颊腺和腭腺等，主要分布于口腔黏膜固有层。大唾液腺有腮腺、下颌下腺及舌下腺各一对，分泌物经导管排入口腔。大唾液腺均为复管泡状腺，腺实质由腺泡和导管构成。腺泡有浆液腺泡、黏液腺泡和混合腺泡。唾液腺的导管反复分支，起始端与腺泡相连，称**闰管**（intercalated duct）。闰管管壁为单层扁平或立方上皮；闰管汇集成**分泌管**（secretory duct），也称纹状管（striated duct），管壁为单层柱状上皮，胞质嗜酸性；分泌管汇合成小叶间导管，初为单层柱状上皮，后变为假复层柱状上皮，最后汇合成一条或几条总导管，开口于口腔。近口腔处导管壁上皮变为复层扁平状，与口腔上皮相延续。

（一）腮腺
为浆液性腺，闰管较长，有分泌管。分泌物含唾液淀粉酶。

（二）下颌下腺
为混合性腺，以浆液腺泡为主，黏液腺泡与混合腺泡较少。闰管较短，分泌管较长。分泌物含淀粉酶和黏液（图 9-25）。

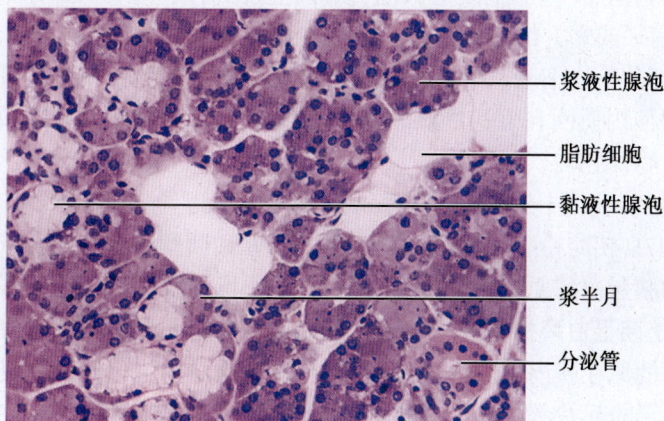

图 9-25　唾液腺　高倍

（标注：浆液性腺泡　脂肪细胞　黏液性腺泡　浆半月　分泌管）

（三）舌下腺

为混合性腺，以黏液腺泡和混合腺泡为主，浆半月多见。无闰管，分泌管也较短。分泌物以黏液为主。

大、小唾液腺的分泌物构成唾液，含水分、盐类、黏液、酶和免疫球蛋白等。唾液主要功能是润滑口腔、湿润食物、初步分解淀粉、参与防御反应和免疫应答等。

二、胰腺

胰腺表面包有结缔组织被膜，被膜伸入腺实质，将胰腺分成许多小叶。胰腺实质由外分泌部和内分泌部构成（图9-26）。外分泌部是消化腺，分泌胰液，在食物消化中起重要作用。内分泌部分泌激素，主要参与糖代谢。

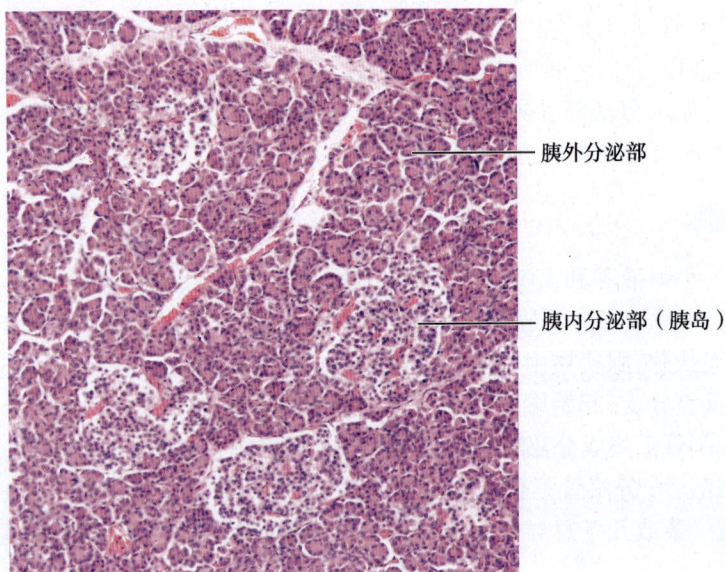

图 9-26　胰腺　低倍

胰外分泌部

胰内分泌部（胰岛）

（一）外分泌部

外分泌部（exocrine portion）为浆液性复管泡状腺，由腺泡和导管构成。

1. 腺泡　由一层锥体形的腺泡细胞构成，外有基膜，但无肌上皮细胞。光镜下腺泡细胞核圆形，位于细胞基部；基部胞质嗜碱性，顶部胞质因有酶原颗粒，H-E染色呈嗜酸性。腺泡腔内可见数个扁平或立方细胞，着色较淡，称**泡心细胞**（centroacinar cell），它们是伸入腺泡腔内的闰管起始部的上皮细胞。电镜下腺泡细胞具有典型的蛋白质分泌细胞的超微结构特点，可见丰富的粗面内质网和发达的高尔基复合体以及酶原颗粒。酶原颗粒聚集在细胞顶部，内含多种消化酶（图9-27、图9-28）。

胰腺每天分泌胰液约1 500ml，因含大量碳酸氢盐而呈弱碱性，能中和进入十二指肠的胃酸。胰液中含丰富胰淀粉酶、胰脂肪酶、胰蛋白酶原和胰糜蛋白酶原等。其中有的酶以酶原的形式分泌，如胰蛋白酶原和胰糜蛋白酶原，进入小肠后被肠肽酶激活成有活性的酶。胰腺泡细胞还可分泌**胰蛋白酶抑制因子**（trypsin inhibitor），防止胰蛋白酶原在胰腺被激活。若缺失，可致胰蛋白酶原在胰内被激活，分解消化自身组织而发生急性胰腺炎。

2. 导管　导管的起始部称闰管，由单层扁平或立方上皮构成，一端伸入腺泡腔形成泡心细胞，另一端逐渐增粗，在小叶内汇合形成单层立方上皮的小叶内导管，在小叶间汇成单层柱状上皮的小叶间导管,最后汇集成一条主导管,在胰头部与胆总管汇合,开口于十二指肠乳头(图9-28)。主导管为单层高柱状上皮,杯状细胞较多。导管主要是输送胰液,导管上皮细胞(包括泡心细胞)还可分泌大量的水和电解质。

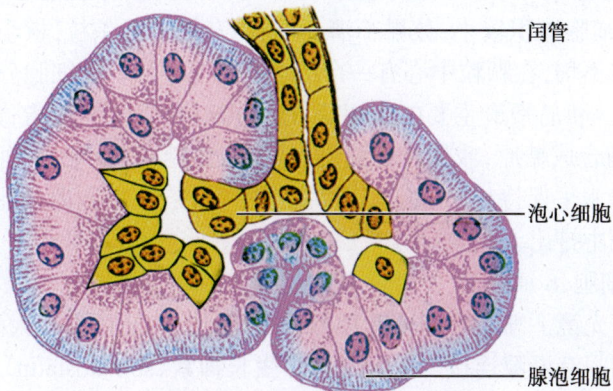

图 9-27　胰腺外分泌部模式图

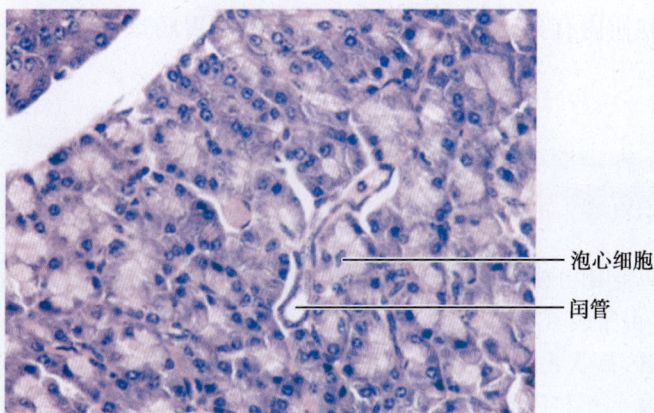

图 9-28　胰腺外分泌部　高倍

(二) 内分泌部

内分泌部(endocrine portion)也称**胰岛**(pancreas islet),是散布于腺泡之间大小不等的细胞团,约有100万个,占胰总体积的1%~2%。胰岛的细胞数目不定,由数个至数百个细胞组成,细胞排列呈团、索状,细胞之间有丰富的有孔毛细血管。胰岛主要有A、B、D、PP四种细胞,H-E染色着色浅,不易区分,用特殊染色或免疫组织化学法可进行鉴别(图9-26、图9-29)。

1. A细胞(甲细胞,α细胞)　约占胰岛细胞总数的20%,多分布于胰岛的周边部。光镜下细胞体积较大,呈多边形,胞质内含有粗大的分泌颗粒,核呈圆形。电镜观察,分泌颗粒呈圆形,颗粒有致密核心。胞质中有粗

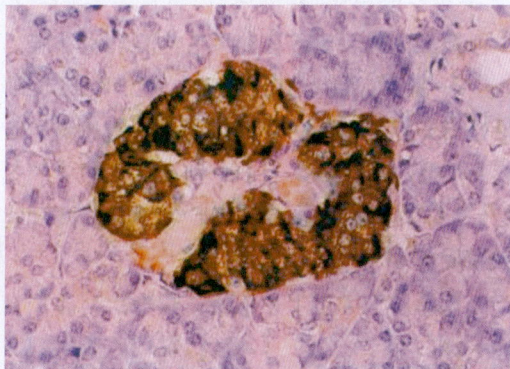

图 9-29　胰岛光镜图
辣根过氧化物酶标记示B细胞,呈棕黑色

面内质网和游离核糖体。A 细胞分泌**高血糖素**（glucagon），故又称高血糖素细胞。高血糖素是一种小分子多肽，它能促进肝细胞、肌纤维等糖原分解为葡萄糖，并抑制糖原合成，使血糖升高。

2. B 细胞（乙细胞，β 细胞） 为胰岛的主要细胞，约占胰岛细胞总数的 70%，多分布于胰岛中央。光镜下细胞体积较小，分界不清，胞质内有细小的颗粒，核小，圆形。电镜观察，颗粒大小不一，分布不均，在颗粒中心有一个或多个结晶小体。B 细胞分泌**胰岛素**（insulin），故又称胰岛素细胞。胰岛素最主要的作用是促进肝细胞、肌纤维和脂肪细胞等吸收血液中的葡萄糖，将葡萄糖合成糖原，或转化为脂肪，从而使血糖降低。在高血糖素和胰岛素协同作用下，机体的血糖水平保持相对稳定。若胰岛发生病变，B 细胞退化，胰岛素分泌不足，可致血糖增高，并从尿中排出，即为糖尿病。

3. D 细胞（丁细胞，δ 细胞） 数量较少，约占胰岛细胞总数的 5%，多分布于胰岛周边部的 A、B 细胞之间。光镜下细胞为卵圆或梭形，核卵圆形，胞质内可见大量颗粒。电镜观察，D 细胞与 A、B 细胞间有缝隙连接。D 细胞分泌**生长抑素**（somatostatin），以旁分泌的方式或经缝隙连接直接作用于邻近的 A 细胞、B 细胞和 PP 细胞，抑制这些细胞的分泌。

4. PP 细胞 胰岛内还存在分泌**胰多肽**（pancreatic polypeptide，PP）的细胞，称为 PP 细胞。细胞数量很少，主要分布于胰岛周边部，还可见于外分泌部的导管上皮内和腺泡细胞间。光镜下胞质内有分泌颗粒。胰多肽具有抑制胃肠运动、胰液分泌和胆囊收缩等功能。

知识拓展

胰岛 B 细胞瘤

胰岛 B 细胞瘤是由胰岛 B 细胞形成的具有分泌功能的腺瘤或癌，90% 属良性。该病临床少见，但由于表现复杂，病初低血糖发作时常仅出现头昏、乏力等症状，有时休息后可自行缓解，症状无特异性，不易引起患者重视。临床上也容易误诊或漏诊。发病后期可因肿瘤生长和胰周浸润及远处转移引起如腹痛、消瘦、黄疸等症状。因该病反复发生低血糖，尤其是未察觉的低血糖可使患者致残致死，且少数胰岛 B 细胞瘤可出现癌变，故早期诊治对于改善患者的预后具有重要意义。胰岛 B 细胞瘤常有典型的 Whipple 三联征表现，即低血糖症状、昏迷及精神神经症状，空腹或劳动后易发作。诊断上尤其要警惕无明显症状的低血糖，系统掌握患者各种临床表现，排除其他导致低血糖的原因，通过既往病史、临床症状和实验室检查来进行诊断。

三、肝

肝是人体最大的腺，肝细胞分泌的胆汁经胆管进入十二指肠，参与脂类物质的消化吸收，故通常将肝列为消化腺。但肝具有不同于其他消化腺的结构和功能，肝可合成蛋白质等多种物质，参与糖、脂类、激素和药物等代谢，并有防御、造血和解毒等功能，故肝功能远远超过消化腺的范畴。

肝为实质性器官，表面覆有致密结缔组织被膜，被膜大部分为浆膜。肝门部的被膜随血管和肝管的分支伸入肝实质，构成肝的支架，并将肝脏分隔成 50 万 ~100 万个的肝小叶，肝小叶之间结缔组织和管道汇集的区域为门管区（图 9-30）。

（一）肝小叶

肝小叶（hepatic lobule）是肝的基本结构单位,呈多角棱柱体,横切面为多边形,长约2mm,宽约1mm。人肝小叶周围的结缔组织少,故肝小叶界限不明显。每个肝小叶中央有一条沿其长轴贯行的静脉,称**中央静脉**（central vein）,管壁只有一层内皮细胞围成,管壁上有许多肝血窦的开口。肝细胞以中央静脉为中心,向四周呈放射状排列,形成**肝板**（hepatic plate）,为连续的单层上皮细胞板,彼此吻合成网。肝板切面呈条索状,称肝索。肝小叶的周围有一层环形肝板,此处肝细胞较小,嗜酸性较强,称**界板**（limiting plate）。肝板之间的不规则空隙为**肝血窦**（hepatic sinusoid）,它们经肝板的孔互相连通成网状管道,血窦内血液向心性流入中央静脉。相邻肝细胞膜凹陷形成的微细管道称**胆小管**（bile canaliculi）,互相通连成胆小管网。中央静脉、肝板、肝血窦和胆小管共同组成肝小叶的复杂立体构形（图 9-30~ 图 9-33）。

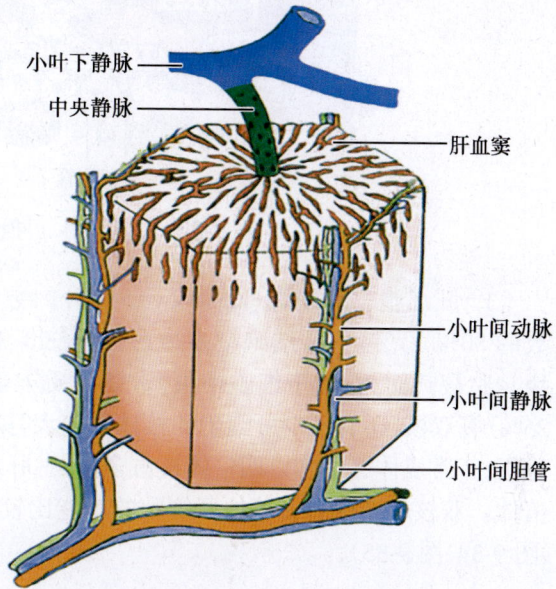

图 9-30 肝小叶立体模式图

小叶下静脉
中央静脉
肝血窦
小叶间动脉
小叶间静脉
小叶间胆管

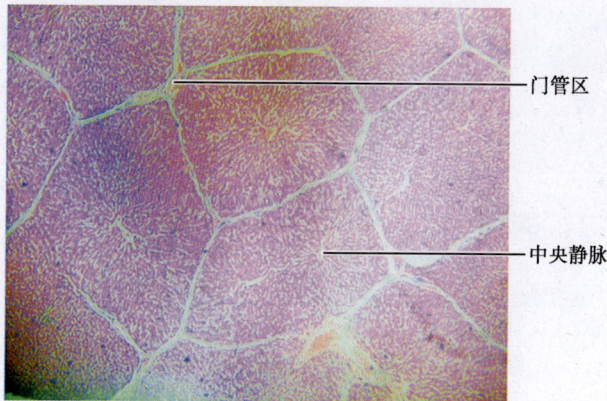

门管区
中央静脉

图 9-31 猪肝 低倍

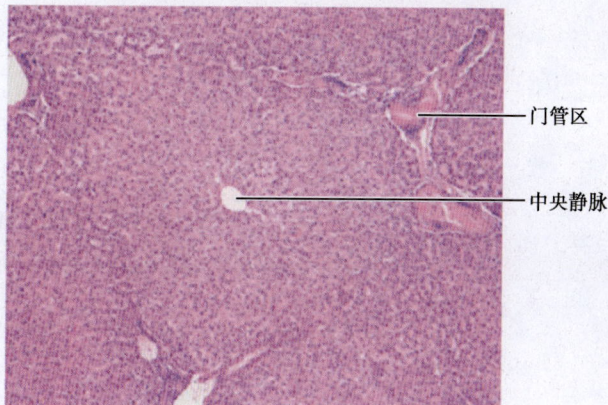

门管区
中央静脉

图 9-32 人肝 低倍

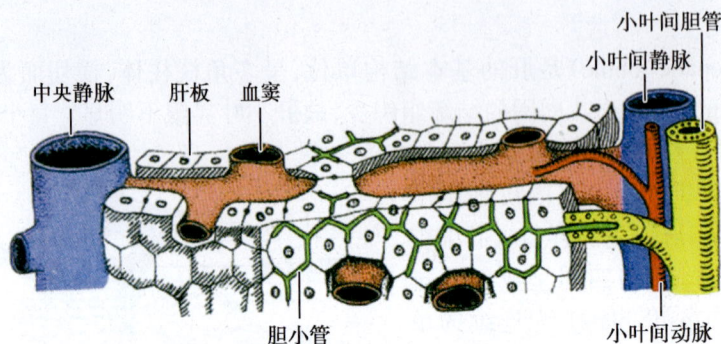

图 9-33　中央静脉、肝板和肝血窦立体模式图

1. 肝细胞　**肝细胞**(hepatocyte)是肝内数量最多,体积最大的细胞,约占肝内细胞总数的 80%。光镜下肝细胞呈多边形,直径 20~30μm,胞质嗜酸性,含散在分布的嗜碱性团块。胞核圆而大,位于细胞中央,常染色质丰富,故着色较浅,核仁清楚。部分肝细胞(约25%)有双核,还有不少肝细胞的核体积较大,染色较深,为多倍体核。肝细胞核 DNA 含量分析,正常成体肝细胞以四倍体核占多数,占肝细胞总数的 70%~80%,还有少量肝细胞为八倍体。双核肝细胞和多倍体肝细胞的功能比较活跃,很可能与肝强大的再生能力密切相关(图 9-34、图 9-35)。

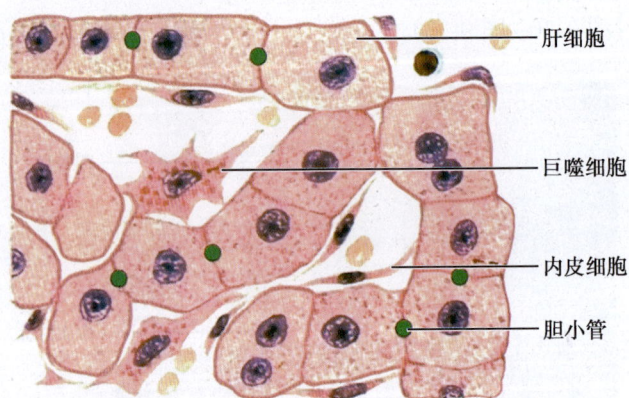

图 9-34　肝索、肝血窦和胆小管结构模式图

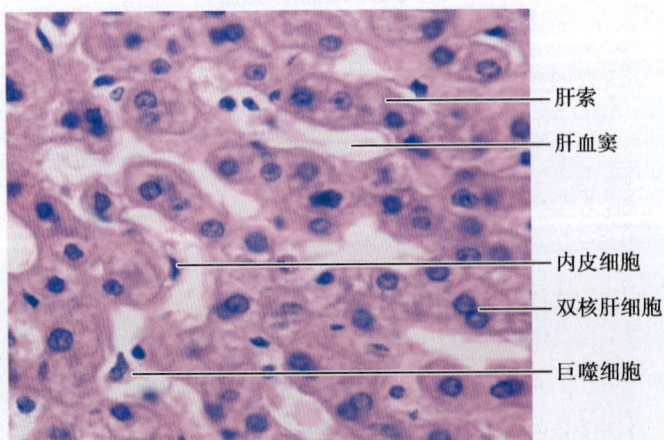

图 9-35　肝小叶(局部) 高倍

电镜观察可见肝细胞各种细胞器发达,并含糖原与脂滴等包含物(图9-36、图9-37)。

(1)线粒体:约占细胞体积的20%,大小不同,多为长杆状,嵴发达,线粒体为细胞的功能活动提供能量。

(2)粗面内质网:粗面内质网(RER)常呈板层状排列成群,是肝细胞合成蛋白质的基地。血浆中的白蛋白、纤维蛋白原和其他血浆蛋白等均在RER的核糖体上合成。

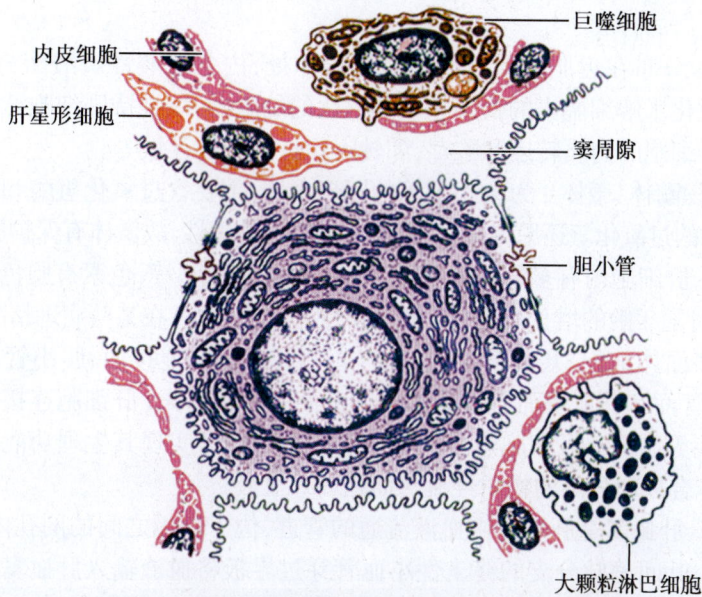

图9-36 肝细胞、肝血窦、窦周隙及胆小管关系模式图

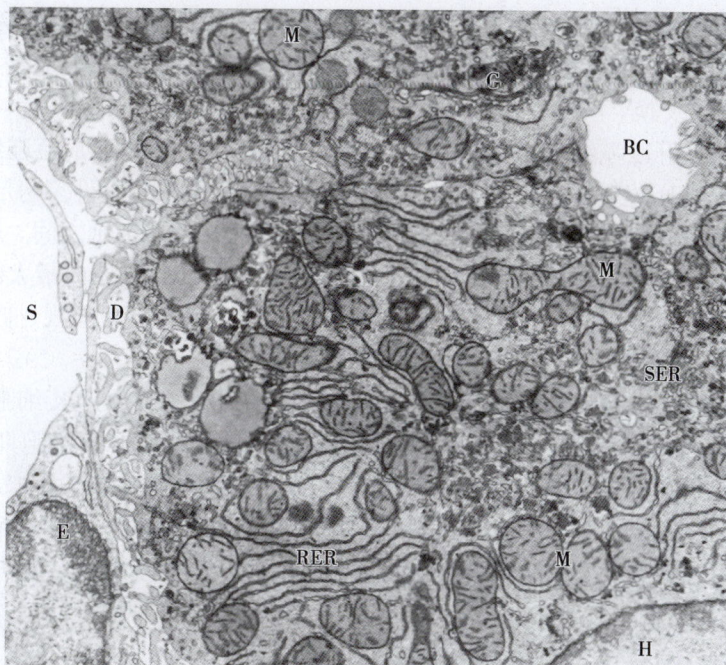

图9-37 肝细胞电镜像 ×9 500

RER:粗面内质网;SER:滑面内质网;G:高尔基复合体;M:线粒体;
E:内皮细胞核;S:肝血窦;D:窦周隙;BC:胆小管;H:肝细胞核

（3）滑面内质网：滑面内质网（SER）呈小泡或小管状，SER 膜上有氧化还原酶、水解酶、转移酶、合成酶等多种酶系分布，行使肝细胞胆汁、甘油三酯和低密度脂蛋白合成，激素和胆红素代谢，类固醇激素的灭活及多种物质的生物转化等功能。此外通过 SER 的酶氧化、还原、水解和结合等过程，对有害物质起解毒作用。

（4）高尔基复合体：高尔基复合体参与肝细胞的分泌活动，RER 合成的蛋白质转移到高尔基复合体进行加工或贮存，然后经运输小泡由血窦面分泌，近胆小管处的高尔基复合体还参与胆汁和脂蛋白的合成。

（5）溶酶体：分布在近胆小管及高尔基复合体处，内含以酸性磷酸酶为主的多种水解酶。溶酶体可消化水解细胞内的代谢物质和退化的细胞器，以维持肝细胞结构的自我更新；溶酶体还参与肝细胞的物质转运和贮存，如转运胆红素和贮存铁等。

（6）过氧化物酶体（微体）：为大小不等的圆形小体，主要含过氧化氢酶和过氧化物酶，能将细胞代谢产生的过氧化氢还原为水，以消除其对细胞的毒性，故微体有保护肝细胞的作用。

（7）包含物：肝细胞内有多种包含物，如糖原、脂滴和色素等，色素有胆色素、含铁血黄素和脂褐素，后者可随年龄的增长而增多。正常肝细胞内脂滴少，在某些病理情况时脂滴增多。

肝细胞为多面体细胞，共有三个功能面：相邻肝细胞的连接面、胆小管面和肝血窦面。电镜观察，胆小管面和肝血窦面有发达的微绒毛使表面积增大；肝细胞连接面有紧密连接、桥粒和缝隙连接等结构。肝细胞通过这三个不同的功能面实现其生理功能，如粗面内质网和高尔基复合体合成和分泌的物质经血窦面释放入血液。

2. 肝血窦　肝血窦是肝小叶内血液流通的管道，位于肝板之间的网孔内，形状不规则。小叶间动脉和小叶间静脉分支的终末性小血管穿过界板将血液输入肝血窦，血窦内血流单向性流动汇入中央静脉。

光镜下窦壁由内皮细胞围成，内皮细胞扁而薄。电镜下，内皮细胞间常有较大间隙，直径 0.1~0.5μm，细胞有许多大小不等的窗孔，呈筛状，窗孔无隔膜，胞质内细胞器少，有丰富的吞饮小泡。内皮外无基膜，仅见散在的网状纤维附着。因此，肝血窦内皮通透性较大，除血细胞和乳糜颗粒外，血浆中各种成分均可通过内皮细胞窗孔和细胞间隙，有利于肝细胞和血浆进行充分的物质交换。

肝血窦内可见肝巨噬细胞和大颗粒淋巴细胞（图 9-34、图 9-36）。**肝巨噬细胞**又称**库普弗细胞**（Kupffer cell），光镜下形态不规则，胞质嗜酸性，电镜下细胞有许多伪足，细胞表面富于皱褶和微绒毛，细胞常以其伪足附于内皮细胞表面或插在内皮细胞之间。胞质内含大量的溶酶体、吞噬体和吞饮泡。肝巨噬细胞来自血液的单核细胞，是体内最大的巨噬细胞群体，可吞噬、清除从胃肠道进入门静脉的细菌和异物；肝巨噬细胞还可监视、抑制和杀伤体内的肿瘤细胞，并能吞噬和清除衰老的红细胞和血小板等。

肝内大颗粒淋巴细胞（hepatic large granular lymphocyte）是肝特有的 NK 细胞（图 9-36）。细胞形态近圆形，表面有短小的伪足样突起，胞质中可见较多的溶酶体。此细胞具有 NK 细胞活性，能溶解和杀伤肿瘤细胞及病毒感染的肝细胞，在防止其他肿瘤肝转移方面也发挥重要作用。

3. 窦周隙　肝血窦内皮细胞与肝细胞之间存在狭窄的间隙，宽约 0.4μm，称**窦周隙**（perisinusoidal space）或 Disse 间隙（图 9-36、图 9-37）。由于肝血窦壁通透性大，故窦周隙内充满血浆，肝细胞表面有许多微绒毛伸入窦周隙而浸于血浆中。肝小叶内的窦周隙互相通连，是肝细胞与血液之间进行物质交换的场所。

窦周隙内有一种形态不规则的**贮脂细胞**（fat-storing cell）或称肝星形细胞（hepatic stellate cell，HSC），细胞以突起附于内皮细胞外面或肝细胞之间。H-E 染色不易辨认，用硝酸银或氯化金染色可清楚显示（图 9-36）。电镜下，贮脂细胞胞质内有许多大小不一的脂滴，内含维生素 A,有摄取和贮存维生素 A 的功能。贮脂细胞还可产生纤维和基质,正常情况下细胞处于静止状态。若肝受物理、化学刺激或病毒感染时,贮脂细胞被激活并异常增殖,纤维合成增加,可导致肝硬化。

4. 胆小管　**胆小管**为相邻两个肝细胞之间局部胞膜凹陷形成的微细管道,在肝板内相互连接成网格状。其管径很细,仅 0.5~1μm,在 H-E 染色标本中不易看到,镀银染色可见。电镜下肝细胞胆小管面有微绒毛伸入管腔,胆小管两侧相邻肝细胞膜彼此贴近,并形成由紧密连接和桥粒组成的连接复合体封闭胆小管,防止胆汁进入肝血窦。胆小管近中央静脉处是盲端,肝细胞分泌的胆汁进入胆小管,由小叶中央流向小叶边缘,连接于肝闰管,肝闰管离开小叶边缘后汇入小叶间胆管。当肝发生炎症、坏死或胆道阻塞时,胆小管正常结构被破坏,胆汁可溢入窦周隙并进入肝血窦,导致**黄疸**(图 9-37、图 9-38)。

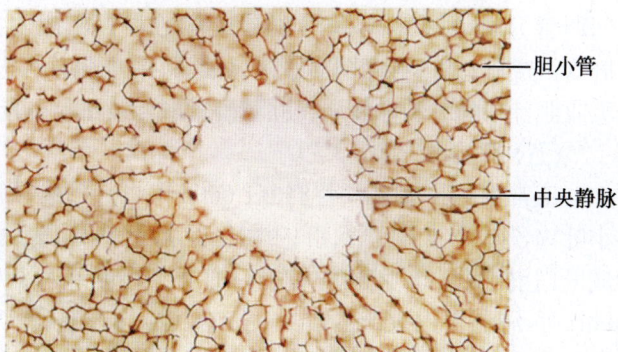

夜盲症与贮脂细胞

图 9-38　胆小管　镀银染色　低倍

胆小管

中央静脉

(二) 门管区

门管区(portal canal area) 又称汇管区,指分布于相邻肝小叶之间的结缔组织及其内伴行的三种管道,即小叶间动脉、小叶间静脉和小叶间胆管(图 9-30、图 9-33)。每个肝小叶的周围一般有 3~4 个门管区。在门管区的结缔组织中,**小叶间动脉**(interlobular artery)是肝固有动脉的分支,管腔较小,管壁相对较厚,内皮外有几层环行平滑肌;**小叶间静脉**(interlobular vein)是肝门静脉的分支,管腔大而不规则,内皮外仅有少量散在平滑肌;**小叶间胆管**(interlobular bile duct)管壁由单层立方上皮构成,向肝门方向汇合成左、右肝管(图 9-31、图 9-32、图 9-39)。

(三) 肝的血液循环

肝的血液供应丰富,进入肝的血管有门静脉和肝固有动脉。门静脉是肝的功能血管,其血流量占肝内总血流量的 70%~75%,将从胃肠吸收的物质输入肝内进行代谢和加工处理。门静脉入肝后经多次分支形成小叶间静脉,后者在行进中不断分出侧支,其终末支汇入肝血窦,将门静脉血输入肝小叶内。

肝固有动脉是肝的营养血管,其血流量占肝内总血流量的 25%~30%。肝动脉分支形成小叶间动脉,与小叶间静脉伴行,其终末支也汇入肝血窦。因此,肝血窦内含有门静脉和肝动脉的混合血液。肝血窦的血液从小叶周边流向中央,汇入中央静脉,继而汇入小叶下静脉,后者单独走行于小叶间结缔组织内(图 9-28、图 9-30)。小叶下静脉汇合成肝静脉,出肝后连于下腔静脉。

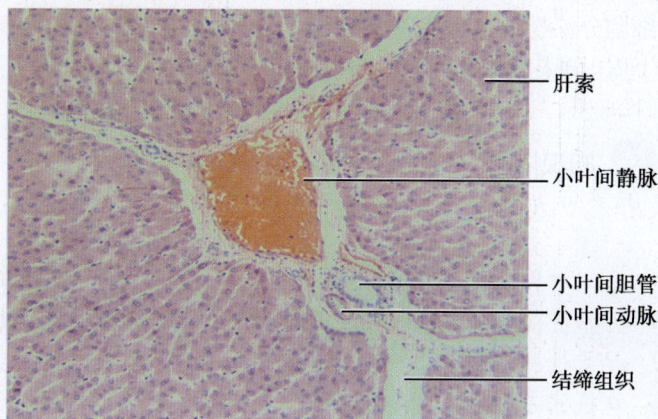

图 9-39　肝门管区　低倍

肝索

小叶间静脉

小叶间胆管

小叶间动脉

结缔组织

门静脉→小叶间静脉↘
　　　　　　　　　　肝血窦→中央静脉→小叶下静脉→肝静脉
肝固有动脉→小叶间动脉↗

肝内血液循环通路

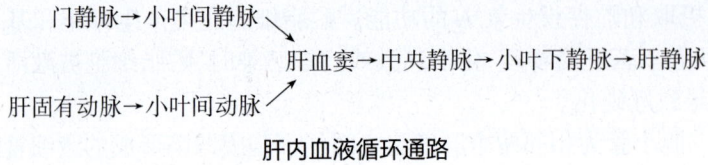

(四) 肝内胆汁排出途径

肝细胞分泌胆汁排入胆小管,胆汁从肝小叶中央流向周边,进入肝闰管,闰管汇入小叶间胆管,小叶间胆管向肝门方向汇集,在肝门汇成左、右肝管出肝(图9-30)。在肝外,左、右肝管汇成肝总管,再经胆囊管进入胆囊,或经胆总管进入十二指肠。肝内胆管上皮细胞可重吸收胆汁中的水和电解质,使胆汁浓缩,上皮细胞还能分泌氯和碳酸氢盐等电解质。

(五) 肝的淋巴液

正常人体肝每天产生 850~1 000ml 淋巴液,胸导管内的淋巴液有 25%~50% 来自肝。肝小叶内没有毛细淋巴管,肝的淋巴液大部分来自窦周隙,继而渗入小叶间淋巴管,然后汇合成肝门淋巴管。被膜和间质的毛细淋巴管也汇入小叶间淋巴管。在肝硬化时,由于肝的血液循环不畅,淋巴液产生增多,可向腹腔漏出,这是形成腹水的主要原因之一。

四、胆囊

胆囊(gall bladder)壁由黏膜、肌层与外膜组成。黏膜有许多高而分支的皱襞突入腔内,胆囊收缩排空时,皱襞高大而分支,充盈时皱襞减少或消失。黏膜上皮为单层柱状上皮,其游离面有大量微绒毛。固有层为结缔组织,含有丰富的小血管、淋巴管及弹性纤维。固有层无腺体,但皱襞之间的上皮常凹入固有层内形成窦状凹陷,称黏膜窦,胆囊扩张时,黏膜窦消失。窦内易有细菌或异物存留,引起炎症。肌层的平滑肌厚薄不一,胆囊底部较厚,体部较薄,呈纵形或螺旋形排列,肌束间弹性纤维较多。胆囊外膜比较厚,大部分为浆膜,与肝连接处为纤维膜(图9-40)。

胆囊有贮存和浓缩胆汁的功能。容量为 40~60ml。胆囊的上皮可吸收胆汁中的水和无机盐,使胆汁浓缩。上皮细胞分泌物中含有黏液,慢性胆囊炎时,上皮出现杯状细胞,胆囊分泌黏液增多。

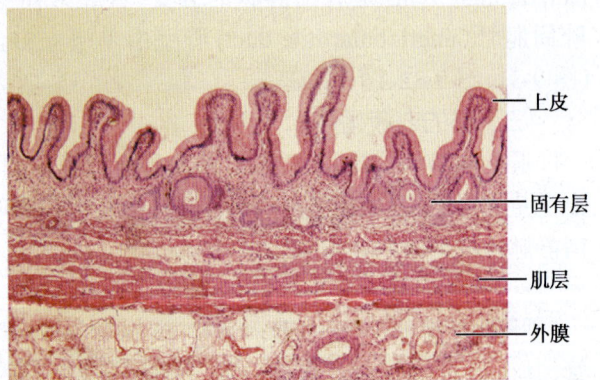

上皮
固有层
肌层
外膜

图9-40　胆囊　低倍

知识拓展

肝神经内分泌肿瘤

肝肿瘤中,以肝细胞癌、肝血管瘤较为常见,肝神经内分泌肿瘤极为罕见。神经内分泌肿瘤(neuroendocrine neoplasm,NEN)是来自机体肽能神经元及神经内分泌细胞的异质性肿瘤类型。神经内分泌细胞遍布机体全身各处,因此神经内分泌肿瘤可以发生在机体任何部位,但 NEN 的原发病灶最常见的是胃、肠、胰腺等消化系统神经内分泌肿瘤,约占所有神经内分泌肿瘤的 2/3。NEN 远处转移较为多见,尤以肝部位最为多见。肝 NEN(HNEN)近年来发病人数有所上升,关于 HNEN 的研究报道数量也逐渐增多,但原发性肝神经内分泌肿瘤临床罕见。根据肿瘤是否具有激素分泌功能和有无出现激素引起的临床症状,将 NEN 分为非功能性(约占 80%)和功能性(约占 20%)两大类。临床检查主要有肿瘤标志物检查、影像学检查、病理学检查和生化指标检查等。治疗手段主要取决于肿瘤的分级、分期、发生部位以及是否具有分泌激素的功能。

学习小结

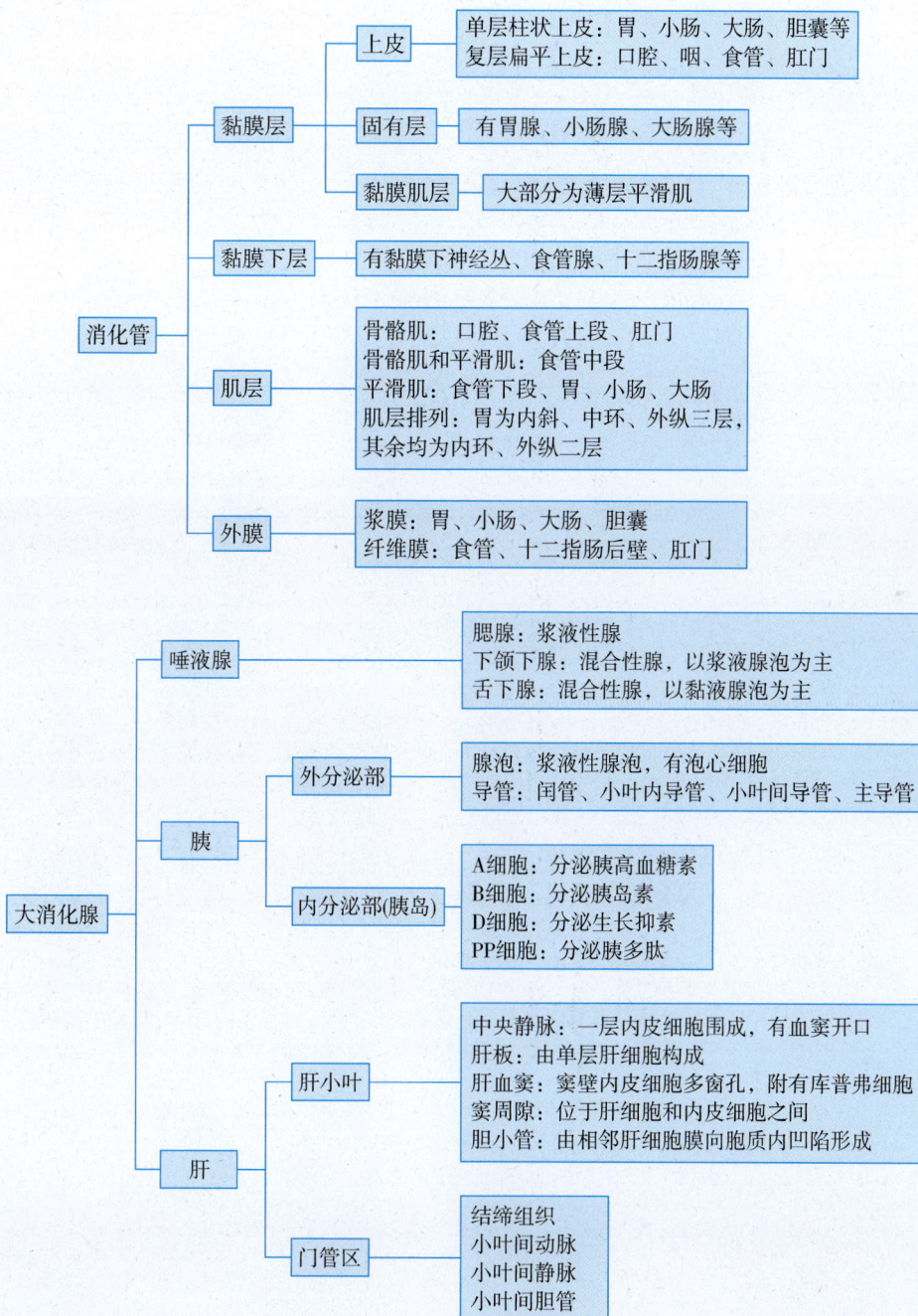

消化管

黏膜层
- 上皮
  - 单层柱状上皮:胃、小肠、大肠、胆囊等
  - 复层扁平上皮:口腔、咽、食管、肛门
- 固有层——有胃腺、小肠腺、大肠腺等
- 黏膜肌层——大部分为薄层平滑肌

黏膜下层——有黏膜下神经丛、食管腺、十二指肠腺等

肌层
- 骨骼肌:口腔、食管上段、肛门
- 骨骼肌和平滑肌:食管中段
- 平滑肌:食管下段、胃、小肠、大肠
- 肌层排列:胃为内斜、中环、外纵三层,其余均为内环、外纵二层

外膜
- 浆膜:胃、小肠、大肠、胆囊
- 纤维膜:食管、十二指肠后壁、肛门

大消化腺

唾液腺
- 腮腺:浆液性腺
- 下颌下腺:混合性腺,以浆液腺泡为主
- 舌下腺:混合性腺,以黏液腺泡为主

胰
- 外分泌部
  - 腺泡:浆液性腺泡,有泡心细胞
  - 导管:闰管、小叶内导管、小叶间导管、主导管
- 内分泌部(胰岛)
  - A细胞:分泌胰高血糖素
  - B细胞:分泌胰岛素
  - D细胞:分泌生长抑素
  - PP细胞:分泌胰多肽

肝
- 肝小叶
  - 中央静脉:一层内皮细胞围成,有血窦开口
  - 肝板:由单层肝细胞构成
  - 肝血窦:窦壁内皮细胞多孔隙,附有库普弗细胞
  - 窦周隙:位于肝细胞和内皮细胞之间
  - 胆小管:由相邻肝细胞膜向胞质内凹陷形成
- 门管区
  - 结缔组织
  - 小叶间动脉
  - 小叶间静脉
  - 小叶间胆管

(许瑞娜 赵飞兰)

扫一扫
测一测

复习思考题

1. 描述胃的组织学结构。
2. 与小肠消化吸收有关的结构都有哪些?
3. 三大唾液腺的腺泡特点与功能如何?
4. 何谓胰岛? 其细胞组成如何? 功能如何?
5. 试述肝小叶的组织结构。

10章PPT

PPT 课件

第十章

呼 吸 系 统

学习目的

能描述鼻、气管和主支气管的形态结构,并根据结构特点理解其功能;能列出肺导气部和呼吸部的组成及各部管壁结构特点,并归纳总结管壁形态结构变化规律;能描述肺泡壁的组成,说出肺泡上皮细胞、肺泡隔、肺巨噬细胞的形态结构,并根据结构特点理解其功能;能知晓气-血屏障的组成,并结合超微结构和功能叙述吸入的空气与血液进行气体的具体过程。

呼吸系统(respiratory system)由鼻、咽、喉、气管、主支气管和肺等器官共同组成,依其结构和功能特点,可分为导气部和呼吸部两部分。从鼻到肺内的终末细支气管为导气部,是气体进出人体的通道;从肺内的呼吸性细支气管至终端的肺泡,为呼吸部,是吸入的空气与血液进行气体交换的主要场所。

第一节　鼻

鼻既是呼吸器官,又是嗅觉器官。鼻内表面为鼻黏膜,由上皮和固有层构成。黏膜深部与软骨、骨或骨骼肌相连,外表为皮肤。根据结构和功能的差异,鼻黏膜可分为前庭部、呼吸部和嗅部。

一、前庭部

前庭部(vestibular portion)为邻近外鼻孔的部分。黏膜上皮自鼻孔外口向内由角化的复层扁平上皮移行为未角化的复层扁平上皮。固有层为较细密的疏松结缔组织,并含有毛囊、皮脂腺与汗腺。前庭部的黏膜生长有鼻毛,能阻挡空气中的尘埃等异物。

二、呼吸部

呼吸部(respiratory region)占鼻黏膜的绝大部分,包括下鼻甲、中鼻甲、鼻道和鼻中隔中下部的黏膜,因富含血管而呈粉红色,为假复层纤毛柱状上皮,杯状细胞较多。分泌物可黏附尘埃颗粒及病原微生物,而纤毛向咽喉部的摆动有助于异物的排出。固有层为疏松结缔组织,内含淋巴组织、黏液腺、浆液腺和混合腺。腺分泌物与杯状细胞分泌物共同形成一层黏液覆盖于纤毛上。此外,固有层中含有丰富的毛细血管,可发挥生理性散热、加温、加湿等功能。

三、嗅部

嗅部（olfactory region）位于鼻中隔上部、上鼻甲及鼻腔顶部。嗅黏膜呈浅黄色，该部上皮为假复层柱状上皮，由嗅细胞、支持细胞和基细胞组成，无纤毛细胞和杯状细胞（图 10-1）。

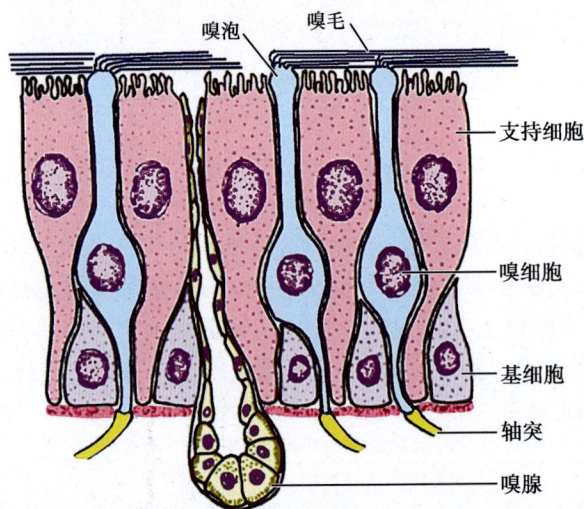

图 10-1　嗅黏膜嗅部上皮模式图

1. 嗅细胞　**嗅细胞**（olfactory）呈长梭形，夹在支持细胞之间，为双极神经元，是唯一存在于上皮内的感觉神经元。细胞核位于细胞中部，着色较浅，其树突细长，伸至上皮表面，末端膨大呈球状称为**嗅泡**（olfactory vesicle）。从嗅泡发出数十根静止纤毛，称为**嗅毛**（olfactory cilia）。嗅毛属于纤毛，但由于其内含的微管主要为单微管，故不能摆动，而呈倒伏状，浸埋于上皮表面的嗅腺分泌物中。在轴突穿过上皮基膜进入固有层时，被一种称为**嗅鞘细胞**（olfactory unsheathing cell）的神经胶质细胞包裹，构成无髓神经纤维，组成嗅神经。嗅细胞可接受化学刺激，传导神经冲动，产生嗅觉。

2. 支持细胞　**支持细胞**（supporting cell）数量最多，细胞呈高柱状，顶部宽大，基部较细，游离面有许多微绒毛。细胞核位于胞质上部，胞质内线粒体较多，常见脂褐素颗粒。细胞侧面与相邻的嗅细胞之间有连接复合体。支持细胞有支持、保护并分隔嗅细胞的作用。

3. 基细胞　**基细胞**（basal cell）呈锥体形，位于上皮基底部，具有干细胞的功能，可增殖分化为支持细胞和嗅细胞。

嗅黏膜固有层为薄层疏松结缔组织，其深部与鼻骨膜相连，固有层内有较多血管、淋巴管和神经，并有许多**浆液性嗅腺**（olfactory gland），又称**鲍曼腺**（Bowman gland）。嗅腺导管细而短，嗅腺腺泡分泌的浆液经导管排出至上皮表面，可溶解气体中的不同化学物质。浆液的分泌还可清洗上皮表面，使嗅细胞对物质刺激保持高度的敏锐性。

第二节　喉

喉以软骨为支架，各软骨之间以韧带和肌肉相连。会厌表面为黏膜，黏膜下为会厌软骨（弹性软骨）。会厌舌面及喉面上部的黏膜上皮为复层扁平上皮，内有味蕾；喉面下部为假复层纤毛柱状上皮。固有层为富含弹性纤维的疏松结缔组织，并有混合腺和淋巴组织（图 10-2）。

喉侧壁黏膜形成上下两对皱襞,上为室襞,下为声襞,两者之间为喉室。室襞黏膜上皮为假复层纤毛柱状上皮,夹有杯状细胞。固有层和黏膜下层为疏松结缔组织,含有许多混合性腺和淋巴组织。喉室的黏膜和黏膜下层的结构与室襞基本相同。声襞即为声带,分为膜部和软骨部。膜部为声襞游离缘,较薄,是声带振动的主要部位,也是息肉、水肿等病变的好发部位;软骨部为声襞的基部。膜部覆有复层扁平上皮,固有层较厚,其浅层疏松,炎症时易发生水肿,深层为致密结缔组织,内含大量弹性纤维,固有层下方为骨骼肌纤维构成的声肌带。声襞软骨部的黏膜表面衬有假复层纤毛柱状上皮,黏膜下层含有混合腺,外连软骨。

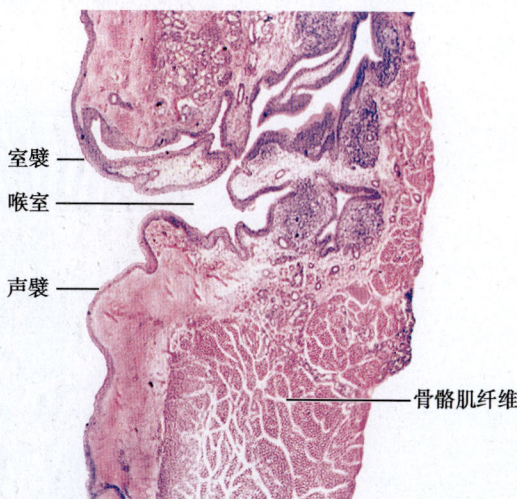

图 10-2 喉(纵切面) 低倍

第三节 气管和主支气管

一、气管

气管管壁由内向外依次可分为黏膜、黏膜下层和外膜三层(图 10-3)。

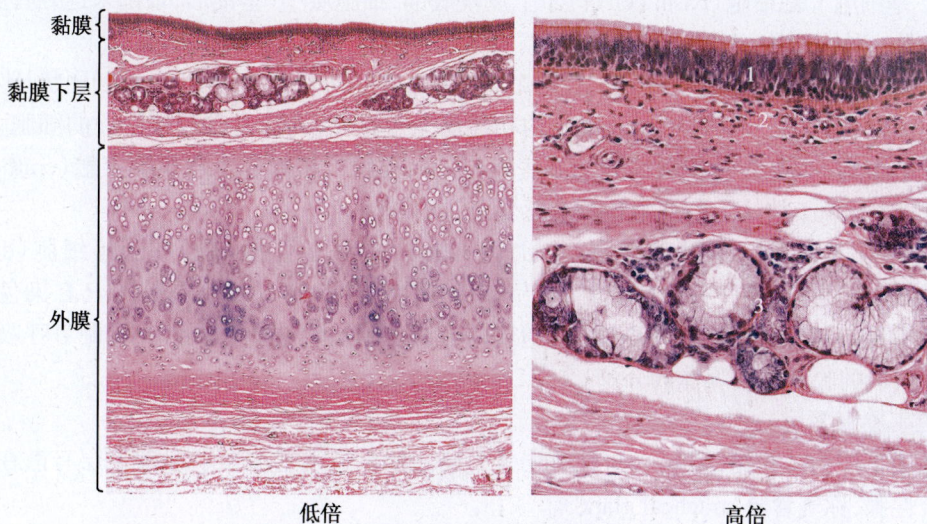

低倍　　　　高倍

图 10-3 气管横切面
1.上皮;2.固有层;3.气管腺

(一) 黏膜

黏膜由上皮和固有层组成,上皮为假复层纤毛柱状上皮,由纤毛细胞、杯状细胞、刷细胞、基细胞和小颗粒细胞组成(图 10-4)。上皮与固有层之间的基膜明显。固有层结缔组织

笔记栏

中有弹性纤维、淋巴组织、浆细胞和肥大细胞等。浆细胞与上皮细胞的分泌物结合形成分泌型 IgA（sIgA），具有免疫防御功能。

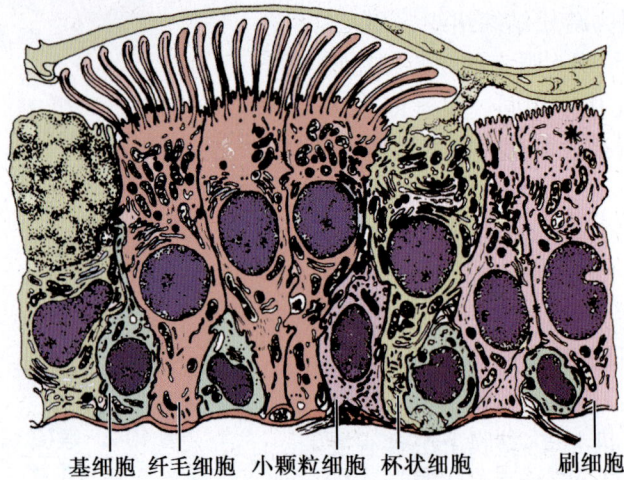

基细胞 纤毛细胞 小颗粒细胞 杯状细胞 刷细胞

图 10-4 气管上皮模式图

1. 纤毛细胞 纤毛细胞（ciliated cell）数量最多，呈柱状，游离面有密集的纤毛，纤毛呈规律的快速摆动，将黏液及其黏附的尘埃和细菌等异物推向咽部咳出，具有清除异物和净化空气的作用。

2. 杯状细胞 杯状细胞（goblet cell）数量较多，细胞形如高脚杯形。其分泌的黏蛋白与混合腺的分泌物在上皮表面构成黏液性屏障，可黏附空气中的异物颗粒，溶解吸入的 SO_2 等有毒气体。

3. 基细胞 基细胞（basal cell）位于上皮基底部，细胞矮小，呈锥形，顶部未达到管腔面。基细胞是一种干细胞，有增殖分化的能力，可分化形成纤毛细胞和杯状细胞。

4. 刷细胞 刷细胞（brush cell）呈柱状，游离面有排列整齐的微绒毛，形如刷状，胞质内粗面内质网发达，无分泌颗粒。此细胞的功能尚无定论，有人认为是过渡阶段的细胞，可分化为纤毛细胞；也有人发现刷细胞的基底面与传入神经末梢形成**上皮树突突触**（epithelium dendritic synapse），故认为刷细胞还具有感受刺激的功能。

5. 小颗粒细胞 小颗粒细胞（small granule cell）属于**弥散神经内分泌细胞**（diffuse neuroendocrine cell）是一种内分泌细胞，呈锥体形，数量少，分布在上皮深部，H-E 染色切片标本中不易与基细胞相区别。电镜下，胞质内有许多膜被致密核芯颗粒。可调节呼吸道和血管平滑肌的收缩及其腺体的分泌。

（二）黏膜下层

黏膜下层为疏松结缔组织，与固有层及外膜之间没有明显界限。黏膜下层有散在分布的混合性腺，称**气管腺**（tracheal gland）。

（三）外膜

主要由 16~20 个 C 字形透明软骨环和疏松结缔组织构成，软骨环之间以弹性纤维构成的膜状韧带连接，软骨环和膜状韧带共同构成管壁的支架；气管后壁为膜性部，内有弹性纤维组成的韧带、平滑肌束和较多的气管腺。咳嗽反射时平滑肌收缩，使气管腔缩小，有助于清除痰液。

二、主支气管

主支气管壁的结构与气管相似,随着管腔变小,管壁变薄,三层分界不明显;C字形透明软骨环逐渐变为不规则的软骨片,而平滑肌纤维逐渐增多,呈螺旋形排列。

第四节 肺

肺表面覆盖以胸膜脏层,为间皮和结缔组织构成的浆膜。肺组织分实质和间质两部分。间质包括结缔组织及血管、淋巴管、神经等。实质即肺内支气管的各级分支及其终末的大量肺泡。主支气管经肺门进入肺内,依次分为叶支气管、段支气管、小支气管、细支气管、终末细支气管、呼吸性细支气管、肺泡管、肺泡囊和肺泡。

主支气管入肺后反复分支呈树枝状,故将肺内分支的各级支气管统称支气管树。其中,从叶支气管到终末细支气管称肺导气部;呼吸性细支气管以下各段因管壁上均出现了肺泡,称肺呼吸部。每一个细支气管连同其所属的分支和肺泡,共同组成一个**肺小叶**(pulmonary lobule)。肺小叶呈锥形,尖朝向肺门,底朝向肺表面,小叶之间有结缔组织间隔,在肺表面可见肺小叶底部轮廓,直径1~2.5cm(图10-5)。每叶肺有50~80个肺小叶,肺小叶是肺的结构功能单位。临床上将仅累及若干肺小叶的炎症称为小叶性肺炎。

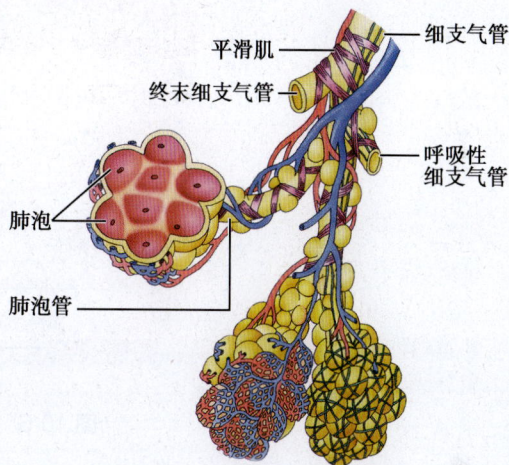

图 10-5 肺小叶模式图

一、肺导气部

肺导气部主要包括叶支气管、段支气管、小支气管、细支气管和终末细支气管。各段管壁仍由黏膜、黏膜下层和外膜组成,然而随着管道不断分支,管径逐渐变小,管壁变薄,结构渐趋简单。

(一)叶支气管至小支气管

叶支气管至小支气管管壁结构与主支气管相似,但管径渐细,管壁渐薄,管壁三层结构分界渐不明显。上皮仍为假复层纤毛柱状上皮,但随管径变细,上皮由高变低,杯状细胞逐渐减少;固有层变薄,其外侧出现少量环行平滑肌束。黏膜下层内的气管腺逐渐减少。外膜疏松结缔组织内的软骨片逐渐减少。

(二)细支气管

细支气管(bronchiole)管径约为1.0mm,上皮由起始段的假复层纤毛柱状上皮逐渐变为单层纤毛柱状上皮,杯状细胞、腺体和软骨片逐渐减少或消失,而环行平滑肌逐渐增加,黏膜皱襞随管径变细而逐渐明显(图10-6)。

(三)终末细支气管

终末细支气管(terminal bronchiole)管径约为0.5mm,上皮为单层柱状上皮,杯状细胞、腺体和软骨片完全消失,出现完整的环行平滑肌(图10-7)。电镜下,终末细支气管的上皮由两种细胞组成,即纤毛细胞和分泌细胞。其中分泌细胞数量多,又称**克拉拉细胞**（Clara cell),细胞呈柱状,游离面略高于纤毛细胞,呈圆顶状凸向管腔,顶部胞质内可见发达的滑面内质网和分泌颗粒(图 10-8)。克拉拉细胞分泌物稀薄,含有蛋白水解酶,可分解管腔中黏液,降低分泌物的黏稠度,利于分泌物排出。此外,其尚有较多的氧化酶系,可对吸入的毒物或某些药物进行生物转化和解毒。上皮损伤时,克拉拉细胞增殖分裂,分化为纤毛细胞。

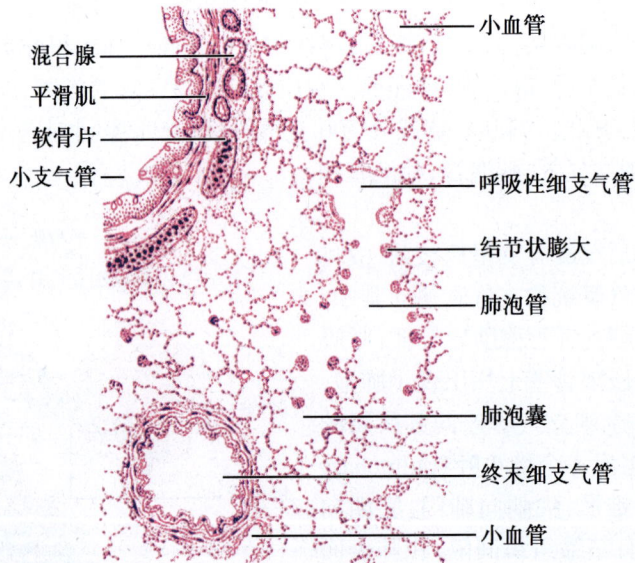

图 10-6　肺切面模式图

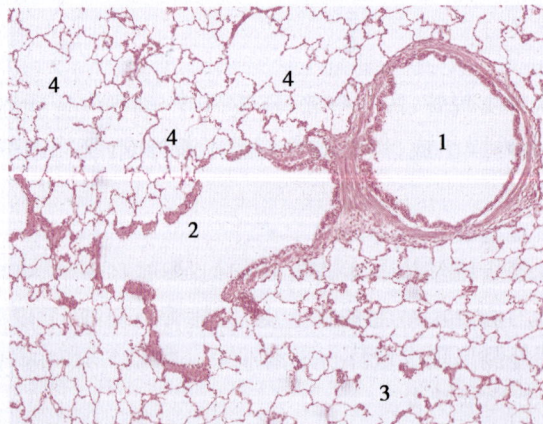

图 10-7　肺　低倍
1.终末细支气管;2.呼吸性细支气管;3.肺泡管;4.肺泡囊

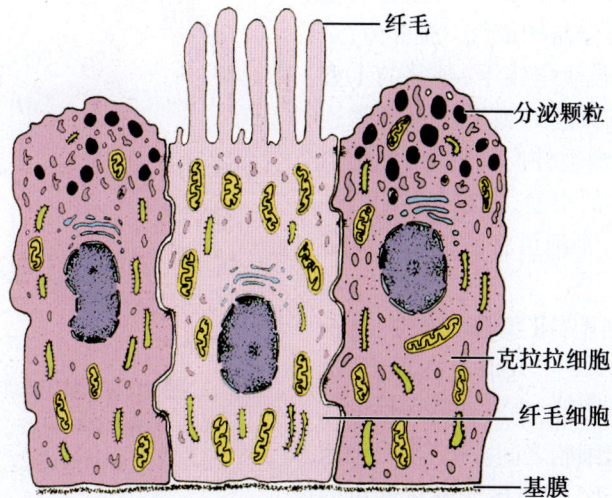

图 10-8　终末细支气管上皮超微结构模式图

二、肺呼吸部

肺的呼吸部是呼吸系统完成换气功能的部位,包括呼吸性细支气管、肺泡管、肺泡囊和肺泡,其各部的共同特点是都有肺泡。

(一)呼吸性细支气管

呼吸性细支气管(respiratory bronchiole)是终末细支气管的分支,其管壁结构与终末细支气管结构相似,但管壁上连有少量肺泡。呼吸性细支气管的上皮呈移行性改变,与终末细支气管相连处的单层纤毛柱状上皮,逐渐变成单层柱状上皮、单层立方上皮,在肺泡开口处,移行为单层扁平上皮。上皮外面有少量环行平滑肌纤维和弹性纤维,管壁因有少量肺泡开口而不完整(图 10-6、图 10-7)。

(二)肺泡管

肺泡管(alveolar duct)是呼吸性细支气管的分支,管壁上有大量肺泡开口,故肺泡管自身的管壁结构很少,仅在相邻肺泡开口之间保留少许管壁,表面覆以单层立方或扁平上皮,下方为少量平滑肌束和弹性纤维,因肌纤维环行围绕于肺泡开口处,故 H-E 染色切片标本可见相邻肺泡开口之间有结节状膨大(图 10-7)。

(三)肺泡囊

肺泡囊(alveolar sac)与肺泡管相连,每个肺泡管分支形成 2~3 个肺泡囊。肺泡囊由几个肺泡围成,是多个肺泡共同开口而成的囊腔。相邻肺泡开口之间没有环行平滑肌束,仅有少量结缔组织,故切片中无结节状膨大(图 10-7)。

(四)肺泡

肺泡(pulmonary alveolus)是肺支气管树的终末部分,也是进行气体交换的场所。肺泡为半球形有开口的囊泡,开口处与肺泡囊、肺泡管或呼吸性细支气管相通。成人肺泡直径平均为 200~250μm,数量有 3 亿~4 亿个肺泡,总表面积可达 100m² 左右。肺泡壁由一层肺泡上皮细胞和基膜组成。肺泡间有少量疏松结缔组织及丰富的血管和弹性纤维。相邻肺泡间的结构称肺泡隔。

1. 肺泡上皮　**肺泡上皮**(alveolar epithelium)依据其形态和功能的差异可分为两种(图 10-9)。

(1)Ⅰ型肺泡细胞:**Ⅰ型肺泡细胞**(type Ⅰ alveolar cell)细胞呈扁平状,胞体含核部分略厚,其余部分较薄,厚约 0.2μm。可覆盖肺泡表面积的95%,主要参与构成气-血屏障,是进行气体交换的部位。电镜下,相邻的Ⅰ型肺泡细胞或与Ⅱ型肺泡细胞之间有紧密连接。细胞有少量微绒毛伸向肺泡腔,细胞器较少,胞质内有较多的小泡,内含有表面活性物质和微小的尘粒,小泡可将它们转运到肺间质内清除。

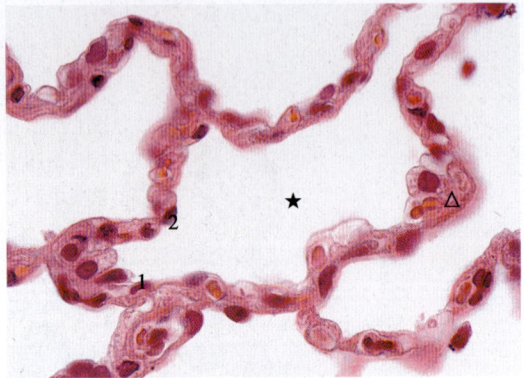

图 10-9　肺泡与肺泡隔　高倍
1:Ⅰ型肺泡细胞;2:Ⅱ型肺泡细胞;
★肺泡腔;△肺泡隔

(2)Ⅱ型肺泡细胞:Ⅱ型肺泡细胞(type Ⅱ alveolar cell)细胞呈立方形或圆形,顶端突入肺泡腔,细胞核圆形,胞质着色浅呈泡沫状,常位于Ⅰ型肺泡细胞之间。电镜下,细胞游离面有少量微绒毛,胞质内含发达的粗面内质网和高尔基复合体,富含线粒体和溶酶体,核上方有较多的分泌颗粒,其电子密度高,内含平行排列的板层状结构,称嗜锇性板层小体(osmiophilic multilamellar body),其主要成分为磷脂、蛋白质和糖胺多糖等(图 10-10)。细胞以胞吐方式将分泌物释放入肺泡腔内,在肺泡上皮表面铺展成一层薄膜,称表面活性物质(surfactant),有降低肺泡表面张力,稳定肺泡大小的重要作用。吸气时,肺泡扩大,表面活性物质密度降低,肺泡表面张力增大,回缩力增强,可防止肺泡过度膨胀;呼气时,肺泡缩小,表面活性物质密度增加,肺泡表面张力降低,防止肺泡塌陷。表面活性物质由Ⅱ型肺泡细胞不断产生,经Ⅰ型肺泡细胞吞饮转运,保持不断的更新。Ⅱ型肺泡细胞有分裂、增殖并分化为Ⅰ型肺泡细胞的潜能。

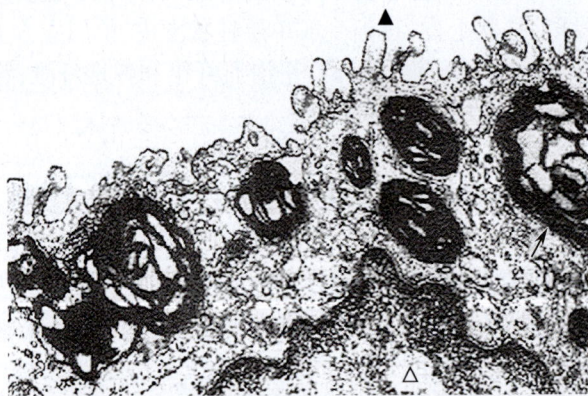

图 10-10　Ⅱ型肺泡细胞电镜像 ×42 000
↑板层小体;△细胞核;▲微绒毛

当机体吸入有害气体时,可直接破坏表面活性物质,临床表现为进行性呼吸困难和低氧血症,从而引起急性肺功能衰竭。若早产儿或新生儿因先天性缺陷致Ⅱ型肺泡细胞发育不良,表面活性物质合成和分泌障碍,使肺泡表面张力增大,出生后肺泡不能扩张,出现新生儿呼吸窘迫综合征。

2. 肺泡隔　肺泡隔(alveolar septum)为相邻肺泡之间的薄层组织,其内含有丰富的毛细血管网和弹性纤维,弹性纤维有助于肺泡的回缩(图 10-9)。如果弹性纤维退化变性,或因炎症病变破坏了弹性纤维,肺泡弹性会减弱,影响肺泡的回缩功能,导致肺气肿。此外,肺泡隔内还含成纤维细胞、肺巨噬细胞、浆细胞、肥大细胞、毛细淋巴管和神经纤维等。

肺巨噬细胞（pulmonary macrophage）来源于血液中的单核细胞,广泛分布于肺间质,肺泡隔内更多,可游走至肺泡腔。肺巨噬细胞有活跃的吞噬功能,能清除进入肺泡和肺间质的尘粒、细菌等,发挥重要的免疫防御作用。吞噬了灰尘颗粒的肺巨噬细胞称为**尘细胞**（dust cell）。心力衰竭导致肺淤血时,大量红细胞穿过毛细血管壁进入肺间质内,肺巨噬细胞吞噬红细胞后,可把血红蛋白转变为棕黄色的含铁血黄素颗粒,通常将这种巨噬细胞称为**心力衰竭细胞**（heart failure cell）。

3. 肺泡孔　**肺泡孔**（alveolar pore）为相邻肺泡之间气体流通的小孔,直径 10~15μm。其数量可随年龄而增加。肺泡孔能均衡相邻肺泡内气体的含量,当终末细支气管或呼吸性细支气管阻塞时,肺泡孔可发挥侧支通气功能,防止局部肺泡闭陷或过度扩张,但肺部感染时,肺泡孔也是炎症蔓延的渠道。

4. 气 - 血屏障　**气 - 血屏障**（blood-air barrier）又称**呼吸膜**（respiratory membrane）,是肺泡内气体与血液进行气体交换所必经的屏障结构。它包括肺泡表面活性物质、Ⅰ型肺泡细胞和基膜、薄层结缔组织、连续毛细血管基膜和内皮。有的部位两层基膜之间无结缔组织,两层基膜融合。气 - 血屏障总厚度为 0.2~0.5μm,有利于气体迅速交换。

ER-10-2

气体交换
动画

三、肺的血液供应

肺的血液供应来自肺动脉和支气管动脉。肺动脉是肺的功能血管,管径较粗,为弹性动脉。肺动脉从右心室发出,至肺门入肺,其分支与各级支气管伴行直至肺泡隔内形成毛细血管网,毛细血管网内血液经气 - 血屏障与肺泡气体交换后,最终汇合成肺静脉出肺门回到左心房。支气管动脉是肺的营养血管,管径较细,为肌性动脉。支气管动脉发自胸主动脉或肋间动脉,与支气管伴行入肺,其分支在各级支气管树的管壁内和肺泡隔内形成毛细血管网,一部分汇入肺静脉,另一部分则形成支气管静脉。

ER-10-3

气 - 血屏障
微课

四、肺的非呼吸功能

肺不仅具有呼吸功能,还与体内多种物质代谢有关。除Ⅱ型肺泡细胞能分泌表面活性物质,参与脂质、蛋白质的代谢外,肺血管内皮细胞还可摄取血液中的 5- 羟色胺、去甲肾上腺素及缓激肽等物质,灭活多种生物活性物质,合成、降解前列腺素,将血管紧张素Ⅰ激活形成高活性的血管紧张素Ⅱ等。此外,Ⅱ型肺泡细胞、肺血管内皮细胞、肺平滑肌纤维均含心钠素,具有排钠、利尿、扩张血管、降压等作用。

💭 **思政元素**

新型冠状病毒感染与白肺

2020 年伊始,我国突然爆发的新型冠状病毒感染疫情牵动人心,有一个词常常出现在对患者病情描述中,那就是"白肺"。什么是"白肺"呢? "白肺"一般是指重症肺炎在 X 光检查下的表现,肺部影像呈一大片的白色状而得名。在重症肺炎里是一种死亡率很高的疾病。其病因复杂,最常见的病因是感染,病原学诊断非常重要。

新型冠状病毒感染的患者胸部 CT 或胸片不都是"白肺",患病初期,双肺 CT 显示正常,但若没有得到及时治疗,可能出现肺部充血、渗出及炎性细胞浸润,肺组织密度增高,导致双肺 X 光穿透性差,影像学检查呈现"白肺"。CT 检查呈现"白肺"是不能明确诊断新型冠状病毒感染的,可以作为新型冠状病毒感染的初步判断方法,这种检查方法非常快捷方便。我国疫情爆发初期,新型冠状病毒感染形势比较严峻,所以 CT

检查阳性和病毒核酸检测阴性的患者,也是会被纳入隔离治疗的范畴的,这样可以尽快控制住传染源,切断传播的途径,更好地保护易感者。"白肺"这一辅助诊断指标的采纳,对当时我国新型冠状病毒感染疫情的快速控制具有重要意义。

学习小结

呼吸系统包括鼻、咽、喉、气管、主支气管、肺,肺泡及气-血屏障的结构是实现肺气体交换功能的重要保证。

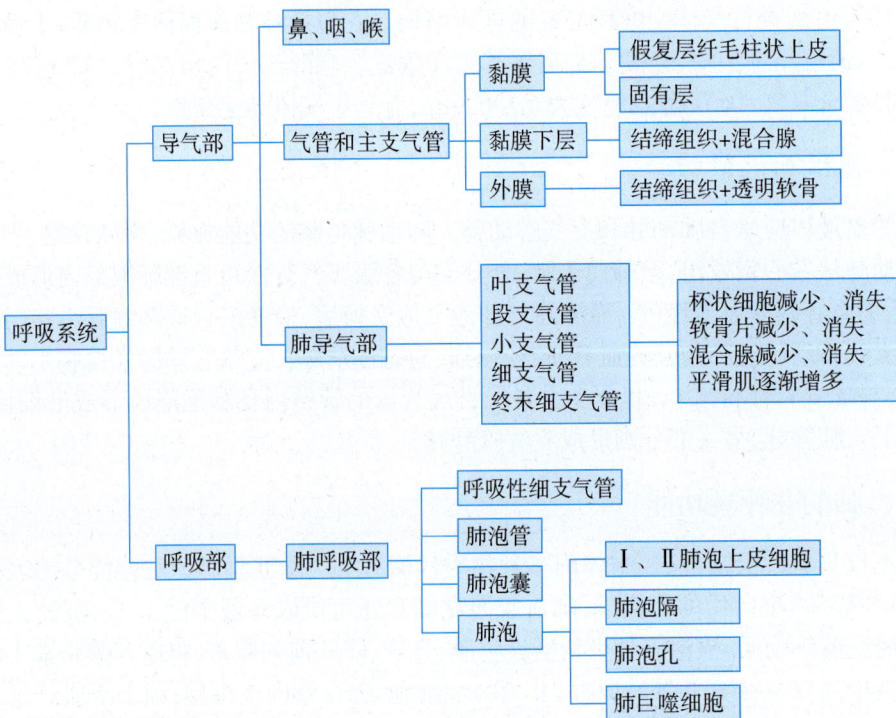

（刘爱军）

复习思考题

1. 结合气管壁的结构特点说明气管对吸入空气的净化作用。
2. 结合Ⅱ型肺泡细胞的结构与功能试述其对呼吸过程的重要性。
3. 简述气-血屏障的组成和功能。

扫一扫
测一测

第十一章

泌 尿 系 统

> **学习目标**
>
> 　　能理解并写出肾单位的组成,描述肾小体的形态结构特点,说出滤过屏障的概念及其临床意义;能列出肾小管的组成,并比较分析各组成部分结构的异同点,理解其结构特点与功能的关系;能列出球旁复合体的组成,阐述每一部分的功能。能根据肾的组织结构基础解释尿液形成的过程。

　　泌尿系统(urinary system)包括肾、输尿管、膀胱和尿道。肾是人体最主要的排泄器官,以产生尿液的形式排除体内的代谢产物等,以维持机体的水、电解质和酸碱平衡;还分泌肾素、前列腺素和促红细胞生成素等多种生物活性物质,对维持机体内环境稳定起重要作用。

第一节　肾

　　肾表面覆有致密结缔组织构成的被膜。肾实质分为皮质和髓质(图 11-1)。皮质主要位于肾的外周,髓质大部分位于肾的深部,由 10～18 个**肾锥体**(renal pyramid)构成。肾锥体的底部与皮质相连,顶部钝圆,突入肾小盏内,称**肾乳头**(renal papilla),肾乳头顶端有 10～25 个乳头孔,肾产生的尿液由此孔排入肾小盏。伸入肾锥体间的皮质称**肾柱**(renal column)。从肾锥体底部呈辐射状伸向皮质的条纹状结构称**髓放线**(medullary ray),髓放线之间的肾皮质称**皮质迷路**(cortical labyrinth)(图 11-2)。每条髓放线及其周围的皮质迷路构成一个**肾小叶**(renal lobule)。每个肾锥体及其周围的皮质构成一个**肾叶**(renal lobe)。

　　泌尿小管(uriniferous tubule)指肾实质内与尿液形成有关的单层上皮性管道。肾实质由大量肾单位和集合管构成。泌尿小管包括肾小管和集合管两部分。肾单位和集合管规律分布于肾实质(表 11-1)。肾内的少量结缔组织、血管和神经等构成肾间质。

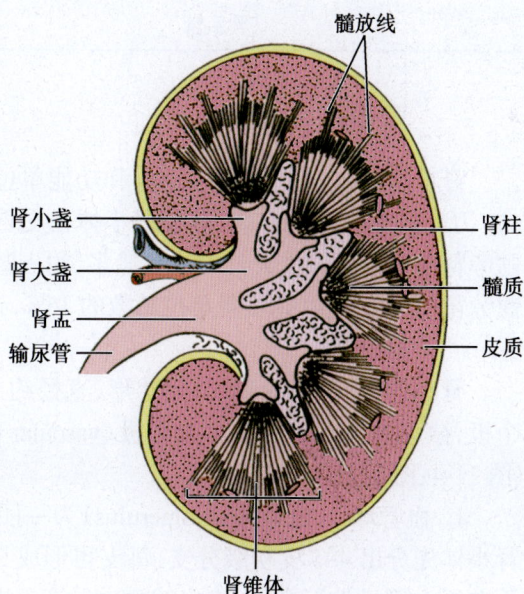

图 11-1　肾冠状剖面模式图

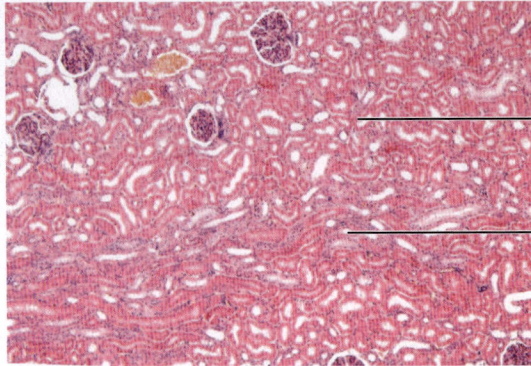

图 11-2　肾皮质　低倍

表 11-1　肾实质的组成和各段的分布

组成				分布
肾单位	肾小体	血管球		皮质迷路、肾柱
		肾小囊		皮质迷路、肾柱
	肾小管	近端小管	近曲小管	皮质迷路、肾柱
			近直小管	
		细段	髓袢	髓放线、肾锥体
		远端小管	远直小管	
			远曲小管	皮质迷路、肾柱
泌尿小管	集合管	弓形集合管		皮质迷路
		直集合管		髓放线、肾锥体
		乳头管		肾乳头

一、肾单位

　　肾单位（nephron）是肾的结构和功能单位,由肾小体和肾小管两部分组成,每侧肾约有150万个肾单位（图 11-3）。依据肾小体在皮质中的位置不同,可将肾单位分为浅表肾单位和髓旁肾单位两种。浅表肾单位数量多,约占肾单位总数的 85%,在尿液形成中起主要作用。髓旁肾单位数量少,约占肾单位总数的 15%,在尿液浓缩中起主要作用。

（一）肾小体

　　肾小体（renal corpuscle）呈球形,直径约 200μm,由血管球和肾小囊组成。肾小体有两个极,微动脉出入的一端为**血管极**（vascular pole）,与其相对的另一端称**尿极**（urinary pole）（图 11-4、图 11-5）。

　　1. **血管球**　**血管球**（glomerulus）为一团盘曲的毛细血管。入球微动脉从血管极进入肾小体先分出 4~5 支初级分支,每支再形成 2~5 条毛细血管袢,毛细血管相互吻合呈网,继而在近血管极处汇合,形成出球微动脉离开肾小体。血管球是一种特殊的动脉性毛细血管网。入球微动脉的管径较出球微动脉粗,故血管球的毛细血管内压较高。毛细血管内皮有孔,孔径 50~100nm,孔上多无隔膜,通透性较大,有利于水和小分子物质通透。内皮基底面除与血管系膜相接触的部位外,均衬有基膜。血管球基膜较厚,成人约为 330nm。在电镜下分三层,中层厚而致密,内、外层薄而稀疏,在血液物质滤过中起到关键作用(图 11-6、图 11-7)。

2. 肾小囊　肾小囊(renal capsule)是胚胎时期肾小管起始端膨大凹陷而成的双层盲囊。其外层称壁层,为单层扁平上皮,在血管极处反折成内层称脏层,两层间的腔隙为肾小囊腔(图 11-4)。肾小囊脏层细胞由高度特化的足细胞(podocyte)构成。电镜下,足细胞胞体发出数个较大的初级突起,初级突起再发出许多细指状的次级突起,相邻的次级突起互相嵌合呈栅栏状,紧贴在毛细血管基膜外。次级突起间有宽约 25nm 的裂隙称裂孔(slit pore),孔上覆盖有一层 4~6nm 厚的薄膜,称裂孔膜(slit membrane)(图 11-6~ 图 11-8),足细胞胞质内含丰富的微管、微丝和中间丝,突起内的微丝收缩可调节裂孔的宽度。

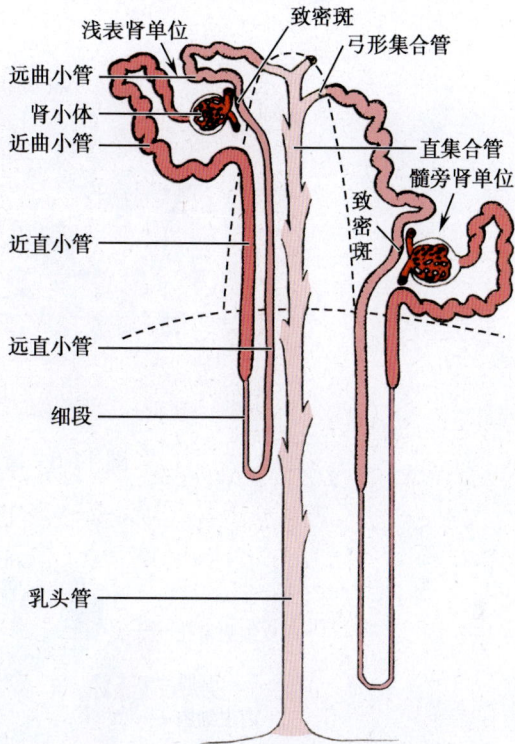

图 11-3　肾单位和集合管模式图

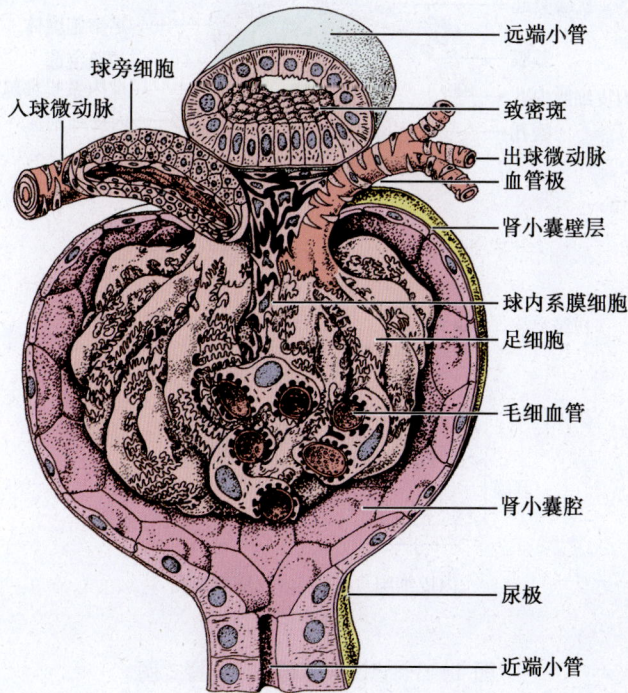

图 11-4　肾小体立体模式图

167

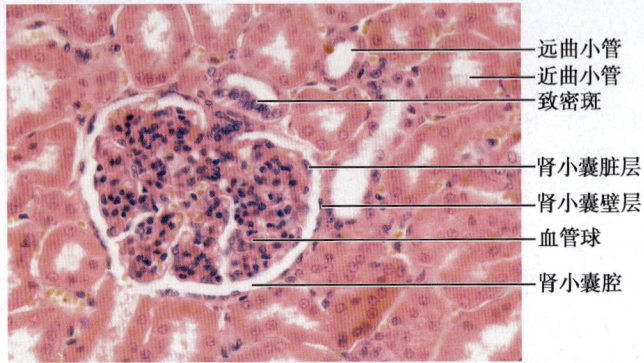

图 11-5　肾皮质迷路　高倍

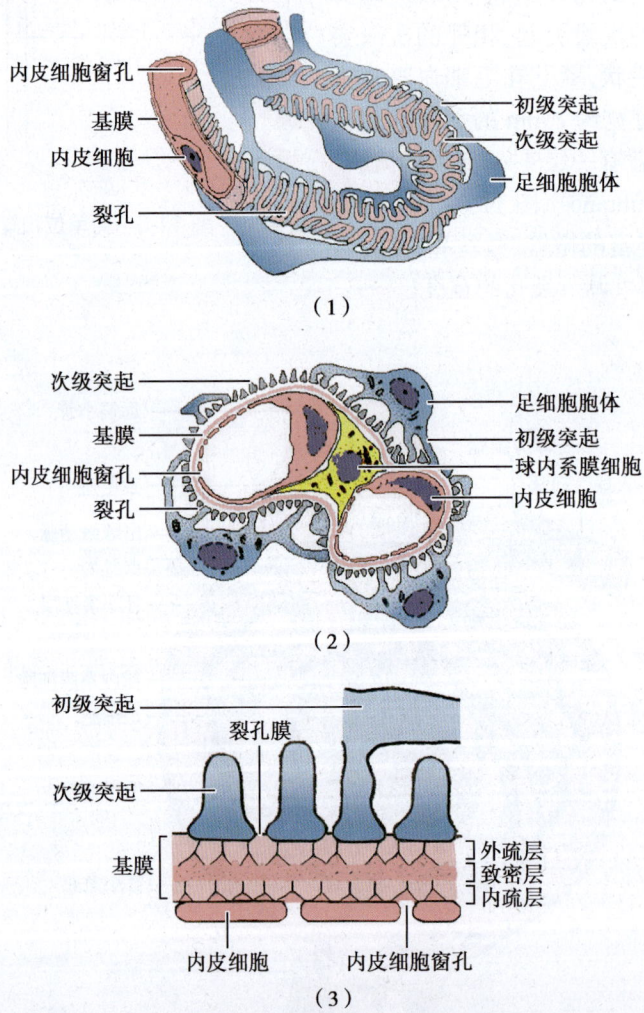

（1）

（2）

（3）

图 11-6　滤过屏障超微结构模式图
（1）立体示意图；（2）横切面示意图；（3）滤过屏障示意图

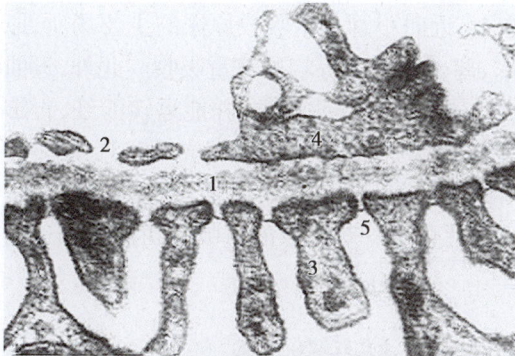

图 11-7　滤过屏障电镜像 ×6 200
1：基膜；2：内皮孔；3：足细胞突起；
4：内皮细胞；5：足细胞裂孔膜

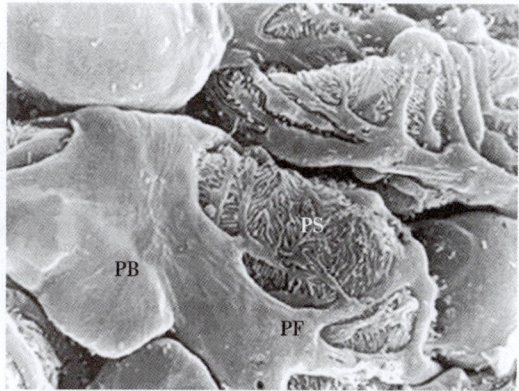

图 11-8　足细胞扫描电镜像 ×4 500
PB：足细胞胞体；PF：初级突起；PS：次级突起

3. 滤过屏障　**滤过屏障**(filtration barrier)又称**滤过膜**(filtration membrane)，是指血管球毛细血管内的部分血浆物质经有孔内皮、基膜和足细胞裂孔膜滤入肾小囊腔，这三层结构称滤过屏障(图 11-6~ 图 11-8)。通常相对分子质量在 70kDa 以下、直径小于 4nm 的物质可通过滤过膜。经滤过屏障滤出到肾小囊腔的滤液称**原尿**(primary urine)，原尿除不含有大分子蛋白质外，其成分类似于血浆。成人一昼夜两肾可形成原尿约 180L。若滤过膜受损，则大分子蛋白质甚至血细胞可通过滤过膜漏出，出现蛋白尿或血尿。

滤过屏障
动画

4. 血管系膜　**血管系膜**(mesangium)又称**球内系膜**(intraglomerular mesangium)，连接于血管球毛细血管之间，主要由**球内系膜细胞**(intraglomerular mesangial cell)和系膜基质构成。光镜下球内系膜细胞不易辨认。电镜下球内系膜细胞形态不规则，有许多突起，细胞突起伸至内皮与基膜之间，或经内皮细胞之间伸入毛细血管腔内。系膜细胞能合成细胞外基质，吞噬和清除沉积在基膜上的免疫复合物，并参与基膜的更新和修复，合成多种酶及生物活性物质等多种功能。系膜基质填充在系膜细胞之间，对血管球毛细血管起支持作用。血管系膜内还可见少量巨噬细胞。

(二) 肾小管

肾小管(renal tubule)是与肾小体相连的单层上皮性小管。依据肾小管结构与功能差异，可将其分为近端小管、细段和远端小管三段，其中近端小管和远端小管又可分别分为曲部和直部。肾小管的起始段与肾小体的肾小囊相连，在肾小体附近盘曲走行，称近端小管曲部(近曲小管)；继而进入髓放线或髓质直行向下，称近端小管直部(近直小管)；随后管径骤然变细，称细段；细段反折上行之后，管径又骤然增粗，先是直行，称远端小管直部(远直小管)；之后又盘曲走行于所相连的肾小体附近，称远端小管曲部(远曲小管)；最后汇入集合管。近端小管直部、细段和远端小管直部三者构成 U 形的**髓袢**(medullary loop)，又称**肾单位袢**(nephron loop)。髓袢由皮质向髓质方向下行的一段称降支，而由髓质向皮质方向上行的一段称升支(图 11-3)。

1. 近端小管　**近端小管**(proximal tubule)是肾小管中最粗最长的一段，管径 50~60μm，约占肾小管总长的一半。

近曲小管(proximal convoluted tubule)管腔小而不规则，管壁上皮细胞呈锥形，细胞分界不清，胞体较大，胞质嗜酸性，胞核圆形，位于细胞基底部，细胞游离面有**刷状缘**(brush border)，细胞基底部可见基底纵纹。电镜下，刷状缘由大量长而密集的微绒毛整齐排列构成，微绒毛使两肾近曲小管表面积总计可达 50~60m²。基底纵纹由细胞基底发达的质膜内

笔记栏

ER-11-2

酚红排泄
实验

褶构成(图 11-9)。细胞侧面有许多指状侧突,相邻细胞的侧突相互嵌合(图 11-10)。侧突和质膜内褶的质膜内有丰富的 Na^+-K^+ ATP 酶(钠泵)。近曲小管是重吸收原尿的主要场所,原尿中几乎所有葡萄糖、氨基酸、蛋白质及大部分水、离子和尿素等均可被重吸收。此外,近曲小管还能向管腔内分泌或排泄 H^+、氨、肌酐、肌酸、马尿酸等代谢产物,并能运转酚红、青霉素等药物。临床常用马尿酸或酚红排泄实验以了解近曲小管的功能状态。

近直小管(proximal straight tubule)的结构与功能同近曲小管相似,但上皮细胞较矮,微绒毛、侧突和质膜内褶等结构均不如曲部发达。近直小管对原尿的重吸收功能不如近曲小管。

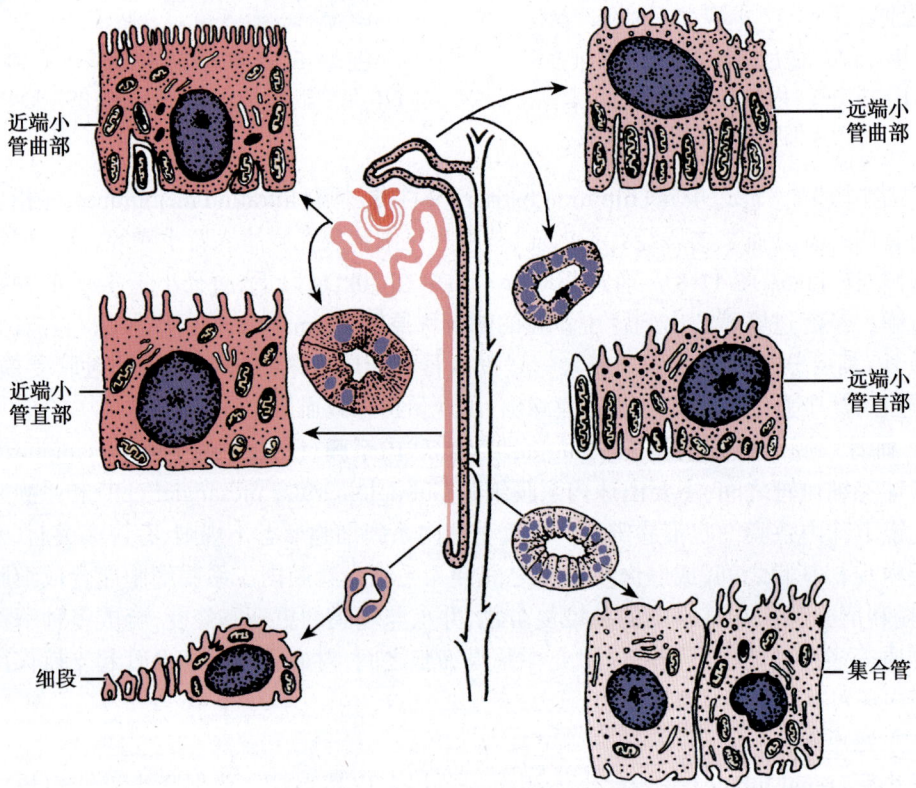

图 11-9 泌尿小管各段上皮细胞结构模式图

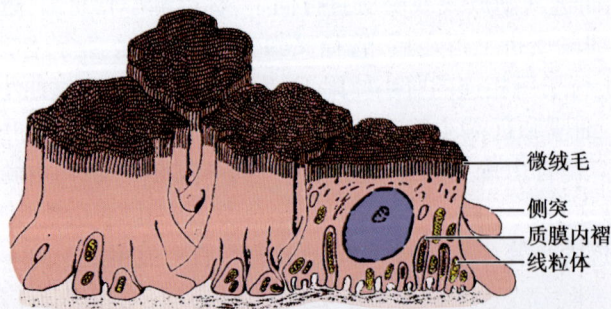

图 11-10 近曲小管上皮细胞超微结构立体模式图

2. 细段 **细段**(thin segment)管径最细,直径 10~15μm,为单层扁平上皮,细胞含核部分突向管腔,胞质着色较浅,无刷状缘(图 11-11)。细段对水和离子具有较强的通透性。

3. 远端小管　远端小管（distal tubule）可分为远直小管和远曲小管两段。

远直小管（distal straight tubule）管径为 30~45μm，管腔大而规则，管壁由立方形上皮细胞组成，细胞分界较清楚，胞质染色较浅，胞核圆形，位于细胞中央或靠近腔面，无刷状缘，基底纵纹较明显（图 11-9、图 11-12）。细胞质膜内褶上有许多 Na^+-K^+ ATP 酶，能主动将原尿中 Na^+ 泵至小管外的肾间质，致使肾间质呈高渗，在尿液浓缩中起重要作用。

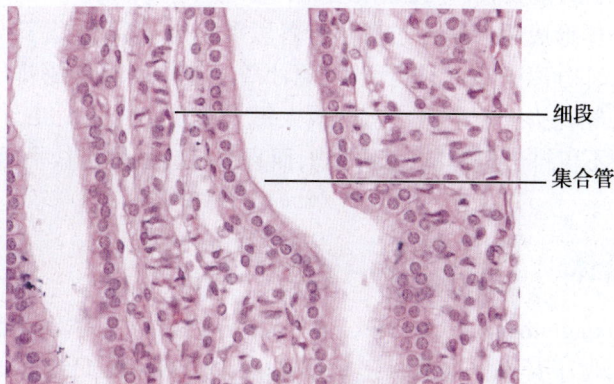

图 11-11　肾髓质　高倍

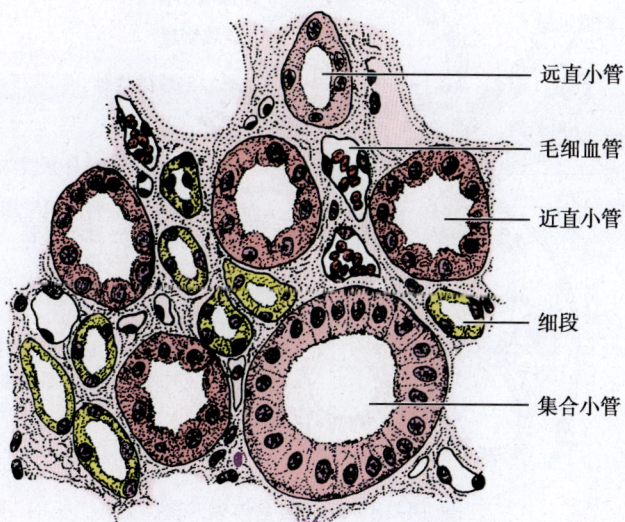

图 11-12　肾髓质组织结构模式图

远曲小管（distal convoluted tubule）管径 35~45μm，其结构与远直小管大致相似。远曲小管是离子交换的重要部位，具有吸收水、Na^+ 和排出 K^+、H^+、NH_3 等功能，对维持体液的电解质和酸碱平衡具有重要作用。远曲小管的功能活动受激素的调节，肾上腺皮质分泌的醛固酮能促进此段吸收 Na^+ 和排出 K^+；神经垂体分泌的抗利尿激素能促进此段对水的重吸收，使尿液浓缩，尿量减少。

二、集合管

集合管（collecting duct）分为弓形集合管、直集合管和乳头管三段（图 11-3）。弓形集合管较短，位于皮质迷路内，一端与远曲小管相连接，另一端呈弓形伸入髓放线，与直集合管相连。直集合管在髓放线和肾椎体内下行，至肾乳头处改称乳头管，开口于肾小盏。直集合管在髓放线下行时沿途有许多弓形集合管汇入，直集合管的管径由细变粗，管壁上皮由单层立方上皮逐渐移行为单层柱状上皮，至乳头管时变为高柱状上皮。集合管上皮细胞分界清楚，胞质染色淡而清亮，胞核圆、居中或靠近底部，着色较深（图11-11、图11-12）。电镜下，胞质内细胞器较少，游离面微绒毛少而短，可见少量侧突和短小的质膜内褶。集合管受醛固酮和抗利尿激素的调节，能进一步重吸收水和交换离子，使原尿进一步浓缩。集合管还受心房钠尿肽的调节，减少对水的重吸收，导致尿量增加。

综上所述，肾小体形成的原尿经过肾小管各段和集合管后，绝大部分水、营养物质和无机盐被重吸收入血，部分离子在此进行交换，肾小管上皮同时还分泌排出机体代谢产物，最终形成浓缩的终尿，经乳头管流入肾小盏。成人每天的终尿约为1.8L，仅为原尿的1%。因此，肾在泌尿过程中不仅排出机体的代谢产物，而且对维持机体水盐平衡和内环境稳定起着重要作用。

三、球旁复合体

球旁复合体（juxtaglomerular complex）又称肾小球旁器，由球旁细胞、致密斑和球外系膜细胞三部分组成，位于肾小体血管极三角形区域（图11-4、图11-13）。球旁复合体具有调节机体血压、血容量及电解质平衡的功能。

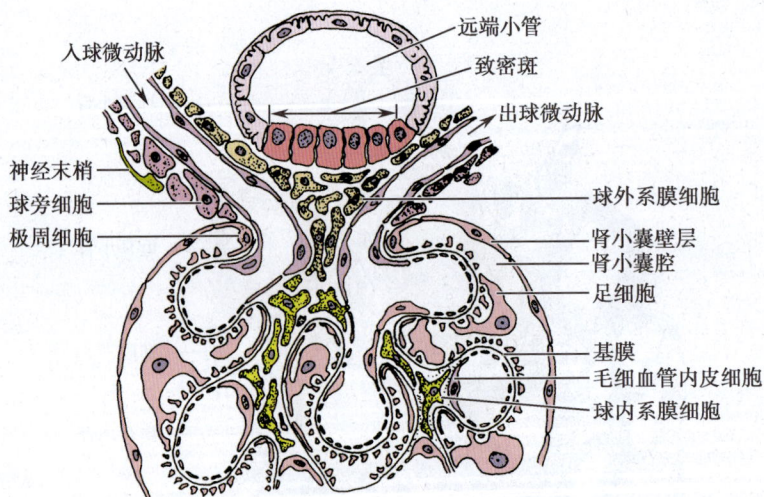

图 11-13　球旁复合体模式图

（一）球旁细胞

球旁细胞（juxtaglomerular cell）位于入球微动脉管壁，是指由入球微动脉管壁平滑肌细胞分化而成的上皮样细胞。细胞体积较大，呈立方形，胞核大而圆，胞质丰富，弱嗜碱性。电镜下，胞质内含丰富的粗面内质网和高尔基复合体，肌丝少，含较多分泌颗粒，颗粒内含**肾素**（renin）。肾素是一种蛋白水解酶，可使血浆中的血管紧张素原转变成血管紧张素Ⅰ，后者在肺血管内皮细胞的转换酶作用下，转变成血管紧张素Ⅱ，两种血管紧张素均可使血管平滑肌收缩，致使血压升高。血管紧张素还能刺激肾上腺皮质分泌醛固酮，促进远曲小管和集合管对Na^+和水的吸收，导致血容量增加，血压升高。

（二）致密斑

致密斑（macula densa）是远端小管靠近肾小体血管极侧的上皮细胞增高变窄凸向管腔而形成的椭圆形斑。致密斑由20~30个细胞组成，细胞呈柱状，排列紧密，胞质染色浅，胞核椭圆形,位于细胞顶部(图11-4、图11-5、图11-13)。致密斑处的基膜不完整,细胞基部发出细小突起,与邻近的球旁细胞和球外系膜细胞连接。致密斑是一种离子感受器,能感受远端小管中Na^+浓度变化并将信息传递给球旁细胞,改变肾素分泌水平,继而调节远曲小管和集合管对Na^+的重吸收。

(三) 球外系膜细胞

球外系膜细胞(extraglomerular mesangial cell)又称**极垫细胞**(polar cushion cell),位于入球微动脉、出球微动脉和致密斑围成的三角形区域内,与球内系膜细胞相延续,细胞形态结构与球内系膜细胞相似。球外系膜细胞与球旁细胞、球内系膜细胞之间有缝隙连接,故认为它在球旁复合体功能活动中可能起到信息传递的作用。

四、肾间质

肾间质包括肾内结缔组织、血管、神经等。肾间质内的**间质细胞**(interstitial cell)主要为成纤维细胞、巨噬细胞和载脂间质细胞。载脂间质细胞是肾髓质间质的主要细胞种类,细胞呈不规则形或星形,有许多长突起,胞质内含嗜锇性脂滴。载脂间质细胞能产生前列腺素、肾髓质血管降压脂质等,也能合成间质内的纤维和基质;细胞突起收缩可促进间质血管内血液流动,加快重吸收水分的运转,以促进尿液浓缩。

五、肾的血液循环

肾动脉经肾门入肾后分为数支叶间动脉走行于肾柱内,叶间动脉上行至皮质和髓质交界处,横向分支形成弓形动脉。弓形动脉分出若干小叶间动脉,呈放射状走行于皮质迷路内,小叶间动脉走向皮质表面,其末端在被膜内形成毛细血管网,沿途向周围发出许多入球微动脉进入肾小体,形成血管球,继而汇集形成出球微动脉。浅表肾单位的出球微动脉离开肾小体后再次分支,形成球后毛细血管网,分布于肾小管周围。球后毛细血管网依次汇合形成小叶间静脉、弓形静脉和叶间静脉,最后汇合形成肾静脉出肾。髓旁肾单位的出球微动脉不仅形成球后毛细血管网,而且还发出若干直小动脉进入髓质,然后在髓质的不同深度,反折上行为直小静脉,与直小动脉共同构成U形血管襻,与髓襻相伴而行(表11-2、图11-14)。

表11-2 肾的血液循环

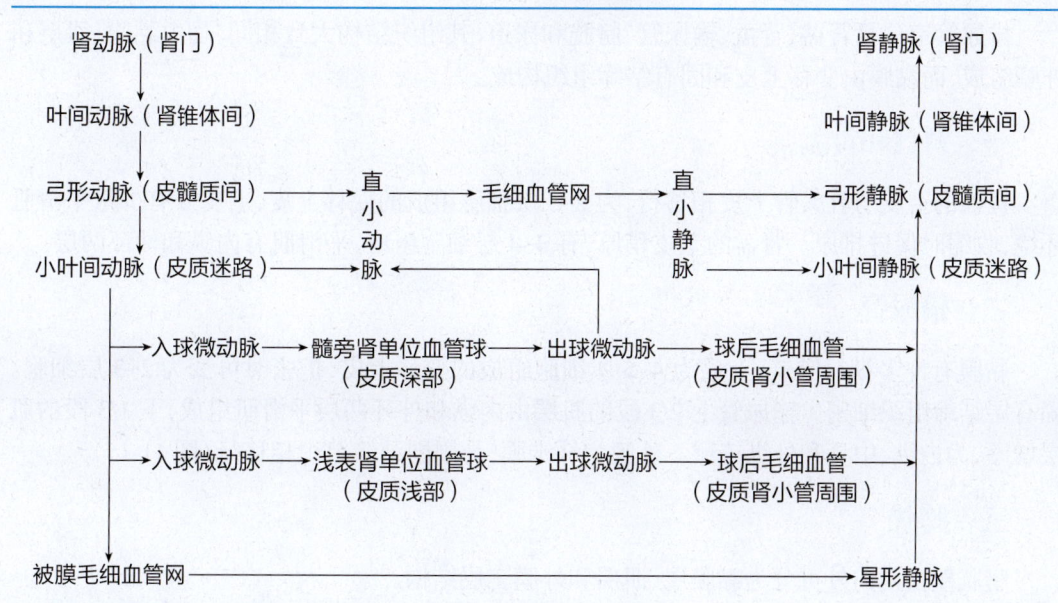

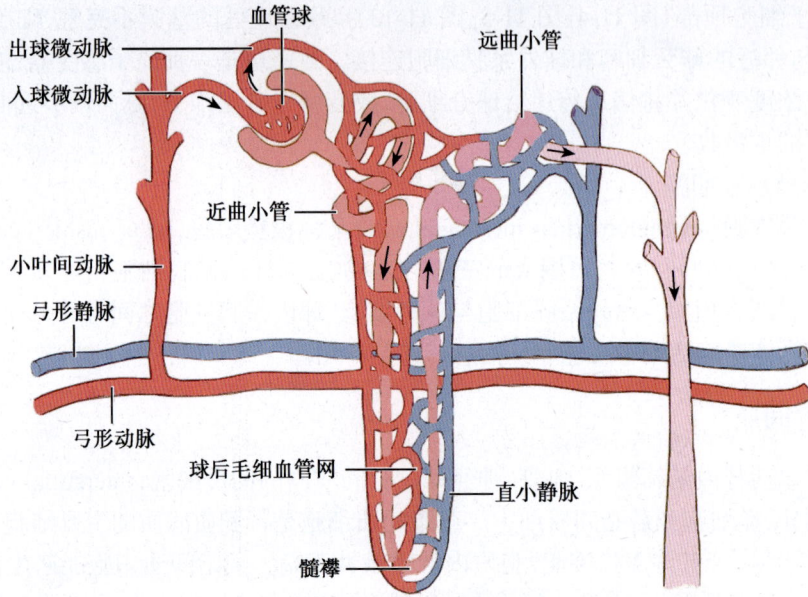

图 11-14　肾的血液循环模式图

肾的血液循环与肾功能密切相关,其特点有:①肾动脉来自于腹主动脉,血管粗短,血流量大且流速快,约占心输出量的1/4。②90%的血液供应皮质,进入肾小体后被滤过。③入球微动脉较出球微动脉粗,血管球内压力较高,有利于血液滤过。④肾内动脉血管两次形成毛细血管网,即入球微动脉分支形成血管球毛细血管网和出球微动脉分支形成球后毛细血管网。由于血液流经血管球时大量水、无机盐被滤出,因此球后毛细血管内血液的胶体渗透压较高,有利于肾小管上皮细胞重吸收的物质进入血流。⑤髓质内 U 形血管袢与髓袢相伴行,有利于肾小管和集合管的重吸收和尿液浓缩。

第二节　排尿管道

排尿管道包括肾盏、肾盂、输尿管、膀胱和尿道,其组织结构大致相同,均由黏膜、肌层和外膜组成,而黏膜由变移上皮和固有结缔组织构成。

一、肾盏和肾盂

肾盏的上皮与乳头管上皮相移行,为 2~3 层细胞组成的变移上皮,上皮外有少量平滑肌环绕,收缩时促进排尿。肾盂的上皮稍厚,有 3~4 层细胞组成,平滑肌有内纵和外环两层。

二、输尿管

黏膜有许多纵行皱襞,上皮为 4~5 层细胞组成的变移上皮,扩张时可变为 2~3 层细胞。固有层结缔组织细密。输尿管上 2/3 段的肌层由内纵和外环两层平滑肌组成,下 1/3 段的肌层增厚,为内纵、中环和外纵三层。外膜为纤维膜,与周围结缔组织相移行(图 11-15)。

三、膀胱

膀胱壁由内向外可分为黏膜层、肌层和外膜三层结构。

笔记栏

1. 黏膜层 黏膜层分为上皮和固有层两部分(图 11-16)。黏膜上皮为变移上皮,其厚度与细胞形态随着膀胱的舒缩状态不同而异。膀胱空虚时上皮增厚,可达 8~10 层细胞,表层盖细胞体积大,呈立方形。膀胱充盈时上皮变薄,只有 3~4 层细胞,表层盖细胞变扁。电镜下,盖细胞游离面胞质中有许多囊泡,由游离面质膜内褶而成,膀胱充盈时内褶可展开。游离面的胞质浓密,可防止膀胱内尿液的侵蚀。在盖细胞之间有发达的紧密连接和桥粒,可加强细胞之间连接,防止尿液渗入组织内,以及组织液进入膀胱。固有层为较细密的疏松结缔组织。

2. 肌层 肌层较厚,由内纵、中环和外纵排列的平滑肌纤维组成。在膀胱尿道内口处,中环肌增厚形成括约肌。

3. 外膜 外膜多为纤维膜,仅膀胱顶部为浆膜。

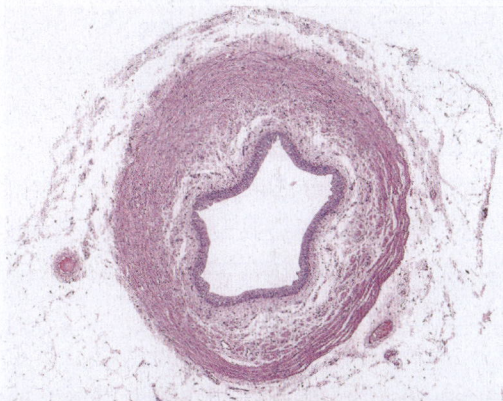

图 11-15 输尿管 低倍

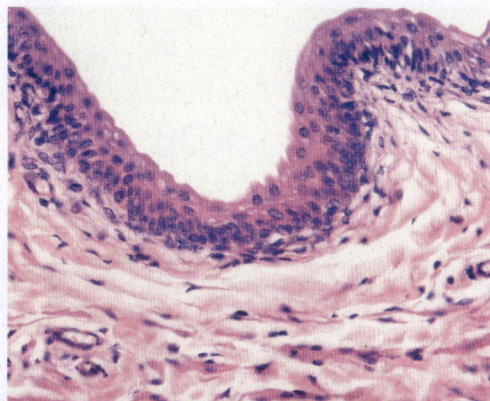

图 11-16 膀胱黏膜 高倍

四、尿道

黏膜上皮各段不   ,近膀胱处是变移上皮,中部是假复层柱状上皮,外段近尿道外口处为复层扁平上皮。肌层分内纵、外环两层平滑肌,环行肌较发达。尿道外口处多一层环行横纹肌,为尿道括约肌。外膜为纤维膜。

知识拓展

肾 移 植

肾移植(renal transplantation)又叫换肾,就是将健康者的肾脏移植给有肾脏病变并丧失肾脏功能的患者。人体有左右两个肾脏,通常一个肾脏就可以支持正常的代谢需求,当双侧肾脏功能均丧失时,肾移植是最理想的治疗方法。肾移植要求供、受双方有良好的组织配型,移植后患者需终生服用免疫抑制药物,以预防移植肾被排斥。

(刘 霞)

笔记栏

学习小结

肾的被膜为纤维膜,肾实质分为皮质和髓质,实质由肾单位与集合小管组成。

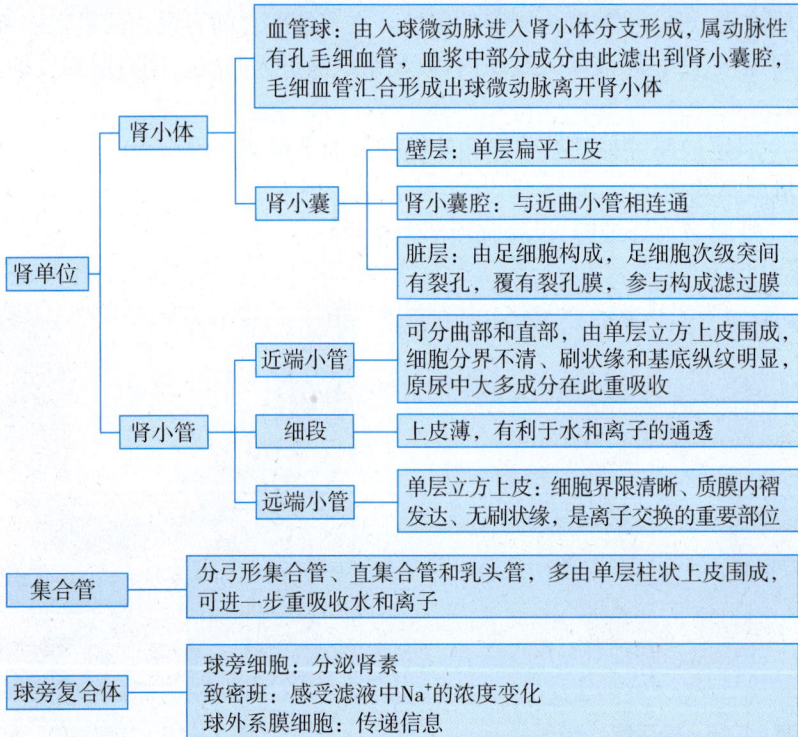

肾单位
- 肾小体
  - 血管球：由入球微动脉进入肾小体分支形成,属动脉性有孔毛细血管,血浆中部分成分由此滤出到肾小囊腔,毛细血管汇合形成出球微动脉离开肾小体
  - 肾小囊
    - 壁层：单层扁平上皮
    - 肾小囊腔：与近曲小管相连通
    - 脏层：由足细胞构成,足细胞次级突间有裂孔,覆有裂孔膜,参与构成滤过膜
- 肾小管
  - 近端小管：可分曲部和直部,由单层立方上皮围成,细胞分界不清、刷状缘和基底纵纹明显,原尿中大多成分在此重吸收
  - 细段：上皮薄,有利于水和离子的通透
  - 远端小管：单层立方上皮：细胞界限清晰、质膜内褶发达、无刷状缘,是离子交换的重要部位

集合管：分弓形集合管、直集合管和乳头管,多由单层柱状上皮围成,可进一步重吸收水和离子

球旁复合体
- 球旁细胞：分泌肾素
- 致密斑：感受滤液中Na^+的浓度变化
- 球外系膜细胞：传递信息

复习思考题

1. 滤过屏障受损后可能出现哪些相应的临床症状?
2. 经肾小管重吸收的成分去向何处?
3. 从组织学的角度阐述肾内什么结构与机体血压调节有关,为什么?

扫一扫
测一测

第十二章

皮 肤

📝 学习目标

能知晓皮肤的构成,列出表皮角质形成细胞的分层名称及其每层细胞的形态结构特点,描述各层演变过程及其功能;能列出表皮非角质形成细胞的名称、位置、形态结构及功能。

能描述真皮的结构分层,并阐述每层的结构特点。

能列出皮肤主要附属器的名称、结构及功能。

皮肤(skin)覆盖于体表,是人体面积最大的器官,约占成人体重的 16%,面积为 1.2~2.2m²。皮肤由表皮与真皮两部分组成,真皮深部为皮下组织(图 12-1)。皮肤内有表皮衍生的毛、汗腺、皮脂腺、指(趾)甲等皮肤附属结构,还有丰富的神经和血管。皮肤具有重要的屏障保护作用、可感受刺激、调节体温、排除代谢物、参与维生素 D 的合成及免疫应答等功能。

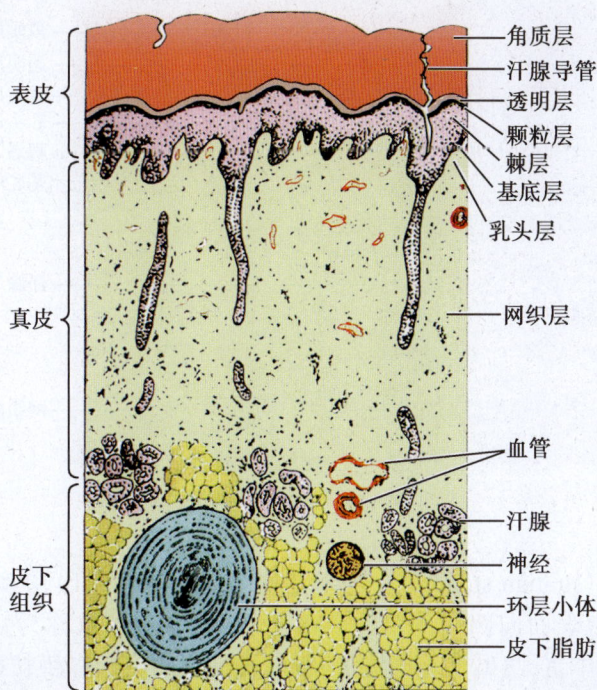

图 12-1 手掌皮肤模式图

第一节 皮肤的结构

一、表皮

表皮（epidermis）位于皮肤的浅层，与外界相邻，由角化的复层扁平上皮组成。人体各部的表皮厚薄不一，与分布部位及年龄有关。眼睑处最薄，手掌和足底处最厚。组成表皮的细胞可分**角质形成细胞**（keratinocyte）和非角质形成细胞两类，其中角质形成细胞数量多，非角质形成细胞数量较少，散在于角质形成细胞之间。

（一）角质形成细胞

根据角质形成细胞的分化程度及形态结构特征，可将表皮由深至浅分为五层：基底层、棘层、颗粒层、透明层和角质层。手掌和足底的表皮因较厚，五层结构典型（图 12-2~图 12-4）。颜面和腋窝等处的表皮较薄，只有基底层、棘层和角质层。

1. 基底层 **基底层**（stratum basal）位于表皮最深层，附着于基膜，与深部结缔组织连接面凹凸不平，扩大了两者的接触面积。该层由一层矮柱状或立方形的**基底细胞**（basal cell）组成（图 12-2~图 12-4）。细胞核大，圆形，胞质嗜碱性。电镜下胞质内含丰富的游离核糖体、分散或成束分布的**角蛋白丝**（keratin filament），又称**张力丝**（tonofilament）。相邻基底细胞间借桥粒连接，细胞基底面借半桥粒与基膜相连。基底细胞具有活跃的分裂增殖能力，是皮肤的干细胞。在皮肤的创伤愈合中，基底细胞具有重要的再生修复作用。

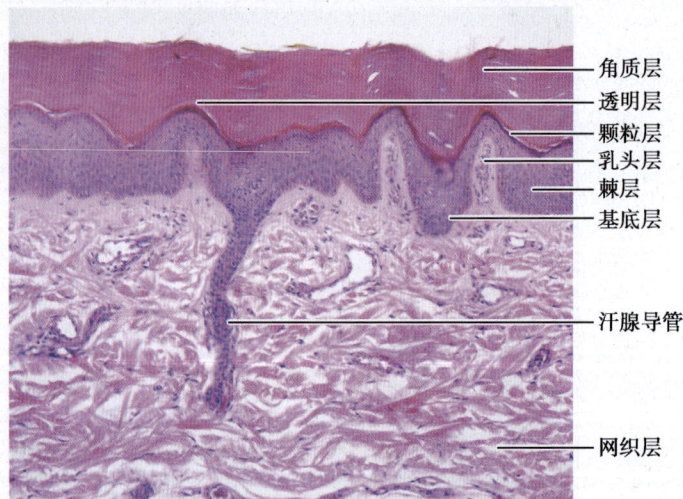

图 12-2 指皮 低倍

2. 棘层 **棘层**（stratum spinosum）位于基底层上方，由 4~10 层多边形细胞组成（图 12-2~图 12-4）。细胞表面向四周伸出许多细短的棘状突起，故称为棘细胞。胞核较大，圆形或椭圆形，胞质丰富，嗜碱性。电镜下，相邻棘细胞的突起以桥粒相连，并形成细胞间桥，胞质内有许多核糖体和大量成束分布的角蛋白丝。棘细胞内还含有卵圆形的**膜被颗粒**（membrane-coating granule），又称**板层颗粒**（lamellar granule），内含磷脂等物质。此层细胞彼此牢固相连。

3. 颗粒层 **颗粒层**（stratum granulosum）位于棘层上方，由 3~5 层扁梭形细胞组成，细胞界限清楚。胞核着色浅,细胞器已消失,显示细胞已趋向于退化。胞质内含许多大小不等,强嗜碱性的**透明角质颗粒**(keratohyalin granule)(图 12-2~ 图 12-4)。电镜下,透明角质颗粒无质膜包裹,呈致密均质状,角蛋白丝常穿入其中,融合后形成角质。胞质周边可见膜被颗粒,内含的磷脂等物质经胞膜释放后有助于细胞间的互相黏合,增强表皮的牢固性,也是阻止水溶性物质外流的主要屏障。

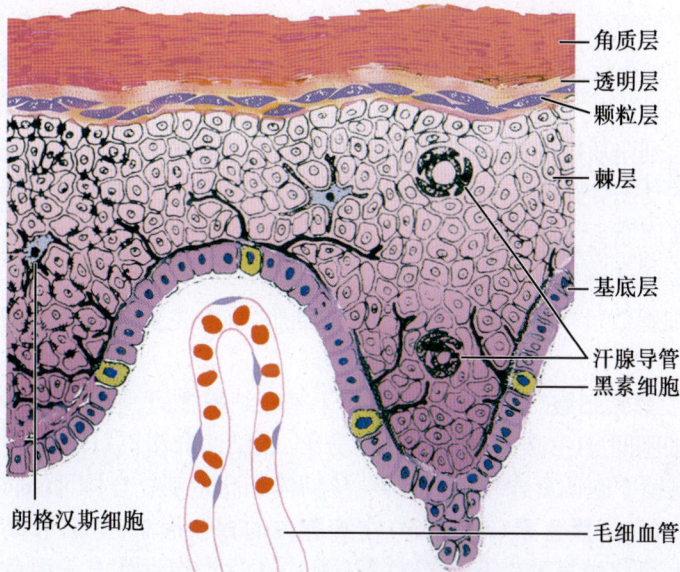

图 12-3　表皮细胞组成模式图

4. **透明层**　**透明层**(stratum lucidum)位于颗粒层浅部,由数层扁平细胞组成(图 12-2~图 12-4)。细胞界限不清,胞质嗜酸性,均质透明,折光性强,电镜下细胞核和细胞器已消失,超微结构与角质层相似。透明层可以阻止水分子通过。

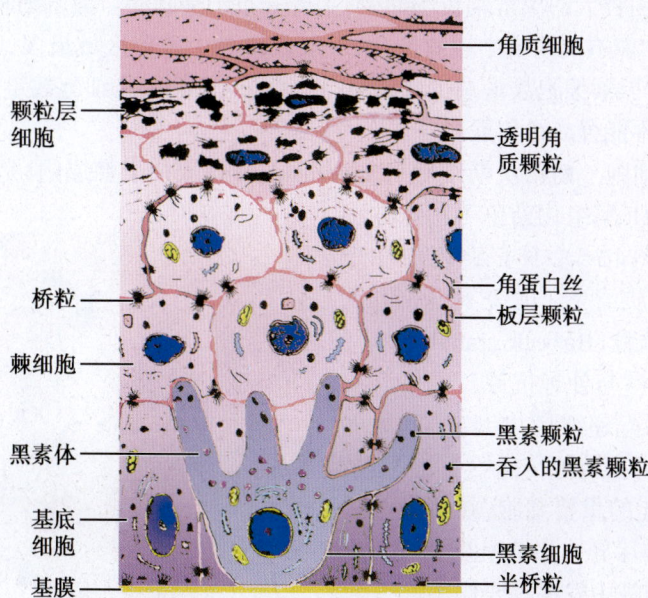

图 12-4　角质形成细胞和黑素细胞超微结构模式图

5. 角质层　角质层（stratum corneum）位于表皮表层，由几层至几十层扁平的**角质细胞**（horny cell）组成，角质细胞均为完全角化的死亡细胞，无细胞核和细胞器，细胞轮廓不清，胞质呈嗜酸性均质状（图 12-2~图 12-4）。电镜下，胞质中密集的角蛋白丝与均质状物质结合形成**角蛋白**（keratin），是角质细胞中的主要成分。胞膜的胞质面因附有一层外皮蛋白而坚固耐磨。细胞间充满膜被颗粒排出的脂类物质，浅表的角质层细胞间桥粒已解体，细胞连接松散，脱落后形成皮屑。

角质层构成皮肤重要的保护层，使皮肤耐受摩擦，阻挡外来物质的侵害并能防止体内水分的丢失。过度的摩擦能刺激角质形成细胞更迅速分裂，可使表皮变得更厚，促进细胞角质化，以保护深部组织。

表皮从基底层到角质层的结构变化，反映了角质形成细胞增殖、分化、迁移，由幼稚到成熟至死亡和脱落的动态变化过程，同时也反映了角质形成细胞角蛋白参与表皮角化的过程。角质形成细胞更新周期为 3~4 周。

（二）非角质形成细胞

非角质形成细胞数量较少，散布于角质形成细胞之间，主要包括黑素细胞、朗格汉斯细胞和梅克尔细胞。

1. 黑素细胞　**黑素细胞**（melanocyte）散布于基底细胞之间，胞体较大，发出许多突起伸入基底层和棘层细胞间，H-E 染色标本中不易分辨，银染法和多巴（DOPA）反应可显示细胞形态（图 12-3）。电镜下胞质富含粗面内质网、核糖体和高尔基复合体，同时还有特征性的**黑素体**（melanosome），它是**黑色素**（melanin）在细胞内的存在形态，呈圆形或椭圆形，外包质膜，内含酪氨酸酶，可将酪氨酸转化为黑色素（图 12-4）。当黑素体充满黑色素后，被称为**黑素颗粒**（melanin granule）。黑素细胞突起末端通过胞吐方式释出黑素颗粒，被邻近的角质形成细胞吞入后转移到邻近的基底细胞及棘细胞内。黑色素能吸收紫外线，保护深部组织免受辐射损伤。

不同人种黑素细胞数量差异不明显。人种间肤色的差异主要取决于黑素细胞合成黑色素的能力以及黑素颗粒在角质形成细胞内的分布和分解速度。黑种人的黑素颗粒大而多，分布于表皮各层；白种人的黑素颗粒小而少，主要分布于基底层。黑素细胞的分布在不同个体及同一个体的体表不同区域中也有变化，一般来说外生殖器区域最多，其次是面部，腿部最少。皮肤白斑时黑素细胞数量减少或缺失；白化病患者的黑素细胞数量正常，但因胞质内缺乏酪氨酸酶，故不能合成黑色素。

2. 朗格汉斯细胞　**朗格汉斯细胞**（Langerhans cell）散在于棘层内，是一种具有树突状突起的细胞，用 ATP 酶组化染色等特殊方法可显示（图 12-3、图 12-5）。H-E 染色切片光镜下胞核深染，胞质清亮。电镜下胞质可见特征性的**伯贝克颗粒**（Birbeck granule），呈网球拍状或杆状，可参与处理抗原。朗格汉斯细胞是皮肤的抗原呈递细胞，能够捕获、处理侵入皮肤的抗原，并把抗原传递给 T 细胞，是参与皮肤免疫功能的重要细胞，在接触性过敏、抗病毒感染、排斥异体移植组织及对表皮癌变细胞的免疫监视中发挥重要作用。

3. 梅克尔细胞　**梅克尔细胞**（Merkel cell）散布于表皮基底层，H-E 染色不易辨认，

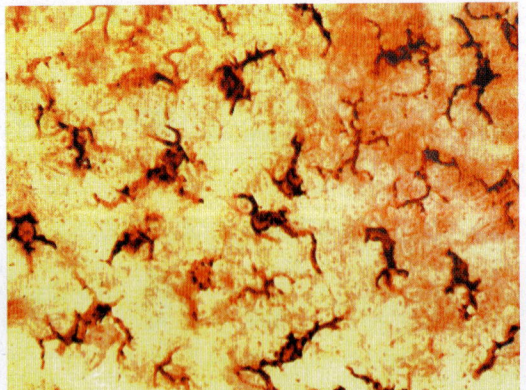

图 12-5　朗格汉斯细胞　ATP 酶组化反应　高倍

须用特殊染色法显示。电镜下胞质可发出短指状突起伸入角质形成细胞间,胞质中含有许多致密颗粒,细胞基部可与感觉神经末梢形成类似突触的结构。梅克尔细胞数量很少,但指尖分布较多,可能与其感受轻触觉和机械刺激有关。现在认为梅克尔细胞有内分泌和旁分泌功能。

二、真皮

真皮(dermis)位于表皮深面,由致密结缔组织构成,富含血管和神经,深部与皮下组织相连,两者间无明显分界。真皮可分为乳头层和网织层(图 12-6)。

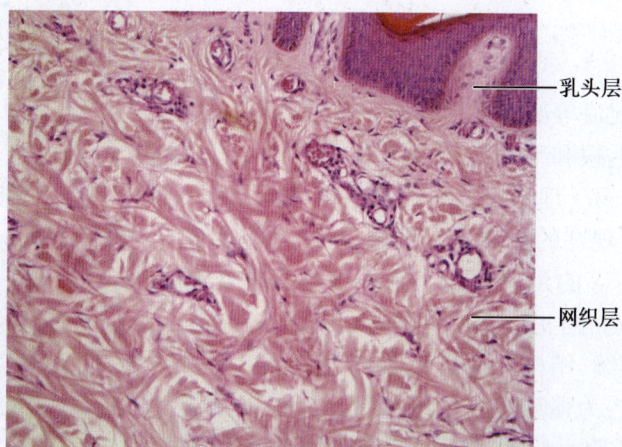

图 12-6　真皮网织层　低倍

1. 乳头层　**乳头层**(papillary layer)是紧邻表皮基底层的薄层结缔组织,纤维较细密,含细胞较多。该层向表皮基底部凸出,形成许多乳头状隆起称**真皮乳头**(dermal papillae),使表皮与真皮连接面积增大,利于两者牢固连接,也利于表皮细胞从真皮的组织液中获得营养(图 12-1、图 12-2、图 12-6)。乳头层内毛细血管、游离神经末梢丰富。手指掌侧的真皮乳头内可见较多触觉小体分布(图 12-2)。皮内注射时,药液主要作用到乳头层内。

2. 网织层　**网织层**(reticular layer)位于乳头层的深部,较厚,与乳头层无明显界限,是真皮的主要组成部分。此层胶原纤维束粗大,交织成网,其间夹杂许多弹性纤维,使皮肤具有较大韧性和弹性,能承受一定的张力和拉力。网织层还可见毛囊、皮脂腺、汗腺、血管、淋巴管、神经和环层小体等分布(图 12-1、图 12-2、图 12-6)。

皮肤的真皮乳头凸向表皮,排成许多平行的行列,使表皮向表面突出呈皮嵴,嵴间为皮沟,皮沟由真皮中胶原纤维的排列和牵引所形成,沟嵴相间,称为**皮纹**(dermatoglyph)。指腹处的皮纹又称**指纹**(finger print),由于指纹具有个体特异性和终身不变的特征,所以指纹常被作为识别个体的方法之一,在法医学和人类学研究中发挥重要作用。专门对皮纹构型的研究和检查称为**皮纹学**(dermatoglyphics)。

ER 12-2

真皮乳头及触觉小体

第二节　皮 下 组 织

皮下组织(hypodermis)即解剖学所称的浅筋膜,由疏松结缔组织和脂肪组织组成(图 12-1)。皮下组织中的胶原纤维与真皮相连续,使皮肤具有一定的可动性。皮下组织中含有较大的血管、淋巴管、神经和较多的脂肪组织,具有维持体温、缓冲外来压力、贮存能量等作用。其中脂肪组织的厚薄可随个体、年龄、性别和部位而异,并受内分泌调节。皮下组织内还可见毛根、汗腺的分布(图12-1)。皮下注射时,此层内可容纳较多的药液。

第三节 皮肤的附属结构

皮肤的附属结构主要包括毛、汗腺、皮脂腺和指(趾)甲等,均由表皮衍生而来(图12-7)。

一、毛

人体除手掌和足底等部位外,大部分皮肤都有毛(hair)分布。毛由毛干、毛根和毛球三部分组成。毛伸出皮肤外的是**毛干**(hair shaft),埋于皮肤内的是**毛根**(hair root),毛干和毛根由排列规则的角化上皮细胞组成,细胞内充满角蛋白和多少不等的黑素颗粒。毛根外包裹着**毛囊**(hair follicle),由内侧的上皮鞘和外侧的结缔组织鞘构成,上皮鞘与表皮相连续,结构与表皮相似,包裹毛根;结缔组织鞘与真皮相连,为薄层疏松结缔组织。毛根和毛囊下端合为一体,形成膨大的**毛球**(hair bulb)(图12-8)。毛球的上皮细胞称**毛母质细胞**(hair matrix cell),为干细胞,其分裂增殖的子细胞部分向毛根推移,参与毛干的形成;

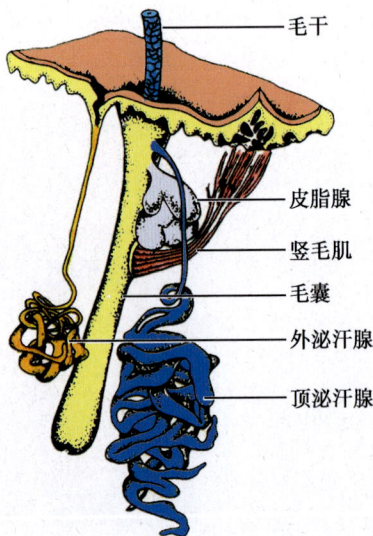

图12-7 皮肤附属器示意图

部分形成上皮性鞘。毛球处的黑素细胞可将产生的黑素颗粒输入毛干的角质细胞中,以决定毛发的颜色。毛球底部凹陷,有结缔组织突入其内,称**毛乳头**(hair papilla),内含丰富的血管和神经,可供应毛发的营养,对毛的生长起诱导和营养作用。

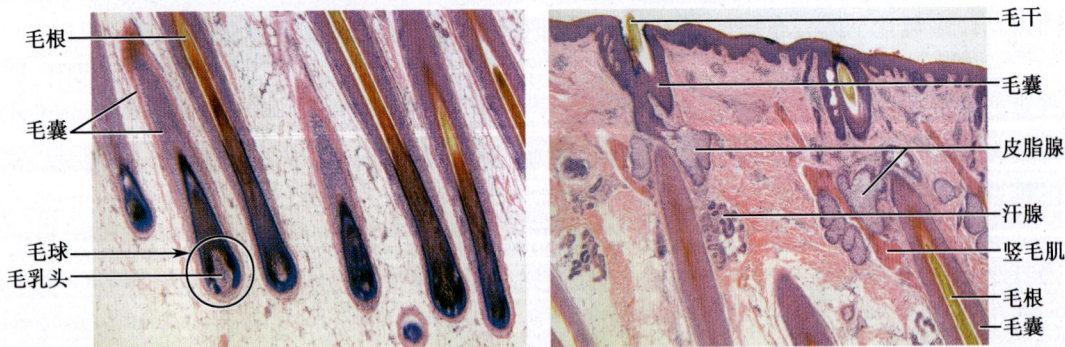

图12-8 头皮 低倍

毛和毛囊斜行生长在皮肤内,它们与皮肤表面呈钝角侧,有一束平滑肌连接毛囊和真皮乳头层,称**竖毛肌**(arrector pili muscle),又称**立毛肌**(图12-8)。竖毛肌受交感神经支配,在遇冷或精神紧张时收缩,使毛发竖立。

毛有一定的生长周期,定期脱落和更新(图12-8)。不同部位毛的生长周期长短不一,数月至数年,头发生长周期较长,可达3~5年。生长期的毛不易脱落,静止期因毛囊和毛球萎缩,易脱落。

二、皮脂腺

皮脂腺（sebaceous gland）位于毛囊与立毛肌之间，为泡状腺，一般由多个腺泡和一条短而粗的导管组成。腺泡周围有基膜和薄层结缔组织组成的被膜包被。腺泡周边分布一层扁小的基细胞，具有活跃的分裂增殖能力，可不断增殖，部分子细胞逐渐向腺泡中央移动。腺泡中心细胞较大，呈多边形，核固缩，居中，胞质内充满脂滴；在近导管处，腺细胞解体，成为一团含脂质的细胞碎片，通过导管排至毛囊上部或皮肤表面，即为**皮脂**（sebum）（图 12-9）。皮脂具有润滑皮肤、保护毛发作用。人体皮脂腺的发育和分泌受性激素调节，主要为雄激素，青春期分泌活跃。

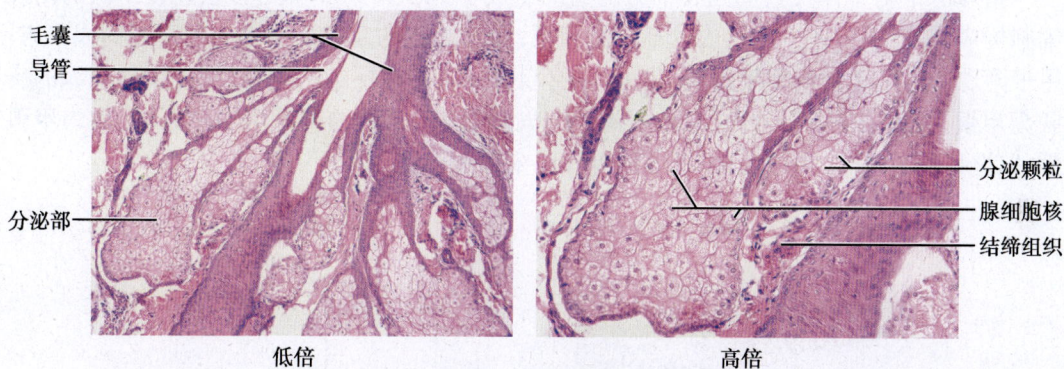

毛囊
导管
分泌部
分泌颗粒
腺细胞核
结缔组织

低倍　　　　　　高倍

图 12-9　皮脂腺

ER-12-3
痤疮

三、汗腺

汗腺（sweat gland）又称**外泌汗腺**（eccrine sweat gland），为单曲管状腺，由分泌部和导管部组成（图 12-7）。分泌部位于真皮深部及皮下组织内，为一段盘曲成团的管道，管腔较小，管壁由 1~2 层呈锥形、立方形或矮柱状腺细胞组成，具有分泌汗液的功能。在腺细胞和基膜之间，分布有肌上皮细胞，收缩时可促进汗液的排出。汗腺导管管腔狭窄，管壁由两层染色较深的立方形细胞围成，胞质嗜碱性（图 12-10）。导管经真皮到达表皮，在表皮内失去管壁，呈螺旋状走行于表皮细胞间，开口于皮肤表面的汗孔（图 12-1）。

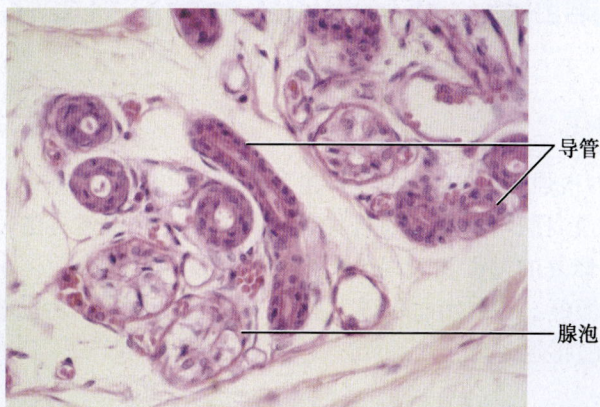

导管
腺泡

图 12-10　汗腺　高倍

汗腺分布广泛，分泌物为**汗**（sweet），pH 值 4.5~5.5，除含有大量水分外，还含有钠、氯、钾、镁、铁等离子和尿素、乳酸盐、氨基酸等,汗腺分泌是机体散热的主要方式,具有调节体温、排泄机体代谢产物、维持角质层水合状态等作用。汗腺的分泌活动受神经支配,交感神经兴奋可使汗腺的分泌增加。

腋窝、外阴部等处还分布有**顶泌汗腺**(apocrine sweat gland),又称**大汗腺**(large sweat gland),分泌物为较浓稠的乳状液,含蛋白质、碳水化合物和脂类等,经毛囊和皮肤表面细菌分解,产生短链脂肪酸、氨等有特别气味的物质,若腺体分泌过盛,则形成腋臭。顶泌汗腺的分泌活动受性激素的影响,青春期分泌旺盛,老年时减退。

四、指(趾)甲

指(趾)甲由甲体及其周围和下方的组织组成(图 12-11)。甲体由多层连接牢固的角质细胞构成,其近端包埋于皮肤内的部分为**甲根**;甲体下面的复层扁平上皮和真皮构成**甲床**;甲根附着处的甲床上皮称**甲母质**,是甲体的生长区,其基底层细胞分裂活跃;甲体周缘的皮肤为**甲襞**;甲体与甲襞之间的沟为**甲沟**;甲体近侧部位表面的半月形白色区域,称为**甲弧影**,以拇指最为明显。指(趾)甲有保护指(趾)末节的作用。

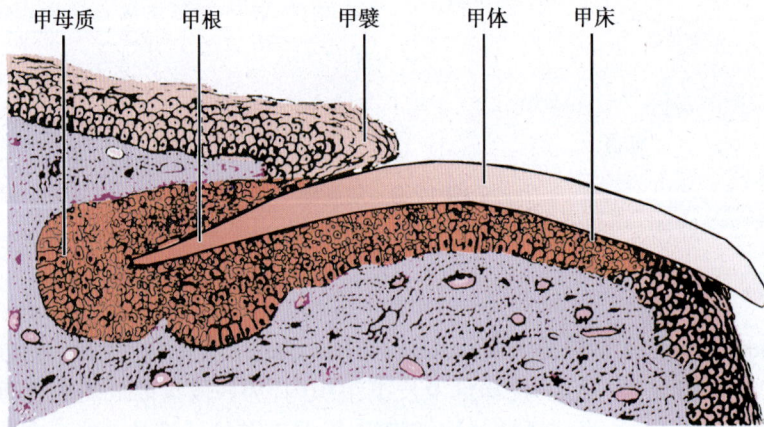

甲母质　甲根　甲襞　甲体　甲床

图 12-11　指甲纵切面模式图

第四节　皮肤的再生与增龄性变化

一、皮肤的再生

皮肤的再生能力很强,可分为生理性再生和补偿性再生两种方式。**生理性再生**是指正常情况下表皮、真皮及皮肤附属器不断自我更新的过程。**补偿性再生**是发生在皮肤受损后的修复过程,其再生修复的过程和时间与受损的面积及深度等有关。小面积的浅表损伤数天即可修复,且不留瘢痕。若损伤面积过大且深,需要进行植皮以协助修复。若损伤伴发细菌感染或有异物存在,将延迟愈合。

二、皮肤的增龄性变化

新生儿的皮肤很薄,表皮的角质层也较薄,真皮内结缔组织纤维较细,毛细血管网丰富,皮肤呈红色。随着年龄的增长,表皮细胞层增多,角质层增厚,真皮的纤维成分增多,由细弱而变粗壮。青春期后,在性激素的作用下,皮肤的结构和生理活动都达到成熟阶段。老年时皮肤呈衰老变化,表皮变薄,真皮乳头变低,网状纤维消失,弹性纤维逐渐失去弹性断裂成片段,皮肤逐渐变松变薄,以致出现皱纹,弹性消失,出现老年性的色素斑,汗腺和皮脂腺萎缩,毛孔开大,皮肤干枯,指(趾)甲生长缓慢等。

学习小结

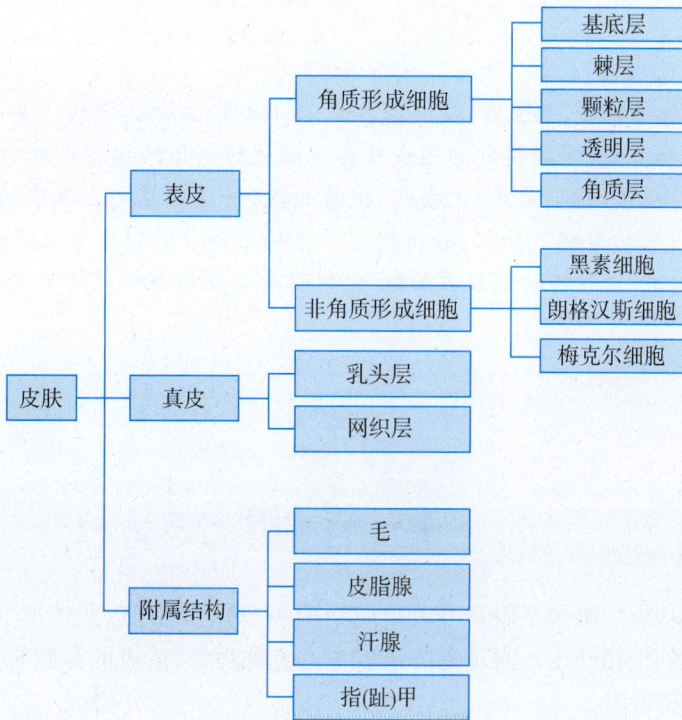

（范 妤）

复习思考题

1. 试述表皮由基底层至角质层中各种角质形成细胞形态结构的变化。
2. 试述毛的生长规律或方式。

扫一扫
测一测

第十三章

眼 和 耳

学习目标

能列出眼球纤维膜、血管膜、视网膜各部分的组成；能描述角膜上皮的组成及各层的结构特点和功能、视网膜视部的组成及各层细胞的形态结构特点和功能；理解并能写出视杆细胞、视锥细胞、黄斑、中央凹、视盘的概念；能叙述光在眼内的传播过程，结合眼球壁、眼内容物等相关知识，分析视觉产生的条件。能列出骨迷路和膜迷路的组成，会描述位觉斑、壶腹嵴和螺旋器的概念，根据基底膜的结构理解听觉冲动的产生及传导。

第一节 眼

眼具有感光功能。眼包括眼球及其附属结构两部分。眼球近似球形，在眼球前方角膜中心点，称前极，前极稍凸出。眼球后方巩膜中心点称后极，后极的鼻侧有视神经。眼球由眼球壁和其内容物组成。

一、眼球壁

自外向内依次分为纤维膜、血管膜和视网膜三层(图 13-1)。

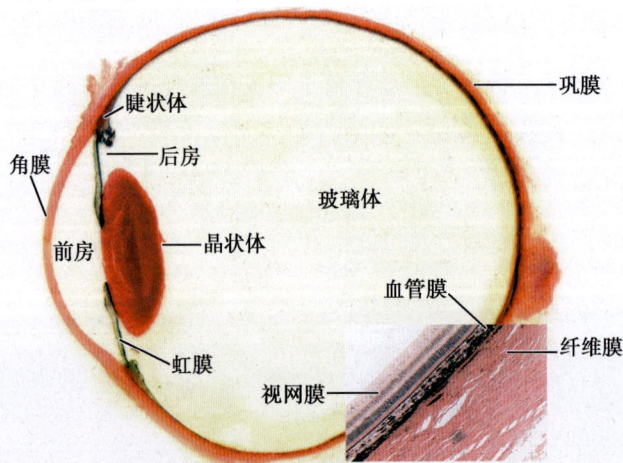

图 13-1 眼球 低倍

186

1. 纤维膜　纤维膜（tunic fibrous）是眼球壁的外膜，由致密结缔组织构成。前 1/6 的纤维膜较隆凸而且透明，称为角膜，后 5/6 的纤维膜呈乳白色，称巩膜（图 13-2）。

（1）角膜：**角膜**（cornea）位于眼球前方，呈无色透明的圆盘状，边缘厚约 1mm，中央较薄约 0.5mm，边缘以角膜缘与巩膜相连。角膜无血管分布，但游离神经末梢丰富，感觉非常敏锐。角膜的营养主要由房水和角膜缘毛细血管渗透供给。角膜自外向内依次可分为以下五层（图 13-3）。

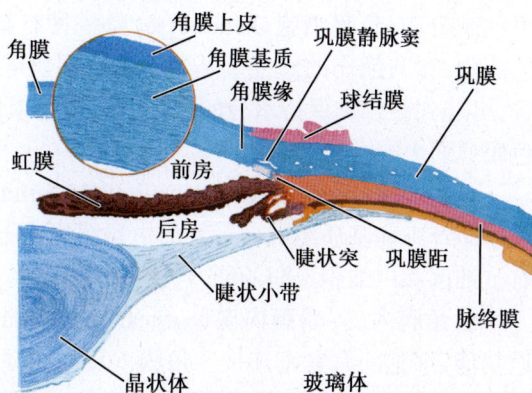

图 13-2　眼球壁前部模式图

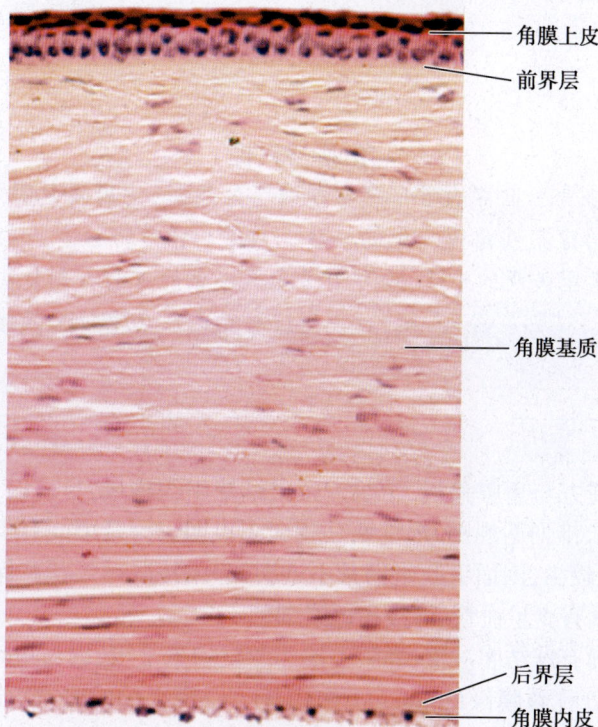

图 13-3　角膜　低倍

1）角膜上皮：**角膜上皮**（corneal epithelium）属未角化的复层扁平上皮，由 5~6 层排列整齐的细胞组成，约占整个角膜厚度的 10%。其基底层细胞呈单层柱状，不含色素，有分裂能力，基底部平整无乳头；中间层有 2~3 层多边形细胞；表层有 1~2 层扁平细胞，其中最表层细胞游离面有一些短小的微绒毛，有利于泪液的附着。上皮内神经末梢丰富，感觉敏锐，主要感受痛觉。角膜上皮 7~10 天更新一次。

2）前界层：**前界层**（anterior limiting lamina）是一层透明均质的薄膜，由其下方的角膜基质分化而来，内含微细的胶原原纤维和基质，与角膜基质联系较紧密，而与上皮连接较疏松，此层损伤后不能再生。

3）角膜基质：**角膜基质**（corneal stroma）又称固有层，此层厚度约占角膜全厚的 90%。由粗细一致的胶原原纤维平行排列成层，相邻层的胶原原纤维呈互相垂直排列。层间有角膜细胞分布,**角膜细胞**(keratocyte)是一种有细长突起的成纤维细胞,具有形成纤维和基质的能力,参与创伤的修复。基质中含透明质酸、硫酸软骨素 A、硫酸角质素和纤维粘连蛋白等,可起到黏合和保持水分的作用。当角膜损伤或病变时,角膜基质易形成混浊不透明的白色瘢痕而影响视力。

4)后界层:**后界层**(posterior limiting lamina)也是一层透明的均质膜,较前界层薄,也由胶原原纤维和基质组成。后界层由角膜内皮分泌形成,随年龄增长而增厚。后界层有弹性,有抗细菌和白细胞浸润的能力,受伤后能再生。

5)角膜内皮:**角膜内皮**(corneal endothelium)是单层扁平上皮,细胞具有活跃的物质转运功能,细胞间有紧密连接。角膜内皮有明显的生理性变化,细胞密度随年龄增长而减少,故认为角膜内皮损伤后的修复是依赖内皮细胞的扩展而不是细胞分裂。

角膜的结构与功能特点主要包括:①无色透明;②与房水直接接触;③无血管和淋巴管而代谢缓慢;④神经末梢丰富而感觉灵敏。

🔍 知识链接

角 膜 移 植

开展角膜移植是用正常的眼角膜替换病变的角膜,使患眼复明或控制角膜病变,达到增进视力或治疗某些角膜疾患的一种有效眼科治疗方法。一些因角膜疾病引起的严重视力受损甚至失明的患者,均可通过角膜移植的方法得到复明。这是因为角膜本身不含血管,处于"免疫豁免"地位,使角膜移植的成功率位于其他同种异体器官移植之首。

(2)巩膜:巩膜前方与角膜移行,主要由致密结缔组织构成,呈乳白色,其中的胶原纤维粗细不等,长短不一,排列不规则,纤维束互相交织成网。纤维束间有少量弹性纤维和成纤维细胞,基质含水量较少,因而巩膜坚韧且不透明,起维持眼球形状和保护眼球内容物的重要作用。巩膜内还含有少量血管、神经和色素细胞。

巩膜前部的表面有球结膜被覆,黏膜上皮为复层扁平上皮,它与角膜上皮连续。巩膜与角膜交界的相移行处称**角膜缘**(limbus)(图 13-4)。角膜缘的内侧有巩膜静脉窦和小梁网。**巩膜静脉窦**(scleral venous sinus)为一环行小管,管壁由内皮、不连续的基膜和薄层结缔组织构成。**小梁网**(trabecular meshwork)位于巩膜静脉窦的内侧,由小梁和小梁间隙组成。小梁的轴心为胶原纤维,表面覆以内皮细胞。小梁相互交织成网,网孔即为**小梁间隙**。巩膜静脉窦和小梁网是房水的排出装置。在巩膜静脉窦内侧,巩膜组织略向前突,称**巩膜距**(scleral spur)(图 13-2、图 13-4)。

巩膜后端视神经穿出处形成多孔的**筛板**(lamina cribrosa),是相对较薄弱的区域。脑脊液压升高时,筛板可能被压向内突入。如果眼内压升高,筛板可能外突。

2. **血管膜**　**血管膜**(vascular tunic)即中膜,由疏松结缔组织构成,薄而柔软。富含血管及色素细胞。血管膜由前向后分为连续的三部分,即虹膜、睫状体和脉络膜。

(1)虹膜:**虹膜**(iris)呈圆盘状,中央有孔,称**瞳孔**(pupil)。虹膜与角膜之间的腔隙称**前房**,虹膜与晶状体之间的腔隙称**后房**。前、后房之间借瞳孔相通。虹膜的前表面有皱襞,凹陷而且不平坦,前表面与角膜内皮相连续,后表面比较平坦。虹膜由前缘层、虹膜基质和虹膜上皮三部分组成(图 13-5)。①前缘层:有一层扁平的成纤维细胞和色素细胞,无上皮覆

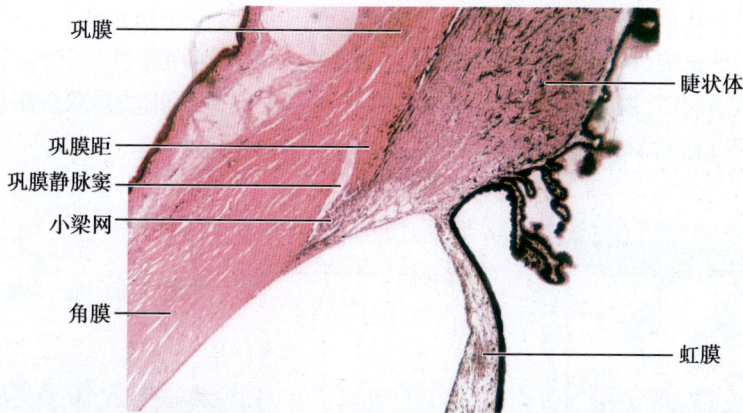

图 13-4　巩膜静脉窦与小梁网　低倍

盖,故虹膜的组织间隙与前房相通。②虹膜
基质:为疏松结缔组织,含丰富的血管和色素
细胞,虹膜的颜色取决于色素细胞和色素量
的多少,白种人及初生儿由于色素细胞较少,
故虹膜为浅蓝色。若色素细胞增多,虹膜的
颜色也随之发生变化,依次出现灰色、棕色及
黑色。③虹膜上皮:由两层上皮细胞组成,前
层细胞分化为肌上皮(平滑肌纤维)。位于瞳

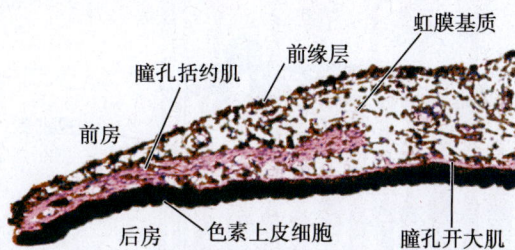

图 13-5　虹膜　低倍

孔边缘环行排列的平滑肌纤维,称**瞳孔括约肌**(sphincter muscle of pupil),受副交感神经支
配,当收缩时,可使瞳孔缩小。位于瞳孔括约肌外侧呈放射状排列的平滑肌纤维,称**瞳孔开
大肌**(dilator muscle of pupil),受交感神经支配,当收缩时,可使瞳孔放大。虹膜后层细胞内
充满色素颗粒。

　　(2)睫状体:**睫状体**(ciliary body)介于虹膜与脉络膜之间,是一个具有伸缩功能的环状
结构,围绕在巩膜的内表面(图 13-2)。侧面观呈三角形,其顶端突向眼球的内部。睫状体的
前 1/3 为**睫状冠**,后 2/3 为**睫状环**。睫状环较平坦,扁平光滑;睫状冠皱褶不平,形成数十个
放射状排列的**睫状突**,并借睫状小带连接晶状体囊。

　　睫状体由睫状肌、基质和上皮组成。①睫状肌:为平滑肌,密集分布于睫状体的外 2/3
区域。肌纤维的排列有三种方向:外侧的纵行纤维紧靠巩膜走行,前端附于巩膜距,后端附
于脉络膜;中间的放射状纤维前端也附于巩膜距,后端则呈放射状伸入睫状体内;内侧为环
形纤维。睫状肌受副交感神经节后纤维支配,其纤维来自动眼神经。睫状肌收缩时,睫状
体向前,睫状小带张力减少,借此使晶状体的位置和曲度发生改变,使视网膜上成像清晰。
②基质:为富含血管和色素细胞的结缔组织,主要分布在睫状体内侧和睫状突内,睫状肌纤
维之间也有少量基质分布。③睫状体上皮:属视网膜盲部,由两层细胞组成。外层为立方形
的色素细胞,内有粗大的色素颗粒;内层为立方形或矮柱状的非色素细胞,该层上皮细胞分
泌酸性黏多糖,参与玻璃体的形成,还分泌房水和参与睫状小带的形成(图 13-4)。

　　(3)脉络膜:**脉络膜**(choroid)为血管膜的后 2/3,充填在巩膜与视网膜之间。因结缔
组织内有很丰富的血管和色素细胞,所以脉络膜是一层棕黑色的薄膜。它使眼球内部
形成"暗箱"环境,以有利于视网膜的光色感应。脉络膜的最内层称**玻璃膜**,又称 Bruch
膜。来源于两部分,一部分是脉络膜的毛细血管基膜,另一部分是视网膜色素上皮的
基膜。

3. 视网膜 视网膜(retina)通常指能感光的视部而言,位于脉络膜的内面,前方与睫状体上皮呈锯齿状相接,称**锯齿缘**(ora serrata)。眼球后极有视神经乳头,为血管和神经出入处,此处无感光作用。视网膜自外向内主要由色素上皮层、视细胞层、双极细胞层和节细胞层组成,后三层又统称**神经层**(图 13-6)。

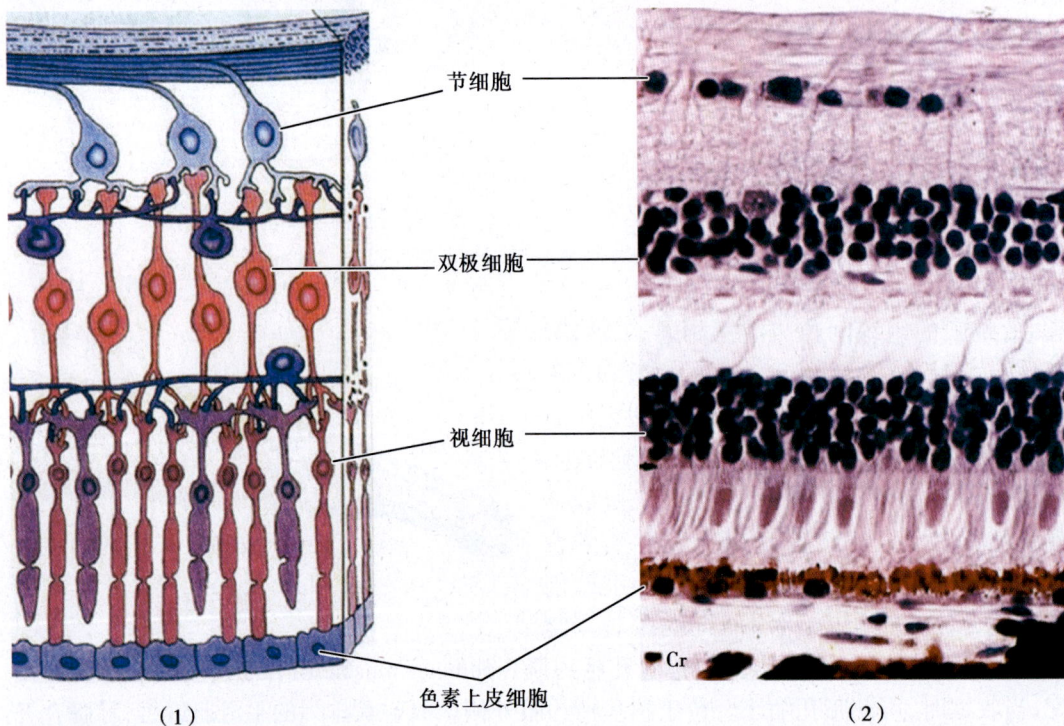

图 13-6 视网膜
(1)模式图;(2)光镜图低倍;Cr 示脉络膜

(1)色素上皮层:**色素上皮层**(pigment epithelium layer)由单层立方细胞构成,细胞基底部牢固地附着于脉络膜。基底部有发达的质膜内褶,此处有大量的线粒体(图 13-6、图 13-7)。细胞的顶部有许多微绒毛伸入视细胞突起的间隙内,但无牢固的连接结构,视网膜剥离常发生在这两者之间。色素细胞的胞体和突起内有大量黑色素颗粒。色素上皮的主要功能为:①细胞侧面的连接结构与视网膜毛细血管壁共同构成**血-视网膜屏障**(blood-retina barrier),可阻止脉络膜内层血管中大分子及有害物质进入视网膜;②色素颗粒可吸收过强光线,以保护视细胞免受刺激;③色素颗粒向胞体内聚集,以适应于暗视;④能吞噬并消化从视杆细胞顶端脱落下来的膜盘;⑤可贮存维生素 A 和参加视紫红质的再生。

📖 **知识链接**

视紫红质与夜盲症

夜盲症俗称"雀蒙眼"。人在黑暗中能看清物体主要依靠视网膜中的一种称为视紫红质的物质,而这种视紫红质的合成原料之一是维生素 A,如果人体内缺乏维生素 A,视紫红质的合成就会减少,合成速度也会减慢,从而导致黑暗时视觉的适应能力降低,这种症状医学上称为"夜盲症"。造成夜盲的根本原因是视网膜视杆细胞缺乏合成视紫红质的原料或视杆细胞本身的病变。

(2)视细胞层：**视细胞**（visual cell）又称**感光细胞**（photoreceptor cell），属高度分化的感觉神经元。细胞的内、外突起结构等同于轴突和树突，故是一种特殊的双极神经元，能将光刺激转换成电信号，其胞体构成外核层。视细胞依据形态和功能的差异可分为视杆细胞和视锥细胞两种，可感受光线强弱与色彩（图13-6、图13-7）。①视杆细胞（rod cell）数量约1.2亿个，主要分布在视网膜周边部感受弱光。细胞核小，细长，核椭圆形，深染。视杆细胞的外突（即树突）呈细长杆状，称视杆。外突又可分为内、外两节（图13-7、图13-8）。**外节**为圆柱状体，内含许多平行排列的扁圆形**膜盘**（membranous disc），膜盘是由外节基部的一侧细胞膜内陷、折叠而形成的。多数膜盘与表面的细胞膜分离。脱落的膜盘可被色素上皮细胞吞噬。外节是细胞的感光部位，能将光能转换为电信号。膜盘的膜内镶嵌有由11-顺视黄醛和视蛋白组成的视紫红质颗粒。**内节**较粗大，内含线粒体、粗面内质网、滑面内质网、高尔基复合体、游离核糖体和丰富的微管及糖原等，内节为外节提供能量和养分。视杆细胞的内突（即轴突）伸入外网层，末端膨大呈小球状，与双极细胞和水平细胞形成突触。②**视锥细胞**（cone cell）在视网膜中心部分最密集，感受强光及色觉，形态结构与视杆细胞相似，数量约600万个。视锥细胞外突的外节也有膜盘结构（图13-7、图13-8）。膜盘能感受强光并含视色素。人和绝大多数哺乳动物的视锥细胞可分别含不同的三种视色素，即红敏色素、蓝敏色素和绿敏色素，均由11-顺视黄醛和视蛋白组成。若因遗传基因异常而不能合成某一种视色素，则可出现相应色觉的缺乏，称色盲，如缺乏红敏色素时为红色色盲。视锥细胞的内突末端膨大成足状，可与一个或多个双极细胞的树突以及水平细胞形成突触。

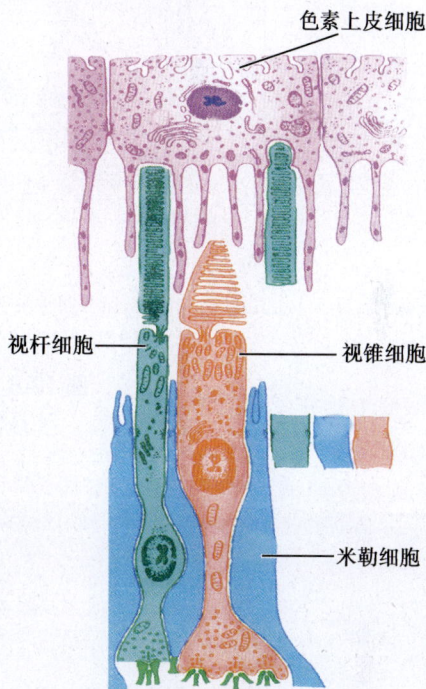

色素上皮细胞

视杆细胞

视锥细胞

米勒细胞

图13-7　视锥细胞和视杆细胞模式图

(3)双极细胞层：**双极细胞**（bipolar cell）是连接视细胞和节细胞的联络神经元，胞体位于内核层。外侧的树突伸入外网层，与视细胞内侧突形成突触；内侧的轴突伸入内网层，与节细胞的树突形成突触（图13-6、图13-9、图13-12）。双极细胞有两种类型，一类双极细胞的树突只与一个锥细胞形成突触，其轴突也只与一个节细胞的树突建立突触。另一类双极细胞的树突可与多个视锥或视杆细胞形成突触。

(4)节细胞层：**节细胞**（ganglion cell）属长轴突的多极神经元，因近似于神经节中的细胞而故名。胞体大小不等。节细胞约有100万个，与视细胞的比约为1:130。节细胞的树突可与一个或多个双极细胞的轴突相连接（图13-6、图13-9、图13-11、图13-12）。有的节细胞与双极细胞和视细胞之间形成一对一的视觉通路，构成精确、敏锐的视觉传导。节细胞的轴突粗细不一，无髓鞘，到达视网膜内表面时，作直角转向，向眼球后极集中，汇集成视神经，穿出视网膜的部位称**视神经乳头**（papilla of optic nerve）又称视盘，此处无感光细胞，为**生理性盲点**（直径约1.5mm）（图13-10）。

在接近眼球后极部分，视网膜有一淡黄色区域（直径约2mm）称**黄斑**（macula lutea）（图13-10、图13-11）。黄斑中央有一下陷部分为**中央凹**（central fovea），其外径约1.5mm，下陷底部直径为0.3~0.4mm。中央凹处的视网膜最薄（厚度仅0.1mm），仅有视锥细胞和色素上皮，光线可充分落在视锥细胞的感光部分，通过一对一的视觉传导通路传至中枢，所以黄斑的中央凹视觉最敏锐、最精确。

ER-13-4

视盘图片

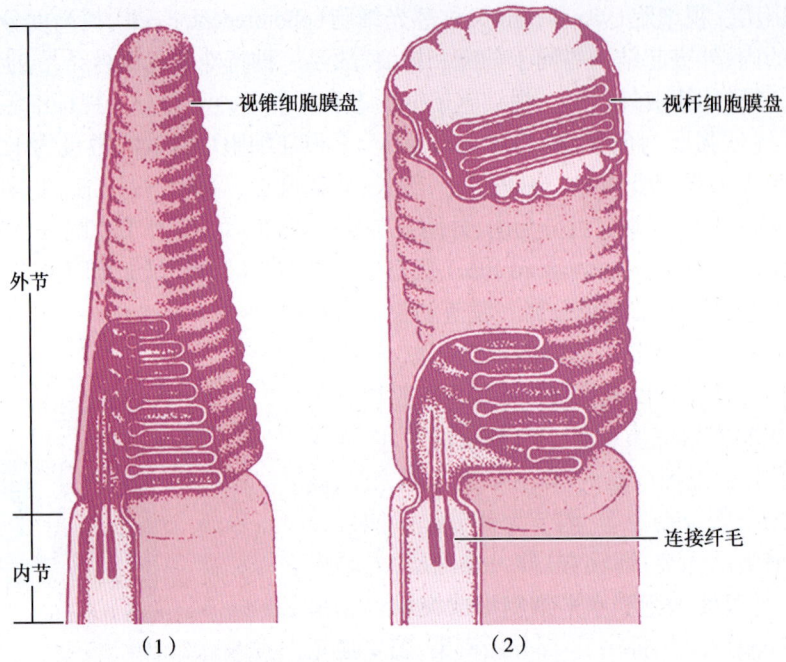

图 13-8 视细胞外节超微结构模式图
(1)视锥细胞;(2)视杆细胞

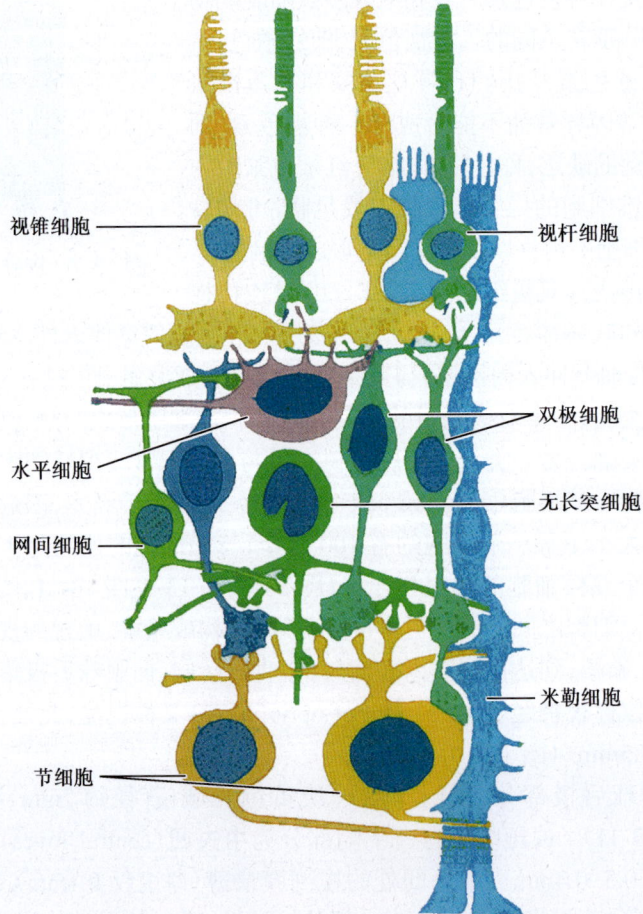

图 13-9 视网膜视细胞与其他神经元相互联系模式图

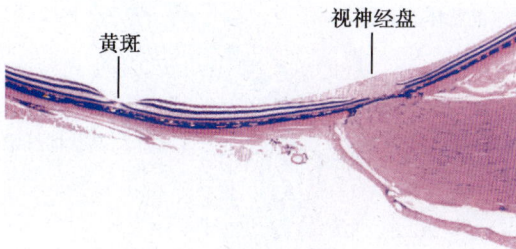

图 13-10 黄斑与视神经盘 低倍

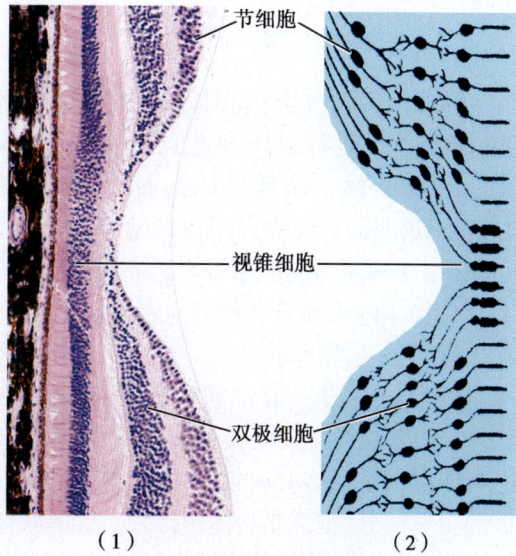

图 13-11 黄斑及中央凹
(1)光镜图 低倍;(2)细胞联系示意图

　　视网膜内还有横向联络的双极神经元,如**水平细胞**(horizontal cell)和**无长突细胞**(amacrine cell)等。水平细胞对视细胞的敏感性具有调节作用,可在不同强度光照下,清晰分辨物象。无长突细胞对节细胞有暂时性侧向抑制作用。视网膜内还有一种神经胶质细胞称**放射状胶质细胞**(radial gliocyte)又称**米勒细胞**(Müller cell),几乎贯穿神经层,具有支持、营养、绝缘和保护等功能(图 13-9)。

　　光镜下的眼球 H-E 染色切片标本,其视网膜自外向内依次可分为十层(图 13-12):①**色素上皮细胞层**由单层立方的色素上皮细胞组成;②**视杆视锥层**由平行排列的视杆和视锥组成;③**外界膜**由放射状胶质细胞外侧端与视杆、视锥连接而成;④**外核层**由视杆细胞、视锥细胞的胞体所组成;⑤**外网层**由视杆细胞、视锥细胞的轴突,双极细胞和水平细胞的胞突组成;⑥**内核层**由双极细胞、水平细胞和放射状胶质细胞的胞体组成;⑦**内网层**由双极细胞和节细胞的突起所组成;⑧**节细胞层**由节细胞胞体组成;⑨**视神经纤维层**由节细胞的轴突组成;⑩**内界膜**由放射状胶质细胞的内侧端突起相互连接形成。

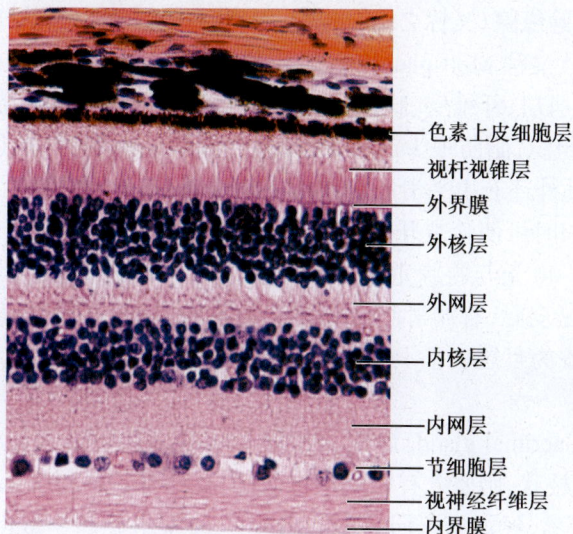

图 13-12 视网膜 高倍

笔记栏

二、眼球内容物

眼球内容物包括晶状体、玻璃体和房水等。眼球内容物和角膜共同组成眼的屈光装置，能将入射光线进行调节，使焦点集中在视网膜上而形成清楚的图像（图 13-1）。

1. 晶状体　**晶状体**（lens）位于虹膜的后方，质地透明而有弹性，外形如双凸透镜，直径约 9mm，中央厚约 4mm，由睫状小带悬于睫状体上。晶状体内无血管和神经。晶状体表面有晶状体囊，是一层增厚的基膜。在晶状体前部有一层立方形上皮，上皮在晶状体赤道部变长，在晶状体中央部位的上皮已失去细胞核，变为细长的晶状体纤维（图 13-13）。晶状体纤维是构成晶状体的主要成分，围绕晶状体核排列。若晶状体弹性减弱、透明度下降，以致发生混浊时称**白内障**。

2. 玻璃体　**玻璃体**（vitreous body）填充于晶状体、睫状体、睫状小带和视网膜之间。含水分 99%，呈透明的胶状物，由胶原原纤维和基质组成。玻璃体周围致密而含纤维较多，称玻璃体囊。

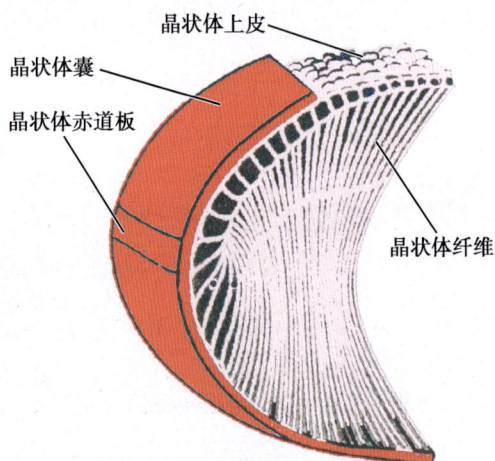

图 13-13　晶状体结构模式图

3. 房水　**房水**（aqueous humor）是充满于眼房内的透明液体，可营养角膜、晶状体、玻璃体和视网膜，并维持眼内压。房水由睫状体血管渗透和睫状体上皮分泌而形成，由后房经瞳孔进入前房，通过虹膜角膜角隙进入巩膜静脉窦，重新回流入血液循环中。房水循环保持动态平衡，如循环通路受阻时，房水增多，可引起眼内压升高，导致**青光眼**。

光线在眼内的传导途径：光线透过角膜、房水、晶状体和玻璃体等一系列屈光装置后，到达视网膜的视杆视锥层，由视杆细胞、视锥细胞的外节感受光能的刺激，将光能转换为电信号，传至双极细胞及节细胞，经视神经传入大脑皮质视觉中枢而产生视觉。

三、眼的附属结构

1. 眼睑　**眼睑**（eyelid）眼睑表面的皮肤于睑缘处与睑结膜延续。睑缘有 2~3 列睫毛，睫毛根部的皮脂腺称**睑缘腺**（又称 Zeis gland），发炎时形成外睑腺炎。睑缘处还有一种腺腔较大的汗腺称**睫毛腺**（又称 Moll gland），开口于睫毛毛囊或睑缘（图 13-14）。眼睑自外向内分为皮肤、皮下组织、肌层、纤维层、睑结膜五层。①皮肤：薄而柔软，易形成皱襞；②皮下组织：为薄层疏松结缔组织，脂肪很少或无，故易发生水肿或淤血；③肌层：为骨骼肌，包括眼轮匝肌和提上睑肌，此外还有由平滑肌组成的上睑板肌，起于上睑提肌，附着于上睑板上缘，受交感神经支配，收缩时可使睑裂开大；④纤维层：主要由**睑板**（tarsal plate）组成，睑板是致密结缔组织，内有 30~40 条与睑缘垂直排列的**睑板腺**（tarsal gland），属皮脂腺，腺体主导管开口于睑缘，腺泡分泌皮脂，有润滑睑缘和保护角膜的作用；⑤睑结膜：为平滑透明的薄层黏膜，近睑缘处的上皮为复层扁平上皮，其余部分为复层柱状上皮，固有层为薄层疏松结缔组织。

2. 泪腺　**泪腺**（lacrimal gland）属浆液性复管状腺，被结缔组织分隔为若干叶和小叶。腺上皮为单层立方或柱状，胞质含有分泌颗粒，腺上皮外有基膜和肌上皮细胞。泪腺分泌的泪液经导管排至结膜囊，经泪道流向鼻腔。泪液含 99% 水分和少量蛋白质、无机盐和溶菌酶等，有湿润和清洁角膜的作用。

ER-13-5 晶状体图片

ER-13-6 飞蚊症

ER-13-7 青光眼

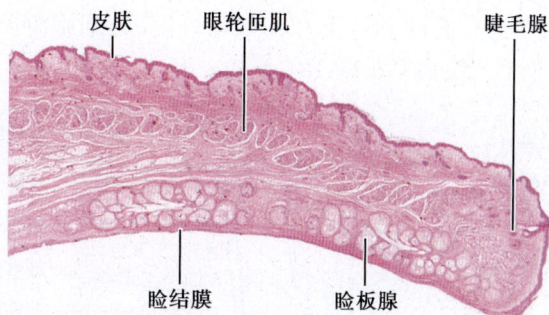

皮肤　　眼轮匝肌　　　　睫毛腺

睑结膜　　　睑板腺

图 13-14　眼睑　低倍

第二节　耳

耳(ear)包括外耳、中耳和内耳三部分。外耳和中耳收集并传导声波,内耳感受听觉和位觉。

一、外耳

外耳包括耳郭、外耳道与鼓膜三部分。耳郭由弹性软骨和覆盖其表面的薄层皮肤组成。外耳道软骨段的皮肤内有**耵聍腺**(ceruminous gland),腺体的分泌物与脱落的上皮细胞混合成为黏稠的耵聍,有防止异物深入外耳道的作用。皮肤内感觉神经末梢较丰富,故患外耳道疖肿时,疼痛剧烈。**鼓膜**(tympanic membrane)为卵圆形半透明的薄膜,外侧面被覆的是复层扁平上皮,内侧面是单层扁平上皮,中间为薄层结缔组织。

二、中耳

中耳包括鼓室与咽鼓管等结构。鼓室是充满空气的小腔,腔面和腔内的三块听小骨的表面覆有薄层黏膜,其各部分的上皮类型不同。咽鼓管的黏膜上皮,近鼓室段为单层柱状上皮,近鼻咽段为假复层纤毛柱状上皮,固有层含有混合腺。

三、内耳

内耳又称迷路,由两套弯曲的管道套叠而成,外层称骨迷路,内层称膜迷路。**骨迷路**是颞骨内骨性隧道,腔面有骨膜被覆,由前庭、骨半规管和耳蜗三部分组成。**膜迷路**的形态与骨迷路相似,相应地分为椭圆囊、球囊、膜半规管和蜗管,其管道是由单层上皮和薄层的结缔组织组成,在某些部位的黏膜增厚隆起,并高度分化为感受器,即椭圆囊斑、球囊斑、壶腹嵴和螺旋器(图 13-15)。膜迷路内充满**内淋巴**(endolymph),膜迷路和骨迷路之间为外淋巴间隙,充满**外淋巴**(perilymph),内、外淋巴互不相通。

1. 前庭与位觉斑　前庭位于骨半规管和耳蜗之间,呈不规则的卵圆形腔室,腔内有椭圆囊和球囊,椭圆囊的外侧壁和球囊的前壁局部黏膜增厚,分别形成**椭圆囊斑**(macula utriculi)和**球囊斑**(macula sacculi),两者合称为**位觉斑**(macula acustica)。位觉斑的黏膜上皮为单层柱状上皮,由支持细胞和毛细胞组成,其表面覆有一层胶质膜,称**耳石膜**(otolithic membrane),又称位砂膜,膜的浅层含有细小的结晶体,称**耳石**(otolith)。支持细胞为高柱状,起支持和营养毛细胞的作用,并能分泌耳石和耳石膜黏蛋白。**毛细胞**(hair cell)呈烧瓶状,每个毛细胞的顶端有 50 根左右的静纤毛和一根动纤毛,毛细胞游离面的纤毛伸入耳石膜内,基部与前庭神经末梢形成突触(图 13-16)。

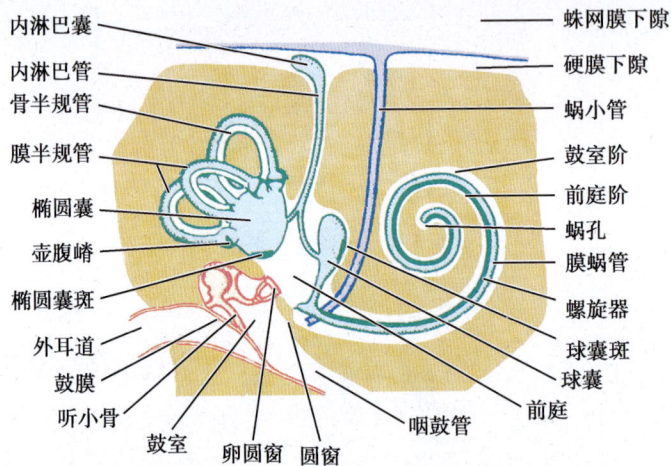

图 13-15　骨迷路和膜迷路模式图

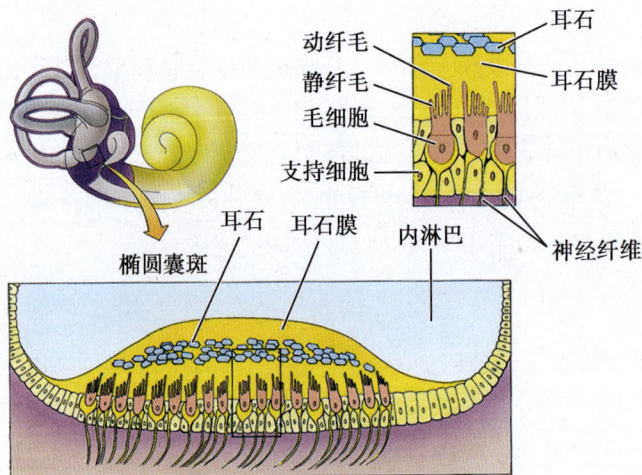

图 13-16　椭圆囊位觉斑模式图

位觉斑感受身体的直线变速运动和头部静止状态。因耳石比重大于内淋巴,无论人体头部处于什么位置或作直线加速运动时,由于重力及惯性作用,耳石能压迫或牵引毛细胞感受刺激,继而引起毛细胞兴奋,并将兴奋经突触传递给前庭神经,再传入中枢,从而感受体位的改变。

2. 半规管与壶腹嵴　骨半规管由三个互相垂直的管道组成,每个半规管与前庭相连处各形成一个膨大,称**壶腹**(ampulla)。相应的膜半规管及壶腹套嵌其中。膜半规管壶腹部的一侧黏膜增厚突向腔内,形成一横行的圆嵴状隆起,称**壶腹嵴**(crista ampullaris),其结构与位觉斑相似,但壶腹嵴毛细胞的纤毛较长,支持细胞分泌的胶质膜较厚,形如帽状,称为**壶腹帽**(cupula)。壶腹帽的比重与内淋巴相似,故可浮在毛细胞的表面。胶质膜内不含耳石,毛细胞的基部也有前庭神经末梢包绕形成突触(图 13-17)。

壶腹嵴可感受旋转变速运动。由于三个膜半规管是相互垂直排列的,故当头部作旋转运动时,内淋巴流动冲击引起壶腹帽的倾斜,从而刺激了毛细胞,产生神经冲动,经前庭神经传入中枢神经,引起旋转感觉及调节姿势反射。

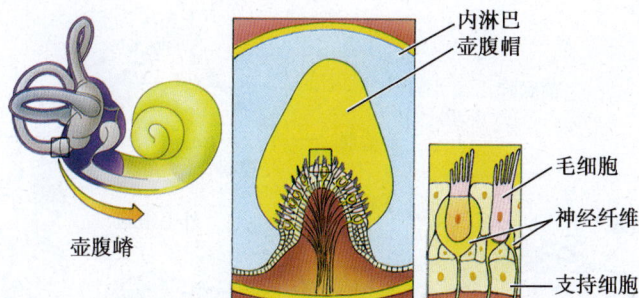

图 13-17　半规管与壶腹嵴模式图

3. 耳蜗与螺旋器　**耳蜗**(cochlea)形如蜗牛壳,由蜗轴和蜗螺旋管组成。人的耳蜗以蜗轴为中心蜗螺旋管盘曲两圈半。蜗轴的骨质疏松,内有血管和螺旋神经节等。蜗轴向蜗螺旋管伸出**骨螺旋板**(osseous spiral lamina)。耳蜗外侧壁的骨膜增厚形成**螺旋韧带**(spiral ligament),其表面覆有 2~3 层的复层柱状上皮细胞,上皮内含有毛细血管,称**血管纹**(stria vascularis),它与分泌和维持内淋巴的成分有关。骨螺旋板与螺旋韧带之间的薄膜称**膜螺旋板**(membranous spiral lamina)又称**基底膜**。骨螺旋板上方斜向螺旋韧带上部的薄膜称**前庭膜**(vestibular membrane)。从蜗轴切面观察,耳蜗被分隔成三个管道:上方为**前庭阶**(scala vestibuli),与前庭相通;下方为**鼓室阶**(scala tympani),底端借圆窗膜(盖在圆窗上)与中耳相隔;中间三角形管道为**蜗管**(cochlear duct),又称**膜蜗管**。前庭阶和鼓室阶腔内充满外淋巴,两个管道借蜗轴顶端的**蜗孔**(helicotrema)相通。蜗管与球囊相通,充满内淋巴。蜗管横切面呈三角形,有上、外和下三个壁(图 13-18~ 图 13-20)。上壁为前庭膜,两面覆单层扁平上皮,中间有薄层结缔组织;外壁为螺旋韧带,表面覆盖着血管纹;下壁与鼓室阶相邻,由骨螺旋板的外侧部和基底膜组成。

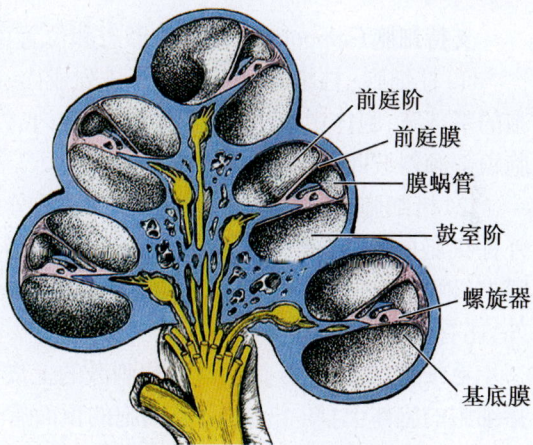

图 13-18　耳蜗垂直切面模式图

螺旋器(spiral organ)又称**科蒂器**(Corti organ),是基底膜表面上皮增厚特殊分化的听觉感受器。螺旋器主要由毛细胞和支持细胞等构成。在螺旋器的顶面有一层胶质膜,称**盖膜**(tectorial membrane),毛细胞较长的纤毛与盖膜接触(图 13-18~ 图 13-20)。

📖 **知识链接**

梅 尼 埃 病

　　梅尼埃病是以内耳膜迷路积水为特征的非炎症性疾病。本病以突发性眩晕、耳鸣、耳聋或眼球震颤,眩晕有明显的发作期和间歇期等主要临床表现,检测听力呈波动型,甘油试验阳性。1861 年梅尼埃(Ménière)医生对平衡器解剖时发现有异常改变,主要表现为压力增大、循环障碍、无法保持液体平面,故此揭开了眩晕的由来。

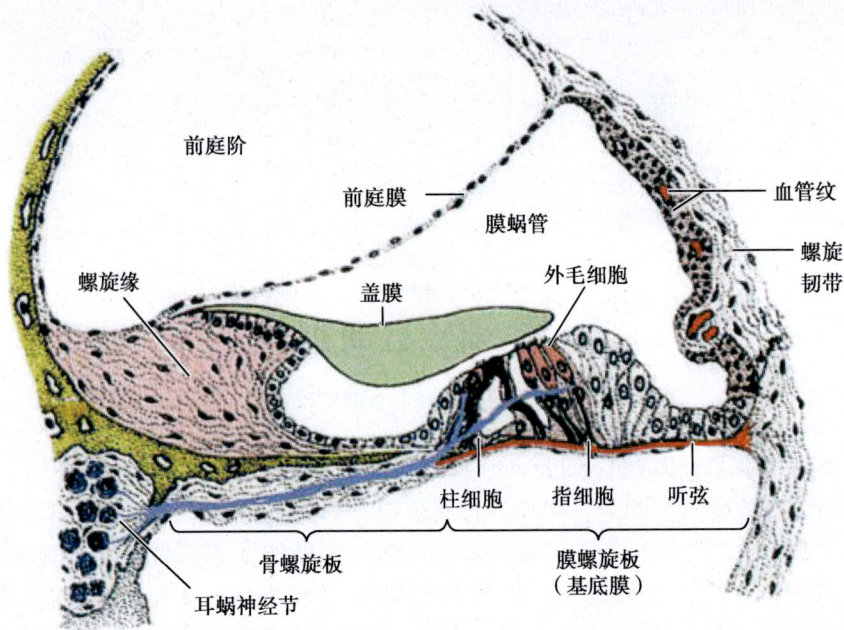

图 13-19　膜蜗管与螺旋器模式图

支持细胞（supporting cell）按形态和位置可分为柱细胞和指细胞（图 13-20）。

（1）柱细胞：**柱细胞**（pillar cell）排列成内、外两行，分别称为内柱细胞和外柱细胞。柱细胞的基部宽，胞体中部细长，彼此分离，在内、外柱细胞之间形成一个三角形的内隧道。柱细胞顶部倾斜彼此嵌合。

（2）指细胞：**指细胞**（phalangeal cell）可分内指细胞和外指细胞。分别位于内柱细胞和外柱细胞的内、外侧。内指细胞为一排，外指细胞为 3~4 排，指细胞为柱状，基部位于基底膜上，顶部伸出指状突起，突起伸在上皮表面形成网板状。指细胞起支托毛细胞的作用。此外，还有边缘细胞等。

毛细胞（hair cell）是感受听觉刺激的上皮细胞，分内毛细胞和外毛细胞，分别位于内、外指细胞的胞体上（图 13-20）。毛细胞的顶面有呈"V"或"W"形排列规则的静纤毛。毛细胞基部与从螺旋神经节来的神经末梢形成突触连接。

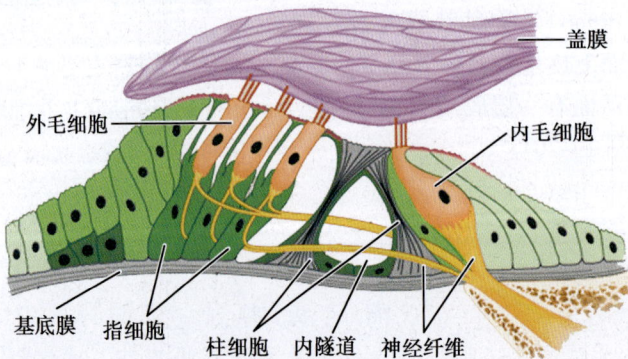

图 13-20　螺旋器模式图

膜蜗管与螺旋器光镜图

螺旋器的基底膜内有自蜗轴向外呈放射状排列的胶原样细丝束，称**听弦**（auditory

string),听弦的长度从蜗底到蜗顶随基膜增宽而增长。随听弦增长,共振频率也随之降低。蜗顶的听弦较细长,对低音起共振作用。而蜗底的听弦较短粗,对高音能起共振作用。蜗底受损可导致高音感受障碍,蜗顶受损可导致低音感受障碍。

膜迷路的内淋巴与骨迷路之间外淋巴互不相通。外淋巴的成分与脑脊液相近。内淋巴主要由蜗管外侧壁的血管纹产生的,通过内淋巴导管至淋巴囊,排入硬膜下腔。

声波的传导途径:声波的传导有骨传导和空气传导两种方式。骨传导即声波通过颅骨直接传导到内耳,引起耳蜗内淋巴的流动,使螺旋器毛细胞受到刺激。骨传导不敏锐,空气传导是声传导的主要方式。声波传进外耳道,振动鼓膜,由听小骨传递到前庭窗,致使前庭阶外淋巴受振动,从而振动到前庭膜和蜗管的内淋巴,进一步影响基底膜与相应的听弦产生振动;另外,前庭阶外淋巴的振动也可经蜗孔传入鼓室阶,引起基底膜共振,使内淋巴在盖膜与基底膜之间发生横向移动,从而致使毛细胞的静纤毛弯曲,刺激毛细胞,产生神经冲动,经耳蜗神经传向中枢,产生听觉。

螺旋器的外毛细胞易接受弱振动的刺激,敏感性高,但易受噪音及药物的影响而受损害。如长期应用链霉素、卡那霉素和庆大霉素等氨基糖苷类药物,可引起毛细胞纤毛溶解或消失,毛细胞退化而致聋。内毛细胞易接受强振动的刺激,与声频率的辨别有关。

ER-13-10

突发性耳聋

学习小结

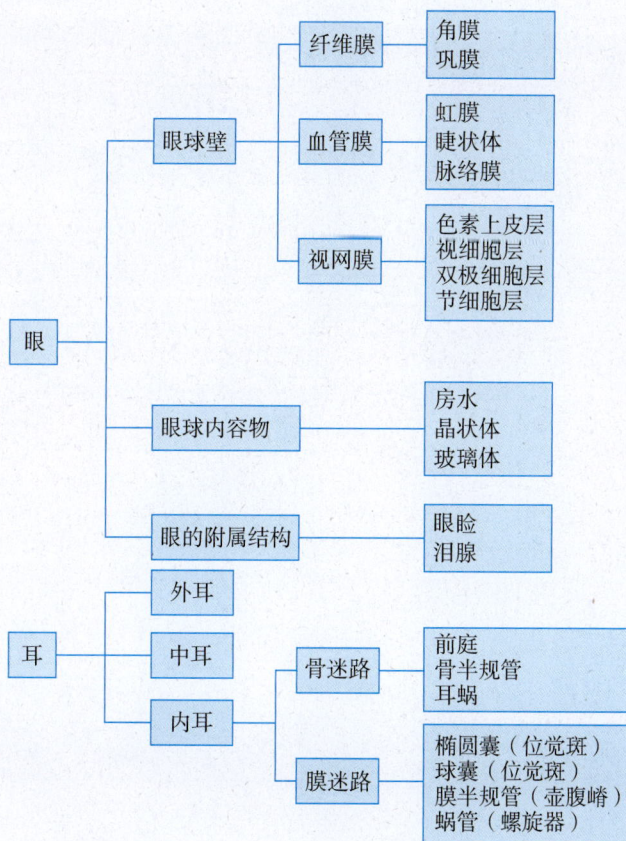

```
              ┌ 纤维膜 ─┬ 角膜
              │         └ 巩膜
              │
              │         ┌ 虹膜
       ┌ 眼球壁┼ 血管膜 ┼ 睫状体
       │      │         └ 脉络膜
       │      │         ┌ 色素上皮层
       │      └ 视网膜 ─┤ 视细胞层
       │                │ 双极细胞层
   眼 ─┤                └ 节细胞层
       │                ┌ 房水
       ├ 眼球内容物 ────┤ 晶状体
       │                └ 玻璃体
       │                ┌ 眼睑
       └ 眼的附属结构 ──┴ 泪腺

       ┌ 外耳
       │
   耳 ─┼ 中耳
       │            ┌ 骨迷路 ─┬ 前庭
       └ 内耳 ──────┤         ├ 骨半规管
                    │         └ 耳蜗
                    │         ┌ 椭圆囊(位觉斑)
                    └ 膜迷路 ─┤ 球囊(位觉斑)
                              ├ 膜半规管(壶腹嵴)
                              └ 蜗管(螺旋器)
```

(张娜 黄艳)

扫一扫
测一测

复习思考题

1. 试比较两种视细胞的结构和功能上的异同点。
2. 光线在眼内是如何传播的?
3. 试述内耳的感受器名称、位置及功能。

第十四章

内分泌系统

✏ **学习目标**

　　能叙述内分泌系统的组成,归纳总结不同内分泌腺细胞结构特点及功能的异同点。能理解旁分泌的概念。

　　能阐述甲状腺滤泡壁的构成、滤泡上皮细胞和滤泡旁细胞的结构特点;能解释甲状腺滤泡上皮细胞合成、分泌甲状腺激素的过程;能阐述甲状腺激素的临床作用;能说出滤泡旁细胞分泌的激素并理解其临床意义。

　　能叙述甲状旁腺主细胞的结构和功能。

　　能描述肾上腺皮质球状带、束状带、网状带和髓质嗜铬细胞的结构特征及功能。

　　能描述垂体远侧部的细胞构成和功能,神经部的结构特点;理解下丘脑与腺垂体、神经垂体的关系。

　　内分泌系统(endocrine system)是机体重要的调节系统,并与神经系统共同维持机体的正常状态。内分泌系统由内分泌腺、内分泌细胞群和散在的内分泌细胞共同组成。内分泌腺的结构特点是:腺细胞排列成索状、团状或围成滤泡状;无导管;毛细血管丰富。内分泌细胞的分泌物称**激素**(hormone)。大多数激素通过血液循环作用于远处的特定细胞,少部分激素可直接作用于邻近的细胞,称**旁分泌**(paracrine)。激素作用的特定器官或细胞,称该激素的**靶器官**(target organ)或**靶细胞**(target cell)。靶细胞具有相应激素的受体,受体与相应激素结合后方可产生效应。

　　根据内分泌细胞分泌激素的化学性质不同,可将其分为含氮激素分泌细胞和类固醇激素分泌细胞两大类,其特点见表 14-1。

表 14-1　内分泌腺细胞分类和特点比较

细胞类别	含氮激素分泌细胞	类固醇激素分泌细胞
激素的化学性质	含氮激素(氨基酸衍生物、胺类、肽类和蛋白质类)	类固醇激素
细胞来源	外胚层或内胚层	中胚层
超微结构特点	粗面内质网、高尔基复合体发达,有膜包被的分泌颗粒	丰富的滑面内质网、管状嵴线粒体和较多的脂滴
细胞分布	甲状腺、甲状旁腺、垂体、肾上腺髓质、DNES 系统	肾上腺皮质、睾丸间质、黄体

第一节 甲 状 腺

甲状腺（thyroid gland）甲状腺表面包有薄层疏松结缔组织被膜，被膜伸入腺实质，将其分成许多大小不等的小叶，每个小叶内含 20~40 个甲状腺滤泡和滤泡旁细胞，滤泡之间的结缔组织内含丰富的有孔毛细血管（图 14-1、图 14-2）。

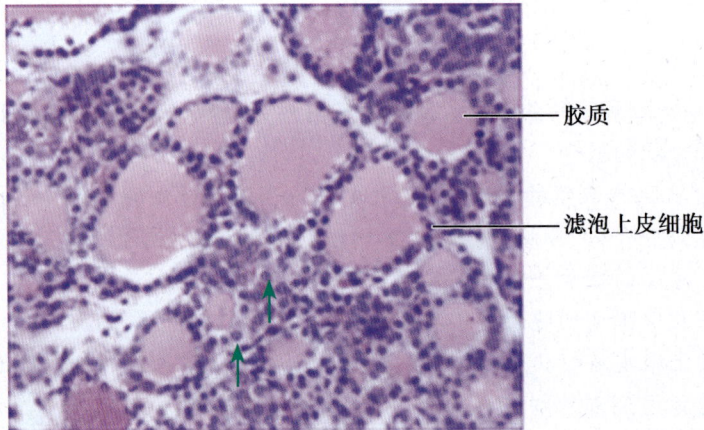

图 14-1　甲状腺　高倍
↑滤泡旁细胞

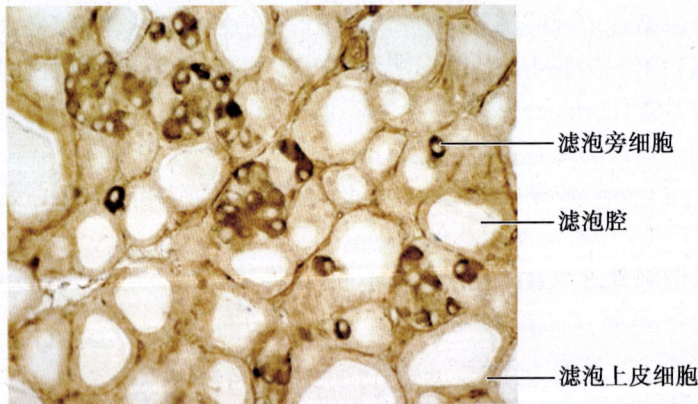

图 14-2　甲状腺　镀银染色　高倍

ER-14-1

人甲状腺光镜图

一、甲状腺滤泡

甲状腺滤泡（thyroid follicle）大小不等，呈圆形、椭圆形或不规则形，主要由单层的**滤泡上皮细胞**（follicular epithelial cell）围成，滤泡腔内充满**胶质**（colloid）。胶质是滤泡上皮细胞的分泌物即碘化的甲状腺球蛋白，呈均质状，嗜酸性。胶质边缘常见空泡，是滤泡上皮细胞吞饮胶质所致。

滤泡上皮细胞是构成滤泡的主要细胞，通常为立方形，细胞核圆形，位于中央。在功能活跃时，滤泡上皮细胞增高呈低柱状，滤泡腔内胶质减少；反之，细胞变矮呈扁平状，滤泡腔

笔记栏

内胶质增多。电镜下,滤泡上皮细胞胞质内粗面内质网和线粒体较发达,可见中等电子密度、体积较小的分泌颗粒和低电子密度的胶质小泡(图 14-3)。

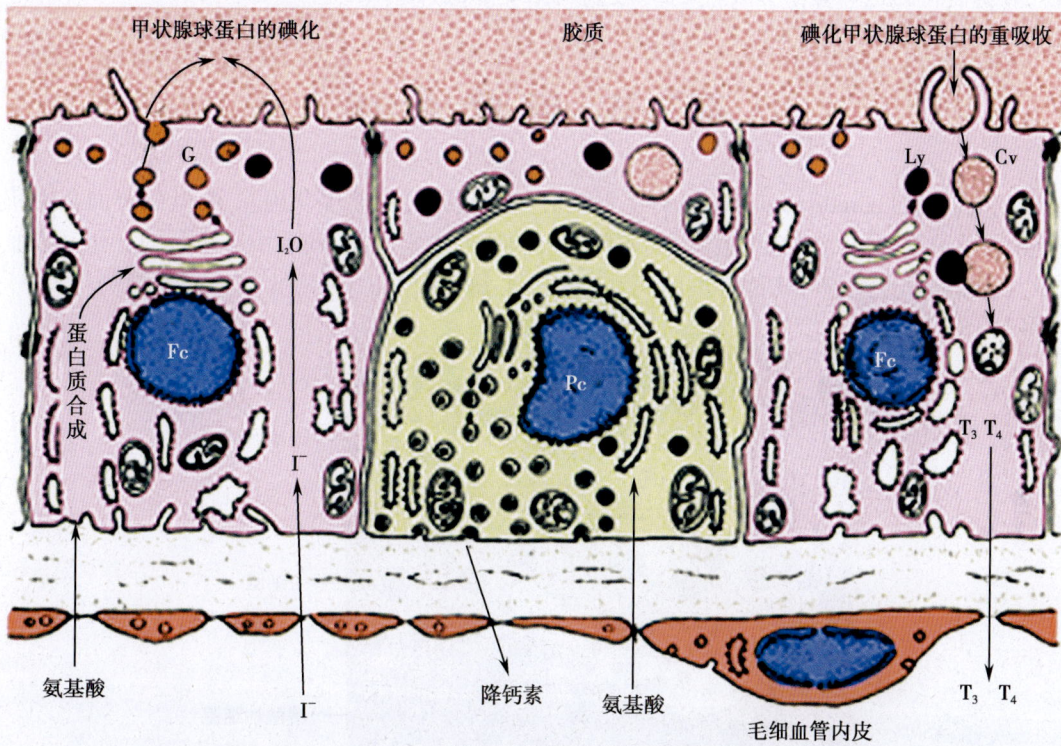

图 14-3 甲状腺滤泡上皮细胞(Fc)和滤泡旁细胞(Pc)超微结构及激素合成分泌模式图
G:分泌颗粒;Cv:胶质小泡;Ly:溶酶体

滤泡上皮细胞能合成和分泌**甲状腺激素**(thyroid hormone)。甲状腺激素的形成需经过合成、贮存、碘化、重吸收、分解和释放等过程。滤泡上皮细胞从血中摄取氨基酸,在粗面内质网合成甲状腺球蛋白的前体,继而在高尔基复合体加糖并浓缩形成含有甲状腺球蛋白的分泌颗粒,再以胞吐方式释放到滤泡腔内贮存。同时,滤泡上皮细胞从血中摄取 I^-,被过氧化物酶活化后,进入滤泡腔与甲状腺球蛋白结合成碘化甲状腺球蛋白(即胶质)。当机体需要时,在腺垂体分泌的促甲状腺激素的作用下,滤泡上皮细胞胞吞滤泡腔内的胶质,形成胶质小泡。胶质小泡与溶酶体融合,水解酶分解碘化甲状腺球蛋白,形成大量的四碘甲状腺原氨酸(T_4)和少量活性更强的三碘甲状腺原氨酸(T_3),T_3 和 T_4 于细胞基底部释放入血(图 14-3)。

甲状腺激素能促进机体的新陈代谢,提高神经兴奋性,促进生长发育,尤其对婴幼儿的骨骼发育和中枢神经系统发育影响显著。小儿甲状腺功能低下,不仅身材矮小,而且脑发育障碍,导致**呆小症**。成人甲状腺功能减退,则引起新陈代谢率低下,毛发稀少,精神呆滞,出现黏液性水肿等。成人甲状腺功能亢进时,则代谢亢进,耗氧量增大,体重减轻,严重时形成**突眼性甲状腺肿**。

二、滤泡旁细胞

滤泡旁细胞(parafollicular cell)位于甲状腺滤泡间的结缔组织内或滤泡上皮细胞之间,位于滤泡上皮间的滤泡旁细胞顶部被相邻的滤泡上皮细胞覆盖,不与滤泡腔相接触。细胞

ER-14-2

甲状腺激素的合成和分泌过程微课

ER-14-3

甲状腺激素的合成和分泌过程动画

ER-14-4

为什么超市中的食盐都加了碘?

质着色浅淡,镀银染色法可见胞质内有嗜银颗粒(图 14-1、图 14-2)。电镜下,细胞基底部可见分泌颗粒,内含**降钙素**(calcitonin,CT),降钙素能促进成骨细胞的活动,使钙盐沉着于骨组织,并抑制胃肠道和肾小管吸收 Ca^{2+},使血钙浓度降低(图 14-3)。

第二节　甲状旁腺

甲状旁腺(parathyroid gland)有上下两对,呈卵圆形,位于甲状腺左、右叶的背面。甲状旁腺表面包有薄层结缔组织被膜,实质内腺细胞排列成索团状,间质中有丰富的有孔毛细血管。腺细胞分主细胞和嗜酸性细胞两种(图 14-4、图 14-5)。

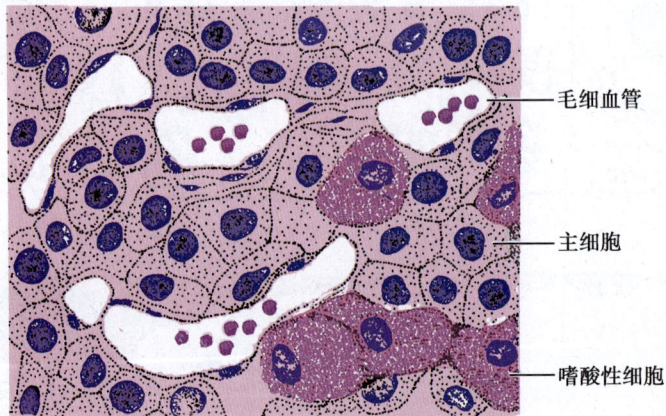

图 14-4　甲状旁腺模式图

右侧标注:
毛细血管
主细胞
嗜酸性细胞

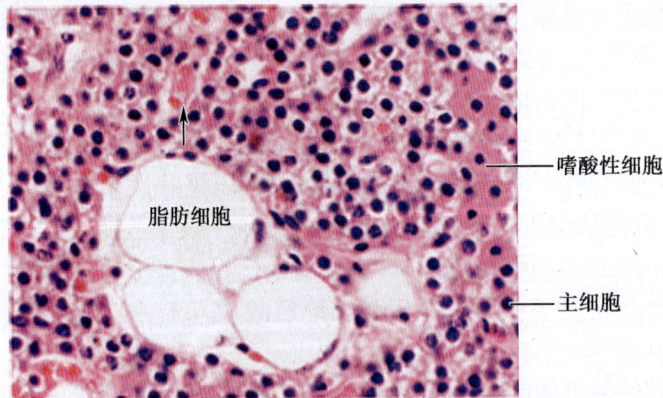

图 14-5　甲状旁腺　高倍
↑有孔毛细血管

左侧标注:脂肪细胞
右侧标注:嗜酸性细胞　主细胞

(1)主细胞:**主细胞**(chief cell)数量较多,呈多边形,核圆,居中,细胞质着色浅。主细胞分泌**甲状旁腺激素**(parathyroid hormone),能使血钙升高,与降钙素作用相反,共同调节钙的代谢,维持机体血钙平衡。若甲状腺手术时误切甲状旁腺,可因血钙降低,发生肌肉抽搐,甚至死亡。

(2)嗜酸性细胞:**嗜酸性细胞**(oxyphil cell)分布于主细胞之间,胞体较主细胞大,核小而着色深,细胞质内充满嗜酸性颗粒。电镜下,胞质内含丰富的线粒体。嗜酸性细胞的功能目前仍不明确。

第三节 肾 上 腺

肾上腺（adrenal gland）位于双肾的上方，左侧呈半月形，右侧呈三角形。肾上腺表面包以结缔组织被膜，实质由周边的皮质和中央的髓质构成，腺细胞之间为血窦和少量结缔组织（图 14-6）。皮质来源于中胚层，髓质来源于外胚层，尽管两者的发生和结构不同，但功能密切相关。

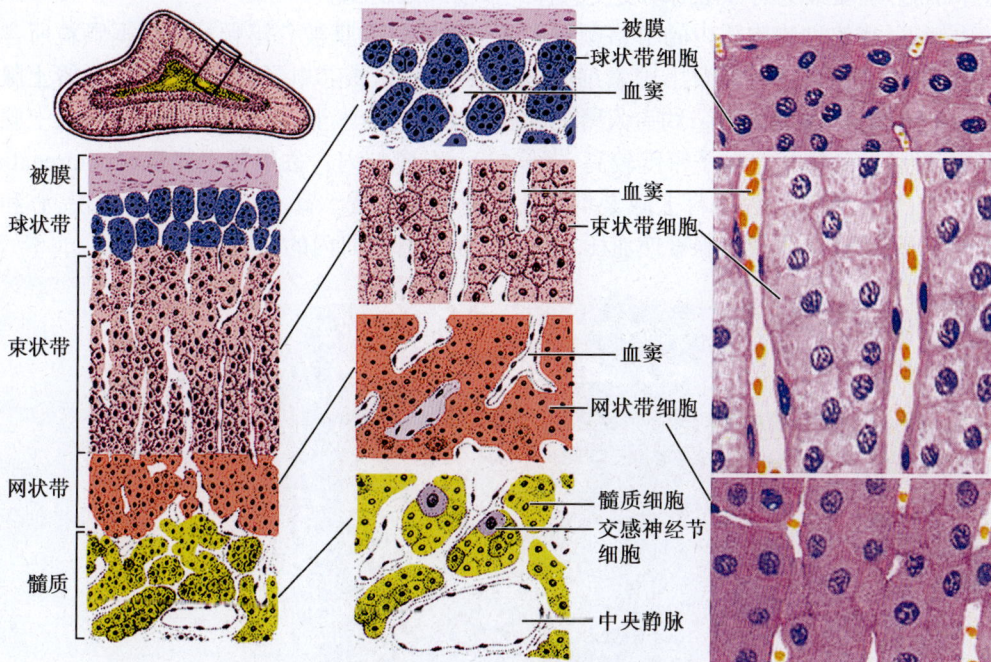

图 14-6 肾上腺模式图（连续放大）

一、皮质

皮质占肾上腺体积的 80%~90%，依据皮质细胞的形态结构和排列特征，可将皮质由外向内依次分为球状带、束状带和网状带。各带细胞均具有类固醇激素分泌细胞的超微结构特点，以束状带细胞最为典型。

1. 球状带 球状带（zona glomerulosa）位于被膜下方，较薄，腺细胞排列成球团状。细胞较小，呈锥形或多边形，核小而深染，细胞质染色略深，内含少量脂滴。球状带细胞分泌**盐皮质激素**（mineralocorticoid），主要为**醛固酮**（aldosterone），能促进肾远曲小管和集合管重吸收 Na^+ 及排出 K^+，起到"保钠排钾"的作用，从而参与水盐代谢调节。

2. 束状带 束状带（zona fasciculata）是皮质中最厚的部分。腺细胞排列成单行或双行细胞索。细胞较大，呈多边形，核大而圆，着色浅。细胞质内富含脂滴，H-E 染色标本中，常因脂滴溶解，而呈浅染的泡沫状（图 14-6）。电镜下，除脂滴外，还可见发达的滑面内质网和管状嵴线粒体。束状带细胞分泌**糖皮质激素**（glucocorticoid），主要为**皮质醇**（cortisol）。糖皮质激素可促使蛋白质及脂肪分解并转变成糖，还有抑制免疫应答及抗炎症等作用。

3. 网状带　网状带（zona reticularis）位于皮质的最内层，较薄，腺细胞排列成索状，互相连接成网。细胞较小，核小，着色深，细胞质内含较多脂褐素和少量脂滴。网状带细胞主要分泌雄激素，也少量分泌雌激素和糖皮质激素。

二、髓质

髓质位于肾上腺的中央，与网状带相接。主要由排列成团索状的髓质细胞组成，其间为血窦和少量结缔组织，髓质中央有中央静脉，中央静脉的管壁有不同厚度的纵行平滑肌。髓质细胞胞体较大，呈多边形，如用铬盐处理标本，细胞质内可见许多黄褐色的嗜铬颗粒，因而**髓质细胞**又称**嗜铬细胞**（chromaffin cell）。此外，髓质内还有少量胞体较大、散在分布的交感神经节细胞，髓质细胞的分泌活动受交感神经节前纤维支配。

电镜下，嗜铬细胞胞质内的嗜铬颗粒为电子密度高的膜被分泌颗粒。根据颗粒所含物质的差别分为两种：一种为肾上腺素细胞，其颗粒的致密核芯电子密度较低，内含**肾上腺素**（adrenaline），此种细胞数量多，约占人肾上腺髓质细胞的 80% 以上。另一种为去甲肾上腺素细胞，其颗粒的致密核芯电子密度较高，常偏向一侧，颗粒内含**去甲肾上腺素**（noradrenaline）（图 14-7）。肾上腺素和去甲肾上腺素均为儿茶酚胺类物质。肾上腺素使心率加快、心和骨骼肌的血管扩张；去甲肾上腺素使血压增高，心、脑和骨骼肌内的血流加速。

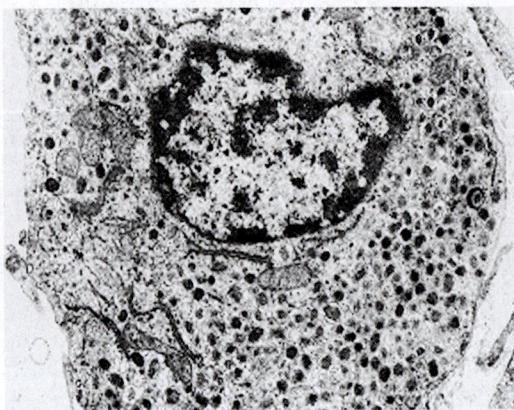

图 14-7　肾上腺素细胞电镜像

三、肾上腺的血管分布

肾上腺动脉进入被膜后，大部分分支进入皮质，形成血窦，并与髓质的血窦相通。少数小动脉分支穿过皮质直接进入髓质，形成血窦。髓质内的小静脉汇合成一条中央静脉，经肾上腺静脉离开肾上腺。因此流经髓质的血液含较高浓度的皮质激素。其中的糖皮质激素可增强嗜铬细胞所含的 N- 甲基转移酶的活性，使去甲肾上腺素甲基化，成为肾上腺素，这是髓质中肾上腺素细胞多于去甲肾上腺素细胞的原因。故肾上腺皮质对嗜铬细胞的激素生成起重要作用。

第四节　垂　　体

垂体（hypophysis）位于蝶骨的垂体窝内，为一卵圆形小体，重约 0.5g。表面被覆疏松结缔组织的被膜,实质由腺垂体和神经垂体两部分组成。腺垂体来源于胚胎口凹的外胚层上皮,神经垂体来自间脑底部的漏斗。腺垂体分为远侧部、中间部和结节部三部分;神经垂体分为神经部和漏斗,漏斗又分为漏斗柄和正中隆起(图 14-8)。

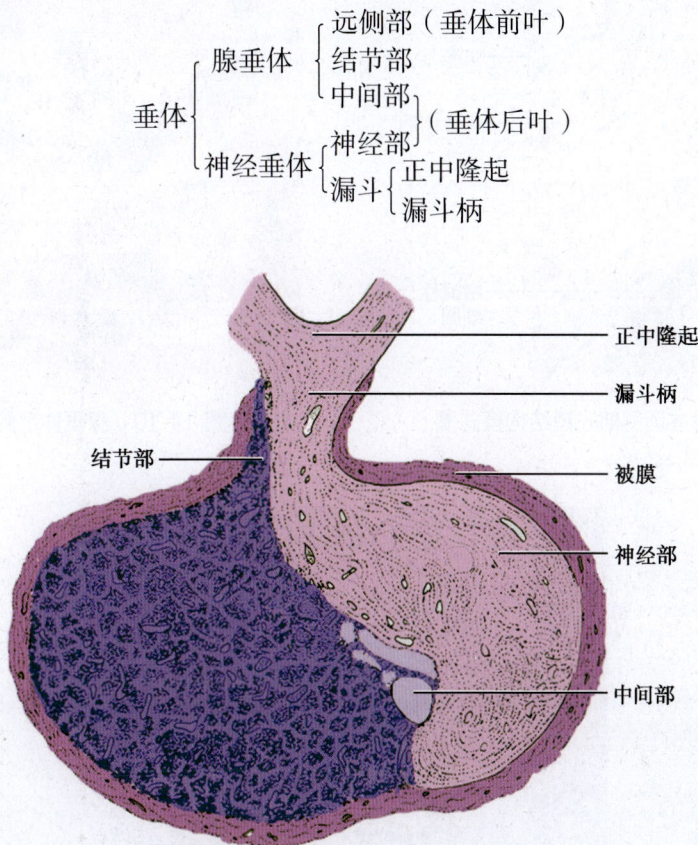

图 14-8 垂体(矢状切面)模式图

一、腺垂体

1. 远侧部 远侧部(pars distalis)的腺细胞大多排列成团索状,少数围成小滤泡,细胞间有丰富的血窦。依据腺细胞的着色特征,分为嗜酸性细胞、嗜碱性细胞和嫌色细胞,均具有含氮激素分泌细胞的超微结构特点(图 14-9、图 14-10)。

(1)嗜酸性细胞:**嗜酸性细胞**(acidophil cell)约占远侧部细胞总数的 40%,细胞轮廓清晰,呈圆形或卵圆形,细胞核为圆形或卵圆形位于细胞的一侧,有 1~2 个核仁,细胞质内含嗜酸性颗粒。根据分泌激素的不同可分为生长激素细胞和催乳激素细胞两种。

1)生长激素细胞:**生长激素细胞**(somatotroph)数量较多,电镜下可见细胞质中充满电子密度高而均匀的圆形分泌颗粒(图 14-11)。该细胞合成和分泌的**生长激素**(growth hormone,GH)能促进体内多种代谢过程,尤其是刺激骺软骨生长,使骨增长。在未成年时期,生长激素分泌不足可致**侏儒症**,分泌过多则引起**巨人症**;成人生长激素分泌过多会引发**肢端肥大症**。

2)催乳激素细胞:**催乳激素细胞**(mammotroph)体积较生长激素细胞大,男女均有此种细胞,但在分娩前期和哺乳期女性细胞数量较多且功能旺盛。该细胞分泌的**催乳激素**(prolactin,PRL),能促进乳腺发育和乳汁分泌。

ER-14-5

肢端肥大症

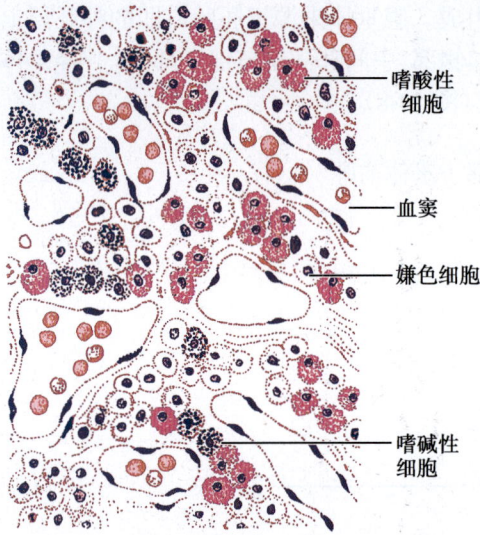

图 14-9　腺垂体远侧部光镜结构模式图

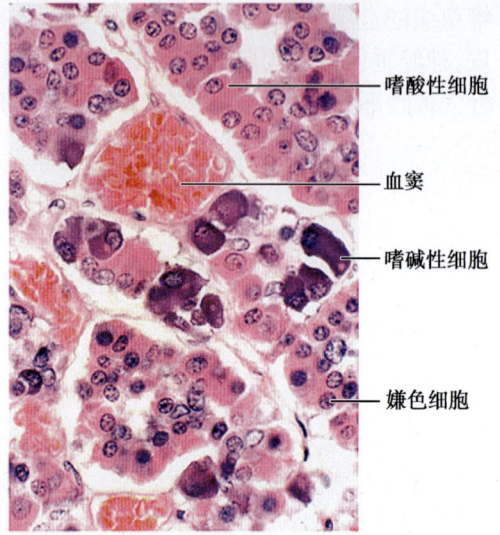

图 14-10　腺垂体远侧部　高倍

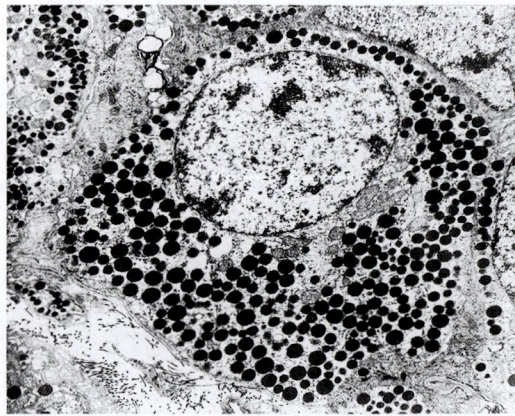

图 14-11　垂体生长激素细胞电镜像

知识链接

垂体性侏儒症及巨人症

垂体性侏儒症是由青春期前垂体生长激素分泌低下所致。主要表现为骨骼发育障碍,身材矮小,身体各部比例保持儿童期状态,但智力发育正常,常伴有一定程度的性腺、甲状腺及肾上腺发育障碍。

垂体性巨人症是由青春期前垂体生长激素分泌过多所致。主要表现为骨骼和肌肉等过度生长,身材异常高大,多数内脏器官比例增大,但也可出现生殖器官发育不全,女性无月经并伴有糖尿病等。

(2)嗜碱性细胞:**嗜碱性细胞**(basophil cell)约占远侧部细胞总数的10%,细胞大小不等,界限清晰。胞体呈椭圆形或多边形,细胞质内含嗜碱性颗粒,颗粒大小不一。嗜碱细胞分泌的激素为糖蛋白,故 PAS 反应阳性。根据分泌激素的不同分为以下三种细胞。

1)促甲状腺激素细胞:**促甲状腺激素细胞**(thyrotroph)细胞体积小,细长或多角形,电镜观察细胞质内颗粒较少且小。该细胞分泌的**促甲状腺激素**(thyroid stimulating hormone,TSH)能促进甲状腺激素的合成和释放。

2)促肾上腺皮质激素细胞:**促肾上腺皮质激素细胞**(corticotroph)体积较小,形态不规则,多呈星状或长梭形。电镜下细胞质内分泌颗粒较少,常沿细胞膜排列,电子密度不一。该细胞分泌**促肾上腺皮质激素**(adrenocorticotropic hormone,ACTH)主要促进肾上腺皮质束状带细胞分泌糖皮质激素。

3)促性腺激素细胞:**促性腺激素细胞**(gonadotroph)细胞较大,球形或卵圆形,电镜下细胞质内有中等大小的球形分泌颗粒。颗粒数量与细胞的功能状态及生殖周期密切相关。该细胞分泌**卵泡刺激素**(follicle stimulating hormone,FSH)和**黄体生成素**(luteinizing hormone,LH),两种激素可共存于同一细胞。卵泡刺激素在女性促进卵泡发育;在男性则刺激生精小管的支持细胞合成雄激素结合蛋白,以促进精子的发生。黄体生成素在女性促进排卵和黄体形成,在男性则刺激睾丸间质细胞分泌雄激素,故又称**间质细胞刺激素**(interstitial cell stimulating hormone,ICSH)。

(3)嫌色细胞:**嫌色细胞**(chromophobe cell)约占远侧部腺细胞总数的 50%,胞体较小,细胞质少,着色浅,细胞界限不清。电镜下,嫌色细胞胞质内含少量分泌颗粒,这些细胞可能是脱颗粒的嗜酸性细胞和嗜碱性细胞,或是处于形成嗜酸性细胞和嗜碱性细胞的初期阶段。

2. 中间部 **中间部**(pars intermedia)为远侧部与神经部之间的狭窄部分,由大小不等的滤泡及其周围的嗜碱性细胞和嫌色细胞构成。滤泡由单层立方或柱状上皮细胞围成,内含少量胶质,功能不详(图 14-12)。鱼类和两栖类中间部的嗜碱性细胞能分泌**黑素细胞刺激素**(melanocyte stimulating hormone,MSH),有促进皮肤黑素细胞合成黑色素的功能。人类的垂体中也含有 MSH,但 MSH 的分泌细胞仍未确定。

3. 结节部 **结节部**(pars tuberalis)包绕着神经垂体的漏斗,在漏斗的前方较厚,后方较薄或缺如。此部含有丰富的纵行毛细血管,腺细胞呈索状纵向排列于血管之间,主要是嫌色细胞,其间有少量嗜酸性细胞和嗜碱性细胞。

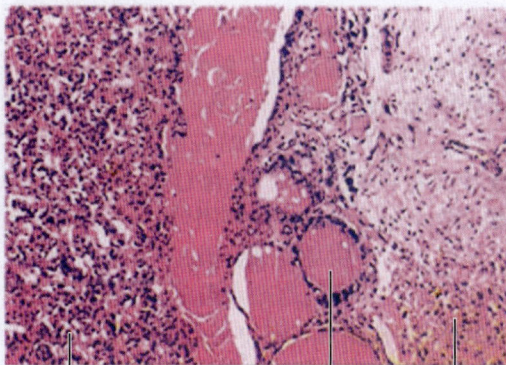

远侧部　　　　中间部滤泡　　神经部

图 14-12　垂体中间部　低倍

4. 腺垂体的血管分布 腺垂体的血液主要由大脑基底动脉环发出的垂体上动脉供应。垂体上动脉从结节部上端伸入神经垂体的漏斗,在该处分支并吻合形成血窦,称第一级毛细血管网。这些毛细血管网在结节部汇集形成数条垂体门微静脉,下行进入远侧部,形成血窦,称第二级毛细血管网。垂体门微静脉及其两端的毛细血管网共同构成**垂体门脉系统**(hypophyseal portal system)。远侧部的毛细血管最后汇集成小静脉,注入垂体周围的静脉窦(图 14-13)。

5. 下丘脑与腺垂体的关系 下丘脑对腺垂体细胞的调节作用,是通过垂体门脉系统实现的。下丘脑内一些核团(如弓状核)的神经元具有内分泌功能,能分泌多种激素,称**神经内分泌细胞**。这些细胞的轴突组成下丘脑腺垂体束,伸至神经垂体的漏斗,将细胞合成的激素运输并释放入第一级毛细血管网,再经垂体门微静脉转运至腺垂体远侧部的第二级毛细血管网,从而调节远侧部各种腺细胞的分泌活动(图 14-14)。下丘脑神经内分泌细胞产

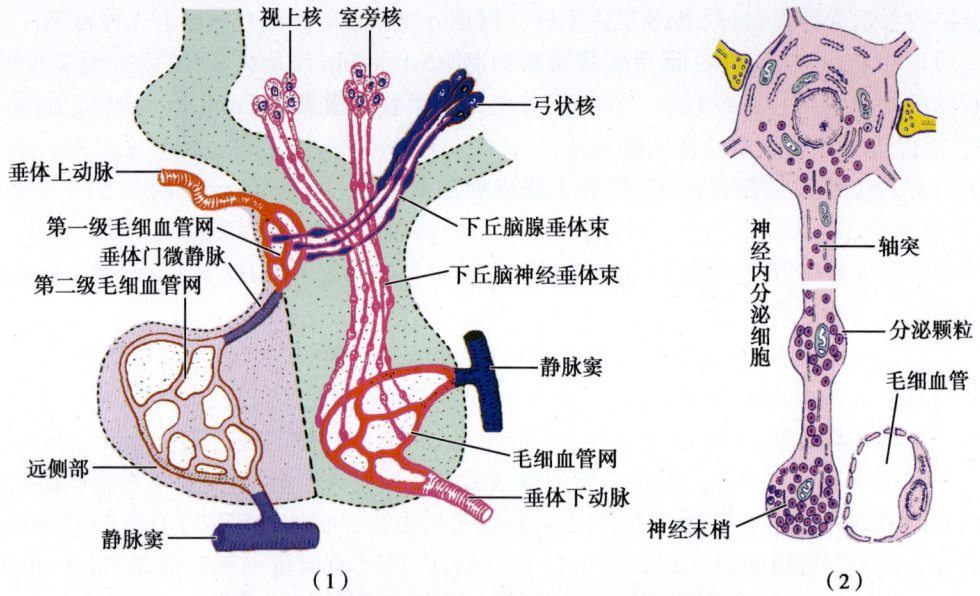

视上核　室旁核

弓状核

垂体上动脉

第一级毛细血管网
垂体门微静脉
第二级毛细血管网

下丘脑腺垂体束

下丘脑神经垂体束

静脉窦

毛细血管网

垂体下动脉

远侧部

静脉窦

（1）

神经内分泌细胞

轴突

分泌颗粒

毛细血管

神经末梢

（2）

图 14-13　垂体的血管分布及其与下丘脑关系示意图

(1)示垂体门脉;(2)示神经内分泌细胞

弓状核

视上核　室旁核

垂体门脉系统

远侧部

嫌色细胞

神经部

ADH　水分重吸收

嗜碱性细胞

ACTH

嗜酸性细胞

OT　乳腺分泌

子宫收缩

肾上腺皮质激素

甲状腺激素

TSH

卵泡发育
雌激素

精子形成

FSH

GH

骺板生长

肌肉生长

脂肪分解

孕激素

雄激素

LH

PRL

乳腺发育
乳汁分泌

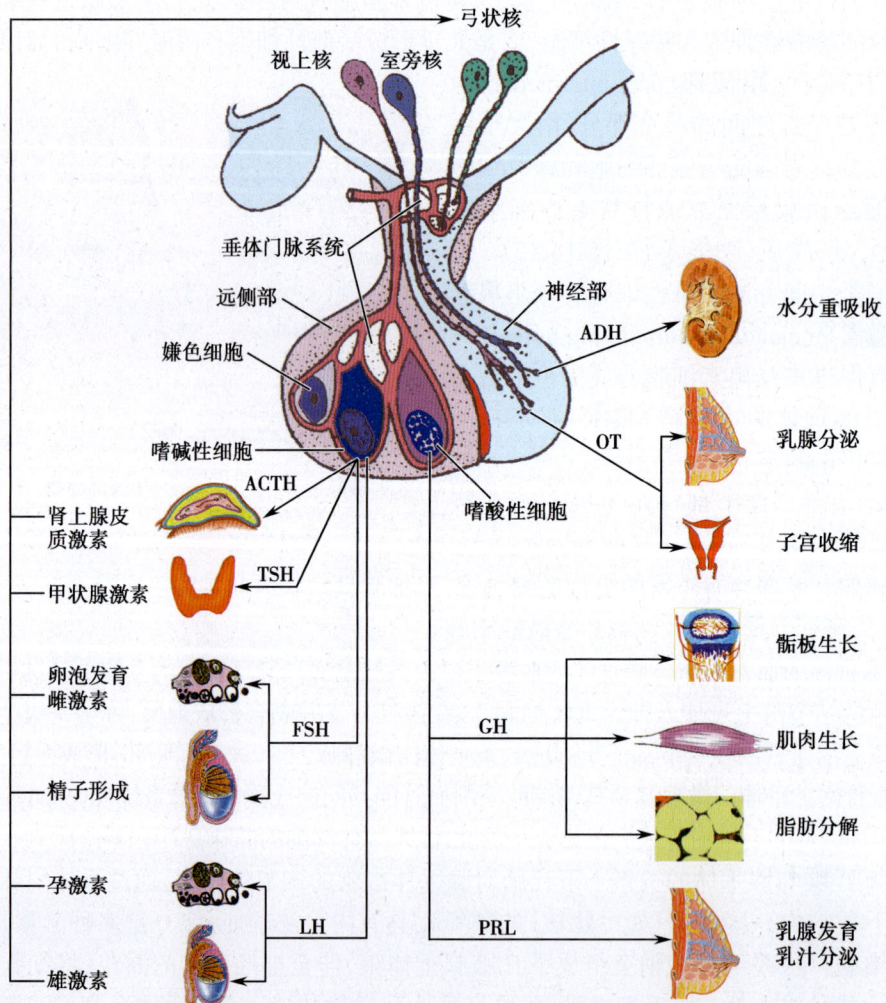

图 14-14　下丘脑与垂体激素对靶器官作用示意图

210

生的激素分为两类,即**释放激素**(releasing hormone,RH)和**释放抑制激素**(release inhibiting hormone,RIH),分别促进或抑制腺垂体细胞的分泌。已知的释放激素有:生长激素释放激素(GRH)、催乳激素释放激素(PRH)、促甲状腺激素释放激素(TRH)、促肾上腺皮质激素释放激素(CRH)、促性腺激素释放激素(GnRH)及黑素细胞刺激素释放激素(MSRH)等。释放抑制激素有:生长激素释放抑制激素(SOM)、催乳激素释放抑制激素(PIH)和黑素细胞刺激素释放抑制激素(MSIH)等。以上由下丘脑神经内分泌细胞分泌的释放激素和释放抑制激素调节腺垂体相应腺细胞的分泌活动,腺垂体所分泌的各种激素又可调节相应靶细胞的分泌和其他功能活动;同时,靶细胞的分泌物或某些物质(血糖、血钙等)的浓度变化,反过来又可影响腺垂体甚至下丘脑的分泌活动。下丘脑和垂体与靶细胞的这种联系,使神经系统和内分泌系统统一起来,共同调节生理功能,维持机体内环境的相对稳定。

二、神经垂体及其与下丘脑的关系

神经垂体与下丘脑直接相连。神经垂体主要由无髓神经纤维和神经胶质细胞组成,含有较丰富的有孔毛细血管。

神经垂体内的无髓神经纤维来自下丘脑的视上核和室旁核,核内大型神经内分泌细胞的轴突组成下丘脑神经垂体束,经漏斗下行,到达神经部,末梢分布于毛细血管附近(图14-13)。这些细胞含有的分泌颗粒在沿轴突下行运输的途中和终末常聚集成团,使轴突呈串珠状膨大,H-E染色标本中为大小不等的嗜酸性团块,称**赫林体**(Herring body)(图14-15)。该处的神经胶质细胞又称**垂体细胞**(pituicyte),分布于神经纤维之间,胞体形态不规则,胞质内有脂滴和脂褐素。垂体细胞具有支持和营养神经纤维的作用。视上核和室旁核的神经内分泌细胞可分泌**抗利尿激素**(antidiuretic hormone,ADH)和**催产素**(oxytocin,OT),在垂体神经部贮存并释放入血。抗利尿激素能促进肾远曲小管和集合管重吸收水,使尿量减少;还可使小动脉平滑肌收缩,血压升高,故又称**加压素**(vasopressin,VP)。催产素可引起妊娠子宫平滑肌收缩,有助于分娩,还可促进乳腺分泌。

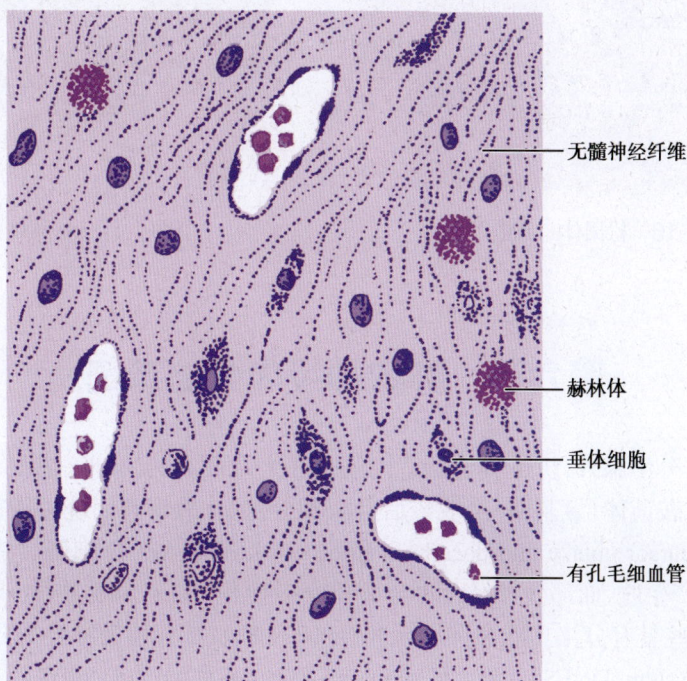

图14-15　垂体神经部模式图

无髓神经纤维
赫林体
垂体细胞
有孔毛细血管

由此可见,下丘脑与神经垂体在结构和功能上是一个整体。其神经内分泌细胞的胞体位于下丘脑,下丘脑是合成激素的部位;突起位于神经垂体,神经垂体是储存和释放激素的场所。

第五节　松　果　体

松果体(pineal body)呈扁圆锥形,以细柄连于第三脑室顶。松果体表面包以软脑膜,实质主要由松果体细胞、神经胶质细胞和无髓神经纤维等组成。

松果体细胞与神经内分泌细胞类似,胞体呈圆形或不规则形,核大而圆,细胞质少,弱嗜碱性(图 14-16)。在镀银染色标本上,可见细胞有突起,短而细的突起终止在邻近细胞之间,长而粗的突起末端呈球状膨大,多终止在血管周围(图 14-17)。电镜下,松果体细胞具有含氮激素分泌细胞的超微结构特点。松果体细胞分泌**褪黑素**(melatonin),褪黑素参与调节机体的昼夜生物节律、睡眠、情绪、性成熟等生理活动。在成人的松果体内常见脑砂,是松果体细胞分泌物钙化而成的同心圆状结构,其意义尚不明确。

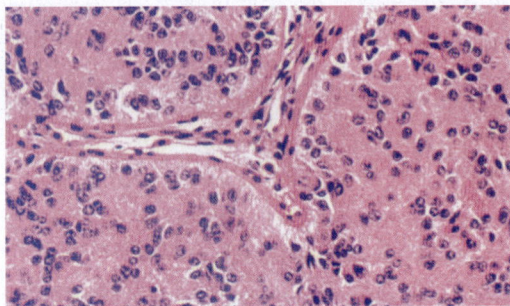

图 14-16　松果体　低倍

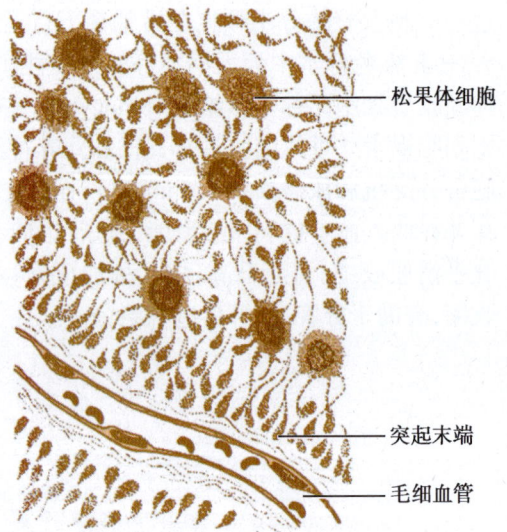

图 14-17　松果体模式图

第六节　弥散神经内分泌系统

除独立的内分泌腺外,机体其他器官内还存在大量散在的内分泌细胞。这些内分泌细胞均能通过摄取胺前体(氨基酸)经脱羧后合成和分泌胺,故将它们统称**胺前体摄取和脱羧细胞**(amine precursor uptake and decarboxylation cell),简称 APUD 细胞。许多 APUD 细胞不仅产生胺,还产生肽,而部分神经元也合成和分泌胺类和(或)肽类物质(与 APUD 细胞相似)。因此,将这些具有分泌功能的神经元和 APUD 细胞,统称**弥散神经内分泌系统**(diffuse neuroendocrine system,DNES)。至今已知 DNES 有 50 多种细胞。DNES 将神经系统和内分泌系统有机结合,构成一个统一整体,共同调控机体的生理活动。

笔记栏

学习小结

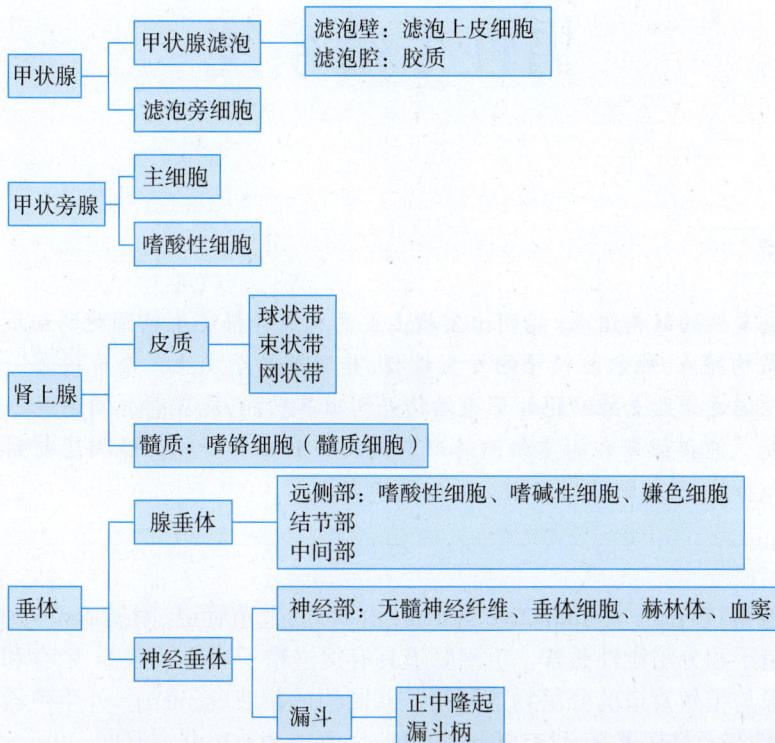

（黄 艳、王文奇）

复习思考题

1. 从甲状腺滤泡上皮细胞的超微结构特点,简述甲状腺激素的合成分泌过程。
2. 调节血钙平衡的激素主要有哪些? 这些激素分别由哪种细胞分泌?
3. 肾上腺皮质三个带的细胞结构功能有何差异?
4. 简述腺垂体分泌激素的种类及功能。
5. 简述垂体门脉系统的构成与功能。

扫一扫
测一测

第十五章

男性生殖系统

学习目标

能描述睾丸的结构组成;能列出生精上皮的构成并描述生精细胞的组成及各类细胞的形态结构特点,能叙述精子的发生过程,并理解精子发生三个阶段每一阶段的形态变化。能描述睾丸支持细胞的形态结构并列出其功能,能理解并阐述血-睾屏障的组成和功能。能描述睾丸间质细胞的形态结构并列出其功能。能描述前列腺的形态结构特点和功能,并理解前列腺增生的组织学变化。

男性生殖系统(male reproductive system)由睾丸、生殖管道、附属腺及外生殖器组成。睾丸能产生精子和分泌雄性激素。生殖管道具有促进精子成熟及营养、贮存和运输精子等作用。附属腺与生殖管道的分泌物连同精子共同构成**精液**(semen)。外生殖器包括阴茎和阴囊,阴茎是性交及排尿器官,具有勃起的功能,阴囊能调节睾丸的温度。

第一节 睾 丸

睾丸(testis)表面覆以被膜,被膜包括鞘膜脏层、白膜和血管膜。**鞘膜脏层**位于睾丸的最表面,是一层浆膜。在鞘膜脏层与壁层间有一窄隙为鞘膜腔,内含少量液体起滑润作用,如腔内积液过多,临床称为睾丸鞘膜积液。鞘膜脏层的深面是由致密结缔组织构成的**白膜**(tunica albuginea),其内除含有大量的胶原纤维和成纤维细胞外,还含有平滑肌纤维。在睾丸后上缘,白膜增厚形成**睾丸纵隔**(mediastinum testis),纵隔呈放射状伸入睾丸实质,将睾丸实质分隔成约 250 个锥形的**睾丸小叶**(testicular lobule)。每个睾丸小叶内有 1~4 条弯曲细长的生精小管,生精小管在近睾丸纵隔处变成短而直的直精小管。直精小管进入睾丸纵隔后相互吻合形成睾丸网,并与附睾相通(图 15-1)。**血管膜**是睾丸被膜的最内层,由富含血管的疏松结缔组织组成,血管膜伸入至生精小管之间形成睾丸间质(图 15-1)。

一、生精小管

生精小管(seminiferous tubule)是高度弯曲的上皮性管道。成人每条生精小管长 30~70cm,两侧睾丸的生精小管总长约 500m。生精小管直径 150~250μm,管壁厚 60~80μm,管腔较小,管壁较厚。生精小管管壁由**生精上皮**(spermatogenic epithelium)构成,生精上皮为一种特殊的复层上皮,由生精细胞和支持细胞两类细胞共同组成。生精上皮外有较厚的**界膜**(limiting membrane)包裹,界膜由内层基膜、中层梭形的**肌样细胞**(myoid cell)和外层成纤维细胞组成(图 15-2~图 15-4)。肌样细胞呈星形或扁平状,核长而不规则,胞质中含有线粒体、发达的高尔基复合体、粗面内质网、游离核糖体和大量的吞饮小泡,并具有平滑肌纤维的结构特征。肌样细胞有规律的收缩有利于生精小管腔内精子排出。

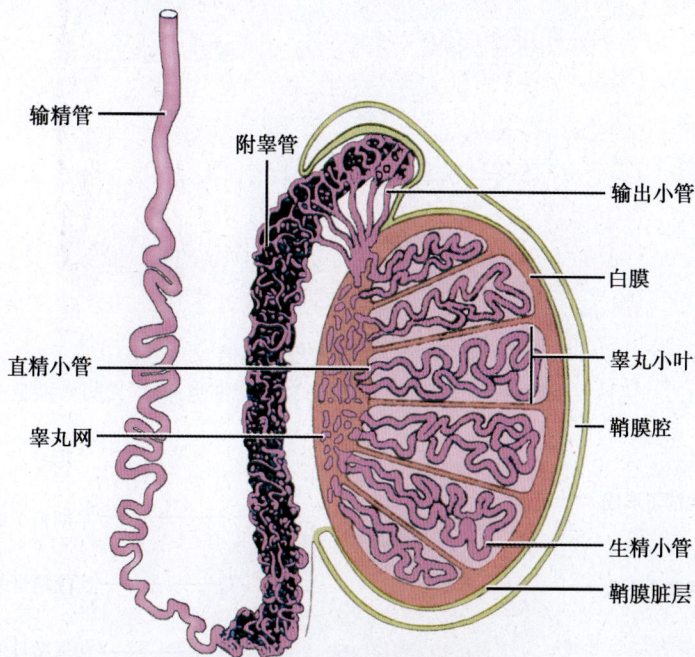

图 15-1　睾丸与附睾模式图

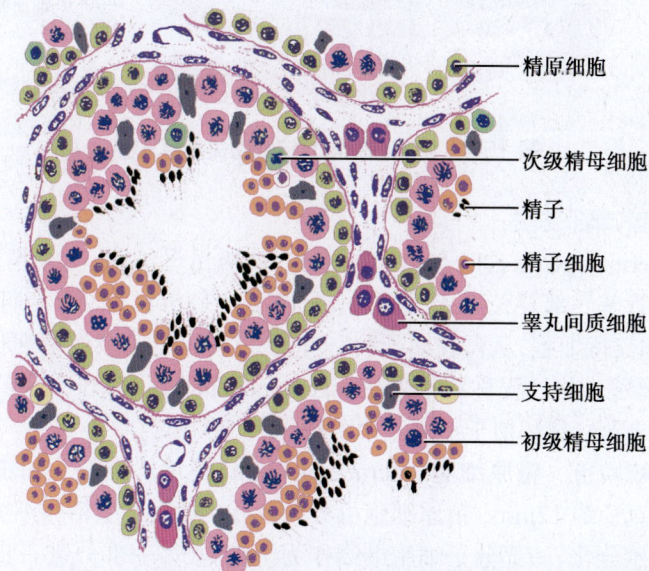

图 15-2　生精小管与睾丸间质模式图

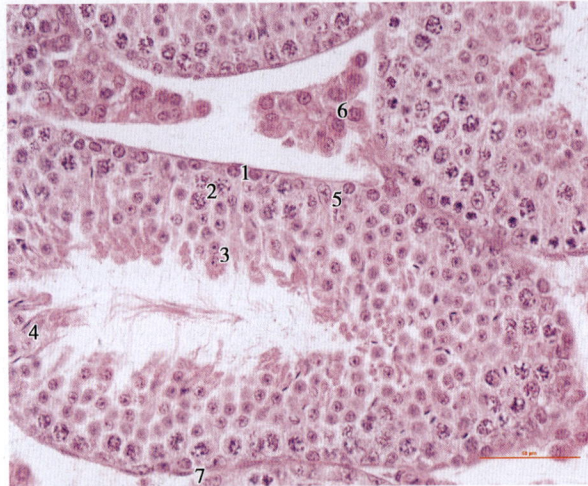

图 15-3　生精上皮　高倍

1. 精原细胞；2. 初级精母细胞；3. 精子细胞；4. 精子；5. 支持细胞；6. 睾丸间质细胞；7. 肌样细胞

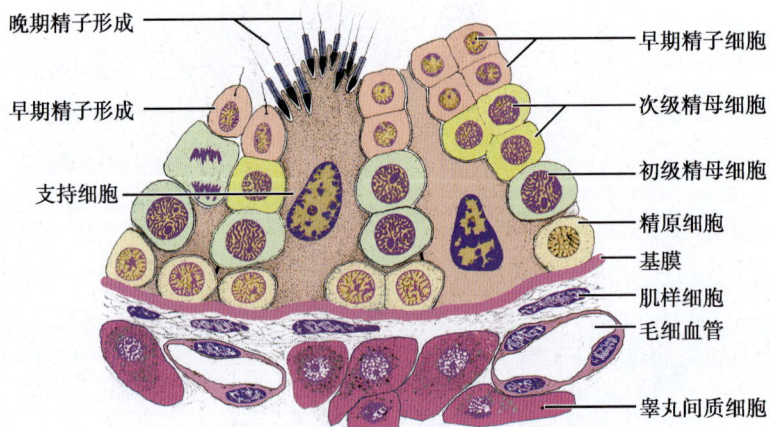

图 15-4　生精细胞与支持细胞关系模式图

(一) 生精细胞和精子发生

生精细胞（spermatogenic cell）包括精原细胞、初级精母细胞、次级精母细胞、精子细胞和精子，从生精小管基底部至腔面依次排列（图 15-2～图 15-4）。在青春期前，人的生精上皮内只有精原细胞和支持细胞，从青春期开始，生精上皮内可见各级生精细胞。从精原细胞到形成精子的连续增殖分化过程称**精子发生**（spermatogenesis）。精子发生经历了精原细胞的增殖、精母细胞的成熟分裂和精子形成三个阶段（图 15-5）。

1. 精原细胞的增殖　**精原细胞**（spermatogonium）是最幼稚的生精细胞。细胞紧贴基膜，呈圆形，较小，直径约 12μm。精原细胞可分为 A、B 两型，A 型精原细胞是生精细胞中的干细胞，不断地增殖分化，一部分子细胞继续作为干细胞，另一部分进一步分化为 B 型精原细胞。B 型精原细胞经过数次分裂后，分化为初级精母细胞。

2. 精母细胞及其成熟分裂　精母细胞分为**初级精母细胞**（primary spermatocyte）和**次级精母细胞**（secondary spermatocyte）。初级精母细胞位于精原细胞的近腔侧，圆形。细胞经过 DNA 复制和蛋白质合成后，胞质增多，细胞体积增大，直径约 18μm。核大而圆，核型为 46，XY（4n DNA）。初级精母细胞进行第一次成熟分裂，形成两个体积较小的次级精母细胞。由

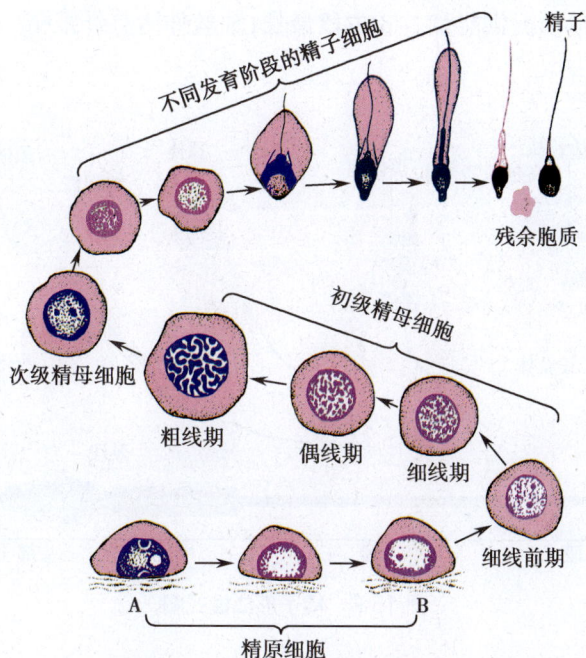

图 15-5　精子发生过程示意图

于第一次成熟分裂的前期历时较长,人类约为 22 天,所以初级精母细胞在生精小管中常见。次级精母细胞位于初级精母细胞的近腔侧,直径约 12μm,核圆,染色较深,核型为 23,X 或 23,Y(2n DNA)。次级精母细胞不再进行 DNA 复制,即进行第二次成熟分裂,形成两个精子细胞,精子细胞的染色体核型为 23,X 或 23,Y(1n DNA)。由于次级精母细胞存在时间短,生精小管中不易见到。

成熟分裂又称减数分裂,是生殖细胞发育过程中所特有的一种细胞分裂。DNA 复制一次,而进行两次连续的细胞分裂,成熟分裂后的生殖细胞染色体数目减半,由二倍体变为单倍体,DNA 量为 1n,两性生殖细胞结合后染色体恢复为二倍体,保证物种染色体数目的恒定。并且在第一次成熟分裂时,由于同源染色体发生联会和交换,以及非同源染色体的重组,使配子(精子和卵子)具有不同的基因组合,因此子代具有亲代不同的性状。

3. 精子细胞及精子形成　精子细胞(spermatid)位于近管腔面,圆形,体积更小,直径 8~9μm。核圆形,染色质致密,着色深。精子细胞不再分裂,但要经历形态结构的复杂变化。精子细胞由圆形逐渐演变为蝌蚪状的精子,此过程称精子形成(spermiogenesis)。其主要变化为:①核由中央移到偏位,染色质高度浓缩,构成精子头部的主要部分;②高尔基复合体凹面中央出现若干小囊泡,逐渐增大并融合,凹陷为双层帽状覆盖在核的头部,称顶体(acrosome);③中心粒迁移到细胞核的尾侧(顶体的对侧),发出一条轴丝构成精子尾部的中轴部分;④在轴丝增长过程中,大部分线粒体汇聚于轴丝起始段的周围,并盘绕成螺旋形的线粒体鞘(mitochondrial sheath);⑤在细胞核、顶体和轴丝的表面仅被覆有细胞膜和少量细胞质,多余的胞质逐渐汇集于尾侧,形成残余胞质,最后脱落(图 15-6)。

精子(spermatozoon)形似蝌蚪,长约 60μm,分头、尾两部分。头部正面观呈卵圆形,侧面观呈梨形,头部主要是由染色质高度浓缩的细胞核构成。核的前 2/3 有顶体覆盖,顶体内含多种水解酶,如顶体蛋白酶、透明质酸酶、酸性磷酸酶等,在受精时起重要作用。精子的尾部又称鞭毛(flagellum),与精子的运动有关,可分为四部分:①颈段很短,其内主要是中心粒,由中心粒发出 9+2 排列的微管,构成鞭毛中心的轴丝。②中段的轴丝外侧主要包有一层线粒体鞘,为鞭毛运动提供能量。③**主段**最长,轴丝外周有纤维鞘。④**末段**短,仅有轴丝(图 15-7、图 15-8)。

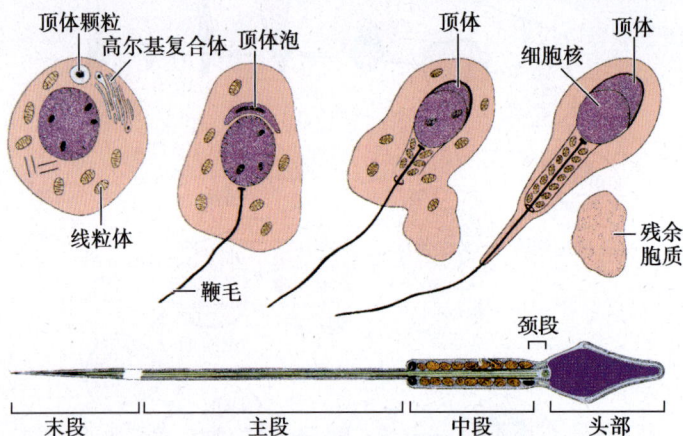

图 15-6 精子形成模式图

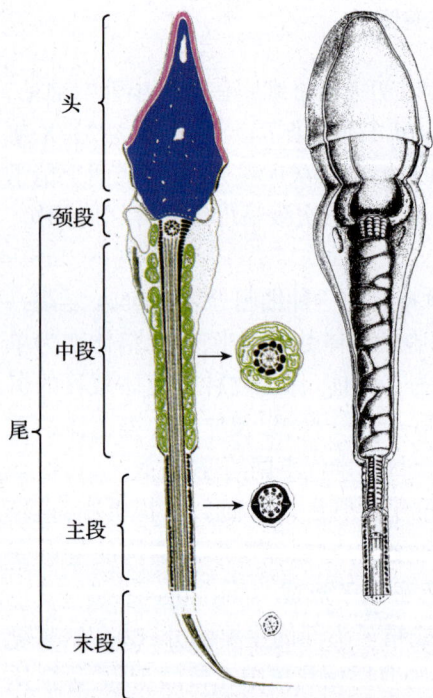

图 15-7 精子超微结构模式图

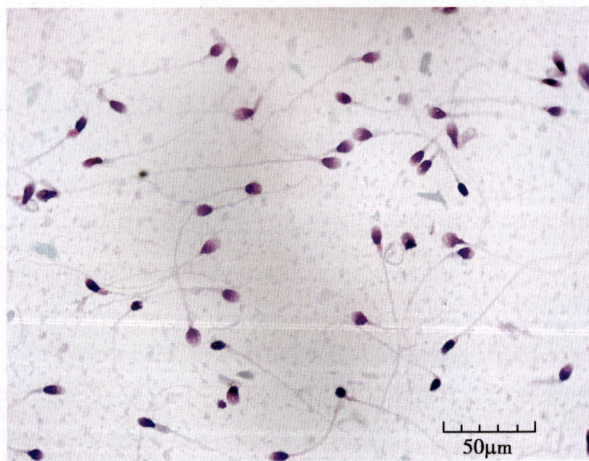

图 15-8 人精液涂片 巴氏染色 高倍

ER-15-1

精子运动,
400× 视频

ER-15-2

精子运动,
1 000×
视频

精子表面含有多种抗原如血型抗原、组织相容性抗原和特异性抗原等。还有与精子发生、成熟、获能和顶体反应等有关的受体,精子头部细胞膜表面的受体在受精中起重要作用。

从精原细胞生长发育成精子,人类需 64 天 ±4.5 天。由同一个精原细胞增殖分化所产生的各级生精细胞,其细胞质并未完全分开,细胞间有胞质桥相连,形成同步发育的细胞群,称**同源群**(isogeneous group)现象。

生精细胞在生精上皮中的排列是严格有序的。处于不同发生阶段的生精细胞形成特定的细胞组合。在人的睾丸组织切片上,可见生精小管不同断面具有不同发育阶段的生精细胞组合。

🔍 知识拓展

精液不液化症

在正常情况下,男性的精液在刚刚射出体外时属于液化状态,而在很短的时间内,就会凝固成胶冻状或凝块状,经 10~30 分钟的时间,精液就液化成水样液体,这个过程就是精液的液化,这种现象属正常的生理现象。如精液排出体外,超过 30 分钟仍呈胶冻状,则属于病理情况,称为精液不液化症。精液不液化使精子活动受限,减缓或抑制精子进入子宫腔而引起不育症。

精液不液化和病原微生物感染、尿液刺激、焦虑、抑郁、恐惧等因素有关。常见的原因是精囊炎和前列腺炎所致前列腺分泌的纤维蛋白溶解酶不足,微量元素(镁、锌等)缺乏,先天性前列腺缺失等。一般认为,前列腺和精囊的分泌物参与了精液的凝固与液化过程,精囊产生的凝固因子引起精液凝固,而前列腺产生的蛋白分解酶、溶纤蛋白酶等精液液化因子使精液液化。当精囊或前列腺发生了炎症,可使以上因子的分泌发生障碍,造成凝固因子增多或液化因子减少,形成精液不液化症。中医认为,精液不液化多由寒凝、热灼、痰阻、血瘀所致,原因在于肝肾,如阴虚则生内热,耗伤精液;或元气衰微,肾精亏损;或肝郁化火,扰动精室。

(二)支持细胞

支持细胞(sustentacular cell)又称 **Sertoli 细胞**。支持细胞在青春期前为未成熟型,呈立方型或矮柱状。细胞器不发达,但已有较强的吞噬能力,并能抑制精母细胞完成减数分裂。青春期后,支持细胞发生一系列的成熟变化,包括细胞停止分裂,卵泡刺激素受体逐渐增多,开始合成雄激素结合蛋白等。

1. 支持细胞的形态结构　支持细胞分布于生精细胞之间,每个生精小管的横断面上有 8~11 个支持细胞。光镜下观察,支持细胞轮廓不清,细胞核大,呈卵圆形、三角形或不规则形,多位于细胞的基底部,异染色质稀疏,染色浅,核仁明显。电镜下观察,支持细胞呈不规则的圆锥状,基部紧贴基膜,顶部伸达腔面,侧面及腔面有许多不规则的凹陷,其内镶嵌着各级生精细胞,故光镜下轮廓不清(图 15-4、图 15-9)。胞质内线粒体、溶酶体较多,高尔基复合体发达,有大量的滑面内质网和常呈管状的粗面内质网,微丝和微管丰富,可见脂滴。支持细胞顶部胞质中常见精子的残余体。相邻支持细胞侧面的局部胞膜相互伸出侧突形成紧密连接,将生精上皮分隔为**基底室**(basal compartment)和**近腔室**(abluminal compartment)两部分。基底室位于生精上皮基膜和支持细胞紧密连接之间,内含精原细胞。近腔室位于紧密连接上方,与生精小管管腔相通,内含精母细胞、精子细胞和精子。生精小管和毛细血管血液之间存在着**血 - 睾屏障**(blood-testis barrier),其组成包括毛细血管内皮及其基膜、结缔组织、生精上皮基膜和支持细胞侧突形成的紧密连接,其中紧密连接构成血 - 睾屏障的主要结构。血 - 睾屏障阻止某些有害物质进出生精上皮,构成有利于精子发生的微环境,并防止精子抗原物质逸出生精小管外,避免自体免疫反应。

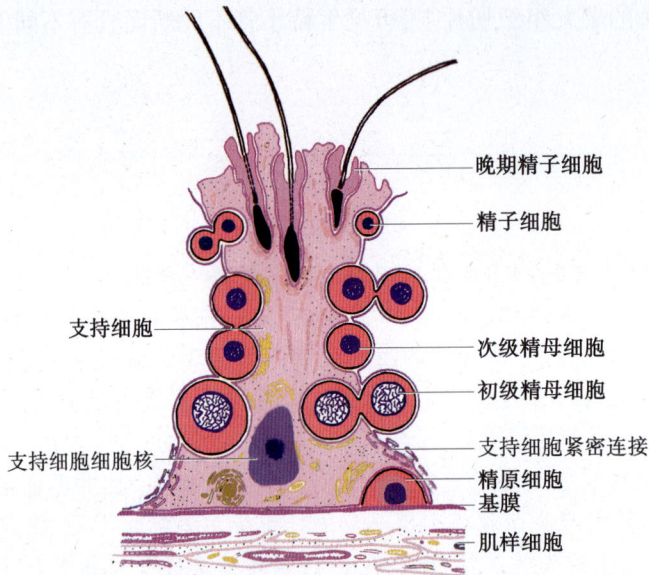

图 15-9　支持细胞模式图

图中标注：晚期精子细胞、精子细胞、次级精母细胞、初级精母细胞、支持细胞紧密连接、精原细胞、基膜、肌样细胞、支持细胞、支持细胞细胞核

2. 支持细胞的功能　支持细胞的功能包括：①支持、营养生精细胞，促进生精细胞往管腔方向移动和释放精子；生精上皮中没有血管，基底室内的精原细胞可直接从生精小管外获得营养，近腔室内生精细胞的营养则需由支持细胞转运而来。②吞噬和消化变性或凋亡的生精细胞以及精子形成过程中脱落的残余胞质。这与支持细胞内含有丰富的溶酶体有关。③分泌功能，在卵泡刺激素和雄激素的作用下，支持细胞合成和分泌**雄激素结合蛋白**（androgen binding protein，ABP），可与雄激素结合，提高生精小管内雄激素的浓度，促进精子的发生。此外，支持细胞还合成、分泌**抑制素**（inhibin）和**激动素**（activin）等激素，前者可抑制脑垂体远侧部合成和分泌卵泡刺激素，后者与抑制素作用相拮抗。支持细胞也能合成分泌生长因子以及其他生物活性物质。④相邻支持细胞侧突形成的紧密连接参与构成血 - 睾屏障。

二、睾丸间质

生精小管之间的疏松结缔组织、血管、淋巴管和神经等统称**睾丸间质**（图 15-2～图 15-4）。睾丸间质中除含有结缔组织的细胞外，还含有**睾丸间质细胞**（testicular interstitial cell），睾丸间质细胞又称 Leydig 细胞，形态呈现年龄性的变化。青春期后，睾丸间质细胞成群分布，细胞体积较大，直径 15~20μm，圆形或多边形，核圆形，位于细胞中央或偏位，核仁明显，胞质嗜酸性。睾丸间质细胞具有分泌类固醇激素的结构特点。相邻睾丸间质细胞之间有缝隙连接和桥粒。青春期开始，睾丸间质细胞在黄体生成素的作用下，合成和分泌**雄激素**（androgen）。从青春期开始，雄激素启动和维持精子发生、促进外生殖器和睾丸的发育和成熟，以及促进男性第二性征的发育和维持性功能。成年期，雄激素分泌稳定，以维持精子发生、男性第二性征和性功能。

三、直精小管和睾丸网

生精小管近睾丸纵隔处变为短而细的直行管道，称**直精小管**（tubulus rectus）（图 15-10）。其管壁由单层立方或矮柱状上皮构成，无生精细胞。直精小管进入睾丸纵隔内分支吻合成网状的管道，称**睾丸网**（rete testis）。其管壁上皮为单层立方或低柱状，管腔大而不规则。睾丸网上皮细胞能分泌液体,和生精小管的分泌液一起参与精子的运输,生精小管产生的精子经直精小管和睾丸网离开睾丸,进入附睾。直精小管和睾丸网的上皮细胞具有很强的吞噬精子的能力,可吞噬变性的精子(图15-10)。

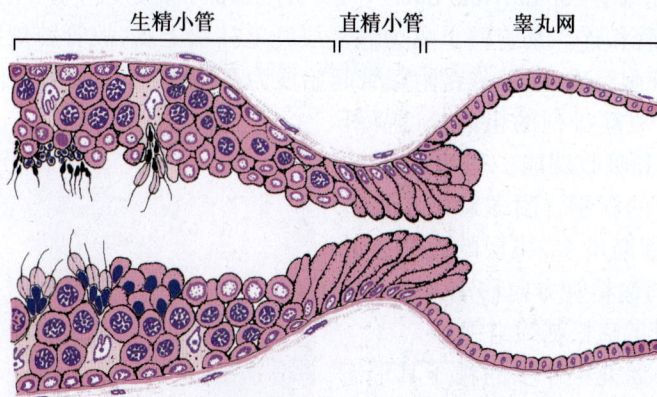

图 15-10　生精小管、直精小管和睾丸网模式图

四、睾丸功能的内分泌调节

睾丸的功能受神经内分泌系统的调节。下丘脑弓状核的神经内分泌细胞合成和分泌促性腺激素释放激素(GnRH),GnRH经由垂体门脉系统进入腺垂体远侧部,作用于远侧部促性腺激素细胞,促进其合成和分泌卵泡刺激素(FSH)和黄体生成素(LH)。FSH能促进精原细胞分裂和发育,并能刺激支持细胞合成和分泌雄激素结合蛋白。LH又称间质细胞刺激素(ICSH),能促进睾丸间质细胞合成和分泌雄激素。但是,促性腺激素细胞分泌过多的FSH和LH反过来会抑制下丘脑GnRH的分泌,从而使FSH和LH的释放减少。此外,血浆中过高的雄激素和雌二醇会抑制下丘脑分泌GnRH,抑制促性腺激素细胞分泌FSH和LH。睾丸支持细胞分泌的抑制素能抑制促性腺激素细胞分泌FSH,而分泌的激动素能促进促性腺激素细胞分泌FSH。并且,GnRH以自分泌的方式作用于弓状核的神经内分泌细胞,使GnRH分泌减少。因此,下丘脑、垂体和睾丸所分泌的激素之间存在复杂的调控关系,从而构成了一个完整的下丘脑-垂体-睾丸轴。

第二节　生 殖 管 道

生殖管道包括附睾、输精管、射精管和尿道,它们具有促进精子成熟及营养、贮存和运输精子等作用。

一、附睾

附睾位于睾丸后上方,表面覆盖有鞘膜和白膜。附睾分为头、体、尾三部分。头部主要由输出小管组成,体部和尾部由附睾管组成(图15-1)。

1. 输出小管　**输出小管**(efferent duct)为弯曲的小管,有10~15条,连于睾丸网与附睾管之间,其上皮由高柱状细胞和低柱状细胞相间排列构成,故管腔不规则。高柱状细胞胞质内有溶酶体、微丝束和丰富的线粒体,游离面有大量纤毛。低柱状细胞的核靠近基部,核上区胞质中含大量溶酶体及大小不等的吞饮小泡。高柱状细胞有分泌和重吸收管腔内物质的功能,纤毛的摆动促使精子向附睾管输送,而低柱状细胞有消化和重吸收管腔内物质的作用。

2. 附睾管　附睾管(epididymal duct)一条,极度蟠曲,总长度约 4~6m,近端与输出小管相连,远端与输精管相连。其管壁上皮为假复层纤毛柱状上皮,故管腔规则(图 15-11)。细胞由主细胞和基细胞组成,主细胞在附睾管起始段为高柱状,而后逐渐变低,至末段转变为立方形,游离面有成簇排列的粗而长的静纤毛,该细胞有分泌和吸收功能。基细胞矮小,呈锥形,位于上皮的深层。附睾管的上皮基膜外平滑肌纤维逐渐增多,肌层的收缩有助于管腔内的精子向输精管方向移动。平滑肌纤维外为富含血管的疏松结缔组织。

附睾的功能:睾丸中产生的精子其形态结构已基本成熟,但尚未具备运动能力、精卵识别能力和精卵结合能力。精子进入附睾后,在循附睾头、体、尾运行和在附睾尾贮存过程中,精子进一步发生了一系列形态结构、生化代谢和生理功能的变化,使其最终获得运动能力、精卵识别能力和精卵结合能力,

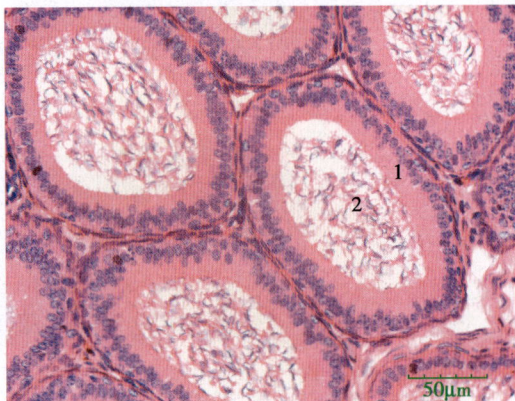

图 15-11　附睾管　高倍
1. 假复层纤毛柱状上皮;2. 精子

这标志着精子已达到结构及功能上的成熟。精子完成上述过程需 8~17 天。精子在附睾内的进一步成熟,除雄激素的作用外,还与附睾上皮的分泌和重吸收,从而创造了有利于精子成熟和储存的微环境密切相关。此外,在附睾上皮与毛细血管血液之间存在**血 - 附睾屏障**(blood-epididymis barrier),维持附睾内环境的稳定,有利于精子的成熟,血 - 附睾屏障主要由主细胞近腔面的紧密连接组成。附睾功能的异常会影响精子的成熟,导致不育。若精子长期贮存附睾可使其老化,从而影响其受精能力。

二、输精管和射精管

输精管一端接附睾管,另一端膨大为壶腹,与精囊汇合成射精管。输精管长 45~60cm,壁厚腔小,其管壁由黏膜、肌层和外膜三层组成。黏膜上皮为假复层柱状上皮,固有层弹性纤维较丰富。肌层厚,由内纵行、中环行和外纵行的平滑肌纤维构成。外膜为疏松结缔组织。射精时,输精管的肌层作强力的波式收缩,与射精管协同作用,促使精子快速排出体外。

第三节　附　属　腺

附属腺主要包括前列腺、精囊和尿道球腺。附属腺的分泌物构成精液中精浆的主要成分。

一、前列腺

前列腺呈栗子形,环绕于尿道的起始段。前列腺被膜由结缔组织和平滑肌组成,被膜伸入腺内将腺实质分隔成数个小叶。腺实质由 30~50 个大小不相同的复管泡状腺组成,有 15~30 条导管开口于尿道前列腺精阜的两侧。腺组织以尿道为中心,排列成内、中、外三个环形区带:内带位于尿道的周围,称黏膜腺;中间带位于内带的外周,称黏膜下腺,黏膜腺和

黏膜下腺受雌激素的调节；外带是前列腺的主要组成部分，又称主腺，受雄激素的调节（图15-12）。腺的分泌部由单层柱状上皮及假复层柱状上皮构成，故腺腔不规则，有皱襞突入腔内。腔内可见分泌物浓缩形成的嗜酸性前列腺凝固体，随年龄而增多，甚至钙化形成前列腺结石。

　　青春期开始，前列腺在雄激素的刺激下分泌增强，分泌物为稀薄的乳白色液体，富含酸性磷酸酶、柠檬酸、锌、精胺等各种成分。锌与蛋白质结合后覆盖在精子的表面，从而维持精子膜结构的稳定性，此外，锌具有抗革兰阳性和革兰阴性细菌的作用。柠檬酸能使精液维持适宜的pH值。前列腺腺上皮分泌前列腺特异抗原，与精液液化有关。老年时，雄激素分泌减少，前列腺逐渐萎缩。但部分老年人前列腺的黏膜腺和黏膜下腺增生，压迫尿道，造成排尿困难，分泌物中锌的含量增多。

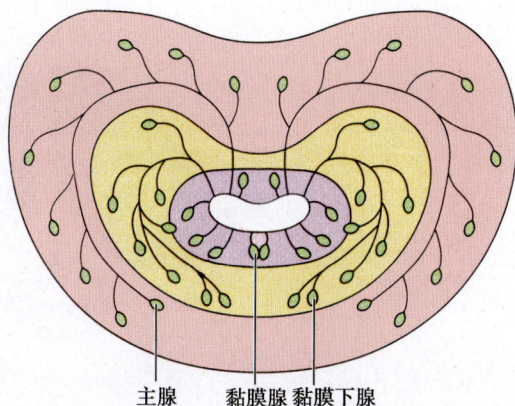

主腺　　黏膜腺　黏膜下腺

图15-12　前列腺模式图

ER-15-3

无精子症

二、精囊

　　精囊又称精囊腺，是一对长椭圆形的囊状器官，其管道高度盘曲。管壁由内向外分黏膜、肌层和外膜三层。黏膜形成很多皱襞，皱襞分支并互相交织成网，使管腔呈蜂窝状，大大增加了腺的表面积。黏膜表面为单层柱状或假复层柱状上皮，细胞含有分泌颗粒和脂褐素。肌层为平滑肌，内层为环行肌与斜行肌交织而成，外层为纵行肌。射精时，平滑肌收缩，使精囊的分泌物进入射精管。外膜为结缔组织。在雄激素作用下，精囊分泌弱碱性淡黄色或乳白色液体，内含前列腺素、磷酸胆碱和果糖等物质，果糖可为精子运动提供能量。精液中的蛋白质主要由精囊分泌。

三、尿道球腺

　　尿道球腺是一对豌豆状的复管泡状腺，呈黄褐色。上皮形态随年龄、激素和性生活而发生变化，有单层扁平、单层立方或单层柱状上皮，细胞内富含黏原颗粒。腺泡间的结缔组织含丰富的弹性纤维，并含有平滑肌和骨骼肌纤维。腺体分泌的黏液中含半乳糖、唾液酸、ATP酶等物质，分泌物起润滑尿道作用，有利于射精时精液的排出。

第四节　阴　茎

　　阴茎呈圆柱状，外覆以皮肤，内由三个长柱形的**海绵体**（corpus cavernosum）组成，海绵体又称勃起组织，两个在背侧，称阴茎海绵体；另一个在腹侧，称尿道海绵体，尿道即穿行于尿道海绵体内。

　　阴茎皮肤的活动度较大，皮下无脂肪，亦缺少毛发，汗腺发达。三个海绵体外周均包以致密结缔组织构成的坚韧白膜。白膜向海绵体内发出小梁，小梁交织成网，成为海绵体的支架，小梁内含平滑肌、弹性纤维、胶原纤维和血管等。网眼内面衬有单层扁平上皮，网眼中的腔称海绵窦，也称血窦。位于阴茎海绵体中央的海绵窦较大，其周围的海绵窦较小；而尿道海绵体的海绵窦大小均匀（图15-13）。

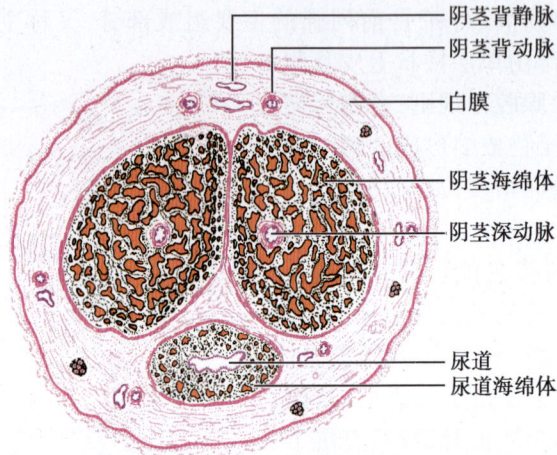

图 15-13　阴茎(横切面)模式图

　　阴茎内有阴茎背动脉与阴茎深动脉。后者进入阴茎海绵体后,分出螺旋动脉与海绵窦相通。当阴茎松软时,螺旋动脉壁上纵行的平滑肌纤维收缩,螺旋动脉的内膜形成皱襞并突入腔内将管腔闭塞,动脉血流减少。当阴茎勃起时,螺旋动脉及小梁内的平滑肌纤维松弛,大量血液经螺旋动脉流入海绵窦,使其窦腔充血而胀大,白膜下的静脉受压,血液回流一时受阻,海绵体变硬,阴茎增大勃起。某些因素可造成阴茎勃起功能障碍,称**阳痿**,如阴茎被膜和白膜受损伤或受某种精神因素影响时,均能引起阳痿。

学习小结

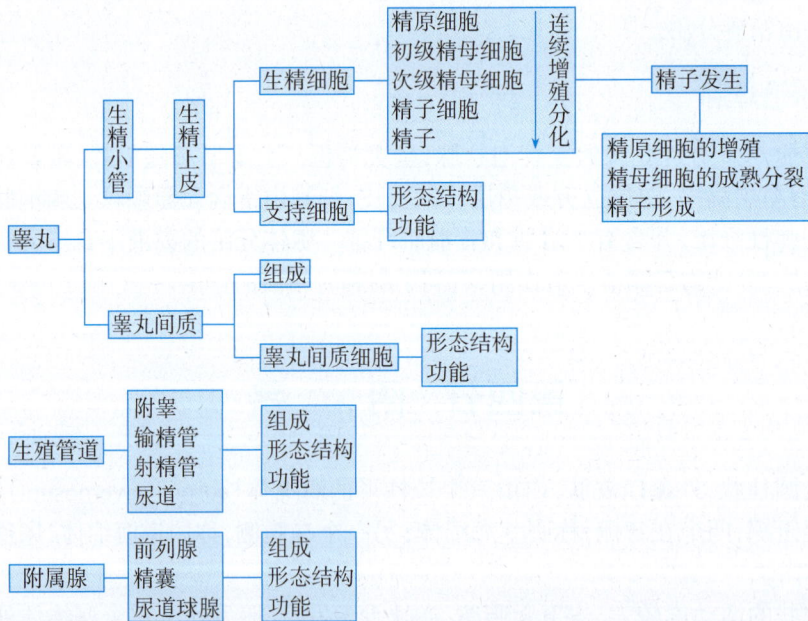

(刘向国)

扫一扫
测一测

复习思考题

1. 试述精子发生的过程。
2. 为什么支持细胞对生精细胞具有支持保护作用？
3. 试述下丘脑 - 垂体 - 睾丸轴内分泌调节的关系。

第十六章

女性生殖系统

学习目标

　　能描述卵泡的发育与成熟过程,阐述原始卵泡、初级卵泡、次级卵泡和成熟卵泡结构组成的特点,并根据其结构进行镜下识别;能理解卵泡发育的结构变化逻辑并理解排卵、闭锁卵泡、黄体的形成和功能。

　　能描述月经周期的概念,能叙述月经期、增生期和分泌期子宫内膜形态变化特征,并阐述其发生的机制。能结合下丘脑、垂体和卵巢分泌的相关激素,分析激素调节子宫内膜周期性变化过程。能描述输卵管、阴道、子宫颈和乳腺的光镜结构。

　　女性生殖系统(female genital system)由卵巢、输卵管、子宫、阴道和外生殖器组成。因乳腺发育与女性激素直接相关,故列入本章叙述。

　　女性生殖器官具有明显的年龄变化特点,10 岁前生殖器官生长迟缓,之后逐渐发育生长,至青春期(13~18 岁)迅速发育成熟,表现为卵巢开始排卵,并分泌性激素,子宫内膜出现周期性变化,乳房增大,性成熟,具有生育能力。更年期(45~55 岁)的生殖器官功能逐渐减退。绝经期(55 岁以后),生殖器官日趋萎缩。

第一节　卵　　巢

　　卵巢产生卵细胞并具有内分泌功能,呈扁椭圆形,外表被覆单层扁平或单层立方的**表面上皮**(superficial epithelium)。上皮下方为薄层致密结缔组织,称白膜,白膜下方为卵巢实质。卵巢实质分为周边部分的皮质和中央部分的髓质。皮质较厚,主要含不同发育阶段的卵泡、黄体、闭锁卵泡和低分化的**基质细胞**(stroma cell)等。髓质主要由疏松结缔组织构成,含许多血管和淋巴管,并延至卵巢门(图 16-1)。近卵巢门系膜处有少量**门细胞**(hilus cell),其结构和功能类同睾丸间质细胞,具有分泌雄激素的功能。

一、卵泡发育与成熟

　　新生儿两侧卵巢有 70 万~200 万个原始卵泡,之后随年龄增长而逐渐减少,7~9 岁约 30 万个,青春期约 4 万个,至 40~50 岁仅数百个,其余大量卵泡均在不同发育阶段退化。青春期前,虽有卵泡在发育,但不会发育成熟,青春期后,卵巢在垂体促性腺激素调控下,每隔约 28 天有一个卵泡发育成熟并排卵。女性一生约有 400 余个卵泡可发育成熟至排卵,余者均在不同时期退化为闭锁卵泡。

　　卵泡(ovarianfollicle)是由一个**卵母细胞**(oocyte)和其周围的**卵泡细胞**(follicular cell)

组成。卵泡的发育为连续生长过程,一般可分为原始卵泡、初级卵泡、次级卵泡和成熟卵泡四个阶段。初级卵泡和次级卵泡又合称**生长卵泡**(growing follicle)。

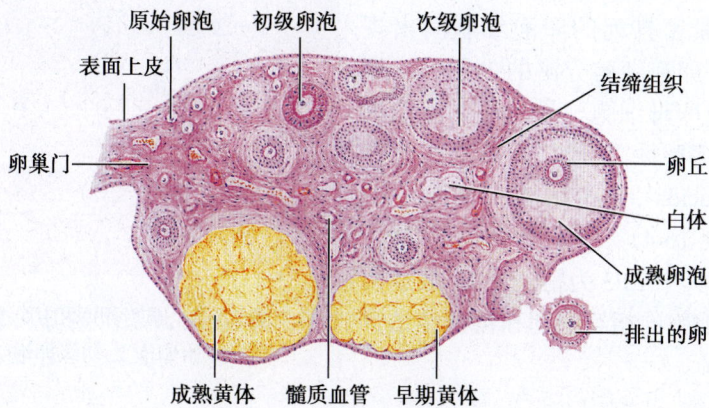

图 16-1　卵巢结构模式图

(一) 原始卵泡

原始卵泡(primordial follicle)位于卵巢皮质的浅部,呈球形,体积小,直径 55~75μm,数量多。原始卵泡由一个**初级卵母细胞**(primary oocyte)和其周围一层扁平的卵泡细胞构成。初级卵母细胞圆形,较大,直径约 40μm,核大而圆,染色质细疏,着色浅,核仁大而明显,胞质嗜酸性。电镜下胞质内除含有一般细胞器外,核周处有板层状排列的滑面内质网。初级卵母细胞是胚胎时期由**卵原细胞**(oogonia)分裂分化形成,随即进入第一次成熟分裂,并可长期(12 年 ~50 年)停滞于分裂前期,直至排卵前才完成第一次成熟分裂。卵泡细胞较小,呈扁平形,卵泡细胞与外周结缔组织之间有基膜。卵泡细胞与初级卵母细胞间有许多缝隙连接,卵泡细胞对初级卵母细胞具有支持和营养作用(图 16-2)。

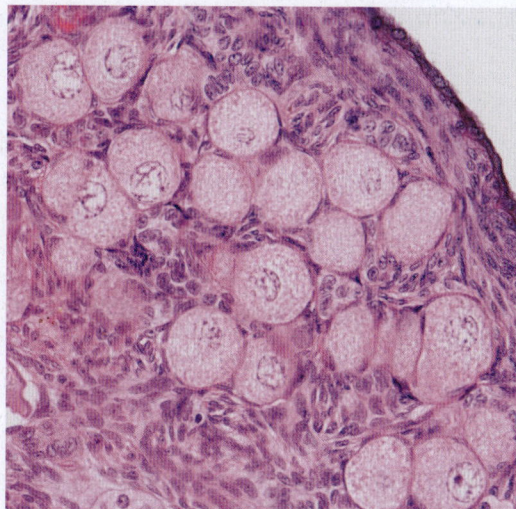

图 16-2　原始卵泡　高倍

(二) 初级卵泡

初级卵泡(primary follicle)由原始卵泡生长发育形成。初级卵母细胞体积增大,核浅染,核仁深染,胞质内细胞器增多,浅层胞质内出现**皮质颗粒**(cortical granule),电镜下皮质

227

笔记栏

颗粒为溶酶体,其内所含多种酶类将在以后的受精过程中分挥重要作用。同时卵泡细胞由单层扁平变为立方或柱状,而后增殖为多层(5~6层),紧密排列的卵泡细胞间出现空隙,空隙内有卵泡细胞分泌的少量分泌物(图16-3)。初级卵母细胞与最内层的卵泡细胞间可见一层嗜酸性、均质样薄膜结构称**透明带**(zona pellucida),系由两者共同分泌的糖蛋白构成(图16-4)。糖蛋白至少有 ZP1、ZP2、ZP3 三种,其中 ZP3 为精子受体,故透明带在精子与卵细胞的相互识别和特异性结合中具有重要意义。

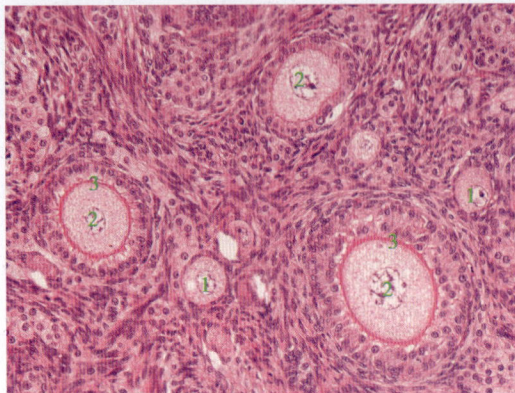

图 16-3　原始卵泡和初级卵泡　高倍
1.原始卵泡 2.初级卵泡 3.透明带

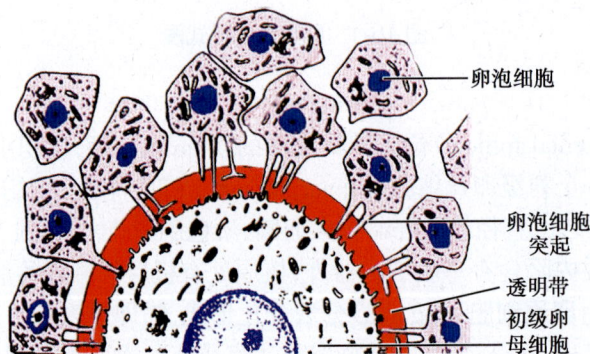

卵泡细胞
卵泡细胞突起
透明带
初级卵母细胞

图 16-4　初级卵泡超微结构模式图

初级卵泡体积增大的同时,渐向皮质深部移动。在卵泡细胞增生为多层时,围绕在卵泡周围结缔组织内的基质细胞增殖分化,形成**卵泡膜**(follicular theca),与卵泡细胞间以基膜相隔。

(三)次级卵泡

次级卵泡(secondary follicle)由初级卵泡生长发育形成。卵泡体积增大,此时的初级卵母细胞直径可达 125~150μm,卵泡细胞增至 6~12 层,细胞间的小空隙合并成一个大腔,称**卵泡腔**(follicullar antrum),腔内充满卵泡液。**卵泡液**主要由卵泡细胞分泌物和卵泡膜血管渗出液共同组成。随着卵泡液的增多及卵泡腔扩大,初级卵母细胞连同其周围的卵泡细胞一起向卵泡腔突入,形成**卵丘**(cumulus oophorus)结构。此时紧贴透明带的一层卵泡细胞变为高柱状,并呈放射状排列,称**放射冠**(corona radiata)。电镜下可见初级卵母细胞的微绒毛和卵泡细胞的突起均可伸入透明带,并相互形成缝隙连接,有利于细胞间离子、激素和小分子物质及信息相互交换。卵泡腔周边的数层卵泡细胞变小,构成卵泡壁,称**颗粒层**(stratum granulosum),卵泡细胞改称**颗粒细胞**(granulosa cell)。与此同时卵泡膜分化为内外两层:内层主要含较多呈多边形、由基质细胞分化而来的**膜细胞**(theca cell),以及丰富的毛细血管;外层主要含大量胶原纤维和少量平滑肌纤维(图16-5、图16-6)。

ER-16-1
初级卵泡1
高倍

ER-16-2
初级卵泡2
高倍

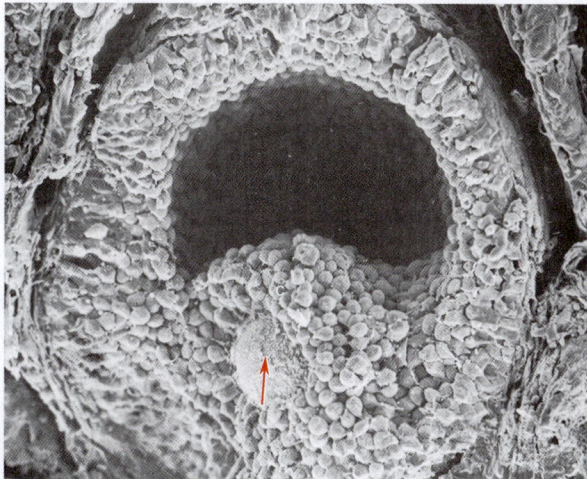

图 16-5 次级卵泡扫描电镜像
↑示初级卵母细胞

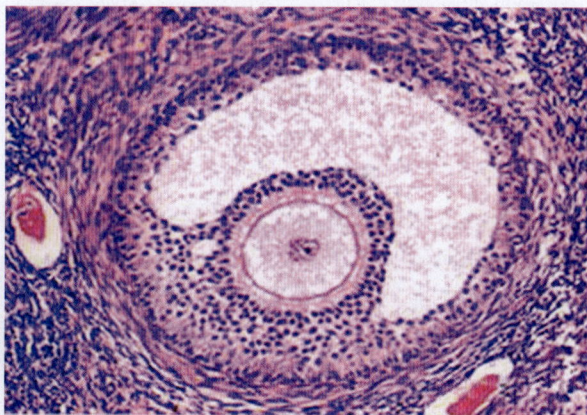

图 16-6 次级卵泡和闭锁卵泡 低倍

(四)成熟卵泡

成熟卵泡(mature follicle)是卵泡发育的最后阶段。卵泡体积更大,直径可达约 20mm,并向卵巢表面隆起。此时的卵泡腔很大,颗粒层甚薄,颗粒细胞不再增殖(图 16-7)。在排卵前 36~48 小时初级卵母细胞完成第一次成熟分裂,产生一个**次级卵母细胞**(secondary oocyte)和一个体积较小的**第一极体**(first polar body)。第一极体位于次级卵母细胞和透明带之间的**卵周间隙**(perivitelline space)内,之后自行退化。次级卵母细胞随即进入第二次成熟分裂,并暂停于分裂中期。

卵泡发育的各个阶段均需有雌激素的维持。次级卵泡和成熟卵泡具有内分泌功能,主要表现为颗粒细胞和膜细胞分别在卵泡刺激素(FSH)和黄体生成素(LH)作用下能协同合成雌激素。膜细胞首先合成雄激素,雄激素透过基膜进入颗粒细胞,在芳香化酶系作用下转变为雌激素,雌激素这一主要合成过程称"两细胞学说"。合成的雌激素小部分进入卵泡腔,大部分释放入血,以调节子宫等靶器官的生理活动。人类一个月经周期内可有若干个原始卵泡启动生长发育,通常只有一个原始卵泡可生长发育至成熟卵泡并排卵。而原始卵泡从发育至成熟、排卵,并非在一个月经周期内完成,仅从初级卵泡后期至成熟卵泡排卵就需约 85 天。

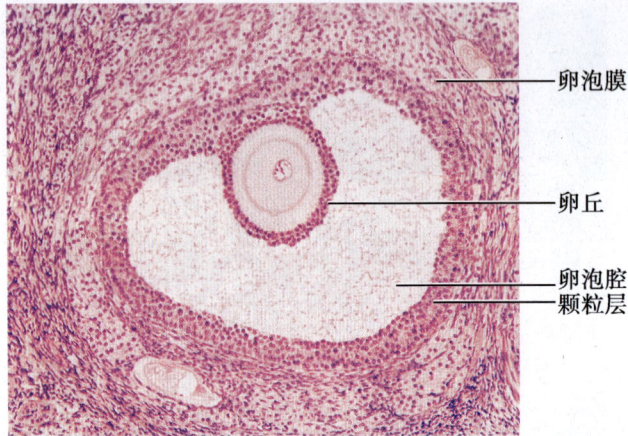

次级卵泡 4
低倍

图 16-7 次级卵泡 低倍

二、排卵

成熟卵泡破裂,次级卵母细胞连同透明带、放射冠和卵泡液一起自卵巢排出的过程称**排卵**(ovulation)。排卵前,垂体释放 LH 量骤增,促使卵泡液增多,卵泡突向卵巢表面,此时卵泡壁、白膜和表面上皮均变薄,局部缺血形成圆形透明的**卵泡小斑**(follicular stigma)。排卵时,卵丘与卵泡壁分离,卵泡小斑处的结缔组织被胶原酶和透明质酸酶等分解,LH 促进颗粒细胞合成的前列腺素使卵泡膜外层的平滑肌收缩,导致卵泡小斑破裂,卵丘随卵泡液排出,黏附于卵巢表面,随后经腹膜腔进入输卵管漏斗部(图 16-8)。次级卵母细胞从卵巢排出后,若 24 小时内未受精,便退化被吸收;若受精,即可完成第二次成熟分裂,形成一个**卵子**(ovum)和一个体积较小的**第二极体**(secondary polar body)。

生育期妇女一般每隔 28 天左右排卵一次,两个卵巢交替排卵,一般每次排一个卵,偶尔可排两个卵。排卵时间通常发生在下次月经周期的前 14 天左右。

三、黄体

排卵后,残留在卵巢内的卵泡壁塌陷,

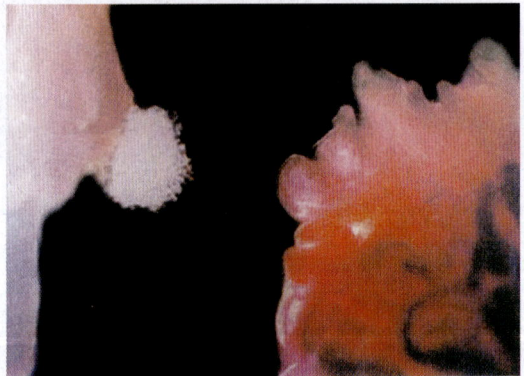

图 16-8 排卵(腹腔内摄影)

在 LH 的作用下,分化成富含血管并具有内分泌功能的细胞团,新鲜时呈黄色,故称**黄体**(corpus luteum)(图 16-9)。此时颗粒细胞分化为**颗粒黄体细胞**(granular lutein cell),数量多,体积较大,呈多角形,染色较浅,多分布于黄体中央部;膜细胞分化为**膜黄体细胞**(theca lutein cell),数量少,体积较小,呈圆形或多角形,染色较深,多分布于黄体的周边部。黄体具有分泌孕激素和一些雌激素的功能,其中孕激素由颗粒黄体细胞分泌,雌激素由颗粒黄体细胞和膜黄体细胞两者协同分泌(图 16-10)。

黄体形成后,其持续时间的长短取决于排出的卵是否受精。若未受精,黄体仅维持 2 周,称**月经黄体**(corpus luteum of menstruation)。若受精,在胎盘分泌的人绒毛膜促性腺激素作用下,黄体可继续发育增大,直径可达 4~5cm,可维持 6 个月或更长时间称**妊娠黄体**(corpus luteum of pregnancy)。妊娠黄体除能大量分泌孕激素和雌激素外,还可分泌松弛素。

两种黄体最终都将退化消失,逐渐被结缔组织取代,形成白色瘢痕称**白体**(corpus albicans)(图 16-11)。妊娠黄体退化后的内分泌功能由胎盘取代。

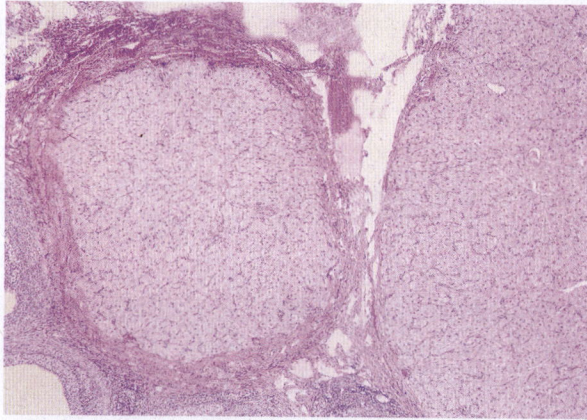

图 16-9　黄体　低倍

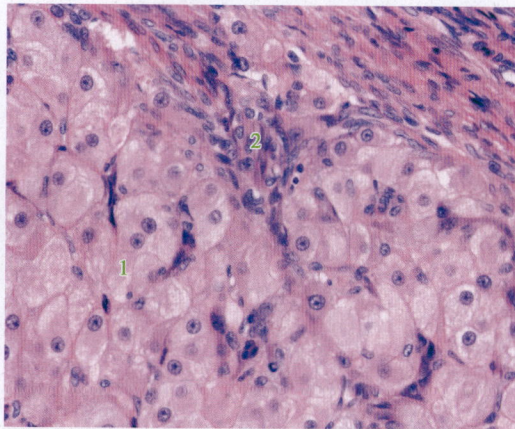

图 16-10　颗粒黄体细胞和膜黄体细胞　高倍
1. 颗粒黄体细胞　2. 膜黄体细胞

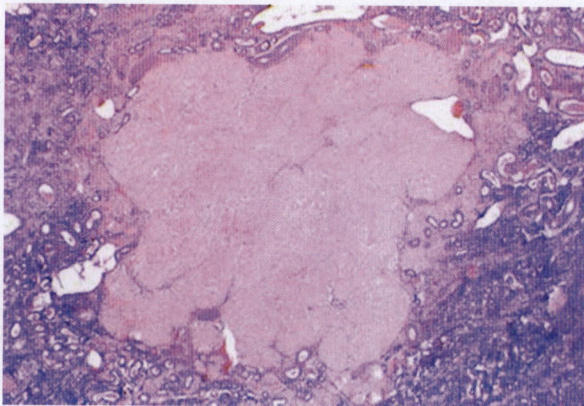

图 16-11　白体　低倍

四、闭锁卵泡与间质腺

卵巢内绝大多数卵泡在不同发育阶段退化,不能发育至成熟卵泡。退化的卵泡称**闭锁卵泡**(atretic follicle)(图 16-6)。闭锁卵泡的形态结构取决于卵泡退化时所处的阶段,原始卵泡或初级卵泡退化时,细胞出现核固缩,细胞体积变小,随后自溶或可见残留的透明带;次级卵泡或成熟卵泡退化时,卵泡塌陷,初级卵母细胞消失,颗粒细胞凋亡,膜细胞体积增大,胞质内脂滴明显,类似黄体细胞,并被结缔组织和血管分隔形成散在的细胞团索,称**间质腺**(interstitial gland)(图 16-12)。间质腺能分泌雌激素,最终将被结缔组织取代。人类间质腺数量较少,兔、猫等动物多见。

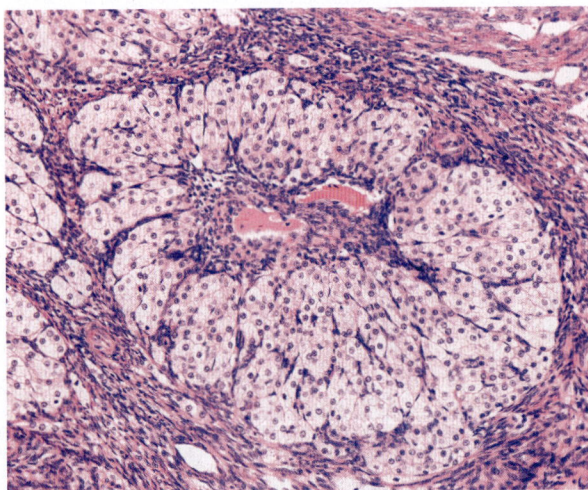

图 16-12 间质腺 低倍

第二节 输 卵 管

输卵管分为漏斗部、壶腹部、峡部和子宫部,其管壁由内向外由黏膜、肌层和外膜三层组成(图 16-13)。黏膜由上皮和固有层两部分组成,上皮为单层柱状由纤毛细胞和分泌细胞组成。纤毛细胞以漏斗部和壶腹部最多,至峡部和子宫部逐渐减少,纤毛向子宫方向摆动,有助于卵向子宫内迁移,并可阻止病菌进入腹膜腔。分泌细胞表面有微绒毛,顶部胞质有分泌颗粒,内含葡萄糖、乳酸和氨基酸等营养物质,其分泌物构成输卵管液。黏膜上皮的功能受雌激素和孕激素调控。固有层为薄层细密结缔组织,并有少量散在平滑肌纤维。肌层以峡部最厚,由内环行和外纵行两层平滑肌纤维组成,壶腹部肌层较薄,环行肌明显,纵行肌散在分布。外膜为浆膜,由间皮和富含血管的疏松结缔组织组成。

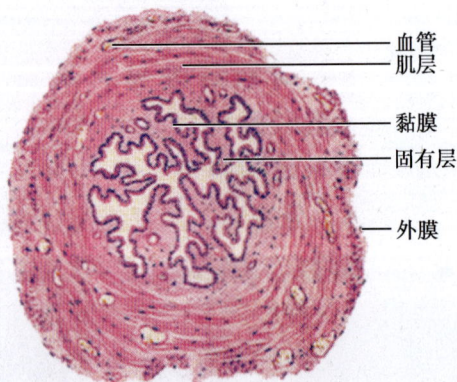

血管
肌层
黏膜
固有层
外膜

图 16-13 输卵管壶腹部模式图

第三节　子　宫

子宫(uterus)为肌性器官,分底部、体部和颈部三部分。子宫壁由内向外分为内膜(黏膜)、肌层和外膜(图16-14)。

一、子宫壁结构

(一) 内膜

内膜(endometrium)由上皮和固有层组成。上皮为单层柱状,并向固有层内深陷,形成许多单管状的**子宫腺**(uterine gland)。固有层较厚,血管丰富,此处的小动脉因呈螺旋状走行而称**螺旋动脉**(spiral artery),并有大量呈梭形或星状的低分化细胞,称**基质细胞**(stroma cell)(图16-15)。

子宫底部和体部的内膜依其生理功能可分为**功能层**(functional layer)和**基底层**(basal layer)两层。功能层较厚,位于内膜浅部,与上皮相邻,在雌激素和孕激素作用下可发生周期性脱落;基底层较薄,位于内膜深部,与肌层相邻,无周期性脱落变化,但具有较强的增殖修复功能。

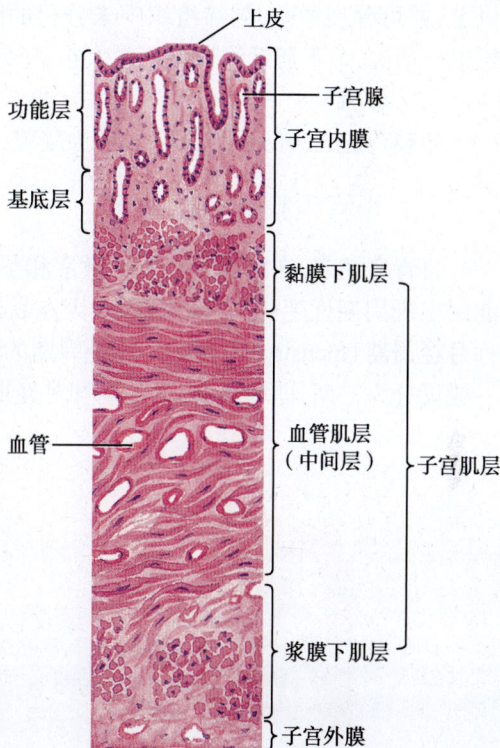

图 16-14　子宫壁结构模式图

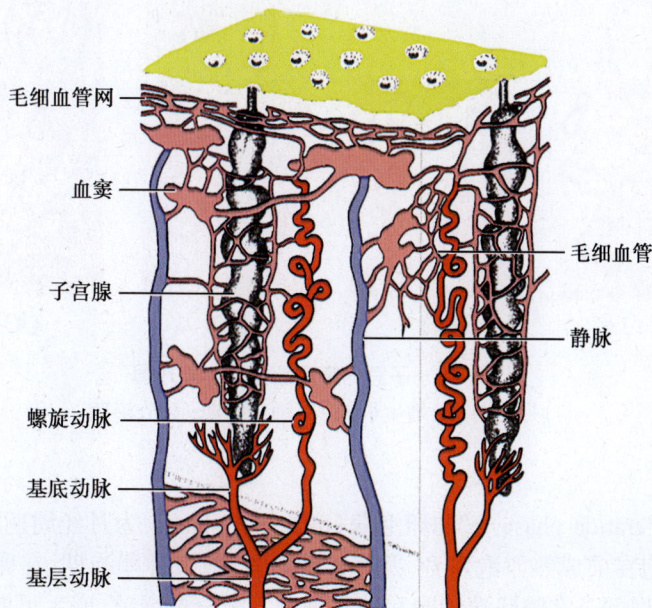

图 16-15　子宫内膜血管与子宫腺模式图

子宫内膜固有层　低倍

(二) 肌层

肌层（myometrium）甚厚，由平滑肌构成。肌层由内向外大致可分为黏膜下肌层、血管肌层（中间层）和浆膜下肌层。黏膜下肌层和浆膜下肌层主要为纵行平滑肌束，中间层较厚，由内环行肌和外纵行肌构成。成年女性子宫平滑肌纤维长为 30~50μm，妊娠时可达 500μm以上，并可分裂增殖，结缔组织中未分化的间充质细胞也可分化为肌纤维，分娩后部分肌纤维退化消失，余下肌纤维恢复正常大小，子宫恢复原状。

(三) 外膜

外膜（perimetrium）底部和体部为浆膜，颈部为纤维膜。

二、子宫内膜周期性变化

自青春期起，在卵巢分泌的雌激素和孕激素的周期性作用下，子宫底部和体部的内膜功能层出现周期性变化，表现为每 28 天左右发生一次内膜功能层的脱落、出血、修复和增生，称**月经周期**（menstrual cycle）。月经周期的时间为月经第 1 天起至下次月经出现前一天止，一般可分为三期，即增生期、分泌期和月经期（图 16-16、图 16-17）。

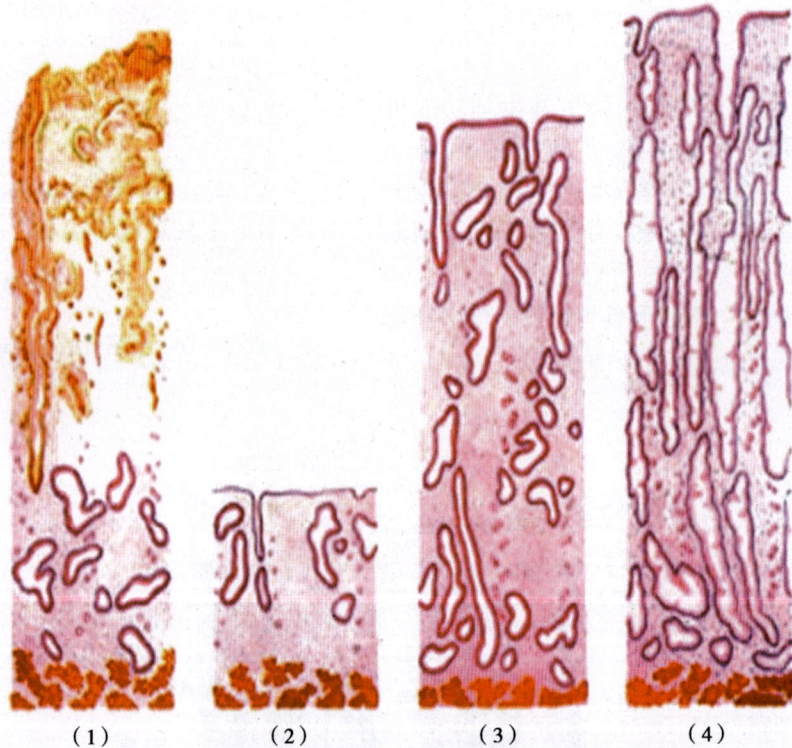

图 16-16　子宫内膜周期性变化模式图
(1)月经期;(2)增生早期;(3)增生晚期;(4)分泌期

(一) 增生期

增生期（proliferation phase）又称**卵泡期**（follicular phase），为月经周期的第 5~14 天。此时卵巢内一些卵泡在向成熟卵泡发育，并分泌雌激素，故又称卵泡期，在卵泡分泌的雌激素作用下，内膜基底层的子宫腺残端细胞和基质细胞不断分裂增殖，增生早期子宫腺和螺旋动脉短直而细，数量较少，而至增生晚期则粗长而弯曲，数量较多，内膜增厚达 1~3mm。此时卵巢内的成熟卵泡即将排卵，子宫内膜由增生期进入分泌期。

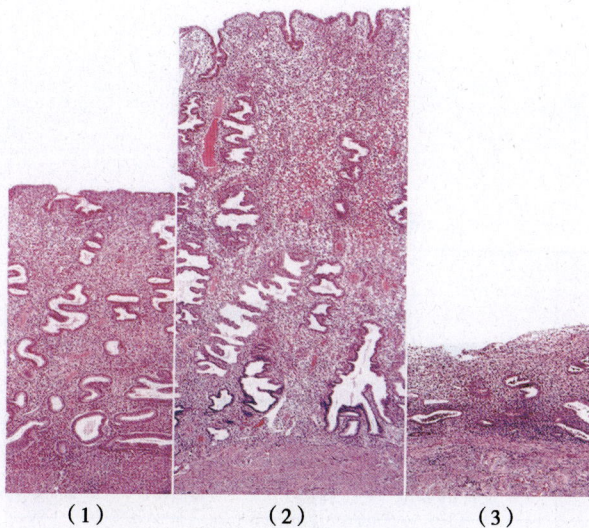

图 16-17　不同时期子宫内膜　低倍
(1)增生期;(2)分泌期;(3)月经早期

(二) 分泌期

分泌期(secretory phase)又称**黄体期**(luteal phase),为月经周期的第 15~28 天。此时卵巢已排卵,黄体形成,故又称黄体期。在黄体分泌的雌激素和孕激素作用下,内膜增厚达 5mm。主要表现为子宫腺和螺旋动脉更加弯曲增长,子宫腺腺腔增大,腔内可见含糖原的嗜酸性分泌物,螺旋动脉伸至内膜浅层,并分支形成大量毛细血管网。基质细胞继续分化增生,胞质含糖原及脂滴,称**前蜕膜细胞**(predecidual cell)。若妊娠,此细胞变为**蜕膜细胞**(decidual cell);若未妊娠,黄体开始退化,子宫内膜功能层将脱落,进入月经期。

(三) 月经期

月经期(menstrual phase)为月经周期的第 1~4 天。由于卵巢内的黄体退化,雌激素和孕激素含量骤然下降,引起内膜功能层螺旋动脉发生持续性收缩,导致内膜功能层缺血缺氧,组织坏死。之后螺旋动脉短暂扩张,致使功能层血管破裂,血液溢入结缔组织,随同坏死剥落的功能层一起,从阴道排出,即**月经**(menstruation),月经量为 20~50ml。月经终止前,内膜基底层子宫腺残端的细胞迅速分裂增生,并向创面铺展,形成一层新的表面上皮,内膜转入增生期。

三、子宫内膜周期性变化的神经内分泌调节

子宫内膜的周期性变化,受到下丘脑 - 垂体 - 卵巢性腺轴严格调控(图 16-18)。下丘脑的神经内分泌细胞分泌的促性腺激素释放激素(GnRH),可促进腺垂体分泌 FSH 和 LH。FSH 可刺激卵泡生长发育和成熟,并分泌雌激素,使子宫内膜处于增生期;而 LH 在 FSH 的协同下可促进排卵及形成黄体。黄体形成后,分泌大量孕激素和雌激素,促使子宫内膜进入分泌期。

血液中高水平的孕激素和雌激素,同时可对下丘脑和垂体产生负反馈作用,致使 LH 和 FSH 分泌受到抑制。因 LH 分泌不足导致黄体发生退化,使血液中孕激素和雌激素水平下降,继而引起子宫内膜发生脱落进入月经期。此时血液中较低水平的孕激素和雌

激素浓度,已不足以对下丘脑和垂体产生负反馈作用,故下丘脑和垂体新一轮的分泌又开始。

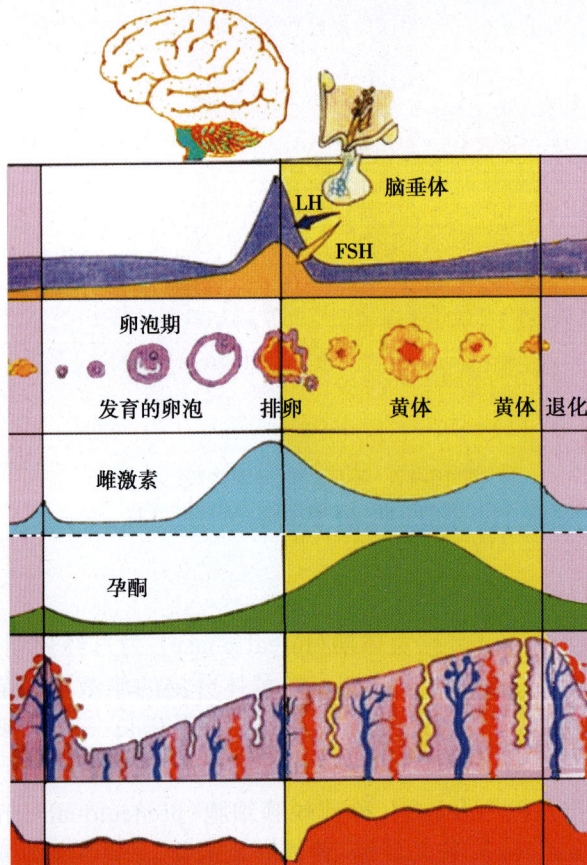

图 16-18　卵巢和子宫内膜周期性变化的内分泌调节示意图

四、子宫颈

子宫颈(cervix)长约 3cm,管腔细窄呈梭形,管壁从内向外分为黏膜、肌层和外膜三部分。

黏膜由单层柱状上皮及固有层组成。黏膜上皮由分泌细胞、纤毛细胞和**储备细胞**(reserve cell)构成。宫颈黏膜无周期性脱落,但上皮细胞的活动受卵巢激素的调节。分泌细胞数量较多,胞质充满黏原颗粒,雌激素可促进分泌细胞分泌,分泌物为稀薄黏液,有利于精子通过。孕激素可抑制分泌细胞分泌,并使分泌物呈黏稠凝胶状,有利于阻止精子及微生物进入子宫。纤毛细胞数量较少,纤毛向阴道方向摆动,以助分泌物排出。储备细胞体积小,散在分布,细胞分化程度较低,具有增殖修复功能,可化生为复层扁平上皮,也可过度增生发生癌变。在宫颈外口处,单层柱状上皮移行为复层扁平上皮,两种上皮交界处是宫颈癌好发部位(图 16-19)。肌层由平滑肌纤维及富含弹性纤维的结缔组织组成。外膜为纤维膜。

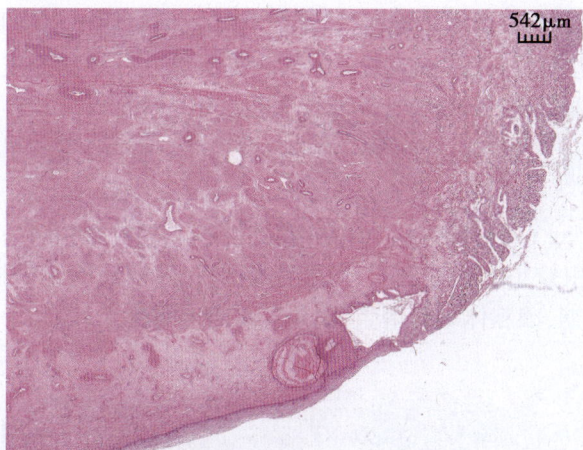

图 16-19　子宫与阴道上皮移行处　低倍

第四节　阴　　道

　　阴道（vagina）壁从内向外分为黏膜、肌层和外膜三部分（图 16-20）。黏膜由上皮和固有层组成。上皮为复层扁平上皮，较厚，表层细胞虽含透明角质颗粒，但不出现角化；阴道上皮的脱落与更新有其周期性变化规律和功能特点，雌激素能促进阴道上皮增厚，并使细胞合成大量糖原；上皮脱落后，糖原可被阴道内的乳酸杆菌分解为乳酸，使阴道分泌物保持酸性，有一定的抗菌作用；临床可通过阴道脱落上皮的涂片观察，了解卵巢内分泌功能状态和筛查肿瘤。固有层为较致密的结缔组织，富含毛细血管、弹性纤维和静脉丛。

　　肌层为螺旋状交叉排列的平滑肌纤维束，其间含丰富的弹性纤维，故阴道肌层的这种结构特点易于阴道壁扩张。阴道外口有骨骼肌纤维构成的环行括约肌。外膜为富含弹性纤维的致密结缔组织。

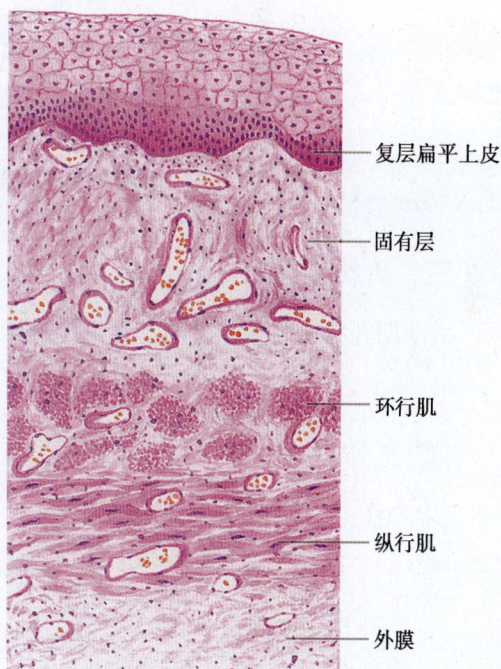

复层扁平上皮

固有层

环行肌

纵行肌

外膜

图 16-20　阴道壁结构模式图

第五节　乳　　腺

　　乳腺（mammary gland）自青春期开始发育，其结构随年龄和生理状况而异。妊娠期和授乳期的乳腺称活动期乳腺，具有泌乳功能；而无泌乳功能的乳腺，称静止期乳腺。

一、乳腺一般结构

　　乳腺实质被结缔组织分隔为 15~25 个叶，每个叶又分为若干小叶，每个小叶由一个复管泡状腺组成。腺泡上皮为单层立方或柱状,上皮与基膜间有肌上皮细胞。导管包括小叶内导管、小叶间导管和总导管(又称输乳管),分别由单层立方或柱状上皮、复层柱状上皮和复层扁平上皮组成。总导管开口于乳头,并与乳头表皮相连续。

二、静止期乳腺

静止期乳腺(resting mammary gland)是指性成熟未孕女性的乳腺,其结构特点是:腺体不发达,仅见少量体积较小的腺泡和导管,脂肪组织和疏松结缔组织极为丰富(图 16-21)。仅在月经周期的分泌期,因腺体略有增生,而使乳腺略有增大。

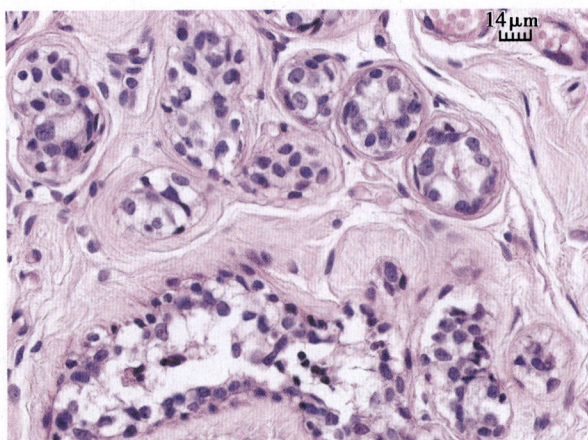

图 16-21　静止期乳腺　高倍

三、活动期乳腺

活动期乳腺有妊娠期乳腺和授乳期乳腺之分(图 16-22)。

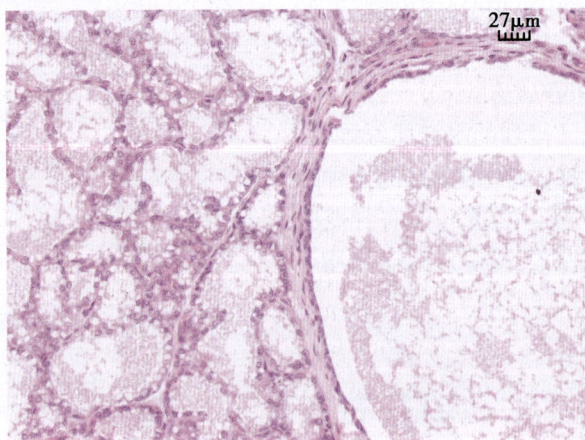

图 16-22　活动期乳腺　低倍

1. 妊娠期乳腺　**妊娠期乳腺**(gestating mammary gland)在雌激素和孕激素作用下,乳腺的腺泡和导管迅速增生,腺泡增大,脂肪组织和疏松结缔组织相应减少。妊娠后期,在垂体分泌的催乳激素的影响下,腺泡开始分泌富含脂滴、乳蛋白、乳糖和由浆细胞产生的

sIgA 等物质的分泌物,称**初乳**(colostrum)。初乳内含吞噬脂滴后的巨噬细胞称**初乳小体**(colostrum corpuscle)。

2. **授乳期乳腺**　**授乳期乳腺**(lactating mammary gland)结构与妊娠期乳腺相比,脂肪组织和疏松结缔组织更少,腺泡进一步发育,腺泡腔增大,腔内充满分泌物即**乳汁**。腺细胞分泌前呈高柱状,分泌后呈立方形或扁平形。不同小叶内的腺泡分泌可交替进行。终止授乳后,因催乳激素水平下降,乳腺腺泡分泌活动停止,并逐渐萎缩,脂肪组织和疏松结缔组织增多,乳腺转入静止期乳腺状态。女性绝经后,因体内雌激素及孕激素水平持续下降,乳腺萎缩退化明显。

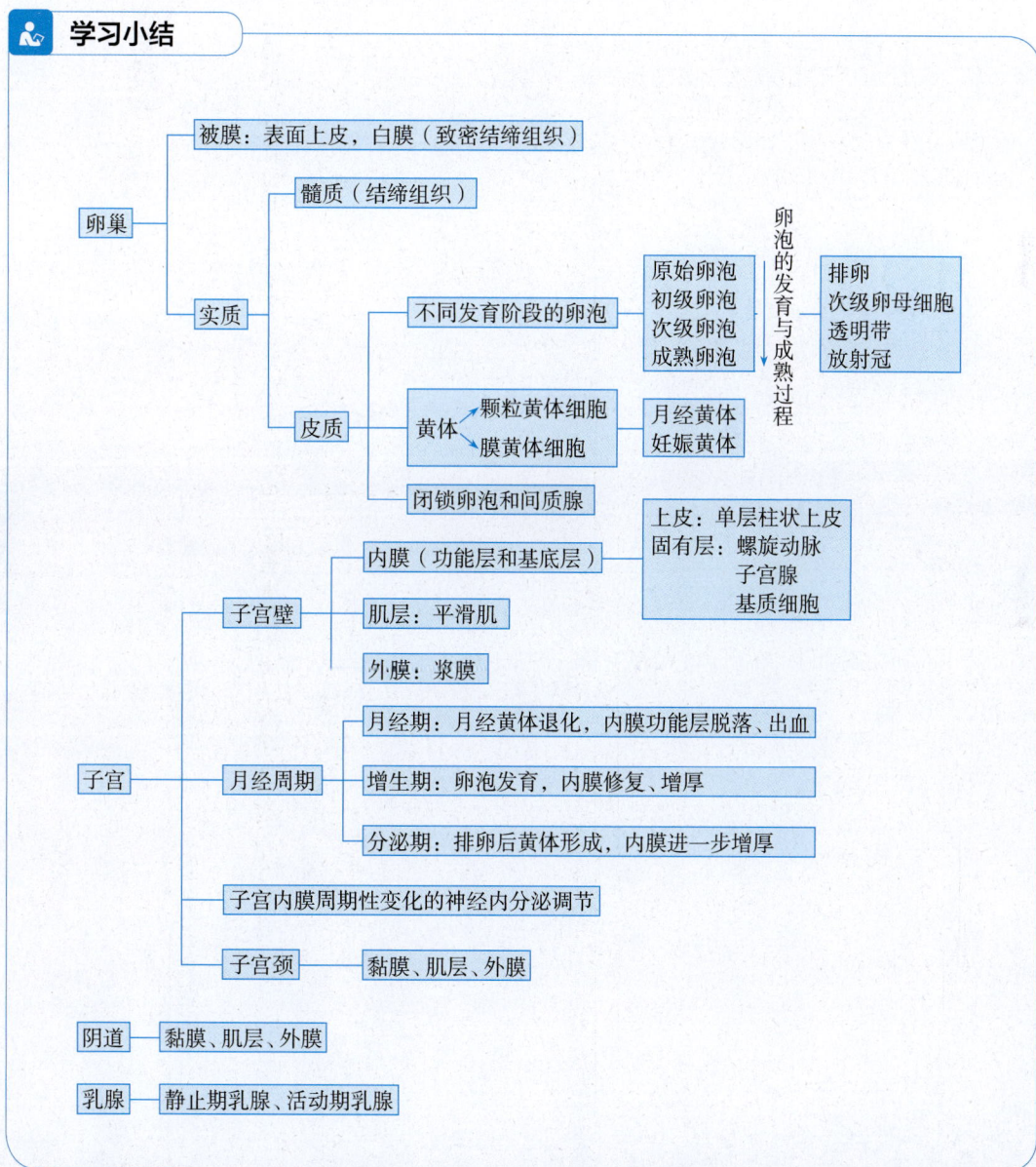

学习小结

- 卵巢
  - 被膜:表面上皮,白膜(致密结缔组织)
  - 实质
    - 髓质(结缔组织)
    - 皮质
      - 不同发育阶段的卵泡
        - 原始卵泡
        - 初级卵泡
        - 次级卵泡
        - 成熟卵泡
      - 卵泡的发育与成熟过程
        - 排卵
        - 次级卵母细胞
        - 透明带
        - 放射冠
      - 黄体
        - 颗粒黄体细胞
        - 膜黄体细胞
        - 月经黄体
        - 妊娠黄体
      - 闭锁卵泡和间质腺

- 子宫
  - 子宫壁
    - 内膜(功能层和基底层)
      - 上皮:单层柱状上皮
      - 固有层:螺旋动脉、子宫腺、基质细胞
    - 肌层:平滑肌
    - 外膜:浆膜
  - 月经周期
    - 月经期:月经黄体退化,内膜功能层脱落、出血
    - 增生期:卵泡发育,内膜修复、增厚
    - 分泌期:排卵后黄体形成,内膜进一步增厚
  - 子宫内膜周期性变化的神经内分泌调节
  - 子宫颈——黏膜、肌层、外膜

- 阴道——黏膜、肌层、外膜

- 乳腺——静止期乳腺、活动期乳腺

(何才姑)

笔记栏

扫一扫
测一测

复习思考题

1. 卵泡生长发育过程中,卵细胞的形态结构有何变化?
2. 子宫内膜周期性变化如何受神经内分泌调控?
3. 试述卵泡的发育和成熟过程。

下篇

胚 胎 学

17章PPT

PPT 课件

ER-17-1

3 周胚胎
视频

ER-17-2

9 周胚胎
视频

ER-17-3

12 周胚胎
视频

ER-17-4

16 周胚胎
视频

ER-17-5

20 周和 24
周胚胎照片

ER-17-6

连体双胎
照片

ER-17-7

无脑伴脊
柱裂

第十七章

胚胎学绪论

学习目标

　能说出胚胎学的概念、研究内容,描述胚胎学发生中受精卵、胚、胎的意义。能说出畸形的概念。能知晓常见的胚胎学的学习方法。

胚胎学(embryology)是研究出生前个体发生和发育规律的学科。是指从受精卵开始发育为成熟胎儿的过程。

一、胚胎学研究内容及其意义

胚胎学的研究内容主要涉及两性生殖细胞的发生、受精、胚胎发育、胚胎与母体的关系以及先天性畸形等。受精卵的形成标志着新生命的开始,当一个受精卵演变成约由 $(5\sim7) \times 10^{12}$ 个细胞构成的新个体时,机体的发育并没有结束,出生后的婴儿历经儿童期、少年期、成年期和老年期,其将伴随身高、体重及组织器官结构与功能的进一步发育成熟,并在维持一段时间后逐渐退化衰老,故人体发育贯穿于一生。研究个体出生前和出生后生命全过程的学科称**人体发育学**(development of human)。

胚胎学的分支学科包括描述胚胎学、比较胚胎学、实验胚胎学、化学胚胎学、分子胚胎学以及生殖工程。试管婴儿和克隆动物是胚胎学生殖工程领域中标志性的成就;研究成果充分展示了胚胎学这门看似古老而传统的基础学科,在现代生命科学研究领域所焕发出的蓬勃生机和广阔的应用前景。

本篇将以人体出生前的发育为主要研究内容,并介绍部分先天性畸形发生的原因及防治措施。通过学习人体出生前发育的演变过程及其规律,为病理学、儿科学、产科学、男性学、生殖工程学和优生学等其他相关医学课程奠定基础。

二、胚胎学研究发展简史

胚胎学的发展自古希腊学者亚里士多德(Aristotle,公元前 384—前 322 年)观察鸡胚,提出了生命具有实现自我潜能的观点开始,至今其研究发展过程主要包括:1828 年爱沙尼亚学者贝尔(Baer,1792—1876 年)提出人与其他脊椎动物的早期胚胎发育极为近似,从而创立了**比较胚胎学**(comparative embryology);1855 年德国学者雷马克(Remark,1815—1865 年)提出胚胎发育的三胚层学说,为**描述胚胎学**(descriptive embryology)奠定了基础;19 世纪末,德国学者斯佩曼(Spemann,1869—1941 年)提出了诱导学说,并采用显微外科技术方法进行研究,创立了**实验胚胎学**(experimental embryology),于 1935 年荣获诺贝尔生理学或医学奖;20 世纪中叶,人们从遗传基因表达与调控入手,深入阐述胚胎发生发育的机制,形成了**分子胚胎学**(molecular embryology);20 世纪后期,人们越来越多地利用胚胎学的理论和技术去改善人类的生殖过程,1978 年 7 月 25 日英国学者爱德华兹(Edwards)和斯台普托(Steptoe)完成了世界上第一例"试管婴儿",2010 年生殖医学的先驱者爱德华兹因开发"体外受精技术"的成就,被授予 2010 年诺贝尔生理学或医学奖;1997 年英国学者威尔穆特(Wilmut)等完成了世界上第一例克隆羊"Dolly";试管婴儿与克隆动物的诞生为**生殖工程**(reproductive engineering)最著名的成就。

我国的胚胎学研究始于 20 世纪 20 年代,老一辈胚胎学家朱洗(1899—1962 年)对受精的研究,童第周(1902—1979 年)对卵质与核的关系、胚胎轴性、胚层间相互作用的研究,张汇泉(1899—1986 年)对畸形学的研究,薛社普(1917—2017)对实验胚胎学的研究等,均在我国胚胎学研究领域做出了卓有成效的贡献,开创和推动了我国胚胎学的发展。

随着生命科学研究的不断深入,环境因素对胚胎发生发育的影响以及人体发育过程中细胞分化、通讯、调控等作用机制的逐渐揭示,分子胚胎学与实验胚胎学、细胞生物学、分子遗传学等学科互相渗透,致使传统意义上的胚胎学已拓展形成了新的学科即**发育生物学**(Developmental Biology)或**医学发育生物学**(medical developmental biology)。

📖 知识链接

医学发育生物学

医学发育生物学是一门以人体胚胎学为主体、发育生物学理论为基础、生殖医学技术为先导的新兴交叉学科。医学发育生物学在传统的发育生物学理论和观点基础上,结合当今先进的分子生物学和细胞生物学技术,重点开展人体组织和器官形成过程中细胞增殖和分化的时间性、空间性和方向性对自身和其他细胞的影响,分析研究与发育相关疾病的成因并寻找预防和治疗的途径。由于个体病原易感性和癌变潜在性常与机体组织器官的发育过程密切相关,人体许多疾病,特别是一些属于细胞、组织、器官缺陷性重大疾病的发生,从发育的源头入手开展防治研究才是疾病"治本"的关键。生命科学研究的飞速发展,使人类有能力干预甚至驾驭人体的某些发育过程,从而实现以国家优生优育的和谐发展战略为己任,以保障人民健康、提高生命质量、延长人类寿命为目的的我国医学发育生物学工作目标。

三、胚胎学学习方法及注意事项

胚胎学亦属医学基础学科的形态学范畴,因而在学习中要特别注意观察胚胎标本、教具、切片、彩图及视频等多种形象生动的原始图像信息,结合教材中的描述,充分激活形象思维。然而胚胎学又不同于解剖学、组织学等其他形态学科,其最显著的特点和难点在于胚胎的各种形态结构处于不断的发育演变之中,有些结构出现了,有些结构变化了,有些结构消失了。因此,除了形态学科的一般学习方法外,还需注意以下方面。

1. 时 - 空关系　在观察、理解和描述胚胎发生发育及胚胎各器官的形态结构、位置方位时,除了空间思维外,还要启动时间思维,因为胚胎发育是个连续变化的过程,其形态结构的变化与时间和空间的变化密切相关。

2. 追本溯源　在学习胚胎学过程中,不仅要知其然,更要知其所以然。对胚胎发生中的重要形态结构要追踪其来龙去脉,了解其发生演化的全过程,为深刻理解相应先天畸形的发生奠定基础。

3. 形象思维　在学习中注重观察的同时，激活形象思维、立体思维。

学习小结

胚胎学是研究出生前个体发生和发育规律的学科。

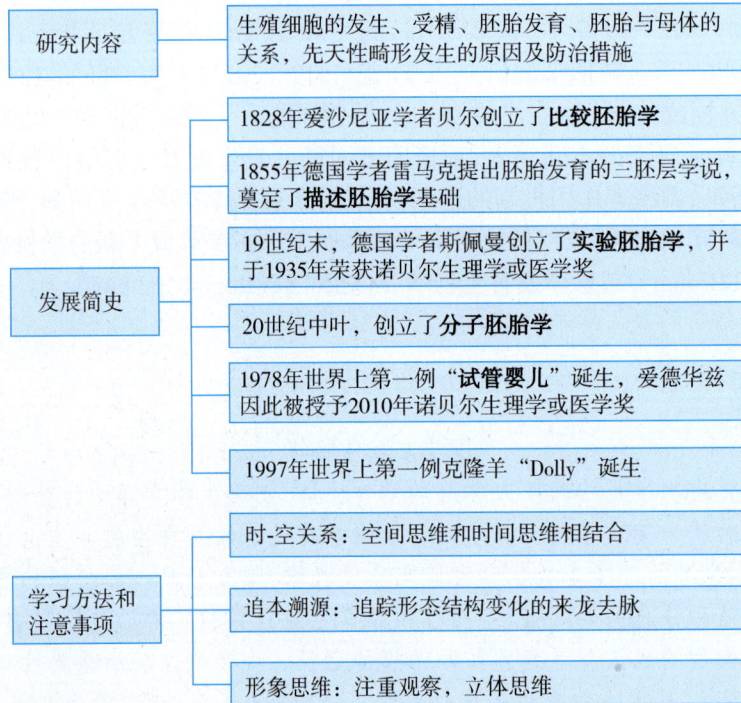

研究内容 ── 生殖细胞的发生、受精、胚胎发育、胚胎与母体的关系，先天性畸形发生的原因及防治措施

发展简史 ──
- 1828年爱沙尼亚学者贝尔创立了**比较胚胎学**
- 1855年德国学者雷马克提出胚胎发育的三胚层学说，奠定了**描述胚胎学**基础
- 19世纪末，德国学者斯佩曼创立了**实验胚胎学**，并于1935年荣获诺贝尔生理学或医学奖
- 20世纪中叶，创立了**分子胚胎学**
- 1978年世界上第一例"**试管婴儿**"诞生，爱德华兹因此被授予2010年诺贝尔生理学或医学奖
- 1997年世界上第一例克隆羊"Dolly"诞生

学习方法和注意事项 ──
- 时-空关系：空间思维和时间思维相结合
- 追本溯源：追踪形态结构变化的来龙去脉
- 形象思维：注重观察，立体思维

（刘黎青）

复习思考题

1. 胚胎学与人体发育学的研究内容有何不同？
2. 简述胚胎学的研究内容及其在医学领域的作用。
3. 胚胎学与哪些学科关系密切？
4. 胚胎学与组织学在学习方法和注意事项方面有哪些异同点？

扫一扫
测一测

◆◆◆ **第十八章** ◆◆◆

胚胎学总论

✎ **学习目标**

　　能理解并写出受精、卵裂和植入的概念,叙述受精的过程,并阐明受精的意义;能结合精子的运送、受精过程、植入等相关知识,分析受精的条件和植入的条件。能叙述从受精卵发育到胚泡的过程,并描述出胚泡各组成部分从植入后到第 3 周末的演变过程。列出三胚层的分化结构,理解三胚层胚盘卷成圆柱状胚体的原因。理解胚胎各期测量方法并能推算胚胎龄与预产期。描述胎膜及胎盘的形态、组成及功能。理解并写出双胎、多胎,连胎的概念。列举出各种生殖医学技术并理解相应的原理。

　　胚胎学是研究出生前个体发生和发育规律的学科。受精卵经分裂增殖分化最终发育为成熟的胎儿,历时约 266 天,这一发生过程称**个体发生**(ontogenesis)。为了便于学习和研究,通常将人体胚胎发育分为三个时期:①**胚前期**(pre-embryonic stage)从受精卵形成到胚胎发育的第 2 周。②**胚期**(embryonic stage)为胚胎发育的第 3 周到第 8 周末。胚前期和胚期统称为**胚**(embryo),胚由受精卵分裂、分化、发育为初具人体雏形的“袖珍人”。③**胎期**(fetal stage)从胚胎发育的第 9 周至胎儿出生。此期内的**胎儿**(fetus)各器官系统在胚的基础上进一步发育完善,并逐渐出现不同程度的功能活动;体积、重量均明显增加。因此,胚前期和胚期以质变为主,胎期则以量变为主,而胚前期和胚期是胚胎发育的关键时期。

第一节　生殖细胞和受精

一、生殖细胞发生和成熟

　　生殖细胞(germ cell)包括男性生殖细胞(精子)和女性生殖细胞(卵子)。

(一) 精子的发生、成熟和获能

　　1. 精子的发生　精子由睾丸生精小管的生精细胞发育而来。精原细胞经分裂、生长、发育成为体积较大的初级精母细胞,初级精母细胞通过减数分裂形成次级精母细胞,次级精母细胞再经减数分裂形成精子细胞,精子细胞经形态变化,最终形成精子,其染色体数目减少一半,为单倍体细胞(图 18-1)。

　　2. 精子的成熟　生精小管内形成的精子,尚需进入到附睾中进一步发育成熟。精子在附睾管上皮分泌的肉毒碱和甘油磷酸胆碱等物质的作用下,进一步发育成熟;同时精子的代谢也发生了改变。精子在附睾分泌物及雄激素构成的微环境中停留约 2 周的时间,使精子具备了定向运动能力,以及使卵子受精的潜力。

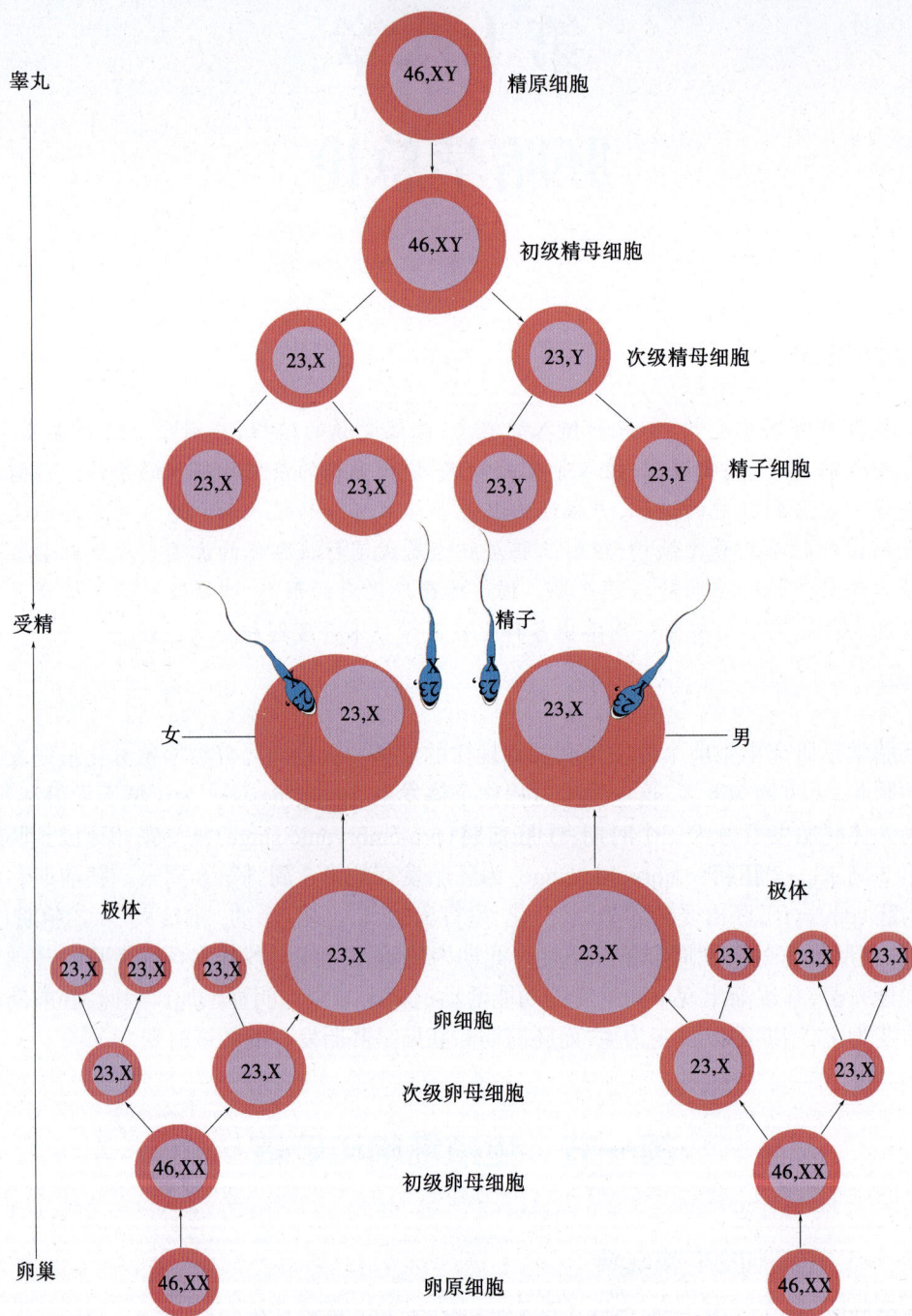

图 18-1　精子与卵子发生示意图

3. 精子的获能　在附睾中获得定向运动能力的精子,尚不具备使卵子受精的能力。因精液中的糖蛋白覆盖于精子质膜表面,可抑制顶体酶的释放。当精子通过女性生殖管道时,在管道上皮尤其是输卵管上皮分泌物作用下,糖蛋白与精子顶体处的质膜脱离,精子获得了释放顶体酶的能力,从而获得使卵子受精的能力,此过程称**精子获能**(capacitation of sperm)。该过程需 5~6 小时。获能后精子的活动呈高度激活型,有利于受精。

(二) 卵子的发生和成熟

1. 卵子的发生　女性生殖细胞在胎儿时期即开始发育。出生前,卵巢中的卵原细胞已发育成初级卵母细胞并静息在第一次成熟分裂的前期；进入青春期，在促性腺激素作用下卵泡分期分批开始发育，初级卵母细胞在排卵前完成第一次成熟分裂，形成一个大的次级卵母细胞和一个小的第一极体；次级卵母细胞迅即进行第二次成熟分裂并停滞在分裂中期，且需到受精时才能完成第二次成熟分裂，产生一个成熟的卵子和一个小的第二极体(图 18-1)。

2. 卵子的成熟　卵子的成熟包括细胞核与细胞质的成熟，当次级卵母细胞在精子穿入的激发下，完成第二次成熟分裂形成卵子时，其细胞质储备的核糖体、mRNA 被激活，细胞的代谢率增高，蛋白质合成加快，为以后的细胞分裂做好充分准备。故卵子成熟于受精过程。

二、受精

精子与卵子相互融合形成受精卵的过程称**受精**(fertilization)，多发生在输卵管壶腹部。

(一) 受精的过程

经女性生殖管道，最终能到达输卵管壶腹部的精子只有 300~500 个。经优胜劣汰，通常最终只有一个精子能与卵子结合形成受精卵。受精的主要步骤如下。

1. 穿越放射冠　获能后的精子到达输卵管壶腹部，接触到卵细胞周围的放射冠，并开始释放顶体酶促使放射冠的卵泡细胞解离分散，有利于精子穿越放射冠到达透明带(图 18-2)。

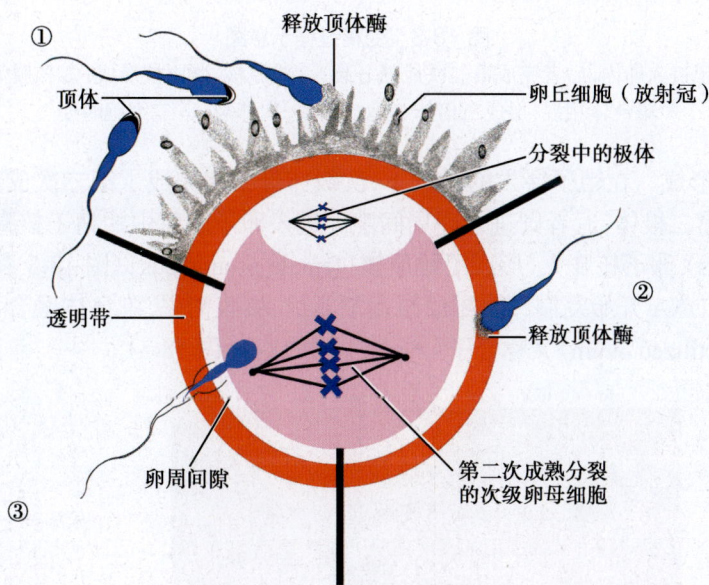

图 18-2　顶体反应示意图
①穿越放射冠；②穿越透明带；③单精入卵

2. 穿越透明带　精子与透明带的结合具有种属特异性和饱和性。精子表面存在抗原，其与透明带上的精子受体即 ZP3 相互识别，并特异性结合，从而释放顶体酶。在顶体酶的消化作用下，精子穿越透明带，精子头侧面的细胞膜与卵细胞膜相接触(图 18-2)。

精子释放顶体酶，穿越、溶蚀放射冠和透明带的过程总称**顶体反应**(acrosome reaction)(图 18-2)。精子穿越放射冠时，为自发顶体反应；而精子穿越透明带引起的顶体反应，是由精子抗原与透明带 ZP3 特异性结合引发的，为诱导的顶体反应。

3. 细胞膜融合　精子头侧面细胞膜与卵细胞膜紧贴并相互融合，精子核及胞质旋即进入卵细胞胞质内，精子的细胞膜融入卵子的细胞膜中，两者合二为一(图 18-2、图 18-3)。

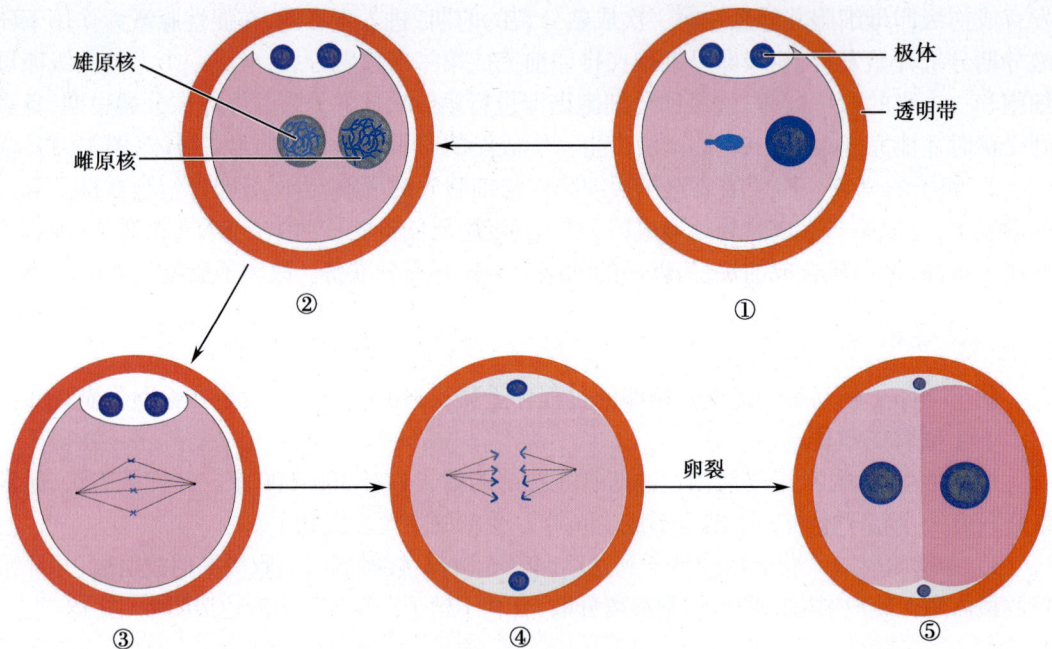

图 18-3　受精过程示意图

①精子进入卵内,后者完成第二次成熟分裂;②雄原核、雌原核形成;③核膜消失,
染色体相混,形成二倍体细胞;④第一次卵裂;⑤二细胞时期

4. 受精卵形成　在精子穿入的激发下,次级卵母细胞完成了第二次成熟分裂,形成一个卵子和一个第二极体,后者则进入卵周间隙。进入卵子胞质中的精子核膨大形成**雄原核**(male pronucleus),卵子核膨大,形成了**雌原核**(female pronucleus)(图 18-3、图 18-4)。雌、雄原核同步发育,DNA 开始复制,雌、雄原核逐渐靠拢,核膜消失,染色体融合,形成二倍体细胞即**受精卵**(fertilized ovum)又称**合子**(zygote)(图 18-3~ 图 18-5)。

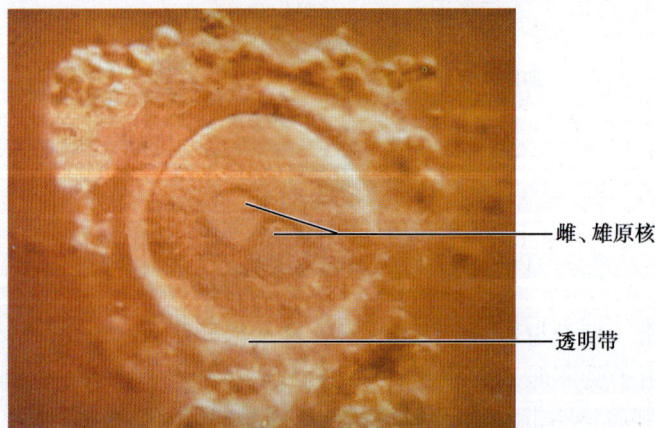

图 18-4　受精卵形成

人类受精过程中遵循**单精受精**(monospermy)的特性,单精受精通过皮质反应和透明带反应实现。精、卵细胞膜的融合,可激发受精卵细胞膜下方胞质中的皮质颗粒释放其内容物(蛋白水解酶等)入卵周间隙,称**皮质反应**(cortical reaction)。释入卵周间隙的酶水解 ZP3,使透明带上的糖蛋白分子 ZP3 结构发生改变,致使透明带不再接受其他精子穿越,此过程称

透明带反应（zona reaction）。该反应防止了多精入卵和**多精受精**（polyspermy）的发生，保证了人类单精受精的生物学特性。

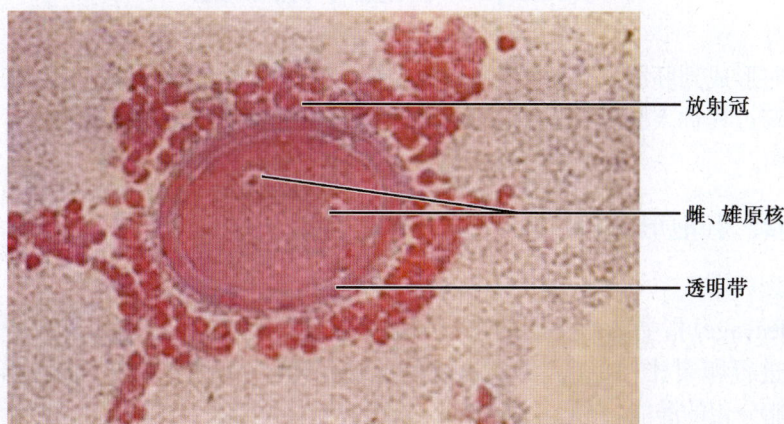

图 18-5　受精卵

（二）受精的意义

1. 形成新个体　受精是新生命的开端。受精卵不断分裂、分化，最终形成新个体。

2. 恢复二倍体核型　受精卵恢复二倍体核型的同时，将双亲的遗传基因重新组合，使新个体既具有双亲的遗传特性，又具有与亲代不同的特性，保证了种族的延续。

3. 决定性别　精子带有的性染色体决定了新个体的遗传性别。当带有 Y 染色体的精子与卵子结合，受精卵核型为 46，XY，发育形成的新个体为男性。带有 X 染色体的精子与卵子结合，受精卵核型为 46，XX，发育形成的新个体则为女性（图 18-6）。

（三）受精的条件

1. 精液的质量　精液呈乳白色，正常成年男性每次射出的精液量为 2~6 ml，平均每毫升约含 1 亿个精子。若每毫升精液精子量少于 2 000 万个，可造成不育；少于 500 万个，几乎不可能受精；若精子质量差，如活动力差的精子超过 30%，小头、大头、双尾、双头等畸形精子的数量超过 20%~30%，均可影响受精，甚至导致不育或畸形。

2. 卵细胞的质量　卵细胞发育不正常或不排卵等，可影响受精。

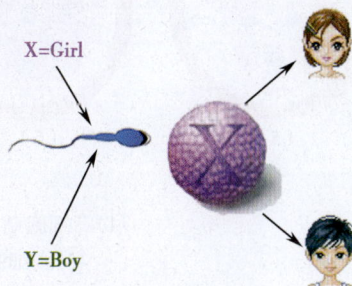

图 18-6　受精决定性别

3. 受精的时限　精子在女性生殖道内的受精能力可维持 24 小时；而卵子与精子结合的最佳时限为排卵后 12 小时。

4. 生殖管道的畅通　若生殖管道受阻（输卵管炎、输卵管粘连等），即使有高质量的两性生殖细胞，也不可能实现受精。

5. 激素水平　性激素不但对生殖细胞的发生、发育起重要作用，而且对其在生殖管道中的转运起到重要的调节和维持作用。

临床上以受精条件为根据，设计了多种避孕方法，如避孕药、"安全期"避孕、避孕工具（子宫帽、子宫隔膜、避孕套等）、输卵管与输精管粘堵或结扎等，均可达到避孕或绝育的目的。

体外观察精液中的精子视频

第二节　人胚早期发生

从受精卵形成到胚胎发育的第 8 周末,受精卵经历卵裂、胚泡形成和植入、胚层的形成和分化等演变过程称人胚早期发生。人胚早期发生是胚胎发育的关键时期,也是各器官原基的形成时期。

一、卵裂、胚泡形成和植入

(一) 卵裂

卵裂(cleavage)指受精卵早期的有丝分裂。受精卵形成后,沿输卵管向子宫方向运行的同时迅速进行卵裂(图 18-7)。卵裂形成的子细胞为球形,称**卵裂球**(blastomere),早期卵裂球具有全能分化的潜能。

ER-18-2

卵裂过程视频(体外培养早期胚胎)

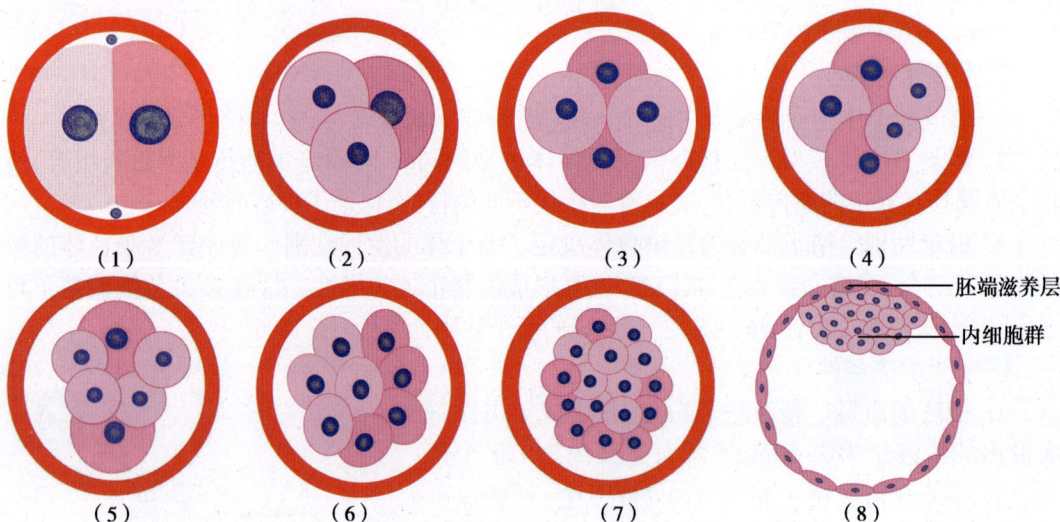

图 18-7　卵裂及胚泡形成
(1)二细胞期;(2)三细胞期;(3)四细胞期;(4)五细胞期;
(5)六细胞期;(6)八细胞期;(7)桑葚胚;(8)胚泡

1. 卵裂的过程　第一次卵裂形成两个卵裂球,两者形态相似,大小不等,称为两细胞时期。其中大卵裂球首先分裂,形成三细胞时期;继而小卵裂球分裂,形成四细胞时期,依此类推。受精第 3 天,卵裂球数目达 12~16 个,其外观似桑葚,故称**桑葚胚**(morula),并运行到子宫与输卵管交界处的子宫腔侧。此时的桑葚胚为实心胚(图 18-7、图 18-8)。卵裂始终在透明带内进行,随着卵裂次数及卵裂球数目的增加,卵裂球的体积越来越小;卵裂还伴随着细胞分化,这也是卵裂与一般有丝分裂的不同之处。

2. 卵裂异常　若卵裂的速率和卵裂球的结构出现异常,则可影响胚胎的正常发育,甚至引起流产或胚胎夭折。

ER-18-3

相差显微镜下的卵裂球

(二) 胚泡形成

受精后第 5 天,卵裂球数目已增至约 100 个,其细胞间出现一些间隙,并逐渐汇合为一个大腔,腔内充满液体,此期的胚外观呈囊泡状,称**胚泡**(blastocyst)。胚泡中的腔称**胚泡腔**(blastocyst cavity);胚泡腔一侧有一群大而不规则的细胞,称**内细胞群**(inner cell mass),又称内细胞团,属**胚胎干细胞**(embryonic stem cell,ES cell);构成胚泡壁的单层细胞称**滋养层**(trophoblast),覆盖在内细胞群外表面的滋养层称**胚端滋养层**(polar trophoblast)又称胚极滋养层。此时胚泡已运行到子宫腔中(图 18-7~ 图 18-9)。

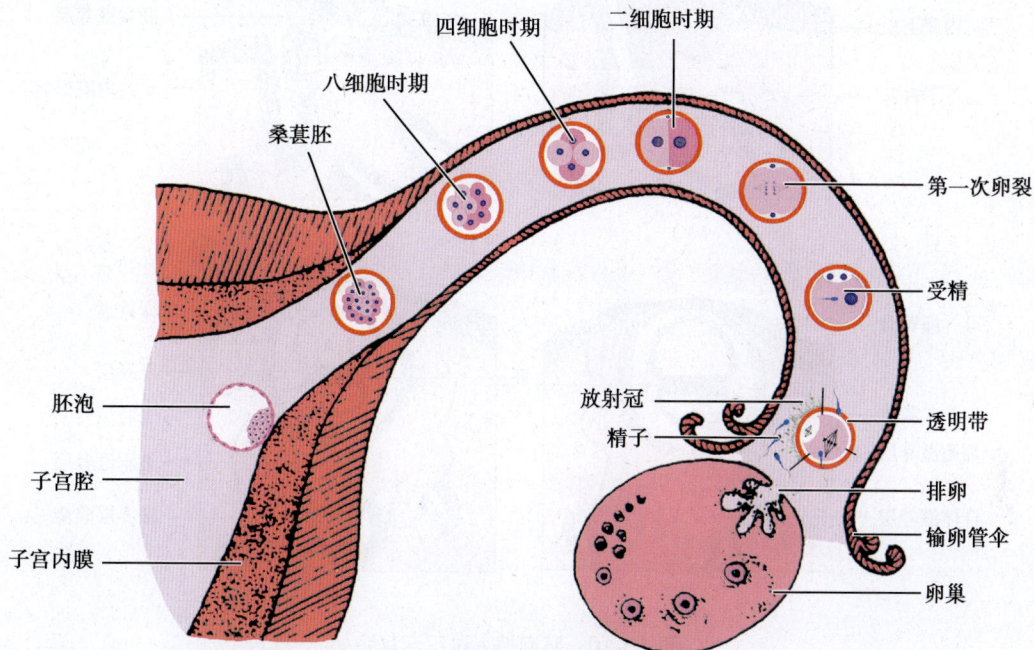

图 18-8　排卵、受精及卵裂过程

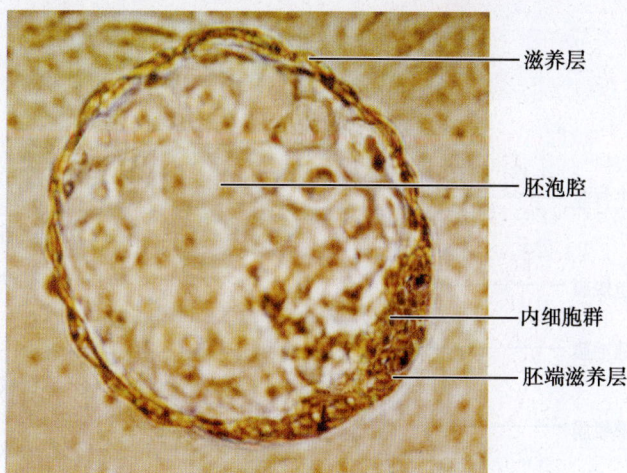

图 18-9　相差显微镜下所见人的胚泡

(三) 植入

胚泡侵入子宫内膜的过程称**植入**(implantation)又称**着床**(inbed)(图 18-10)。植入开始于受精后第 5~6 天,完成于第 11~12 天,植入部位常发生在子宫体部或底部,最常见于子宫后壁中上部(图 18-11)。

1. **植入过程**　植入时,透明带已完全溶解消失。植入是一个复杂的生理过程。①黏附:胚端滋养层首先与子宫内膜接触,随即在黏附接触部位形成桥粒等连接结构;②形成缺口:滋养层细胞分泌蛋白水解酶,溶蚀子宫内膜上皮,形成缺口,胚泡由此侵入子宫内膜;

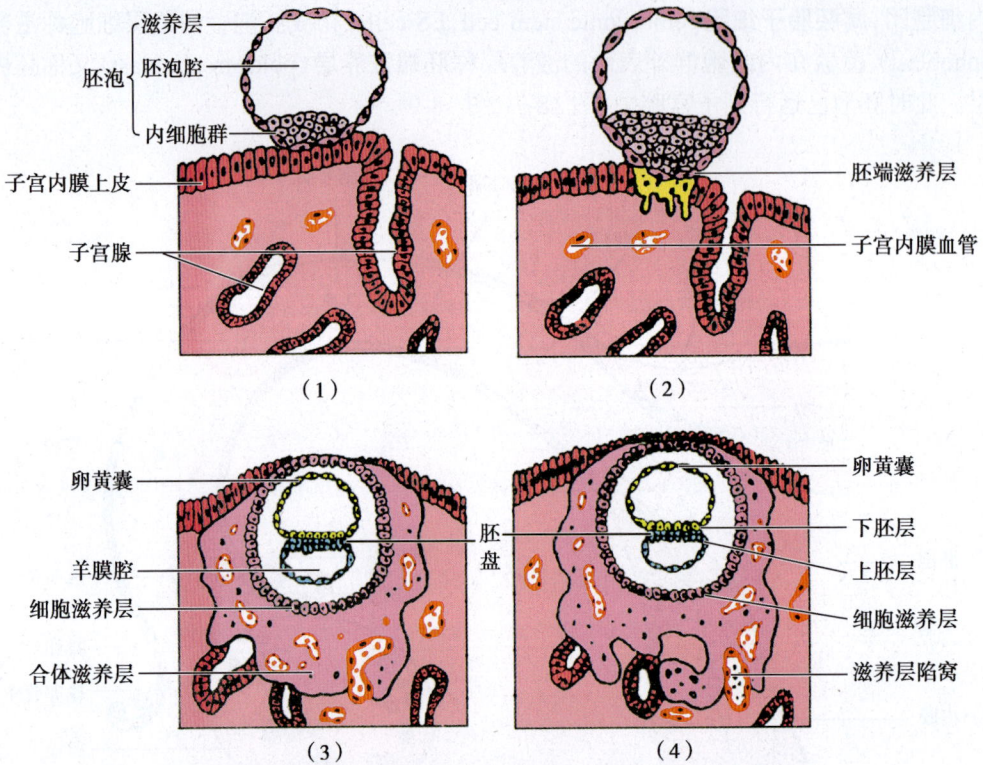

图 18-10　胚泡植入过程示意图

(1)胚端滋养层与子宫内膜接触;(2)分泌水解酶溶解子宫内膜形成缺口;
(3)胚泡由缺口侵入,埋于子宫内膜中;(4)缺口处修复,植入完成

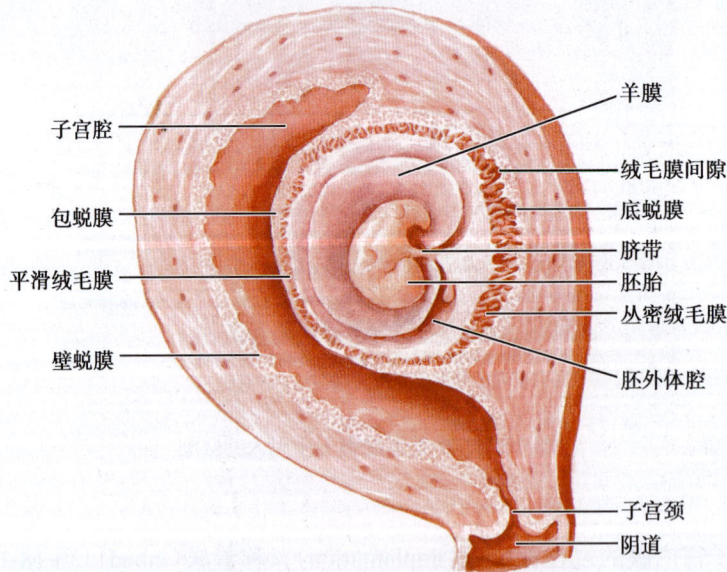

图 18-11　胚胎与子宫蜕膜的关系

③侵入:至第 9 天末胚泡已全部包埋于子宫内膜功能层内;④修复:周围的子宫内膜组织增生,修复缺口,在植入的部位可见大量的血管形成,约第 12 天修复完成。

植入的同时伴随着滋养层分化。最初是胚端滋养层细胞迅速增生、分化,并形成两层细胞。外层为**合体滋养层**(syncytiotrophoblast),较厚,其细胞界限消失,细胞质相互融合在一起;内层为**细胞滋养层**(cytotrophoblast),细胞界限清晰,分裂增殖旺盛,并不断有细胞融入合体滋养层。随后合体滋养层内出现了一些小腔隙,称**滋养层陷窝**(trophoblastic lacuna),内含母体血液(图 18-10)。

植入时的子宫内膜正处于分泌期。植入后,子宫腺体分泌更旺盛,血液供应更丰富,子宫内膜进一步增厚,其内的基质细胞体积更大,胞质内富含糖原和脂滴,子宫内膜的这一系列变化称**蜕膜反应**(decidual reaction),此时的子宫内膜改称**蜕膜**(decidua)。基质细胞改称**蜕膜细胞**(decidual cell)。蜕膜细胞可营养早期胚胎,并可阻止滋养层细胞对子宫内膜的过度溶蚀。

依据蜕膜与胚泡的位置关系,通常将蜕膜分为三部分:①**包蜕膜**(decidua capsularis)指覆盖在胚泡表面的蜕膜;②**底蜕膜**(decidua basalis)又称基蜕膜,指胚泡植入处底部的蜕膜,将来发育为胎盘的母体部分;③**壁蜕膜**(decidua parietalis)指子宫其余部分的蜕膜(图 18-11)。随着胚胎体积的增大,子宫腔逐渐消失,使包蜕膜与壁蜕膜融合为一层。

2. 植入的条件

(1)母体方面:如母体雌激素与孕激素水平是否正常、子宫内膜受体蛋白的状况、子宫内膜是否处于分泌期、宫腔内是否有异物等均可影响胚泡的植入。

(2)胚胎方面:桑葚胚是否及时进入子宫腔,透明带能否及时消失,蛋白水解酶的分泌及活性等因素均可影响胚泡的植入。

3. 异常植入　**宫外孕**(ectopic pregnancy)是指胚泡植入在子宫以外的部位(图 18-12)。宫外孕的发生率约为 1/500~1/300;宫外孕常见于输卵管,又称输卵管妊娠;也可发生于子宫阔韧带、肠系膜、卵巢表面等处。若胚泡植入发生在近子宫颈内口处,并在此形成胎盘,称**前置胎盘**(placenta praevia),分娩时因胎盘堵塞产道可致难产;若胎盘早期部分剥离可致母体大出血。

ER-18-4

常用避孕方法的原理

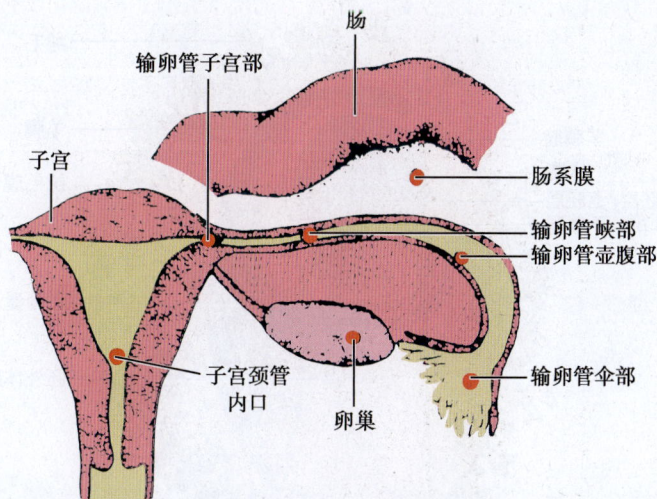

图 18-12　异位植入

知识链接

胚胎体外培养需要多长时间?

自然受孕的胚胎,第 1~3 天是在输卵管中完成受精与卵裂,并在卵裂的同时游向子宫,胚胎发育的第 5 天,卵裂形成的囊胚(胚泡)就会植入子宫内膜。而试管婴儿的胚胎,是将精子与卵子取出体外,在模拟母体的环境中进行体外培养,结合形成受精卵,培养至受精后第 3 天,正常的胚胎会形成 8~10 个卵裂球,再继续培养 2~4 天囊胚(胚泡)形成。囊胚是胚胎体外培养的终末阶段,所以胚胎通常需要在受精后继续培养 5~7 天。通常会选择 1~2 枚优质的第三天卵裂期胚胎或者囊胚植入母体子宫,其余优质胚胎冻存备用。

二、胚层的形成

二胚层胚盘形成于胚胎发育的第 2 周,由初级内胚层(下胚层)和初级外胚层(上胚层)构成;三胚层胚盘形成于胚胎发育的第 3 周,由内胚层、中胚层和外胚层共同构成。

(一)二胚层胚盘及相关结构的形成

受精后第 2 周,随着胚泡的植入,内细胞群已分化为上、下两层细胞构成的圆盘形结构,称**胚盘**(embryonic disc),即**二胚层胚盘**(bilaminar germ disc)(图 18-13)。

1. 二胚层胚盘的形成 靠近胚泡腔一侧的内细胞群细胞,演变成一层立方形细胞,胞体较小,称**下胚层**(hypoblast)又称**初级内胚层**;贴近胚端滋养层一侧的内细胞群细胞,则演变成一层柱状细胞,胞体较大,称**上胚层**(epiblast)又称**初级外胚层**。到第 2 周末,由上、下胚层紧密相贴连同两者间的基膜一起共同形成的圆形胚盘称**二胚层胚盘**,并构成胚胎发育的原基,且决定了胚胎的背面(上胚层侧)、腹面(下胚层侧)(图 18-13)。

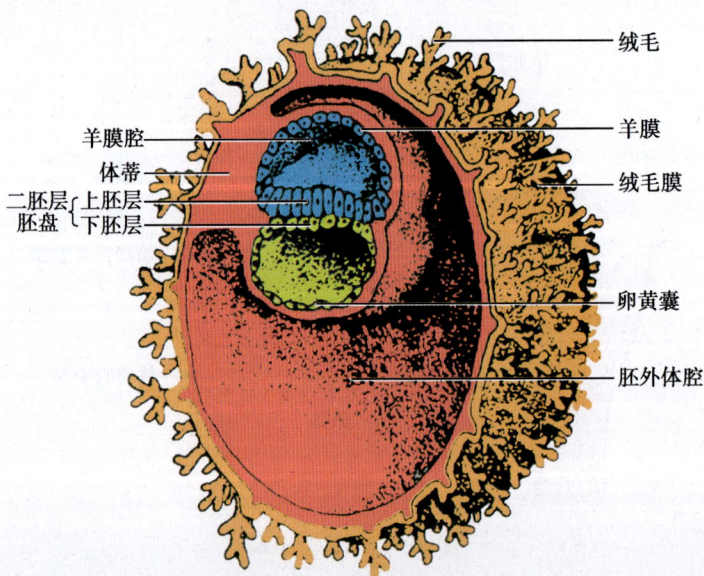

羊膜腔 体蒂 二胚层{上胚层 胚盘{下胚层 绒毛 羊膜 绒毛膜 卵黄囊 胚外体腔

图 18-13 第 2 周胚的剖面

2. 羊膜囊的形成 受精后第 8 天,上胚层细胞增殖,细胞之间形成了一个充满液体的腔隙,并逐渐扩大形成**羊膜腔**(amniotic cavity),腔内的液体称**羊水**(amniotic fluid);羊膜腔顶部的一层上胚层细胞被推向胚端的细胞滋养层,形成一层贴在细胞滋养层内面的膜结构称羊膜,构成羊膜的细胞称**成羊膜细胞**。由羊膜环绕羊膜腔形成的囊,称**羊膜囊**(amnion)。羊膜腔的底部由上胚层构成(图18-10、图18-13)。

3. 卵黄囊的形成　受精后第9天,下胚层细胞分裂增殖,其周边部分的细胞分化形成一层扁平状细胞,并向腹侧延伸围绕成一封闭的囊,称**卵黄囊**(yolk sac),其顶部由下胚层构成(图18-10、图18-13)。

4. 胚外中胚层的形成　在受精后第10~11天,随着细胞滋养层的增生增厚,在羊膜囊、卵黄囊与细胞滋养层之间的胚泡腔内,填充了一些星形细胞,称**胚外中胚层**(extraembryonic mesoderm)。受精后第12~13天,胚外中胚层内出现一些腔隙,并逐渐融合形成一个大腔,称**胚外体腔**(extraembryonic cavity)。由于胚外体腔的出现将胚外中胚层分成两部分:一部分贴附于卵黄囊外表面,称**胚外脏壁中胚层**(extraembryonic splanchnopleuric mesoderm);另一部分覆盖于细胞滋养层内表面和羊膜上皮的外表面,称**胚外体壁中胚层**(extraembryonic somatopleuric mesoderm)(图18-14)。

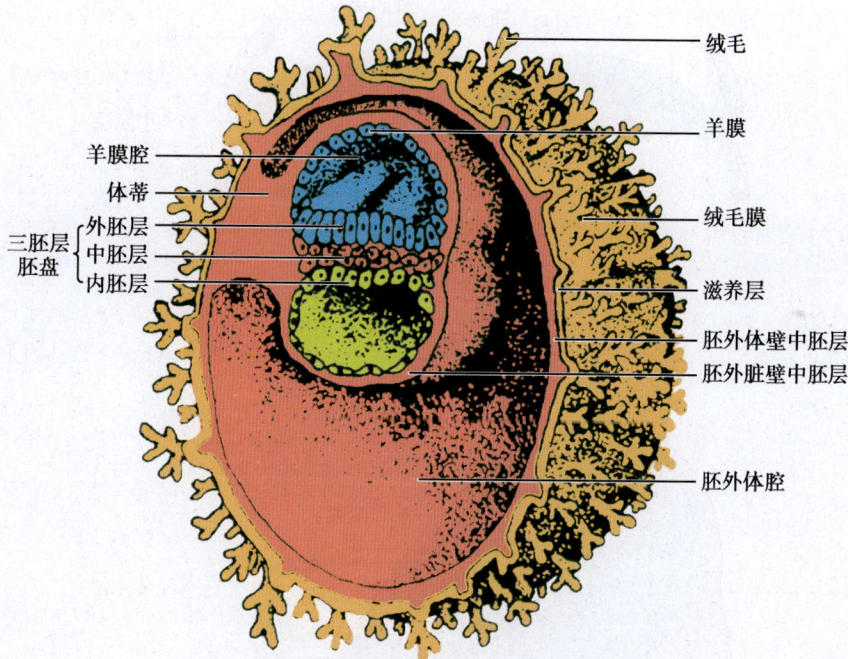

图18-14　第3周胚的剖面

5. 体蒂的形成　由于胚外体腔的扩大,第2周末羊膜与滋养层连接处的胚外中胚层逐渐缩窄至胚盘一端,形成**体蒂**(body stalk)(图18-13、图18-14)。体蒂将二胚层胚盘及其卵黄囊和羊膜囊悬吊于胚外体腔内,以后构成脐带的主要成分。

(二) 三胚层胚盘及相关结构的形成

1. 原条、原结、原沟的形成　受精后第15天,二胚层胚盘的上胚层细胞增生并向胚盘尾端中线迁移,在胚盘尾端中轴线上形成一条纵行的细胞索,称**原条**(primitive streak);原条的头端增生膨大称**原结**,其中央凹陷称**原凹**(图18-15、图18-16);原条背面中线形成一纵行浅沟称**原沟**。

卵黄囊切缘

羊膜切缘

原结
原凹

原条

原沟

A

外胚层

原沟 原条

羊膜

胚外中胚层

卵黄囊

中胚层细胞 细胞迁移 内胚层

B

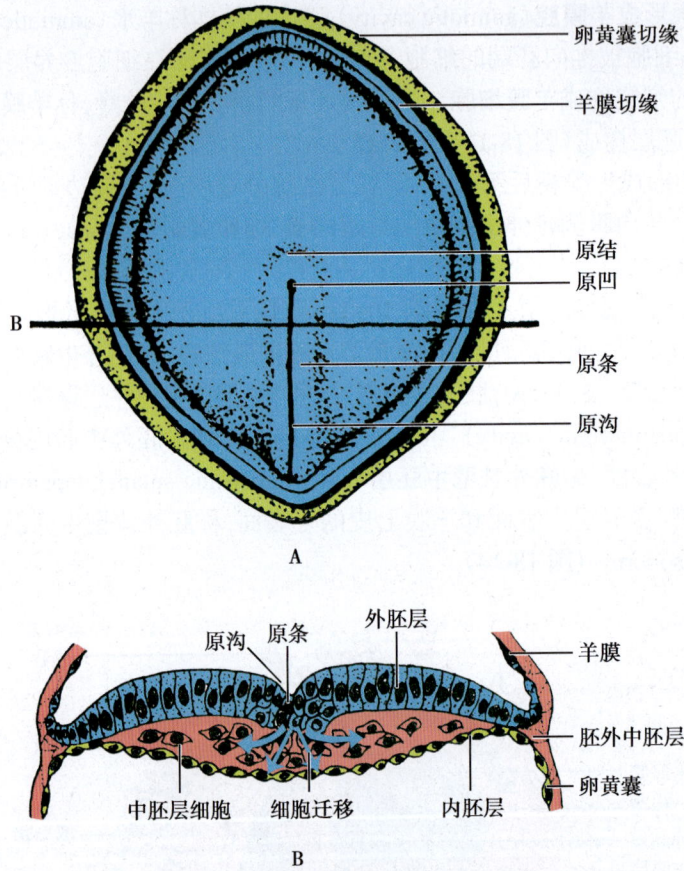

图 18-15 原条及中胚层形成示意图
A.胚盘背面观;B.通过原条的胚盘横切面示中胚层形成

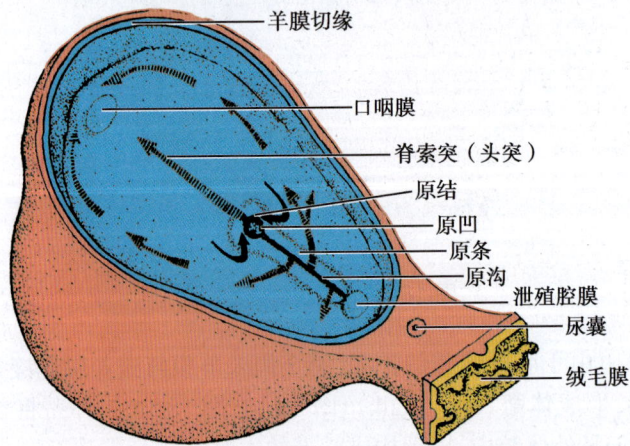

羊膜切缘

口咽膜

脊索突（头突）

原结
原凹
原条
原沟
泄殖腔膜
尿囊
绒毛膜

图 18-16 原条、脊索及胚内中胚层示意图（背面观）
箭头示细胞迁移方向

　　原条的出现不仅对内胚层、中胚层的形成有重要意义,而且决定了胚盘的头、尾端和左、右侧,原条形成的一端即胚盘(胚体)的尾端。随着胚体的生长发育,原条向尾侧退缩;受精后第 13 天时,原条的长度约为胚体长度的 1/2,到受精后第 22 天时,原条缩短为胚体长度的 1/10~1/5,直至第 26 天时,原条全部退化、消失。如果原条未完全消失,残存部分可形成畸胎瘤。**畸胎瘤**(teratoma)指由已分化的来自三个胚层的组织和未分化细胞杂乱聚集成的畸形胎块。多生长在人体的骶尾部或卵巢内。

2. 三胚层胚盘的形成　上胚层细胞增殖并向原沟方向迁移,一部分细胞迁移到下胚层并逐渐替换了其全部细胞,形成一层新的细胞称**内胚层**(endoderm);另一部分迁移到上、下胚层之间,形成一层新的细胞层称**胚内中胚层**(intraembryonic mesoderm),即**中胚层**(mesoderm)(图 18-15、图 18-16)。

中胚层向周边延伸、扩展到胚盘边缘,与胚外中胚层相延续。内胚层和中胚层形成后,上胚层改称**外胚层**(ectoderm)(图 18-14、图 18-15)。至第 3 周末,胚盘由起源于上胚层的内胚层、中胚层、外胚层三个胚层构成,称**三胚层胚盘**(trilaminar germ disc)(图 18-14)。因三胚层胚盘头尾生长速度比左右两翼快,且头端又快于尾端,故三胚层胚盘外形呈前宽后窄的鞋底形(图 18-17)。

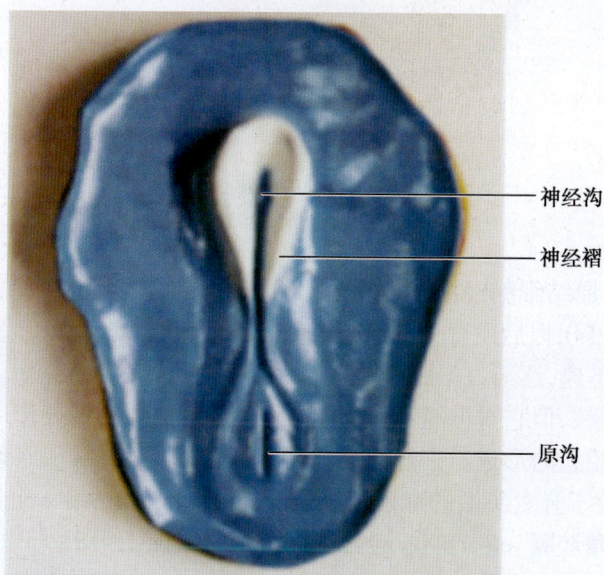

神经沟

神经褶

原沟

（1）

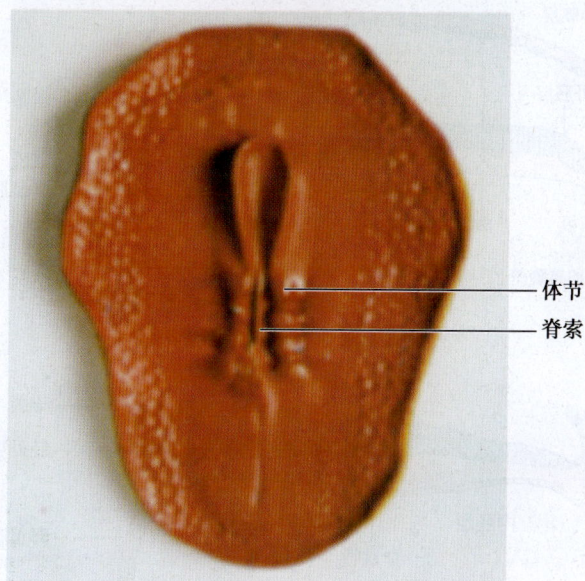

体节

脊索

（2）

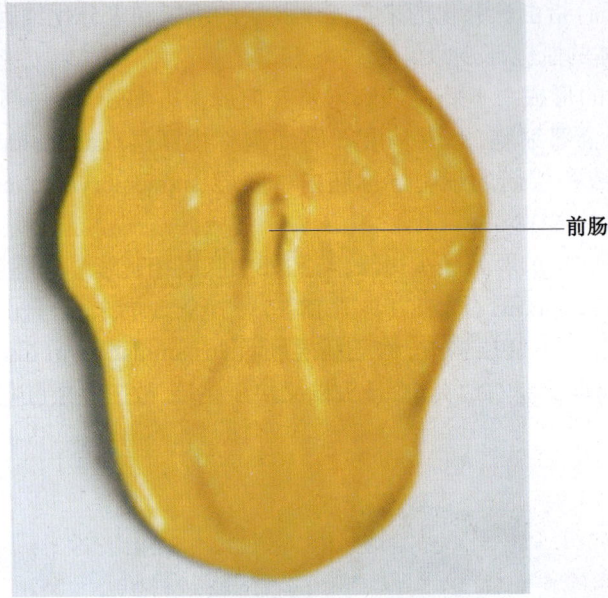

——前肠

（3）

图 18-17 三胚层胚盘模型
(1) 外胚层;(2) 中胚层;(3) 内胚层

3. 脊索的形成 原结细胞经原凹内卷向头端迁移,在内、外胚层间增生形成一管状结构,称**头突**(head process),以后发育为一纵行细胞索称**脊索**(notochord)(图 18-16、图 18-18、图 18-21)。脊索生长迅速,逐渐占据胚盘中轴的大部分,而原条相对缩短。脊索为暂时性中轴器官,以后退化为髓核,但它对神经管和椎体的发生起着重要的诱导作用。

4. 口咽膜、泄殖腔膜的形成 三胚层胚盘形成时,在脊索头端和原条尾端各留下一无中胚层的圆形区域,位于脊索头端的称**口咽膜**(buccopharyngeal membrane),早期称索前板;位于原条尾侧的称**泄殖腔膜**(cloacal membrane)(图 18-16、图 18-18)。

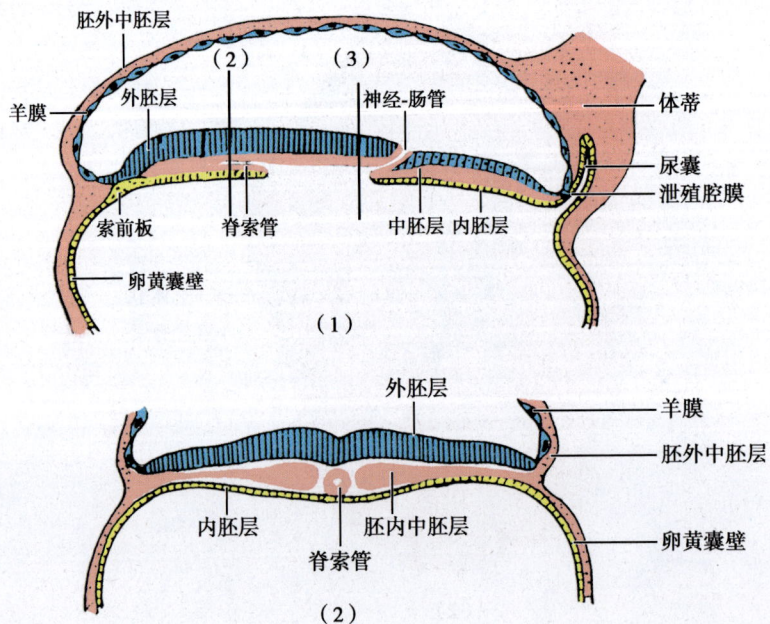

（1）

（2）

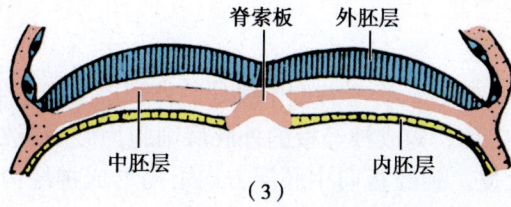

图 18-18　17 天胚切面图,示脊索形成
(1)纵切面;(2)、(3)横切面

三、胚层的分化和胚体的形成

三胚层的分化发生于胚胎发生第 4~8 周,形成各组织和器官的原基,初建人体雏形
(图 18-19)。

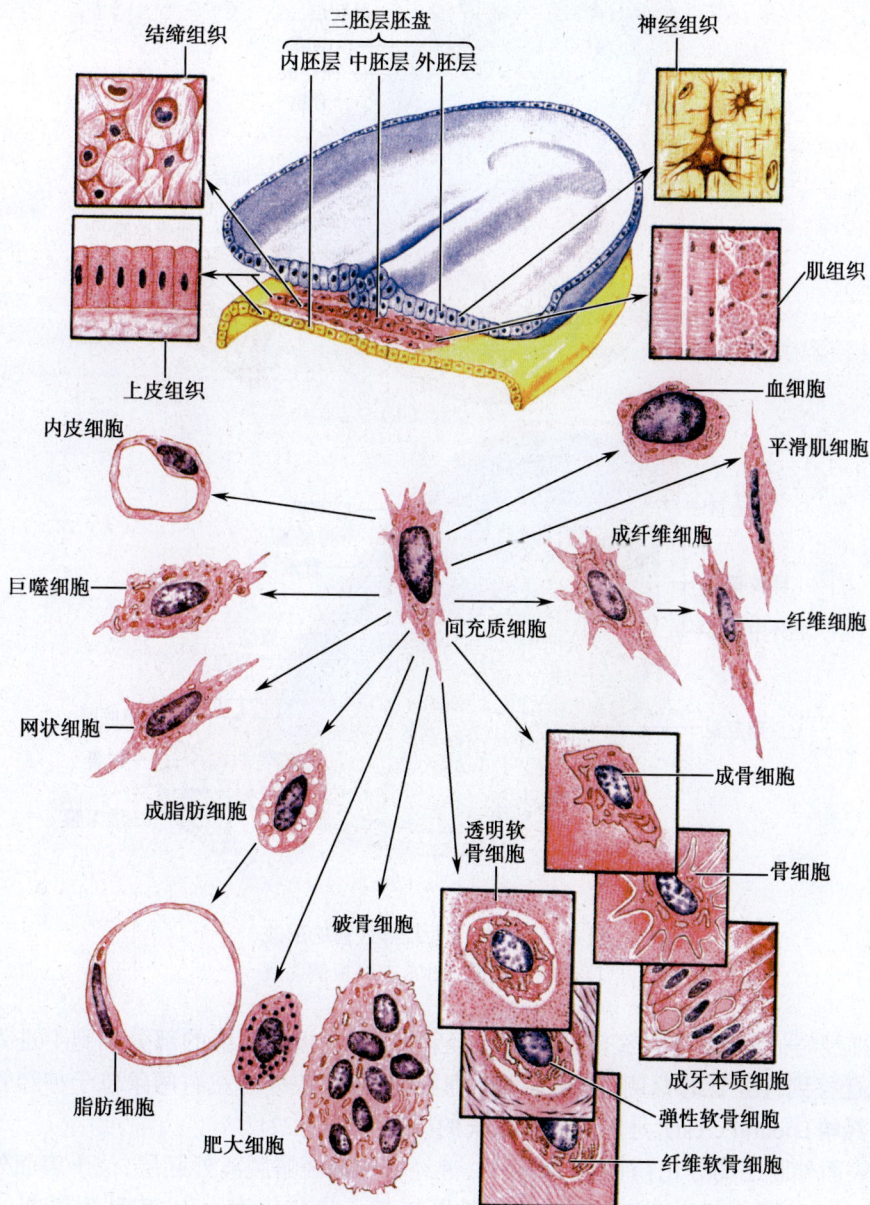

图 18-19　三胚层分化示意图

（一）胚层的分化

1. 外胚层分化

（1）神经管的形成：受精后第 3 周，脊索背侧中线处的外胚层细胞增生呈板状，称**神经板**（neural plate）（图 18-19、图 18-20）。构成神经板的外胚层细胞为假复层柱状，称**神经外胚层**（neural ectoderm）又称**神经上皮**。神经板向中胚层方向下陷形成**神经沟**（neural groove），沟左右两侧隆起处称**神经褶**（neural fold）（图 18-21、图 18-22）。随之，神经褶在中段开始闭合，且向头、尾两端逐渐延伸，最后在神经管头尾两端各有一开口，分别称**前神经孔**和**后神经孔**，它们在第 4 周完全闭合，形成**神经管**（neural tube）（图 18-21~图 18-23）。神经管是中枢神经系统的原基。其头端膨大，逐渐形成脑的原基以及松果体、神经垂体和视网膜等；而尾端较细，为脊髓的原基。若前、后神经孔未闭合，可形成无脑儿、脊髓裂等先天性疾病。

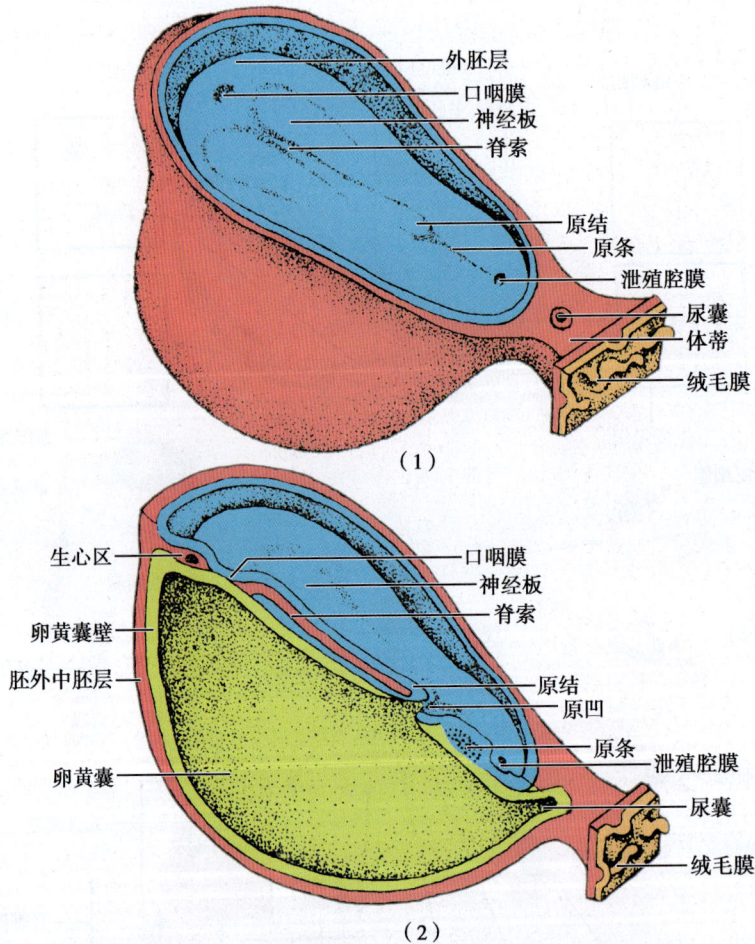

图 18-20　神经板及神经管的形成
（1）神经板表面观;（2）神经板侧面观

（2）神经嵴的形成：在神经沟闭合为神经管时，神经板外侧缘的部分细胞不进入神经管壁，而是迁移到神经管的背侧，形成一纵行细胞索，并很快分为左右两条位于神经管的背外侧，称**神经嵴**（neural crest），是周围神经系统的原基（图 18-22）。

（3）表面外胚层的分化：神经沟闭合后，神经管和神经嵴脱离外胚层，位于表面外胚层的深部（图 18-22、图 18-23、图 18-25）。表面外胚层进一步分化为表皮、皮肤附属器；口腔、肛门、鼻腔、乳腺等处的上皮、牙釉质、晶状体、内耳等（表 18-1）。

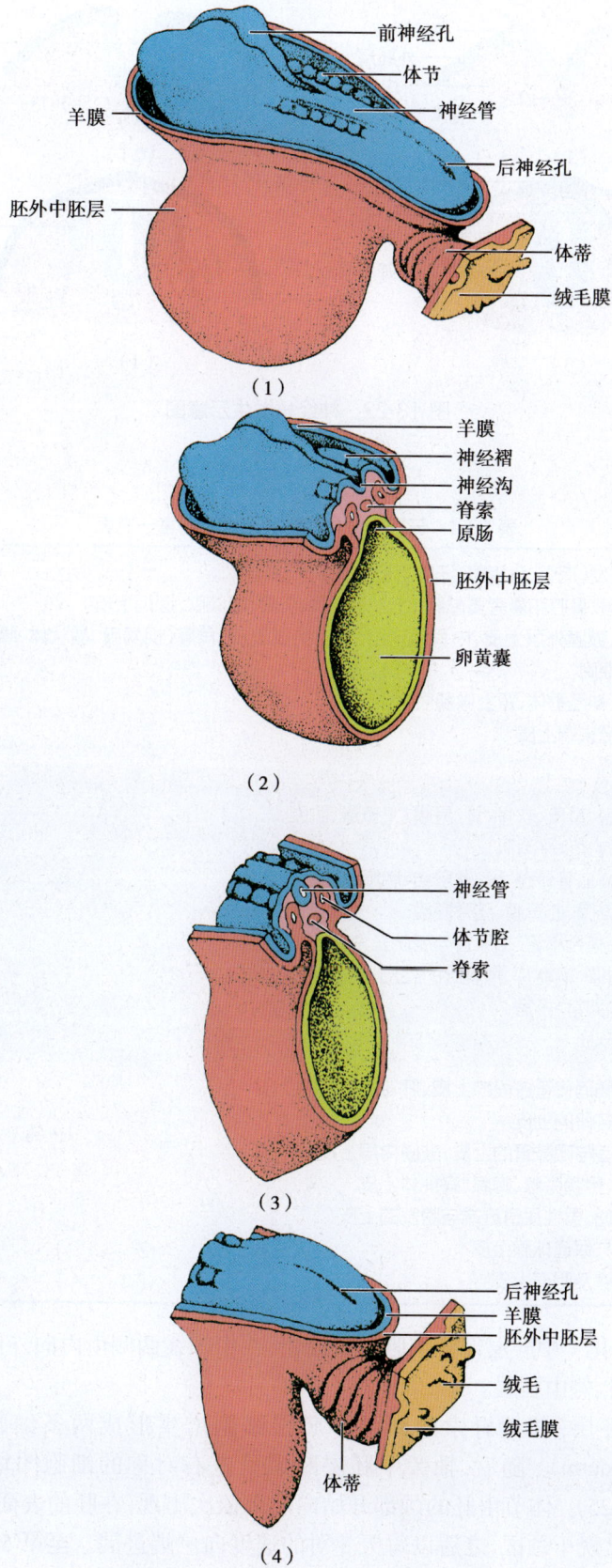

前神经孔
体节
神经管
后神经孔
羊膜
体蒂
胚外中胚层
绒毛膜

（1）

羊膜
神经褶
神经沟
脊索
原肠
胚外中胚层
卵黄囊

（2）

神经管
体节腔
脊索

（3）

后神经孔
羊膜
胚外中胚层
绒毛
绒毛膜
体蒂

（4）

图 18-21　神经管、体节及原肠的形成
（1）表面观；（2）~（4）各剖面观

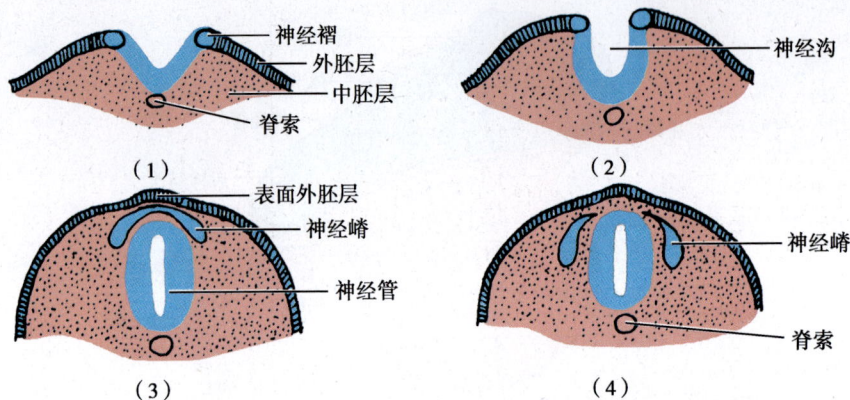

图 18-22　神经嵴发生示意图

（1）~（4）演变过程

表 18-1　三胚层分化的各种组织和器官一览表

外胚层	表皮、毛发、指甲、皮脂腺、汗腺上皮
	口腔黏膜、鼻腔和鼻旁窦黏膜上皮、牙釉质、味蕾、唾液腺、肛门上皮
	外耳道、鼓膜外层上皮、内耳膜迷路上皮、结膜上皮、角膜、视网膜、晶状体、瞳孔括约肌与开大肌、肌上皮细胞
	腺垂体、神经垂体、肾上腺髓质
	男性尿道末端上皮
	神经系统
中胚层	结缔组织、真皮、软骨、骨、骨膜、关节囊、肌腱
	骨骼肌、心肌、平滑肌
	血液、心、血管骨髓、脾、淋巴结、胸膜、腹膜、心包膜
	眼球纤维膜、血管膜、脑脊髓膜
	肾单位、集合小管、输尿管与膀胱三角区上皮
	睾丸、附睾、输精管、精囊腺的上皮
	卵巢、输卵管、子宫
	肾上腺皮质
内胚层	咽至直肠消化管各段的上皮、肝、胰、胆囊的上皮
	喉至肺各段的上皮
	中耳鼓室与咽鼓管的上皮、鼓膜内层上皮
	甲状腺、甲状旁腺、胸腺、扁桃体上皮
	女性尿道、男性尿道近端与膀胱的上皮
	前列腺与尿道球腺上皮
	阴道前庭及阴道上皮

2. 中胚层分化　中胚层部分细胞增殖较快，在中轴线两侧由内向外依次分化成轴旁中胚层、间介中胚层、侧中胚层。

（1）轴旁中胚层：邻近脊索两侧的中胚层细胞增生形成两条细胞索，称**轴旁中胚层**（paraxial mesoderm）。随后，轴旁中胚层断裂呈左右对称的细胞团块，称**体节**（somite）（图 18-23~ 图 18-25）。体节由胚的颈部开始向尾部依次出现，在胚的表面形成隆起，第一对体节于第 20 天出现于颈区，之后以每天 3 对的速度向尾端进展。至第 5 周，体节全部形成共 42~44 对。故早期胚龄可依体节数量推测。

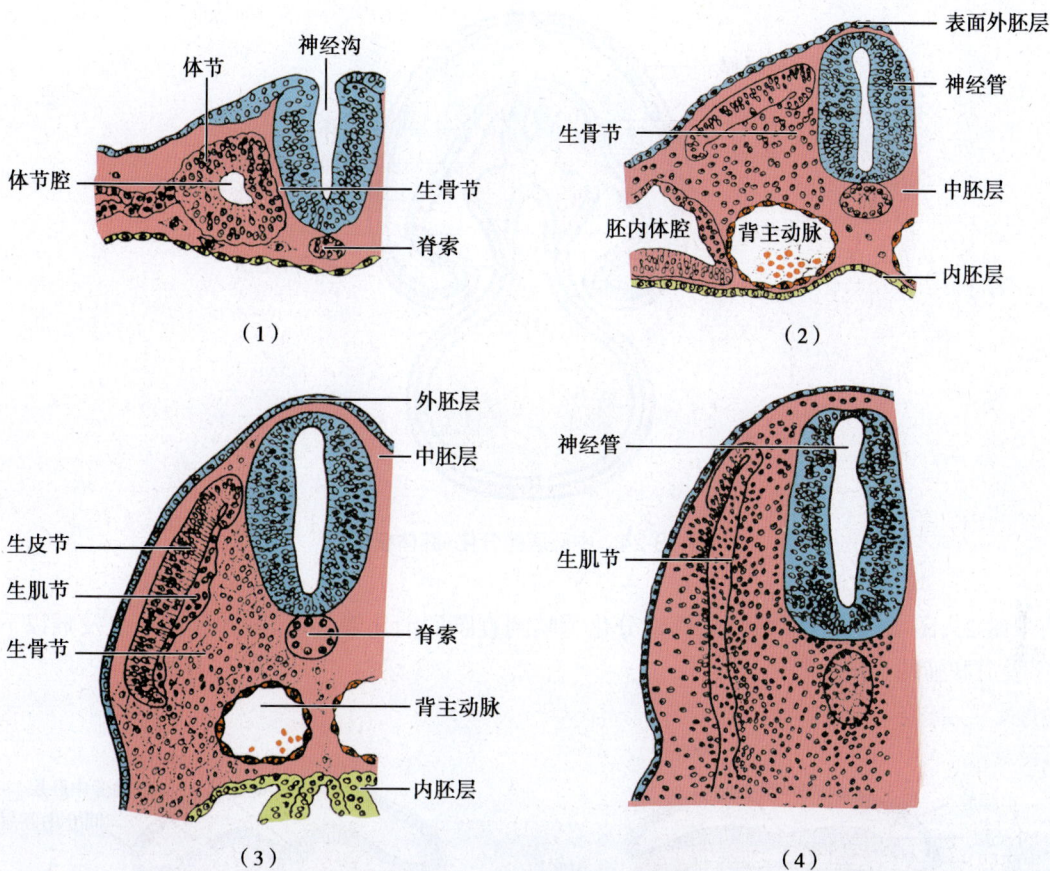

图 18-23　体节的形成和分化

（1）～（4）动态演变过程

休节进一步分化为生骨节、生皮节、生肌节三部分（图 18-23）。**生骨节**位于体节的内侧和腹侧部分，将分化为骨、软骨和纤维性结缔组织。**生皮节**位于体节的外侧，当分化出生肌节后，生皮节便迁出体节，分布于表面外胚层下方，形成真皮及皮下组织。**生肌节**位于生皮节的内侧，将分化为骨骼肌。

（2）间介中胚层：**间介中胚层**（intermediate mesoderm）位于轴旁中胚层外侧，呈条索状，分化为为泌尿系统和生殖系统的大部分器官和结构（图 18-25）。

（3）侧中胚层：**侧中胚层**（lateral mesoderm）位于间介中胚层外侧，呈板状。侧中胚层内先出现许多小的腔隙，后融合为一个大腔，称**胚内体腔**（intraembryonic coelom），并与胚外体腔相通。胚内体腔由头端至尾端依次分化为心包腔、胸膜腔和腹膜腔。胚内体腔将侧中胚层分隔成背侧的**体壁中胚层**（somatic mesoderm）和腹侧的**脏壁中胚层**（splanchnic mesoderm）；前者与外胚层相贴，与覆盖在羊膜囊上的胚外体壁中胚层相延续，参与体壁的形成；后者与内胚层相贴，与卵黄囊表面的胚外脏壁中胚层相延续，参与消化、呼吸系统的形成（图 18-24、图 18-25）。

（4）间充质：间充质由其他散在分布的中胚层细胞形成，可分化为部分结缔组织、心、血管、淋巴管等（图 18-19、表 18-1）。

3. 内胚层分化　内胚层分化为原始消化管、咽囊、尿囊和泄殖腔膜。

随着三胚层的发育，胚盘由扁平状逐渐向腹侧卷折成圆柱状胚体，内胚层随之被卷入胚体内，呈长管状结构，称**原始消化管**（primitive gut），又称**原肠**，以后分为前肠、中肠及后肠

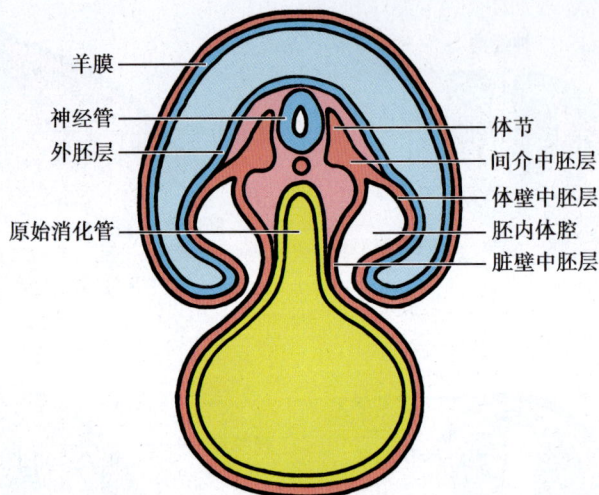

图 18-24　中胚层的分化（胚体横切）

（图 18-25、图 18-26）。原始消化管将分化为咽到直肠的消化管上皮、肝和胰的上皮及喉以下呼吸道和肺的上皮。

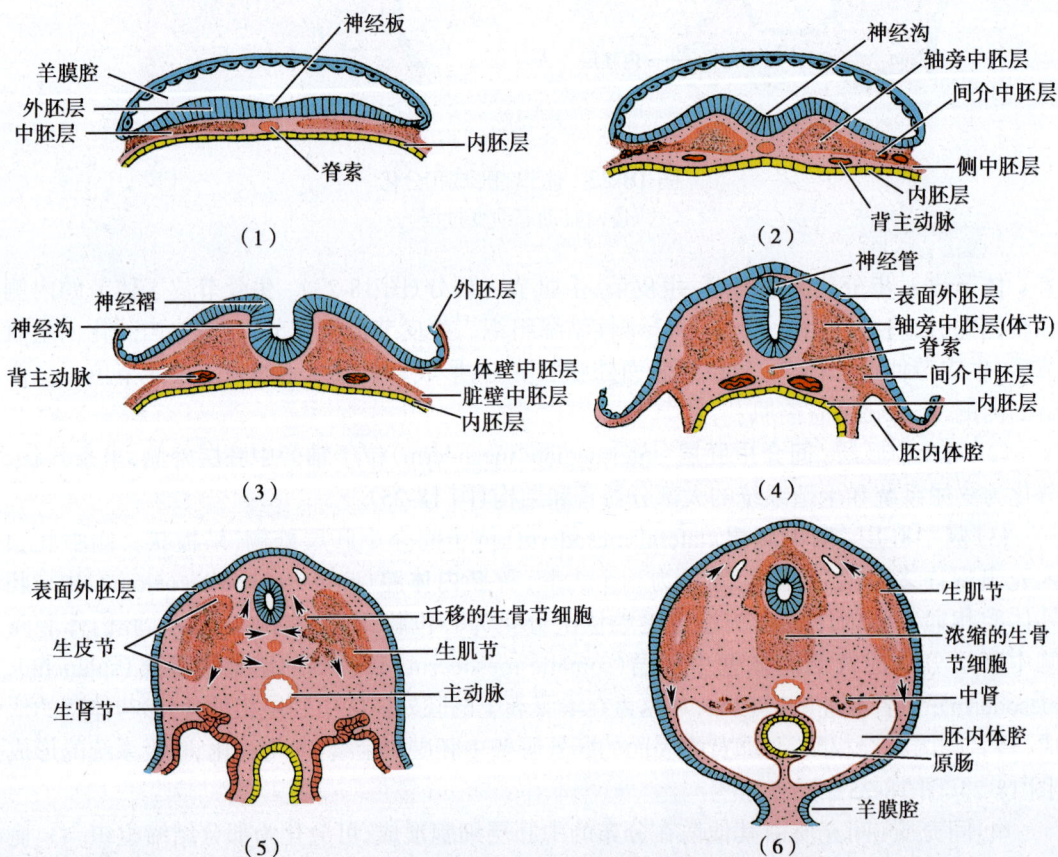

图 18-25　三胚层的分化示意图（胚体横切面）

（1）~（6）连续动态演变过程

（1）

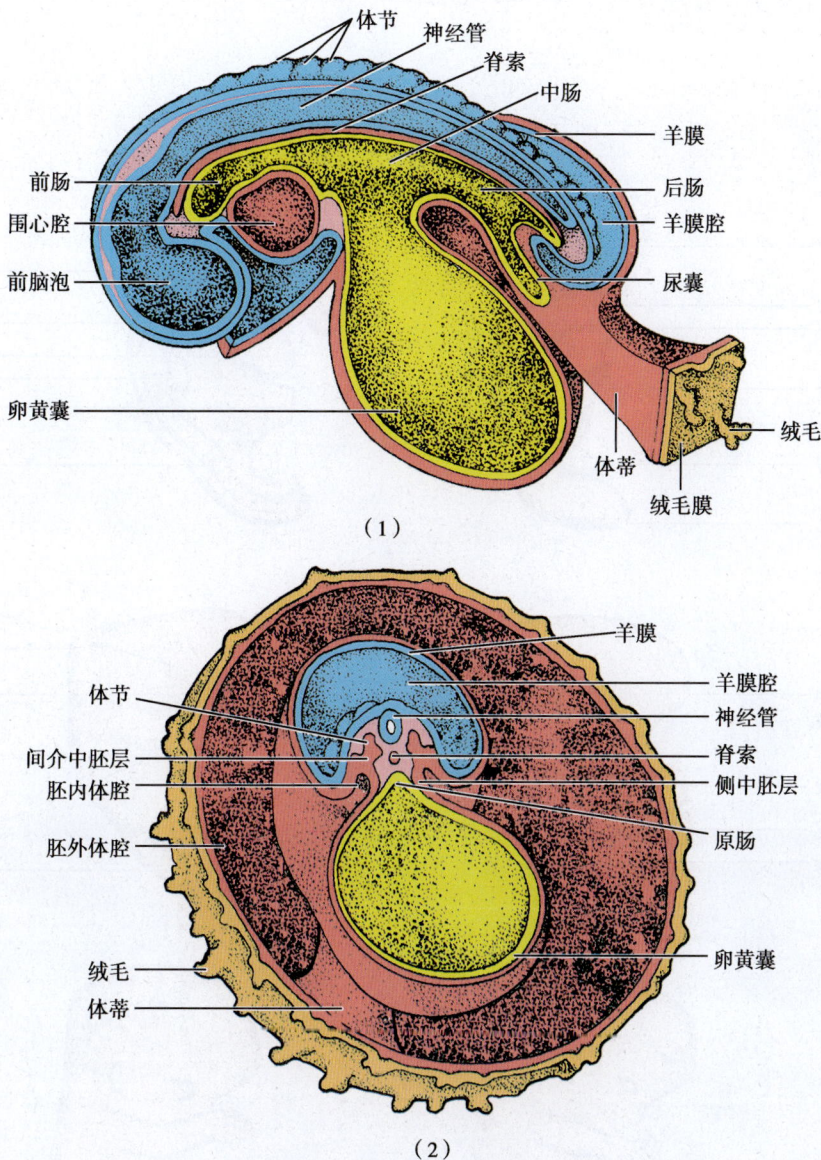

（2）

图 18-26　胚体外形及胚体内的变化
（1）矢状切面；（2）横切面

（二）胚体形成

在三胚层的形成和分化过程中，由于胚盘各部分器官系统组建的生长速度不同，胚体外形也随之发生显著变化。首先，三胚层生长速度不一致，外胚层生长速度最快，内胚层最慢；胚盘中轴部位生长迅速，向背侧隆起，而边缘向腹侧包卷，形成了左右**侧褶**。另外，胚盘头尾方向的生长较左右两侧快，使胚盘的头尾端向腹侧方向弯曲，形成**头褶、尾褶**，而且头端的脑和颜面部的形成速度又快于尾端，故形成头大尾小的 C 字形圆柱体（图 18-26、图 18-27）。

头褶使胚盘头端的生心区、口咽膜折到腹侧；尾褶使胚盘尾端的泄殖腔膜和体蒂移向腹侧。随着胚体的进一步发育，胚体腹侧的头褶、尾褶及左右两侧褶缘逐渐靠拢，最终汇聚于胚体腹侧处，形成**原始脐带**（primitive umbilical cord）。至第 8 周末的胚体，颜面部眼、耳、鼻原基已形成，眼睑张开，四肢明显，手指、足趾呈分节状，外生殖器出现，但不能辨性别，胚体初具人的雏形（图 18-27、图 18-28）。

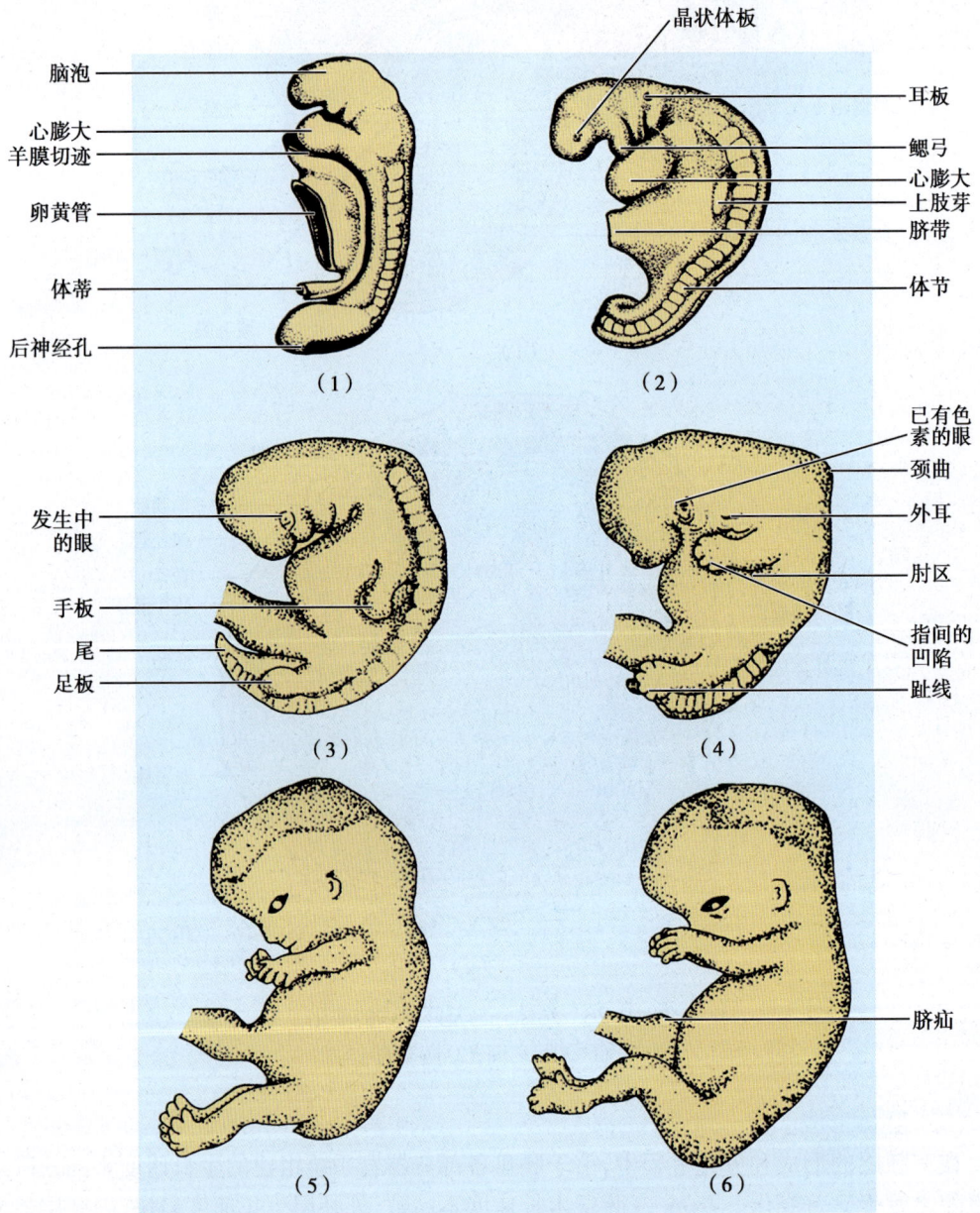

图 18-27　人胚体外形的演变示意图(侧面观)
(1)25 天(14 体节);(2)27 天(25 体节);(3)33 天;(4)48 天;(5)52 天;(6)56 天

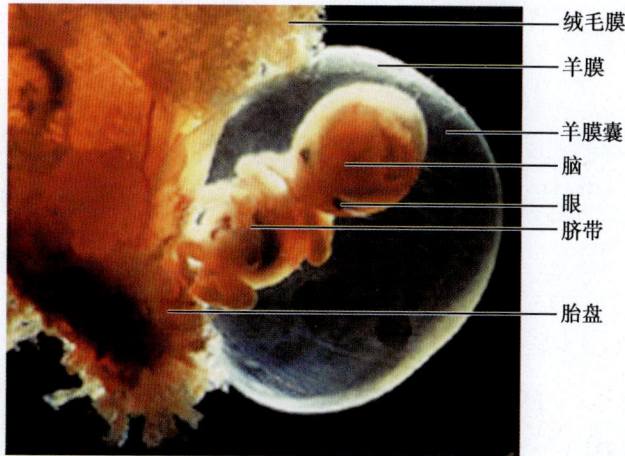

图 18-28　第 8 周末的胚胎

绒毛膜
羊膜
羊膜囊
脑
眼
脐带
胎盘

第三节　胚胎各期外形特征及胚胎龄的推算

一、胚胎各期测量方法及外形特征

胚胎在不同的生长发育期，其外形特征、长度、重量等测量指标均有区别（表 18-2、图 18-29、图 18-30）。

1. 胚胎各期测量方法

（1）最大长度：**最大长度**（greatest length，GL）又称全长，适用于测量 3 周之前的盘状胚。

（2）顶臀长：**顶臀长**（crown-rump length，CRL）又称坐高，适用于测量 4~8 周的胚。由头部最高点量至臀部最低点；对颈曲明显的胚胎，可从颈部最高点至臀部最低点。

（3）顶跟长：**顶跟长**（crown-heel length，CHL）又称立高，适于测量 8 周以后的胎儿；可从头顶 - 坐骨结节 - 膝 - 足跟的总长度为立高（图 18-29）。

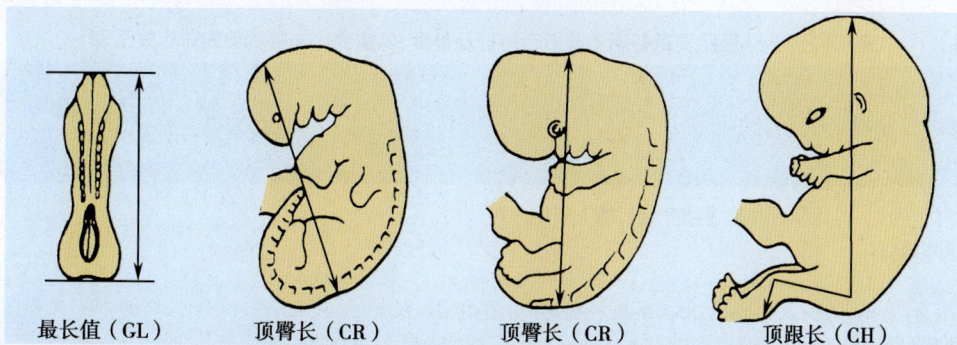

最长值（GL）　顶臀长（CR）　顶臀长（CR）　顶跟长（CH）

图 18-29　胚胎长度测量法示意图

2. 胚胎各期外形特征、长度及重量（表 18-2、图 18-29~ 图 18-32）

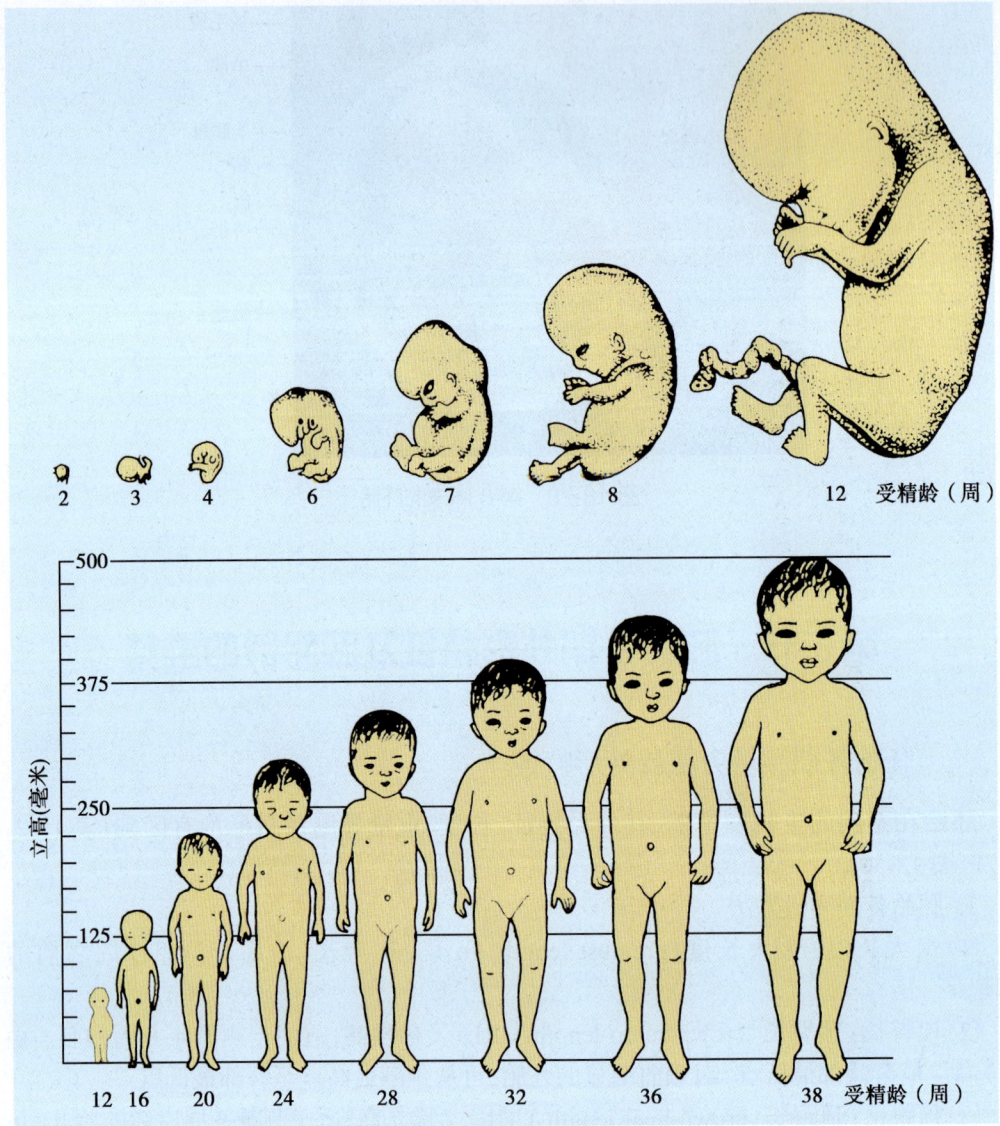

图 18-30 不同时期胚胎长度比例变化示意图

表 18-2 人体胚胎发育各期主要形态特征及长度、体重变化与胚胎龄的对应关系表

胚胎受精龄 （周、月）	形态特征	长度 /mm		体重 /g
		坐高（CR）	立高（CH）	
第1周 （卵裂期）	受精、卵裂、胚泡形成，植入开始			
第2周 （两胚层期）	植入完成，圆形两胚层胚盘形成，滋养层发育为绒毛膜	（GL） 0.1~0.4		
第3周 （三胚层期）	原条出现，鞋底形三胚层形成，脊索形成，神经板和神经嵴出现，体节出现	（GL） 0.5~1.5		

续表

胚胎受精龄 （周、月）	形态特征	长度 /mm		体重 /g
		坐高（CR）	立高（CH）	
第 4 周 （体节期）	神经管形成，体节 3~29 对，鳃弓 1~2 对，胚体为圆柱形，胚内原始循环系统建立，脐带胎盘形成	1.5~5.0		
第 5 周	胚体可分头（大）、尾，腹部、心、肝、中肾显出，肢芽明显，体节 30~40 对，鳃弓 5 对	4.0~8.0		
第 6 周	头部比例很大，前胸向左右扩大，眼泡发育成眼杯，上肢较下肢发达，耳郭突出现	7.0~12.0		
第 7 周	颜面形成，下肢开始分化出大腿、小腿和足等，上肢开始出现手指，体节消失，乳腺嵴出现	10.0~21.0		
第 8 周	头抬起，眼形成，眼睑开放，耳郭出现，颜面具人形，尿生殖窦膜和肛膜破裂，脐疝明显，外生殖器出现但尚难辨性别	19.0~35.0		
第 3 个月	胎儿头部较大，约占全身 1/3，眼睑闭合，外阴可辨性别，骨化中心出现，颈明显，指甲开始发生	87.0	101.0	45.0
第 4 个月	肌肉神经发达，有胎动，耳竖起，趾甲开始发生	140.0	167.0	200.0
第 5 个月	头部占全身 1/4，有毛发生长，胎毛出现，可听到胎儿心音，胎脂出现	190.0	229.0	460.0
第 6 个月	胎体瘦小，皮肤红有皱纹，眉毛、睑缘睫毛发生，指甲全出现	230.0	280.0	820.0
第 7 个月	胎儿皮下积累脂肪，皮肤红微皱，眼睑重新打开，头发出现，呼吸、吞咽及体温等调节中枢已建立，有瞳孔对光反射，此时出生能存活	270.0	329.0	1 300.0
第 8 个月	皮下脂肪增厚，皮肤浅红光滑，趾甲全出现，胎儿睾丸由腹腔下降至阴囊，乳腺分化完成	300.0	368.0	2 100.0
第 9 个月	皮肤皱纹消失，趾甲平齐指趾尖，味、嗅觉发育，肢体弯曲	340.0	419.0	2 900.0
第 10 个月	胎体丰满，表面有胎脂，胸部发育好，胎毛基本脱落，颅骨未完全闭合，有囟门，指甲超过指尖	360.0	443.0	3 400.0

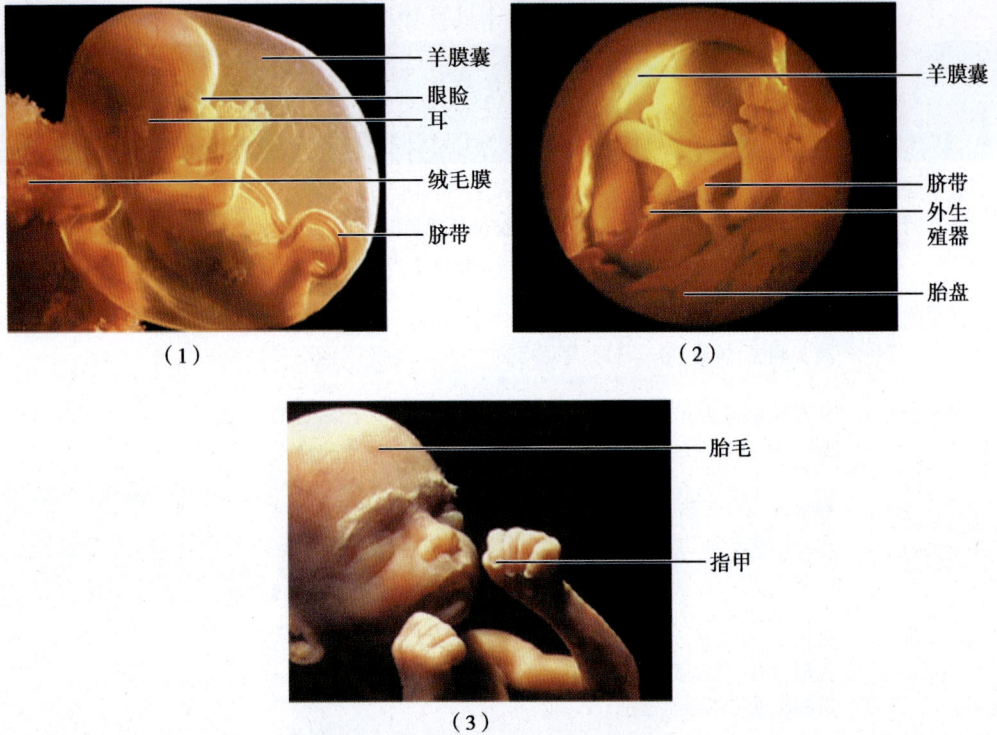

图 18-31　胎儿不同月份的发育状况
(1)4 个月胎儿;(2)5 个月胎儿;(3)6 个月胎儿

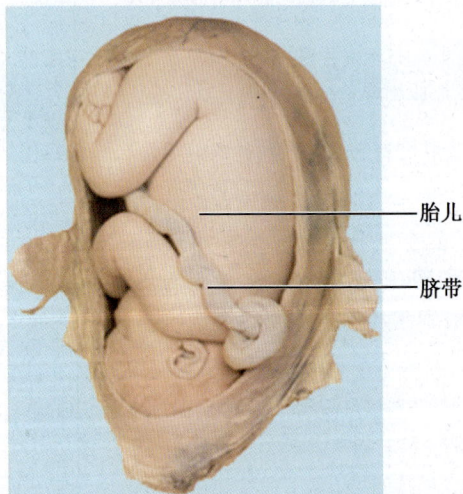

图 18-32　足月胎儿

二、胚胎龄与预产期的推算

胚胎标本年龄的测定通常以胚胎的外形特征、长度及重量作参照(表 18-2)。**胚胎龄**(embryonic age)的测定方法包括月经龄和受精龄两种。

1. 月经龄　**月经龄**(menstrual age)是从孕妇末次月经来潮的第一天算起,到胎儿娩出共约 280 天,约 40 周。月经周期有个体差异,且易受环境因素的影响,故月经龄也可出现误差。月经龄常用于临床孕妇预产期的推算。

2. 受精龄　**受精龄**（fertilization age）是从受精之日算起,到胎儿娩出为止共约 266 天,约 38 周。受精龄常用于科学研究。

3. 预产期　临床上推算预产期常用以下推导公式:孕妇末次月经来潮的年份加 1,月份减 3(不够减则加 9),日加 7。例:某孕妇末次月经为 2020 年 9 月 20 日,其预产期是 2021 年 6 月 27 日。大多数胎儿在预产期前后 10~15 天内出生。

第四节　胎膜和胎盘

胎膜和胎盘不参与胚体的形成,对胚胎的发育起到保护、营养等作用。胎儿娩出后,胎膜、胎盘即与子体和母体子宫分离并被排出母体外,总称为**胞衣**（afterbirth）,又称**衣胞**。

一、胎膜

胎膜（fetal membrane）是来自胚泡的部分附属结构。主要包括绒毛膜、羊膜囊、卵黄囊、尿囊和脐带(图 18-33)。

(一) 绒毛膜

1. 绒毛膜的形成及结构　**绒毛膜**（chorion）由滋养层和胚外体壁中胚层共同构成(图 18-33、图 18-34)。

(1)初级绒毛:植入后,滋养层细胞迅速增生,分化为内、外两层,即内层的细胞滋养层和外层的合体滋养层,两者共同向胚泡外表面突出形成许多绒毛状突起,突起的表面为合体滋养层,中轴为细胞滋养层,形成**初级绒毛**（primary villus）。绒毛之间的腔隙称**绒毛间隙**（intervillous space）,内含母体血液。

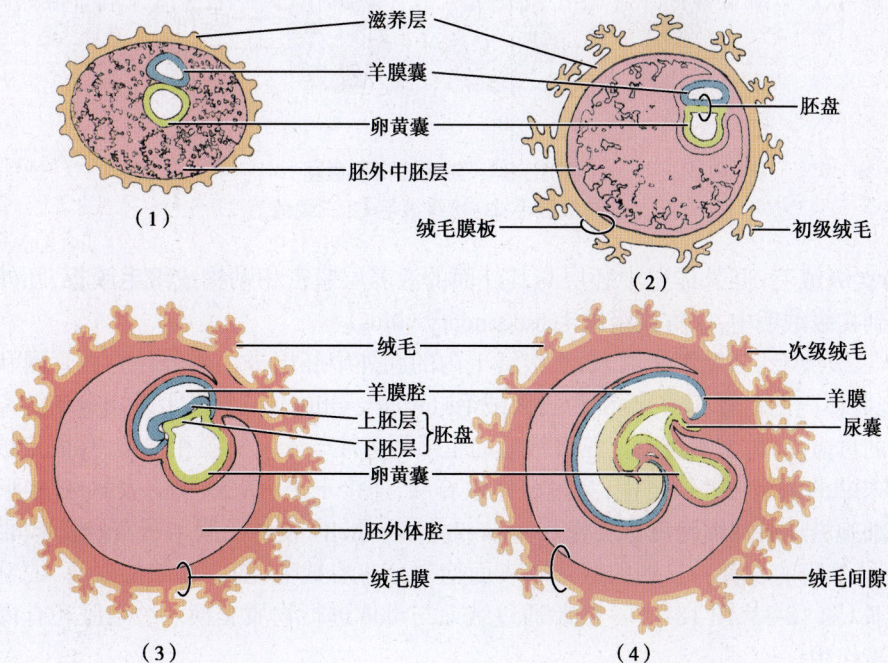

(1)

(2)

滋养层
羊膜囊
卵黄囊
胚外中胚层
绒毛膜板
胚盘
初级绒毛

(3)

(4)

绒毛
羊膜腔
上胚层
下胚层 } 胚盘
卵黄囊
胚外体腔
绒毛膜
次级绒毛
羊膜
尿囊
绒毛间隙

271

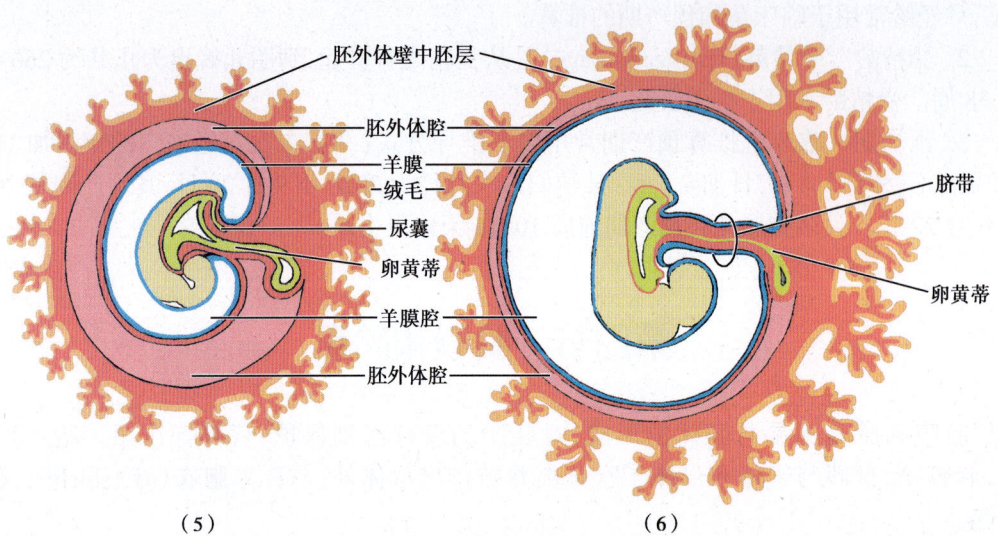

图 18-33 胎膜的形成及演变

(1)~(6)示动态演变过程

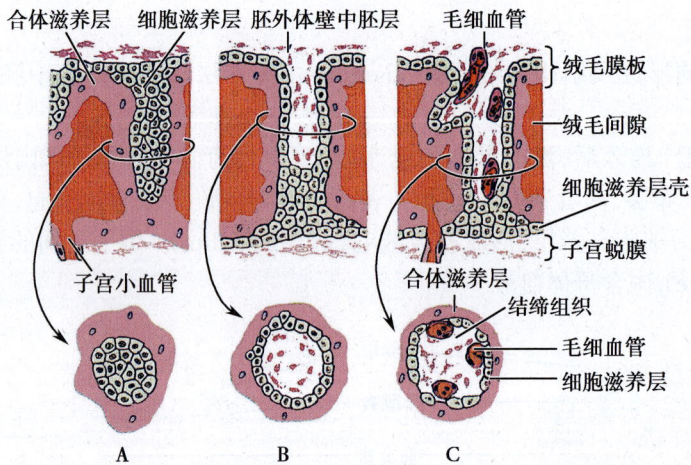

图 18-34 绒毛发育示意图

A:初级绒毛;B:次级绒毛 C:三级绒毛

(2)次级绒毛:胚外体壁中胚层与其外面的滋养层紧密相贴构成**绒毛膜板**,胚外中胚层渐生长到初级绒毛中,改称**次级绒毛**(secondary villus)。

(3)三级绒毛:胚胎第 3 周末,次级绒毛内的胚外中胚层进一步分化为血管网和结缔组织,并与胚体内的血管相通,改称为**三级绒毛**(tertiary villus);三级绒毛发出分支游离于绒毛间隙内的母血中,称**游离绒毛**。三级绒毛的主干则直接与子宫蜕膜相连接,称**固定绒毛**。固定绒毛末端的细胞滋养层增生,穿过合体滋养层,连接于子宫底蜕膜的表面,延伸形成一层完整的细胞滋养层称**细胞滋养层壳**(cytotrophoblast shell),使绒毛膜与子宫蜕膜牢固结合。

2. 绒毛膜的发育 早期的绒毛膜表面均匀分布着绒毛,随着胚胎的发育,绒毛呈现不均衡生长(图 18-33、图 18-35)。胚胎通过绒毛与母体进行物质交换。绒毛膜还有内分泌功能及屏障作用。

(1)平滑绒毛膜:胚胎第 3 个月,随着包蜕膜侧的血供不足,绒毛逐渐退化消失,形成光滑、平坦的**平滑绒毛膜**(chorion laeve)。

（2）丛密绒毛膜：底蜕膜侧的绒毛因有充足的血液供给而生长茂密，该处的绒毛膜称**丛密绒毛膜**(chorion frondosum)，其内的血管经脐带与胚体血管相通。

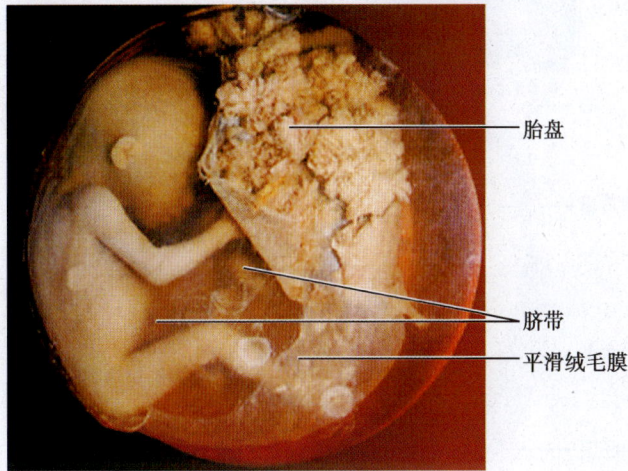

图 18-35　胎儿与绒毛膜

3. 绒毛膜的异常发育　绒毛膜的血管若发育不佳或与胚体血管连接受阻，可因营养缺乏导致胚胎发育不良或死亡。若绒毛内结缔组织变性水肿，形成许多水泡状或葡萄状膨大，整个胚胎的外形似葡萄串，故称**葡萄胎**(hydatidiform mole)。若滋养层细胞过度增生发生癌变，称**绒毛膜上皮癌**(chorion carcinoma)。

（二）卵黄囊

1. 卵黄囊的形成及演变　卵黄囊壁由内胚层和胚外中胚层共同构成。胚第4周，由于卵黄囊顶部内胚层向腹侧卷折，形成原始消化管，卵黄囊被包入脐带，仅以卵黄蒂与原始消化管相连；在胚第5~6周，卵黄蒂闭锁，卵黄囊退化（图18-33）。若卵黄蒂未闭锁，可致脐粪瘘。若卵黄蒂根部未退化，则在成人回肠壁遗留形成**梅克尔憩室**。

2. 卵黄囊的作用　约在胚胎发育的第16天，卵黄囊壁上的胚外中胚层细胞增殖，形成许多细胞团，称**血岛**(blood island)，其中央的细胞逐渐分化为造血干细胞；而周围的细胞分化为内皮细胞，形成原始血管（图18-36）。此外，由卵黄囊顶部尾侧的内胚层细胞迁移进入生殖嵴后，分化发育成原始生殖细胞，并诱导生殖腺的发生。

（三）羊膜囊

羊膜囊(amnion)指羊膜包绕羊膜腔形成的囊状结构。由羊膜、羊膜腔、羊水共同构成（图18-33、图18-37）。

羊膜(amniotic membrane)薄而透明，由一层羊膜上皮和薄层胚外中胚层构成（图18-37）。随着胚体的形成与发育，羊膜向胚胎的腹侧包绕至体蒂，形成**原始脐带**；以后，小部分羊膜包在脐带表面，大部分羊膜与绒毛膜相贴，胚外体腔消失（图18-38）。

羊水(amniotic fluid)主要由羊膜上皮分泌。妊娠早期，羊水澄清透明；妊娠中、晚期，羊水较混浊。足月时，羊水含量可达1 000~1 500ml。若少于500ml称**羊水过少**，常见于胎儿无肾或尿道闭锁。若羊水多于2 000ml称**羊水过多**，常因消化道闭锁或神经管封闭不全而致。羊水为胚胎提供了自由活动的环境；可防止胎儿与羊膜黏连，同时可保持恒定的环境温度，缓冲外来压力与振荡。临产时，羊水还具有扩张宫颈，冲洗产道的作用。穿刺抽取羊水，可做细胞培养和核型分析、基因分析、检测羊水中某些物质的含量等。

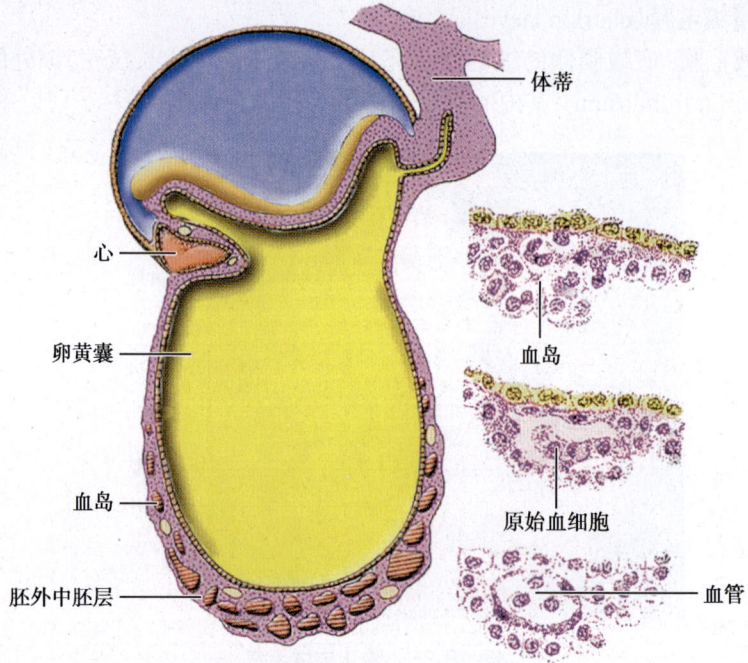

图 18-36 卵黄囊、血岛示意图

体蒂
心
卵黄囊
血岛
胚外中胚层
血岛
原始血细胞
血管

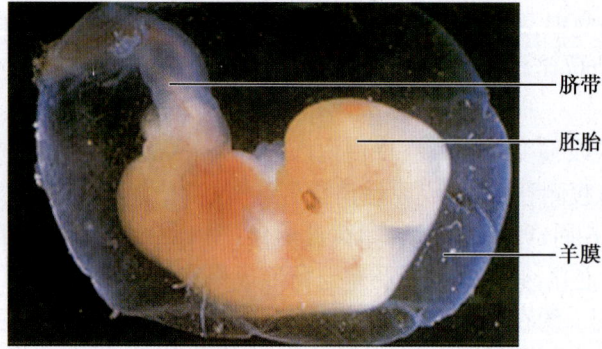

图 18-37 羊膜

脐带
胚胎
羊膜

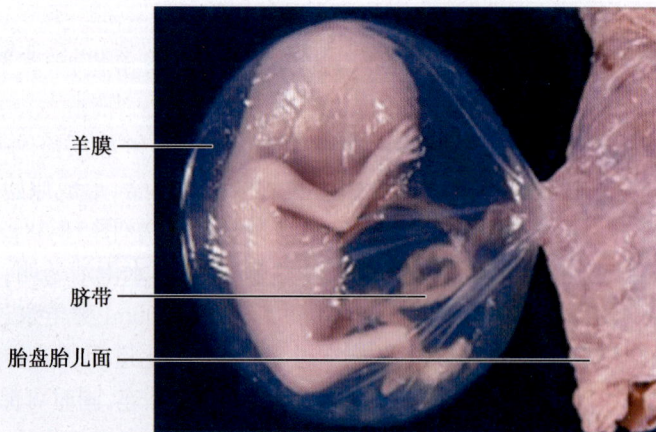

图 18-38 羊膜囊、脐带与胎盘

羊膜
脐带
胎盘胎儿面

(四) 尿囊

尿囊(allantois)是由卵黄囊顶部尾侧的内胚层向体蒂内突出形成的一个盲管,发生于第 3 周(图 18-33)。其壁上胚外中胚层形成的一对尿囊动脉和一对尿囊静脉,以后演变成一对脐动脉和一条脐静脉(右侧的退化)。随着大部分尿囊的退化,尿囊根部则演化为膀胱的一部分;尿囊成为由膀胱顶部伸到脐内的一条细管,称脐尿管或尿囊管,以后完全闭锁;出生时,若脐尿管未闭,称**脐尿瘘**。

(五) 脐带

脐带(umbilical cord)是连接胚胎脐部与胎盘胎儿面中心处的圆索状结构(图 18-38、图 18-40)。脐带外有羊膜覆盖,内有黏液性结缔组织、一对脐动脉、一条脐静脉以及卵黄囊和尿囊的遗迹。足月胎儿的脐带长 40~60cm,直径 1.5~2.0cm;脐带过长(120cm 以上),易缠绕胎儿肢体、颈部等,影响胎儿发育,甚至死亡。脐带过短(30cm 以下),易造成胎盘早期剥离等异常情况的发生(图 18-39)。

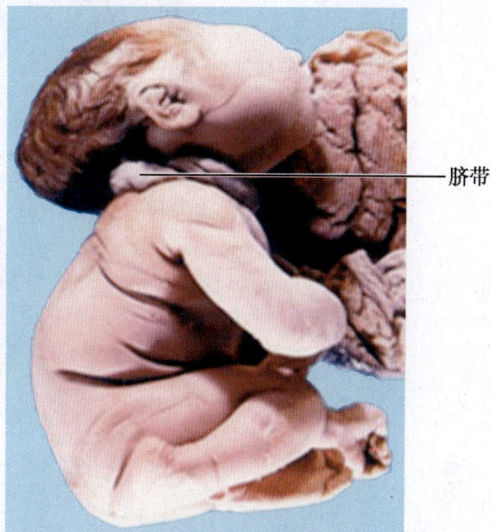

图 18-39 脐带绕颈

脐带

二、胎盘

胎盘(placenta)指由胎儿的丛密绒毛膜与母体的底蜕膜共同构成的圆盘状结构(图 18-40)。胎盘是胎儿与母体进行物质交换的重要结构,并具有重要的屏障和内分泌作用。

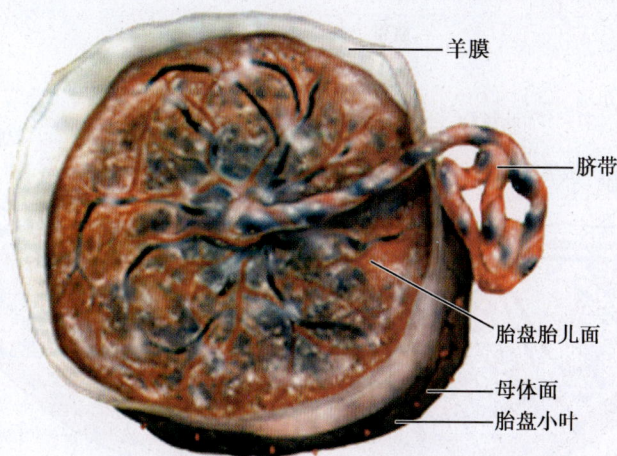

图 18-40 胎盘

羊膜

脐带

胎盘胎儿面

母体面

胎盘小叶

1. **胎盘的形态** 足月胎盘重约 500g,呈圆盘状,直径 15~20cm,平均厚度 2.5cm,中央厚、边缘薄,由胎儿面和母体面两部分构成。胎儿面光滑,覆盖有羊膜,中央或近中央处有脐带附着;母体面较粗糙,为底蜕膜,由 15~30 个突起的胎盘小叶构成(图 18-41)。

2. **胎盘的结构** 由胎盘的胎儿面向母体面作垂直切面,可见三层结构:①胎儿面的绒毛膜板;②中间层的绒毛和绒毛间隙内的母体血液;③母体面的细胞滋养层壳及底蜕膜构成的**基板**(basal plate)(图 18-42)。

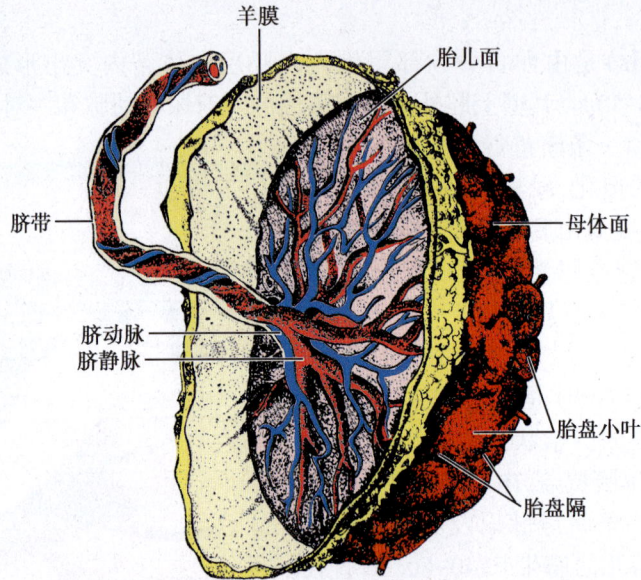

图 18-41 胎盘外形示意图

绒毛膜板上发出 40~60 个绒毛,脐血管的分支经绒毛干到达游离绒毛内形成毛细血管。绒毛间隙内有来自底蜕膜螺旋动脉及静脉的开口,游离绒毛即浸泡在含有母体血液的绒毛间隙中,与母体血液进行物质交换。从底蜕膜发出若干楔形小隔伸入到绒毛间隙内,称**胎盘隔**(placental septum),将胎盘分隔为 15~30 个小区称**胎盘小叶**(cotyledon)。每个胎盘小叶内有 1~4 个绒毛干及其分支。因胎盘隔远端呈游离状态,故绒毛间隙相互连通(图 18-41、图 18-42)。

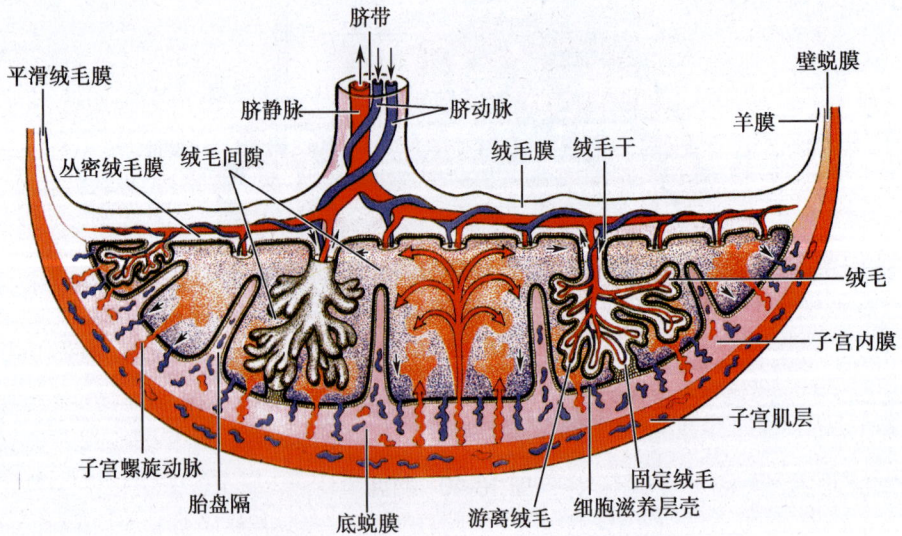

图 18-42 胎盘的结构与血液循环模式图

3. 胎盘的血液循环 胎儿血液循环和母体血液循环为各自封闭的循环通道,两套血管可通过胎盘屏障进行物质交换(图 18-42)。①胎儿血液循环:脐动脉所含的混合血进入绒毛毛细血管,与绒毛间隙内的母体血进行物质交换,然后汇集形成脐静脉(含动脉血)返回到胎儿体内。②母体血液循环:母体动脉血经子宫螺旋动脉到达绒毛间隙中,经胎盘屏障与绒毛毛细血管内的胎儿血进行物质交换后,经底蜕膜小静脉返回母体子宫静脉。

胎盘屏障(placental barrier)指胎盘内胎儿血与母体血之间进行物质交换所经过的组织结构,又称**胎盘膜**(placental membrane)(图18-43)。胎盘屏障包括:①合体滋养层、细胞滋养层及其基膜;②绒毛内薄层结缔组织;③绒毛内毛细血管基膜及其内皮。妊娠晚期,胎盘屏障逐渐变薄,仅有绒毛毛细血管内皮、基膜和薄层合体滋养层结构,更有利于物质交换的进行。

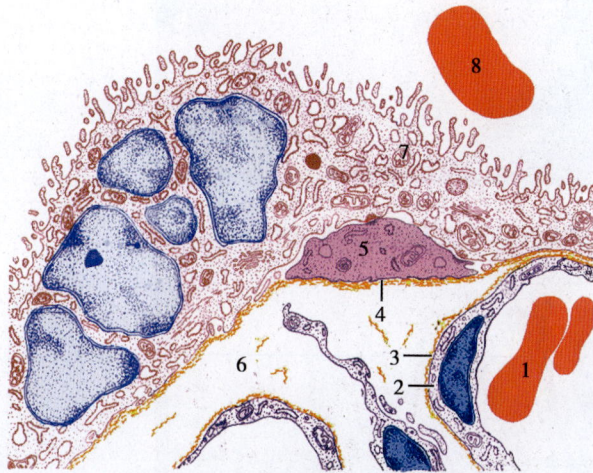

图 18-43　胎盘屏障超微结构模式图
1. 胎儿血液中红细胞,2. 绒毛毛细血管内皮,3. 绒毛毛细血管基膜,4. 滋养层细胞基膜,
5. 细胞滋养层,6. 绒毛结缔组织,7. 合体滋养层,8. 母体血液中红细胞

4. 胎盘的功能

(1)物质交换:胎盘是胎儿与母体间物质交换的唯一途径,胎儿发育所需的氧气、营养物质等经胎盘从母体血中摄取;胎儿代谢废物、二氧化碳同样需经胎盘排入母体血中。

(2)保护作用:胎盘屏障可有效阻止母体血液内的某些大分子物质、多数致病微生物、有害物质等进入胎儿体内。但某些药物、病毒、螺旋体等也可通过胎盘屏障进入胚胎体内,影响胚胎的正常发育,甚至导致畸形。

(3)分泌激素:胎盘是胎儿和母体共有的内分泌器官。胎盘可合成释放多种类固醇激素、肽类或蛋白类激素,还能合成多种神经递质和细胞因子,对妊娠及胚胎生长起重要作用。①**人绒毛膜促性腺激素**(human chorionic gonadotropin,HCG)由合体滋养层细胞分泌,能促进卵巢内黄体的生长发育,维持妊娠。受精后第2周末即可从孕妇尿中测出HCG,常作为早孕诊断的指标之一。第9~11周达高峰,以后下降。②**人胎盘催乳素**(human placental lactogen,HPL)即**人绒毛膜催乳素**(HCS)在妊娠第2个月开始出现,第8个月达高峰,一直维持到分娩。HPL可促进母体乳腺的生长发育和胎儿生长。③**人胎盘孕激素**(human placental progesterone,HPP)和**人胎盘雌激素**(human placental estrogen,HPE)在妊娠第4个月开始分泌,以后分泌量逐渐增多并逐渐替代母体卵巢的孕激素和雌激素功能,以维持妊娠(图18-44)。

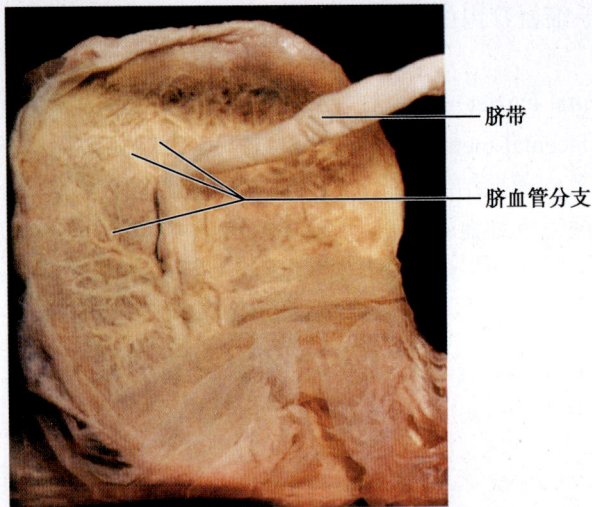

（1）

脐带

脐血管分支

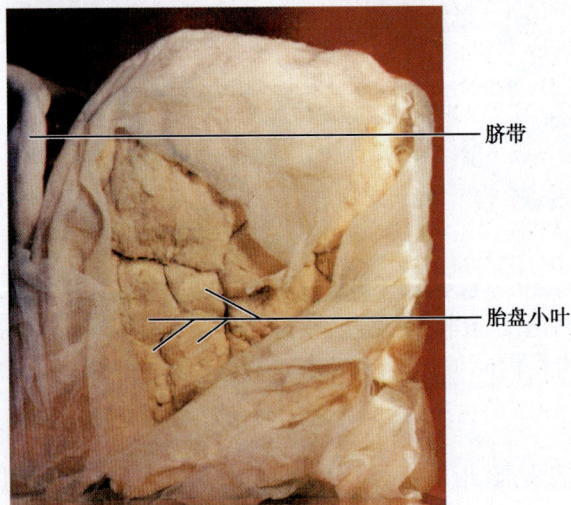

（2）

脐带

胎盘小叶

图 18-44　足月胎盘（实物像）
（1）胎儿面；（2）母体面

第五节　双胎、多胎和连胎

一、双胎

双胎（twins）是指一次妊娠产出两个胎儿，又称孪生。双胎的发生率约占新生儿的 1%。双胎可分为单卵双胎和双卵双胎两种。

1. **单卵双胎**　**单卵双胎**（monozygotic twins）指由一个受精卵分化发育形成两个胎儿。单卵双胎的发生率约占双胎总数的 33%。单卵双胎的胎儿性别相同，相貌酷似，组织相容性抗原、血型、细胞酶类、血清蛋白等均相同，相互进行器官移植不会发生排斥反应。

单卵双胎的形成机制：①受精卵经卵裂发育成两个胚泡，各自植入，形成两个拥有各自独立胎膜及胎盘的胎儿；②一个胚泡内形成两个内细胞群，由此发育形成两个分别位于各自的羊膜囊内的胚胎,但共享一个绒毛膜和胎盘;③一个胚盘上形成两个原条与脊索,每一个原条各自诱导形成一个独立的新个体,两个胚胎共享一个羊膜囊、绒毛膜和胎盘,但有两条脐带(图 18-45、图 18-46)。

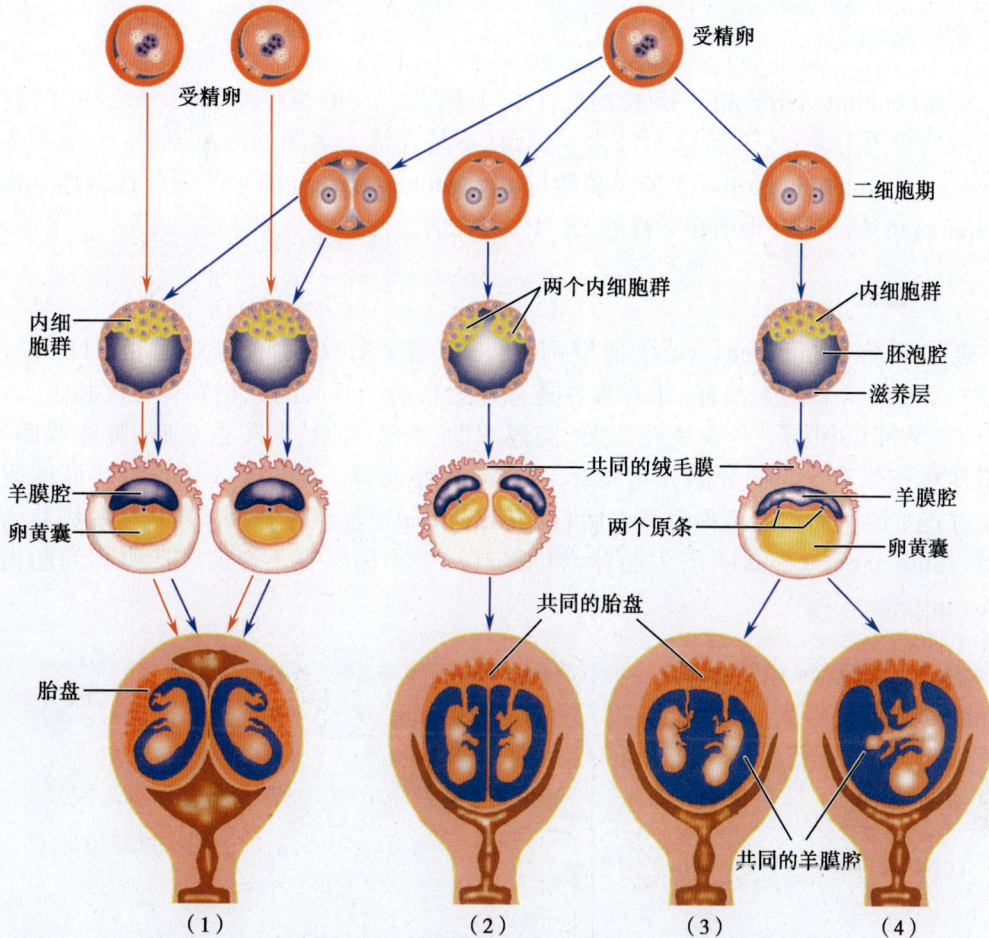

图 18-45 双胎形成示意图(红箭头:双卵双胎;蓝箭头:单卵双胎)

(1)两胚胎有各自的胎盘、羊膜腔和绒毛膜;(2)两胚胎有共同的胎盘和绒毛膜,但有各自的两个羊膜腔;(3)两胚胎有共同的胎盘、羊膜及绒毛膜;(4)两胚胎有共同的胎盘、羊膜腔及绒毛膜,但其中一个很小,形成寄生胎

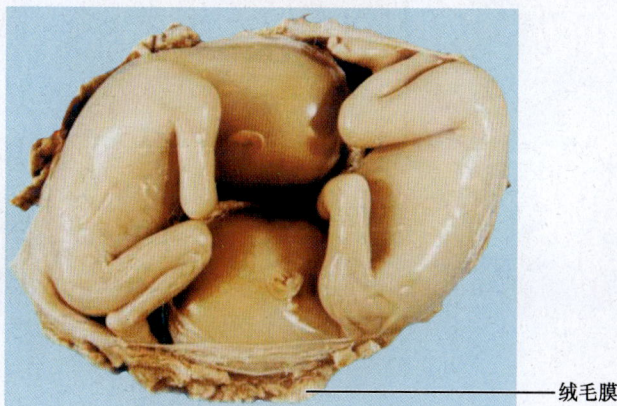

图 18-46 足月双胎

2. 双卵双胎　　**双卵双胎**(dizygotic twins)指卵巢一次排出两个卵分别形成两个受精卵,并发育形成两个胎儿。两个胎儿拥有各自的羊膜囊、绒毛膜和胎盘;他们的性别、相貌及生理特性等方面如同普通亲兄弟姐妹。其发生率随母亲年龄增长、胎次增多而增加,且有明显的家族倾向。

二、多胎

多胎(multiple birth)指一次娩出两个以上胎儿。三胎发生率为万分之一,四胎的发生率约百万分之一,五胎以上极为罕见,且不易存活。多胎的形成原因:①**单卵多胎**(monozygotic multiple birth);②**多卵多胎**(polyzygotic mutiple birth);③**混合性多胎**(mixed multiple birth)指多胎中既有单卵性的,又有多卵性的。

三、连胎

连体双胎(conjoined twins)是指两个未能完全分离的单卵双胎(图 18-47、图 18-48)。连胎常见的类型有:①**对称性连体双胎**指两个胚胎的分化发育程度相近,大小相仿,连结部位相同。分为头连双胎、胸连双胎、腹连双胎、胸腹连双胎、臀连双胎等。②**不对称连体双胎**指两胚胎分化发育不同步,大小悬殊。若发育不完全的小胚胎附着在发育正常的主胎体上则称为**寄生胎**(parasitic fetal);若小胚胎被挤压成薄片则称为**纸样胎**(fetus papyraceous)。若大胎体内包裹有一个小而发育不全的胚胎则称为**胎内胎**(fetus in fetus)。

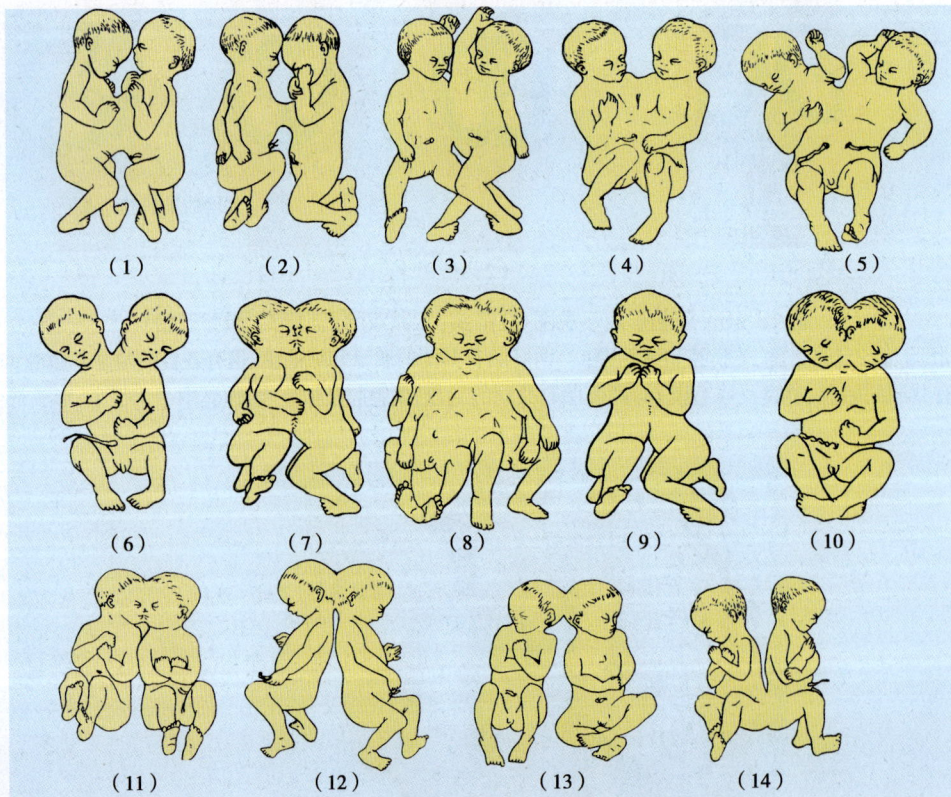

(1)　　(2)　　(3)　　(4)　　(5)

(6)　　(7)　　(8)　　(9)　　(10)

(11)　　(12)　　(13)　　(14)

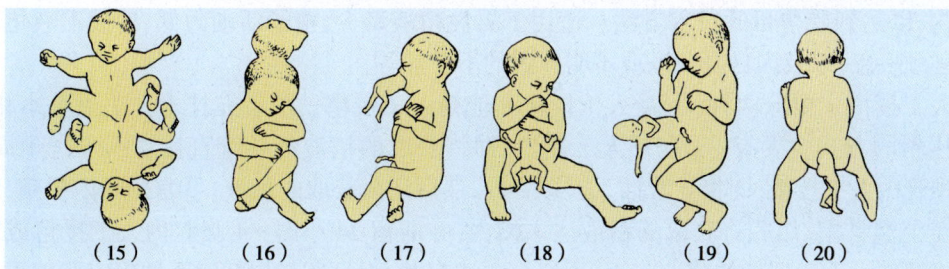

图 18-47 连胎示意图

(1)腹连双胎;(2)胸连双胎;(3)胸腹侧连双胎;(4)~(6)胸腹臀肢侧连双胎;(7)颜面胸腹连双胎;
(8)侧连双胎;(9)双臀双胎;(10)单体双胎;(11)头面连双胎;(12)头枕连双胎;(13)头侧连双胎;
(14)臀骶背横行连双胎;(15)臀骶纵行连双胎;(16)颅顶寄生胎;(17)腭部寄生胎;(18)胸腹部寄生
胎;(19)腹部寄生胎;(20)骶尾部寄生胎

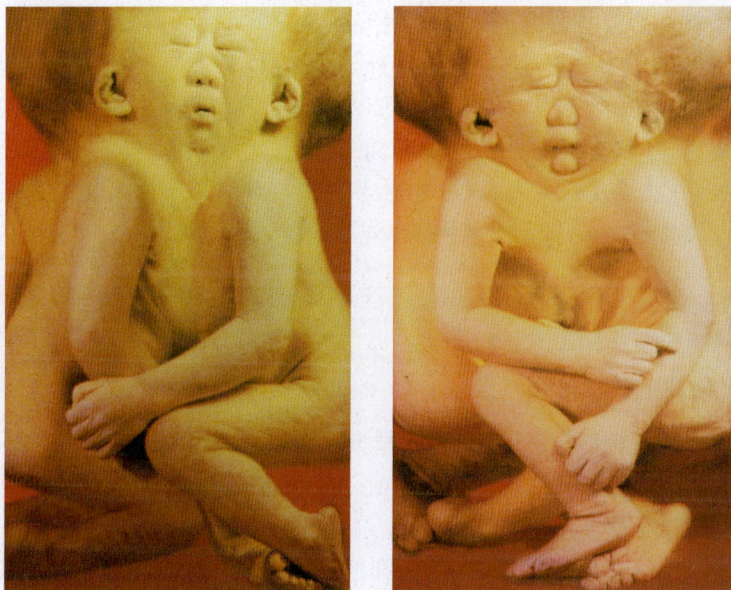

图 18-48 颜面胸腹连胎

第六节 生殖医学技术

生殖医学是指与生殖相关的医学研究,对于后代的繁衍、生命的延续和人类的优生优育等都具有重要意义。生殖医学近几年取得了举世瞩目的成绩,研究主要涉及辅助生殖技术、生殖相关的临床、遗传、免疫及分子基础研究、不育的遗传学基础研究、人类胚胎干细胞研究等。**生殖工程学**(reproductive engineering)指在受精到植入过程中的某个或多个环节采用人工方法辅助新个体的产生,是胚胎学中又一新兴学科。下面简介与生殖医学密切相关的人工授精、试管婴儿、克隆技术等。

一、人工授精

人工授精(artificial insemination)指用人工方法将丈夫或供精者的精子,注入女性生殖管道内,以达到受孕目的技术方法。适用于男性精液量少、精子活动力低、精液不液化和女性子宫颈疾患,以及因自身免疫或不明原因的不孕症等。

人工授精主要分两种:夫精人工授精和他精人工授精。两者在技术方法上基本相同。人工授精的方式主要有:①宫颈人工授精,即将获取的精液经导管直接注入子宫颈周围;②宫颈管内人工授精,即将导管插入宫颈管内,然后注入获取的精液;③宫颈帽内授精,即给宫颈盖上塑料帽,然后将获取的精液注入帽内,并滞留 24 小时;④腹腔内人工授精或卵泡内直接授精。人工授精的成功与否,不仅与方法有关,而且还与授精时间的确定及精子的质量、不孕的原因等多种因素有关。

> **知识链接**
>
> ### 冷 冻 精 液
>
> 体外收集的精子可通过冷冻精液的方式储存,以降低细胞的代谢率,使之处于休眠状态。冷冻精液的最佳方法是用计算机程序控制冷冻仪来完成;而复苏可在室温下或 37℃水浴中完成。冷冻精液具有以下优点:①冷冻精液可长期保存,以解决生育能力丧失后的生育问题,即所谓"生殖保险";②为防止乙型肝炎、AIDS 等传染病的传播,在精液冷存期间,可多次检查供者的血液,以保证新生个体的健康;③可反复多次收集精液,经冷存后一次性复苏授精,该方法对于少精导致的不育尤其适合;④一天内可反复多次行使人工授精。冷冻精液的受孕率与新鲜精液相仿。

二、试管婴儿

人类卵子在体外受精后,经人工培育到早期胚的一定阶段时,随即将其移植到母体子宫内发育,此过程称**体外受精 - 胚胎移植**(in vitro fertilization-embryo transfer,IVF-ET),由此诞生的婴儿通常称做**试管婴儿**(test tube baby)。

1978 年 7 月 25 日由英国专家 Steptoe 和 Edwrds 研制的世界第一例"试管婴儿"(女)路易斯·布朗(Louise Brown)诞生于英国,被称为人类医学史上的奇迹。1988 年我国第一例"试管婴儿"诞生于北京;1989 年北京诞生了第一例 3 胞胎"试管婴儿";1993 年在布达佩斯诞生了 4 胞胎"试管婴儿"。如今我国"试管婴儿"技术已达世界水准。

第一代"试管婴儿":即体外受精 - 胚胎移植。**体外受精**(in vitro fertilization,IVF)指用人工方法诱发超排卵,取卵后在试管或者培养皿中使其与精子结合成受精卵的过程。**胚胎移植**(embryo transplantation,ET)指将体外受精获取的受精卵,培养至 2~8 个细胞期时移入子宫发育。该技术主要应用于非子宫原因不孕的女性。代孕指将母体的卵子经体外受精后移植入另一名妇女的子宫内孕育,称异体"试管婴儿"。

第二代"试管婴儿":指**卵质内单精注射**(intra cytoplasmic sperm injection,ICSI)和胚胎移植,使试管婴儿技术的成功率得到很大的提高。即借助于显微操作仪,在体外直接将精子注入卵子的细胞质内,授精后进行胚胎移植。该技术可精选精子,提高受精率;尤适于少精、弱精、无精、畸形精子过多等男性不育及女性不孕症。

第三代"试管婴儿":即早胚精选和胚胎移植。在人工助孕与显微操作的基础上,开展**胚胎植入前遗传病诊断**(preimplantation genetic diagnosis,PGD)。通过胚胎检测、筛选,可获得较理想的新个体,PGD 尤其适用于有遗传病的夫妇。1990 年世界上首例经 PGD 后的健

笔记栏

康女婴诞生。我国首例经 PGD 的女婴诞生于 1998 年。

第四代"试管婴儿"：主要针对那些虽有排卵功能，但年龄较大或身体状况不好等原因导致卵子的活力较差、质量不高的女性。其核心技术是将不孕妇女卵子中的细胞核抽取出来，移植到年轻、身体健康的捐献者卵子细胞质（已取出其内细胞核）中，组成一新的优质卵细胞，而它仍能表达供核妇女的遗传特征。将这个新"组装"的卵子与其丈夫的精子在试管中结合成受精卵，重新植入该供核妇女的子宫内，即可生出属于自己的健康子女。

胚胎学与生殖医学专家们正设想、规划并企盼着能在体外完成人类胚胎及胎儿的全部发育过程。而这一利用人工方法，使精子和卵子在体外受精和发育的生殖方法称**体外发生**（ectogenesis）。

三、克隆技术

依靠父母双方提供性细胞、并经两性细胞融合而产生后代的繁殖方法称"有性繁殖"。

"**无性繁殖**"指不经两性生殖细胞结合而生成的新个体。即生物靠自身的一分为二或自身的一小部分的扩大来繁衍后代。"**克隆**"原是英文"Clone"的译音，指"无性繁殖"。如今凡是由同一祖先，经无性繁殖形成基因型完全相同的后代个体种群者称"无性繁殖系"，也视为"克隆"。

在 20 世纪 80 年代后期，英国、中国等先后利用胚胎细胞作为供体，"克隆"出了哺乳动物。到 90 年代中期，我国已用此种方法"克隆"了老鼠、兔子、山羊、牛、猪等哺乳动物。"多莉"（Dolly）羊使世界舆论为之哗然的原因是其生命的诞生没有精子的参与，而是由"换核卵"发育形成的"克隆羊"。它难能可贵之处在于换进去的不是胚胎细胞核，而是体细胞的核。

"多莉"的遗传基因与供体 B 母羊完全相同。其形成过程为：Wilmut 等研究人员先将 A 绵羊卵细胞中的细胞核吸出，使其变成只有细胞膜和细胞质的"空壳"；然后从一只 6 岁的 B 母羊身体中取出一个乳腺细胞，并将后者的细胞核注入 A 绵羊的卵细胞"空壳"中；从而得到一个含有新的遗传物质但却没有受精的卵细胞。这一经过换核改造的卵细胞（换核卵）通过体外分裂增殖、分化形成的胚胎再被植入到 C 母羊子宫内继续发育生长，随着 C 母羊的成功分娩，克隆羊"多莉"成功诞生。"多莉"的诞生证明：动物中高度分化的体细胞核，经去分化后即可成为具有全能分化的细胞核，进而启动胚胎发育的全过程。

普通羊一般能存活 12 岁左右，但"多莉"在 6 岁便出现很多种早衰疾病，如：严重的进行性肺病，最后研究人员对"多莉"进行了安乐死。导致"多莉"早夭的原因也证实了当时克隆技术的缺陷。另外，一些伦理问题也是目前社会各界讨论的热点。

克隆马

知识拓展

生殖性克隆和治疗性克隆

国际上通常将人类自身的克隆分为生殖性克隆和治疗性克隆。①生殖性克隆：指个体整体复制。其过程是：将被克隆人的体细胞核植入到已去除细胞核的卵细胞中，使卵细胞（换核卵）分化形成胚胎并植入到母体的子宫里孕育，如此形成的克隆婴儿具有与供核者相同的遗传特征及生理特性，即所谓的"克隆人"。②治疗性克隆通常指通过干细胞，复制人类的某些组织或器官。胚胎干细胞是全能干细胞。通过对干细胞的诱导、调控，使之定向分化为特定的组织类型，以取代患者体内病变、坏死的组织、器官，即利用克隆技术为人类自身提供"配件"。

学习小结

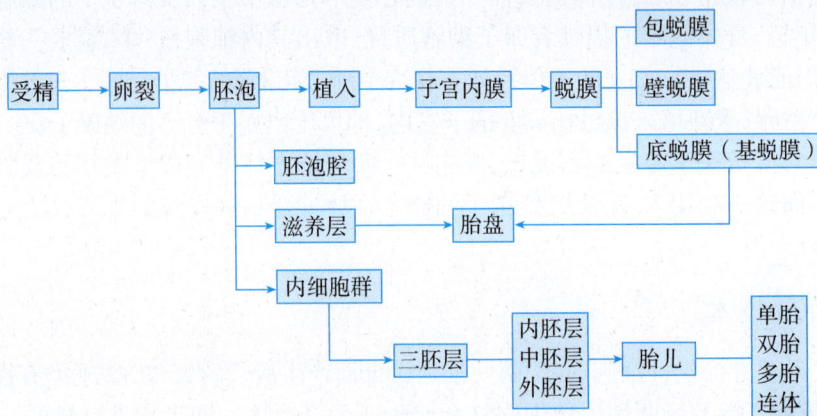

（王 媛 孙 琪）

复习思考题

1. 试述受精的过程和意义。
2. 什么是植入？植入的时间、地点、过程及可能发生哪些异常？
3. 简述三胚层胚盘的形成过程。
4. 简述胎膜的组成。
5. 简述胎盘的结构与功能。

扫一扫
测一测

第十九章

颜面、颈和四肢的发生

19章PPT

PPT 课件

学习目标

能叙述鳃器的演变过程，识记颜面、腭、舌和乳牙形成的原基，叙述颜面的形成过程。能结合临床列出颜面、颈和四肢常见畸形类别，并结合其发生过程分析各种常见畸形的形成原因。

第一节　鳃器的发生

人胚第 4 周时，胚盘向腹侧卷折成圆柱状，神经管头端膨大，形成**脑泡**。脑泡腹侧的间充质局部增生，使胚体头部外观呈圆形突起，称**额鼻突**（frontonasal process）。同时，口咽膜尾侧的原始心发育增大并突起，称为**心隆起**（heart bulge）（图 19-1）。

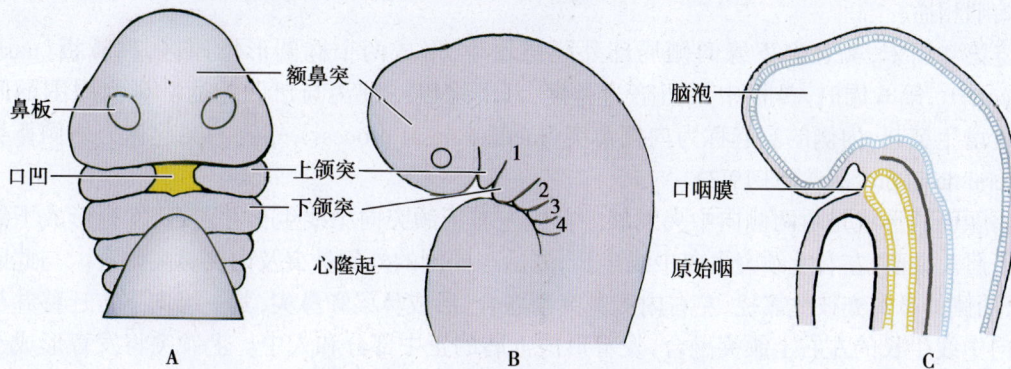

图 19-1　第 4 周人胚头段模式图

A. 腹面观；B. 侧面观；C. 矢状切面

1. 第 1 鳃弓；2. 第 2 鳃弓；3. 第 3 鳃弓；4. 第 4 鳃弓

人胚第 4~5 周，伴随着额鼻突与心隆起的出现，胚体头段两侧的间充质增生，依次形成左右对称、背腹走向的 6 对柱状弓形隆起，称**鳃弓**（branchial arch）。6 对鳃弓从头端到尾端先后发生，前 4 对鳃弓明显，第 5 对出现不久即退化消失，第 6 对较小，不明显。相邻鳃弓之间的凹陷，称为**鳃沟**（branchial groove），共 5 对。在鳃弓和鳃沟形成的同时，原始消化管头段（原始咽）侧壁内胚层向外膨出，形成左右 5 对囊状结构，称**咽囊**（pharyngeal pouch）。咽囊与鳃沟相对应，其顶壁的内胚层与鳃沟底壁的外胚层及两者之间的少量间充质构成**鳃膜**（branchial membrane）（图 19-2）。

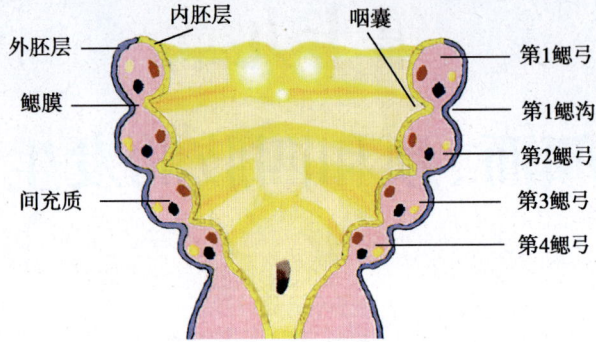

图 19-2 鳃器模式图

鳃弓、鳃沟、鳃膜与咽囊统称**鳃器**(branchial apparatus)。人胚的鳃器存在时间短暂，鳃弓将参与颜面和颈部的形成，其间充质分化为固有结缔组织、肌组织、血管、软骨和骨等。咽囊内胚层则参与腭扁桃体、甲状旁腺和胸腺等重要器官的发生。

第二节 颜面的形成

颜面的发生与第 1 对鳃弓和额鼻突密切相关。第 1 鳃弓出现后，其腹侧份迅速分为上下两支，分别称为**上颌突**(maxillar process)和**下颌突**(mandibular process)。左右下颌突在胚体腹侧中线融合，将口咽膜与心隆起隔开。胚胎第 4 周时，颜面由胚体头端的 5 个突起组成，包括额鼻突、左右上颌突和左右下颌突。这 5 个突起围绕一个宽大的凹陷，称口凹(stomodeum)，即**原始口腔**(图 19-3)。口凹底由口咽膜封闭，第 4 周口咽膜破裂，原始口腔与原始咽相通。

第 4 周末，额鼻突下缘两侧局部外胚层增生，形成两个椭圆形增厚区，称**鼻板**(nasal placode)。第 6 周时，鼻板中央凹陷为**鼻窝**，其下缘以一细沟与口凹相通。鼻窝周围的间充质增生突起，内侧的突起称为**内侧鼻突**(median nasal process)，外侧的突起称为**外侧鼻突**(lateral nasal process)(图 19-3)。

颜面的形成是由两侧向中央发展。首先左右下颌突向中线生长并愈合，发育形成下颌和下唇。继而，左右上颌突也向中线生长，先后与同侧的外侧鼻突及内侧鼻突融合。与此同时，两侧的鼻窝亦彼此靠拢，左右内侧鼻突渐融合，形成鼻梁和鼻尖，其下缘向下方迁移并与正向中线生长的左右上颌突融合，发育形成上唇的正中部分和人中。上颌突将发育形成上唇的外侧部分与上颌。此时，鼻窝与口凹被分隔开。额鼻突的其他部分主要发育形成前额。外侧鼻突发育为鼻的侧壁和鼻翼。随着鼻外部结构的形成，原来向前方开口的鼻窝转向下方，形成外鼻孔(图 19-3)。鼻窝向深部扩大形成原始鼻腔。上颌突与同侧外侧鼻突之间有一浅沟称**鼻泪沟**(nasolacrimal groove)，其愈合将形成鼻泪管。

原始口腔的开口起初很大，当同侧上下颌突从分叉处向中线愈合，并形成颊部和口角后，口裂变小。眼的发生位置最初在额鼻突的外侧，随着脑迅速增大及上颌的形成，两眼渐向中线靠近并移向前方。耳郭由第 1 鳃沟周围间充质增生形成，最初位置较低，随着下颌与颈的发育被推向背上方；第 1 鳃沟演变为外耳道。至第 8 周末，颜面初具人貌(图 19-3)。

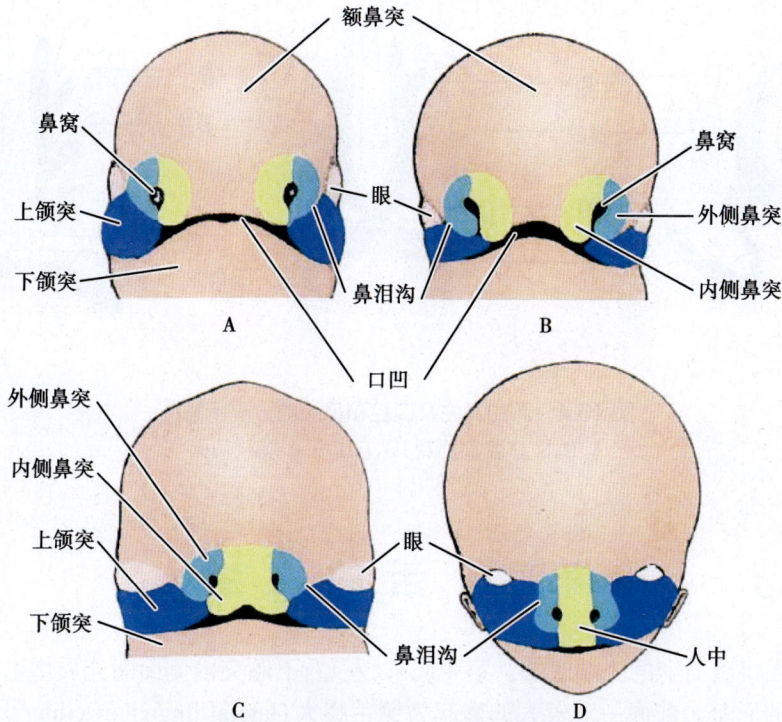

图 19-3 颜面形成过程示意图
A. 第 5 周胚头部；B. 第 6 周胚头部；C. 第 7 周胚头部；D. 第 8 周胚头部

第三节 腭 的 发 生

人胚第 6 周，左右内侧鼻突愈合后，其融合处内侧面的间充质增生，形成一短小的突起，伸向原始口腔内，该突起称**正中腭突**（median palatine process），将来演化为腭前部的一小部分。左右上颌突的内侧面间充质增生，向原始口腔内长出一对长形突起，称**外侧腭突**（lateral palatine process），它们向中线愈合，形成腭的大部分，其前缘与正中腭突愈合，两者在正中交会处残留一孔，即**切齿孔**。最终腭前部的间充质骨化为硬腭，后部则为软腭，软腭后缘正中组织增生突起，形成**腭垂**（图 19-4）。

腭将原始口腔与原始鼻腔分隔成为永久口腔和鼻腔。鼻腔在腭的后缘与咽相通。伴随腭的形成，额鼻突和内侧鼻突的外胚层和中胚层组织增生，向原始鼻腔内长出板状隔膜，即鼻中隔。鼻中隔向下生长，最终与腭在中线融合，将鼻腔一分为二。鼻腔的两外侧壁各发生三个皱壁，分别形成上、中、下三个鼻甲（图 19-4）。

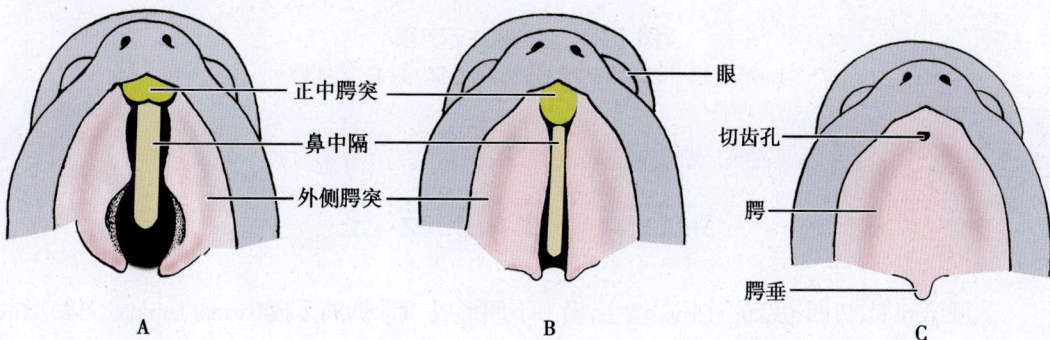

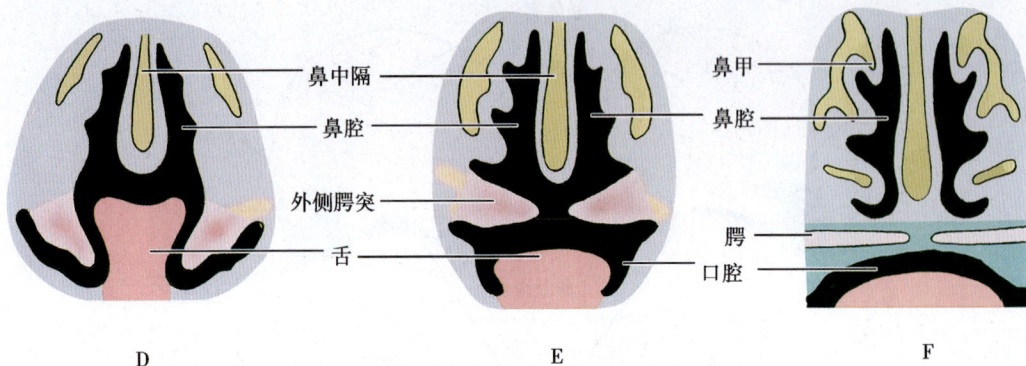

图 19-4　腭的发生及口腔和鼻腔的分隔示意图
A、B、C 口腔顶部观；D、E、F 头部冠状切面

第四节　舌 的 发 生

舌发生在口腔与咽的头端底部。第 4 周末，左、右下颌突内侧面间充质增生形成的 3 个突起为舌体的原基。前面一对较大的突起为**侧舌膨大**(lateral lingual swelling)，后方正中一个较小的称**奇结节**(tuberculum impar)(图 19-5)。侧舌膨大生长迅速，在中线愈合形成舌体的大部分。奇结节仅形成舌盲孔前方舌体的小部分。第 2、3、4 对鳃弓腹内侧中部间充质增生，突向咽腔，形成**联合突**(copula)和会厌突，联合突发育为舌根，会厌突形成会厌。舌体与舌根的愈合线形成 V 形界沟，沟的顶点即舌盲孔(图 19-5)。

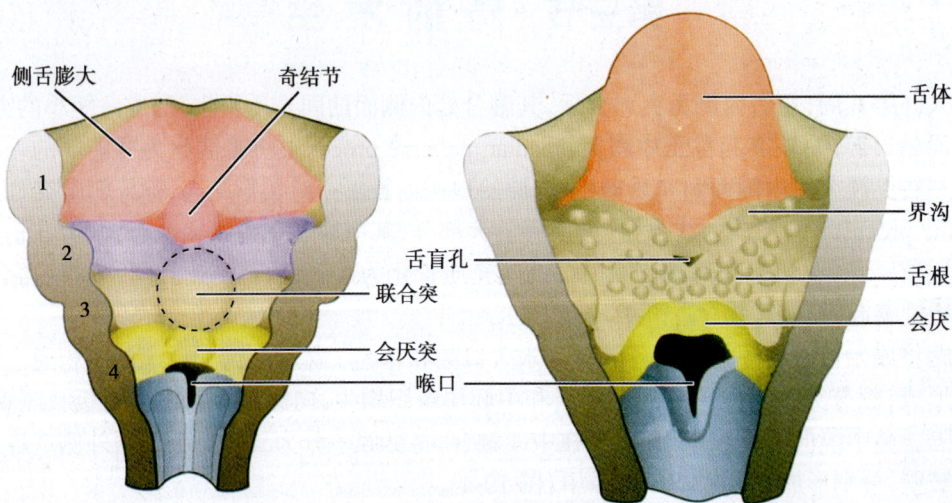

图 19-5　舌的发生示意图
1. 第 1 鳃弓；2. 第 2 鳃弓；3. 第 3 鳃弓；4. 第 4 鳃弓

第五节　牙 的 发 生

人胚第 6 周，口凹边缘的外胚层增生，沿上下颌形成 "U" 形的**牙板**(dental lamina)。第 7 周，

牙板上皮向深部中胚层内生长,在上下颌内先后各形成10个圆形突起,称**牙蕾**(dental bud)。牙蕾发育增大,间充质从其基部进入,形成**牙乳头**(dental papilla),牙蕾的外胚层组织形成帽状的**造釉器**(enamel organ)。造釉器周围的间充质与牙乳头周围的间充质形成**牙囊**(dental sac)。造釉器、牙乳头和牙囊共同构成乳牙的原基。造釉器以后发育为牙的釉质;牙乳头将来分化成牙本质和牙髓;牙囊分化为牙骨质和牙周膜(图19-6)。牙板形成同时,其外侧上皮向口腔内增生形成**唇龈板**,不久下陷成**唇龈沟**,将来形成唇和龈的分界线(图19-6)。恒牙原基也来源于牙板,在第10周发生,恒牙的形成过程与乳牙相同(图19-6)。

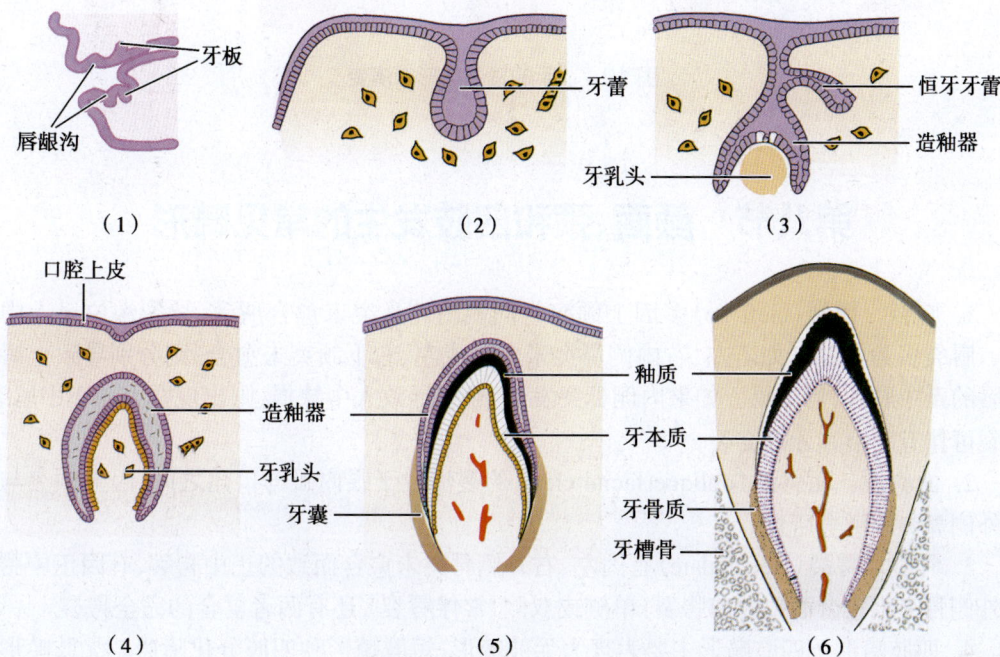

图19-6　乳牙的发生示意图
(1)第7周;(2)第8周;(3)第10周;(4)第3个月;(5)第6个月;(6)出生前

第六节　颈 的 形 成

人胚第5周时,第2鳃弓生长迅速,向尾侧延伸,越过第3、4、6鳃弓,和下方的心上嵴融合。**心上嵴**是心隆起上缘的间充质增生,向头端长出的嵴状突起。当两者融合后,第2鳃弓与深部3个较小鳃弓之间构成一个封闭的腔隙,称**颈窦**(cervical sinus)。颈窦很快闭锁消失。随着鳃弓的分化、食管和气管的伸长及心位置的下降,颈部逐渐形成。

第七节　四肢的发生

人胚第4周末,由于体壁中胚层的局部增殖,在胚体左右外侧体壁上先后出现两对小突起,即**上肢芽**和**下肢芽**,他们由深部增殖的中胚层和表面外胚层组成。肢芽表面外胚层沿胚体头尾方向形成带状**外胚层顶嵴**(apical ectodermal),是肢芽进一步生长的决定区。**肢芽**(limb bud)逐渐增长变粗,先后出现近远两个收缩环,因而上肢芽被分为上臂、前臂和手,下肢芽被分为大腿、小腿和足。肢芽中轴的间充质先形成软骨,继而以软骨内成骨的方式形成骨;周围的间充质分化形成肌群,脊神经也长入肢体,收缩环发育成关节。手和足最初为扁平的桨板状,而后远端各出现四条纵沟,手板和足板遂呈蹼状;至第 8 周,蹼膜消失,手指和足趾形成(图 19-7)。

图 19-7　手的发生与形态演变

ER-19-1

唇裂

ER-19-2

面斜裂

ER-19-3

先天性唇腭裂

第八节　颜面、颈和四肢发生的常见畸形

1. 唇裂　**唇裂**(cleft lip)多因上颌突与同侧内侧鼻突未愈合所致,故裂沟位于人中外侧。唇裂多为单侧。如若左、右内侧鼻突未愈合或左、右下颌突未愈合,则分别导致上唇或下唇的正中唇裂,均少见。如果内侧鼻突发育不良,导致人中缺损,则出现宽大的正中唇裂。唇裂可伴有腭裂和牙槽突裂。

2. 面斜裂　**面斜裂**(oblique facial cleft)的裂沟位于眼内眦与口角之间,因上颌突与同侧外侧鼻突未愈合所致。

3. 腭裂　**腭裂**(cleft palate)有因左、右外侧腭突未愈合而致的正中腭裂,有因正中腭突与外侧腭突未愈合而致的前腭裂(单侧或双侧,常伴唇裂),还有两者复合的完全腭裂。

4. 四肢畸形　四肢畸形主要表现为无肢畸形、短肢畸形和四肢分化障碍。无肢畸形表现为一或若干个肢体完全或局部缺如;短肢畸形表现为四肢短小或海豹样手或足;四肢分化障碍表现为某块肌或肌群缺如、关节发育不良、骨畸形、多指(趾)和并指(趾)等。

学习小结

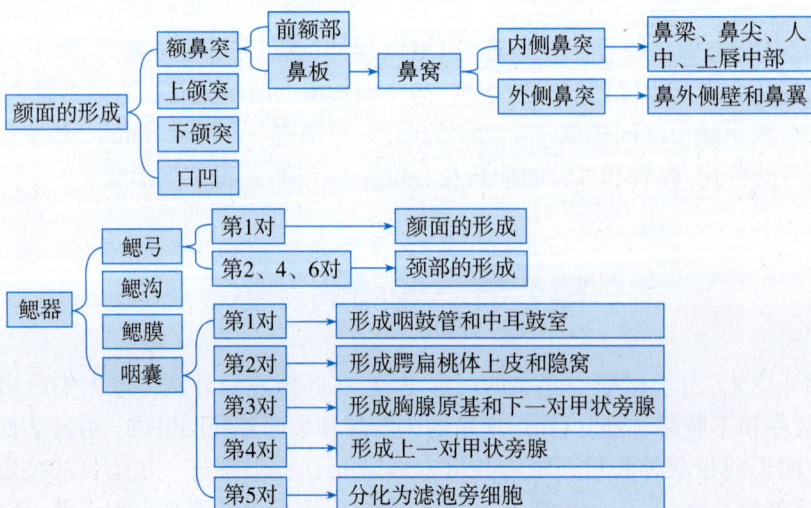

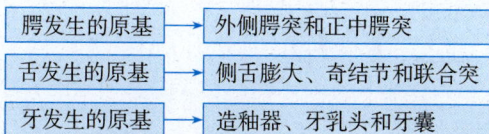

笔记栏

```
腭发生的原基 ──▶ 外侧腭突和正中腭突
舌发生的原基 ──▶ 侧舌膨大、奇结节和联合突
牙发生的原基 ──▶ 造釉器、牙乳头和牙囊
```

（王　东）

复习思考题

1. 颜面形成的原基包括哪些？是如何进行演化的？
2. 简述腭的发生原基及发生过程。

扫一扫
测一测

第二十章

消化系统和呼吸系统的发生

📝 学习目标

能描述原始消化管结构特点及其演化过程,列出消化管形成过程中常见的畸形并结合其演化过程分析畸形的形成原因;能描述咽囊的演变过程;识记甲状腺、肝、胆囊和胰腺的原基,并描述其发生过程;能描述呼吸系统的发生过程,列出常见畸形并结合其发生过程说明畸形的形成原因。

第一节 原始消化管的发生

人胚第 3~4 周时,随着扁平状的胚盘向腹侧卷折成圆柱形胚体,内胚层被卷入胚体内,形成头尾方向的封闭管道,称为**原始消化管**(primitive gut),其头端由口咽膜封闭,尾端由泄殖腔膜封闭,以后口咽膜、泄殖腔膜相继破裂,原始消化管与外界相通。原始消化管头段为**前肠**(foregut),中段为**中肠**(midgut),其腹侧与卵黄囊相连,尾段为**后肠**(hindgut)(图 20-1)。

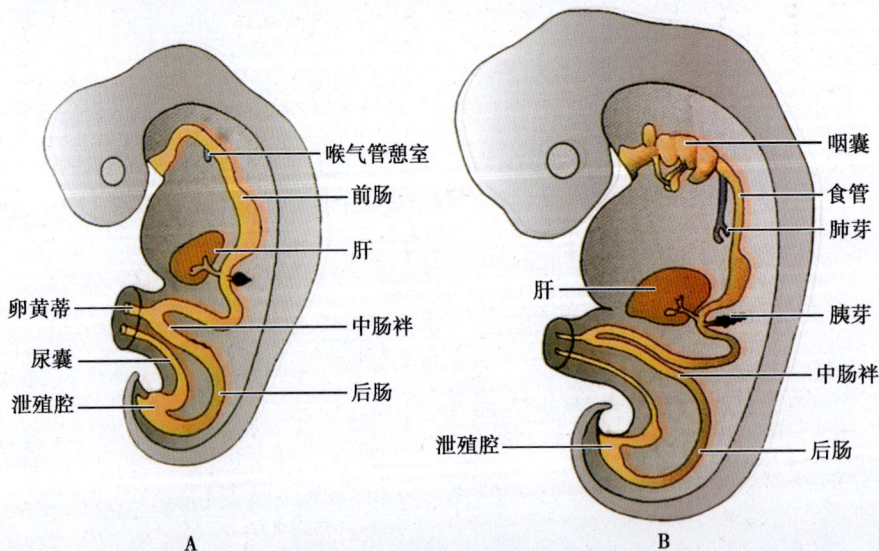

图 20-1 原肠的早期演变示意图
A. 第 4 周人胚;B 第 5 周人胚

前肠分化为口腔底、舌根、咽至十二指肠上段之间的消化管;下颌下腺、舌下腺、肝、胆、胰等消化腺;喉及以下的呼吸道和肺;胸腺、甲状腺和甲状旁腺等内分泌器官。中肠分化为十二指肠中段至横结肠右 2/3 之间的肠管。后肠分化为横结肠的左 1/3 至肛管上段之间的肠管以及膀胱和尿道的大部分。这些器官中的黏膜上皮、腺上皮和肺泡上皮均来自内胚层。结缔组织、肌组织、血管内皮和外表面的间皮均来自脏壁中胚层。

第二节　原始咽的发生和咽囊的演变

胚第 4 周,在鳃弓发生的同时,原始消化管的头端膨大形成**原始咽**(primary pharynx),呈左右较宽、背腹扁、头宽尾窄的扁漏斗状。原始咽的侧壁向外膨出形成 5 对咽囊,左右对称。随着胚胎发育,5 对咽囊的内胚层上皮相继分化形成一些重要的器官(图 20-2)。

第 1 对咽囊:内侧份伸长形成咽鼓管,外侧份膨大形成中耳鼓室;第 1 鳃膜形成鼓膜;外耳道来自于第 1 鳃沟。

第 2 对咽囊:内侧份的浅窝形成腭扁桃体上皮和隐窝,外侧份大部退化。

第 3 对咽囊:腹侧份上皮细胞增生,形成长条状细胞索,尾侧末端延伸,在胸腔内增大,左右合并成**胸腺原基**(primordium of thymus);其头端退化。第 3 对咽囊背侧份上皮细胞增生,随胸腺下移至甲状腺的背下方,分化成下一对甲状旁腺。

第 4 对咽囊:背侧份上皮细胞增生,向甲状腺背上方迁移,分化为上一对甲状旁腺;腹侧份退化。

第 5 对咽囊:形成一个很小的细胞团,称为**后鳃体**(ultimo branchial body),其部分细胞迁入甲状腺内,分化为滤泡旁细胞。

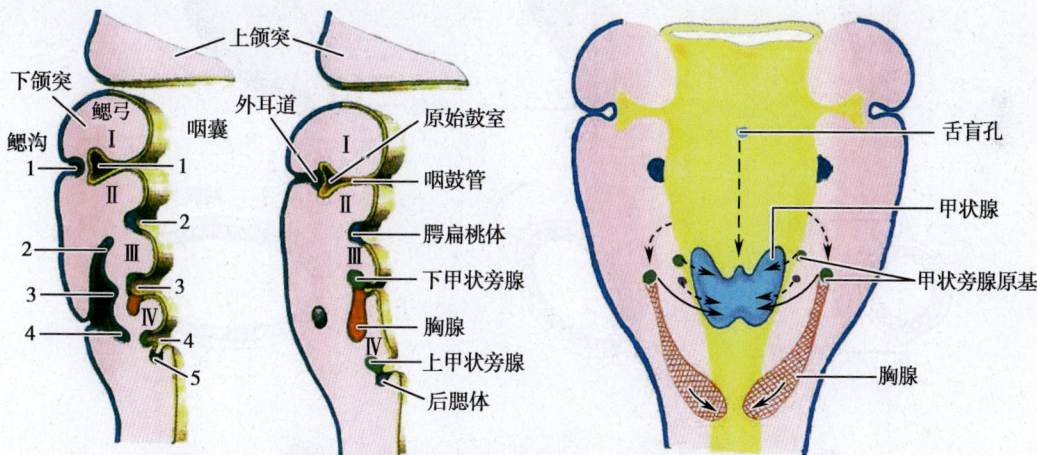

图 20-2　咽囊的演化及甲状腺的发生示意图
1~5 示第 1~ 第 5 咽囊及鳃沟;Ⅰ~Ⅲ示鳃弓

第三节　甲状腺的发生

第 4 周初,原始咽底壁正中线相当于第 1 咽囊平面处,内胚层细胞增生,向间充质内下陷形成一盲管,称**甲状舌管**(thyroglossal duct),为甲状腺原基。此管沿颈部正中向尾端方向生长、延伸,末端向两侧增生膨大,形成甲状腺侧叶。第 7 周时,甲状舌管上段退化消失,仅在起始处残留一浅凹,称**舌盲孔**(图 20-2)。第 11 周,甲状腺滤泡出现,内含胶质。第 13 周开始分泌甲状腺激素。

第四节 消化管的发生

一、食管的发生

第 4 周时,原始咽尾端形成食管,随着颈部形成,心肺下降,食管增长。其内胚层上皮由单层增生为复层,使管腔一度闭锁。第 8 周,过度增生的上皮退化,管腔重新出现。

二、胃的发生

第 4~5 周时,食管尾侧的前肠膨大成梭形,为胃的原基。胃背侧缘生长较快,形成胃大弯,腹侧缘生长缓慢,形成胃小弯。胃大弯头端膨起形成胃底。胃背系膜增长迅速,向左膨出形成网膜囊。胃大弯由背侧转向左侧,胃小弯由腹侧转向右侧,胃沿胚体纵轴顺时针旋转90 度,因肝发育增大和十二指肠在背体壁固定,使胃由原来的头尾方向变成从左上至右下的斜行方位(图 20-3)。

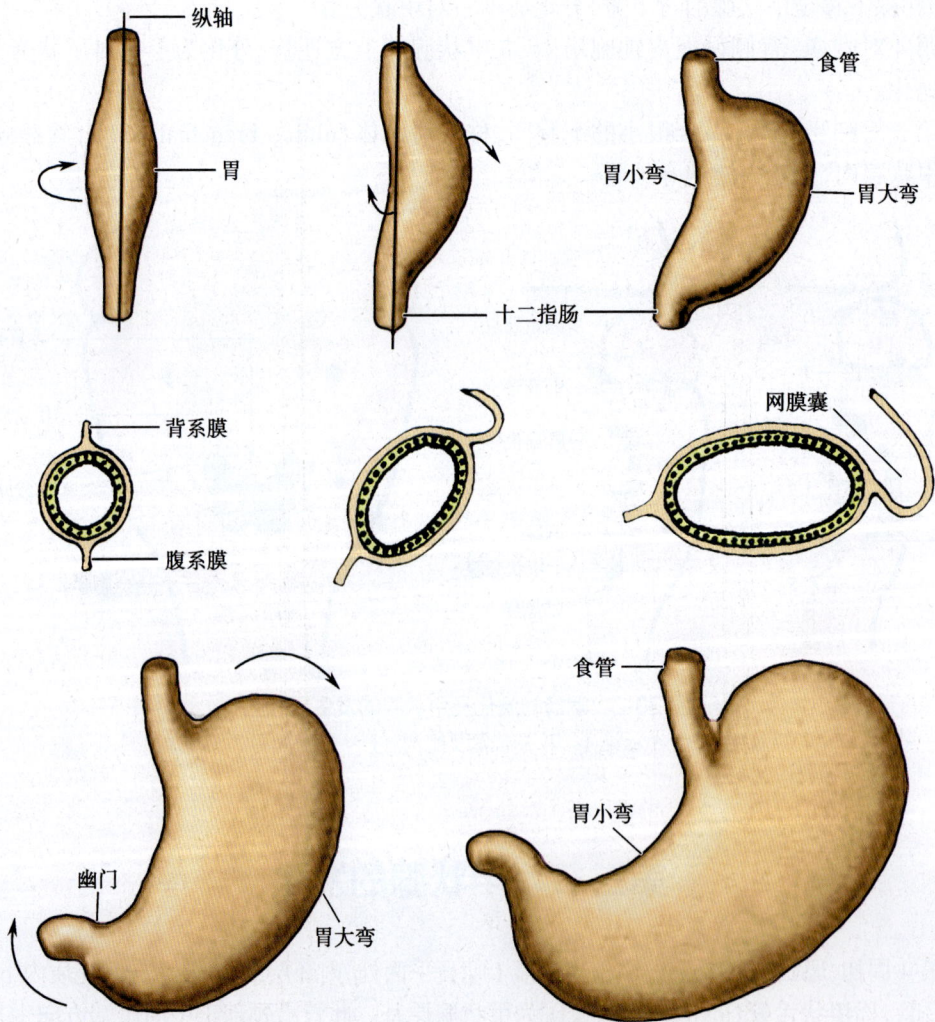

图 20-3 胃的发生模式图
中行图为胃的中部横切面

三、肠的发生

最初为一直管，以背系膜连于腹后壁。第 5 周后，肠管生长极快，形成向腹侧弯曲的 U 形**中肠袢**（midgut loop）。其顶端连于卵黄蒂，卵黄蒂以上为头支，以下为尾支，肠系膜上动脉位于肠袢系膜的中轴。尾支近卵黄蒂处有一囊状突起，称**盲肠突**（caecal swelling），为大肠和小肠的分界线，是盲肠与阑尾的原基（图 20-4）。

第 6 周初，由于肝和肾发育，腹腔容积相对较小，使中肠袢突入脐带内的胚外体腔，即**脐腔**（umbilical coelom），形成**生理性脐疝**（physiological umbilical hernia）。同时以肠系膜上动脉为轴逆时针旋转 90 度（由胚的腹侧观），由矢状位转为水平位，头支转向右侧，尾支转至左侧。从第 6 周开始，卵黄蒂逐渐退化闭锁、脱离肠袢，最终消失。第 10 周时，腹腔容积增大，肠袢从脐腔退回腹腔，脐腔闭锁。退回时头支在先，尾支继后，继续逆时针旋转 180 度，使头支转至左侧，尾支转向右侧。头支演变为空肠和回肠的大部分，位于腹腔中部；尾支演变为盲肠至横结肠右 2/3 的肠管，位于腹腔周边。盲肠突最初位于肝右叶下方，以后下降至右髂窝，升结肠随之形成（图 20-4）。盲肠突近段发育成盲肠，远段发育成阑尾。随之，后肠前段形成横结肠左 1/3、降结肠和乙状结肠。

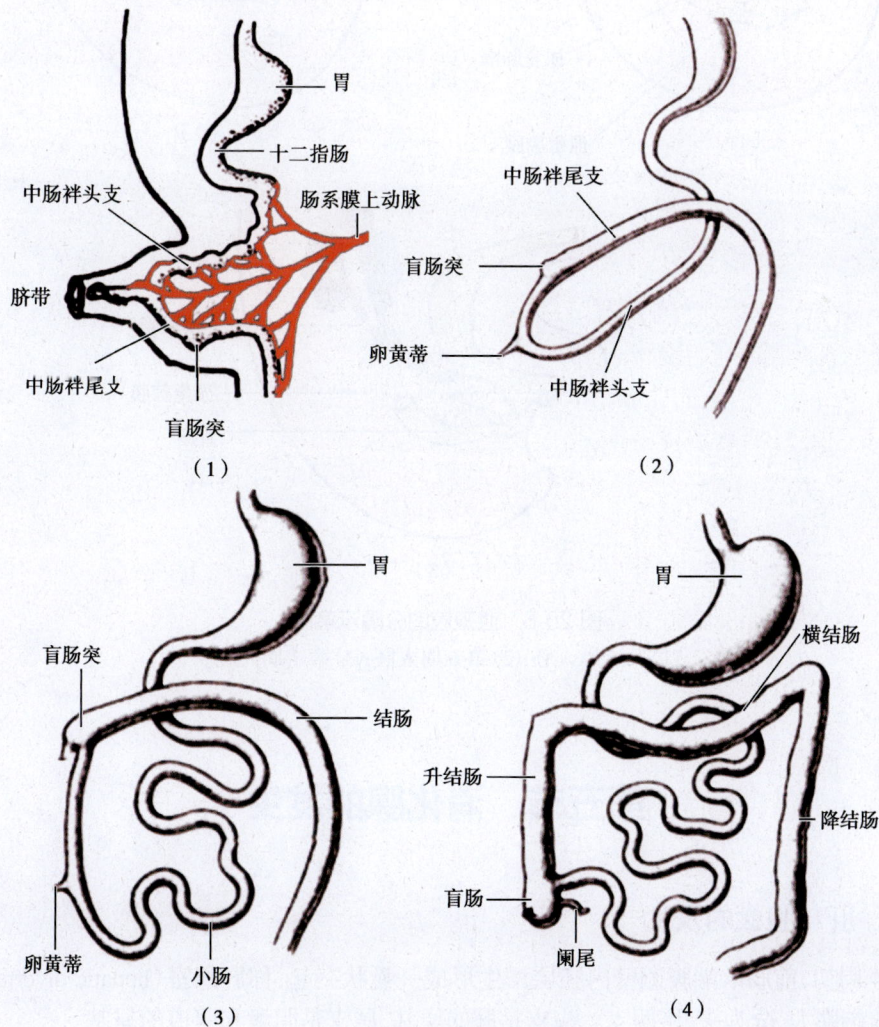

图 20-4 中肠袢的旋转示意图
(1)~(4)示演变过程

四、泄殖腔的分隔

后肠末段的膨大部为**泄殖腔**（cloaca）。腹侧与尿囊相连，尾端以泄殖腔膜封闭。第4~7周时，尿囊与后肠之间的间充质增生，形成**尿直肠隔**（urorectal septum），将泄殖腔分为背侧的原始直肠和腹侧的**尿生殖窦**（urogenital sinus）。泄殖腔膜也被分为相对应的**肛膜**（anal membrane）和**尿生殖膜**（urogenital membrane）（图20-5）。肛膜外方外胚层向内凹陷形成**肛凹**（anal pit）。第8周末，肛膜破裂，原始直肠分化为直肠和肛管上段，肛凹形成肛管下段，两者之间以齿状线分界。尿生殖窦将参与泌尿生殖管道的形成（详见第21章）。

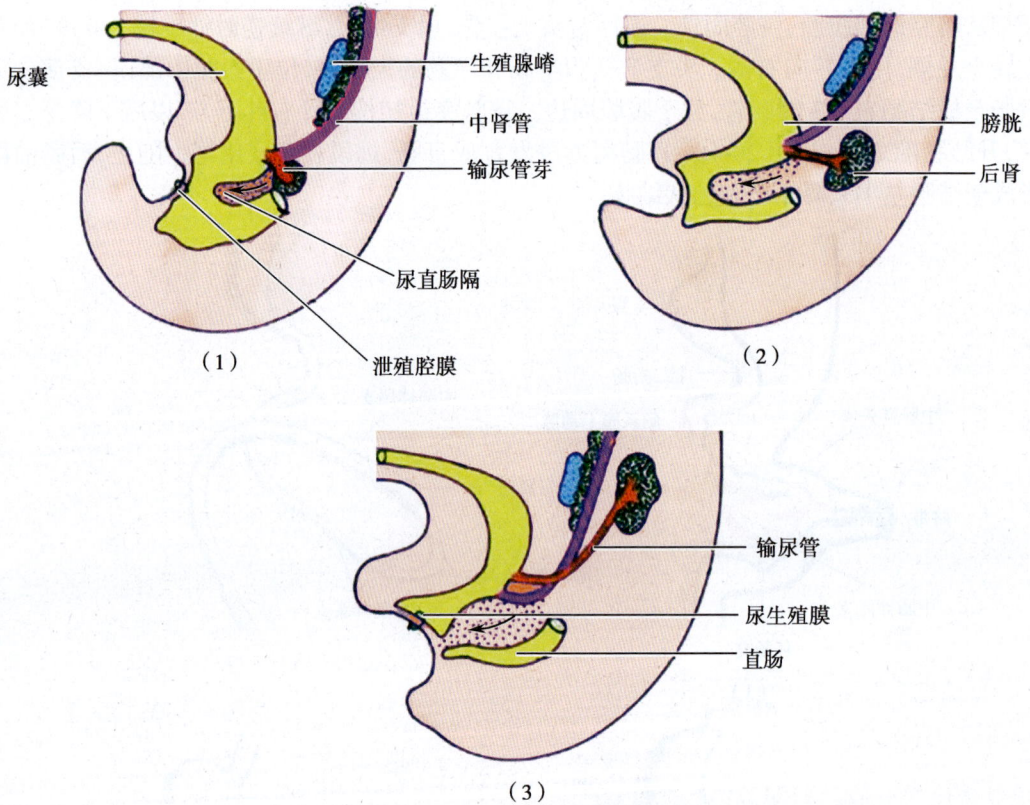

图 20-5　泄殖腔的分隔示意图
(1)第5周人胚;(2)第6周人胚;(3)第7周人胚

第五节　消化腺的发生

一、肝与胆囊的发生

第4周初，前肠末端腹侧壁内胚层增生形成一囊状突起，称**肝憩室**（hepatic diverticulum）。肝憩室末端膨大，分为头、尾两支。头支是肝的原基，尾支是胆囊和胆道的原基。

头支细胞增殖快，形成树枝状分支的细胞索，其近端分化成肝管及小叶间胆管，末端分支旺盛，相互连成肝板网。卵黄静脉和脐静脉分支形成肝血窦，间充质分化成肝内结缔组织及被膜。第 6 周,从卵黄囊迁入的造血干细胞开始造血。第 2 个月,肝细胞之间形成胆小管,第 3 个月,肝细胞开始合成胆汁。肝憩室尾支,近端伸长形成胆囊管,末端膨大形成胆囊。肝憩室基部发育成胆总管,并与胰管合并开口于十二指肠(图 20-6)。

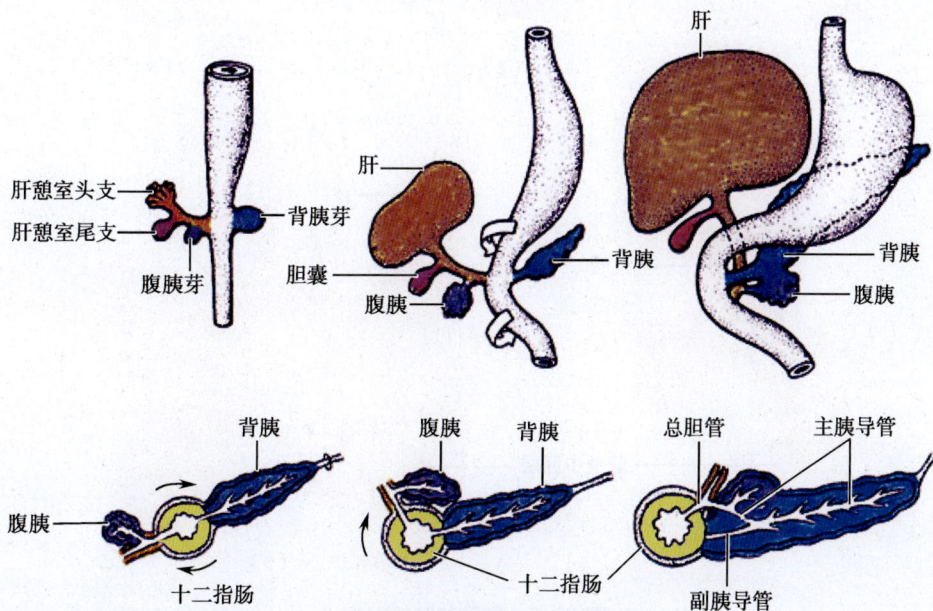

图 20-6 肝、胆及胰的发生示意图

二、胰腺的发生

第 4 周末,肝憩室尾缘前肠内胚层上皮增生,向外突出形成**腹胰芽**(ventral pancreatic bud),其对侧上皮增生形成较大的**背胰芽**(dorsal pancreatic bud)。将分别形成腹胰和背胰(图 20-6)。胰芽反复分支,形成各级导管及其末端的腺泡。一部分上皮细胞游离进入间充质,分化为胰岛。由于胃和十二指肠的旋转和肠壁的不均等生长,腹胰转至背胰的下方并与之融合,形成胰头下半部,背胰形成胰头上半部、胰体和胰尾。腹胰导管与背胰远端导管组成胰腺的主胰管,背胰的近端导管退化,有时存留下来形成副胰管,可直接开口于十二指肠。

第六节 呼吸系统的发生

第 4 周时,原始咽尾端底壁正中区出现一条纵沟,称**喉气管沟**(laryngotracheal groove)。喉气管沟逐渐加深形成一个盲囊,称**喉气管憩室**(laryngotracheal diverticulum),位于食管的腹侧。喉气管憩室与食管之间的间充质增生称**气管食管隔**(tracheoesophageal septum)(图 20-7)。喉气管憩室头端发育为喉,中段发育为气管,末端膨大分为左右两支,称**肺芽**(lung bud),是支气管和肺的原基。肺芽呈树枝状反复分支,形成支气管树和肺泡。周围的间充质分化为呼吸道和肺的结缔组织、平滑肌和软骨等(图 20-7)。第 7 个月时,肺泡上皮分化出 Ⅱ型肺泡细胞,并开始分泌表面活性物质。

食管
气管
肺芽

（3）

咽
喉气管憩室

（2）

喉气管沟

（1）

气管
支气管

脏壁中胚层

气管

脏壁中胚层

（4）

（5）

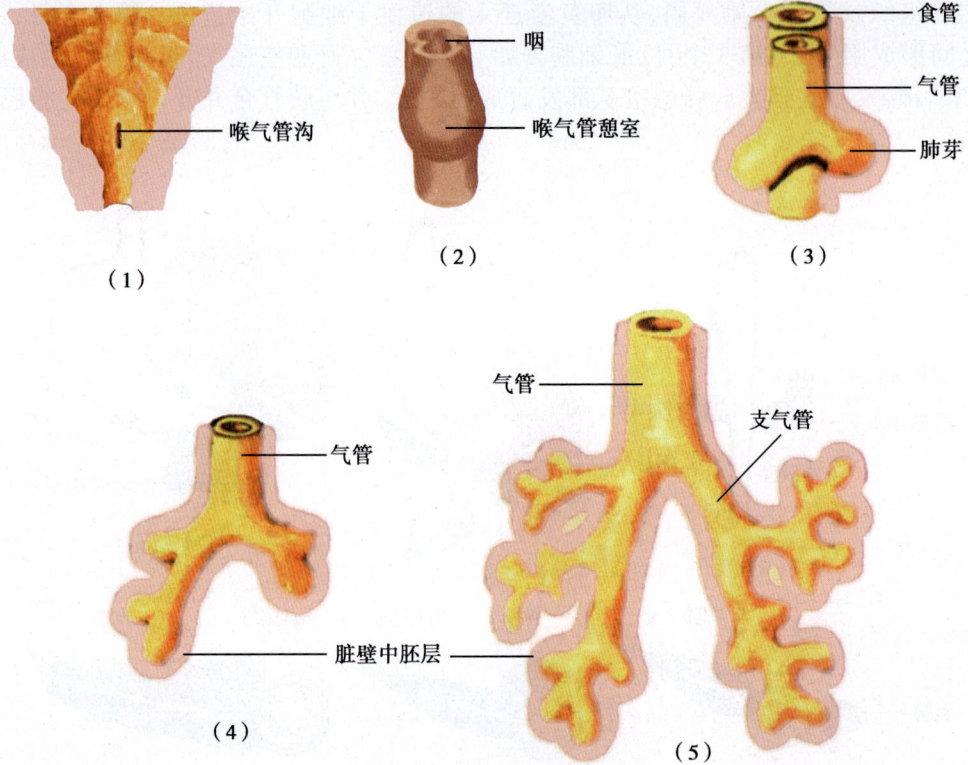

图 20-7　气管和肺的发生
(1)第4周(咽底壁观);(2)第4周(腹侧观)
(3)第4周末;(4)第5周;(5)第6周

第七节　常见畸形

1. 消化管狭窄或闭锁　**消化管狭窄或闭锁**(gut stenosis or atresia)常发生在食管和十二指肠。在它们发生过程中,曾一度出现上皮细胞过度增生,使管腔狭窄或闭锁,若以后过度增生的细胞不凋亡,管腔重建障碍,则发生局部管腔狭窄或闭锁(图 20-8)。

2. 麦克尔憩室　**麦克尔憩室**(meckel diverticulum)又称**回肠憩室**,是由于卵黄蒂近端退化不全所致,表现为回肠壁上距回盲部 40~50cm 处的囊状突起,其顶端可有纤维索与脐相连(图 20-8)。

3. 脐粪瘘　**脐粪瘘**(umbilical fistula)由于卵黄蒂未退化,在脐与肠之间残留一瘘管所致。出生后腹内压增高时,粪便可从脐溢出(图 20-8)。

4. 先天性脐疝　**先天性脐疝**(congenital umbilical hernia)由于脐腔未闭锁,脐部残留一孔与腹腔相通,肠管可从脐部膨出(图 20-8)。

5. 肛门闭锁　**肛门闭锁**(imperforate anus)又称不通肛,是由于肛膜未破或直肠与肛凹未接通所致(图 20-8)。并常因尿直肠隔发育不全而伴有直肠尿道瘘或直肠阴道瘘。

6. 肠袢转位异常　由于肠袢自脐腔退回腹腔时未旋转或旋转不完全或反向旋转所致。可表现为肠解剖位置异常,常伴有心等其他内脏的异位。

ER-20-1

肛门闭锁伴
直肠阴道瘘

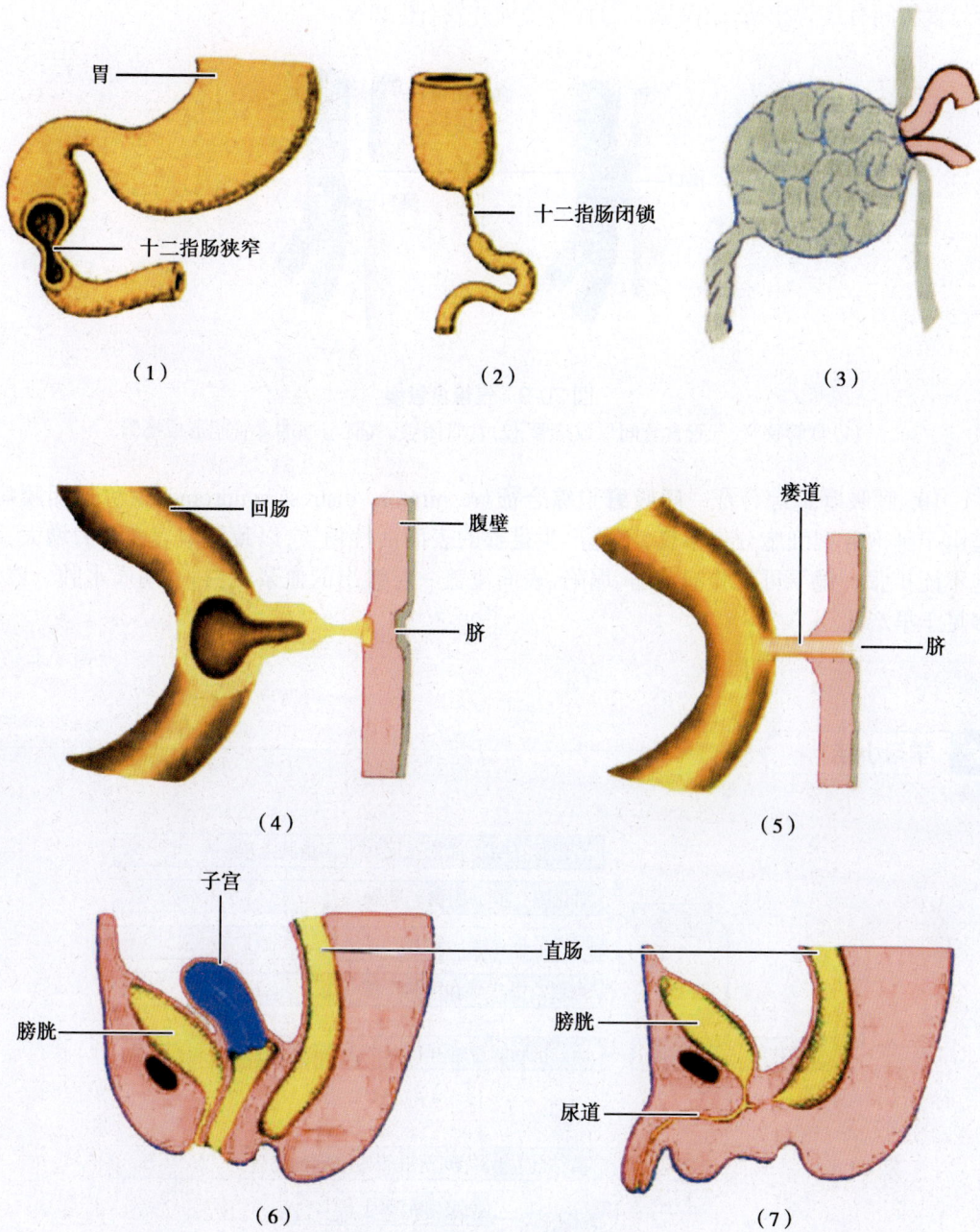

图 20-8　消化系统常见畸形模式图

（1）十二指肠狭窄;（2）十二指肠闭;（3）麦克尔憩室;（4）脐粪瘘;
（5）先天性脐疝（6）肛门闭锁（7）肛门闭锁伴直肠尿道瘘

7. 甲状舌管囊肿　是由于甲状舌管在发育过程中没有闭锁,局部残留小的腔隙,或全部残留成为细长管道,当上皮细胞分化为黏液性细胞,黏液聚集便形成囊肿,位于舌与甲状腺之间。

8. 先天性巨结肠　多见于乙状结肠。因神经嵴细胞未迁移至该段肠壁内,使肠壁内副交感神经节细胞缺如,导致该段结肠失神经性痉挛,使上段肠管的粪便停滞,表现顽固的便秘,最终该段肠管发生肥大与扩张(扩张段)。

9. 气管食管瘘　**气管食管瘘**(tracheoesophageal fistula)由于气管食管隔发育不良,致气

先天性巨结肠

299

笔记栏

管与食管间有瘘管相通,此畸形常与食管闭锁并发(图 20-9)。

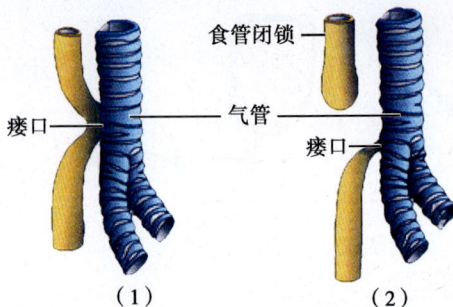

图 20-9　气管食管瘘

(1)食管狭窄,气管食管间形成瘘管;(2)食管闭锁,气管与远端食管间形成瘘管

10. 呼吸窘迫综合征　**呼吸窘迫综合征**(respiratory distress syndrome)又称**透明膜病**,是由于肺泡Ⅱ型细胞分化不良,不能产生足够的表面活性物质,以致肺泡表面张力增大,肺泡不能扩张。镜下可见肺泡萎缩、塌陷,表面覆盖一层渗出的血浆蛋白膜,间质水肿。该病多见于早产儿。

（王　东）

学习小结

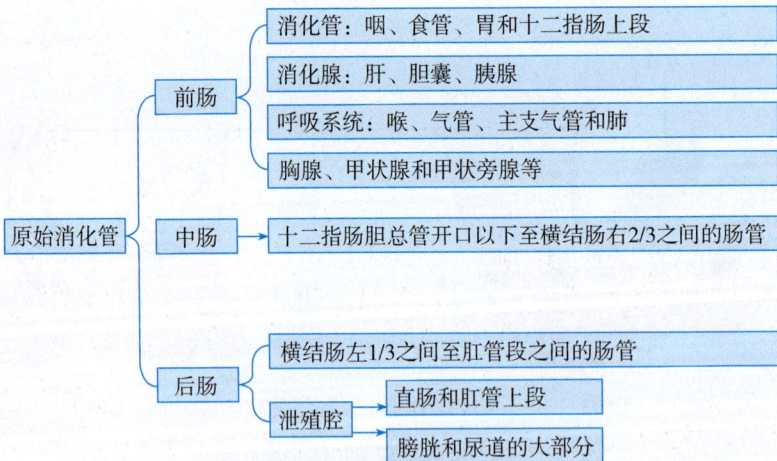

复习思考题

1. 与卵黄蒂相关的先天畸形有哪些？其各自的形成原因是什么？
2. 泄殖腔是如何分隔和演化的？分隔和演化异常可能出现的畸形有哪些？
3. 咽囊分化形成哪些器官？

扫一扫
测一测

第二十一章

泌尿系统和生殖系统的发生

✎ 学习目标

能描述输尿管芽的演化与后肾的发生,结合发生过程分析泌尿系统常见畸形发生的原因;描述生殖腺及生殖管道的发生过程,结合所学相关知识分析生殖系统常见畸形发生的原因。

泌尿系统和生殖系统为两个完全不同的组成部分。但在胚胎发生过程中,泌尿系统和生殖系统有着密切的关系,两者的主要器官都是由间介中胚层沿腹后壁发展而来,最初两个系统的排泄管都进入一个共同的腔,即泄殖腔。胚胎发育的第 4 周初,间介中胚层头段呈分节状生长,称**生肾节**(nephrotome)尾段细胞增生形成左、右两条纵行细胞索,称**生肾索**(nephrogenic cord)(图 21-1)。第 4 周末,生肾索增生与体节分离,向胚内体腔突出,在腹后壁中轴两侧形成一对纵行隆起,称**尿生殖嵴**(urogenital ridge)。不久,尿生殖嵴中央出现一纵沟,将其分为内侧细而短的**生殖腺嵴**(gonadal ridge),为生殖腺原基;外侧粗而长的**中肾嵴**(mesonephric ridge),为肾发生的原基(图 21-2)。

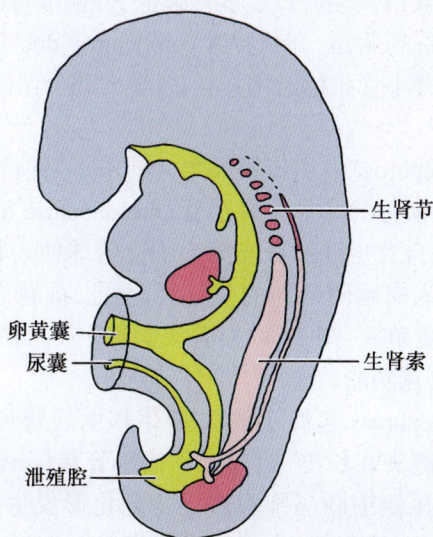

图 21-1　第 4 周初间介中胚层的分化

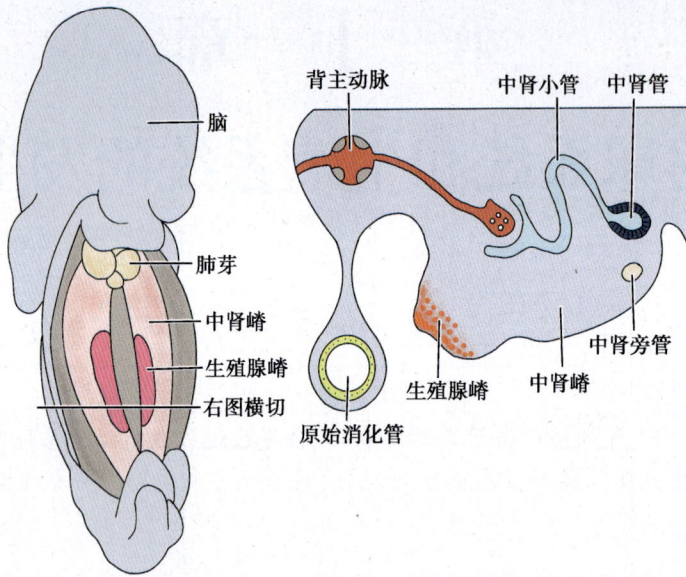

图 21-2　中肾嵴和生殖腺嵴发生

第一节　泌尿系统的发生

一、肾和输尿管的发生

人胚肾的发生历经前肾、中肾和后肾三个阶段。它们顺次由胚体颈部向尾端发生，只有后肾保留下来成为成体的肾脏。

1. 前肾　前肾（pronephros）又称原肾。第 4 周初，生肾索头端形成数条横行小管，称**前肾小管**（pronephric tubule），其内侧端开口于胚内体腔，外侧端弯向尾侧，与相邻的前肾小管相通，形成一条头尾走向的纵行管道，即**前肾管**（pronephric duct）。人胚前肾存在时间很短，无泌尿功能。第 4 周末，前肾小管相继退化，而前肾管大部分保留，向尾部延伸，后更名为**中肾管**（图 21-3）。

2. 中肾　**中肾**（mesonephros）发生于胚胎第 4 周末。当前肾退化时，前肾管尾侧的生肾索细胞先后出现约 80 对横行的 S 形**中肾小管**（mesonephric tubule）。其内侧端膨大并内陷成双层杯状的肾小囊，来自背主动脉分支的毛细血管球伸入肾小囊，两者共同构成肾小体。中肾小管的外侧端通入向尾侧延伸的前肾管，至此，前肾管改称**中肾管**（mesonephric duct）。中肾管的尾端通入泄殖腔（图 21-3）。至第 2 个月末，当后肾发生后，中肾大部分退化。退化前可能有短暂的泌尿功能。

3. 后肾　**后肾**（metanephros）起源于输尿管芽和生后肾原基。人胚胎第 5 周初，中肾管尾端近泄殖腔处向背侧头端长出一盲管，称**输尿管芽**（ureteric bud），其长入中肾嵴的尾端，在其诱导下，中肾嵴尾侧中胚层细胞进一步分化形成**生后肾原基**（metanephrogenic blastema）。输尿管芽尾端形成输尿管，头端膨大反复呈 T 字形分支达 12 级以上。起始的两级分支扩大合并成为肾盂，第 3~4 级分支扩大成为肾盏，其余分支形成集合小管（图 21-4）。集合小管末端诱导生后肾原基增生，呈帽状包在其盲端上。生后肾原基分化成 S 形肾小管，一端与集合小管相通，另一端膨大内陷形成肾小囊，包绕肾动脉分支的毛细血管球，共同构成肾小体。肾小管延长弯曲分化成各段结构，与肾小体组成肾单位（图 21-5）。周围

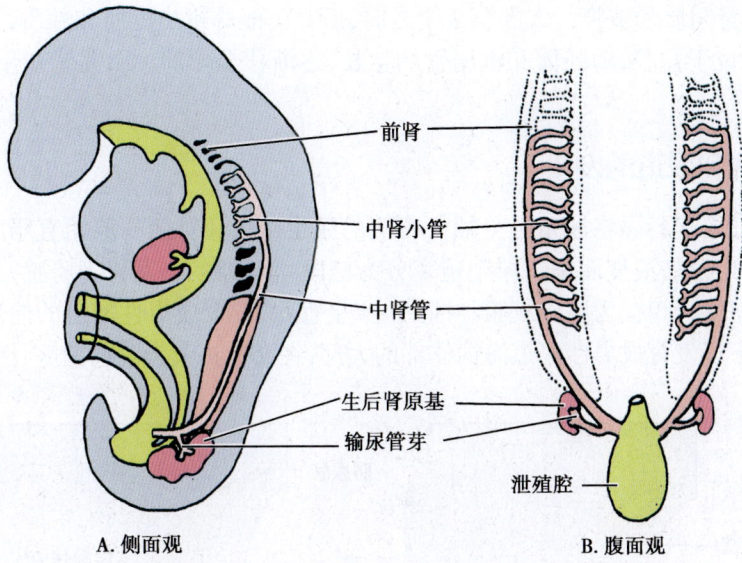

A. 侧面观　　　　　　　　　　　　　B. 腹面观

图 21-3　前肾、中肾、后肾和输尿管的发生

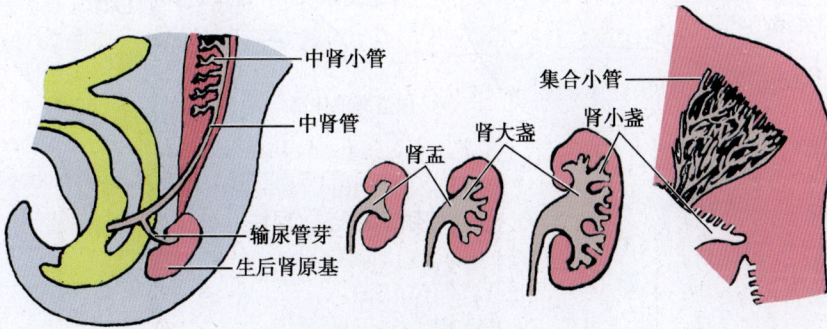

图 21-4　后肾的发生

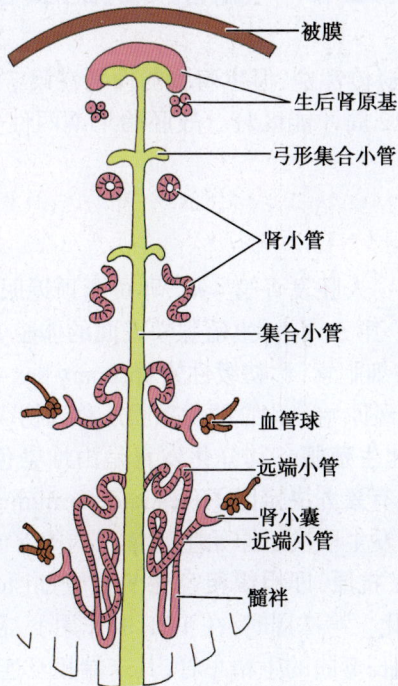

图 21-5　肾单位的发生

笔记栏

ER-21-1

肾的上升

间充质分化成肾间质和被膜。人胚第 3 个月时,后肾已能分辨出皮质和髓质,并具有泌尿功能。后肾最初位于盆腔,随胚体和输尿管的生长,逐渐移至腰部。胎儿肾初呈分叶状,以后渐渐不明显。

二、膀胱和尿道的发生

第 4~7 周,尿直肠隔将泄殖腔分隔为腹侧的**尿生殖窦**和背侧的**原始直肠**两部分。膀胱和尿道均由尿生殖窦演变而来。尿生殖窦分为三段:上段膨大,发育为膀胱,其顶端与脐尿管相连,以后脐尿管闭锁为脐中韧带;中段狭窄呈管状,发育成男性尿道的前列腺部和膜部或女性尿道;下段发育成男性尿道海绵体部的大部,在女性扩大为阴道前庭(图 21-6)。

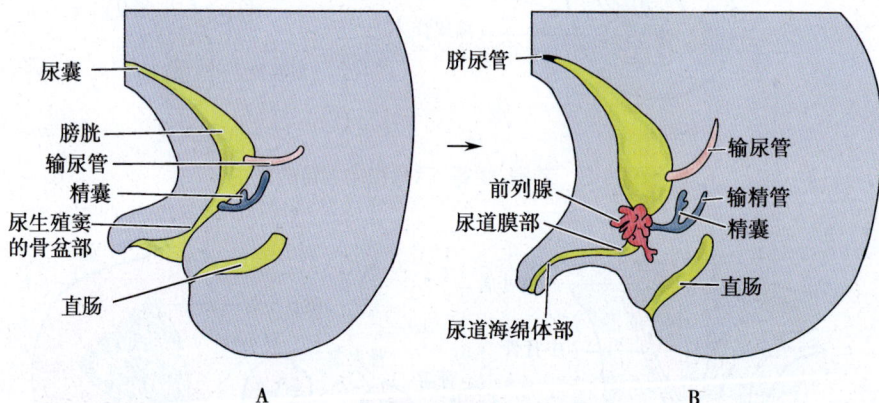

图 21-6 膀胱和尿道的发生(男性)

第二节 生殖系统的发生

虽在受精时已确定胚胎遗传性别,但生殖腺的性别在第 7 周才能辨认出是睾丸还是卵巢,而外生殖器的性别在第 12 周才能区分。故胚胎早期两性生殖系统的发生为性未分化阶段。

一、生殖腺的发生

1. 未分化生殖腺的发生 人胚发育第 4 周,卵黄囊顶近尿囊处的内胚层出现许多大而圆的原始生殖细胞(图 21-7)。第 5 周初,生殖腺嵴表面的体腔上皮增生,并进入其下方的间充质,形成许多不规则的上皮细胞索,称**初级性索**(primary sex cord),又称**生殖腺索**(gonadal cord)。第 6 周,原始生殖细胞经原始消化管的背系膜迁移到初级性索内(图 21-8)。此时生殖腺尚无性别特征,故称**未分化生殖腺**。其分化发育是由性染色体复合物(XX 或 XY)决定的,Y 染色体短臂性别决定区有**睾丸决定因子**(testic-determining factor,TDF)。

2. 睾丸的发生 睾丸的发生取决于原始生殖细胞内的 Y 染色体。具有 Y 染色体的原始生殖细胞,细胞膜上有 **H-Y 抗原**,即**组织相容性 Y 抗原**(histocompactibility-Y antigen),使未分化生殖腺向睾丸方向分化。第 7 周时,在 TDF 的作用下,初级性索增生,与生殖腺嵴上皮脱离,向深部分化为许多细长弯曲的生精小管,其末端相互连接形成睾丸网。此时生精小管无管腔,只有原始生殖细胞分化的精原细胞和初级性索分化的支持细胞,这种状况维持到

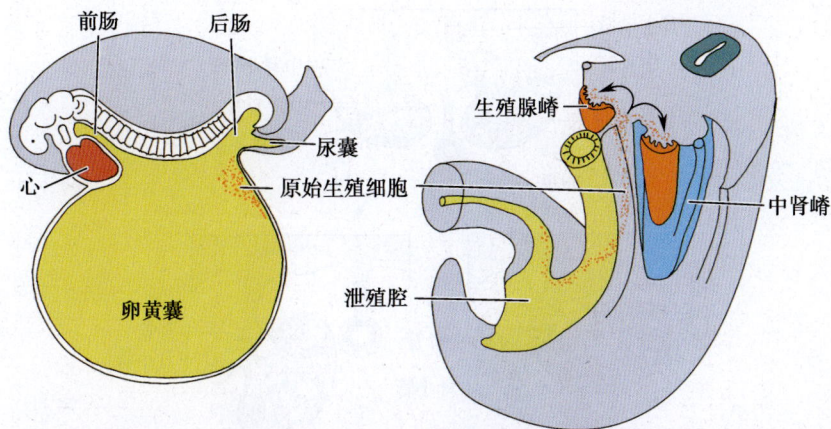

图 21-7　原始生殖细胞的发生和迁移

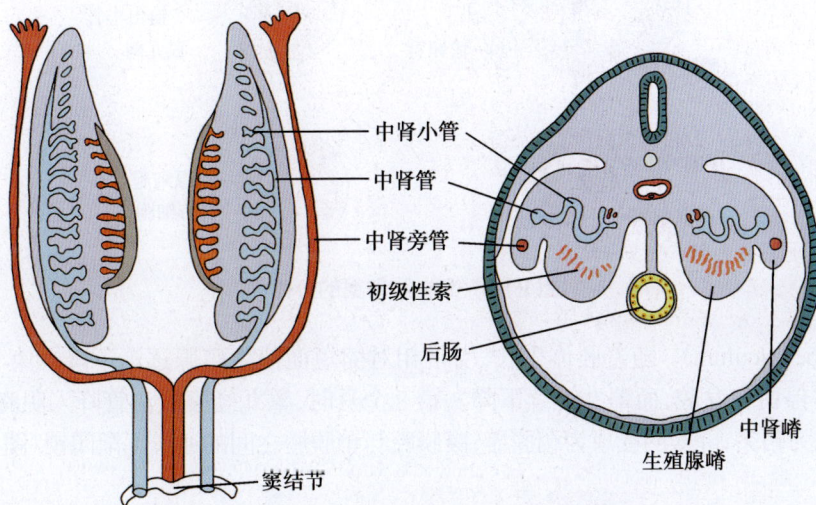

图 21-8　未分化生殖腺与生殖管道的发生

青春期前。第 8 周,表面上皮下方的间充质形成白膜,生精小管之间的间充质细胞分化为睾丸间质细胞(图 21-9)。此时胎盘产生 HCG 达到峰值,刺激睾丸间质细胞分泌雄激素,出生后,睾丸间质细胞减少变小,分泌停止。青春期后,睾丸间质细胞增多变大,重新分泌雄激素。

3. 卵巢的发生　无 Y 染色体的原始生殖细胞,细胞膜上无 H-Y 抗原,未分化生殖腺自然向卵巢方向分化。此过程晚于睾丸的分化。人胚第 10 周时,初级性索退化,未分化生殖腺的表面上皮增生再次向深层间充质伸入,形成含原始生殖细胞的**次级性索**(secondary sex cord),又称**皮质索**(cortical cord)。上皮下的间充质分化为白膜。第 16 周时,次级性索被分隔成许多圆形的细胞团,称原始卵泡。其中央的一个较大的卵原细胞是由原始生殖细胞分化而来,周围一层小而扁平的卵泡细胞是由次级性索细胞分化而来(图 21-9)。卵原细胞不断增殖,出生前已分化为初级卵母细胞,并进行第一次成熟分裂,停留于分裂前期。卵泡之间的间充质细胞分化为卵巢的间质。

4. 生殖腺的下降　生殖腺原位于后腹壁上方,随着生殖腺的发育,逐渐突向腹腔,与后壁以系膜相连。继之,系膜头段退化消失,尾段连于生殖腺的尾端与阴囊或大阴唇之间,称

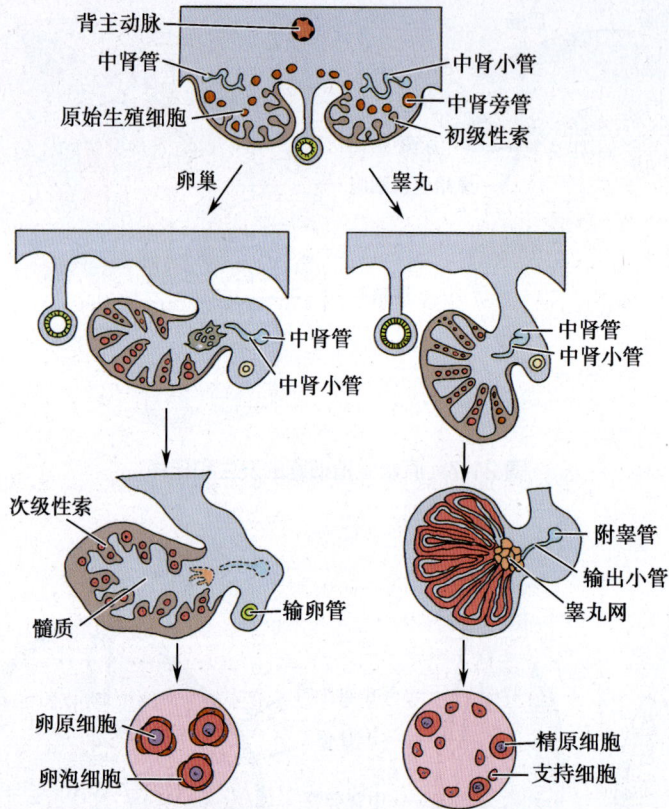

图 21-9　睾丸和卵巢的分化

为**引带**（gubernaculum）。随着胚体生长，引带相对缩短而使生殖腺逐渐下降。第 3 个月末，卵巢下降并停留在盆腔，而睾丸继续下降。第 8 个月时，睾丸经腹股沟管降入阴囊。包绕睾丸的腹膜成为鞘突，降入阴囊成为鞘膜囊，腹膜腔与鞘膜腔之间的通道逐渐闭锁（图 21-10）。

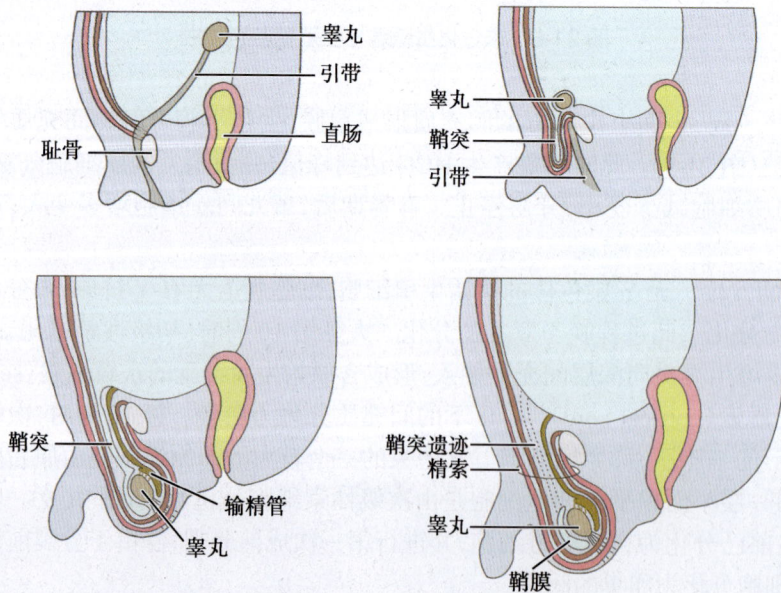

图 21-10　睾丸的下降

二、生殖管道的发生

1. **未分化期** 胚胎早期都有两套生殖管道,即中肾管和**中肾旁管**(paramesonephric duct),又称**米勒管**(Müllerian duct)。人胚第 6 周时,中肾嵴的体腔上皮内陷,形成中肾旁管。头端开口于体腔,上段纵行于中肾管外侧,下段为盲端合并后突入尿生殖窦背侧壁,在窦腔内形成一突起,称**窦结节**(sinus tubercle),中肾管则开口于窦结节两侧(图 21-8)。性腺类型(睾丸或卵巢)决定生殖管道及外生殖器的性别分化,胚胎睾丸产生雄激素,决定男性性征分化,而胚胎早期女性的性征分化则不依赖激素,无卵巢也可发生女性性征分化。

2. **男性生殖管道的发生** 若生殖腺分化为睾丸,支持细胞分泌的抗中肾旁管激素使中肾旁管退化。睾丸间质细胞分泌的雄激素作用于中肾小管和中肾管,使其发育成男性生殖管道。与睾丸相邻的十余条中肾小管分化为附睾的输出小管,其内侧端与睾丸网相连;中肾管头段延长弯曲形成附睾管,中段演化为输精管,尾段成为精囊腺和射精管(图 21-11)。

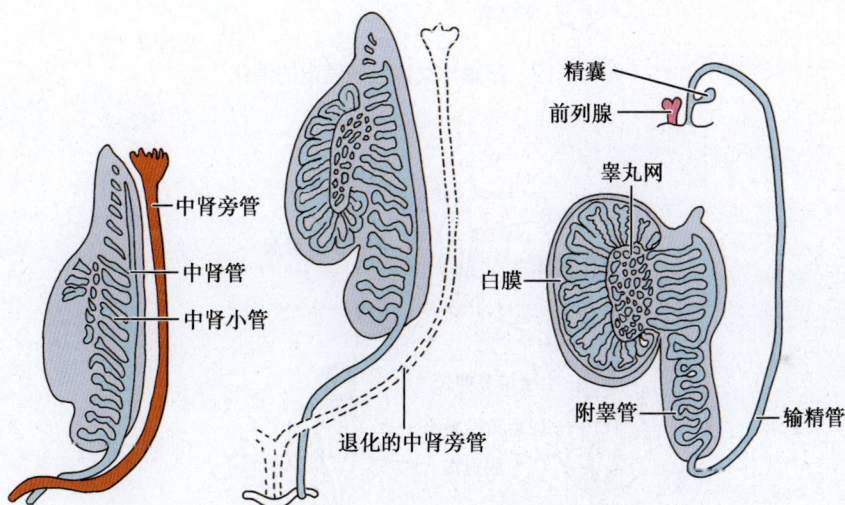

图 21-11 睾丸与男性生殖管道的演化

3. **女性生殖管道的发生** 若生殖腺分化为卵巢,由于缺乏雄激素,中肾管退化,中肾旁管发育。其头段演化为输卵管,尾段左右融合形成子宫,窦结节增生延长为实心的**阴道板**(vaginal plate)。第 5 个月时,阴道板演化为中空的阴道,上端与子宫相通,下端以处女膜与阴道前庭相隔。处女膜于出生前后穿通(图 21-12)。

三、外生殖器的发生

1. **未分化期** 第 6 周,随着泄殖腔分隔为尿生殖窦和原始直肠,泄殖腔膜分为尿生殖膜和肛膜,尿生殖膜两侧各发生两条隆起,内侧较小,称**尿生殖褶**(urogenital fold),外侧较大,称**阴唇阴囊隆起**。尿生殖褶头端靠拢,增殖隆起为**生殖结节**(genital tubercle)。尿生殖褶之间凹陷为**尿生殖沟**(urogenital groove),沟底为尿生殖膜,约于第 9 周时破裂。第 12 周后,外生殖器可辨性别(图 21-13)。

2. **男性外生殖器的分化** 在雄激素作用下,生殖结节细胞增生,伸长为阴茎主体,左右尿生殖褶由后向前在腹侧中线愈合,形成尿道海绵体部。尿生殖沟参与尿道形成。左右阴唇阴囊隆起向尾端牵拉,于中线愈合形成阴囊。

ER-21-2

子宫和阴道
的形成

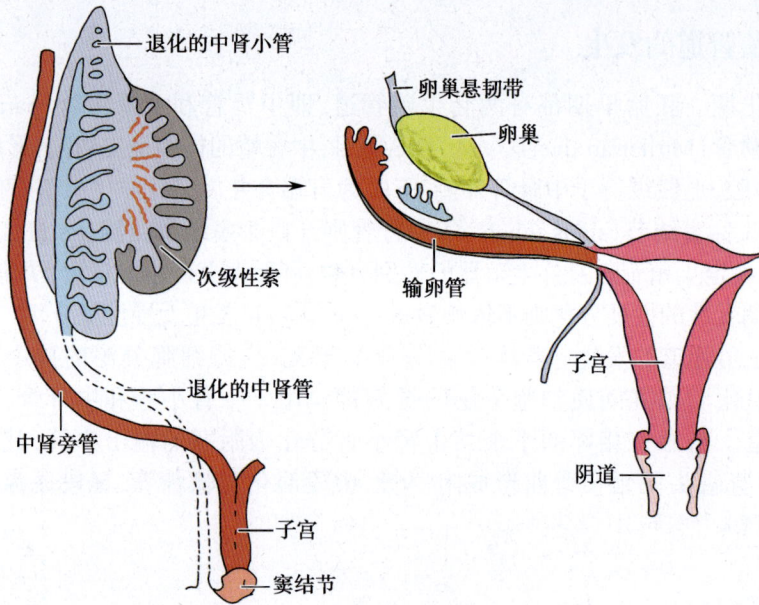

图 21-12 卵巢与女性生殖管道的演化

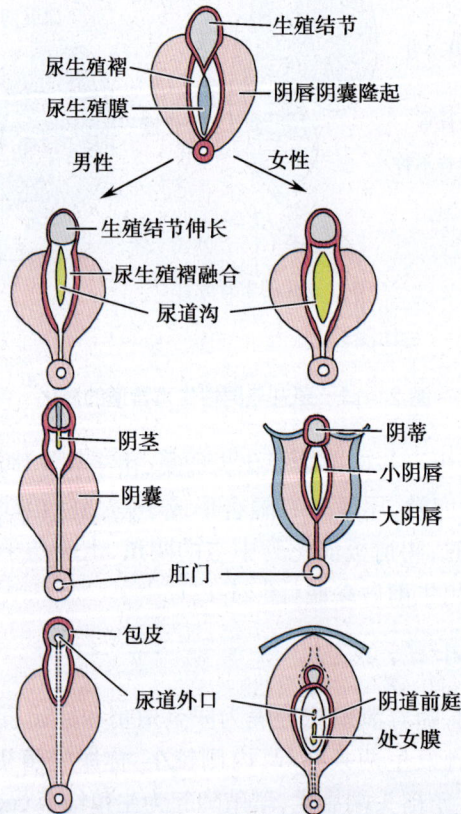

图 21-13 外生殖器的发生

3. 女性外生殖器的分化 由于没有雄激素的作用,生殖结节略增大成为阴蒂。左右尿生殖褶增大为小阴唇,阴唇阴囊隆起继续增大形成大阴唇。头端合并为阴阜,尾端合并与会阴相连。

第三节　常　见　畸　形

1. 多囊肾　**多囊肾**（polycystic kidney）因集合小管未与肾单位连通，使尿液在肾小管内积聚，在肾内形成许多大小不一的囊泡（图 21-14）。

2. 马蹄肾　**马蹄肾**（horseshoe kidney）因两肾下端在发生时愈合形成马蹄形，上升时受阻于肠系膜下动脉根部，肾位置较低（图 21-14）。

3. 异位肾　**异位肾**（ectopic kidney）因肾上升受阻，未能达到正常位置，常见停留在盆腔，与肾上腺分离（图 21-14）。

4. 双输尿管　由于在同一侧发生两个输尿管芽或一个输尿管芽过早分支所致。此时，一个肾形成两个肾盂，各连一条输尿管，两条输尿管分别开口于膀胱，或两条输尿管在其下方合为一条，开口于膀胱（图 21-14）。

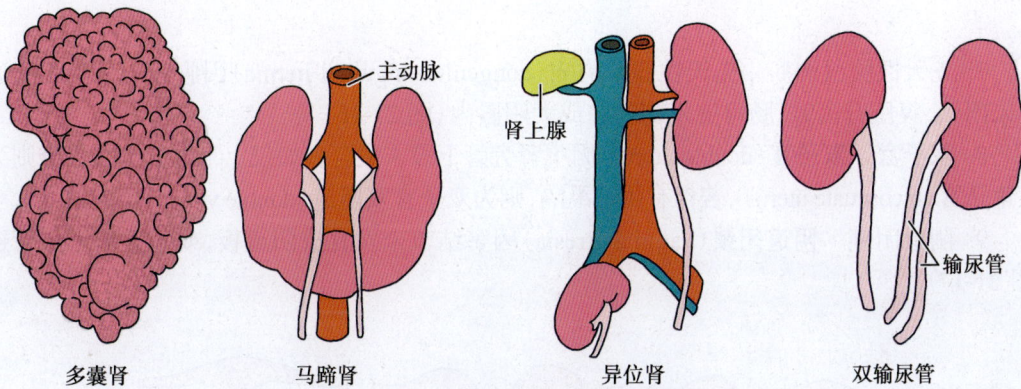

图 21-14　泌尿系统常见先天性畸形

5. 脐尿瘘　**脐尿瘘**（urachal fistula）因脐尿管未闭锁，出生后尿液从脐部外溢。若仅部分脐尿管未闭锁，则可形成囊肿（图 21-15）。

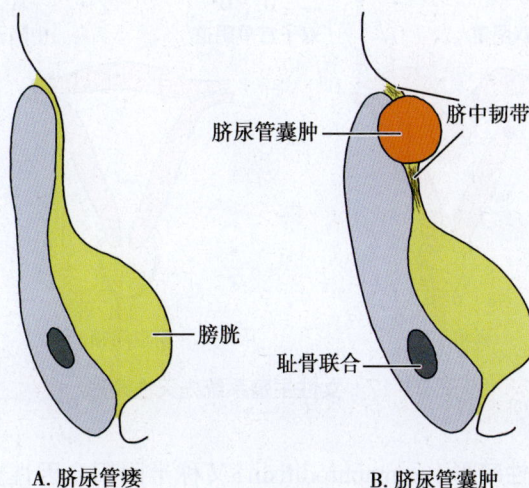

A. 脐尿管瘘　　　　B. 脐尿管囊肿

图 21-15　脐尿管发育异常

6. 隐睾　隐睾（cryptorchidism）因睾丸未下降到阴囊，滞留在腹腔或腹股沟管等处（图21-16）。

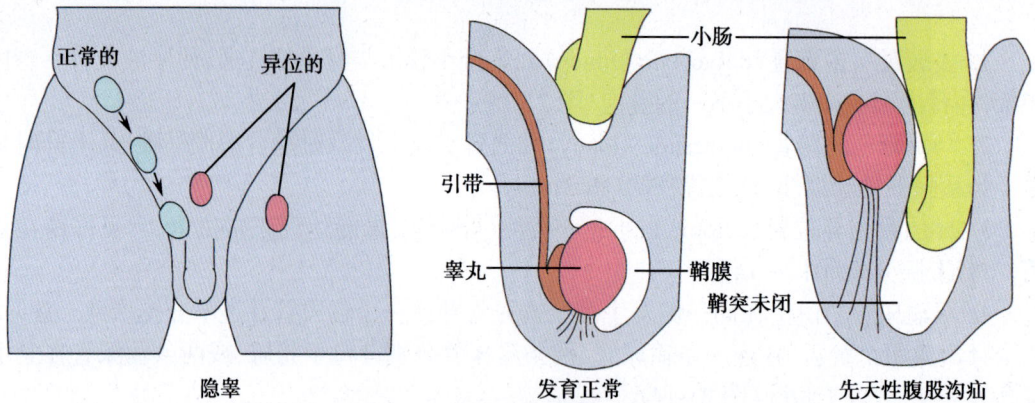

图 21-16　男性生殖系统先天性畸形

7. 先天性腹股沟疝　先天性腹股沟疝（congenital inguinal hernia）因腹腔与鞘膜腔间通道未闭锁，腹压升高时，肠可突入鞘膜腔或大阴唇内（图21-16）。

8. 双子宫　双子宫（double uterus）因中肾旁管下段未愈合。如仅上半部分愈合不全则为**双角子宫**（bicornuate uterus），若伴有阴道纵隔，则为**双子宫双阴道**（double vagina）（图21-17）。

9. 阴道闭锁　阴道闭锁（vaginal atresia）因窦结节未发育成阴道板，或阴道板未成管道（图21-17）。

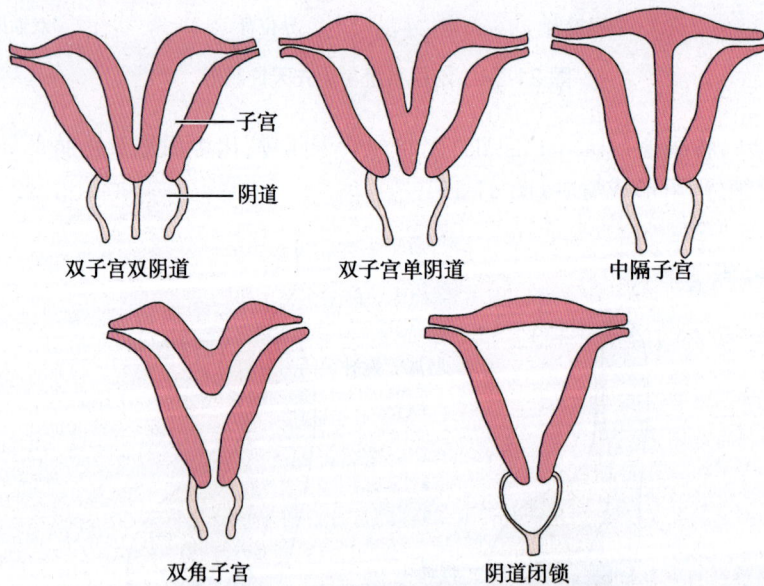

图 21-17　女性生殖系统先天性畸形

10. 两性畸形　**两性畸形**（hermaphroditism）又称半阴阳。因性分化异常，外生殖器常男女分辨不清。可分为三种：①**真两性畸形**（true hermaphroditism）：患者同时有卵巢和睾丸，核型为46,XX/46,XY嵌合型，原因不明。第二性征似男性或女性；②**男性假两性畸形**

（male pseudohermaphroditism）：生殖腺为睾丸，核型为 46，XY。因雄激素分泌不足，外生殖器似女性；③**女性假两性畸形**（female pseudohermaphroditism）：生殖腺为卵巢，核型为 46，XX。因缺少羟化酶，肾上腺分泌过多雄激素，外生殖器似男性。

11. **睾丸女性化**　**睾丸女性化**（testicular feminization）生殖腺为睾丸，核型为 46，XY。可分泌雄激素，但因靶细胞缺乏雄激素受体，生殖管道和外生殖器均不能向男性方向发育，外阴呈女性化，但支持细胞分泌抗中肾旁管激素，故无女性生殖管道，成年后可出现女性第二性征。

知识链接

石　女

MRKH（Mayer-Rokitansky-Küster-Hauser syndrome）综合征，国内统称为先天性无子宫无阴道，民间称这类患者为"石女"。该综合征是由于女性胚胎期双侧中肾旁管未发育或其尾端发育停滞而未向下延伸所致。其发病率为 1/5 000~1/4 000。患者的性染色体、性腺、第二性征及阴道前庭均为正常女性结构。

（刘建春）

学习小结

肾的发生

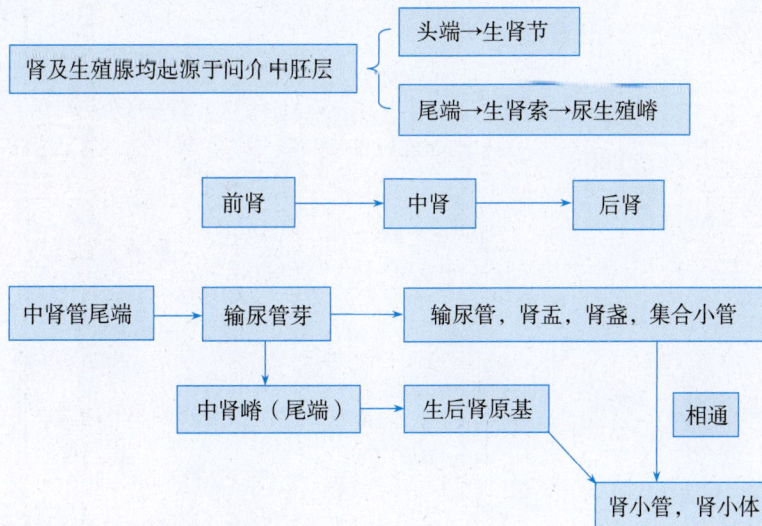

生殖腺的发生

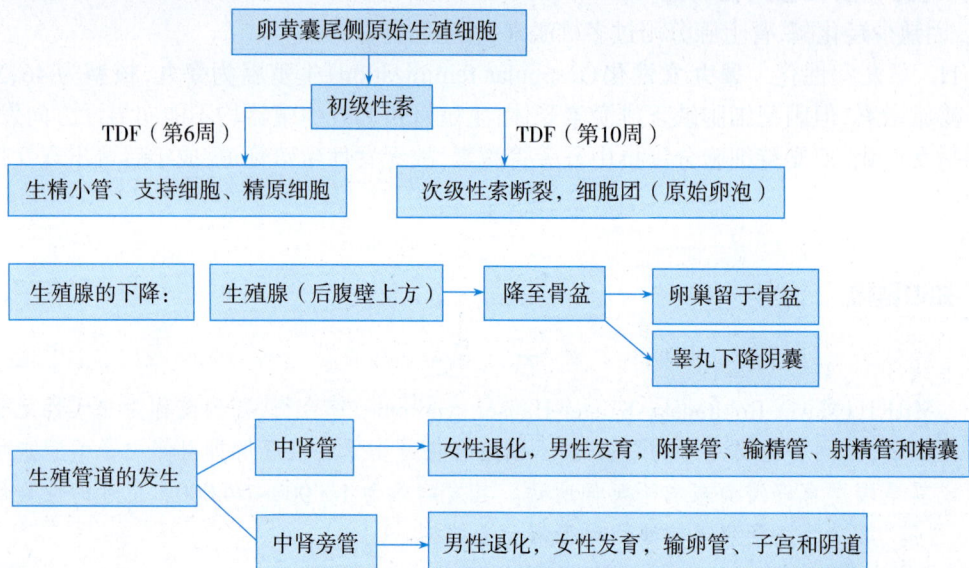

```
                    卵黄囊尾侧原始生殖细胞
                            │
                         初级性索
              ┌──────────────┴──────────────┐
      TDF（第6周）                      TDF（第10周）
            │                              │
  生精小管、支持细胞、精原细胞      次级性索断裂，细胞团（原始卵泡）
```

```
  生殖腺的下降： ── 生殖腺（后腹壁上方） ── 降至骨盆 ──┬── 卵巢留于骨盆
                                                    └── 睾丸下降阴囊
```

```
                    ┌── 中肾管 ──→ 女性退化，男性发育，附睾管、输精管、射精管和精囊
  生殖管道的发生 ──┤
                    └── 中肾旁管 ──→ 男性退化，女性发育，输卵管、子宫和阴道
```

复习思考题

1. 试述输尿管芽的演化与后肾的发生过程。
2. 简述中肾管及中肾旁管的分化。
3. 结合泌尿生殖系统发生的过程分析多囊肾、双子宫、隐睾发生的原因。

扫一扫
测一测

第二十二章

循环系统发生

学习目标

能够描述心内部分隔的过程,并能分析相关的心先天性畸形形成原因;能够描述胎儿血循环的途径、特点,结合出生后结构改变分析胎儿出生后血液循环变化;能够叙述原始心的形成和心外形的建立过程。列出原始心血管系统的组成。

心血管系统由中胚层分化而来。第3周,胚胎已不能仅靠物质弥散方式获得营养,首先形成原始心血管系统,并于第4周开始血液循环,成为胚胎发生时功能活动最早的系统。

第一节　原始心血管系统的建立

约在人胚第16天,卵黄囊壁的胚外中胚层细胞增殖形成许多细胞团称**血岛**。血岛中央的细胞变圆,分化为**造血干细胞**;周边的细胞变扁,分化为内皮细胞,形成**内皮管**(图18-36)。内皮管向外出芽延伸,使相邻内皮管间互相连通,形成胚外内皮管网。同时,体蒂和绒毛膜的中胚层也以相同的方式形成内皮管网。

第3周,胚体内部间充质中间出现裂隙,裂隙周围的间充质细胞变扁,分化为内皮细胞,围成内皮管,同样以出芽方式与邻近内皮管通连形成胚内内皮管网。第3周末,胚体内、外的内皮管网经体蒂相互连接,形成**原始心血管系统**(primitive cardiovascular system),并于第4周开始血液循环(图22-1)。

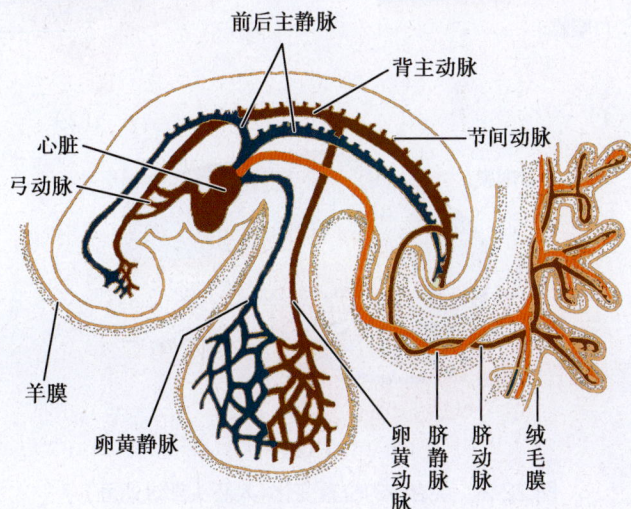

图 22-1　原始心血管系统

313

以后,内皮管周围的间充质分化成血管壁的平滑肌和结缔组织,根据它们的解剖分布以及与心的关系,并受血流动力学影响,分别形成各级动脉和静脉。

原始心血管系统由左右对称的血管组成。①心管:**心管**(cardiac tube)一对,第4周时左右心管合而为一。②动脉:一对**背主动脉**(dorsal aorta),该动脉向腹侧发出数对**卵黄动脉**(vitelline artery),分布到卵黄囊;从背侧发生若干对**节间动脉**(intersegmental artery),分布到胚体;发出一对**脐动脉**(umbilical artery),经体蒂分布到绒毛膜;在胚胎头端还有六对**弓动脉**(aortic arch),分布到相应鳃弓,连接背主动脉与心管头端膨大的动脉囊。③静脉:一对**前主静脉**(anterior cardinal vein)和一对**后主静脉**(posterior cardinal vein),分别汇集胚体头侧和尾侧血液。两侧前、后主静脉分别汇合成左、右**总主静脉**(common cardinal vein),分别开口于心管尾端静脉窦的左、右角。一对**卵黄静脉**(vitelline vein)和一条**脐静脉**(umbilical vein)分别来自卵黄囊和绒毛膜,均与静脉窦相连。

第二节 心 的 发 生

一、心管和围心腔的发生

第18~19天,位于口咽膜头端中胚层的**生心区**(cardiogenic area)出现一腔隙,称**围心腔**(pericardial cavity)。围心腔腹侧的间充质细胞增殖形成纵行并列的一对**生心板**(cardiogenic plate),生心板的中央出现裂隙,演变为一对**心管**(cardiac tube)。随着头褶的发生,心管和围心腔向腹侧转180°,移位到前肠腹侧,且心管从围心腔的腹侧转到其背侧。随着侧褶的发生,左、右心管逐渐向中央靠拢,并于第22天融合成一条心管。同时,围心腔增大并向心管背侧扩展,心管与其周围的间充质一起从背侧陷入围心腔。围心腔将发育为心包腔,心管则发育为心(图22-2)。

心管和围心腔发生动画

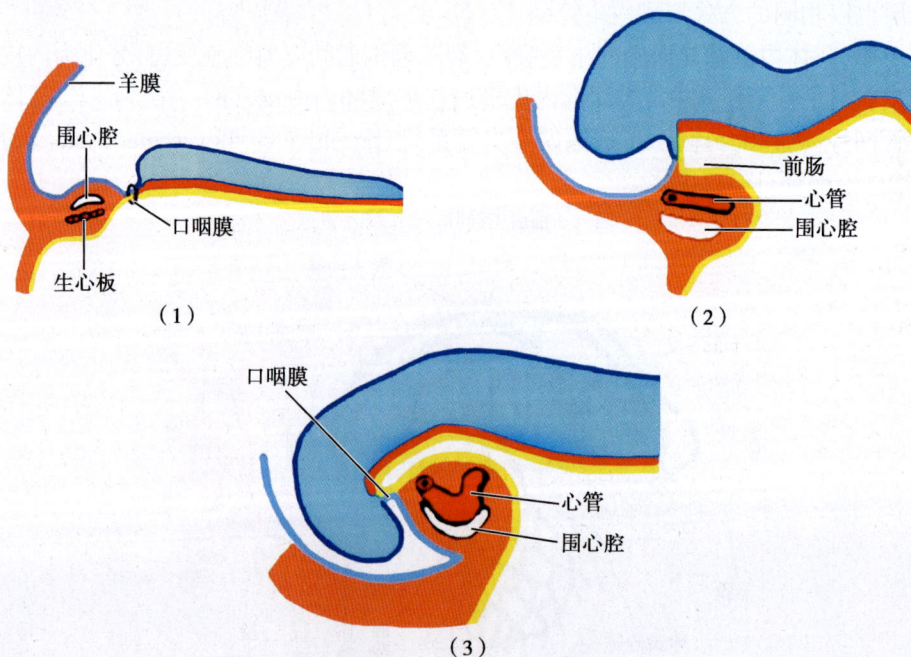

（1）

（2）

（3）

图 22-2 原始心的位置变化(人胚头部纵切面)
(1)第20天;(2)第22天;(3)第28天

二、心外形的演变

心管各段生长速度不同，出现三个膨大，从头到尾依次称**心球**（bulbus cordis）、心室和心房，随后心房尾端又出现一个膨大，称**静脉窦**（sinus venosus），在心球的头侧出现了**动脉干**（truncus arteriosus）（图 22-3）。心管头端与动脉相连，尾端与静脉相接，两端连接固定在心包上，由于心管的游离部生长速度快于心包腔，心管逐渐弯曲呈"S"形：心室移向腹、尾侧，心房移向背、头侧，心房还吸收了静脉窦（图 22-4）。因心房的腹侧有心球，背侧有食管，故向两侧膨大，形成将来的左、右心房。心球尾段膨大，融入心室，演变为原始右心室，原来的心室成为原始左心室（图 22-5）。左、右心室之间的表面出现室间沟，为左、右心室的分界。心房的扩大使其与心室之间外表面出现房室沟，房室沟逐渐加深，心内部相应部位同时形成狭窄的**房室管**（atrioventricular canal）。至第 5 周，心的外形已初步建立。

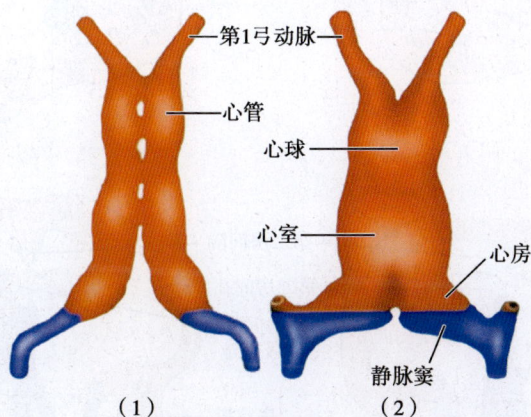

图 22-3　心外形的演变
(1)第 21 天;(2)第 22 天

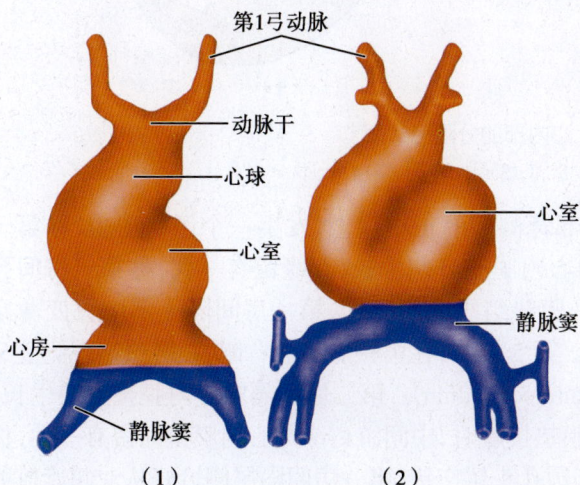

图 22-4　心外形的演变
(1)第 23 天;(2)第 24 天

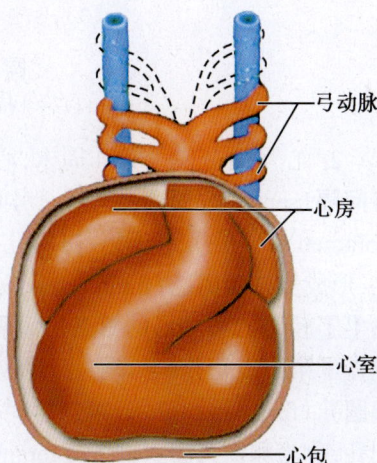

图 22-5　第 35 天心外形的演变

静脉窦和肺静脉演变

静脉窦演变示意图

三、心内部的分隔

1. 房室管的分隔　第4周,在房室管的背侧壁和腹侧壁的正中线上,心内膜组织增厚,形成背、腹**心内膜垫**(endocardial cushion)。背、腹心内膜垫彼此对向生长,第6周,它们相互融合,房室管被分隔成左、右**房室孔**(atrioventricular orifice)。围绕房室孔的心内膜局部增生形成房室瓣,即左侧的二尖瓣和右侧的三尖瓣(图22-6)。

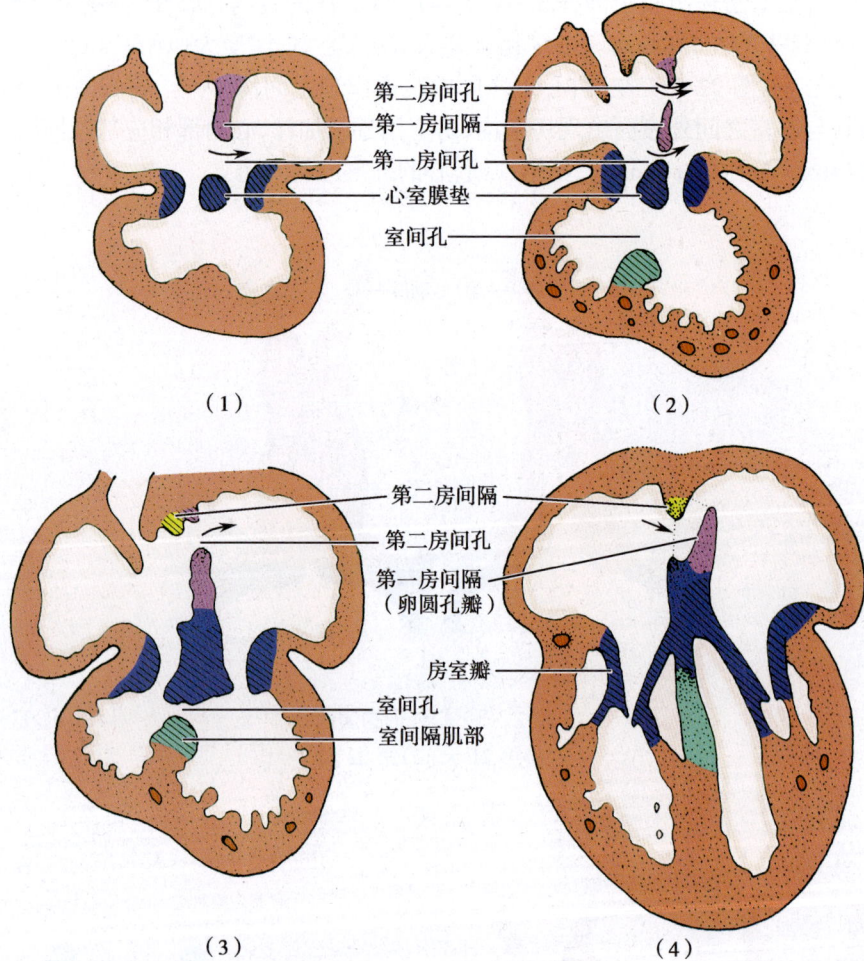

图 22-6　心内部的分隔冠状面
(1)第4周;(2)第5周;(3)第16周;(4)4个月

2. 心房的分隔　第4周末,心房顶部背侧壁的正中线上,发生一个镰状薄膜,称**第一房间隔**(septum primum)。第一房间隔向心内膜垫方向生长,下缘留有一孔,称**第一房间孔**(foramen primum)。在第一房间孔被心内膜垫组织封闭之前,第一房间隔上部中央变薄穿孔,形成**第二房间孔**(foramen secundum)。第5周末,在第一房间隔右侧,心房顶端腹侧壁又发生了较厚的新月形的**第二房间隔**(septum secundum)。第二房间隔向心内膜垫方向生长,遮盖了第二房间孔,当其前、后缘与心内膜垫接触时,中间游离缘与心内膜垫间留有一孔,称**卵圆孔**(foramen ovale)。第二房间孔与卵圆孔头尾交错,第一房间隔尾侧恰好从左侧遮盖卵圆孔,称为**卵圆孔瓣**(valve of foramen ovale)。出生前由于右心房压力大于左心房,右心房血液可冲开卵圆孔瓣进入左心房,但不可逆流。出生后,肺循环的建立使左心房压力大于右心房,故两隔紧贴并逐渐愈合,卵圆孔闭锁,左、右心房完全分隔(图22-6)。

3. **心室的分隔**　第 4 周末,在心室底壁的心尖处,发生半月形的肌性隔膜,称**室间隔肌部**(muscular part of interventricular septum)。室间隔肌部不断向心内膜垫方向生长,与心内膜垫之间留有一孔,称**室间孔**(interventricular foramen),使左、右心室相通。第 7 周末,由左、右心球嵴的尾端、心内膜垫增生及室间隔肌部上缘向上生长,共同形成**室间隔膜部**(membranous part of interventricular septum),从而封闭室间孔(图 22-6)。

4. **心球和动脉干的分隔**　第 5 周,心球和动脉干的背侧和腹侧正中的内膜局部增生,形成两条相对的螺旋状纵嵴,上段称**动脉干嵴**(truncal ridge),下段称**心球嵴**(bulbar ridge)(图 22-7)。两条嵴在中线融合成螺旋状的**主动脉肺动脉隔**(aortico-pulmonary septum),将心球和动脉干分隔成升主动脉和肺动脉干。肺动脉呈扭曲状围绕主动脉并与右心室相通;主动脉与左心室相通(图 22-8)。主动脉和肺动脉开口处心内膜组织增厚,各形成三个隆起,逐渐演变为袋状的**半月瓣**。

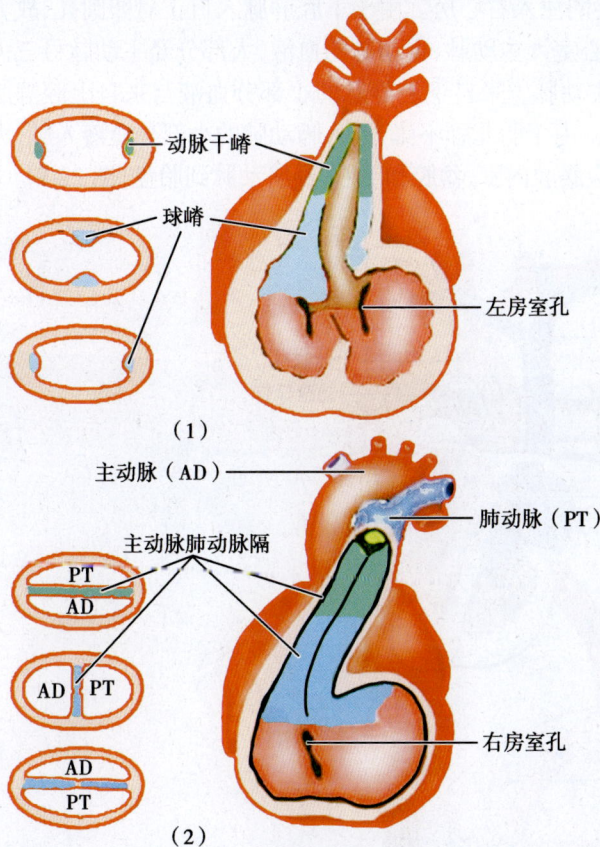

图 22-7　心球和动脉干的分隔
(1)、(2)示动态演变

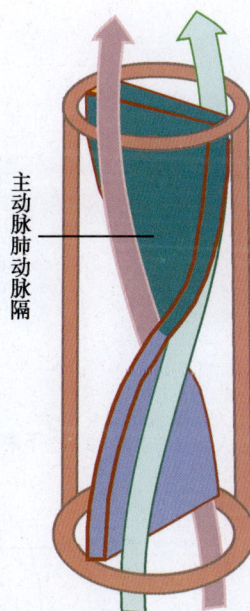

图 22-8　主动脉肺动脉隔

第三节　弓动脉的发生和演变

人胚第 4~6 周,自主动脉囊相继发生走行于相应鳃弓内的 6 对**弓动脉**(aortic arch arteries),连接于同侧的背主动脉。弓动脉的演变主要完成于第 6~8 周。第 1、2 对弓动脉基本退化;第 3 对弓动脉根部与部分主动脉囊形成颈总动脉,其远侧段主要参与形成颈内动脉;左侧第 4 号动脉与动脉囊左半形成主动脉弓,左侧第 7 节间动脉形成左锁骨下动脉,右侧第 7 节间动脉和右侧第 4 号动脉与背主动脉形成右锁骨下动脉;第 5 对弓动脉退化;第

FR-22-4

弓动脉演变
示意图

6 对弓动脉各发出一个分支,形成左、右肺动脉,左侧第 6 号动脉远段形成**动脉导管**(ductus arteriosus),右侧的远段退化消失。背主动脉在咽尾侧合并成降主动脉。

第四节　胎儿血液循环和出生后血液循环的变化

一、胎儿血液循环

　　来自胎盘的富含氧和营养物质的血液经脐静脉进入胚体,流经肝脏时,大部分血液经**静脉导管**(ductus venosus)注入下腔静脉,小部分经肝血窦后再入下腔静脉。下腔静脉还汇集了来自胚体下肢、盆腔和腹腔的静脉血,共同注入右心房。由于下腔静脉入口正对卵圆孔,故大部分血液经卵圆孔进入左心房,再经左心室入主动脉,主动脉的血液,大部分经主动脉弓三大分支供应头、颈和上肢,少部分流入降主动脉。来自下腔静脉的小部分血液与来自上腔静脉的静脉血混合流入右心室,进入肺动脉。由于胎儿肺不张,进入肺动脉的小部分血液入肺,大部分血液经动脉导管注入降主动脉,供应腹腔内脏、盆腔和下肢,经脐动脉到胎盘(图 22-9)。

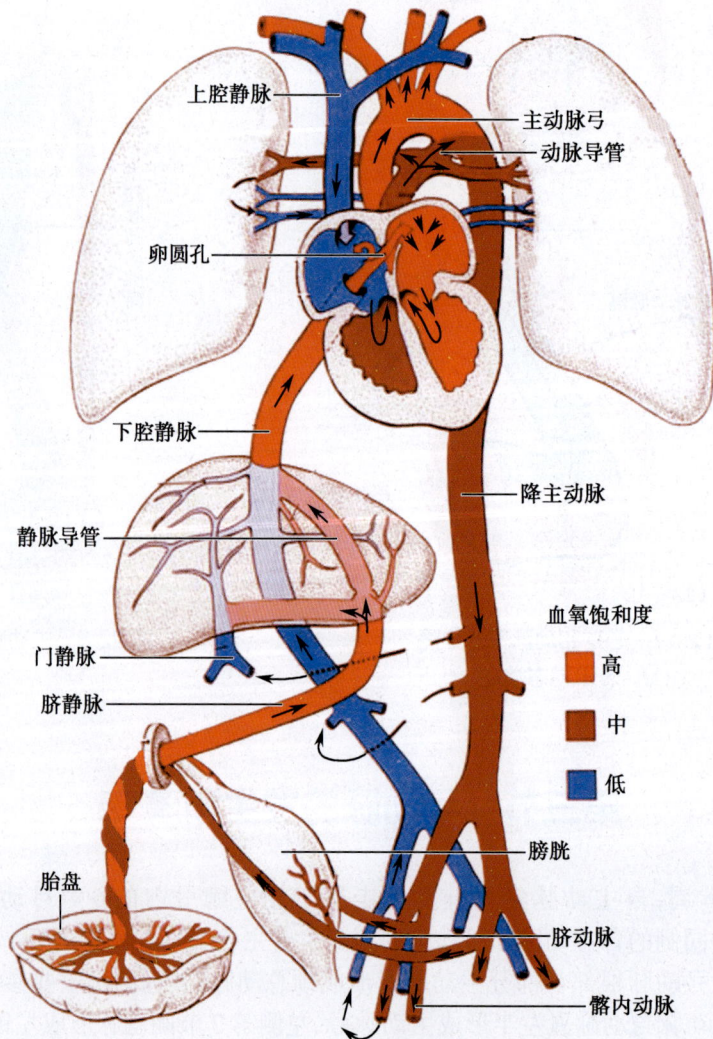

图 22-9　胎儿血液循环

胎儿血液循环特点：①两条脐动脉将胎儿含氧量低的混合血运到胎盘，经物质交换后，再经一条脐静脉把动脉血运回胚体内；②连接脐静脉与下腔静脉的静脉导管，使大部分动脉血进入下腔静脉；③房间隔的卵圆孔，使下腔静脉的含氧量高的混合血经其进入左心房、左心室、主动脉，优先供应胚体上半部；④连接肺动脉和主动脉的动脉导管，使大部分含氧量低的混合血进入降主动脉，供应胚体的下半部。

二、胎儿出生后血液循环的改变

胎儿出生后，胎盘血液循环中断、肺开始呼吸，血液循环发生以下的改变：①脐动脉大部分闭锁成为脐侧韧带，仅近侧段保留成为膀胱上动脉。②脐静脉闭锁成为肝圆韧带。③肝的静脉导管闭锁成为静脉韧带。④动脉导管闭锁成为动脉韧带。由于肺呼吸，肺动脉血液大量入肺，不再向主动脉分流，动脉导管因平滑肌收缩而关闭，2~3个月后闭锁，形成动脉韧带。⑤由于肺呼吸，肺静脉回心血量增多，左心房压力高于右心房，致使第一房间隔与第二房间隔紧贴，卵圆孔关闭。一年后，结缔组织增生两隔融合，卵圆孔完全封闭，形成**卵圆窝**。

第五节　淋巴系统发生

一、淋巴管发生

第5周末，毛细淋巴管网以与毛细血管网同样方式发生于间充质，沿原始静脉干分布，在一定部位扩大合并形成许多**淋巴囊**，以淋巴囊为中心生长出大量周围淋巴管，最终汇合通入颈内静脉。

二、淋巴结发生

淋巴囊形成后，周围间充质发育而来的结缔组织伸入淋巴囊，形成网状的淋巴丛，进出淋巴丛的淋巴管即为输入、输出淋巴管，当淋巴祖细胞迁入淋巴丛后即形成淋巴结，淋巴祖细胞来源于胸腺和骨髓，进入淋巴结定居和发育。

三、脾发生

第4~5周时，胃背系膜内间充质细胞增生形成脾原基，间充质细胞间出现裂隙，形成血窦，造血干细胞主要来源于肝，小动脉周围出现大量淋巴细胞，形成白髓。

第六节　常见畸形

1. 房间隔缺损　**房间隔缺损**（atrial septal defect）最常见的为卵圆孔未闭。卵圆孔未闭可因第二房间孔过大致卵圆孔瓣过小；或因卵圆孔过大不能被卵圆孔瓣完全遮盖。此外，也可因心内膜垫发育不全、第一房间隔不能与其融合，导致房间隔缺损（图22-10）。

2. 室间隔缺损　**室间隔缺损**（ventricular septal defect）常见室间隔膜部缺损，多因心内膜垫发育不良，或同时伴有主动脉肺动脉隔发育异常所致。室间隔肌部缺损较少见，多因肌部被过度吸收所致。

3. 法洛四联症　**法洛四联症**（tetralogy of Fallot）包括肺动脉狭窄、室间隔缺损、主动脉

笔记栏

ER-22-5

胎儿血液循环动画

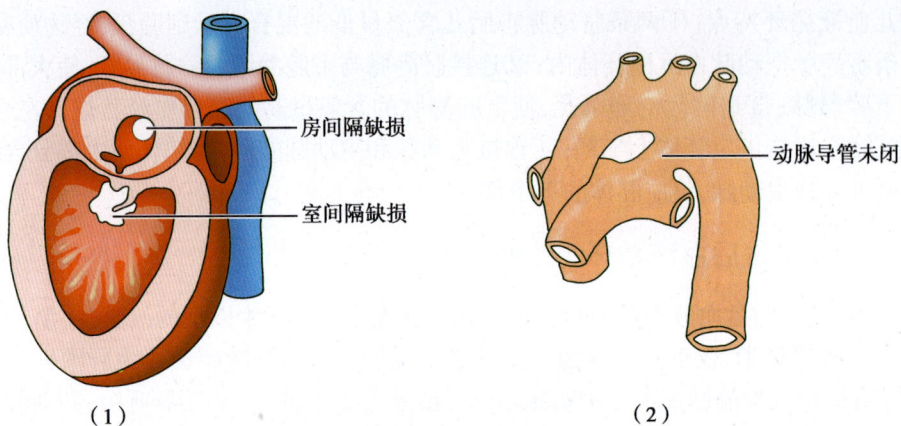

图 22-10　循环系统先天性畸形
(1)房 - 室间隔缺损;(2)动脉导管未闭

骑跨和右心室肥大。这种典型而常见的畸形是由于主动脉肺动脉隔向腹侧偏位,引起肺动脉狭窄、主动脉扩大而骑跨在室间隔膜部缺损处,同时右心室排血受阻,引起右心室代偿性肥大(图 22-11)。

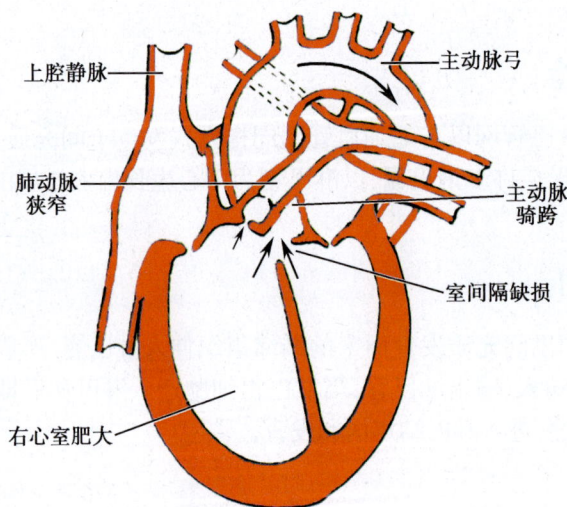

图 22-11　法洛四联症

4. 动脉导管未闭　动脉导管未闭(patent ductus arteriosus)可能由于出生后动脉导管平滑肌未收缩所致,女性较多见(图 22-10)。

知识链接

揭开心脏发育之谜

人胚第 3 周,口咽膜头侧生心区的间充质细胞聚集形成一对生心索,生心索腔化演变为心管。众所周知,心管经过一系列复杂的演变,最终形成心脏。事实上,在心脏发育过程中,另有两群特殊细胞参与并发挥必不可少的作用。其中一群细胞位于咽中胚层的第二心脏发育区(second heart field,SHF),称为心脏前体细胞。人胚第 4 周,心脏前体细胞迁移至心管,最终演变参与形成右心室和右心房心肌的大部分以及心脏流出道。另一群细胞称为心脏神经嵴细胞(cardiac neural crest,CNC),属于神经嵴细胞的一个亚型。心脏神经嵴细胞可产生外胚层间充质,进一步分化为大动脉管壁的平滑肌等组织,可参与主动脉和肺动脉的分隔,演化为主动脉弓的血管平滑肌。鸡胚发育实验研究显示,特定部位神经嵴的切除可引起心球动脉干的解剖畸形,且切除的长度与畸形的类型相关,证实神经嵴存在一种特殊的、参与心脏血管发育的心脏神经嵴细胞。

综上,SHF 和 CNC 参与形成了心脏流出道及主动脉肺动脉间隔,两者的迁移对心球动脉干的发育具有十分重要的作用。但是心脏发育过程中,心管、SHF 以及 CNC 如何融合仍然是个难解之谜。

(赵舒武)

学习小结

循环系统发生

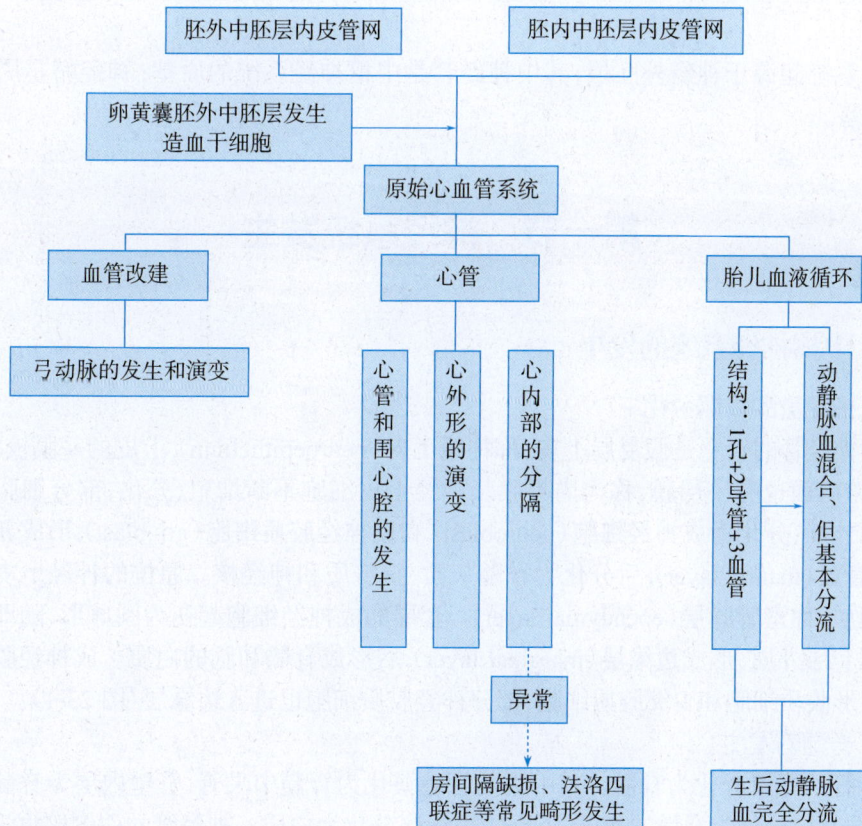

复习思考题

1. 心内部分隔是如何演变的?
2. 胎儿血液循环有何特点?
3. 简述法洛四联症的成因及其主要畸形。

第二十三章

◇◆◇　　　　◇◆◇

神经系统和眼、耳发生

学习目标

　　能描述神经管的早期分化。简要描述脊髓、脑及脑垂体的发生；简要叙述周围神经系统的发生以及神经嵴细胞的迁移和分化。结合神经系统发生分析常见先天畸形的形成原因。描述眼和耳的早期发生。简要描述眼球壁和眼内容物的发生过程；简要描述内耳、中耳和外耳的发生过程。分析眼和耳常见先天畸形的形成原因。

　　神经系统起源于神经外胚层,其中神经管是中枢神经系统的原基；神经嵴是周围神经系统的原基。

第一节　神经系统发生

一、中枢神经系统的发生

(一) 神经管的早期分化

　　早期神经管的管壁是假复层上皮,称**神经上皮**(neuroepithelium),上皮的基膜较厚,称外界膜,管壁内面也有一层膜,称为内界膜。神经上皮细胞不断增殖、分化,部分细胞迁至神经上皮的外周,分化为**成神经细胞**(neuroblast)和**成神经胶质细胞**(glioblast),形成新的细胞层,称为**套层**(mantle layer),后分化为脊髓灰质、脑皮质和神经核。原位的神经上皮呈一立方形细胞层,称**室管膜层**(ependymal layer)。套层的成神经细胞起初为圆球形,随即长出突起并伸至套层外周,形成**边缘层**(marginal layer),后形成脊髓和脑的白质。成神经胶质细胞分化为星形胶质细胞和少突胶质细胞,部分神经胶质细胞也进入边缘层(图 23-1)。

(二) 脊髓的发生

　　神经管的尾段分化为脊髓。其中央的管腔演化为脊髓中央管,管壁内层为脊髓室管膜层,中间的套层分化为脊髓的灰质,外周的边缘层分化为白质。神经管的两侧壁由于套层成神经细胞和成神经胶质细胞的增生而迅速增厚,背侧部增厚形成左、右**翼板**(alar plate),腹侧部增厚形成左、右**基板**(basal plate)。神经管的顶壁和底壁很薄,分别形成**顶板**(roof plate)和**底板**(floor plate),不含成神经细胞。由于基板和翼板的增厚,两者在神经管的内表面出现了左右相对的两条纵沟,称**界沟**(sulcus limitans)。左、右基板向腹侧突出,在两者之间形成一条纵行深沟,称前正中裂；左、右翼板增大向内侧推移并在中线愈合,形成后正中隔。翼板形成脊髓灰质后角(柱),其中的成神经细胞分化为中间神经元；基板形成脊髓灰质前角(柱),其中的成神经细胞主要分化为躯体运动神经元。若干成神经细胞聚集于基板和翼板之

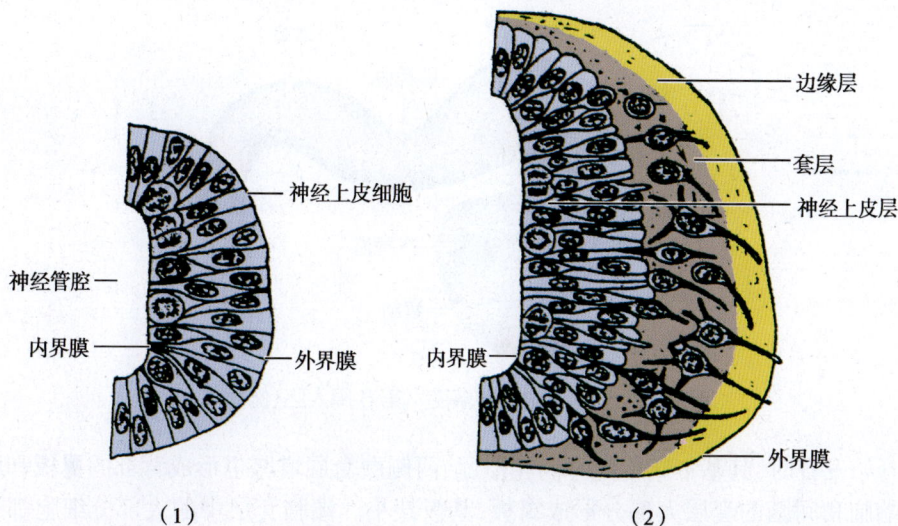

图 23-1 神经上皮的早期分化
(1)内外界膜;(2)套层

间,形成脊髓侧角(柱),其中的成神经细胞分化为内脏传出神经元。边缘层由于灰质内神经细胞突起的生长和神经胶质细胞增生而增厚。神经管周围的间充质分化为脊膜(图 23-2)。

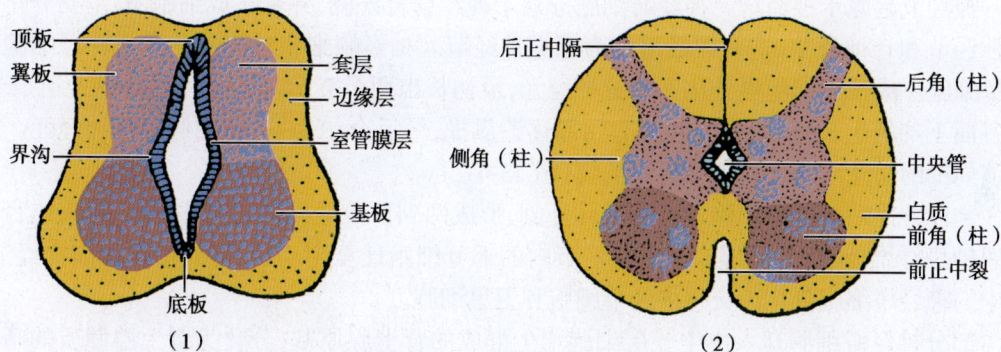

图 23-2 脊髓发生示意图
(1)顶板和底板;(2)中央管

胚胎第 3 个月之前,脊髓与脊柱等长。此后脊柱的生长快于脊髓,脊髓的位置相对上移。至出生前,脊髓下端(脊髓圆锥)与第 3 腰椎平齐。

(三) 脑的发生

神经管的头段分化为脑。第 4 周末,神经管头端膨大形成三个**原始脑泡**(primary cerebral vesicle),分别称**前脑泡**、**中脑泡**和**菱脑泡**。第 5 周,前脑泡头端向两侧膨大形成左、右**端脑**(telencephalon),以后演变为大脑半球;前脑尾端形成**间脑**(diencephalon)。中脑泡演化为中脑。菱脑泡头段发育成**后脑**(metencephalon),以后演变为脑桥和小脑;尾段发育成**末脑**(myelencephalon),以后演变为延髓。同时,神经管头段的管腔也演变为各部位的脑室。前脑泡的腔演变为左、右侧脑室和间脑中的第三脑室;中脑泡的腔形成狭窄的中脑导水管;菱脑泡的腔演变为第四脑室。

在脑各部发育时,由于胚胎头部向腹面屈曲,脑区首先出现凸向背侧的**头曲**(cephalic flexure)和**颈曲**(cervical flexure),前者又称**中脑曲**。后来又出现凸向腹侧的**端脑曲**和**脑桥曲**(图 23-3)。

胚胎发育中脊髓与脊柱的变化示意图

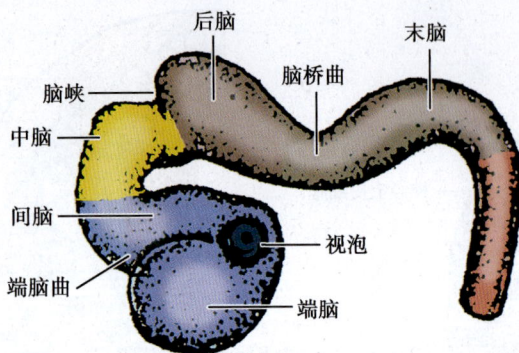

图 23-3　脑泡的发生与演变　第 6 周人胚（侧面观）

脑开始发育时,其基本结构与脊髓相似,脑两侧壁套层增厚也形成背部的**翼板**和腹部的**基板**。端脑和间脑的套层大部分形成翼板,基板甚小。端脑套层中的大部分细胞都迁至外表面,形成大脑皮层;少部分聚集成团,形成神经核。中脑、后脑和末脑的套层细胞多聚集成细胞团或柱,形成各种神经核。翼板中的神经核多为感觉中继核,基板中的神经核多为运动核。

二、周围神经系统的发生

(一) 神经节的发生

神经节起源于神经嵴。神经嵴细胞分列于神经管背外侧,并聚集成细胞团,主要分化为脑神经节和脊神经节,这些神经节均为感觉神经节。神经嵴细胞首先分化为成神经细胞和卫星细胞。成神经细胞再分化为感觉神经元,最初长出两个突起,成为双极神经元。由于胞体各面不均等生长,使两个突起的起始部逐渐靠拢,最后合二为一,变成假单极神经元。神经节周围的间充质分化为结缔组织被膜(图 23-4)。

胸段神经嵴的部分细胞迁至主动脉外侧,形成两列节段性排列的交感神经节,借纵行的交感神经纤维彼此相连,形成交感链。节内的部分细胞迁至主动脉腹侧,形成椎前神经节,节中的神经嵴细胞分化为交感神经节细胞和卫星细胞。

部分神经嵴细胞迁入由中胚层细胞增生形成的肾上腺原基,分化为肾上腺髓质的嗜铬细胞及少量交感神经节细胞。脑部和骶部的神经嵴细胞形成副交感神经节。

(二) 周围神经的发生

周围神经包括传入(感觉)和传出(运动)神经纤维。感觉神经节细胞的周围突形成传入神经纤维,其末梢形成感受器。脑干及脊髓灰质前角运动神经元的轴突形成躯体运动神经纤维,其末梢形成效应器。脑干内脏运动神经核和脊髓灰质侧角中神经元的轴突形成节前纤维,终止于自主神经节;节内神经元轴突形成节后纤维,其末梢分布于内脏和血管等。在周围神经发生时,由神经嵴细胞分化的施万细胞反复包绕在神经元突起上,形成有髓神经纤维(图 5-15)。如果一个施万细胞形成多条深沟,其内包裹神经元突起,但不形成髓鞘,则形成无髓神经纤维。

三、脑垂体和松果体的发生

脑垂体由两个来源截然不同的原基共同发育而成。第 4 周,口凹顶部外胚层上皮向背侧突出,形成**拉特克囊**(Rathke pouch)。随后,间脑底部神经外胚层向腹侧突出形成漏斗状突起,为**神经垂体芽**(neurohypophyseal bud)。第 6 周,拉特克囊增大并向神经垂体芽方向伸

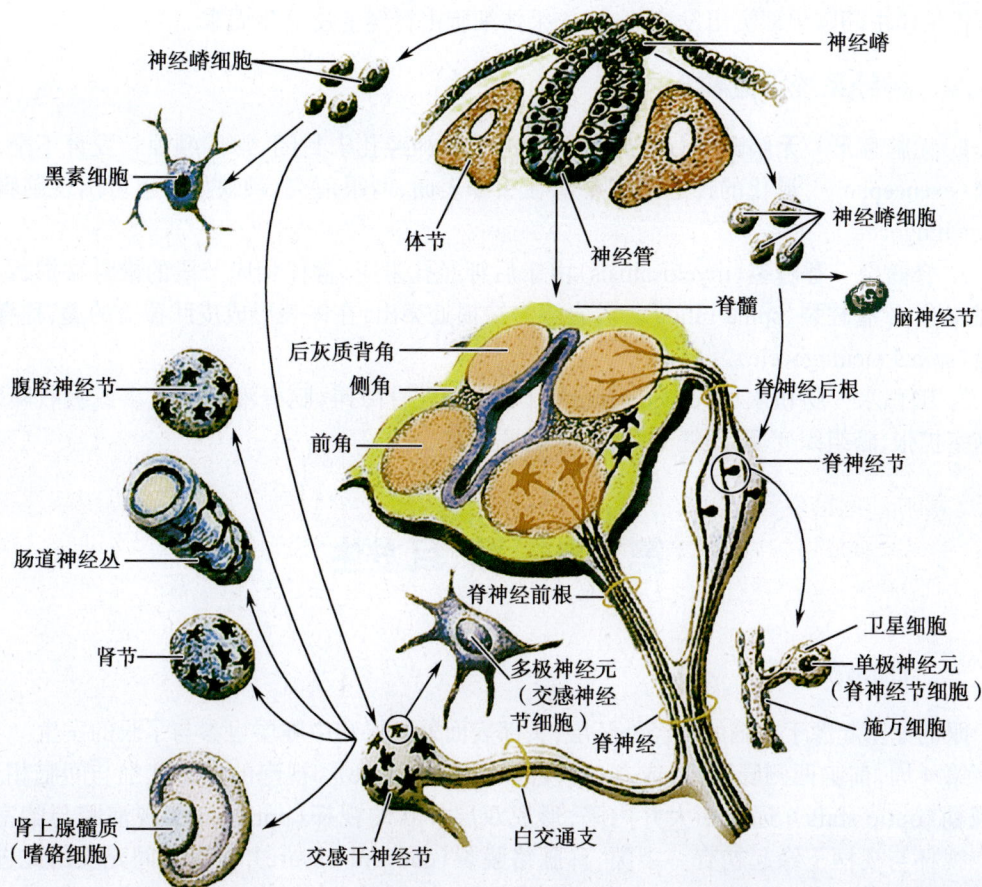

图 23-4　神经嵴的分化

长,与口凹的连接退化消失。囊前壁增厚,形成垂体远侧部,向上长出结节部并包绕漏斗柄;后壁生长缓慢,形成中间部;囊腔大部分消失,只残留小裂隙,此裂隙偶尔下延形成咽垂体。神经垂体芽远端膨大形成神经垂体;起始部变细,形成漏斗柄(图 23-5)。腺垂体中分化出多种腺细胞,神经垂体主要由神经纤维和神经胶质细胞构成。

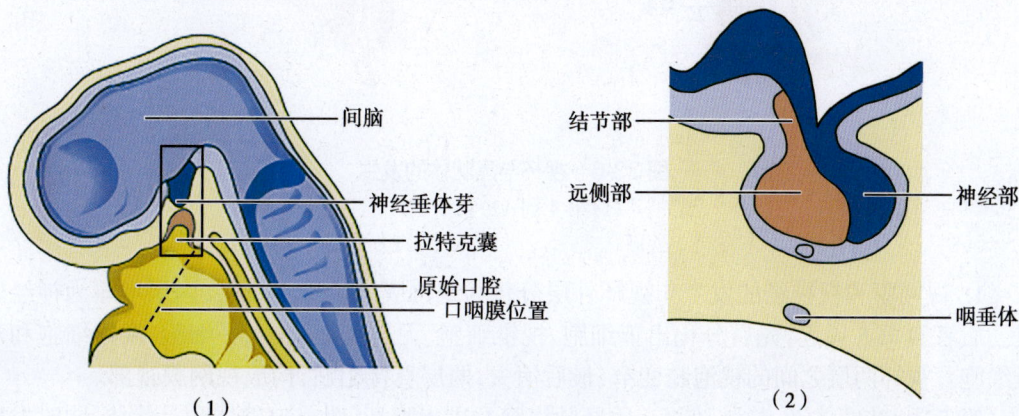

图 23-5　脑垂体的发生
(1)第 6 周;(2)第 16 周

325

松果体由间脑顶部突出发育而成,松果体细胞由神经上皮分化而来。

四、神经系统常见畸形

1. 无脑畸形 **无脑畸形**(anencephaly)由于前神经孔未封闭,常伴颅顶骨发育不全,称**露脑**(exencephaly),退化的神经组织暴露在头部表面,两眼前突,颈缺如。也可出现**脑膜膨出**(meningocele)。

2. 脊髓裂 **脊髓裂**(myeloschisis)由于后神经孔未闭,常伴相应节段的椎骨缺损,背部出现裂沟,称**脊柱裂**(spina bifida)。若脊膜自缺损处突出,在体表形成皮肤覆盖的囊,称**脊膜膨出**(spinal meningocele)。

3. 脑积水 **脑积水**(hydrocephalus)由于脑室发育障碍,脑脊液分泌过多或吸收障碍,致脑室扩张,脑组织变薄,颅缝变宽,脑颅明显扩大。

第二节 眼、耳发生

一、眼的发生

眼的原基起源于前脑的神经外胚层,头部表面外胚层和中胚层也参与了眼的发生。

第 4 周,前脑两侧膨出,形成左、右**视泡**(optic vesicle)。视泡的近端变细与间脑相连,称**视柄**(optic stalk);远端膨大并内陷,形成双层杯状的**视杯**(optic cup),视泡腔与脑室相通。视杯与视柄下缘起初有一裂隙,称**脉络膜裂**(choroid fissure),血管及间充质由此进入(图 23-6)。

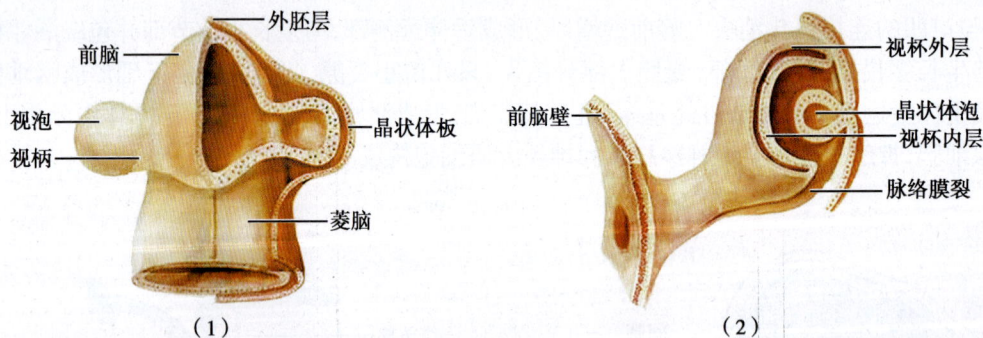

图 23-6 视杯与晶状体的发生
(1)第 4 周;(2)第 5 周

1. 视网膜和视神经的发生 视杯外层分化为视网膜的色素上皮层,内层增厚为神经上皮。后者自第 5 周起,先后分化出节细胞、视锥细胞、无长突细胞、水平细胞、视杆细胞和双极细胞。视杯两层之间的视泡腔变窄,最后消失,两层直接相贴,构成视网膜视部。

第 5 周,玻璃体动、静脉随间充质经脉络膜裂进入视杯,营养玻璃体和晶状体,同时发出分支营养视网膜。第 7 周,此裂封闭,位于玻璃体内的动、静脉退化,称玻璃体管;玻璃体动、静脉的近侧段成为视网膜中央动、静脉(图 23-7)。视网膜节细胞的轴突集合于视柄,并被由视柄内、外层演变的神经胶质细胞围绕,形成视神经(图 23-7)。

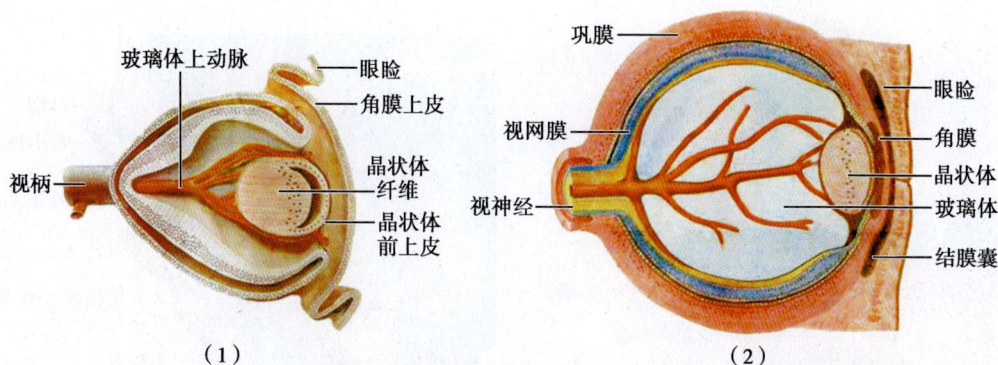

图 23-7 眼的发生
(1)第 6 周;(2)第 20 周

2. 晶状体的发生　与视泡相对的表面外胚层增厚形成**晶状体板**(lens placode)。晶状体板的中央凹陷于视杯,并脱离表面外胚层,形成**晶状体泡**(lens vesicle)。第 7 周,细胞增生形成实体的晶状体(图 23-6)。

3. 角膜和虹膜的发生　在晶状体泡诱导下,其表面外胚层分化为角膜上皮,角膜上皮后面的间充质分化为角膜其余各层。视杯两层上皮的前缘部分延伸入晶状体泡,分化为睫状体和虹膜的上皮,即视网膜盲部;视杯口边缘部的间充质则分化为睫状体的主体和虹膜基质。早期视杯口被虹膜基质完全封闭,称**瞳孔膜**(pupillary membrane),出生前瞳孔膜被吸收(图 23-7)。

4. 血管膜和巩膜的发生　视杯周围的间充质分为内、外两层。内层富含血管和色素细胞,分化成眼球壁的血管膜。血管膜的大部分贴在视网膜外面,即为脉络膜。视杯周围间充质的外层较致密,分化为巩膜。脉络膜与巩膜分别与视神经周围的软脑膜和硬脑膜相连续。

5. 眼睑的发生　第 7 周,眼球前方表面外胚层形成上、下两个皱褶,分别形成上、下眼睑。第 10 周,上、下眼睑边缘一度互相融合,第 7 个月又重新分开。上眼睑外侧部表面外胚层细胞内陷至间充质内,分化成泪腺,出生后 6 周分泌泪液(图 23-7)。

二、耳的发生

耳的原基起源于表面外胚层发生的听泡,同时与听泡相关的内胚层和间充质也参与了耳的发生。

1. 内耳的发生　第 4 周,菱脑两侧的表面外胚层增厚,形成**听板**(otic placode),继之内陷于下方间充质并与外胚层分离,形成**听泡**(otic vesicle)。听泡初为梨形,以后向背腹方向延伸增大,形成背侧的前庭囊和腹侧的耳蜗囊,并于背端内侧长出内淋巴管。前庭囊形成三个半规管和椭圆囊的上皮;耳蜗囊形成球囊和耳蜗管的上皮。如此听泡及其周围的间充质演变为膜迷路。第 3 个月,膜迷路周围的间充质分化形成一个包绕膜迷路的软骨囊。第 5 个月,软骨囊骨化成骨迷路。于是膜迷路完全被套在骨迷路内,两者间仅隔以外淋巴间隙(图 23-8)。

2. 中耳的发生　第 9 周,第 1 咽囊向背外侧伸长,末端膨大形成**原始鼓室**,近端形成咽鼓管,第一鳃膜形成鼓膜。原始鼓室上方间充质分化为三块听小骨。听小骨周围组织被吸收形成腔隙,与原始鼓室共同形成鼓室,听小骨位于其中(图 23-8)。

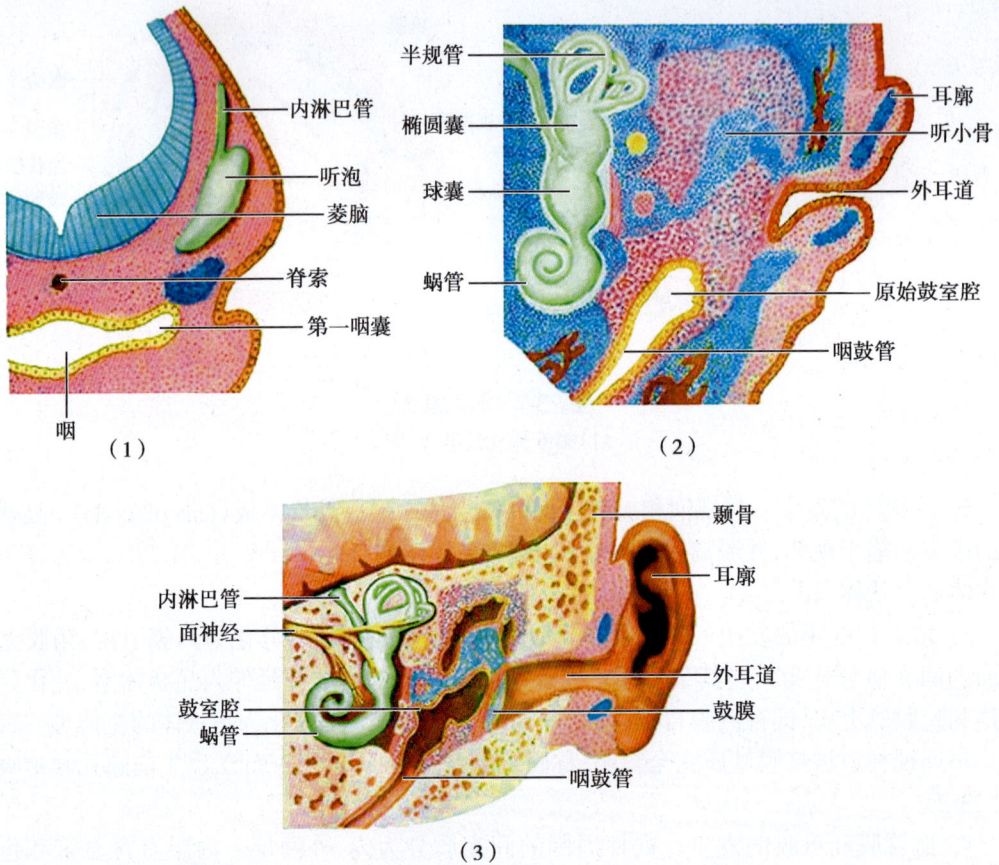

图 23-8 耳的发生
(1)第6周;(2)第3个月;(3)第7个月

ER-23-5

耳发生过程
动画

3. 外耳的发生　第一鳃沟向内深陷形成外耳道。第6周,第一鳃沟周围间充质增生,形成6个结节状突起称**耳丘**(auricular hillock)。耳丘围绕外耳道口生长,相互合并形成耳郭。

三、眼、耳常见畸形

1. 虹膜裂　**虹膜裂**(coloboma of iris)由于脉络膜裂未完全闭合,使虹膜产生缺口,甚至延伸至睫状体、视网膜和脉络膜(图23-9)。

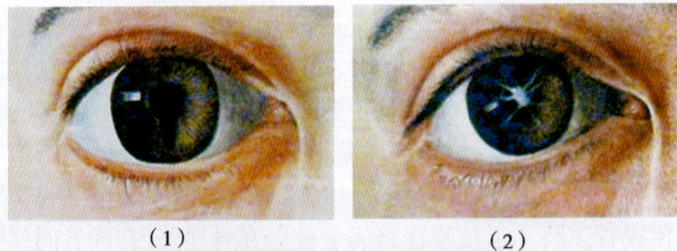

图 23-9 眼的先天性畸形
(1)虹膜裂;(2)瞳孔膜存留

2. 先天性青光眼　**先天性青光眼**(congenital glaucoma)属常染色体隐性遗传疾病,发病机制尚不明确,可能由于巩膜静脉窦或小梁网发育障碍所致。

3. 先天性白内障 **先天性白内障**(congenital cataract)指晶状体的透明度发生改变,多为遗传性,也可由于妊娠早期感染风疹病毒、营养不良和维生素缺乏等引起。

4. 瞳孔膜存留 **瞳孔膜存留**(persistent pupillary membrane)由于瞳孔膜未能完全吸收,在瞳孔处有薄膜或蛛网状细丝遮盖在晶状体前面(图 23-9)。

5. 先天性耳聋 **先天性耳聋**(congenital deafness)中的遗传性耳聋属常染色体隐性遗传。由于内耳发育不全、耳蜗神经发育不良、听小骨发育缺陷或**外耳道闭锁**(atresia of external acoustic meatus)所致。非遗传性耳聋与药物中毒、病毒感染、新生儿溶血性黄疸等有关,多因损伤胎儿内耳、耳蜗神经或听觉中枢所致。

🔍 知识链接

神经管畸形

神经管畸形(neural tube defects,NTDs),又称神经管缺陷,是指胚胎早期神经管闭合异常,引起脑、脊髓等严重的先天异常改变,最多见的是无脑儿和脊柱裂。NTDs发生率仅次于先天性心脏病,据不完全统计,国内外发生率为 0.55‰~21‰,其中22%~29% 患儿死亡,经外科矫治存活的 NTDs 患儿往往存在术后并发症,严重影响其生活质量。以往大量研究证实叶酸能有效预防神经管畸形,流行病学统计显示叶酸可预防 30%~50%NTDs 的发生。然而 NTDs 是由遗传和环境因素交互作用所致,其发生机制复杂。近年来,利用基因敲除动物模型,学者们发现了 400 多个 NTDs 发生的相关基因。这些 NTDs 相关基因主要涉及细胞骨架、凋亡、叶酸代谢、炎症、氧化应激等多方面细胞功能和生物学过程。然而绝大多数动物模型发现的 NTDs 相关基因很难在人类 NTDs 中证实,因此未来研究思路和研究重点应基于"人类 NTDs"展开,对预防和干预才可能发挥更大的现实意义。

👤 学习小结

神经系统发生

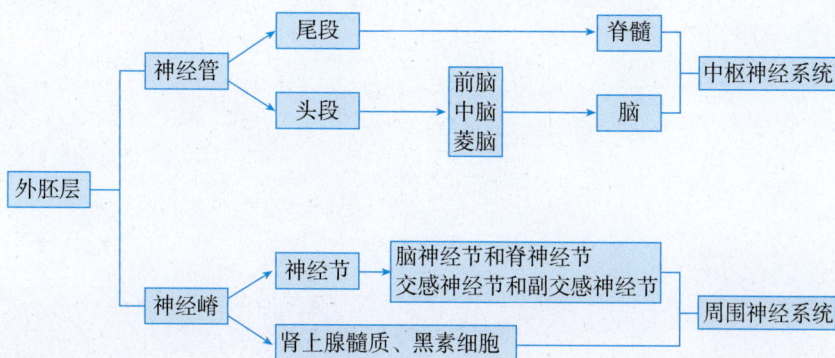

```
                        ┌─ 尾段 ──────────→ 脊髓 ─┐
              ┌─ 神经管 ─┤                        ├─ 脑 ─┐─→ 中枢神经系统
              │         └─ 头段 ──→ 前脑         └──────┘
              │                     中脑 ─→ 脑
              │                     菱脑
    外胚层 ───┤
              │                  ┌─ 神经节 ─→ 脑神经节和脊神经节
              └─ 神经嵴 ─────────┤            交感神经节和副交感神经节 ─→ 周围神经系统
                                 └─ 肾上腺髓质、黑素细胞
```

眼、耳发生

眼球 —— 起源于前脑区的神经外胚层、头部表面外胚层和中胚层

耳 —— 内耳：来源于菱脑两侧的表面外胚层
中耳：来源于第1咽囊、第一鳃膜、原始鼓室上方间充质
外耳：来源于第一鳃沟及其周围间充质

(赵舒武)

复习思考题

1. 试述神经管与神经嵴的作用和意义。
2. 简述视网膜和视神经的发生。
3. 简述内耳的发生。

第二十四章

先天性畸形

学习目标

能叙述先天性畸形的定义,致畸敏感期、致畸因子的概念。能列出先天性畸形的分类,并叙述其发生的原因。能叙述先天性畸形的预防,描述常见的宫内诊断方法。

先天性畸形(congenital malformation)是指因胚胎发育紊乱而导致的出生时已存在的各种形态或结构异常,属于常见且严重的出生缺陷。**出生缺陷**(birth defect)还包括功能、代谢或行为等方面的异常。本章仅述先天性畸形的相关内容。

第一节　先天性畸形的分类

根据胚胎发生过程和病理学情况的不同,先天性畸形可分为以下几种类型:

1. 整胚发育畸形　多由严重遗传缺陷引起,大多不能形成完整的胚胎,早期死亡后被吸收或自然流产。

2. 胚胎局部发育畸形　由胚胎局部发育紊乱引起,常累及多个器官,如头面发育不全畸形、并肢畸形等。

3. 器官或器官局部畸形　由某一器官不发生或发育不全所致,如双侧或单侧肺不发生、室间隔膜部缺损等。

4. 组织分化不良性畸形　由组织分化紊乱所致,其发生时间较晚且肉眼不易识别,如结肠发育期间,如果肌间神经节细胞未及时分化出来,结肠不蠕动,致使结肠极度膨大,形成先天性巨结肠。

5. 发育过度性畸形　由器官或器官的一部分增生过度所致,如多指(趾)畸形等。

6. 吸收不全性畸形　由胚胎发育过程中某些应全部或部分吸收的结构吸收不全所致,如蹼状指(趾)、肛门闭锁、食管闭锁等。

7. 超数或异位发生性畸形　由器官原基超数发生或发生于异常部位所致,如多乳腺、异位乳腺、双肾盂、双输尿管等。

8. 形成过程受阻畸形　器官形成中有很多形态结构变化过程,若其中某一步骤受阻则可造成畸形,如前、后神经孔未闭合会造成神经管缺陷,原始心管分隔异常可导致先天性心脏病,气管食管隔发育不良则形成气管食管瘘。

9. 迁移异常畸形　器官形成过程中有细胞迁移和器官位置的变化,受阻则导致畸形,如隐睾、骨盆肾等。

10. 连体畸形　由单卵孪生发生过程中胚胎发生局部连接所致,如果单卵孪生的两个胎儿发育速度相差大,小者常发育不完整,附属在大者的某一部位,则称**寄生畸形**(parasitic malformation)(图 24-1)。

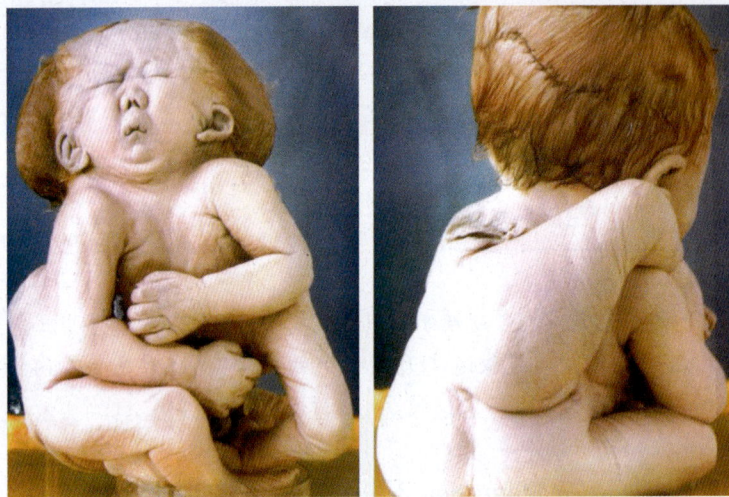

图 24-1 连体畸形及寄生畸形

还有一些先天性畸形是由于外力作用引起正常结构的变形或短缺,如宫内受压而引起的畸形足、斜颈,脐带缠绕肢体引起的肢体短小等。畸形可以是单发的,主要影响身体的单一器官,如单纯性唇裂、多指畸形等。但常见的是多发畸形,即在一个个体上同时出现多种畸形(图24-2)。多发畸形中研究最多的是综合征和序列征。**综合征**(syndrome)是指由同一个原因引起的多个原发畸形的定型组合,如 Down 综合征、Klinefelter 综合征、Edward 综合征、Patau 综合征。**序列征**(sequence)是指由一个原发畸形引起的多个关联性或级联性畸形,如 Robin 序列征的原发畸形是下颌发育不全,即小下颌,由小下颌引起舌下垂,由舌下垂又引起腭异常,由此引起呼吸道阻塞,出现 Robin 面容。

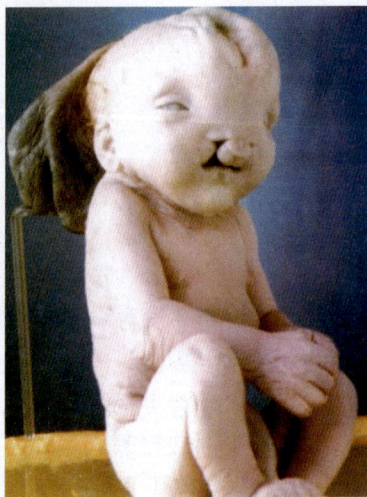

图 24-2 多发畸形

目前,世界卫生组织(WHO)提出常规监测的先天性畸形有 12 种,我国以这 12 种先天性畸形为基础,根据我国的具体情况增加监测先天性畸形至 19 种(表 24-1)。

表 24-1 我国监测的 19 种先天性畸形

先天性畸形	国际分类编码	先天性畸形	国际分类编码
无脑儿[*]	740.0	畸形足	754.0
脊柱裂[*]	741.0	多指与并指(趾)	755.0~755.1
脑积水[*]	742.0	短肢畸形(上、下肢)[*]	755.2~755.3
先天性心血管病	746.0~747.0	先天性髋关节脱位[*]	755.6
腭裂[*]	749.0	色素痣(73cm)	757.1

续表

先天性畸形	国际分类编码	先天性畸形	国际分类编码
唇裂*	749.1~749.2	唐氏综合征*	759.3
幽门肥大	750.1	膈疝	603.0
食管闭锁及狭窄*	750.2	内脏外翻	606.0
直肠及肛门闭锁*	751.2	血管瘤(73cm)	620.0
尿道上、下裂*	752.2~752.3		

*为国际常规监测的 12 种先天性畸形

ER-24-3
先天性唇裂合并腭裂图片

ER-24-4
先天性并趾畸形图片

ER-24-5
先天性短肢畸形图片

第二节　先天性畸形的发生原因

先天性畸形的发生原因主要包括遗传因素、环境因素和两者相互作用的综合因素。其中遗传因素引起的先天性畸形约占 25%,环境因素约占 10%,遗传因素与环境因素相互作用和原因不明者约占 65%。

一、遗传因素

遗传因素可分为染色体畸变和基因突变两类。

(一) 染色体畸变

染色体畸变(chromosome aberration)包括染色体数目与染色体结构的异常。可由亲代遗传,也可因生殖细胞发育异常而致。

1. 染色体数目异常　多由减数分裂中同源染色体不分离所致,可发生在常染色体或性染色体。表现为染色体数目的增加(常见于三体型)或减少(常见于单体型)。

(1)三体型:如**唐氏综合征**(Down syndrome)又称**先天性愚型**或21-三体综合征,为第21 号染色体三体,核型为 47,XY(XX),+21,患儿以智力发育障碍为主要特征,其中 50% 伴有先天性心脏病;**Klinefelter 综合征**即**先天性睾丸发育不全综合征**,为性染色体三体(47,XXY),患者外观呈男性,睾丸小,无精子,约 50% 的患者两侧乳房似女性。

(2)单体型:常染色体单体型的胚胎几乎不能存活;性染色体单体型的胚胎成活率仅为3%,且有畸形。如**先天性卵巢发育不全**,即 Turner 综合征,为性染色体单体畸形(45,XO),患者乳房不发育,卵巢萎缩,子宫小,无月经,无生育能力。

2. 染色体结构异常　染色体结构异常多由染色体断裂后,其断片发生缺失、易位、倒置、重复等所致。如第 5 号染色体短臂末端断裂缺失可导致**猫叫综合征**(cats cry syndrome),由于喉软骨发育不全,婴儿哭声似猫叫,小头、小下颌、眼裂外斜、眼距增宽、智力低下并伴有心脏病等。

(二) 基因突变

基因突变(gene mutation)指染色体组型不变,而染色体上基因的碱基组成或排列顺序发生异常改变。可表现为单基因突变或多基因突变。基因突变发生率虽高于染色体畸变,但致畸率远低于染色体畸变,主要是造成代谢性遗传病如苯丙酮尿症等,少数可导致畸形如软骨发育不全、小头畸形、肾上腺肥大、多囊肾、睾丸女性化综合征等。

二、环境因素

能引起先天性畸形的环境因素统称为**致畸因子**(teratogen),主要包括以下类型:

1. 生物性致畸因子　主要指某些有致畸作用的微生物,如风疹病毒、巨细胞病毒、单纯疱疹病毒、弓形体、梅毒螺旋体、乙肝病毒、艾滋病病毒等对人类胚胎有肯定的致畸作用。这些微生物可经胎盘屏障直接侵犯胚胎,也可以通过影响母体正常代谢而干扰胚胎正常发育。如风疹病毒可通过胎盘屏障进入胚胎体内,引起心畸形、白内障和耳聋等。流感病毒、流行性腮腺炎病毒对动物有明显的致畸作用,但对人类胚胎有无致畸作用尚未确定。

2. 致畸性药物　目前已发现多数抗肿瘤药物有明显致畸作用。某些抗生素也有致畸作用,如孕期大剂量服用四环素可引起胎儿牙釉质发育不全;大剂量应用链霉素可引起先天性耳聋;大剂量应用新生霉素可引起先天性白内障和短指畸形等。部分抗惊厥药物、治疗精神病的药物、镇静催眠药、抗凝血药、皮肤科用药以及激素等,具有不同程度的致畸作用。中药在孕期也要慎用,孕早期尽量避免服用。

3. 化学性致畸因子　随着人类社会工业化程度的提高,化学污染日益加剧,工业“三废”、农药、油漆、某些食品添加剂和防腐剂等,均有许多致畸因子存在。汞、铅、镉等重金属和砷,某些含磷的农药,某些多环芳香碳氢化合物、亚硝基化合物、烷基和苯类化合物均对人类有致畸作用。20 世纪 50~70 年代,日本就因孕妇食用被汞污染的鱼虾而导致子代出现明显的神经系统发育不良的症状和胚胎流产,因集中发病于日本九州水俣湾而被称为水俣病(图 24-3)。

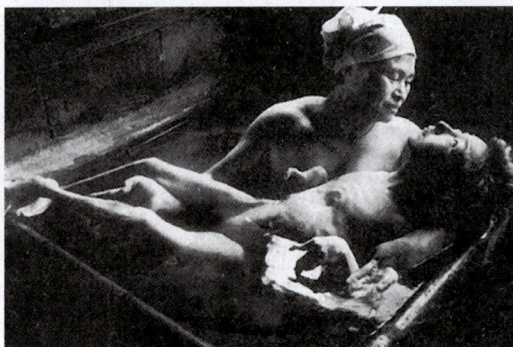

图 24-3　水俣病患者

4. 物理性致畸因子　目前已确认的对人类有致畸作用的物理因子包括各种射线、机械性压迫和损伤等。射线是最早发现的一种物理致畸因子,在妊娠第 3~25 周期间,若接受大量 X 线,可能导致发育迟缓、智力低下、小头畸形、小眼畸形、白内障、生殖器及骨骼畸形等。机械性损伤或压迫(羊水过多或过少、脐带缠绕等)同样可影响胚胎发育而导致畸形。另外,高温、严寒、微波等对动物确有致畸作用,但对人类的致畸作用尚需进一步证实。

5. 其他致畸因子　父母高龄、孕妇患有某些疾病、缺氧、严重营养不良、维生素及微量元素缺乏、大量吸烟、酗酒、吸毒均可影响胎儿发育而致畸形。妊娠期间酗酒可导致子代发生多种畸形,称**胎儿酒精综合征**(fetal alcohol syndrome),主要表现为胎儿发育迟缓、小头、小眼、短眼裂、眼距小等;有的还出现上颌发育不良、关节畸形、心血管畸形、腭裂、外生殖器畸形等。此外酒精及香烟中的有害物质还能导致男性精子异常继而影响胚胎神经系统的发育。

三、综合因素

多数先天性畸形是环境因素与遗传因素相互作用的结果,同一致畸因子是否引起畸形,取决于与遗传因素的相互作用,此即综合因素。遗传因素与环境因素的相互作用包括两方面:一方面是环境致畸因子通过引起染色体畸变和基因突变而导致先天性畸形;另一方面是胚胎的遗传特性决定和影响胚胎对致畸因子的易感性。在环境因素与遗传因素相互作用引起的先天性畸形中,衡量遗传因素所起作用的指标称为**遗传度**(heritability)。某种畸形的遗传度越高,说明遗传因素在该畸形发生中的作用越大。如先天性心畸形的遗传度为 35%,无脑儿与脊柱裂为 60%,先天性髋关节脱位为 70%,先天性幽门狭窄为 75%,腭裂为 76%,先天性巨结肠为 80%。

第三节　致畸敏感期

胚胎发育是一个连续的过程,但也有一定的阶段性,处于不同发育阶段的胚胎对致畸因子的敏感程度也不同。胚胎在发育过程中受到致畸因子作用后,是否发生畸形和发生什么样的畸形,不仅取决于致畸因子的性质和胚胎的遗传特性,而且在很大程度上取决于胚胎受到致畸因子作用时所处的发育阶段。受到致畸因子作用最易发生畸形的发育阶段,称为**致畸敏感期**(sensitive period to teratogenic agent)。

在胚胎发育的三个时期(胚前期、胚期和胎期)中,以胚期最易受到致畸因素的影响。

1. 胚前期　即受精后 1~2 周,该阶段受到致畸因子作用后易发生损害,但较少发生畸形。因为这一时期的胚胎细胞分化程度极低,如果致畸作用强,胚胎即死亡;如果致畸作用弱,少量细胞受损死亡,其余细胞可以代偿调整;加之此时胚胎尚未与母体建立完全密切的联系,母体受到的各种有害刺激,尚不能通过胎盘传递给胎儿,故此阶段受到致畸因子作用后不易导致先天性畸形的发生。

2. 胚期　即受精后 3~8 周,该阶段胚胎细胞增生、分化活跃,多数器官原基正在发生,胚体形态发生复杂变化,因而最易受到致畸因子的干扰而发生器官形态结构的畸形。所以,胚期是受到致畸因子作用后最易发生畸形的致畸敏感期。由于胚胎各器官的发生与分化时间不完全相同,故各器官的致畸敏感期也不完全相同(图 24-4)。

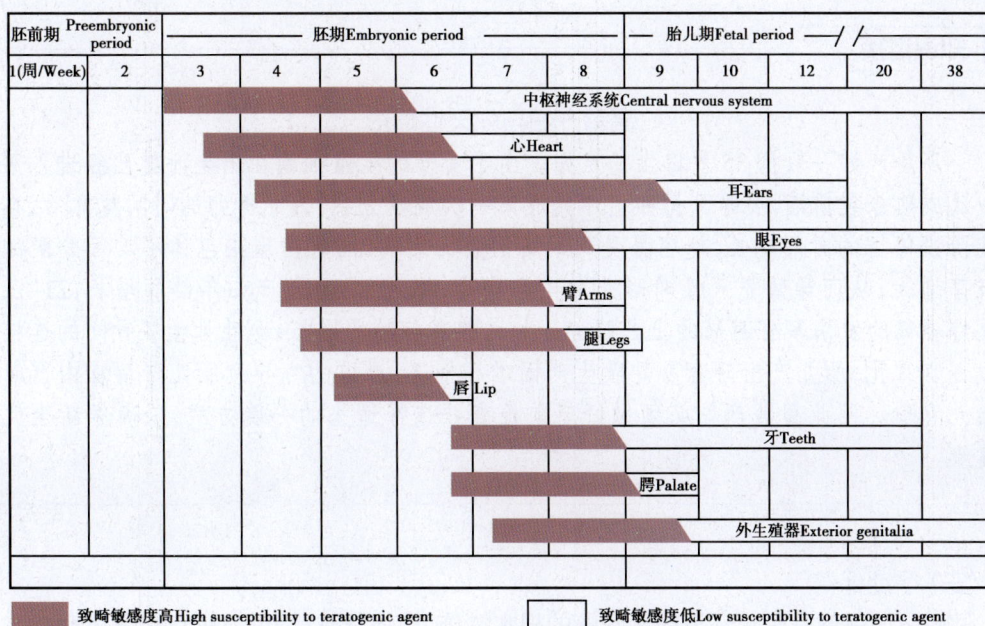

胚前期 Preembryonic period		胚期 Embryonic period						胎儿期 Fetal period					
1(周/Week)	2	3	4	5	6	7	8	9	10	12	20	38

图中各器官敏感期条形图:

中枢神经系统 Central nervous system

心 Heart

耳 Ears

眼 Eyes

臂 Arms

腿 Legs

唇 Lip

牙 Teeth

腭 Palate

外生殖器 Exterior genitalia

■ 致畸敏感度高 High susceptibility to teratogenic agent　　□ 致畸敏感度低 Low susceptibility to teratogenic agent

图 24-4　胚胎主要器官致畸敏感期

3. 胎儿期 是胚胎发育过程中最长的一个时期,自受精后第9周直至出生。此期胎儿生长发育快,各器官进行组织分化和功能建立,受致畸因子作用后发生的畸形,多属组织结构和功能方面的缺陷,一般不出现大的器官水平的畸形。但脑和外生殖器在此期对致畸因子仍较敏感。

此外,不同致畸因子对胚胎的致畸敏感期也不同。如风疹病毒的致畸敏感期为受精后第1个月,其畸形发生率为50%;第2个月降为22%,第3个月只有6%~8%;药物"反应停"的致畸敏感期为受精后第21~40天。

第四节　先天性畸形的预防

为预防或减少先天性畸形的发生,按世界卫生组织(WHO)的要求,应实施三级预防工作。

一、一级预防——防止先天性畸形的发生

一级预防是指在孕前及孕早期进行综合干预,主要通过控制与先天性畸形发生有关的危险因素,将发生畸形的危险降到最低,尽量避免先天性畸形的发生。主要措施包括婚前检查、遗传咨询、孕期保健等。

(一)婚前检查

提倡婚前医学检查,可以发现遗传性疾病和传染性疾病(特别是性传播疾病),避免医学上认为不宜的结婚和生育,从源头上遏制先天性畸形,防止遗传性、传染性疾病的传播和蔓延。

(二)遗传咨询

遗传咨询是预防遗传性畸形发生的有效措施。遗传咨询包括婚前、孕前、孕后咨询。通过咨询,可对一个家庭中遗传病的发生和再次发生的危险性提出预测,提供预防措施,帮助人们解除疑虑,对是否结婚、生育、再育给予合理的忠告,以预防遗传性畸形的发生。

知识链接

高龄产妇与先天性畸形

高龄产妇一般指35岁以上的产妇。由于女性的生殖细胞在出生时就已经进入第一次成熟分裂前期,要等到排卵前才完成第一次成熟分裂,因此排卵的时间越靠后,在此阶段停留的时间越长,越容易受到致畸因素的影响,同时出现染色体不均等分配的概率增大,从而导致先天性畸形儿出生率增高,据统计,随着产妇年龄的增长,21-三体综合征的发病率有明显的上升趋势。加之随着年龄的增长,女性骨盆各骨间的连接也逐步骨化,胎儿产出时容易导致生产困难等情况,严重的可导致胎儿滞留宫内引起胎儿窘迫。因此高龄产妇必须做好产前检查并选择适当的分娩方式,以确保新生儿健康。

(三)孕期保健

做好孕期保健是防止环境因素致畸的根本措施,应该从孕前开始,重点是孕早期。

1. 预防感染 是孕期保健的重要内容,尤其在妊娠前8周,避免感染生物性致畸因子,

特别是风疹病毒、巨细胞病毒、单纯疱疹病毒、弓形体、梅毒螺旋体等,应远离感染源。为预防病原体感染可于孕前进行免疫注射等。

2. 谨慎用药 是孕妇防止药物致畸的主要途径。孕期用药需严格选择,尤其在妊娠早期绝不可滥用药物;若必须使用有致畸作用的药物进行治疗,应终止妊娠。

3. 戒烟戒酒 孕期大量吸烟,轻者可致胎儿发育迟缓,重者可引起严重畸形,甚至死胎、流产。被动吸烟的危害并不亚于主动吸烟,应引起重视。孕期酗酒,酒精可通过胎盘迅速进入胎儿体内,胎儿血液中的酒精浓度与母血中的浓度相近,胎儿肝又缺少酒精脱氢酶,故滞留时间长,危害甚大。

4. 避免辐射 孕期应减免射线照射,包括 X 射线和其他各种射线,尤其在胚胎发育早期,由于细胞对射线的敏感度与细胞的增殖能力成正比,与分化程度成反比,故极易导致早期增殖能力强而分化程度低的胚胎细胞畸变。

5. 合理营养膳食 孕期应注意饮食搭配,若营养缺乏或饮食结构不合理,均可影响胚胎发育。

6. 注意避免饮食和生活环境的各种污染 孕妇养成良好的生活习惯、注意饮食和生活起居的科学性、远离各种污染环境,也是避免先天性畸形出现的重要手段。

二、二级预防——减少严重畸形儿的出生

二级预防是指产前干预,主要是在孕期通过早发现、早诊断和早采取措施,以减少严重先天性畸形儿的出生。包括宫内诊断和宫内治疗。

(一) 宫内诊断

宫内诊断的主要对象是有遗传病家族史的夫妇、已有畸形儿分娩史或有多次自然流产、死胎的孕妇,孕期接触多种环境致畸因子的孕妇和 35 岁以上的高龄孕妇等。宫内诊断可帮助人们做出正确抉择,同时对有些畸形还可进行必要的宫内治疗。常用的宫内诊断方法包括:

1. B 型超声波检查 B 超为安全简便的常规产前检查方法,可用于对胎儿面部、四肢、脊柱等外部发育情况进行检测,还可直接对胎心和胎动进行动态观察,但 B 超不宜过多,因为超声波或多或少会影响胎儿的听觉等功能,正常情况下以妊娠早期、中期和晚期检查三次为宜。

2. 绒毛膜活检 绒毛膜活检(chorionic villibiopsy, CVB)可诊断胚胎染色体异常。因胚胎与绒毛膜均来自于同一个受精卵,染色体组型相同;通过检测绒毛膜细胞的染色体,可预测胚胎的发育情况。该检查可在妊娠早期(妊娠 8~11 周)进行,最好在 B 超监视下进行。绒毛组织经处理或短期培养后进行染色体分析,也可以直接抽取 DNA 进行基因分析。因而可进行早期诊断。

3. 羊膜腔穿刺 羊膜腔穿刺(amniocentesis)适用于有异常生育史、异常家族史及高龄孕妇。穿刺可在妊娠中期(妊娠 16~20 周)进行,从羊膜腔中抽取少量羊水,羊水中有胎儿脱落细胞,经体外培养后,可进行 DNA 分析、染色体分析、酶和蛋白质检测、微生物学诊断等。对染色体畸变等异常有较高的诊断价值。

4. 脐带穿刺 在妊娠晚期(妊娠 27 周后)进行。在 B 超引导下经母腹抽取胎儿脐静脉血。该技术在我国已远较国外普及,成功率高,也较安全。脐血可做染色体或血液学各项检查,也可用于因羊水细胞培养失败,DNA 分析无法诊断而只能用胎儿血浆或血细胞进行生化检测的疾病,或在错过绒毛和羊水取样时机后进行,在一些情况下,可代替基因分析。

5. 胎儿镜检查 胎儿镜是利用光导纤维制成的内窥镜,经母体腹壁和子宫壁进入羊膜腔,用于观察胎儿外形、采取胎儿血样或皮肤活检,以诊断疾病。利用胎儿镜还可以给胎儿

注射药物、输血,或进行手术操作,开展宫内治疗。

6. 孕妇血清学筛查 在孕早、中期检测母血标记物水平,可以对胚胎染色体异常,患有神经管缺陷或先天性心脏病等严重畸形,以及孕妇病原体感染等情况做出风险评估。

(二)宫内治疗

对某些轻度异常发育胎儿可积极开展宫内治疗,宫内治疗可分为非手术治疗和手术治疗两类。目前虽然能对多种畸形做出准确的宫内诊断,但能进行宫内治疗的畸形还很有限。非手术性治疗开展较早,如小剂量可的松治疗胎儿肾上腺性征综合征,甲状腺素治疗胎儿甲状腺功能低下引起的发育紊乱。1963 年,Liley 用宫内胎儿输血方法治疗胎儿水肿并取得成功,是首例宫内手术治疗。20 世纪 80 年代初,开展胎儿颅脑穿刺手术治疗胎儿脑积水取得成功。现在宫内诊断和宫内手术已经成为一个专门学科,称**胎儿外科学**(fetal surgery)。

对有严重发育畸形的胎儿可考虑终止妊娠,以减少严重畸形儿的出生。

三、三级预防——对先天性畸形儿积极进行治疗

三级预防是指产后干预,即对先天性畸形儿出生后采取及时、有效的诊断、治疗和康复措施,以提高患儿的生活质量,防止病残,促进健康。有些可采取外科手术治疗,如唇裂、腭裂、脊柱裂、尿道下裂、马蹄内翻足、肛门闭锁、部分先天性心脏病以及先天性听力障碍等;有些代谢性疾病,如先天性甲状腺功能减低症、苯丙酮尿症等,可以对新生进行筛查,以便及时发现和治疗。而先天智力低下、无眼等,应设法使其得到妥善教养,减少痛苦,延长生命。

对于先天性畸形来说,一级预防最关键、最重要,二级预防和出生后的三级预防是一级预防的有效补充。

🔍 知识链接

出生缺陷综合防治策略

出生缺陷是指婴儿出生前发生的身体结构、功能或代谢异常,是导致早期流产、死胎、婴幼儿死亡和先天残疾的主要原因。据估算,我国出生缺陷总发生率约为 5.6%。出生缺陷严重影响儿童的生存和生活质量,给患儿及其家庭带来巨大痛苦和经济负担,已成为严重的公共卫生问题。党中央、国务院高度重视防治出生缺陷、提高出生人口素质工作。深化医改以来,国家启动实施免费孕前优生检查等系列重大公共卫生项目,出台完善大病保障等多项健康惠民政策,推进出生缺陷综合防治,取得积极进展和成效,但出生缺陷防治工作仍面临诸多问题和困难。

为落实《"健康中国 2030"规划纲要》,全面加强出生缺陷综合防治工作,国家卫生健康委员会组织研究制定了《全国出生缺陷综合防治方案》。明确开展出生缺陷防治工作应该坚持"政府主导、防治结合、精准施策、社会参与"的基本原则,确定了"构建覆盖城乡居民,涵盖婚前、孕前、孕期、新生儿和儿童各阶段的出生缺陷防治体系,为群众提供公平可及、优质高效的出生缺陷综合防治服务,预防和减少出生缺陷,提高出生人口素质和儿童健康水平"的工作总目标和"到 2022 年,出生缺陷防治知识知晓率、婚前检查率、孕前优生健康检查率、产前筛查率、新生儿疾病筛查和确诊病例治疗率要达到相应要求,先天性心脏病、唐氏综合征、耳聋、神经管缺陷、地中海贫血等严重出生缺陷得到有效控制"的具体目标。提出落实"出生缺陷一级、二级和三级预防措施,加强监督管理,减少出生缺陷发生、严重出生缺陷儿出生和先天残疾发生"的综合防治措施。

学习小结

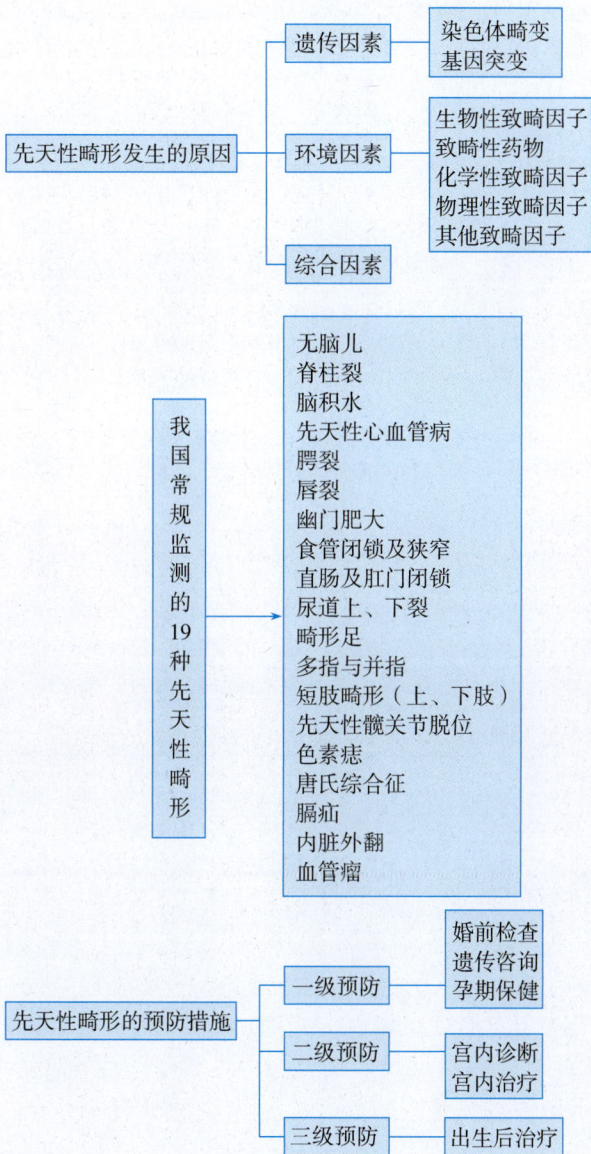

遗传因素 —— 染色体畸变、基因突变

环境因素 —— 生物性致畸因子、致畸性药物、化学性致畸因子、物理性致畸因子、其他致畸因子

先天性畸形发生的原因 —— 遗传因素 / 环境因素 / 综合因素

我国常规监测的19种先天性畸形：
无脑儿
脊柱裂
脑积水
先天性心血管病
腭裂
唇裂
幽门肥大
食管闭锁及狭窄
直肠及肛门闭锁
尿道上、下裂
畸形足
多指与并指
短肢畸形（上、下肢）
先天性髋关节脱位
色素痣
唐氏综合征
膈疝
内脏外翻
血管瘤

先天性畸形的预防措施：
一级预防 —— 婚前检查、遗传咨询、孕期保健
二级预防 —— 宫内诊断、宫内治疗
三级预防 —— 出生后治疗

（杜少杰）

复习思考题

1. 什么是先天性畸形?
2. 先天性畸形发生的影响因素有哪些?
3. 如何有效开展先天性畸形的预防?

扫一扫
测一测

主要参考书目

1. 李继承,曾园山.组织学与胚胎学.9版.北京:人民卫生出版社,2018.
2. 刘黎青.组织学与胚胎学.3版.北京:人民卫生出版社,2016.
3. 刘黎青.组织学与胚胎学.9版.北京:中国中医药出版社,2015.
4. 刘黎青.组织学与胚胎学实验教程.9版.北京:中国中医药出版社,2015.
5. 邹仲之,李继承.组织学与胚胎学.8版.北京:人民卫生出版社,2013.
6. 郭顺根.组织学与胚胎学.2版.北京:人民卫生出版社,2012.
7. 郭顺根.组织学与胚胎学实验.北京:人民卫生出版社,2012.
8. 刘黎青.组织学与胚胎学实验教程.3版.北京:中国中医药出版社,2012.
9. 高英茂,李和.组织学与胚胎学.2版.北京:人民卫生出版社,2010.
10. 成令忠,钟翠平,蔡文琴.现代组织学.2版.上海:上海科学技术出版社,2003.

汉英专业术语索引

复习思考题
答案要点

模拟试卷